Jakob Lorber

Die Haushaltung Gottes

Band 1

Jakob Lorber

Die Haushaltung Gottes

Originaltext in neuer Rechtschreibung

Band 1

Project True-blue Jakob Lorber

Bibliografische Information der Deutschen Nationalbibliothek
Die Deutsche Nationalbibliothek verzeichnet diese Publikation
in der Deutschen Nationalbibliografie, detaillierte bibliografische
Daten sind im Internet über http://dnb.dnb.de abrufbar

Verlag:

BoD · Books on Demand GmbH, In de Tarpen 42,

22848 Norderstedt, bod@bod.de

Druck:

Libri Plureos GmbH, Friedensallee 273, 22763 Hamburg

ISBN: 978-3-8391-6432-7

Vorwort

Mit großer Freude heiße ich Sie willkommen zu *Die Haushaltung Gottes* – einem Werk, das uns ein tiefes Verständnis für die Ordnung der göttlichen Schöpfung eröffnet. Vom 15. März 1840 bis zum 7. September 1844 wurde dieses heilige Buch von Jakob Lorber gemäß innerem Diktat niedergeschrieben – eine Neuoffenbarung des ersten Buches der Kinder Gottes der Urmenschheit, das in Teilen des *Avesta* erhalten blieb, allerdings in geheimnisvolle Bilder gehüllt, die heute kaum noch zu verstehen sind. Der Herr Selbst nannte diese Neuoffenbarung „Seine Große Haushaltung" und bezeichnete sie auch als „Neues Buch des Lebens" sowie als Sein Hauptwerk.

Die Haushaltung Gottes beschreibt die Gründung der ersten Kirche auf Erden und erzählt die Geschichte der Menschheit bis zu Noah. Dieses Werk übersteigt bei weitem alles, was uns bisher zu diesem großen Themenkreis durch die Bibel sowie durch mythologische und wissenschaftliche Texte bekannt geworden ist. Es fasst auch alle wichtigen Lehren der umfangreichen, über Jakob Lorber erhaltenen Neuoffenbarung in sich. Ausführlich und eindrucksvoll wird sowohl der Sieg als auch das Scheitern der Liebe Gottes beschrieben – ein Thema, das sich durch die ganze Weltgeschichte zieht. Kein Thema ist aktueller als dieses. Es ist ein Kampf um das Überleben der Menschheit – sowohl individuell als auch gesamtheitlich. Die Aktualität der damaligen Endzeit ist geradezu erschütternd, denn es geht um eine hochtechnisierte Zivilisation, extreme Polarisierung von Armut und Reichtum, die Abwendung von Gott sowie um Machtkämpfe und Kriege, die in einer ungeheuren Umweltkatastrophe enden.

Die Haushaltung Gottes richtet sich an all jene, die mit gutem Herzen und festem Willen als tätige Hörer des Wortes Gottes leben – und nicht an jene, die sich allein auf den vermeintlich reinen Weltverstand verlassen. Wer dieses Werk mit einem demütigen, dankbar gläubigen Herzen liest, dem wird Gnade und Segen zuteil, und er wird den wahren Autor, Gott, erkennen. Der Sinn dieses Buches besteht darin, in uns einen frommen und dankbaren Sinn zu wecken, der einen lebendigen Glauben und die rechte Liebe zu Gott und dem Nächsten entfacht. Es soll uns zu einer tiefen und umfassenden Weltanschauung führen und uns zur persönlichen Reflexion sowie inneren Erneuerung ermutigen.

Wir haben uns bei der Edition dieses Werkes große Mühe gegeben, trotz notwendiger grammatikalischer Anpassungen jegliche inhaltliche Änderung zu vermeiden. Um auch den Stil zu wahren, haben wir gewisse Eigenheiten beibehalten, etwa die grammatikalisch nicht korrekte Verwendung weiblicher Pronomen anstelle der sächlichen in Bezug auf „das Weib".

Hinsichtlich der uneinheitlichen Namensschreibung im Manuskript haben wir uns weitgehend an früheren Editionen orientiert. So wurde „Mahalalel" zu „Mahalaleel" vereinheitlicht, „Methusalah" zu „Mathusalah", „Noha" und „Noa" zu „Noah", „Cahin" und „Kain" zu „Kahin", „Mamelhut" und „Mamelhuth" zu „Mamelhud".

Die kurzen Überleitungen zum nächsten Kapitel („Was weiter? In der Folge!"), die ab Band 3, Kapitel 243 auftreten, finden sich erst in späteren Editionen und wurden auf Grundlage der Erstauflage weggelassen. Dadurch sind einige Kapitel um einen Vers kürzer als in späteren Editionen, was jedoch keine inhaltlichen Änderungen zur Folge hat.

Möge die Lektüre Ihnen neue Perspektiven eröffnen und Ihr Herz sowie Ihren Geist mit der tiefen Weisheit und Liebe erfüllen, die in jeder Facette der göttlichen Haushaltung gegenwärtig ist.

Der Herausgeber

Vorrede zur Haushaltung Gottes, wir der Herr sie selbst kundgegeben

1. Der Schreiber des vorliegenden Werkes suchte ernstlich, und er fand, was er suchte. Er bat, und es ward ihm gegeben; und da er an die rechte Tür pochte, so ward sie ihm aufgetan und durch ihn allen jenen auch, die eines guten Herzens und Willens sind. Denen aber, die da nicht mit dem Herzen, sondern allezeit nur mit ihrem vermeintlich reinen Weltverstand suchen und prüfen und kritisieren und statt an den lebendigen Namen des ewigen Gebers aller guten Gaben nur an die harte und tote Schale der Materie klopfen, wird es nicht gegeben und aufgetan werden. Denn der Geist des Herrn offenbart sich nie durch den Verstand der Verständigen der Welt, sondern nur in und durch die Einfalt des Herzens denjenigen, die vor der Welt der Verständigen als Toren gelten und bekannt werden; aber der Verstand der Weisen der Welt wird in kurzer Zeit dennoch zunichte vor der Einfalt der Toren.

2. Wer das vorliegende Werk lesen wird mit einem demütigen und dankbar gläubigen Herzen, dem wird daraus allerlei Gnade und Segen zuteilwerden, und er wird im Werk den rechten Autor nicht verkennen. Der puren Verstandeskaste ist's aber ohnehin einerlei, ob sie einen Daniel, oder einen Sir Walter Scott, oder einen Rousseau, oder Hegel liest; denn der Weltverstand nimmt alles weltlich und nimmt eine höherstehende Mitteilung von oben her als ein loses Hirngespinst ungelehrter, aber von Natur nur phantasiereicher Menschen an, die etwas durch ihre Mystifikationen gelten und erreichen möchten, weil sie auf dem reinen Verstandesweg nichts erreichen können, da ihnen dieser notwendig mangelt!

3. Aber das führe ja niemand irre! Wie oft sind die vier Evangelien schon verdächtigt worden; gelten sie darum in den Herzen der wahren Bekenner Gottes weniger? Wie oft bin Ich, der Herr und Geber des Lebens und jeglicher demselben wahrhaft erspießlichen Gabe, schon als ein purer Mensch, als ein Magnetiseur, auch als ein Betrüger, auch schon als eine rein erdichtete Person von den Weltweisen deklariert worden und werde zur Stunde von Millionen also deklariert! Aber das macht dennoch andere Millionen nicht irre. Diese als Täter und nicht als alleinige Hörer Meines Wortes sahen es in der Einfalt ihres Herzens, dass der Jesus von Nazareth mehr war, als für was Ihn die vielen Gelehrten der Welt halten oder gar nicht halten. Halte sich daher bei diesem vorliegenden Werk niemand an das Urteil der Welt, die nur das erhebt, was ihrer Art ist, sondern allein an die Stimme des Herzens der Einfältigen. Diese werden jedermann vor den Augen des guten Gebers ein richtiges Urteil abgeben. Der Verstand der Weltweisen aber wird sich daran vielfach zu stoßen die beste

Gelegenheit finden. Wohl ihm, so er dabei nicht völligen Schiffbruch erleiden wird!

4. Wer dies Werk liest und es wohl als eine geistige Eingebung betrachtet, aber im Unklaren ist, ob es von einem Geist niederer oder höherer Art herkomme, der ist noch stark blind, und die Decke des Weltverstandes verhüllt noch mächtig die Sehe seines Herzens.

5. Wer an Mich lebendig glaubt, dem ist Meine Stärke, Güte und vollste Weisheit sicher nicht fremd, und er wird und er muss es einsehen, dass Ich wohl Kraft und Weisheit in ewiger Übergenüge besitze und werde da, wo Ich ein Feld bebaue, den Feind sicher aus dem Feld für ewig zu verdrängen vermögen; denn Ich und der Satan haben noch nie in einer Furche den Pflug geleitet! Im Verstand der uneigennützigen[1] [scheinheiligen] Welt leider wohl, die, da sie selbst finster ist, überall nichts als Finsternis erschaut; aber in den Augen derjenigen, die vom Vater gelehrt und gezogen sind, erscheint alles ganz anders, denn den wahrhaft Reinen und Erleuchteten ist alles rein und wohlbeleuchtet.

6. Denen aber, die da sagen, diesem Werk, um als ein von oben her gegebenes zu gelten, fehle die Einfalt, die Ruhe und Umsicht und die gewisse Tiefe in der ganzen Weltanschauung, sei ganz kurz bloß das gesagt: dass sie sich wohl vorher in ihrem Herzen genau prüfen möchten, ob ihnen vielleicht nicht eben das mangelt, was sie in dem Wort vermissen. Im Übrigen haben sie da ein Urteil abgegeben, damit sie als europäische Gelehrte über dieses Werk doch auch etwas gesagt haben, ohne in die volle Tiefe des Werkes eingedrungen zu sein; denn dazu gehört doch offenbar mehr als ein kaum einmaliges flüchtiges Durchlesen einer Abteilung dieses Werkes.

7. Was verstehen denn solche Leser unter der Einfalt? Ich meine aber, eine Schrift, die trotz der ganz notwendigen, für die beschränkte menschliche Sehe mysteriösen Fülle und Tiefe dessen, was sie gibt, also verfasst ist, dass sie sogar Kinder recht wohl verstehen können, wenn sie nur des Lesens einigermaßen kundig sind und ein wenig übers Abc und übers Einmaleins hinaus zu denken vermögen, sollte doch Rechtens keinen Mangel an der gewissen Einfalt haben. Bilder und eine Sprache aber bedingen ewig nie die Einfalt einer Schrift,

---

[1] In späteren Editionen ist „uneigennützig" durch „eigennützig" ersetzt worden. Uneigennützig sein ist nicht pur positiv, ebenso wie Eigennutz nicht pur negativ ist. Man muss zuerst sich selbst lieben und im gerechten Maß auf sich selbst sehen, also eigennützig sein, um nach dem Gebot des Herrn andere lieben zu können „wie sich selbst". Uneigennützig im negativen Sinn kann etwa Scheinheiligkeit bedeuten, wenn man sich selbstlos oder altruistisch gibt, auf eine Weise, die nach außen hin positiv erscheint, aber tatsächlich verborgene egoistische Motive hat – eine der Hauptbeschäftigungen der Welt.

sondern lediglich nur das leichte Verständnis eines noch so einfältigen Herzens und das Sich-leicht-Zurechtfinden in solch einer Schrift; alles andere aber – als: eine alte, unbehilfliche Sprache und mehrere Tausende von Jahren alte entsprechende Gleichnisbilder sind ebenso wenig Einfalt wie der Weltverstand der Weltweisen. Was aber da von der erforderlichen Ruhe und Umsicht und der geforderten Tiefe in der ganzen Weltanschauung bemerkt ist, so ist alles das in dem vorliegenden Werk umso mehr vorhanden, je mehr der krittelnde Weltverstand solches zu vermissen wähnt; denn was dem Herzen die Ruhe gibt, das muss doch selbst Ruhe haben in Fülle. Dem Verstand aber kann es freilich keine Ruhe geben, weil dieser für die Ruhe nicht aufnahmefähig ist und daher in einer Schrift ebenso wenig irgendeine Ruhe finden kann wie irgendein Strom, bevor er nicht des Meeres tiefste Tiefe erreicht hat. Wenn der Verstand der Weltweisen sich aber demütigen könnte, und von seiner vermeinten Höhe hinabsteigen in das einfaltsvolle Lebenskämmerlein des Herzens, so würde er dann aus dieser Ruhe heraus schon auch im vorliegenden Werk die vermisste Ruhe und eine vollste Umsicht in eben dieser Ruhe finden. Aber solange der Verstand gleich einem Wetterhahn auf der Turmspitze irdischer Weisheit ohne Unterlass von allerlei Zweifelwinden nach allen Richtungen hin und her gedreht wird, da kann er wahrscheinlich nirgends seine Ruhe finden, die er selbst nicht hat, und also auch die angewohnte Umsicht nicht, die er auf seiner windigen Höhe genießt.

8. So aber jemand in diesem Werk die gewisse Tiefe der ganzen Weltanschauung vermisst, dem sei es vorerst gesagt, dass es dem Geber dieser Schrift auch gar nicht darum zu tun war, durch vorliegende Schrift bei denen, die sie als das, was sie eigentlich ist, in der wahren Ruhe und Einfalt ihres Herzens lesen werden, eine solche Anschauung, die leider nun schon unter den Menschen zu sehr verbreitet ist, zu entwickeln, sondern lediglich, um einen frommen und dankbaren Sinn zu erwecken, und aus diesem heraus einen lebendigen Glauben und die rechte Liebe zu Gott und dem Nächsten zu erwecken und für dauernd zu beleben.

9. Fürs Zweite aber werden jene, die aus dem rechten Sinne heraus diese Schrift lesen, dennoch zu einer hinreichenden Tiefe der besseren Weltanschauung gelangen ohne Zutat der Gelehrten, die auf dem Wege ihrer eitlen Verstandesprüfungen wohl ewig nie in jene rechten Tiefen der totalen Welt- und Weltenanschauung gelangen werden, als wie sie bloß nur im vorliegenden Werk für die rechten Leser zu erschauen ist, – anderer und späterer Werke [gar nicht] zu gedenken, in denen sozusagen die Sonne und mit ihr materiell und hauptsächlich geistig alle Planeten-, Sonnen- und Zentralsonnensysteme verständlich genug und ausführlich entwickelt und enthüllt werden.

10. So aber in einem Werk vom Urbeginn aller geschaffenen Dinge, und zwar sowohl die materielle und ganz besonders die geistige Entwicklung derselben, also durch eine nahe schon ewig dauernde Zeiten- und Zustandsfolge, genügend klar dargestellt wird, und es findet jemand demnach zu wenig Tiefe in der mangeln sollenden Weltanschauung, – wahrlich, da gibt es denn wohl auch in allen Himmeln kaum irgendeine Augensalbe mehr, mittels welcher solche Forscher um ihre sehr bedauerliche Kurzsichtigkeit kommen könnten!

11. „Wir einfältigen und verstandesschwachen Liebhaber Gottes", so können mit vollem Recht die rechten Leser dieses Werkes sagen, „da wir zwar außer der Universität Gottes in unserem Herzen nie eine andere, weder zu Paris noch zu Jena und Göttingen, besucht haben, gehen aber mit aller eurer hochberühmten Weltweisheit dennoch nicht tauschen; denn unser inständiges Schauen in den Tiefen der großen Schöpfungen unseres heiligen Vaters ist uns lieber als euer tausendjähriges Forschen mit verdeckter Sehe. Wie weit eure Ferngläser und eure mathematischen Linien reichen, können wir aus eurem Kalender sehen, und eure Wege sind uns nicht fremd; aber wie weit die helle Sehe unseres in Gott ruhenden Herzens reicht, das zu bemessen dürften eure Tubusse und mathematischen Linien wohl sehr bedeutend zu kurz werden und zu wenig mathematisch sein!"

12. Wer also dieses Werk mit wahrem Nutzen für seine Seele lesen will, der lese es in aller Einfalt seines gottergebenen Herzens und mache darüber nicht einen Zensor nach weltmenschlicher Weise, sondern stets nur einen sehr sorgsamen Hauswirt seines Herzens, so wird er in vorliegendem Werk alles in Hülle und Fülle finden, was einige wenige hochgelehrte Leser leider nicht gefunden haben.

13. Und nun denn allen Segen und jegliche Gnade den rechten Lesern, die eines reinen Herzens und eines guten Willens sind. Amen!

Als Vorwort zu Meiner Haushaltung sei euch ein Lied[2] beschieden, aus dessen geheimnisvoller Weise ihr sollt im Geist und in der Wahrheit beten; denn wer das nicht kann und weiß, der ist noch nicht geschickt zu Meinem Reich, daher ist es nötig, euch davon eine kurze Meldung zu tun. Das kurze Lied soll es euch lehren wie folgt:

---

[2] Dieses Lied wurde vom Herausgeber der Erstauflage des ersten Bandes vergessen und dann im zweiten Band der Erstauflage nachgereicht.

Der Leibesstimme Hauchgewimmer
dringt zu Meinen Ohren nimmer,
und ein Gebet nur von dem Munde
sei niemals eurer Bitten Kunde.

Im Herzen nur soll reden lernen,
auf Erden also wie in Sternen,
der da mit Mir will Rede führen,
ansonsten wird er sich verirren.

Denn einmal pfleg Ich laut zu reden,
hört – ihr allzeit Herzensspröden!
Doch nur in heil'ger Stille leise,
so rede Ich in liebster Weise.

So ihr da wollt Mein Wort vernehmen,
müsst ihr an Stimme euch nicht stemmen,
sollt drum im Herzen Worte bauen
in dessen Innres lernen schauen.

Ihr nehmt zum Beispiel „Unser Vater",
sprecht es matt und immer matter,
und lasst am Ende weg die Stimme,
horcht dann nur auf des Geist's Gewimme.

Gleich einem Echo würd't ihr finden
dann Worte sich dem Geist entwinden,
und geht's – wie schwer auch im Beginnen –,
lasset nicht ab, ihr werd't gewinnen!

Gleichwie die Kinder anfangs lallen,
um ihren Willen euch zu malen,
so ist es auch mit innrer Sprache,
Gewöhnung, Übung klärt die Sache.

Zu allem – hört! – gehöret Schule,
sonst wird gar all's zu einer Nulle,
darum soll obiges geschehen,
sonst könnt ihr nie den Geist verstehen.

Und habt ihr das in euch gewonnen
und seid zu beten dann gesonnen,
dann sollt derart im Geist ihr flehen,
Ich werde euch gar wohl verstehen.

Und wenn dann eurem Geist wird gehen,
gar fertig seine Zung' zu drehen,
recht klar und deutlich all's zu sagen,
könnt ihr auch Mich um etwas fragen.

Und nach der Kraft der reinen Liebe
werd't ihr gewahren heil'ge Triebe;
dann forschet ganz gelassen stille,
wie sich da kündet Gottes Wille.

Ihr werdet klar und deutlich hören,
was da wohl ist Mein leicht's Begehren:
Nur auszustreuen guten Samen,
das soll geschehen allzeit! Amen!

Der euch dies Lied hat gegeben, der ist heilig, heilig, heilig. Amen, Amen, Amen!

Kapitel 1

Mahnruf des Herrn

Am 15. März 1840, nach der 6. Stunde
des Morgens

So sprach der Herr zu und in mir [Jakob Lorber] für jedermann, und das ist wahr und getreu und gewiss:

1. Wer mit Mir reden will, der komme zu Mir, und Ich werde ihm die Antwort in sein Herz legen; jedoch die Reinen nur, deren Herz voll Demut ist, sollen den Ton Meiner Stimme vernehmen.

2. Und wer Mich aller Welt vorzieht, Mich liebt wie eine zarte Braut ihren Bräutigam, mit dem will Ich Arm in Arm wandeln. Er wird Mich allezeit schauen wie ein Bruder den anderen Bruder, und wie Ich ihn schaute schon von Ewigkeit her, ehe er noch war.

3. Den Kranken aber sage: sie sollen sich in ihrer Krankheit nicht betrüben, sondern sollen sich ernstlich an Mich wenden und sollen Mir ja ganz trauen. Ich werde sie trösten, und ein Strom des köstlichsten Balsams wird sich in ihr Herz ergießen, und des ewigen Lebens Quelle wird unversiegbar in ihnen offenbar werden; sie werden genesen und werden erquickt werden wie das Gras nach einem Gewitterregen.

4. Die Mich suchen, denen sage: Ich bin der wahre Überall und Nirgends. Überall bin Ich, wo man Mich liebt und Meine Gebote hält, – nirgends aber, wo man Mich nur anbetet und verehrt. Ist denn die Liebe nicht mehr denn das Gebet, und die Haltung der Gebote nicht mehr denn die Verehrung? Wahrlich, wahrlich sage Ich dir: Der Mich liebt, der betet Mich im Geiste an, und der Meine Gebote hält, der ist's, der Mich in der Wahrheit verehrt. Meine Gebote aber kann niemand halten als nur derjenige, der Mich liebt; der Mich aber liebt, hat kein Gebot mehr als dieses, dass er Mich liebt und Mein lebendiges Wort, welches das wahre, ewige Leben ist.

5. Den Schwachen tue kund aus Meinem Mund: Ich bin ein starker Gott. Sie sollen sich alle an Mich wenden; Ich werde sie vollenden. Aus dem Mückenfänger will Ich einen Löwenbändiger machen, und die Furchtsamen sollen die Welt zerstören, und die Starken der Erde sollen zerstreut werden wie Spreu.

6. Den Tänzern und Tänzerinnen sage ohne Scheu, dass sie allesamt vom Satan übel hergenommen sind. Er fasst sie nämlich allesamt bei den Füßen und dreht sich mit ihnen schnell in einem Wirbelkreis herum, damit sie dadurch ganz durch und durch schwindelig werden und weder stehen, noch gehen, noch sitzen, noch schlafen, noch rasten, noch sehen, noch hören, noch fühlen, noch riechen, noch schmecken, noch empfinden können; denn sie sind wie Tote, – daher kann ihnen weder geraten noch geholfen werden. Und wollten sie noch zu Mir sich wenden, so würde es ihnen ergehen wie einem, den ein Starker bei den Füßen nähme und ihn schnell in einem Kreis um sich herumtriebe; würde dieser auch zum Himmel emporblicken, so würde er keine Sonne, sondern nur einen lichten Streifen erblicken, der ihn erblinden würde, damit er dann seine Augen schließen und gar nichts mehr sehen möchte.

7. Dessen leiblich Auge blind ist, dem steht noch die Sehe des Geistes offen; wer aber erblindet am Geiste, der bleibt blind ewiglich.

8. Den Spielern sage, dass sie zuerst ihr Leben und hernach aber alles, was ihnen zu diesem gegeben wurde, verspielen. Denn das Spiel ist ein Brunnen voll giftigen Unrats; die Spieler glauben aber, es sei eine verborgene Goldquelle. Daher wühlen sie täglich in demselben, schlürfen den Pesthauch in die Nüstern, vergiften sich durch und durch und finden statt des vermeintlichen Goldes des Geistes ewigen Tod.

9. Diejenigen, welche die Schrift besitzen und sie nicht lesen, gleichen einem Durstigen am Brunnen, wo reines Wasser ist, das sie aber nicht trinken wollen, entweder aus einer gewissen geistigen Wasserscheu gleich tollen Hunden, welche, statt ihre Schnauze ins Wasser zu stecken und zu genesen, in die härtesten Steine beißen, um sich den brennenden Durst zu stillen, oder auch wohl meistens aus einer gewissen lauen Trägheit, und lassen sich daher lieber von einigen gewissen faulen Dienern aus der nächsten Pfütze stinkenden Schlamm zur Stillung ihres Durstes reichen, damit sie dann allesamt übel umkommen.

10. Den Buhlern und Buhlerinnen aber sage: Wer im Fleische wandelt, der wandelt im Tode, und seine Lust wird bald zur Speise der Würmer umgestaltet werden. Nur wer im Geiste wandelt, kommt zum Lichte, der Urquelle alles Lebens; sein Anteil wird ewig bestehen und sich vermehren.

11. Den Kleiderpracht- und Modesüchtigen sage ernstlich, dass sie nackt vor ihrem gerechtesten Richter stehen. Ihre Pracht wird vergehen wie ein Schaum; ihre Herrschsucht und Pracht wird in die niedrigste Sklaverei verwandelt werden, und sie werden sich ewig ihrer Torheit schämen müssen. Ist denn nicht ein großer Tor der, welcher sich vornimmt, einen Schmeißhaufen vergolden zu wollen, und die Edelsteine aber, statt in Gold, in den schmutzigsten Kot fassen lässt?! Oh, dass es der Irrsinnigen jetzt in der Welt doch gar so viele gibt! Das Licht halten sie für Finsternis, und die Finsternis fürs Licht.

12. Schon steht im Osten ein Stern, welcher dem Orion die Bahn brechen wird, und das Feuer des großen Hundes wird sie alle verzehren; und Ich will der Sterne in großer Menge vom Himmel auf die Erde schleudern, damit die Bösewichte alle umkommen und Mein Licht leuchte allerorten.

13. Ich, Jehova, Gott von Ewigkeit, der Wahrhaftige und Getreue zur letzten Warnung. Amen.

14. Du, der du dieses schlecht niedergeschrieben, dir gilt dieses zunächst, hernach aber allen übrigen. Amen. Dieses sagt der Erste und der Letzte. Amen.

Kapitel 2

Gebote des Herrn an die Menschen

Am 16. März 1840

So sprach der Herr zu und in mir für jedermann; und das ist wahr, getreu und gewiss:

1. Du bist der Lot von Sodom; aber sehe zu, dass du nicht erstickst in der Unzucht und das Erbe der Hure dein Anteil wird; denn du bist wie keiner vor dir und nach dir. Du bist als Mensch ganz im Fleische und dessen Lust und bist als Geist ganz frei mit offenen Augen und offenen Ohren. Deinen Leib beschmierst du mit Kot, und über deinen Geist werden Ströme des

Lichtes ausgegossen; dein Leib isst mit den Sauen, da dein Geist von tausend Engeln umgeben ist. Dein irdisch Herz hast du angefüllt mit Mist und Kot, und Ich habe Mir in deines Geistes Herzen eine Wohnung errichtet. Du unterhältst dich mit Huren, während Ich mit dir wie ein Bruder zum Bruder spreche; du stinkst wie ein Pfuhl, und dein Geist atmet des höchsten Himmels Wohlgerüche; du bist ein Scheusal, und dein Auge überstrahlt die Sonnen. Daher reinige dein Fleisch und werde eins mit dir[3], damit Ich eins mit dir werde!

2. Sage den ängstlichen Müttern: sie sollen ihre Töchter nicht in der Furcht vor den Männern und der Welt erziehen – denn was man fürchtet, dem gehorcht man blindlings in der Versuchung, und dem Gefürchteten wird der Sieg leicht werden –, sondern sie sollen sie lieber in Meiner Furcht und Liebe erziehen, damit Ich Sieger werde, damit sie die Welt verachten und in Meiner unbegrenzten Liebe schwelgen. Sie sollen sie der Gewinnung eines Ehegatten willen nicht auf öffentliche Örter führen, sondern zu Mir, zu Mir sollen sie sie bringen, und Ich sage dir: Nicht eine ihrer Begierden soll ungesegnet und unbefriedigt bleiben; denn Ich bin ein reicher Gott, der an allem den unendlichsten Überfluss hat, der alles im höchsten Übermaße geben kann und auch geben will.

3. Die Armen sollen nicht betteln vor der Türe des Reichen, wo sie das Los der fremden Hunde erfahren und ihr Herz in Trauer und Bitterkeit verkehrt wird, – sondern sie sollen nur festen Vertrauens zu Mir kommen, und Ich werde sie allesamt erquicken. Den Hungrigen will Ich speisen, den Durstigen tränken, den Nackten bekleiden, den Kranken heilen; der Lahme soll springen wie ein Hirsch, der Aussätzige wird gereinigt, der Blinde wird sehend, der Taube hören, und den Schwachen will Ich stärker machen denn einen Löwen; der Furchtsame wird mutiger denn ein männlich Füllen, und der Alte soll Ruhe finden. Der Arme ist Mein nächster Bruder; Ich sorge für ihn. Daher soll er sich nicht von den Hunden entheiligen lassen; denn die Reichen der Welt sind Brüder des Satans und Kinder des Teufels aus der Hölle.

4. Meinen Freunden und Freundinnen sage: sie sollen Meine Diener und Knechte nicht mehr lieben als Mich; ihr Heil sollen sie nicht so sehr in ihre, sondern vielmehr ganz in Meine Hände legen und sich ganz Mir anvertrauen. Denn der Diener muss handeln nach dem Gebot streng, will er nicht für unwürdig befunden werden; allein der Geber des Gesetzes steht über

---

[3] In späteren Editionen wurde „dir" mit „Mir" ersetzt. Eins mit sich selbst werden bedeutet, eine harmonische und integrierte Einheit mit der eigenen Persönlichkeit und dem inneren Wesen zu erreichen. Es ist ein Prozess der Selbstreflexion, Selbsterkenntnis und inneren Transformation. Durch Praktiken wie Meditation, Gebet und innere Einkehr strebt man danach, die verschiedenen Aspekte seiner eigenen Persönlichkeit zu erkennen, zu akzeptieren und zu integrieren. Dies beinhaltet die Bewusstwerdung und Heilung von emotionalen Wunden, die Überwindung von negativen Gewohnheiten und Mustern sowie die Kultivierung positiver Eigenschaften wie Liebe, Mitgefühl und Demut. Indem man sich mit seinem innersten Wesen verbindet und es akzeptiert, öffnet man den Raum für die Gegenwart Gottes und ermöglicht eine tiefere spirituelle Erfahrung. So wird Gott ermöglicht, in einem selbst gegenwärtig zu sein.

demselben und kann auch über dasselbe stellen, wen er will. Solange sie aber stehen unter dem Joch, werden sie gerichtet; der aber zu Mir kommt, dem kann Ich das Gericht erlassen.

5. Meine Kirche auf Erden ist ein Reinigungsbad; der sich gewaschen hat, der komme zu Mir, damit Ich ihn abtrockne mit der Wärme Meiner Liebe und ihn behalte. Der aber nur Freude an dem Pritscheln und Wascheln hat, dem geht es wie den Mühlrädern, die nie aus dem Wasser kommen.

6. So jemand die Werke der wahren Buße gewirkt hat, der komme zu Mir, damit Ich ihn aufnehme wie einen verlorenen Sohn und ihn behalte in Meiner Kraft. Denn der Knecht kann raten, Ich aber kann es tun; der Diener kann belehren, allein die Erlösung ist nur Mein Werk; der Knecht kann beten, aber nur Ich kann segnen. Mein Diener muss richten gerecht; aber das Recht der Gnade hat nur der Herr. Daher sollen sie über den Dienern und Knechten des Herrn nicht vergessen!

7. Dieses sage ihnen von Wort zu Wort getreu ganz ohne Scheu; denn du darfst die Welt nicht fürchten, wenn du Mich lieben willst, – denn Ich bin mehr als alle Welt.

8. Ich bin der Welt ein gar kleiner Held, den man für gar nichts hält. Die Gelehrten sehen Mich kaum noch über die Achseln an und lassen Mir mit genauer Not noch kaum den Namen eines ehrlichen Mannes. Einige aber haben Mich schon ganz und gar verabschiedet; für diese also bin Ich gar nicht mehr vorhanden. Einige lassen Mir wohl noch irgendeinen göttlichen Zug gelten, jedoch nur auf eine kurze Zeit; dann aber lassen sie sich von den Weltweisen über ein Besseres belehren. Ich werde dann gleich infam kassiert und gelte noch

höchstens als ein alter Weibergott. Bei einigen Meiner groß sein wollenden Diener und Knechte diene Ich bloß nur noch als ein öffentliches Amtssiegel und als äußere, göttlichartige Umfassung ihres schwarzen Unsinns und ihrer groben, finsteren Dumm- und Narrheit. Die einen aber lassen Mich zwar wohl noch in Meiner Göttlichkeit stecken; aber dafür muss Ich für ihre zeitlichen Vorteile aus Mir machen lassen, was sie wollen, und zwar, was das Allerärgste ist, Ich muss ein bares Unding sein! Liebe und Barmherzigkeit darf Ich nur so lange haben, als es ihnen gefällig ist; dann aber muss Ich unerbittlicher werden als ein Stein und muss Mich zu dem schändlichsten Tyrannen umgestalten lassen! Ich muss von einem Richterstuhl auf den anderen springen und ein Verdammungsurteil über das andere aussprechen; Meine Liebe muss also nur zeitlich, aber Meine Tyrannei und das damit verbundene allerschärfste Richteramt soll ewig währen. O der ungeheuren Narren! Meine unbegrenzte Langmut, Sanftmut, Demut und ewige Liebe zu Meinen Geschöpfen taugt freilich nicht in ihren habsüchtigen Kram; aber es soll ihnen bald ein Strich durch alle ihre Rechnungen gemacht werden. Ihre Rechnungen liegen vor Mir, und das Maß ihrer Taten ist voll geworden bis auf eins, und der Lohn harret ihrer.

9. Wer Mich nicht kennt, wie Ich bin, und wer Ich bin, dem wäre es besser, dass er von Mir gar nichts wüsste, – denn dann könnte Ich ihn noch lebendig machen dort im Reich der Geister; so aber machen sie sich Meiner Hilfe unfähig, denn sie töten dadurch das Leben in sich, da sie Mich in sich zerstören und somit auch töten, und sind die vom Weinstock getrennten Reben.

10. Dieses aber sage Ich jetzt, dass Ich bin der alleinige, ewige Gott in Meiner dreieinigen Natur als Vater Meinem Göttlichen nach, als Sohn Meinem vollkommen Menschlichen nach und als Geist allem Leben, Wirken und Erkennen nach. Ich bin von Ewigkeit die Liebe und die Weisheit Selbst. Nie habe Ich von jemandem etwas empfangen. Alles, was da ist, ist von Mir, und wer etwas hat, der hat es von Mir. Wie bin Ich denn ein Tyrann und ein Verdammungsurteilsprecher?! O ihr Toren! Ich liebe euch; ihr verachtet Mich. Ich bin euer Vater; ihr macht Mich zum Scharfrichter. Wo Ich segne, da flucht ihr; wo Ich baue, da zerstört ihr; was Ich aufrichte, das beugt ihr nieder; wo Ich säe, da leitet ihr erstickende Fluten darüber; ihr seid in allem wider Mich. Wäre Ich, wie ihr sagt, dass Ich sei, – wahrlich, sage Ich euch, die Erde bestände schon lange nicht mehr, ja sie wäre sogar nie erschaffen worden. Weil Ich aber bin, wie Ich bin, so besteht noch alles, wie es war, und wie es sein wird ewig; und auch ihr werdet sein, wie ihr sein wollt, ohne Mein Verdammungsurteil, – denn ihr werdet sein, wozu ihr euch selbst gemacht werdet haben. Die aber Mich nehmen, wie Ich bin, und Mich lieben, wie Ich sie liebe, aus denen aber werde Ich machen, was sie wollen, damit ihre Freiheit und Freude vollkommen sei ewiglich.

11. Meinen Dienern und Knechten sage: Meine Ämter sind keine Wechselbanken und keine Geldboutiquen! Denn der Mir des Geldes wegen dient, der dient Mir nicht aus Liebe; wer Mir aber nicht aus Liebe dient, dessen Dienst ist Mir fremd, wie Ich ihm ganz fremd sein muss, da er Mir nicht aus Liebe dient; mit ihm habe Ich die Rechnung schon geschlossen. Wie ist der aber ein treuer Knecht, der die Schätze des Herrn ohne Befugnis gleich einem Dieb um die schändlichsten Preise verkaufte? Ischariot verkaufte Mich doch noch wenigstens um dreißig Silberlinge, ohne dass er es vorauswusste, was mit Mir geschehen wird; denn er war verblendet und ging verloren. Jetzt aber bin Ich schon als gemartert, getötet und wieder auferstanden um die schändlichsten Spottpreise zu jeder Minute zu haben. O ihr schändlichen Diebe, ihr Mörder, womit soll Ich euch denn vergleichen? Ihr Kinder des Drachen, ihr Otterngezüchte, ihr Schlangenbrut! So dient ihr Mir, so muss Ich euch finden? Ich ließ ja durch Meinen lieben Paulus sagen, dass der, der dem Altar dient, auch vom Altar leben soll, aber nur aus den Werken der Liebe, die alles Gute wirkt; ihr aber habt keine Werke der Liebe, – daher seid ihr Räuber und Diebe und Meuchelmörder des Evangeliums und aller Wahrheit. Wisst ihr: Wie die Arbeit, so der Lohn! Liebe ist nicht ums Geld, sondern nur wieder um Liebe zu haben. Ich bin die Liebe Selbst und bin durchgehends um keinen anderen Preis als nur wieder um Liebe zu haben. Durch Liebe habe Ich euch alle erkauft; daher fordere Ich von euch allen wieder Liebe. Der daher Mir dienen will, der diene Mir in der Liebe, in der Ich für ihn am Kreuz gestorben bin; und der zu Mir kommen will, der komme in der Liebe zu Mir, die am Kreuz für ihn blutete.

12. Den Beamten und Herren der Welt sage ohne Scheu ganz wortgetreu, dass ihre Ämter nicht höher stehen als die Ämter Meines Reiches. Jedes Amt aber, das wider Mein Amt ist, will Ich zerstören in der Bälde; wehe seinen Dienern! Denn Ich bin der Allerhöchste; Mein Gesetz ist ewig, wie Ich es bin, und wird bleiben wie Ich ewig. Die Motten, die Mein Gesetz

benagen wollen und wieder Gesetze aus ihrem Kot machen, um Mein Gebot zu vertilgen, auf diese wird es sich mit größter Last und Schwere hinwälzen und sie vernichten, als wären sie nie gewesen. Jedem, der sich an Meinen Geboten versündigt, kann vergeben werden, wenn er sich bessert, seinen Fehler einsieht und bereut, sich dann zu Mir wendet und in Mir verbleibt und Ich in ihm; aber wer Mein Gesetz untergraben will, den wird es erdrücken, und er wird fürder nicht mehr sein ewiglich. Alle Weltgesetze untergraben Mein Gebot, wenn sie nicht aus Meiner Liebe von Männern gegeben sind, die durch Meinen Geist unterrichtet sind. Wehe den Tyrannen, wehe den Despoten, die herrschen des Thrones wegen und der Macht und des Ansehens; denn zu ihrer Zeit fehlt nicht mehr denn eins, und sie werden erfahren die Macht der Schwachen. Der Boden ist Mein, und das Feld ist Mein; dies sagt der Wahrhaftige, der ewige Gott der Liebe und Weisheit, und gibt es kund einem Narren für die Weisen der Welt. Amen. Ich, Jehova, Amen.

Kapitel 3

Der Herr als Vater Seiner Kinder

Am 20. März 1840

So sprach der Herr zu und in mir für jedermann, und das ist wahr, getreu und gewiss:

1. Ich bin ein guter Wirt; auch nicht ein Brosame geht verloren. Wer sein Kapital bei Mir anlegt, dem wird es hohe Zinsen bringen, und es wird in Meinem Herzen intabuliert bleiben, und die Zinsen werden wachsen bis in alle Ewigkeiten der Ewigkeiten. Blick' empor, du Tor, und schaue den Sternenhimmel an! Wer hat je die Sonnen gezählt, deren Zahl kein Ende hat, und die Erden alle, die Ich um sie zu Tausenden bei jeder einzeln geschaffen habe? Und Ich sage dir, der Ich wahrhaftig und getreu bin in jeglichem Meiner Worte: Um einen Pfennig gebe Ich eine Erde und um einen Trunk frischen Wassers eine Sonne. Wahrlich, Ich sage dir: Der geringste Dienst der Nächstenliebe wird auf das Ungeheuerste, Unaussprechlichste belohnt werden.

2. Du fragst Mich, ob wohl überall auch Menschen seien, wie hier auf der Erde, die du bewohnst, und Ich sage dir: Ja, es gibt überall Menschen, die aus Meinen Eingeweiden hervorgehen und Mich erkennen nach der Art der Eingeweide; und die aus Meinen Händen hervorgehen und Mich erkennen an Meinen Händen; und die aus Meinen Füßen hervorgehen und Mich erkennen nach Meinen Füßen; und die aus Meinem Kopf hervorgehen und Mich erkennen nach Meinem Kopf; und die aus Meinen Haaren hervorgehen und Mich erkennen nach Meinen Haaren; und die aus Meinen Lenden hervorgehen und Mich erkennen nach Meinen Lenden; und überhaupt die aus allen und jeden Einzelteilen Meines Leibeswesens hervorgehen und Mich danach erkennen. Und ihr Leben und ihre Seligkeit entspricht dem Teil, aus dem sie hervorgegangen, und sie sind alle Meine Geschöpfe, die Mir lieb sind; denn Ich bin ganz Liebe und bin überall die Liebe Selbst.

3. Aber die Menschen dieser Erde rief Ich aus dem Zentrum Meines Herzens hervor und schuf sie vollkommen nach Meinem Ebenbild, und sie sollten nicht nur Meine Geschöpfe, sondern Meine lieben

Kinder sein, die Mich nicht als Gott und Schöpfer, sondern nur als ihren guten Vater erkennen sollen, der sie nach kurzer Prüfungszeit wieder ganz zu Sich nehmen will, damit sie da alles haben sollen, was Er Selber hat, und bei Ihm wohnen möchten ewiglich und mit Ihm herrschen und richten möchten das All. Aber siehe, alle Meine Geschöpfe lieben Mich als ihren Schöpfer in dankbarer Freude ihres Daseins; aber Meine Kinder wollen ihren Vater nicht und verschmähen Seine Liebe!

4. Siehe, Ich bin traurig, wenn Ich sehe, wie stündlich Tausende und tausendmal Tausende dahinwelken und sterben! Oh, wenn Ich ihnen doch nur helfen könnte! Ist es nicht traurig, wenn der Allmächtige nicht helfen kann?

5. Du fragst Mich schon wieder, wie denn das möglich sei? O ja, sage Ich dir, das ist sehr möglich. Siehe, alle Meine Geschöpfe hängen an Meiner Macht, aber Meine Kinder hängen an Meiner Liebe. – Meine Macht gebietet, und es geschieht; aber Meine Liebe wünscht nur und gebietet in aller Sanftmut den freien Kindern, und die freien Kinder verstopfen ihre Ohren und wollen nicht das Angesicht ihres Vaters schauen. Daher, weil sie frei sind, wie Ich es bin, kann Ich ihnen nicht helfen, wenn sie es nicht wollen. Denn Meine Macht geht über alles; aber Mein Wille ist Meinen Kindern untertan. Dieses aber soll sich jeder hinter die Ohren schreiben: Ich bin euer Vater, bin aber auch euer Gott, und außer Mir ist keiner mehr. Wollt ihr Mich als Vater – oder als Gott? Eure Taten werden Mir die entscheidende Antwort geben.

6. So merket es denn: Die Liebe wohnt nur im Vater und heißt der Sohn. Wer diese verschmäht, der wird der mächtigen Gottheit anheimfallen und wird seiner Freiheit auf ewig beraubt werden, und der Tod wird sein Anteil sein; denn die Gottheit wohnt auch in der Hölle, aber der Vater wohnt nur im Himmel. Gott richtet alles nach Seiner Macht; aber die Gnade und das ewige Leben ist nur im Vater und heißt der Sohn. Die Gottheit tötet alles; aber der Sohn oder die Liebe in Mir hat Leben, gibt Leben und macht lebendig.

7. Dieses alles sagt der gute Wirt und der sparsame Vater allen Seinen Kindern, damit sie sich bessern sollen, um einst das Erbe zu nehmen, was Ich ihnen von Ewigkeit so treulich bereitet und aufbewahrt habe.

8. Deinen Freunden und Brüdern sage ja in aller Liebe: Ich, ihr liebevollster Vater, habe schon Meine beiden Arme ausgestreckt, um sie allesamt an Mein Herz ewig, ewig zu drücken. Sie sollen sich ja nicht mehr von Mir wenden, sondern unverwandt sollen sie in Mein Angesicht schauen, und Mein Auge wird es ihnen sagen, ja laut verkünden wird es ihnen, wie sehr Ich sie liebe, und wie aufrichtig Ich es mit ihnen meine.

9. Sage ihnen: Ich habe ihre Sünden von Meinen Augen hinweggetan und habe sie gewaschen so weiß wie der Schnee; es ist nun kein Hindernis mehr. Ich will ihnen kein unsichtbarer Vater mehr sein; sie sollen Mich allzeit schauen und mit Mir tändeln und schäkern und sich freuen; alle ihre Sorgen sollen sie nun Mir übertragen.

10. Oh, mit welcher Freude will Ich fernerhin sorgen für sie! Oh, was sind alle Freuden und Seligkeiten Meiner Himmel für Mich, den Vater, gegen die, von Meinen lieben Kindern als einziger, wahrer Vater geliebt zu sein!

11. Siehe, alle Seligkeiten gebe Ich euch für diese einzige, die Ich nur für Mich bestimmt habe, und darum sollen Meine Kinder auch niemanden als Mich, Mich nur ganz allein, ihren Vater nennen; denn Ich bin es auch und bin es auch mit allem Recht, und niemand kann Mir das Recht nehmen, da Ich der Einzige, Alleinige bin und außer Mir keiner mehr ist.

12. Siehe, Ich will sie dir alle beim Namen: H1, L, V1, T, S, S, A, A, S, S nennen.[4] Sie sollen alle Meinen Vatergruß empfangen und heute noch, wenn sie wollen, sollen ihnen die Pforten der Himmel geöffnet werden, das die Augen ihres Geistes sind, und Ich will noch heute wohnen in ihren Herzen. Nur eins noch sollen sie mit Beharrlichkeit tun, nämlich ihr Fleisch sollen sie reinwaschen aus dem Brunnen, da lebendiges Wasser innen ist, und einen Stab sollen sie nehmen, der zur Hälfte schwarz und zur Hälfte weiß ist; den sollen sie zur Hälfte abbrechen, und den schwarzen Teil sollen sie der Welt unter die Füße werfen und den weißen Teil für sich behalten zum Zeichen, dass sie mit der Welt und mit ihrem Fleische auf immer gebrochen haben.

13. Das ist aber so viel, dass sie in sich ernstlich gehen sollen, sich ganz erkennen und Mir dann ihre vorgefundenen Gebrechen in ihrem Herzen treu und wahr vortragen. Ich werde den Unrat aus ihren Herzen vertilgen und werde sie mit dem Feuer Meiner göttlich-väterlichen Liebe erfüllen. Und so gereinigt sollen sie sich dann dem Priester zeigen durch und in der Beichte; und sodann werde Ich kommen und mit ihnen am Altar das Freudenmahl halten.

14. Sage ihnen noch hinzu, dass sie sich ja nicht in der und an der Kirche stoßen sollen; denn eine jede Speise, die Ich anempfehle, reinige Ich für den, der sie im Geiste und in der Wahrheit genießen will, und dann soll er sie genießen ohne Sorge. Was Ich Meinen Kindern gebe, das ist rein und wird durch die äußere Form nicht entheiligt für jene, für die Ich es gesegnet habe. Den Tempel werde Ich segnen, und die Stätte wird heilig sein, wo sie sich befinden werden; denn Ich, ihr heiliger Vater, werde da sein mitten unter ihnen, wo sie hingehen werden, und kein Haar soll an ihnen gekrümmt werden.

15. Sage ihnen ja ganz bestimmt und gewiss: Meine Liebe harret ihrer, und Meine Arme will Ich nicht eher schließen, als bis sie allesamt in Meinen Armen ruhen werden, wo sie ihren liebevollsten, heiligen Vater von Angesicht zu Angesicht schauen werden und ihrer Freuden nimmer ein Ende sein wird. Amen!

16. Sage allen, die Mich suchen, dass Ich stets zu Hause bin, niemals ausgehe, und dass Ich nicht nur gewisse Stunden oder Zeiten bestimmt habe, in welchen man zu Mir kommen kann wie zu den Königen der Erde und allen den Großen der Welt. Also nicht nur am Sabbat oder Feiertag, sondern zu jeder Minute ist Mir ein liebendes Herz angenehm, und in der Nacht selbst habe Ich noch nie vor jemandem die Türe verriegelt; wann ihr also immer klopfen werdet, will Ich „Herein!" sagen.

17. Du musst und kannst es nun schon frei heraussagen, ob Ich dich je zu etwas zu einer bestimmten Zeit genötigt habe, oder ob es nicht allezeit deinem freien Willen

---

[4] Die Erklärung dieser Buchstaben befindet sich im Anhang.

überlassen war, sich zu Mir zu begeben und um irgendetwas zu fragen, was du habest wissen wollen? Und ob Ich dir je eine Frage schuldig bin geblieben? Und hast du Mich aus der Hölle gefragt, so antwortete Ich dir; und warst du auf der Erde, so sprach Ich mit dir; und in den Himmeln sprach Ich mit dir. Bei Tag und bei Nacht ist dir Mein Ohr beständig zugekehrt. Was du hier schreibst, schreibst du ja nur nach deiner Zeit und Muße, und Mir ist es allezeit ganz recht, und solange du es willst, und wie viel du willst, und siehe, Mir ist es recht. Daher sage ihnen ganz getreu: Mir sei es ganz einerlei; wann jemand zu Mir kommt, wird er angehört und angenommen!

18. Sage den Kindern, dass sie ja nicht Spott mit Mir treiben sollen, sondern dass sie das ernstlich nehmen sollen! Sage ihnen, dass Ich durchgehends kein Spaßmacher bin, noch irgendeinen Spaß verstehe; denn Ich meine es ernst mit allen, mit Großen und Kleinen, mit Jungen und Alten, mit Männlich und Weiblich. Ausnahmen finden bei Mir gar keine statt.

19. Denn siehe, Meine Geschöpfe, die nichts taugen, zerstöre Ich augenblicklich und vernichte sie auf ewig; aber für Meine Kinder habe Ich auch Strafen in Menge und will die Ungehorsamen züchtigen bis auf den letzten Tropfen ihres Blutes, und sie werden dann gewiss erkennen, dass Ich wenigstens der Herr im Hause bin, wenn sie Mich schon als liebenden, heiligen Vater nicht erkennen wollen.

20. Wehe aber denen, die Meine väterlichen Züchtigungen verkennen und missdeuten! Ich sage noch einmal: Wehe ihnen! Diese wird der Vater verstoßen, und sie werden dann mit ihrem ewig unerbittlichen Gott zu tun haben. Das sage Ich dir als einem schlechten, faulen Knecht. Amen. Ich, Jehova, Amen.

Kapitel 4

Die alleinige wahre Kirche

Am 22. März 1840

So sprach der Herr zu mir und in mir für jedermann, und das ist wahr, gewiss und getreu:

1. Meine Gnade ist ein reicher Schatz; dem sie zuteilwird, der wird keinen Mangel haben an allem jemals, zeitlich und ewig. Daher soll sich jeder bemühen, sich diese ja sogleich zu eigen zu machen; denn Ich gebe sie jedem, der sie nur immer haben will.

2. Denn siehe, wollt ihr Vergebung eurer Sünden, so werden sie euch vergeben, so ihr wahre Buße wirkt durch Jesus, welcher ist Mein lebendiges Wort und die Liebe in Mir, und die Pforten des Himmels stehen euch offen, und so ihr hinein wollt, könnt ihr hinein und da schauen das Angesicht eures heiligen Vaters, der Ich es bin, der ewige Gott Jehova.

3. Das könnt ihr tun vermöge des lebendigen Wortes, welches ist Jesus Christus oder die ewige Liebe und Weisheit in Mir, woraus alles Gute und Wahre fließt. Die Liebe ist euch gegeben von Anbeginn; denn sie ist das eigenste Leben in euch, so wie die Macht in Meinen Geschöpfen, die zwar auch aus Meiner Liebe hervorgeht, aber doch nicht die Liebe selbst ist, da in ihr keine Freiheit ist, sondern nur die Wirkung der Liebe, welche aber an und für sich ist ohne Leben, – daher auch alles, was hervorgeht aus der Macht, an und für sich ist tote Materie, deren Leben nur

scheinbar ist, – in der Wirklichkeit aber ist es der Tod.

4. Daher, so jemand seine Liebe an die materielle Welt heftet, so wird seine Liebe an sich durch die Macht des Todes erdrückt, und die Folge ist dann das Los der Materie oder der Tod.

5. Der aber seine Liebe zu Mir richtet und an Mich heftet, der verbindet seine Liebe wieder mit der Liebe oder mit dem Leben alles Lebens; der wird dann lebendig durch und durch.

6. Nun aber siehe, die Liebe an und für sich ist blind und finster und eben dadurch frei und unabhängig; aber auch eben dadurch in großer Gefahr, sich zu verlieren und zugrunde zu gehen.

7. Darum gebe Ich aller Liebe zu Mir nach dem Grad ihrer Größe auch alsogleich den gerechten Anteil des Lichtes hinzu, und das ist ein Geschenk und heißt die Gnade; mit dieser fließe Ich bei jedem Menschen ein nach dem Grad seiner Liebe.

8. Daher, so jemand die Liebe hat, da er Mein Gesetz in sich lebendig macht, welches die höchste Liebe ist, über den werden Ströme des Lichtes ausgegossen werden, und sein Auge wird durchdringen die Erde und wird schauen die Tiefen der Himmel.

9. Sage es den Kindern, und sage es allen, sie mögen sein, welcher Religion sie wollen – ob Römische, ob Protestanten, ob Juden, ob Türken, ob Brami, ob finstere Heiden –, kurz für alle soll es gesagt sein: Auf der Erde gibt es nur eine wahre Kirche, und diese ist die Liebe zu Mir in Meinem Sohn, welche aber ist der heilige Geist in euch und gibt sich euch kund durch Mein lebendiges Wort, und dieses Wort ist der Sohn, und der Sohn ist Meine Liebe und ist in Mir und Ich durchdringe Ihn ganz, und Wir sind eins, und so bin Ich in euch, und eure Seele, deren Herz Meine Wohnstätte ist, ist die alleinige wahre Kirche auf der Erde. In ihr allein ist ewiges Leben, und sie ist die alleinseligmachende.

10. Denn siehe, Ich bin der Herr über alles, was da ist; Ich bin Gott, der Ewige und Mächtige, und als solcher bin Ich auch euer Vater, der Heilige und Liebevollste. Und dieses alles bin Ich im Wort; das Wort aber ist im Sohn, und der Sohn ist in der Liebe, und die Liebe ist im Gesetz, und das Gesetz ist euch gegeben. So ihr es beobachtet und danach tut, so habt ihr es in euch aufgenommen; dann wird es in euch lebendig und erhebt euch über euch selbst und macht euch frei, und ihr seid dann nicht mehr unter dem Gesetz, sondern über demselben in der Gnade und im Licht, welches alles Meine Weisheit ist.

11. Und das ist die Seligkeit oder das Reich Gottes in euch oder die alleinigseligmachende Kirche auf der Erde, und in keiner anderen ist das ewige Leben als nur einzig in dieser.

12. Oder meint ihr denn, Ich wohne in den Mauern, oder in der Zeremonie, oder im Gebet, oder in der Verehrung? O nein, ihr irrt euch sehr, denn da bin Ich nirgends, – sondern nur, wo die Liebe ist, da bin Ich auch; denn Ich bin die Liebe oder das Leben Selbst. Ich gebe euch Liebe und Leben und verbinde Mich nur mit Liebe und Leben, aber niemals mit der Materie oder mit dem Tode.

13. Denn darum habe Ich den Tod überwunden und die Gottheit Mir untertan gemacht, damit Ich alle Gewalt habe über alles, was da ist, und Meine Liebe herrsche ewiglich und mache lebendig alles, was ihr untertan ist.

14. Und wie meint ihr denn, dass Ich eurer im Tode harre, während Ich doch das Leben Selbst bin?! Daher gehe zuvor in die wahre Kirche, da Leben innen ist; dann erst in die tote, damit sie lebendig wird durch euch.

Kapitel 5

Die Schöpfung

1. Wer Ohren hat zu hören, der höre, und wer Augen hat zu sehen, der sehe; denn siehe, Ich will euch hier ein gar großes Geheimnis enthüllen, damit ihr sehen möget, wie sich euer liebevollster, heiliger Vater euch von Angesicht zu Angesicht zu schauen und zu genießen brüderlich gibt. Denn die Kinder müssen eingeweiht sein in die große Haushaltung ihres Vaters von Ewigkeit her.

2. Die Gottheit war von Ewigkeit her die alle Unendlichkeit der Unendlichkeit durchdringende Kraft und war und ist und wird sein ewig die Unendlichkeit Selbst. In der Mitte Ihrer Tiefe war Ich von Ewigkeit die Liebe und das Leben Selbst in Ihr; aber siehe, Ich war blind wie ein Embryo im Mutterleib. Die Gottheit aber gefiel Sich in der Liebe und drängte Sich ganz zu Ihrer Liebe. Und der Liebe ward es immer heißer und heißer in Ihrer Mitte, und es drängten sich Massen und Massen der Gottheit dahin, und alle Mächte und Kräfte stürmten auf Dieselbe los.

3. Und siehe, da entstand ein großes Rauschen, Brausen und Toben, und siehe, die Liebe ward geängstigt und gedrückt von allen Seiten, so dass die Liebe bis ins Innerste erbebte. Und die Liebe gewahrte es, und das Rauschen ward zum Ton, der

Ton aber ward in der Liebe zum Wort, und das Wort sprach: „Es werde Licht!" Und da loderte im Herzen die Flamme der entzündeten Liebe auf, und es ward Licht in allen Räumen der Unendlichkeit.

4. Und Gott sah in Sich die große Herrlichkeit Seiner Liebe, und die Liebe ward gestärkt mit der Kraft der Gottheit, und so verband Sich die Gottheit mit der Liebe ewiglich, und das Licht ging aus der Wärme hervor.

5. Und siehe, da sah die Liebe alle Herrlichkeiten, deren Zahl kein Ende ist, in der Gottheit, und die Gottheit sah, wie dieses alles aus der Liebe in Sie überging, und die Liebe sah in der Gottheit Ihre Gedanken und fand großes Wohlgefallen an denselben. Da entzündete Sich die Liebe von neuem, und die Kräfte der Gottheit rauschten um Sie, und siehe: Die Gedanken der Liebe waren selbst Liebe und waren ohne Zahl.

6. Da sah die Gottheit Ihre Herrlichkeit, und die Liebe empfand Ihre Macht. Und da sprach die Liebe in der Gottheit: „Lasset Uns die Gedanken der Herrlichkeit festhalten und heraustreten, dass sie frei werden und Uns empfinden und sehen, wie Wir sie empfinden und sehen und Wir sie empfanden und sahen, ehe noch das Licht ihre Formen erleuchtete."

7. Da ging das Wort in die Gottheit über, und Sie ward überall Liebe. Und siehe, da sprach die Gottheit zum ersten Male: „Es werde!" Und es ward ein Heer der Geister aus Gott frei, deren Zahl kein Ende hat, und die Liebe sah Sich Selbst verunendlichfältigt und sah Ihre unendliche Schönheit vollkommen.

8. Aber alle die Wesen waren noch nicht lebendig und empfanden noch nicht und sahen noch nicht; denn sie waren

noch außer der Liebe in der Gottheit fixierte Formen.

9. Und es dauerte die Liebe, und Sie regte Sich, und das Regen stieg in der Gottheit empor, und die Gottheit gab Ihre Gefangenen der Liebe, und Liebe durchdrang alles. Und siehe, da wurden die Formen lebendig und staunten sich an und wärmten sich an den Flammenströmen der göttlichen Liebe und bekamen dadurch selbständige Bewegung und Regsamkeit. Aber sie erkannten sich noch nicht.

10. Da sprach die Liebe abermals: „Lasset Uns machen, dass sie sich erkennen, damit sie dann Mich und durch Mich auch Dich erkennen mögen."

11. Da stieg wieder das Wort in der Gottheit empor, und in der Gottheit ertönte das Wort, und das Wort ward zum Gesetz, und das Gesetz war die Liebe und strömte in alle über.

12. Und siehe, da wurden gebildet drei, und aus ihnen gingen hervor sieben. Und die drei waren gleich der Liebe, dem Licht und der Gottheit; und die sieben waren gleich den sieben Geistern Gottes, und sie heißen und werden ewig heißen: 1. Liebet die Liebe. 2. Fürchtet die Gottheit, welche tötet, – damit ihr nicht getötet werdet. 3. Die Liebe in euch ist heilig; darum achtet euch untereinander, wie euch die Liebe in der Gottheit achtet und Freude hat an euch. 4. Jeder ist sein Eigentum und das Eigentum der Liebe Gottes; daher werde keiner dem anderen zum Raube. 5. Keiner verdecke je sein Antlitz vor dem anderen, damit der andere nicht wisse, wie die Liebe ist, – damit ihr seid wie die Liebe, die euch werden hieß. 6. Euer Inneres sei auch euer Äußeres, damit keine falsche Regung in euch entstehe und ihr zugrunde gehet. 7. Euer Äußeres sei der getreue Widerschein eures inneren Spiegels, in welchem Sich die Liebe der Gottheit beschaut; sonst wird der innere Spiegel zerbrochen werden und eure Gestalt wird schrecklich werden.

13. Da donnerte die Gottheit in den unendlichen Räumen den Übertretern ein fürchterliches Strafgericht, und so ward die Anbetung der Gottheit in der allerhöchsten Furcht ihnen geboten, und es ward ihnen geboten die Liebe der Liebe. Und sie wurden hinausgestellt in der höchsten Freiheit und konnten tun, was sie wollten, und nichts soll sie hindern in ihrer Freiheit und bis zur Zeit, da sie sich werden erkannt haben in ihrer Freiheit und ihrer Demut, damit das Gesetz ihr eigenes werde und sie dann vollkommen frei würden.

14. Allein nun erkannten sie sich in ihrer großen Macht und alles überstrahlenden Herrlichkeit und Majestät, und der Oberste der drei, gleich dem Licht der Gottheit, entzündete sich in seiner Begierde, um sich der Gottheit vollends zu bemächtigen. Durch ihn entzündete sich ein großer Teil der Geister, die durch ihn wurden; und durch sie erbrannte auch die Gottheit in Ihrem Grimm gleich den zwei niederen Geistern der drei und schleuderte die böse Rotte in die Tiefe der Tiefen ihres Zornes.

15. Und die zwei und die aus ihnen hervorgingen und die sieben, deren Zahl gerecht war, wurden gefunden in der Treue ihrer Demut und wurden aufgenommen in die Kreise der Macht Gottes; und die Liebe sah, dass sie rein waren befunden, und freute Sich in ihrer Vollendung. Und siehe, die Kraft der Gottheit in der Liebe stieg empor, und die Gottheit bewegte Sich, und die Geschaffenen nahmen wahr die Bewegung der Gottheit, und die Gottheit

bewegte Sich zu Ihrer Liebe, und den Geschaffenen wurden die Augen eröffnet, und sie sahen zum ersten Male die ewige Liebe.

16. Da staunten die Heere der Zahllosen, und es entstand ein großer Jubel und eine große Freude unter ihnen; denn sie sahen die Macht Gottes in der Liebe und sahen die Liebe in sich und auch die Kraft, die sie werden hieß, und erkannten sich und erkannten die Liebe und erkannten Gott.

17. Nun bewegte Sich die Gottheit, und die Geschaffenen fürchteten sich vor der Gottheit, und die Liebe sah ihre Furcht und sah, dass ihre Furcht gerecht war, und die Furcht ward ihnen zum Gehorsam, und der Gehorsam war die Demut, und die Demut war ihre Liebe, und die Liebe ward ihr Gesetz, und das Gesetz ihre ewige Freiheit, und die Freiheit ward ihr Leben, und das Leben ihre Seligkeit ewiglich.

18. Nun siehe, die ewige Liebe redete sie an, und sie verstanden das Wort; da lösten sich ihre Zungen, und das erste Wort, das ihren Lippen entschwamm, war Liebe. Und es gefiel der Gottheit der Ton ihrer Rede; und die Gottheit ward bewegt durch die Liebe, und die Bewegung formte sich in den Geschaffenen, und die Form wurde zum Ton, und der Ton war das zweite Wort und hieß – Gott.

19. Und nun erst waren die Geschaffenen vollendet. Und die Liebe sprach zu den Geschaffenen: „Der Erste unter euch ging verloren; daher übernehme Ich seine Stelle und werde sein unter euch ewiglich!"

20. Da lösten sich von neuem ihre Zungen, und ihre Knie beugten sich, und sie beteten die Liebe an.

21. Nun sehe weiter, was alles die Liebe tat, und Gott in der Liebe, und die Liebe in Gott. Und es dauerte die Liebe der Verlorenen; aber die Gottheit erbebte in Ihrem Grimm, und es ward gehört in allen Räumen der Unendlichkeit Gottes ein großer Donner. Und der Donner drang bis zum Innersten der ewigen Liebe, und die Liebe allein verstand den Donner der Gottheit, und der Donner ward in Ihr zum Wort und sprach: „Alle Macht sei Dir untertan; tue nach Deinem Gefallen und sprich ‚Es werde!', und es wird sein!"

22. Und siehe, die Liebe wurde gerührt bis ins Innerste, und es floss die erste Träne aus dem Auge der ewigen Liebe, und diese Träne floss aus dem Herzen der Gottheit und hieß und heißt und wird ewig heißen: Die Erbarmung.

23. Diese Träne ward zum großen Gewässer, und das Gewässer ergoss sich in alle Räume der Unendlichkeit und ergoss sich in die Tiefe der Tiefen des Zornes der Gottheit und milderte das Feuer des Grimmes Gottes.

24. Und siehe, der Geist Gottes in Seiner Kraft wehte sanft über den Gewässern der Erbarmung, und die Gewässer teilten sich. Und Gott sprach aus Seiner Liebe, und Seine Liebe war das Wort, und das Wort stieg in die Tiefe der Tiefen und schwebte über den Gewässern, und die Gewässer wurden geschieden wie Tautropfen und wurden verteilt in groß und klein nach der Zahl der Verlorenen, die kein Ende hat, in alle Räume der Unendlichkeit.

25. Und siehe, der letzte Tropfen, der zurückblieb, der war der innerste der Gewässer und war der innerste der Erbarmung; und der wurde nicht verteilt, sondern blieb, wo er übrigblieb, und wurde bestimmt zum Mittelpunkt und zum

Schauplatz der größten der Taten der ewigen Liebe.

26. Und nun siehe, dieser letzte Tropfen ward geschaffen zur Erde, die du und deine Brüder bewohnen. Und die anderen Tropfen wurden geschaffen zu Sonnen, Erden und Monden aller Art, deren Zahl kein Ende hat; und siehe, so entstanden der sichtbare Himmel mit seinen Sternen, der Sonne, dem Mond und die sichtbare Erde mit den Meeren und festem Land.

27. Und nun siehe und hebe deine Augen empor, und du wirst die Wunder der ewigen Liebe begreifen. Du siehst allzeit den Glanz der Sonne, das Licht des Mondes und den Schimmer und das Geflimmer der Sterne in ihren mannigfaltigsten Stellungen, die ihr Sternbilder nennt; du siehst auch die verschiedenartigsten Formationen in allen drei Reichen der naturmäßigen Erde; allein bis jetzt hat es noch niemand ergründet und recht begriffen, was und woher der Glanz der Sonne, und wie ihr dieser erteilt wurde, und das Leuchten des Mondes, und der Schimmer der Sterne und ihr Geflimmer und ihre mannigfaltigsten Stellungen, und all das Gebilde der Erde.

28. Denn siehe, Meine Kinder müssen in alles eingeweiht werden, was ihr heiliger, liebevollster Vater alles für schöne Sachen hat zum Verschenken an Seine Kinder, die Ihn erkennen und über alles ganz allein lieben und sich untereinander aus Liebe ihres Vaters wegen.

29. Nun siehe: Als alle die Sonnen mit ihren Erden durch die Macht der erbarmenden Liebe des ewigen und unendlichen Gottes wurden, da hatten sie noch keinen Glanz, kein Leuchten, keinen Schimmer und kein Geflimmer, denn es war noch große Nacht auf den gewordenen Sonnen und Erden und Monden; aber ins Zentrum der Sonnen senkte die ewige Liebe einen kleinen Funken Ihrer Gnade und dieser Funke durchglänzte schneller denn ein großer Blitz die finsteren Massen, und siehe, sie leuchteten den Erden, und mit großem Glanz, wie sie noch leuchten zur Stunde und leuchten werden, solange der Gnadenfunke ihnen nicht genommen wird.

30. Und siehe, da erglänzten auch die Erden und Monde und wurden verteilt zu den Sonnen in gerechter Anzahl, und die Liebe hauchte sie an durch die Kraft und Macht der Gottheit, und siehe, das Licht zitterte auf den Sonnen, die Meere der Erden wogten und wirbelten in ihren Fluten, und die Lüfte und Winde schwammen und wehten über die Erden gleich dem Geist Gottes über den Gewässern der Erbarmung! Und die Monde erhoben sich mächtig über ihre Erden, denen sie gegeben waren wie eine Frucht dem Baum, und fingen an, um dieselben zu kreisen in weiten Kreisen als stete Begleiter ihrer Entstehungen; und wo deren viele waren, wurden sie in feste Kreise vereinigt zum Zeichen der Liebe der Kinder, die unverwandt das Angesicht ihres Vaters schauen sollen wie die Monde ihre Erden, damit sie ihrer lockeren Beschaffenheit wegen nicht aus ihren Kreisen gerissen und zerstört würden.

31. Denn siehe, die Monde sind nicht fest, sondern sehr locker und sind gleich dem Schaum des Meeres, wenn er fester und gediegener wird, und sind kahl und ohne Wasser; und die Luft der Erde ist da wie das Wasser der Erden und die Luft gleich dem Äther zwischen Sonnen und Erden. Und sie sind bestimmt, die Weltsüchtigen aufzunehmen, und zu fassen die Geister der Materie, und zu prüfen ihre

Beständigkeit und sie reif zu machen zum Empfang der Gnade.

32. Und das Feste der Erden ist der durch die Erbarmung gesänftete Zornteil der Gottheit und umschließt mit festen Banden der Verirrten Geister bis zur bestimmten Zeit ihrer unbewussten Entbindung, wo sie dann in eine zartere, aber doch immer für sie genug feste Materie, und zwar einzeln gebunden, gegeben werden, aus welcher sie erst dann durch die ewige Liebe wieder erweckt hervorgehen können; und die Meere und Gewässer sind ihrer voll, damit sie gedemütigt würden, und die Luft ist ihrer voll, damit sie geläutert würden. Und die ewige Liebe ist in allem die Form; aber der Zorn der Gottheit ist nur gedämpft auf der Erde, aber deswegen nicht aufgehoben.

33. Dieses aber merke dir ganz besonders: In der Mitte der Sonne ruht der Gnadenfunke und gibt durch das Zornfeuer der Gottheit das Licht der Welt. In der Mitte der Erden aber befindet sich ein Zornfunke des Grimmes Gottes gleich einem Feuerdrachen und hält die bösen Rotten gefestet wie Steine, welche erst durch das Wasser der Erbarmung müssen erweicht werden, so einer wieder zu einer zweiten Probe für Freiheit und ewiges Leben soll entbunden werden. Und nun begreife das Geheimnis deines Wesens und staune über die große Liebe der ewigen Macht, wie oft Sie dich schon hat von neuem geboren werden lassen, um dich, der verloren war, fürs ewige Leben, für die Freiheit, fürs Gesetz, fürs Wort, für die Liebe und fürs Licht und für die Anschauung Ihres Angesichtes zu gewinnen; und siehe, dieses alles will Ich dir und dadurch auch vielen anderen bekannt und zu erkennen geben, damit ihr doch endlich einmal einsehen möchtet, wie überaus gut die ewige Liebe sein muss, da Sie so unermüdet und so Vieles, so Großes und so Wunderbares für euch Ungehorsame tut und duldet.

34. Siehe, so ist die Bewegung den Erden gegeben worden um ihre Sonnen und um ihre Mitte durch den Anhauch der Erbarmung der Liebe, zum Zeichen, dass die Kinder all ihr Tun sollten einrichten nach der Bewegung der Erden um die Sonnen und der Monde um die Erden, und sollen sein die Schwachen wie die Monde, und sollen sein die Starken wie die Erde, und sollen sein die Wiedergeborenen wie die Sonne. Und sollen schauen die Schwachen die Stärke der Liebe, die sie nie fallen lässt, wenn sie wie die Monde sich unverwandt nach dem Angesicht der Liebe richten und so dieselbe nach allen Seiten umkreisen in kleineren Kreisen, aber doch durch die Kraft derselben ebenfalls in den großen Kreis mit sich gezogen werden; und sollen sein die Starken gleich der Erde, selbsttätig sich wendend, um sich zum Empfang des Lichtes und der Wärme aus der Gnade der Liebe, welche erleuchtet und erwärmend belebt durch die Kraft, die in ihr ist, sich beständig bereitzuhalten, damit sie Früchte bringen möchten aller Art aus den Werken der Liebe, an welchen sich sättigen möchten die Schwachen und erquicken möchten die Eingeborenen und ergötzen möchten die Neugeborenen; und die Neugeborenen aus den Gewässern der erbarmenden Liebe, in denen die Gnade ist vollkommen, sollen sein gleich der Sonne, und ihr Licht soll leuchten allerorten, und ihre Wärme soll beleben die Schwachen und soll befruchten die Starken zur Nahrung der Schwachen, damit eine Gemeinschaft sei unter den Kindern eines und desselben Vaters.

35. Und siehe, noch tiefer sollst du blicken, wie und warum Ich alles so bereitet habe. Siehe, der Mond hat Flecken und viel dunkle Stellen, und die Erde hat kalte aber feste Pole, und hat hohe Berge und hat niedere Täler, und hat Quellen, Bäche, Flüsse, Ströme, Seen und kleine und große Meere; und die Sonne hat Flecken, große und kleine. Nun siehe, dieses alles sind Wirkungen der Liebe und der Gnade, oder der entsprechenden Wärme und des Lichtes, welches alles die ewige Liebe und die Macht der Gottheit durch Sie ist. Daher siehe die Schwachen und den Mond, wie sie sich gleichen, und dir wird sein Wesen aufgeschlossen; betrachte die Starken nach allem ihrem Tun, und vor deinen Augen wird die Erde enthüllt liegen; und von einem Pol bis zum anderen Pol muss die starre Ruhe des Geistes in der Liebe zur Liebe da sein, damit sich alles, das den Geist umgibt, in einer steten Ordnung bewegen und dadurch für den gemeinsamen Zweck der ewigen Erhaltung tätig sein kann. Denn siehe, von der Ruhe hängt alles ab; ohne diese kann nichts erreicht werden, und wer nicht ist wie die Pole der Erde, der durchdringt nicht sein Innerstes, wie die Linie zwischen den Polen das Zentrum der Erde. Und eure Liebe muss sein kalt wie das Eis der Pole, damit ihr fähig seid, alle Wärme der göttlichen Liebe aufzunehmen. Denn siehe, was warm ist, ist nicht geschickt zur Aufnahme der Wärme; aber was kalt ist in seiner Ruhe, das ist fähig, die Wärme aufzunehmen in der Fülle und ausströmen zu lassen in alle Teile des Lebens. Denn siehe, wer die Wärme aufnimmt, welche die Liebe Gottes ist, behält sie in sich fest und lässt sie nicht weiterströmen, der ist ein Geiziger und wird aufgelöst in sich und wird sich zerstören wie das Eis am Feuer; wer aber sie empfängt wie die Pole und gibt sie alsogleich wieder an alle, die um ihn sind nahe und ferne, bei dem ist die göttliche Liebe am rechten Platze und entspricht ganz dem Willen des großen und heiligen Gebers.

36. Diese Liebe wird viele Früchte bringen und wird sich aufschwingen zum Licht der Gnade und wird schauen unverwandten Blickes die unermesslichen Tiefen der Gottheit gleich den Polen, welche in die unendlichen Räume der Schöpfungen der Liebe Gottes hinausblicken, und mit weitgeöffneten Augen die sanften Strahlen aus der Unermesslichkeit aller unendlichen Räume, in welchen zahllos die Wesen der Erbarmung kreisen, jegliches nach seiner Art, in sich saugen und dadurch vor Entzückung und Wonne in ihrer Liebe zur Liebe und für die Liebe sich entzünden und gleich einer Sonne selbstleuchtend werden gleich dem Licht der Pole der Erde.

37. Daher, wer beständig bleibt in der Mitte der Liebe der Erkenntnis, was die Gnade ist, dessen Lenden werden glühen vor Liebe aus Gott wie der Gürtel der Erde, und seine Augen werden leuchten vor Erkenntnis wie die Pole, und seine Arme werden sich bewegen wie die Flüsse, Bäche und Quellen, und die Handlungen werden zuströmen den Meeren der göttlichen Erbarmungen, die gesalzen sind mit der Gnade und mit den Erkenntnissen der ewigen Liebe und des ewigen Lebens.

38. Nun, da habt ihr den Schlüssel, um zu eröffnen und zu durchschauen die Erde, die euch trägt.

Kapitel 6

Entsprechung der Himmelskörper

1. Nun aber erhebe deinen Blick von der Erde zur Sonne, welche ist ein getreues Bild der Wiedergeborenen! Sehe genau, und du wirst bald gewahr werden, dass sich manchmal Flecken an ihrem Gürtel befinden. Siehe, der Natur nach, wie ihr sagt, sind das Ausbrüche von innen heraus gleich den Feuerspeiern der Erde und sind entsprechende Ausbrüche des Grimmes der Gottheit und kleine Spuren dessen alles zerstörenden Macht, welche sich der Natur der Welt noch allzeit durch große oder kleine Ungewitter, je nach der Größe der Flecken, auf den Erden teilweise zu erkennen gibt; jedoch wird die Liebe da allzeit umso tätiger und sänftet alles wieder mit dem Wasser der Erbarmung und auf der Sonne mit großen Stromfluten aus dem uferlosen Meer Ihrer erbarmenden Gnade. Und siehe, so wird alles wieder in die größte Ordnung gebracht, und außer dieser Ordnung, in der Ich die ewige Liebe Selbst es bin von Ewigkeit der Ewigkeiten her, und aus welcher und in welcher alles, was ist, gemacht wurde, kann nichts bestehen noch entstehen; und wer aus dieser Ordnung seiner Freiheit nach tritt, der handelt wider die Liebe und wider das Leben und wird zugrunde gehen ewiglich.

2. Nun hast du die Sonne geschaut und sie begriffen nach der Natur, die einfach ist und sein muss, damit sie bestehen kann für den Zweck, für den sie da ist und da sein muss aus der Ordnung der Liebe.

3. So ziehe dann deine Augen ab zu der Wiedergeburt des Geistes, und zum Volk Gottes, und zum Gesetz der Liebe, und zum Leben der Freiheit im Licht der Gnade aus den Gewässern der Erbarmung, und die Sonne wird enthüllt vor deinen Augen schweben, und keine Falte in derselben soll dir verborgen bleiben.

4. Aber siehe, auch die Sonne hat ebenfalls ihre Pole, aus denen all ihr Licht und ihre Wärme aus dem Zentrum der Ruhe der Gnade sich über ihren ganzen Umfang ergießt; und hätte sie die Polruhe nicht, so hätte sie auch kein Licht. Denn siehe, die Ruhe ist zur Aufnahme des Lichtes und der Wärme unumgänglich nötig und muss gleich sein der Ruhe der Liebe in Gott; nur aus Ruhe kommt die Empfänglichkeit fürs Leben und Licht.

5. Und siehe, wenn die Luft ruhig ist, so ist es auch rein und heiter auf der Erde; wehen aber heftige Winde nach verschiedenen Richtungen, so kommen bald schwarze Wolken und verdunkeln das Licht.

6. Eure Begierden sind gleich den Winden, durch welche ihr von Sorgen aller Art umgeben werdet, welche das Licht der Gnade in euch zu fließen verhindern gleich den Wolken, welche von Winden herbeigetrieben werden und die Strahlen der Sonne hindern, auf die Erde zu fallen.

7. Daher sollt ihr euch gar nicht sorgen, sondern alle eure Begierden und daraus entstehenden Sorgen sollt ihr auf Mich richten und Mir übertragen, damit ihr Ruhe habt und Ich beständig in euch fließen kann.

8. Und siehe, wie die Erde sich dreht um ihre Polruhe aus Meiner Ordnung regelmäßig, welche die Macht Meiner Liebe bewirkt, damit keine Seite unerleuchtet bleibe, so sollen auch alle eure Handlungen hervorgehen aus Meiner Liebe, die in euch ist ursprünglich und nachträglich nach eurer Fähigkeit durch das gegebene Wort der ewigen Liebe im Gesetz der

Gnade und der Erbarmung; und wie die Nacht die Erde erquickt, wird euch die Liebe erquicken, und wie der Tag der Erde werdet ihr erleuchtet sein durch das Licht aus der Sonne der Gnade.

9. Ihr sollt sein gleich dem Winter, der kalt ist in der Ruhe, dadurch aber auch am meisten fähig zur Aufnahme der Wärme bis in die tiefsten Tiefen der Erde. Und bei dem der Winter eingetroffen ist, bei dem wird auch der Frühling eintreffen, wie er ist gleich dem ersten Leben der Liebe in euch, und wird eintreffen der Sommer in vollster Tatkraft aus dem Leben der Liebe, die in euch ist stark geworden durch die Gnade, und wird eintreffen der ruhige Herbst mit den Früchten der Werke der Liebe und der Gnade, im welchen ihr dann ganz als neugeboren in das Leben der Sonne eingehen werdet, zu schauen das Angesicht eures heiligen Vaters und zu leuchten gleich ihr aller Welt durch die große Kraft der Gnade, der Liebe und der Erbarmung eures überaus guten, heiligen Vaters.

10. Aber wer nicht ist gleich dem Mond und nicht wird gleich der Erde, kann auch nicht werden gleich der Sonne, – sondern er ist gleich einem Kometen, der keine Festigkeit hat, auch nicht im Geringsten, und all sein Wesen ist ein gestohlenes aus den Gnadenausflüssen der Sonnen, und seine Bahn ist eine unordentliche wie die Wege der Diebe und Räuber, und er wird getrieben von der Furcht des Lichtes von einer Weltentiefe in die andere und wird nie mehr finden eine Ruhe in Ewigkeit; und das Licht wird ihn verfolgen auf allen seinen Wegen und erleuchten seine Nichtigkeit.

11. Und es wird ihm endlich noch ergehen wie den Sternschnuppen, die aus der Gnade geworfen und verstoßen werden ihrer Nichtigkeit wegen und verzehrt werden durch den Raub der Gnade; denn das gestohlene Licht wird sie vernichten ewiglich, und sie werden fürder nicht mehr sein, gleich den Früchten der Bäume, die zu früh ans Licht sprossen, bevor sie noch die Liebe gefestet hat; und da sie keine Festigkeit haben, weil zu wenig Verbindung der Liebe, so werden sie schwächer und schwächer, fallen dann vom Baum und werden zertreten und zugrunde gerichtet.

12. Nun siehe, hier hast du die Sonnen, Erden, Monde, Kometen und die Sternschnuppen ihrem ganzen Wesen nach und ihrer ganzen Bedeutung nach und so auch alles und jedes einzelne der Teile vom größten bis zum kleinsten enthüllt vor dir.

13. Der Geist der Liebe und der Gnade ist in euch und ist in aller Weisheit; der ihn hört, der wird alles ergründen in der Tiefe der Tiefen; und er wird erforschen die Toten, und sie werden ihm antworten, und er wird durchschauen die Lebendigen, und ihre Liebe wird ihn erquicken und ihr Licht ihn ergötzen; und er wird sein Ohr legen auf die Erde, und das Gras wird ihm erzählen die Geheimnisse der Liebe, und das Erdreich wird ihm enthüllen seine Tiefen, und die Berge werden horchen seiner Stimme, und der Ton seiner Rede wird durchdringen das Mark der Erde; und so er schauen wird das Meer, so werden seiner Augen Strahlen durchleuchten alle Tropfen desselben und durchdringen jegliches Sandkörnchen; und die Geister, so darinnen noch im Gericht harren, werden dem Licht seiner Augen zuströmen, gleich den Fischen und dem Gewürm des Meeres und der Gewässer zur Nachtzeit einer über die Oberfläche gehaltenen Fackel, und werden sich fangen lassen für die Erlösung aus den Kerkern der ewigen Nacht und werden erkennen die Liebe und ihren Durst stillen

aus den Gewässern der Erbarmung und emporwachsen zur Schwäche, zur Stärke und zur Kraft aus der Liebe des Vaters und des Wortes, welches die Liebe ist im Vater, und des Geistes, welcher die Kraft ist in beiden.

14. Und siehe, dieses alles und noch vieles andere mehr wird euch Mein Geist lehren, so ihr Seine Stimme hört. Aber Seine Stimme ist nicht laut, sondern sehr stille, aber eben darum alles durchdringend wie die Wärme der Liebe, und wie das Licht der Gnade, und wie die Kraft der erbarmenden Liebe eures heiligen Vaters.

Kapitel 7

Die Erschaffung von Adam und Eva

1. Nun siehe, Ich will euch zeigen die organische Schöpfung vom Ersten bis zum Letzten und vom Kleinsten bis zum Größten, wie Ich es gemacht habe aus Meiner Liebe und aus Meiner Weisheit und aus der ewigen Ordnung aus beiden heraus, welches ist das Wort der ewigen Macht und Kraft in der Tiefe der Gottheit. Und siehe, es ist nichts in allen Räumen der Unendlichkeit, weder Großes noch Kleines, was nicht durch dasselbe wäre gemacht worden.

2. Und siehe und höre: So war nun die Erde da, und war da der Mond, und war da die Sonne, und waren da die Sterne; aber die Erde war noch nackt, und ihre Oberfläche war noch gleich der Oberfläche des Meeres. Und über dem Gewässer lagen dichte Wolken und reichten tief in die toten Räume der Welten hinein, und das Licht der Sonne konnte nicht erleuchten den Tropfen der Erbarmung. Und der

Mond war bedeckt vom Dunst des Tropfens, und in diesem Dunst erst ward vollends ausgeboren die Erde und ward genährt der Mond. Und die Sonne lag über beiden mit den Strahlen ihres Lichtes aus der Wärme der Liebe in Gott, wie eine Henne über ihren Küchlein, und machte reif die Erde und trennte den Mond von der Brust seiner Mutter.

3. Da trennte sich das große Gewölk und senkte sich zur Ruhe der Pole, und der Gürtel der Erde ward frei, und die Sonne sah sich in den Gewässern, und die Erde strahlte dankbar das empfangene Licht in den weiten Schoß der Sonne zurück und sah mit weitgeöffneten Augen den Mond sich baden in den Strahlenausflüssen der Gnade der ewigen Liebe aus der Sonne.

4. Und siehe und höre weiter: Es war der Erde wohl, denn sie ward erfüllt mit der Liebe der Erbarmung und sah ihren Liebling, den Mond, munter um sich kreisen. Und die Liebe schwellte ihre weite Brust mit dem Odem der Erbarmung, als wollte sie noch einmal dem Kind ihre mit der Gnadenmilch vollgefüllte Brust reichen; aber siehe, die Milch gerann durch die Wärme der erbarmenden Liebe und wurde zum festen Land und ragte über die Meere. Und die Meere sanken zurück in die Tiefen und waren gleich dem Wasser, das sich absondert bei der Gerinnung der Milch, zur Besänftigung des innewohnenden Grimmes durch das Salz der Gnade durch die Erbarmung der Liebe aus Gott in aller Kraft und Macht.

5. Und siehe, da ward es ruhig auf der Erde und in allen Räumen der Unendlichkeit Gottes, und die ewige Liebe senkte Sich zum ersten Male ganz zur Erde hinab und hauchte in Ihrer Allmacht und Kraft über die Fläche der Erde hin, und der

Hauch war eine zahllose Fülle der Gedanken in lebendigen Formen aller Art zur künftigen Erlösung der Verlorenen.

6. Und siehe, da keimten aus dem Festen der Erde Kräuter, Pflanzen, Gesträuche und Bäume aller Art, und die Meere, Seen, Ströme, Flüsse, Bäche und Quellen wimmelten von Gewürmen, Fischen und Tieren aller Art, und das Feste ward belebt von Tieren aller Art, und die Luft war belebt von den Vögeln aller Art. Und die Zahl jeglicher Art sowohl in den Gewässern als auch auf den festen Landen und in den Lüften ward gleich der Zahl des Menschen, der aus dieser Zahl gemacht wurde, und ward gleich der Zahl der Gnade der Liebe und war gleich der Zahl der künftigen Erlösung und der daraus entstehenden und hervorgehenden Wiedergeburt.

7. Und nun siehe und begreife, was bis jetzt noch von niemandem gesehen und begriffen wurde: Die ewige Liebe nahm die Zahl aus Sich, und die Zahl war die Ordnung und das ewige Gesetz in Ihr, aus und in welcher Sie Selbst ewig bestand, besteht und bestehen wird in aller Macht und Kraft der Heiligkeit Gottes. Und Sie nahm denn Tonerde gleich dem Obers der geronnenen Milch und formte mit der Hand Ihrer Macht und mit der Hand Ihrer Kraft nach der Zahl Ihrer Ordnung den ersten Menschen und blies ihm durch die Nüstern den lebendigen Odem ein. Und der Odem ward in ihm zur lebendigen Seele, und die Seele erfüllte ganz den Menschen, der nun gemacht wurde nach der Zahl der Ordnung, aus welcher gemacht waren die Geister und gemacht wurden die Welten in den Räumen und die Erde und alles, was auf ihr ist, und der Mond und die Sonne.

8. Und nun siehe, dieser erste Mensch auf der Erde, der hervorging aus den Händen der Macht und der Kraft der ewigen Liebe, wurde benannt aus dem Munde der erbarmenden Gnade ‚Adam' oder ‚Sohn der Erbarmung und der Gnade'.

9. Und nun merke wohl: Dieser Adam war an der Stelle des ersten der gefallenen Geister; es ward ihm nicht zu erkennen gegeben, wer er war, und siehe, da langweilte ihn, da er sich nicht erkannte und auch nichts finden konnte, was ihm ähnlich wäre.

10. Und siehe, da wehte ihn, unsichtbar seinen noch blinden Augen der Seele, die ewige Liebe an, und er schlief zum ersten Male in der Anmut der erbarmenden Liebe ein. Und die Anmut der erbarmenden Liebe formte im Herzen des Adam, gleichsam wie in einem süßen Traum, eine ihm ähnliche Gestalt von großer Anmut und ebenso großer Schönheit.

11. Und die ewige Liebe sah, dass der Adam große Freude fand in sich durch die innere Anschauung seines zweiten Ichs. Da rührte ihn die erbarmende Liebe an der Seite, da ihm gegeben ward ein Herz gleich dem Herzen der Gottheit zur Aufnahme der Liebe und des Lebens aus der Liebe in Gott, und nahm ihm dadurch die Eigenliebe, um für Sich Selbst eine Wohnstätte zu bereiten durch das künftige Gesetz der erbarmenden Gnade, und stellte die Eigenliebe, an der er großes Wohlgefallen fand in sich, außer seinem Leibe körperlich und hieß sie ‚Caiva' oder, wie ihr schon gewohnt zu sagen seid, ‚Eva', das ist soviel als die vorbildende Erlösung von der Selbstsucht und der daraus gehenden Wiedergeburt.

12. Und siehe, da rührte ihn die erbarmende Liebe an und weckte ihn zur Anschauung seiner Eigenliebe außer ihm und sah, dass er ein großes Wohlgefallen an

der Anschauung seiner Liebe außer ihm hatte und war fröhlich über die Maßen; und die Liebe außer ihm, die nun Eva hieß, ergötzte sich an dem Menschen Adam und neigte sich zu ihm und folgte jeder seiner Bewegung.

13. Und siehe, da sprach die ewige Liebe zum ersten Male den Adam an: „Adam!" – Und er sprach zum ersten Male: „Hier bin ich, Herr der Glorie, der Macht und der Kraft!"

14. Und die ewige Liebe sprach abermals: „Siehe deine Gehilfin!" – Und die Eva antwortete: „Siehe, Herr, die Magd gehorsam zu den Füßen Deines Sohnes liegen und harren seiner Befehle!"

15. Und siehe, die erbarmende Liebe fand großes Wohlgefallen an den Werken Ihrer Macht und Kraft durch die Gnade Ihrer Erbarmung und sprach ferneres und unterrichtete sie in allem und lehrte sie alle Dinge kennen, benennen und gebrauchen. Und als sie alles verstanden, kannten und gebrauchen konnten, da sprach die erbarmende Liebe wieder zu ihnen: „Nun seht, ihr erlernet nun alles, ihr kennt nun alles und könnt den Gebrauch machen von allem bis auf eines, und dieses Letzte will Ich euch jetzt lehren und die Kraft in euch legen zur Fortzeugung und Fortpflanzung euresgleichen; aber ihr dürft davon erst dann den Gebrauch machen, wenn Ich wiederkommen werde, euch bekleidet werde finden mit dem Kleid des Gehorsams, der Demut, der Treue und der gerechten Unschuld. Wehe aber euch, so Ich euch nackt finde; Ich werde euch verstoßen, und der Tod wird die Folge sein!"

Kapitel 8

Der Sündenfall

1. Und siehe, da verdeckte Sich die ewige Liebe das Angesicht und entfernte Sich nach der Zahl der Ordnung auf eine bestimmte Zeit und war blind aus Ihrer Tiefe der Erbarmung und wollte und konnte nicht wissen, was die Neugeschaffenen tun werden im Gericht der Gottheit für die Probe ihrer Freiheit in der Zeit der Kürze auf der Erde durch die Liebe der Erbarmung. Und der Ort, der ihnen gegeben ward zur Wohnung auf den Festen des Landes, war ein Tal und war ein Garten und ward benannt das Paradies; und das war das Land, das später von Milch und Honig überfloss, und war die Stelle, die in der großen Zeit der Zeiten der größten der Taten der ewigen Liebe ‚Bethlehem' hieß und so heißen wird fürder ewiglich, und ward der Punkt, da das ewige Wort im Fleische körperlich zum ersten Male erschaute das Licht Seiner Gnade dem Tropfen der Erbarmung leuchten von der weiten Sonne, dem Mond und allen den Sternen.

2. Und siehe, ihre Begierde wuchs im Gericht der versuchenden Gottheit in Ihrem Grimm. Und es stand ein Baum im Garten, und dieser Baum trug Äpfel der schönsten Art, und der Eva gelüstete nach denselben, und sie sprach zu Adam: „Siehe, Adam, mich gelüstet stark nach dieser Frucht! So du willst, will ich eine pflücken und verkosten und es dir dann reichen als erste Gabe aus meiner Hand?"

3. Und siehe, der Adam schwieg, nachdenkend über die Rede der Eva. Und eine innere Stimme, die heilig war, da sie aus der Gottheit in ihm kam, sagte ihm: „So ihr von der Frucht dieses Baumes essen werdet, so werdet ihr sterben!" Und der Adam

erschrak darüber sehr, dass er keine Antwort geben konnte der geliebten Eva.

4. Und die Begierde stieg in der Eva empor und zog sie unter den Baum und hieß sie pflücken einen Apfel vom selben. Und es gewahrte nun der Adam, dass die Eva untreu wurde seinem Herzen, und er ward traurig und sprach:

5. „Eva! Eva! Was tust du? Siehe, wir sind noch nicht gesegnet vom Herrn der Macht und der Kraft und des Lebens! Siehe, du hältst die Frucht des Todes in deiner Hand; wirf sie von dir, damit wir nicht sterben in der Nacktheit vor dem Herrn der Gerechtigkeit!"

6. Und siehe, da erschrak die Eva in ihrer Begierde vor dem Ernst des Adam und ließ die Frucht des Todes fallen auf die Erde. Und ihre Begierde verließ sie, und sie ward frei von ihrer Begierde, und der Adam fand ein großes Wohlgefallen an der Befreiung aus den Schlingen der todbringenden Begierde Evas.

7. Aber siehe, die von der Eva aus ihrem Herzen verbannte Begierde lag nun auf der Erde und formte sich durch die Macht des richtenden Grimmes der Gottheit zur Gestalt einer großen Schlange, nahm die Frucht des Todes in ihren Rachen, kroch auf den Baum und umschlang denselben in allen Ästen und Zweigen von der Wurzel bis zum Scheitel und richtete starre Blicke auf die Eva. Und die Eva gewahrte es und sah die Schlange an, und der Adam gewahrte es auch durch die Eva; aber er sah die Schlange noch nicht.

8. Und siehe, die Eva näherte sich der Schlange und betrachtete mit großer Lust ihre verführerischen Windungen um den Baum und die schillernden Farben ihres kalten Schuppenpanzers.

9. Die Schlange aber bewegte sich und legte den Apfel in den Schoß der nun sitzenden Eva, erhob dann ihren Kopf wieder und redete die Eva mit folgenden Worten an:

10. „Eva, siehe deine Tochter, verstoßen von dir, umwinden den Baum deiner Lust! Verschmähe nicht die geringe Gabe, die ich dir in deinen Schoß legte, sondern genieße unbesorgt die Frucht deiner Liebe; du wirst nicht nur nicht sterben, sondern wirst dich sättigen für die Erkenntnis alles Lebens über Gott, den du fürchtest, da Er doch schwächer ist denn du!" Und siehe, da teilte sich die Zunge der Schlange und wurde spitziger denn ein Pfeil, und die Schlange neigte ihren Kopf zu Evas Brust, als wollte sie dieselbe küssen nach kindlicher Art; aber sie schoss nun ihre zwei Giftpfeile in die Brüste Evas, und die Eva erblickte ihre eigene Gestalt in der Schlange.

11. Und nun bemerkte auch der Adam, was da vorging unter dem Baum, und es gefiel ihm überaus die zweite Eva, und er bemerkte nicht, dass es nur eine Schlange war. Und siehe, da entbrannte auch er in seiner Begierde, in der Lust zur zweiten Eva, nahm die Frucht aus dem Schoße der Eva, wurde ungetreu seiner Liebe und genoss von der verbotenen Frucht aus dem Schoße Evas mit wollüstiger Begierde; und in dem Genuss erkannte er sich als den Ersten, der verlorenging durch die große Eitelkeit seiner blinden Selbstsucht im Reich des Lichtes der ewigen Liebe und gefallen ist ins Zornmeer der ewig unerbittlich tötenden Gottheit.

12. Und nun siehe, wie er sich so erkannte und die verblendete Eva sich durch ihn, da stieg große Reue in ihm aus dem Grunde seines Herzens empor, und die Eva schämte sich ihrer gewahrten Nacktheit

und der Nacktheit Adams und ward bestürzt vom Scheitel bis zur Sohle und bedeckte ihre Nacktheit mit Blättern von einem Feigenbaum. Und auch der Adam reckte seine Hände nach den Blättern zur Bedeckung seiner Blößen und verbarg sich in einer Höhle, weinte da Tränen großen Schmerzes; und die Eva verbarg sich hinter einem Dornstrauch und trauerte gewaltig über ihre verführende Schuld.

Kapitel 9

Die Gerichte Gottes

1. Und siehe, da zog die ewige Liebe durch die Macht und Kraft Ihrer Erbarmung die Hand der Macht und die Hand der Kraft von Ihren Augen der alles erleuchtenden Gnade, und das Licht der Gnade drang wesenhaft in die Höhle, da Adam weinte, und hinter den Dornbusch, da die Eva trauerte.

2. Und es wurden Adams Tränen aufbewahrt in dem Schoß der Erde und hießen und heißen ‚Thummim' oder Steine, aus denen das Licht strahlt der sieben Geister Gottes sinnbildlich, und wurden fest durch das Licht der Gnade aus der Wärme der Liebe, gleich seiner gerechten Reue als bleibendes Denkmal der erleuchtenden Weisheit, und wurden zerstreut über die ganze Erde zu tröstenden Zeichen der künftigen Wiedergeburt, wie sie sein soll gleich diesen Tränen Adams fähig zur Aufnahme und geteilten schönsten Wiedergabe des großen Lichtes aus dem Gnadenmeer der Erbarmungen der ewigen Liebe und soll widerstehen jeglicher Härte der Versuchungen der Welt.

3. Und es wurden aufbewahrt die Zähren der trauernden Eva hinter dem Dornbusch in der Erde und wurden gefärbt gleich ihrer gerechten Schamröte durch den Missbrauch der geheiligten Liebe Adams in ihr.

4. Und die ewige Liebe sah, dass jegliche dieser Zähren Evas gerecht war vor Adam, dem Sohn der erbarmenden Liebe; und die Wärme der ewigen Liebe festete diese Zähren zu Steinchen, und ihr Name ward ‚Urim', zum sinnbildlichen Zeichen der gerechten Trauer Evas. Und siehe, eine Zähre fiel auf den sie schirmenden Dornbusch, und siehe, diese Zähre war eine der verlorenen Unschuld und färbte die sonst weiße Blume des Strauches; und die Blumen wurden gerötet zum Zeichen der verlorenen Unschuld Evas. Und nun siehe, wie die Menschen zwar jetzt schon alle Gewächse der Erde kennen, aber ihre wahre Bedeutung im Geiste und in der Wahrheit kennen sie nicht und werden sie nicht kennen und begreifen bis zur Wiedergeburt, wenn sie sich dieselbe werden erst zugeeignet haben, welches die Erbarmung der ewigen Liebe ist durch die Gnade der Erlösung in sich.

5. Und nun siehe noch ein Geheimnis, das noch begriffen werden muss des frevelnden Hochmutes der Kinder der Welt wegen. Und siehe, zwei Blumen des Strauches wurden befruchtet von der unschuldgerechten Zähre Evas, und verwahrten durch alle Stürme der Zeiten während den großen Kriegen Jehovas mit den Völkern der Erde ihren Segen der ewigen Liebe treulich, und machten zur Zeit der Lösung der Gnade von oben das Weib Abrahams lebendig zum Vorbild des großen Werkes der erbarmenden Liebe, und machten lebendig das Weib des Zacharias zur

wirklichen Vollbringung der größten aller Taten der erbarmenden Liebe des ewigen Gottes.

6. Und nun kehre deine Augen wieder zurück zum Adam und zur Eva, und suche sie heim mit Mir, und sehe zu, wie Ich, die ewige Liebe, sie fand, nackt, verlassen, weinend und trauernd in gerechter Reue und gerechter Scham, und rief hervor den Adam und zog hervor die Eva.

7. Und siehe, sie getrauten sich nicht anzuschauen das Angesicht ihres Vaters; denn sie waren erschreckt von einem großen Donner des todbringenden Gerichtes aus der Tiefe des Grimmes der Gottheit.

8. Und die Zornflammen Gottes, des Unendlichen, wälzten sich furchtbar durch alle endlosen Räume zur Erde hinab, auf welcher die große Liebe nun weilte bei Ihren reuigen und trauernden gefallenen Kindern, geschaffen durch Ihre erbarmende Gnade.

9. Und siehe, da gab es einen heißen Kampf zwischen der durch die Reue und Trauer der Geschaffenen Sich wieder erbarmenden ewigen Liebe und zwischen der alles zerstören wollenden, ergrimmten Gottheit zur Sühnung Ihrer unbestechbaren Heiligkeit.

10. Denn siehe, die Zornflammen der ergrimmten Gottheit stürzten schneller denn Blitze zur Erde nieder, drangen bis in die Mitte derselben und entzündeten dieselbe in und an allen Orten und Enden, und es schlugen die verzehrenden Flammen bis an den Mond, bis an die Sonne, – ja sie ergriffen alle Sterne! Und siehe, da war die ganze, unermessliche Unendlichkeit ein Feuermeer, und furchtbare Donner rollten durch alle endlosen Räume, und es heulte die Erde, und es tobte das Meer, und der Mond weinte, und die Sonne wehklagte,

und alle Sterne schrien lauter denn alle Donner, von zu großer Schmerzensangst der ewigen Vernichtung gedrückt, und ihre großen Stimmen widerhallten furchtbar dröhnend aus den endlosen Tiefen des Grimmes der Gottheit, und die Stimmen riefen:

11. „Großer, erhabener Gott, besänftige Deinen großen Zorn, und lösche die vernichtenden Flammen Deines übergerechten Grimmes, und schone der Schuldlosen in Deiner Heiligkeit; denn Deines Zornes Feuergrimm wird zerstören die Gerechten und wird vernichten die ewige Liebe in Dir und wird Dich Selbst gefangen nehmen in Deiner übergroßen Macht und Kraft der Heiligkeit!"

12. Und siehe und höre mit offenen Augen und offenen Ohren, was da die zornergrimmte Gottheit sprach; jedoch die Sprache verstand niemand denn die alleinige ewige Liebe, die in der Zeit des Zorngrimmausbruches der Gottheit das reuige neugeschaffene Paar schützte auf der heulenden Erde und wehrte ab der großen Zornflamme des Grimmes, zu ergreifen die Reuestätte Adams und die Trauerstätte Evas, durch die große Macht und Kraft Ihrer Barmherzigkeit.

13. Und nun höre und verstehe wohl die Schauerworte des Zornes aus der Tiefe des Grimmes der Gottheit, und sie lauten:

14. „Was nützt Mir das Heulen und Toben der Erde, was das Weinen der Monde, was das Wehklagen der Sonnen, und was das Jammergeschrei der Sterne?! Denn Ich bin allein, verlassen von Meiner Liebe, die Mir untreu ist geworden und Sich von Mir entfernt hatte hinab zur Erde zum Auswurf der Bosheit zwiefältig! Was soll Ich ohne Sie? Daher will Ich zerstören alle Ihre

Werke aus dem Fundament und vernichten alles, damit nichts da sei, was Meine Liebe von Mir in alle künftigen Ewigkeiten der Ewigkeiten vermögen sollte abzuziehen und zu entfernen! Und Ich will bleiben Gott, der Alleinige, in alle Ewigkeiten der Ewigkeiten, wie Ich war von Ewigkeiten der Ewigkeiten her; und du, morsches Gebäude der Schöpfung Meiner schwach gewordenen Liebe, stürze zusammen in nichtige Trümmer, ins Nichts, damit Ich Meine Liebe wiederfinde und Sie wieder stark mache durch die Macht und durch die Kraft Meiner ewigen Heiligkeit. Amen!"

15. Und siehe, da lösten sich die Bande der Schöpfungen in allen Räumen der Unendlichkeit Gottes, und es stürzten die Trümmer durch die weiten Räume unter großem Krachen, Donnern, Heulen, Toben, Brausen und Sausen in die Tiefen der Tiefen ihrer Vernichtung zu, und diese war die Erde selbst, die ebenfalls zertrümmert lag im weiten Schoße der erbarmenden Liebe.

16. Und die Neugeschaffenen bebten vor Angst ob des fürchterlichen Anblicks dieser großen, vernichtenden Schauderszene, deren Größe kein geschaffener Geist je in ihrer ganzen Fülle ganz erfassen wird; denn sie war unendlich.

17. Und nun siehe und höre weiter, was die erbarmende Liebe da sprach und tat. Vernehme die Worte der Liebe in Ihrer Macht, und schaue die großen Taten der Barmherzigkeit in ihrer Kraft, und höre und verstehe wohl die Worte, welche so lauteten:

18. „Großer, allmächtiger Gott aller Macht, aller Kraft und aller Heiligkeit! Ziehe zurück Deinen großen Zorn, und lösche aus das Feuer Deines alles zerstörenden Grimmes, und höre in der Ruhe Deiner Heiligkeit die Worte Deiner ewigen Liebe, welche das alleinige Leben ist in Dir, ewig wie Du und mächtig und stark wie Du aus Ihr und Sie aus Dir, und wolle nicht vernichten das Leben in Ihr und Dich durch Sie, sondern lasse Gnade für Recht ergehen, und lasse genugtun die Liebe Dir, und fordere Sühnung für Deine verletzte und gekränkte Heiligkeit, und Deiner Liebe wird kein Opfer zu groß sein, das Du von Ihr fordern möchtest zur ewigen Sühnung Deiner Heiligkeit!"

19. Und nun siehe und höre und verstehe wohl, was darauf geschah und was die Gottheit darauf erwiderte! Es dämpfte sich das Feuer, und aus allen Räumen wehte ein sanfterer Hauch, untermischt mit noch stark rollenden Donnern durch die fliegenden Trümmer der aufgelösten Welten, welche von einer Unermesslichkeit bis zur anderen gleich großen Blitzen noch brennend zuckten. Und die Liebe verstand den Donner Gottes, welcher heftig sprach:

20. „Ich will alle Schuld auf Dich legen, gleich den Welttrümmern auf die Erde, und Du sollst tilgen die Schmach Meiner Heiligkeit, welche das ewige Band ist zwischen Mir und Dir! Und siehe, Ich verfluche die Erde, damit kein Fleck besudle Meine Heiligkeit und Ich werden würde gleich Dir ein unheiliger Gott; und dieser Fluch sei Deiner Schuld anheimgestellt, die Du auf Dich zu nehmen hast und zu tilgen für Meine Heiligkeit und zu waschen die Erde mit Deinem Blut vom Fluch der Schande durch die Sünde Adams!"

21. Und siehe, höre und verstehe wohl, was darauf die Liebe entgegnete und sprach, wie folgt: „Großer, überheiliger Gott aller Macht und Kraft! Es geschehe nach Deinen Worten!"

22. Und siehe, da erlosch auf einmal all das Feuer auf der Erde und in allen den Schöpfungsräumen! Und die Trümmer der zerstörten Sonnen, Erden und Monde wurden wieder zusammengefügt durch die Macht und Kraft der von der Gottheit erhörten Liebe und ordneten sich wieder, wie sie geordnet waren im Anfang ihrer Entstehung; und sie behielten aber zum ewigen Zeichen die unvertilgbaren Spuren ihrer damaligen gänzlichen Zerstörung gleich den Wundmalen der ewigen Liebe, die später in der großen Zeit der Zeiten für alle am Kreuz blutete.

23. Und es blieben auch noch hier und da anderweltliche Trümmer liegen auf der Oberfläche, in den Tiefen und den Meeren der Erden zu Zeichen der Macht und Kraft Gottes und zugleich aber auch als sprechende Zeugen der übergroßen Taten der erbarmenden Liebe.

24. Und siehe und höre weiter und verstehe es wohl, was nun ferner geschah: Als nun die ewige Liebe die Anforderungen annahm und dadurch schon im Voraus der großen Heiligkeit Gottes Genüge tat, da ließ die Gottheit in sanfterem Rauschen und Wehen, abermals nur der Liebe verständlich, Ihren heiligen Willen vernehmen und sprach in der Rede voll sanften Tones, wie folgt:

25. „Siehe, Deine große Barmherzigkeit ist in Mir aufgestiegen und ist getreten vor Meine allsehenden Augen, und Ich habe erkannt in der Ruhe Meiner Heiligkeit Deine große Aufrichtigkeit und ewige Treue und habe gezählt die Reuetropfen Adams und die Trauertropfen Evas und bin mitleidig geworden durch Deine große Erbarmung durch und durch.

26. Und siehe, daher will Ich Meine Gerichte zurückziehen in dieser Zeit und nach Deinem Verlangen Gnade für Recht ausströmen lassen in großer Fülle und will den Schaden, welchen Meine Gerichte angerichtet haben, wieder gutmachen. Und außer Mir kann niemand etwas gutmachen denn Ich allein, da niemand gut ist denn Ich, der heilige Vater; denn das sei Mein Name fürder ewiglich. Und Du, Meine Liebe, bist Mein Sohn; und die Heiligkeit als das mächtig allwirkende Band der Kraft zwischen Uns und zwischen allem, was von Uns ausgegangen ist, sei der heilige Geist, der erfüllen soll alle Räume der Räume und alle Unendlichkeiten der Unendlichkeiten in alle Ewigkeiten der Ewigkeiten, amen. Und das sagt nun der gute, heilige Vater. Amen.

27. Und nun sage Du, Mein geliebter Sohn, auch dem reuigen und trauernden Paar – und grabe ihnen das Gesagte tief in ihre Herzen –, dass sie die Gebote der Liebe und der Erbarmung bis an ihr Lebensende halten sollen unverbrüchlich, und Ich will ihnen dann einen Mittler zwischen Mir und ihnen zur Zeit, die Ich bestimmt habe, senden, zu tilgen die große Schuld und zu erleichtern die große, schwere Last ihres Ungehorsams.

28. Bis dahin aber sollen sie verharren in aller Geduld und Sanftmut, und das Brot, das Ich ihnen derzeit nur kärglich geben will, sollen sie dankbar im Angesicht ihres Schweißes genießen und sollen nicht satt werden bis zur Zeit des Mittlers, den Ich erwecken werde aus ihrer Mitte vollkommen und gut, wie Wir vollkommen und gut und heilig sind ewig.

29. Und sage ihnen noch hinzu, dass Ich Meine Gerichte nur eingestellt habe für jene, die Meine strengen Gebote halten werden pünktlich; den Übertretern aber seien sie für alle Ewigkeiten in aller Strenge

der ewig heiligen Wahrheit angedroht in der genauesten Erfüllung bei der geringsten Übertretung!

30. Das spricht der heilige und alleinig gute Vater durch Seinen Sohn, der die ewige Liebe in Ihm ist, und durch den heiligen Geist als der wirkenden Gnade aus Uns Beiden zur einstigen Vergebung der Sünde, welche nun ihre Leiber mühselig machen und dann aber allzeit töten soll zeitlich zur Erlangung des Lebens nach dem Tode des Leibes nach der Zeit des versprochenen Mittlers.

31. Das sagt der alleinig heilige und der alleinig gute Vater. Amen, amen, amen."

Kapitel 10

Segnung durch die ewige Liebe

1. Und siehe und höre und begreife und verstehe wohl, was da die ewige Liebe sprach und tat. Als der gute, heilige Vater vollendet hatte die Rede großen Ernstes, verkündend Gnade für Recht und androhend das Gericht den Übertretern des Gesetzes der übergroßen Gnade und den Tod der Sünde gebend, da ward gerührt die ewige Liebe bis in die innerste Tiefe Ihres erbarmenden Herzens und weinte zum zweiten Male Tränen des Mitleids und Tränen der innigsten Freude und seligsten Wonne über die große, schonende Gnade des so überguten und überheiligen Vaters und sprach in der tiefsten Ergriffenheit Ihres ganzen Wesens zu dem Adam und zur Eva:

2. „Du, Adam, du hast jetzt gesehen die fürchterlichen Gerichte Gottes vor deinen Augen vorüberziehen, und die Eva sah und empfand sie durch dich; nun aber will Ich auch ihr die Augen und die Ohren öffnen, und sie soll in aller Zukunft, wie auch alle, die aus ihr hervorgehen werden nach der Zahl der Sterne am Himmel und nach der Zahl des Grases auf der Erde und nach der Zahl des Sandes im Meer, welche unendlich ist, mit eigenen Augen sehen und mit offenen Ohren hören, was die Gottheit tat in Ihrem richtenden Grimm und was darauf die ewige Liebe tat in Ihrer unbegrenzten Erbarmung.

3. Und das Gesetz habe Ich dir in dein Herz gegraben, wie du es auch in das Herz der Eva graben sollst; und zum Zeichen, das euch mahnen soll und alle, die euch folgen werden, der Gerichte Gottes ob eurer Sünde, will Ich hie und da lassen Berge entstehen, die da brennen sollen abwechselnd bis ans Ende der Zeiten, und will euch hinterlassen den Blitz, der euch mahnen soll der einstigen Zerstörung, und den allzeit folgenden Donner, der euch allzeit stark verkünden soll den Namen des großen und starken Gottes, wenn ihr je Seiner vergessen solltet oder könntet.

4. Und die Tränen des Mitleides und die der großen Gnadenfreude aus dem heiligen Vater habe Ich hingestellt zum ewigen Zeichen als eine neue Schöpfung um den weiten Raum des Himmels, und sie sollen euch leuchten in jeder Nacht der Erde und sollen euch erquicken in der Dämmerung des Lebens und sollen euch verkünden den werdenden Tag.

5. Und nun seht empor zum Himmel; sie leuchten in mannigfaltiger Ordnung und in mannigfaltiger Pracht, die rötlichen Lichtes zum Zeichen Meines Mitleids, und die weißen Lichtes zum Zeichen der Freude ob der großen Gnade des überheiligen und überguten Vaters. Und derjenige weißschimmernde breite Streif über den

Sternen des Mitleids und der Freude, bestehend ebenfalls aus Sternen der Vorzeit durch die Träne der Sich damals schon der gefallenen Geister erbarmenden Liebe, welcher mitten durch des Himmels weiten Raum gezogen ist, diene euch zum Zeichen des ewigen, heiligen Bandes zwischen der ewigen Liebe, die euch und alles, was da ist, werden hieß, und zwischen der alles nach Ihrer ewigen Heiligkeit richtenden Gottheit.

6. Und nun siehe her, du Adam, und du auch, Eva, in Mein linkes Auge, das über Meinem Herzen eurem rechten Auge gegenüber mild und gnädig euch entgegenstrahlt, – seht, noch eine Träne hängt an der Wimper desselben, und seht, diese Träne ist größer denn alle, die schon aus diesen Augen für euch geflossen sind!

7. Da, wo das große Band am weiten Himmel geteilt erscheint, dorthin blickt gerne und seid allzeit dankbar und tief gerührt, sooft ihr dorthin blicken werdet; denn diese Stelle soll euch und auch der ganzen Schöpfung zum ewig bleibenden Zeichen eures Treuebruches mit Mir und Meines damaligen Bruches mit der Heiligkeit Gottes aus Barmherzigkeit für euch dienen, und soll euch erinnern an der Stelle, da, wo es wieder wie angeknüpft erscheint, an die große Vermittlung der ewigen Liebe, die Ich es bin von Ewigkeit her, zwischen der unantastbaren Heiligkeit Gottes und zwischen euch, die ihr treulos gesündigt habt vor dem Angesicht dessen unbegrenzter Heiligkeit.

8. Und nun seht, dorther ist diese Träne, und dort ist der Ort ihrer Entstehung!

9. Und diese Träne wird euch und euren Nachkommen einst aufgehen als ein schöner Morgenstern, welcher erleuchten wird alle Völker der Erde, die euch in den Zeiten der Zeiten folgen werden in euren reuigen und trauernden Fußstapfen, und wird noch zuvor waschen die Erde vom stinkenden Schlamm der Sünde und wird reinigen eure Tränen und Zähren der Reue und der Trauer vom Unrat der Schlange.

10. Und nun seht noch einmal her: Diese Träne will Ich fallen lassen auf eine noch weiße Blume dieses Strauches zwischen den zwei schon befruchteten Blumen Evas, und aus ihr soll einst emporblühen ein reines Weib, die der Schlange den Kopf zertreten soll. Und die Schlange wird sie zwar auch in die Ferse beißen, aber das Gift wird ihr nicht schaden; und aus ihr wird hervorgehen, das vor euch jetzt ist, ein schöner Morgenstern allen Völkern der Erde, die eines guten Willens sind, und das ewige Gericht allen widerspenstigen Kindern der Schlange!

11. Und Geister aus dem Schoße der Heiligkeit des Vaters werden zur Erde herabkommen körperlich und werden euren Kindern verkündigen die große Zeit und die Art der Ankunft Dessen, der jetzt vor euch steht, und den ihr jetzt noch hört und seht und fürder nicht mehr hören und sehen werdet bis zur versprochenen Ankunft nach der Verheißung des heiligen Vaters durch Mich als die ewige Liebe in Ihm.

12. Und nun habt ihr alles vernommen, was euch zu wissen nötig ist zum Empfang Meines Segens!

13. Und so seid denn gesegnet von der Hand der Macht und von der Hand der Kraft der ewigen Liebe des heiligen Vaters und der Kraft des Geistes, die heilig ist aus Uns beiden, und befruchtet und mehret euch und erfüllet die Erde mit der lebendigen Frucht dieses Segens.

14. Und allezeit, sooft ihr euch nahen werdet dieses Segens wegen, so opfert Mir zuvor eure Herzen! So ihr dieses unterlassen werdet, so wird die Schlange, die noch lebt und auch leben wird ewiglich im Grimm der Gottheit, die Frucht in euch verderben, und du, Eva, und alle deines Geschlechtes werden statt einer Frucht des Segens eine Frucht des Verderbens zur Welt bringen. Und diese werden zugrunde richten die Kinder des Segens und Lichtes in großer Anzahl, und ihres Tobens und Wütens wird kein Ende; und so werdet ihr die Sünde als Erbe an alle übergehen lassen, und eure Schuld wird sichtbar werden bis zur großen Zeit der Zeiten und auch nach derselben.

15. Und dieses Meines Gnadensegens Opfer eurer Herzen sei euch gegeben als ein heiliger Dienst, den zu verrichten ihr mir schuldig allzeit seid, so oft ihr euch nähert dieses Meines Segens willen. Dieses neue und leichte Gebot, das ihr soeben empfangen habt aus Meinem Munde, sei die erste Kirche, die Ich gründe auf der Erde vor euch zu Meinem Gedächtnisse, und erinnere euch an die Taten der erbarmenden Liebe dankbar und führe euch zur heiligen Furcht Gottes zurück!

16. Einen sündenlosen Geist als Boten will Ich euch senden von oben mit einem Flammenschwert in der Hand, damit er euch führe und zeige die ganze Erde von einem Ende derselben bis zum anderen; und er wird euch erleuchten die Irrsale der Welt und euch aber auch züchtigen, so ihr abweichen werdet von Meinen Wegen.

17. Dieses alles sagt die ewige Liebe zu euch im Namen des heiligen Vaters, amen."

Kapitel 11

Die Geburt von Kahin und Ahbel

1. Und siehe, da verschwand die Liebe vor den Augen der Geschaffenen, zurückkehrend in den heiligen Schoß des Vaters.

2. Und nun siehe du Mein fauler und sehr schlechter Mietknecht, der du noch sehr harthörig bist; denn Ich muss dir ja wie einem Abcbuben jedes Wort einzeln in die Feder sagen, und noch verstehst du Mich nicht und fragst Mich oft zwei-, drei-, fünf-, oft bis zehnmal, und siehe, Ich wiederhole dir allzeit jedes Wort treulich! Daher sei aufmerksamer, damit es schneller vorwärtsgehe als bis jetzt; denn die Welt bedarf in aller Kürze der Zeit der Vollendung dieses Werkes Meiner großen Gnade! Dieses lasse dir gesagt sein von Mir, eurem heiligen Vater, der ganz Liebe ist in allem Seinem Wesen.

3. Und nun schreibe weiter! – Und nun war das neugeschaffene Paar auf der weiten Erde ganz allein, und der versprochene Engel erschien mit dem flammenden Schwert in seiner Rechten; und da sie seiner ansichtig wurden, so erschraken sie sehr, dass sie flohen vor seinen Augen und erbebten vor großer Furcht in allen ihren Eingeweiden.

4. Und nun siehe, die Furcht beschleunigte die Zeit Evas, und sie wurde mit Schmerzen der verbotenen Frucht entledigt, welche die Schlange in der Blindheit Adams in sie gelegt hatte.

5. Und der Adam besah die nackte Frucht und bemerkte, dass die Frucht ihm ähnlich war, und erfreute sich sehr darüber; und die Eva erkannte die Freude Adams und drückte in aller Begierde diese Frucht ihrer Liebe an ihre volle Brust.

6. Und siehe, da empfand sie einen ähnlichen Stich in ihrer Brust gleich dem Stich der Schlange und legte die Frucht zur Erde in der großen Angst und festen Meinung, sie habe schon wieder gesündigt.

7. Aber siehe, da erschien der große Engel sanften Angesichtes vor dem sich ängstigenden und fürchtenden Paar und sprach sie mit fester Stimme an:

8. „Ängstiget und fürchtet euch nicht vor dem Knecht Jehovas, der zu euch gesandt ist von oben, um euch zu zeigen die Erde und euch zu erleuchten die Irrsale der Welt – und auch zu züchtigen euch und eure Nachkommen, so ihr von den Wegen der ewigen Liebe und der unendlichen Heiligkeit Gottes je abweichen solltet.

9. Seht, diese Frucht ist für euch keine Sünde mehr; wohl aber ist sie die Folge des dreifachen Ungehorsams gegen Gott und ist der Tod eures Fleisches, den ihr erzeugt habt in eurem Fleische durch eure Begierde in der Selbstsucht. Ihr dürft diese Frucht nicht wegschleudern von euch, sondern nach dem Willen von oben behaltet zum Zeugnis über euch selbst und eurer Demütigung, damit ihr derzeit erfahren mögt, wie durch euch die Sünde und durch die Sünde aber der Tod in die Welt gekommen ist; die Frucht selbst aber sollt ihr ‚Kahin', oder ‚Todbringer', benennen."

10. Da wurde beruhigt durch die Rede des Boten von oben das Paar in seinen aufgeschreckten Gemütern, und die Eva nahm die zur Erde niedergelegte Frucht wieder in ihre noch zitternden Hände und reichte auf Geheiß des Adam durch den Engel dem Säugling die volle Brust, zu saugen das Leben der Erde aus ihr.

11. Und der Engel trat an die linke Seite des Adam, und die Eva mit der Frucht auf dem rechten Arm stellte sich hin zur rechten Seite Adams, damit ihr Herz frei bliebe von jeglicher Last und zugewendet bleiben möchte dem Menschen fürder auf allen Wegen und Stegen.

12. Und so wandelten sie musterhaft über die ganze Erde, um zu beschauen alle Orte derselben und zu bestellen Wohnungen für ihre einstigen Nachkommen und zu säen das Brot denselben durch die Macht und die Kraft, die ihnen verliehen war von der Liebe durch die große Gnade der Erbarmung.

13. Denn die Erde und alles, was auf ihr war, war untertan dem Willen Adams, und das Meer und all das Gewässer gehorchte treulich selbst dem leisesten Wink Adams und war ihm untertan von der Oberfläche bis in den tiefsten Grund und beute ehrfurchtsvoll dem Fuß seines Herrn den Rücken, fest zu wandeln auf demselben nach Belieben; und es waren ihm untertan all die Winde, und es gehorchten seiner Stimme alle Tiere der Gewässer, des festen Landes und der Lüfte.

14. Und der Adam war erstaunt über die ihm innewohnende Kraft und sah und erkannte, über was alles ihm die ewige Liebe solche großen Kräfte verliehen hatte, und ward fröhlich über die Maßen ob so großer Gnade von oben und sagte zur Eva:

15. „Eva, mein Weib, siehe, der Herr der Macht und Kraft hat uns gesegnet; lass Ihm unsere Herzen opfern, damit Sein Segen gedeihe auf der Erde nach Seiner großen Verheißung und durch dich erblicke das Licht der Gnade als neuer Bewohner dieser Stätte!"

16. Und die Eva, voll Demut und innigster Freude, sprach: „Adam, siehe deine Magd zu deinen Füßen harren des Winkes ihres Herrn und des Herrn der Erde, und es geschehe mir nach deinem Willen; nehme

hin mein schuldiges Herz und opfere es dem Herrn!"

17. Und der Adam tat der Eva in aller Ergebung in den Herrn, wie es ihm der Herr befohlen hatte.

18. Und siehe, der Segen wurde sichtbar an der Eva, und der Adam freute sich dessen, und auch die Eva empfand große Lust in sich. Und nun höre, was der Engel Jehovas sprach zum frohen Paar, und seine Worte waren wohlgemessen wie Worte von der Höhe und wie Worte aus der Tiefe, und es war die ewige Liebe Selbst, die durch den Mund des Engels sprach, und diese Worte lauteten aus dem Munde des Engels:

19. „Adam! Du hast jetzt erfahren auf der weiten Reise über die Erde ihre Wesenheit, und ihre Festen und ihre Gewässer sahst du, und sahst auch, was auf und in denselben ist, wächst und sich bewegt; und sahst das große Mamelhud und vom selben abwärts alle Tiere bis zum kleinsten der kriechenden Würmchen; und sahst auch in den Meeren den Riesen Leviathan, den großen Waller; und den starken Hai und sahst all das Getier der Gewässer bis zu den kleinen Bewohnern des Tropfens; und sahst auch all das Gevögel der Lüfte, von dem riesigen Aar bis zum Blattvöglein, und von diesem bis zur kleinsten Mücke; und hast erprobt all ihre Kräfte, ihre Tauglichkeit und ihre Nützlichkeit; und ersahst auch daraus, wie reichlich die ewige Liebe für dich gesorgt hat und so durch dich auch für die Eva.

20. Du redetest die Berge an, und sie gaben dir Antwort; und du fragtest das Meer, und es antwortete dir; und du richtetest deine Stimme in die Tiefe der Erde, und die Antwort ist nicht unterwegs geblieben, und richtetest den Ton deiner Rede an all die Bäume, Gesträuche, Pflanzen, Kräuter und an all das Gras, und sie gaben dir kund ihre Namen und erzählten dir ehrerbietig ihre Tauglichkeit und daraus hervorgehenden Gebrauch für euch nach deiner freien Willkür; und so auch all das Getier, das du angesprochen hast mit der Stimme deiner Brust, gab dir jegliches nach seiner Art eine vernehmbare und ebenso vollbestimmte Antwort zurück und zeigte dir an, inwieweit es zu deinem Dienst bestimmt ist und untertan ist deinem Willen blindlings; und die Winde lehrten dich, ihrer sich zu gebrauchen nach deinem Willen; und dieses alles sah und hörte und gewahrte auch die Eva.

21. Siehe nun, Adam, und auch du, Eva, dieses alles ist dir von der ewigen Liebe nicht gegeben wie das Leben und die Eva dir, sondern Ihre große Gnade hat es dir zum Geschenk gegeben, und du wirst dies alles nur so lange behalten, als du nach dem Willen des heiligen Vaters einen weisen Gebrauch davon machen wirst; aber eines wird nach dem anderen sich entfernen aus dem Gebiet deiner großen Macht, so du dein Gemüt nicht stets ganz rein vor dem Angesichte Jehovas erhältst. Daher sei weise, wie der große, übergute und überheilige Vater dort oben über aller Schöpfung und dort in der Tiefe unter aller Schöpfung es ist.

22. Und so wie du es bist und sein und bleiben sollst fürder nach dem Willen des heiligen Vaters und so nach deinem eigenen Willen, so sollen auch alle deine Nachkommen sein und sollen sein die Nachkommen Evas, wie sie ist vor und unter deinen Augen.

23. Und so aber jemand nicht ist, wie du es jetzt bist, sein und bleiben sollst fürder, so wird er zwar die Gabe behalten auf die

Länge einer bestimmten Zeit nach, aber das Geschenk der Gnade wird ihm genommen, alsobald er nicht mehr ist, wie du jetzt bist, sein und bleiben sollst. Und selbst die Nachkommen Evas werden sich erheben über ihre Häupter und werden ihnen untreu bis in das Mark ihrer Gebeine und werden nachrennen den Hunden und werden sich nähren vom Kot der Schlangen und ihre Kinder säugen mit den Brüsten der Ottern; und deine Nachkommen werden vergiftet werden durch sie und werden sterben eines bitteren Todes leiblich und geistlich in ewiger Schande und quälender Schmach.

24. Und nun siehe, du Adam, und höre, du Eva! Noch seid ihr jetzt im Paradies, da, wohin euch die ewige Liebe gesetzt hat vor und nach eurer Sünde und vor und nach der Zerstörung; aber so ihr euch je vergessen solltet, nicht zu beachten treulich die Gesetze der Liebe und die Gebote der Weisheit des heiligen Vaters, so werdet ihr aus diesem schönen Garten vertrieben werden durch dieses flammende Schwert und werdet nimmer hineingelassen werden durch die ganze Zeit eures Leibeslebens fürder und auch keiner bis zur Zeit der Verheißung von allen euren Nachkommen – als erst nach derselben die Kinder der Erlösung und der daraus hervorgehenden Neuschöpfung der ewigen Liebe.

25. Dies merke dir wohl, du Adam, und bedenke es du auch Eva! Die Frucht, die hervorgehen wird aus dir, du Eva, diese lebendige Frucht sollst du, Adam, ‚Ahbel' nennen und sollst ihn opfern dem Herrn der Herrlichkeit ewig; denn sein Name ist ‚Sohn des Segens' und soll sein zum ersten Vorbild Dessen, der einst in der großen Zeit der Zeiten kommen wird von oben aus dem Schoße der Macht und der Kraft der Heiligkeit Gottes vollkommen.

26. Und nun, da ich euch geführt, und gezeigt und gesagt habe alles nach dem Willen der ewigen Liebe vollkommen, so ist meiner Sendung Werk der ewigen Liebe im Vater aller Heiligkeit und Güte vollbracht, und ich muss euch sichtbar verlassen; aber unsichtbar werde ich euch folgen von Tritt zu Tritt und werde zählen jeglichen eurer Schritte nach dem unwandelbaren Willen Jehovas.

27. Und zu sehen werdet ihr mich bekommen allzeit wieder, sooft ihr dem Herrn der Herrlichkeit opfern werdet in aller Ergebung eurer Herzen; und ich werde euer Opfer nehmen in ein Gefäß und werde es tragen empor zu Gott und werde es ausschütten vor dem Angesichte des Sohnes, und da wird der große, heilige Vater Wohlgefallen haben an euren Werken.

28. Aber ihr werdet mich auch zu sehen bekommen, so ihr abweichen solltet oder könntet von dem Gesetz der Liebe und von den Geboten des heiligen Vaters, so wie ihr mich jetzt noch seht mit dem Flammenschwert in meiner Rechten, um euch zu treiben aus dem Garten und dir, Adam, zu nehmen einen großen Teil der Geschenke der ewigen Liebe aus Ihrer großen Gnade und dich dann zu lassen schwach und furchtsam vor dem geringsten Geräusch des Grases."

29. Und nun siehe, du blinder Schreiber dieses Meines neuen lebendigen Wortes in dir wie auch in euch allen, und betrachte den Adam, wie er nun war im Paradies ein vollkommener Mensch bis auf eines, mit welchen Fähigkeiten er ausgerüstet war, vollkommen ein Herr der Erde; und alle diese seine Vollkommenheiten waren nur ein Geschenk von Mir, und er behielt sie

bis zur Zeit, da er ein einziges Mal Meiner vergaß, nachdem der Engel unsichtbar wurde seinen Augen.

30. Und nun siehe, dieses alles, was der Adam besaß als Geschenk, will Ich euch geben als bleibende Gabe und noch zahllos Mehreres und noch unendlich Größeres, das Ich Selber bin, und alles, was Mein ist, soll auch euer sein, so ihr Mich liebt, und sonst nichts als liebt!

31. Aber wo ist eure Liebe, die Ich so teuer erkaufte und sie ewig Mein nennen möchte? Oh, dieser gibt es gar so wenig mehr auf der Erde! Sie ist so leicht und so sanft, und ihr wollt sie nicht und sucht sie auch nicht, wo sie nun eurer harrt, und verschmäht den hohen Preis in ihr!

Kapitel 12

Verheißung des neuen Jerusalem

1. O ihr Kinder Adams! Warum wollt ihr denn nicht lieber werden Meine Kinder? O welche Mühen und anstrengende Arbeiten kostet es euch, um sich zu erwerben das vom Schweiß eurer Hände triefende Brot Adams, das dazu noch besudelt ist vom Geifer der Schlangen und getränkt vom Gift der Nattern, und darum ihr euch in eurem Unmaß damit den Tod zeitlich und dann auch ewig eresset!

2. Und Mein Brot, das bestrichen ist mit dem Honig Meiner Liebe und getränkt ist mit der Milch des ewig freien Lebens aus Mir, und ihr es genießen könntet in der höchsten Fülle alles Übermaßes, und es euch nimmer schaden würde ewig, sondern euch stärken würde und ausrüsten euch mit aller Macht und Kraft aus Mir ewig und auch schon zeitlich, so ihr es nur

annehmen möchtet, – seht, bald nach Meiner allergrößten Tat, welche ist das große Werk der Erlösung für euch, da war dieses Mein Brot sehr teuer noch, und die Menschen konnten sich dasselbe nur in kleiner Gabe nicht anders als nur wieder durch ihr Mir dafür geopfertes Blut und Leibesleben erkaufen, und dieses Mein Brot schmeckte damals bitter im Munde der Käuflinge und war noch nicht bestrichen mit dem Honig der Liebe und getränkt mit der Milch des freien Lebens auch zeitlich schon, sondern sowohl der Honig als auch die Milch wurden den trauernden Käufern erst im Reich der Geister wohlgewogen hinzugegeben; und siehe, doch gab es der Käufer in die großen Mengen!

3. Jetzt aber, wo Ich es gebe jedem, der es nur immer wünscht, ganz umsonst, bloß für das gewiss sehr kleine Entgelt eurer Liebe, mit Honig und Milch, und nun siehe, nun verachtet man es bitter und verschmäht den großen, freundlichen, gewiss und wahr für euch aller höchsten Liebe vollsten Geber!

4. So merket es denn, die Pforten Meiner Himmel habe Ich jetzt weit öffnen lassen. Wer immer herein will, der komme und komme bald und komme alsogleich; denn es ist gekommen die große Zeit der Gnade, und das neue Jerusalem kommt zu euch allen hinab zur Erde, damit alle, die Mich lieben, darinnen Wohnung nehmen sollen und sollen darinnen gesättigt werden mit dem Honig- und Milchbrot und trinken in vollen Zügen das reine Wasser alles Lebens und sollen es schöpfen im Übermaße aus dem ewigen Brunnen Jakobs!

5. Aber wie auch immer die Niederkunft dieser Meiner großen Stadt wird sein eine unermesslich große Gnade allen

Meinen Kindern, so wird sie aber jedoch auch erdrücken durch ihre starken Mauern alle Blinden und wird zerquetschen alle Tauben; denn ihre Größe wird einnehmen die ganze Fläche der Erde! Und wer sie nicht sehen wird herniederkommen und nicht vernehmen wird ihr Rauschen durch die reinen Lüfte der Erde, der wird nie mehr einen Platz finden auf Erden, da er sich verbergen soll vor ihr und entweichen ihrer Last.

6. Denn siehe, die Last ihrer Paläste wird zermalmen die Berge und sie gleichmachen den Tälern, und ihre Wohnhäuser will Ich stellen über die Pfützen und Moraste; und all das Geschmeiß, das darinnen haust, wird erdrückt werden in Grund und Boden durch die Grundfesten der Wohnhäuser der großen Stadt Gottes, eures heiligen Vaters im Himmel und auf der Erde.

7. Und es wird rufen der wahre Hirt Seine Schafe, und sie werden Seine Stimme hören und wohl erkennen bis an alle Enden der Erde und werden hinzukommen und sich weiden in aller Lust auf den weiten Weideplätzen der ewigen Liebe des heiligen Vaters, welches sind die großen Gärten der neuen heiligen Stadt des großen Königs aller Völker, die waren, sind und sein werden ewig.

8. Und diese Gärten werden sein das durch Adam verlorene Paradies, welches Ich zuerst wiedergefunden und getreulich aufbewahrt habe für sie zu einer ewigen Wohnung.

9. Aus dem Grunde auch habe Ich euch schon ganz umständlich bis in die kleinsten Teile gezeigt Meine große Haushaltung von Ewigkeit her und habe euch gezeigt die Schöpfung vom Ersten bis zum Letzten und zeigte euch den ersten Menschen in seiner ersten Entstehung, will euch noch fürder ihn zeigen bis zu seinem Ende, und will euch zeigen alle meinen Führungen und Fügungen bis auf euch und fürbass, und will euch zeigen die große Hure und das zerstörte Babylon und dann führen euch in Meine große heilige Stadt und euch darinnen geben eine bleibende Wohnung ewiglich, so ihr Mich liebt, wie Ich euch liebe, über alles!

10. Siehe an die Himmel und siehe an die Erde, diese werden einst vergehen körperlich und werden nur bestehen geistig; aber jegliches Meiner Worte, das gesprochen wird zu euch, wird bestehen, wie es aus Meinem Munde kommt, körperlich und geistig in aller Macht und aller Kraft der Heiligkeit, ewig, ewig, ewig, amen!

Kapitel 13

Die Vertreibung aus dem Paradies

1. Und nun kehre wieder zurück zum Adam und zur Eva, und siehe, wie ihr fernerer Wandel ihres Leibeslebens und der Wandel ihrer beiden Nachkommen beschaffen war vor den allsehenden Augen der Heiligkeit Jehovas! Und siehe, eine kurze Zeit, die nach eurer Rechnung dreißig Erdkreise um die Sonne betrug, was ihr ‚Jahre‘ nennt, lebte das Paar im Kreise seiner gesegneten Nachkommen, deren Zahl gleich war der Zahl der Jahre, mit Ausnahme des Kahin, welcher nicht gesegnet war.

2. Und nun siehe weiter, was da geschehen ist. Adam ging am Tag des Herrn, der zu einem Ruhetag ihm geboten wurde in seinem Herzen schon von der ewigen Liebe Selbst und vom Engel hernach mehrfältig zum Gedächtnis der großen Taten

der Sich erbarmenden Liebe und zur ehrfurchtsvollsten Betrachtung der unermesslichen Heiligkeit Gottes, des guten Vaters, allein über eine Strecke Landes, um zu betrachten die Schönheit der Gegend; und es gefiel ihm überaus gut die Welt, so dass er in seinen Gedanken ganz abkam von Gott.

3. Und so in diesen Betrachtungen kam er an das Ufer eines großen Stromes, dessen Namen ‚Eheura' hieß oder ‚Gedenke der Zeit Jehovas', denn das rief der stark rauschende Strom; aber der Adam, vertieft in den Gedanken der Welt, merkte und verstand auch nicht den Sinn dieser Rede der rauschenden Fluten des Stromes.

4. Und als er nun so geartet längs dem Ufer ging, blieb er auf einmal hängen mit dem linken Fuß an einem sich eine Zeit über die Erde und endlich um einen großen Baum schlängelnden Gewächs, und er fiel gewaltig zur Erde und empfand einen großen Schmerz an seinem Leib, und das war für ihn eine neue Empfindung; und er zürnte dem Gewächs und sah es ergrimmt an und stellte es zur Rede, fragend, ob es nicht kenne seinen Herrn.

5. Und das Gewächs antwortete: „Nein, ich kenne dich nicht!"

6. Da besah der Adam das Gewächs genauer und erkannte das Gewächs nicht. Da fragte er es abermals: „Wie ist dein Name, und welches ist deine Tauglichkeit?"

7. Und siehe, ein Wind rauschte durch die Blätter, und das Rauschen ward ihm verständlich und lautete: „Lese die Beeren von meinen Zweigen, und presse den Saft aus, und trinke ihn, und mein Name und meine Tauglichkeit wird dir kundwerden."

8. Und siehe, der Adam tat in der Blindheit seiner Weltgedanken, was das schlängelnde Gewächs ihm anriet in seiner Vergessenheit am Tag des Herrn, und er nahm einige Beeren und verkostete sie, und sie schmeckten ihm sehr süß; und er freute sich dieser neuen Bekanntschaft und schmollte über den Engel, dass er ihm nicht auch gezeigt habe dieses gar so wohlschmeckende Gewächs.

9. Und er las eine Menge Beeren ab und trug sie nach Hause und kam dahin, als die Sonne gerade unterging.

10. Und die Eva, begleitet vom Kahin, kamen ihm entgegen als die einzigen, die sich den ganzen Tag über gesorgt hatten, da sie nicht wussten, wohin der Adam gegangen war – denn alle übrigen wussten es wohl und sorgten sich nicht am Tag des Herrn um Adam, den Vater ihres Leibes, da sie Kinder des Segens waren und an diesem Tag ihre Gedanken vertieft hatten in Gott und Seine ewige Liebe –, und nahmen ihm ab einen großen Teil seiner Bürde. Und er erzählte ihnen von dieser neuen Bekanntschaft; und die Eva war erfreut in hohem Grade dessen und tat mit der Hilfe Kahins mit den Beeren nach der Erzählung Adams.

11. Da nahm der Adam den ausgepressten Saft und sprach: „Lasst uns erforschen dessen Namen und dessen Tauglichkeit!"

12. Und siehe, da trank er in vollen Zügen vom Saft und gab ihn dann der Eva und dem Kahin und endlich zu verkosten allen bis auf den Ahbel, der noch nicht zugegen war, da das Feuer noch loderte am Altar, den er errichtet hatte, zu opfern der Heiligkeit und der Liebe Jehovas, was dem Herrn wohlgefällig war.

13. Und da wurden berauscht der Adam und die Eva und alle, die vom Saft gekostet hatten; und in diesem Rausch entbrannten Adam und Eva und alle aus Adam und Eva wild in den Begierden des Fleisches und trieben samt Adam und Eva

Unzucht und Hurerei, während Ahbel betete am Altar Jehovas.

14. Und als sie da ausgehurt hatten im Rausch der Vergessenheit Gottes und des allzeit vorher anbefohlenen und schuldigen Opfers ihrer Herzen, da erschien der Engel mit dem Flammenschwert in seiner Rechten zuerst dem Ahbel freundlich und sagte zu ihm:

15. „Jehova fand großes Wohlgefallen an deinem Opfer, so zwar, dass Er dich zum Retter deiner Eltern und Geschwister erwählt hat, ohne dessen sie jetzt zugrunde gegangen wären am Tag des Herrn, da sie Seiner vergaßen und ihre Gemüter gesenkt haben zur Erde und konnten nicht teilhaftig werden des Segens, der allzeit an diesem Tag nach der festgesetzten Ordnung ausgeht von oben in alle Räume der Unendlichkeiten!

16. Daher bin ich wiedergekommen sichtbar, zuerst zu sammeln dein Opfer in dieses Gefäß der erbarmenden Gnade, welche ist der ewige Sohn im Vater, und es zu tragen vor dessen allerheiligstes Angesicht, dem Augapfel des ewigen Vaters, und zuvor aber noch zu züchtigen die Übertreter des Gesetzes der Liebe und des Gebotes der heiligen Gnade und ihnen zu nehmen einen großen Teil der Geschenke, sie zu schlagen mit Blindheit und sie zu treiben aus dem Paradies.

17. Und nun verlasse deinen Opferaltar und stelle dich zu meiner Linken, damit die züchtigende Rechte frei bleibe den Übertretern, und folge mir in die Wohnung der Sünde! Und wenn ich die schlafenden Sünder werde geweckt haben aus dem Taumel der Hurerei und sie, von großer Furcht ergriffen, fliehen werden vor dem Schwert der Gerechtigkeit, so folge ihnen als ein Mitflüchtiger und trage nach den Eltern deines Leibes einen kleinen Teil des verlorenen Geschenkes und übergib es ihnen dann zur Stärkung da, wo sie ermattet und erschöpft weinend zur Erde niederfallen werden in einem Land weit von hier, welches ‚Euehip' oder ‚Land der Zuflucht' heißt. Und in diesem Land errichte du eben auch einen Opferaltar gleich diesem hier, der fortan brennen wird, auch unter den Gewässern, die einst über die ganze Erde kommen werden, und werden wird zu einem Berg, unersteiglich für jeden sterblichen Fuß bis zur großen Zeit der Zeiten, wo er sein Haupt neigen wird in die Niederung, die da heißen wird ‚Bethlehem' oder die kleine Stadt des großen Königs, die einst zur größten wird auf der Erde; denn ihr Licht wird leuchten mehr denn das Licht aller Sonnen Geister der Geister. Und auf diesem neuen Altar sollst du Dankopfer bringen dem Herrn aus allen Reichen der Erde in diesem Land der Flucht, damit es genießbar werde den Sündern und stärke die Reuigen und tröste die Trauernden."

18. Und als der Engel beendet hatte seine Rede zum Ahbel, da erhoben sie sich und gingen ernsten Schrittes zur Wohnung Adams, welche nach seiner Macht und Kraft in runder und sehr weiträumlicher Form aus dicht aneinander frei aus der Erde hoch gewachsenen Zedern – der Gestalt nach ähnlich dem Tempel Salomos – bestand, unfern von der Reuehöhle und dem Dornbusch der Trauer, und zwei Eingänge hatte, einen engen gegen Morgen und einen weiten gegen Abend.

19. Und siehe, es war um die Mitte der Nachtzeit – und es durfte nicht früher sein wegen des Tages des Herrn –, da trat der Engel des Herrn mit dem Ahbel an die Schwelle von Morgen her.

20. Als der Ahbel die Schwelle betrat, da fing er an zu weinen über das große Unglück, das jetzt die Seinen treffen solle und werde.

21. Da sagte der Engel sanften Tones zu ihm: „Weine nicht, Ahbel, du segenerfüllter Sohn der Gnade, und tue, was ich dir befohlen aus der ewigen Liebe, die durch meinen Mund redet, und erschrecke nicht über die Donnerworte, die folgen werden über diese schlafenden Sünder."

22. Und Ahbel tat, wie ihm der Engel befohlen hatte; und als er vollends bei den Seinigen war, da donnerte der Engel furchtbar ernst Worte des Schreckens und großer Angst über die nun erwachten Sünder und rief mit großer Kraft und Stärke:

23. „Adam, stehe auf, gedenke deiner Schuld und fliehe von hier; denn für dich ist hier keines Bleibens mehr fürder! Denn du hast verloren das Paradies für dich und alle deine Nachkommen bis zur großen Zeit der Zeiten und einen großen Teil der Geschenke durch deine Schuld, da du vergessen hast des Tages des Herrn und hast dich berauscht vom Saft eines Gewächses, das ein Meisterstück der Schlange war, ausgedacht, zu fangen deine Freiheit, zu umstricken deine Füße und zu verwirren deine Sinne, zu vergessen Gott und dich zu schlafen machen in der groben Sünde.

24. Somit fliehe, wohin du willst, aus dem Angesicht der Liebe! Und überall, wo du hinfliehen wirst, wirst du den gerechten Zorn Gottes treffen in der Fülle; aber der Anteil der Liebe wird dir spärlich zugemessen werden!"

25. Und siehe, da erhob sich der Adam von der Erde mit der Eva und allen den übrigen, die da geschlafen hatten aus dem Trank der Betäubung vom Gewächs der Schlange und dadurch verloren hatten ihre Geschenke sämtlich bis auf den Ahbel, welcher nüchtern geblieben war, da er nicht getrunken hatte vom Trank der Betäubung und eingedenk blieb des Tages des Herrn (NB. wie auch ihr als wahre Kinder eines so heiligen und guten Vaters, wie Ich es bin, beständig eingedenk sein sollt der heiligen Ruhe des Sabbats als des wahren Tages des Herrn, der Ich es bin, und sollt am Sonntag tun, was euch geboten).

26. Und als der Adam ansichtig wurde des Engels, erschrak er über die Maßen samt seinen Angehörigen, dass er nicht reden konnte auch nur ein Wort zur Entschuldigung und war wie starr vor zu großem Entsetzen; denn nun fing er erst an zu gewahren, was er und alle die Seinen getan hatten vor dem Angesicht Jehovas.

27. Da warf er sich auf sein Angesicht nieder vor dem Engel des Herrn und weinte und flehte überlaut um Erbarmen; denn das flammende Schwert hatte ihm die Augen geöffnet, und er sah in diesem Schauderlicht der strafenden Gerechtigkeit die ganze Schwere und Größe des namenlosen Unglücks, in welches er sich und all die Seinen durch seinen Leichtsinn gestürzt hatte.

28. Aber der Engel stand mit verbundenen Augen und zugestopften Ohren, wie ihm die Liebe des Vaters befohlen hatte, und sprach lauter denn alle Donner aus der Macht und der Kraft Jehovas:

29. „In der Gerechtigkeit ist keine Gnade und im Gericht keine Freiheit; darum fliehe, getrieben von der strafenden Gerechtigkeit, damit nicht ereilen deinen säumenden Fuß die Gerichte Jehovas! Denn die Strafe ist der Lohn der Gerechtigkeit. Wer ihn nimmt, wie er ihn verdient hat, der kann noch auf Erbarmung rechnen; wer aber widerstrebt der

Gerechtigkeit und deren Folgen, der ist ein Verräter der unantastbaren Heiligkeit Gottes; der wird anheimfallen den Gerichten Dessen, da keine Freiheit mehr ist, sondern die ewige Gefangennehmung in dem Zorn der Gottheit.

30. Darum fliehe und weine und flehe da, wohin dich deine Füße tragen werden; und wo sie dir ihren Dienst versagen werden, da bleibe, weine, flehe und bete, damit du nicht zugrunde gehst und die Eva und alle durch dich!"

31. Und siehe, da erhob sich Adam wieder und wollte fliehen nach dem Befehl Gottes durch den Engel; aber siehe, er konnte nicht, denn seine Füße waren wie gelähmt. Und er fing an zu zittern und zu beben am ganzen Leib; denn es gemahnte ihn die große Furcht vor dem Gericht Gottes, das ihm angedroht hatte der Engel des Herrn.

32. Da fiel Adam wieder nieder auf sein Angesicht und weinte und schrie überlaut: „Herr, Du allmächtiger, großer Gott in Deiner großen Glorie aller Heiligkeit, verschließe nicht ganz das Herz Deiner unbegrenzten Liebe und Barmherzigkeit mir Schwachem vor Dir, und schenke mir nur so viel Kraft, dass Ich Unwürdigster zu fliehen vermöchte vor Deinen Gerichten nach Deinem allerheiligsten Willen, dem untertan sind alle Deine Geschöpfe, wie ich vom Scheitel bis zur Sohle. Herr, erhöre mein Flehen!"

33. Und siehe, da sprach die ewige Liebe durch den Mund des Engels – wie Ich jetzt durch deinen unreinen – zu Ahbel:

34. „Ahbel, siehe den Vater deines Leibes; greife ihm unter die Arme! Und siehe sein Weib, die Eva schmachten auf der Erde, die Mutter deines Leibes, und richte sie auf, damit sie beide durch dich, und alle übrigen gestärkt werden zur Flucht und der gute, heilige Vater Freude an dir habe, da du Liebe erzeigst deines Leibes schwachem Vater, wie auch dessen hinfälliger Mutter[5], und so auch allen deinen Brüdern und Schwestern, ob sie gesegnet oder nicht gesegnet sind; denn deine Kraft wird sie stärken, und die Fülle des Segens in dir wird sie erquicken! Und so mit der Hand der kindlichen Liebe und mit der Hand der brüderlichen Treue führe sie ja mit aller Geduld und Liebe bis zur Stelle, die Ich dir dadurch anzeigen werde, da sie alle erschöpft niedersinken werden.

35. Da bleibe und lasse ausruhen die Ermüdeten; und du sammle dich da vor Mir, damit Ich dir Kräfte verleihe in der großen Fülle zur Stärkung für deine Eltern nach dem Maße ihrer Benötigung und Annahmefähigkeit und zur Erquickung deiner Brüder und Schwestern nach ihrem Bedarf und nach ihrer Aufnahmefähigkeit. Und nun tue, was Ich dir befohlen habe, aus Liebe für sie und aus Gehorsam gegen Mich!"

36. Und siehe, da wurde der fromme Ahbel von großer Barmliebe durchdrungen, kniete nieder und dankte Gott aus dem innersten Grunde seines Herzens, in Tränen zerfließend, und ergriff dann, gestärkt von oben, die Hände der schwachen Eltern und tat aus großer Liebe, was ihm der Herr hatte befohlen.

37. Und als der Adam gewahrte seinen Sohn ihm helfen und der Mutter auch, wie allen übrigen, da sprach Adam gerührt: „O

---

[5] Wenn die Frau eines Vaters auch seine Mutter genannt wird, dann drückt dies normalerweise eine enge Beziehung und Fürsorge zwischen beiden aus. Das ist auch heute noch in einigen Kulturen so.

du mein lieber Sohn, da du kamst mir zu helfen in dieser unserer großen Not, so nehme denn auch all meinen Segen hin zum Dank und zum Trost deines schwachen Vaters und deiner schwachen Mutter!

38. Und danke du dem Herrn, der du noch würdig bist der Liebe des heiligen Vaters, an meiner und unser aller statt, die wir uns unwürdig gemacht haben, auszusprechen Seinen allerheiligsten Namen!

39. Und so lass uns denn fliehen nach dem Willen des Herrn!"

40. Und siehe, da schwang der Engel das Schwert der Gerechtigkeit, und sie flohen sämtlich eilenden Schrittes Tage und Nächte fort und fort ohne Ruhe und ohne Rast.

41. Und als sie so gelangten in das schon benannte Land, da die Sonne über ihrem Scheitel stand und heftig brannte; und kein Gras war zu sehen auf dem Boden ringsherum bis in die weiten Fernen, und auch kein Baum und kein Gesträuch. Und siehe, da sanken Adam und Eva mit den übrigen ermattet und ganz erschöpft in den heißen Staub zur Erde nieder und schlossen ihre Augen, von der Macht des betäubenden Schlafes gedrückt, und schliefen wie bewusstlos, gefesselt von den Schlingen der Schwäche in der Ungnade.

42. Und siehe, da trat der Engel des Herrn, der sie bis hierher sichtbar verfolgt hatte, hin zum Ahbel, der da stand in vollster Frische der Macht und Kraft von oben, und sprach:

43. „Ahbel, siehe, von allen Opfern, die du in aller Reinheit deines Gemütes dem Herrn der Heiligkeit dargebracht hast, war keines größer als dieses und keines ihm so wohlgefällig! Daher nehme nach dem

Willen von oben dieses Schwert der Gerechtigkeit aus der Hand deines Bruders von oben denn siehe, so sind wir Kinder eines und desselben heiligen Vaters, und walte und schalte damit nach der Macht der Weisheit und nach der Kraft der Liebe zum Besten der Deinigen, und entzünde in ihnen die schwach gewordene Kraft des Lebens, und mache erbrennen die Liebe zur Liebe des heiligen Vaters von neuem, und fache an die Flamme der gerechten Furcht Gottes in ihren Herzen. Ich aber werde dich nicht verlassen, sondern unsichtbar und, wann du willst, auch sichtbar an deiner mir übergeliebten Bruderseite stehen, allzeit bereit, dir zu dienen in dem Willen des Herrn.

44. Denn siehe, die Übergabe des Schwertes aber bedeutet deine vollste Freiheit gleich der meinigen, und so ist der Wille des Herrn der deinige geworden und hat dich gestellt über alles Gesetz und hat die Gebote gemacht zu deinem Eigentum, und nun bist du gleich mir ein unsterblicher Sohn der Liebe des heiligen Vaters im reinen Lichtreich der freien Geister!

45. Und nun tue nach deiner Liebe und deiner Weisheit deinen Eltern und Geschwistern des Leibes!"

Kapitel 14

Ahbel erfleht die Gnade des Herrn. Adams Reue

1. Und siehe, da fiel Ahbel auf seine Knie nieder, durchdrungen von zu großer Freude über die so übergroße Gnade von oben, und sprach: „O Du großer, überheiliger und überguter lieber Vater, siehe hier Deinen kleinen Diener vor Dir im Staub und

im Gefühl der allertiefsten Unwürdigkeit zu Dir Allmächtigem und Allerbarmendem aus der untersten Tiefe empor zu Deiner höchsten Höhe blicken und vernehme das Flehen eines Kindes um Gnade für seine schwachen Eltern und für alle seine Brüder und Schwestern, und nehme die Kraft mir nicht, die aus Dir mir ist ein übergroßes Geschenk, und lasse sie gnädig ausströmen über sie zur Vergebung der Sünde und zur Wiedergewinnung des Lebens aus Dir in erforderlicher Macht und Kraft!

2. Und umgestalte barmherzig und gnädig diese Gegend nach Deinem allerhöchsten Wohlgefallen, damit sie fruchtbar werde und die Schwachen Nahrung fänden zur Stärkung ihrer Glieder und ihren brennenden Durst stillen möchten an einer frischen Wasserquelle und auch Tiere möchten kommen, tauglich, ihnen zu dienen, gehorchend ihrem Willen.

3. O Du großer, überheiliger und überguter lieber Vater, erhöre mein schwaches Flehen, damit Dein heiliger Name verherrlicht werde in den Herzen Deiner Reuigen!"

4. Und nun siehe und höre, was da geschah, als der fromme Ahbel vollendet hatte das Mir wohlgefällige Gebet: Und siehe, da fing ein kühlender Hauch an hinzuwehen über die starre Wüste, und lichte Wolken umhüllten den weiten Raum des Himmels, und es fing an zu regnen über die ganze Wüste, und mitten unter dem Regen fielen Samenkörner aller Art in die vom häufigen, starken Regen Jehovas gemachten kleinen Furchen des sonst wüsten Sandes. Und im Augenblick war die weite Wüste grün geworden von Gras, Pflanzen, Gesträuchen und Bäumen tausendartig, und an der Stelle, da der fromme Ahbel, betend im Geiste und in der Wahrheit zu Mir, kniete, stieg ein großer Baum fast bis zu den Wolken empor mit weiten Ästen und breiten Blättern, voll behangen mit Brotfrüchten lieben und süßlichen Geschmackes, und es ward ihm der Name ‚Bahahania' (oder ‚Stärkung und Labe den Schwachen', auch wohl bei euch jetzt noch als ‚Brotbaum' bekannt) gegeben.

5. Und aus den segentriefenden lichten Wolken sprach eine sanfte Stimme zum frommen Ahbel: „Ahbel, du Mein lieber, freigewordener Sohn, schwinge mit der linken Hand das Schwert über die Schlafenden, und erwecke sie zur Reue und zur Besserung ihres Wandels vor Mir in aller Zukunft, und sei ihnen ein wahres Vorbild Dessen, der einst kommen wird in der großen Zeit der Zeiten, und sage ihnen, dass bis dorthin niemand mehr frei wird vom Gesetz, und dass die Gebote alle werden gefangen halten bis dahin und auch noch ferner, die sich nicht teilhaftig machen werden der Neugeburt durch den Sohn, welcher sein wird der Weg, das Licht, die Wahrheit und das ewige Leben als alleiniger Überwinder des Todes.

6. Du aber bist frei als ein Engel des Lichtes und wirst aufgenommen werden, nachdem das Bild des großen Kommenden erst in kurzer Zeit ganz wird vollendet werden, dessen du dich aber erst durch deine steigende Demut, Liebe und große Frömmigkeit ganz fähig und tauglich machen musst trotz aller Verfolgungen und Misshandlungen, die dich noch treffen werden von deinen Brüdern und Schwestern zur Verherrlichung Meines Namens willen."

7. Und siehe, da erhob sich Ahbel abermals mächtig und durch und durch kräftig von der Erde und schwebte gleichsam zum Zeichen der wahren Freiheit über

derselben in der Luft und tat, wie ihm befohlen ward.

8. Und siehe, da strömten neue Kräfte des Lebens in die Schlafenden, und sie erwachten in der Schnelle und richteten sich auf und sahen, tief ergriffen von zu großer Verwunderung ob so großer, wohltuender Veränderung der Wüste, sich nach allen Seiten um und wollten jauchzen vor Freude. Aber da erhob sich Adam, und an seiner Seite auch Eva, und sprach zu seinen Kindern:

9. „Kinder, jauchzt nicht und frohlockt nicht allzu früh, sondern weint und bereut mit mir und der Eva zuerst unsere große Schuld und bedenkt, was wir verloren haben! Es liegt nichts an dem irdischen Paradies und an allen seinen Gütern; denn wie ich und ihr es seht mit mir, hat uns der Herr in Seiner übergroßen, unbegrenzten Barmherzigkeit so vieles wiedergegeben, dass wir alle den Verlust der überschwänglichen Güter des irdischen Paradieses sehr leicht vergessen könnten über diesem neuen, großen, unübersehbaren Reichtum Seiner zu großen Liebe. Aber seht da die heraneilenden Tiere der Luft sowohl als auch der festen Erde, seht das Gras, die Pflanzen, die Gesträuche und all die Bäumchen und großen Bäume und die wehenden Lüfte, und fragt dieses alles, und horcht, ob euch irgendwoher eine Antwort zukommen wird!

10. Ich tat es gleich beim Erwachen und überzeugte mich, dass all die Dinge stumm geworden sind gegen mich und verstanden den Ton meiner Rede nimmer. Das Gezwitscher der Vögel, das Geheul der Tiere, das Gesäusel dieses Quellenbächleins und all das Geräusche des Grases, der Pflanzen, der Gesträuche und all der Bäumchen und Bäume drang zwar alsobald an mein Ohr; aber wie erschrak ich und bin noch erschrocken durch und durch, da ich von allem dem nichts mehr verstand und verstehe!

11. Aber seht, ich erschrak nicht deswegen, dass mir dieser Verstand benommen wurde, sondern ich erschrak vielmehr ob des unendlich größeren Verlustes der Gnade des heiligen Vaters über aller Kreatur und unter aller Kreatur!

12. Alles, seht, was ich verloren habe, das habt auch ihr verloren durch mich, da ihr gesündigt habt durch mich und mit mir bis auf einen, den ich nicht mehr würdig bin meinen Sohn zu nennen, der geblieben ist in der Fülle der Gnade und in der Fülle des Segens in aller Macht und in aller Kraft rein und gerecht vor den allsehenden Augen des überheiligen und überguten Vaters, dessen Liebe und Geistes!

13. Und das ist mein geliebter Ahbel, den uns aber der übergerechte Herr auch genommen hat, da meine Augen ihn nirgends mehr sehen, sicherlich, damit ich und ihr alle durch mich empfinden sollet, was das heißt, aus der Gnade der ewigen Liebe in die strenge Gerechtigkeit des Herrn durch die Sünde des leichtsinnvollen Ungehorsams gegen Seine so übermilden Gesetze der Liebe und gegen die so leichten Gebote der Gnade gefallen zu sein.

14. O Kinder, beherzigt das alles wohl, was ich euch jetzt gesagt habe, und versucht und überzeugt euch selbst, ob ich die Wahrheit zu euch geredet habe; und dann kommt und urteilt selbst, um welche Zeit es ist, – ob wir aus übergroßer Reue weinen und trauern sollen, oder ob wir wohl noch irgendetwas finden mögen, was unsere Herzen erfreuen könnte!

15. Ja, meine Kinder, nur eine einzige Freude als Geschenk Ihrer großen Gnade

hat uns die ewige Liebe des heiligen Vaters gelassen – und dessen können und sollen wir uns freuen –, und das ist die große Gnade der Reue und der Trauer selbst!

16. Seht, dies Einzige hat uns der Herr noch gelassen: die Tränen der Reue und die Zähren der Trauer! Danken wir Ihm dessen aus aller Tiefe unserer Herzen!

17. O wie überglücklich sind wir noch, da uns der Herr noch so reichlich beschenkt hat! Was wären wir ohne diese Gnade?!

18. Lasst daher uns im tiefsten Gefühl unserer gänzlichen Verworfenheit niederfallen zur Erde und weinen und trauern so lange, bis keine Träne und Zähre mehr fließen wird aus unseren Augen und wir dem Herrn zurückgegeben haben, was Sein ist, dessen wir gänzlich unwürdig sind, und Er dann mit uns machen möge nach Seiner allerheiligsten Gerechtigkeit, was Sein heiliger und allzeit guter Wille ist und war von Ewigkeit her!"

19. Und siehe, da fiel der Adam mit all den Seinigen zur Erde nieder und tat, wie er es erkannt hatte durch den geringen noch zurückbehaltenen Teil der Gnade durch die stille und geheime Erbarmung der ewigen Liebe im Vater, und weinte und klagte bitterlich samt allen den Seinigen bis auf den Kahin, der zwar auch zur Erde niederfiel wie die anderen, aber sein Auge blieb trocken; und es ärgerte ihn, dass er nicht auch weinen konnte gleich den übrigen, und er stand auf und ging davon. Und als er so vor sich hinging und den grünen Boden anstarrte, siehe, da bemerkte er auf einmal eine Schlange auf dem Boden hinkriechen; da bückte er sich nieder und ergriff dieselbe, zerriss sie in Stücke und verzehrte, von Wut und Grimm ergriffen, ihr Fleisch und machte es zu dem seinigen.

Kapitel 15

Das Bekenntnis des Kahin

1. Und siehe, als der Kahin nun dieses getan hatte, da kam ihm der fromme Bruder Ahbel nach und redete ihn im Namen der ewigen Liebe folgendermaßen an:

2. „O Bruder, warum isst du das Fleisch der Schlange, da doch der Früchte in großer Menge bereitet sind, zu stillen deinen Hunger?! Siehe, unser Vater Adam trank vom Gewächs, das er nicht kannte, wie es die Schlange schlau und listig in aller Meisterschaft ihrer grenzenlosen Bosheit zubereitet hat zu seinem und aller Nachkommen Verderben, und sündigte dadurch vor dem Herrn aller Gerechtigkeit und ihr alle durch ihn; und ich selbst ward belastet worden mit der Schwere der Schuld vor Gott und musste büßen gleich euch, die ihr alle getrunken habt vom Saft des Verderbens, und musste verlassen gleich euch das Paradies und musste auf mich nehmen eure Last körperlich und all euren Segen geistig und war belastet doppelt euretwegen.

3. Und siehe, du isst gar das Fleisch der lebendigen Schlange samt ihrem Blut! Kahin, warum tatst du das?"

4. Und siehe, da erholte sich Kahin von seinem Ärger, von seiner Wut und von seinem Grimm und sah den Ahbel an und sprach: „Siehe, was ich tat, das tat ich aus Rache, zu verderben der Schlange ihr Geschlecht und zu verderben mich, da ich nicht würdig ward befunden je des Segens vom Herrn, da ich doch wurde, wie ich bin, ohne meine Schuld, sondern durch die Schuld der Eltern, die vor mir waren, da ich noch nicht war, und da entstand, da sie gesündigt haben vor den Augen Jehovas.

5. Warum muss und soll ich denn büßen eine Schuld, zu deren Entstehung ich nie etwas beitragen konnte, da ich nur die Frucht der Sünde, nicht aber die Ursache derselben bin und musste deswegen des Segens entbehren, der euch allen zuteil ward in der Fülle, und mich mühsam schleppen, da ihr sprangt wie Hirsche, belastet vom unverdienten Fluch Jehovas?!

6. Und nun siehe die Ursache meiner Tat. Denn die Schlange im Gras redete mich an und sprach: ‚Verzehre mich, und sättige dich an meinem Fleisch, und stille deinen Durst mit meinem Blut, und du wirst werden ein Herr der Erde, und alle deine Nachkommen werden herrschen auf derselben, und ihre Kraft und Macht wird stärker sein denn die aller der Gesegneten; und ich gebe dir kein Gebot, sondern die Macht, zu herrschen, und die Kraft, dir zu unterjochen alles!'

7. Und siehe, so sprach die Schlange weiter: ‚Mein Fleisch wird dich vernichten in deiner ungerechten Schuld vor Gott, und mein Blut wird dir geben eine neue Wesenheit ohne Schuld, ausgerüstet mit aller Macht und Kraft!' Da verstummte die Schlange, und ich ergriff sie, zerriss sie und verzehrte sie, wie du es soeben sahst."

8. Und siehe, da wurde Ahbel ergriffen und schwang mit der rechten Hand das Schwert der Gerechtigkeit über das Haupt Kahins; und dem Kahin wurden die Augen geöffnet, und er sah sein großes Unrecht ein, da er beschuldigt hatte Gott und seine Eltern, und sah die ganze Schuld in sich und sah die unerforschlichen Wege der ewigen Liebe in Ihrer geheimen, unbegrenzten Weisheit und sah, wie er die eigentliche verführende Schlange selbst war, welche durch die unbegrenzte Erbarmung der ewigen Liebe zum Menschen wurde durch ihn,

damit sie, freilich durch eine größere Prüfung, in ihrer einstweiligen segenlosen Schwäche sich dieser Schwäche bewusst werde und sich in dieser ihrer bewussten Schwäche dann endlich, selbst bestimmend in aller Freiheit ihres Wesens, zum Herrn aller Macht und Kraft wenden hätte können und sollen, woher ihr dann auch, gleich den schon Gesegneten, der Segen und dadurch die Wiederaufnahme in die große Gnade der allerbarmenden Liebe in allergrößter Fülle der Macht und der Kraft zugekommen wäre.

9. Und er sah, dass diese Schlange, die er soeben verzehrte, er selbst war in seinem noch bösen Teil, und sah, dass er nur durch seinen Ärger dieselbe in ihrer wieder zurückgekehrten Wesenheit auf die Erde hingehaucht habe, und dass die Worte der Schlange seine eigenen waren aus dem noch innersten Fundament seines Urwesens vor aller Schöpfung der sichtbaren Welt der Materie.

10. Und er sah noch, wie er dadurch die Schlange wieder in sich aufnahm, oder wie er sich eigentlich selbst von neuem bestärkt hatte in allem Bösen und dem daraus hervorgehenden Falschen, und sah, wie tief er nun neuerdings gefallen war in den Tod.

11. Da fiel er, von großer Reue ergriffen, zur Erde nieder und weinte und schrie überlaut: „Großer, übermächtiger, überstarker und überheiliger Gott! Nun erkenne ich erst meine unendliche Schuld und Schwäche vor Dir, Deine Gerechtigkeit, aber auch Deine unbegrenzte Liebe!

12. Siehe, ich bin nicht wert des Daseins; daher vernichte mich vom Grund aus ewig, damit ich fürder nicht mehr sei ewig und meine größte, alleinige Schuld damit

ausgelöscht werde für alle einstigen gesegneten Nachkommen Adams und der Eva!"

13. Und siehe, da nahm sein Bruder das Schwert wieder in die linke Hand und schwang es abermals, – aber über die Brust Kahins.

14. Und siehe, da durchströmte neues Leben den Kahin, und der Todhunger verließ ihn; aber dafür wurde in ihm der Hunger nach Leben desto größer. Aber er konnte nicht finden, das ihn alsogleich hätte sättigen können. Und da er nichts fand, so wendete er sich abermals zum Ahbel und sprach:

15. „Siehe, Bruder, mich hungert stark nach einer Speise des Lebens, die Leben hat in sich und nicht den Tod, so wie das Fleisch der Schlange und ihr kaltes Blut. Denn siehe, Bruder, da mir nun die Erkenntnis kam vom Grunde meines Seins, wie ich war ehedem, und wie ich jetzt bin, so empfinde ich starke Reue und einen großen Hunger und einen brennenden Durst nach der göttlichen Liebe und nach ihrer großen Barmherzigkeit! Denn siehe, ich weine ohne Stimme, und die Reue ist ohne Tränen bei mir; daher sättige mich mit der Stimme der Liebe, und lösche meinen großen Durst mit den Tränen der Reue!

16. Denn höre und vernehme: Ich, der Größte, wurde kleiner denn der Staub; ich, der Stärkste, bin geworden schwächer denn eine Mücke; und ich, der Leuchtendste, wurde schwärzer denn der Mittelpunkt der Erde!

17. Und so bin ich jetzt vor dir, der aus mir ward ein kleiner Geist und jetzt schon größer ist in allem, wie ich es war damals, als noch nicht war die Welt, da ich mich habe selbst gefangen in meiner allzu großen Stärke und wurde daher der Schwächste unter allen; denn da verloren, die viel hatten, vieles, die wenig hatten, weniges, und ich, der alles hatte, verlor auch alles, und alles durch meine Schuld, und die anderen ihr vieles und weniges auch nur durch meine brennende Schuld.

18. O Bruder Ahbel, zaudre deshalb nicht, und reiche mir ein Gericht von einer Lebensspeise zur Erlangung der Stimme zum Weinen, und reiche mir Segenlosem einen Trank, damit ich nicht verschmachte in der Reue ohne Tränen!"

19. Da betrat Ahbel wieder die Feste der Erde und ging vollends hin zum Kahin körperlich und sprach zu ihm: „Kahin, du schwacher Bruder meines Leibes und Sohn Adams und Evas, stehe auf und folge mir! Ich will dich wieder zurückführen zu den Eltern und allen den Geschwistern; da wirst du finden in der Fülle, woran dir so sehr gebricht, und sollst gesättiget werden und stillen allen deinen Durst.

20. Aber so du satt wirst geworden sein und gelöscht wird dein brennender Durst, dann gedenke des Herrn in Seiner Liebe und Seiner erbarmenden Gnade, und bedenke, dass das Erste das Letzte und das Letzte das Erste ist!

21. Und nun folge mir in aller Geduld und Sanftmut – und alle deine Stärke sei künftighin Geduld, und alle deine Kraft sei künftighin die Sanftmut; und so wirst auch du noch Gnade finden vor Dem, dessen Liebe unendlich ist und keine Grenzen hat in alle Ewigkeiten der Ewigkeiten."

Kapitel 16

Der Auftrag des Herrn an Ahbel

1. Und siehe, da erhoben sie sich und gingen hin, da der große Baum stand zwischen Morgen und Mittag von der Stelle aus, da sich Kahin befand, die zwischen Abend und Mitternacht war, und kamen zurück zu den Ihrigen, die noch sämtlich trauerten und weinten, auf der Erde liegend.

2. Und als sie nun vollends bei ihnen waren, da sprach Ahbel zum Kahin: „Siehe hier der Früchte in Menge, welche sind die wahren Früchte der Reue und der Trauer; bücke dich daher nieder zu ihnen, und sättige dich, und lösche deinen Durst"

3. Und als der Kahin nun willig tat, was ihm sein Bruder angeraten hatte durch Mich, siehe, da fing er an zu heulen mit großer Klagestimme, und aus seinen Augen stürzten Ströme von Tränen großer Reue.

4. Und siehe, es gefiel der ewigen Liebe wohl die Reue und die Trauer; und Sie sprach durch den Mund des Engels zum frommen Ahbel, der ebenfalls zerfloss von Tränen des Mitleids, an welchen die Liebe Wohlgefallen hatte in vollem Maße, sagend:

5. „Ahbel, du segenerfüllter Sohn der Liebe, trete hin zu Adam und zur Eva, den Eltern deines Leibes, und richte sie auf, und zeige ihnen den Baum des Lebens, den Ich gesegnet habe für euch alle zur Nahrung des Leibes einstweilen und auch zur Stärkung eurer Liebe derzeit!

6. Und sage dem Adam, dass er neugestärkt aufrichten soll seine Kinder und soll geben seinen Kindern das Brot vom Baum des Lebens zu essen zur Stärkung ihres Leibes und ihrer Liebe; und sage zur Eva, dass sie hingehen soll zum Kahin und soll aufrichten ihn, und ihn hinführen zum Adam; und der Adam soll ihm reichen die linke Hand, erfassend dessen Rechte, und soll sodann seine Rechte auflegen auf das Haupt Kahins und soll ihn anhauchen dreimal und soll ihn aufheben siebenmal von der Erde; und so wird Kahin fähig gemacht zur allmählichen Aufnahme nach seiner Treue des Segens aus Mir.

7. Und du, Ahbel, aber nehme das Schwert in deine Rechte, und folge Mir recht weit von hier gegen Morgen auf einen hohen Berg in einer großen Wüste! Da wirst du eine Öffnung finden; dahinein stecke das Schwert mit dem Heft, so dass seine Spitze wird zugekehrt sein dem Himmel, und dass seine beiden flammenden Schneiden zugekehrt werden die eine dem Mittag und die andere der Mitternacht.

8. Nach dem aber knie nieder, danke Gott, bis die Flamme des Schwertes erlöschen wird, und aus dem Schwert wird ein Dornbusch werden und wird haben Beeren, rote und weiße; und lese sodann vom Busch drei weiße und sieben rote, und kehre dann wieder zu den Deinigen zurück! Und wenn du wieder da wirst heimgekommen sein nach vierzig Tagen, da errichte Mir dann, wie du es im Paradies unaufgefordert freiwillig getan hast, einen Opferaltar; da lege aber Garben und Früchte darauf, und zünde es an mit dem Feuer der Liebe, das Ich dir schicken werde von oben durch einen großen Blitz.

9. Dann aber nehme einen Lehm von der Erde, knete ihn gut ab, mache daraus ein Gefäß, das oben weit ist und unten enge, gleich dem Herzen in dir. Dieses Gefäß fülle voll an mit reinem Wasser, und setze es dann auf den Herd Jehovas zu der Opferflamme der Liebe. Und wenn das

Wasser heiß wird und zu sieden wird anfangen, so nehme zuerst die weißen Beeren und werfe sie in das siedende Wasser; dann aber nach einer kleinen Weile tue dasselbe auch mit den sieben roten. Und wenn du sehen wirst, dass die Beeren sämtlich weich werden, so nehme dann das Gefäß vom Feuer, nehme die weichen Beeren nach der Ordnung, da sie hineingetan wurden, wieder heraus mit der rechten Hand, und gebe sie in die linke, lasse sie da kühl werden, und verzehre sie dann nach der bekannten Ordnung; dann aber nehme das Gefäß mit dem Wasser, darinnen gekocht haben die Beeren des Schwertes, und schütte es auf den Herd Jehovas, und überreiche dann dieses leere Gefäß dem Vater deines Leibes.

10. Und die Beeren werden dich stärken in der Weisheit und in der Liebe, und das Wasser wird sanft machen das Feuer der Liebe; und das Gefäß aber soll sein ein sicheres Zeichen dem Adam und allen seinen Nachkommen, wie ihre Herzen beschaffen sein sollen, ausgekocht vom Wasser der Erbarmung, in welchem Früchte der Gerechtigkeit weich geworden sind durch das Feuer der Liebe zur Nahrung den Kindern der Segenliebe und dann frei geworden sind zur Aufnahme des Geistes der Heiligkeit Gottes.

11. Und nun gehe und erfülle genau, was Ich, die ewige Liebe, dir befohlen habe! Und nachdem dieses alles wird vollbracht sein, so werde Ich wieder zu dir und dann zu den Deinigen reden durch den Mund Meines Engels, der ein Cherub ist oder der Mund der Weisheit und Liebe des heiligen Vaters. Und nun gehe und handle!"

12. Und nun siehe, da tat der Ahbel, was ihm geboten wurde, und entfernte sich von den Seinen, nachdem er zuvor den Segen dem Vater seines Leibes übergeben hatte nach Meinem geheimen Willen, der ihm kundwurde in seinem Herzen.

13. Und der Adam umarmte ihn weinend, und die Eva drückte ihn an ihr Herz trauernd, und alle seine Geschwister reichten ihm gar freundlich ihre Hände zum kurzen Abschied im Geschäft Jehovas, und auch der Kahin kam hinzu und reichte ihm seine Rechte und verneigte sich vor ihm bis zur Erde; und so schied dann Ahbel unter beiderseitigen Segnungen und unter der großen Segnung von oben, begleitet von dem Engel des Herrn.

Kapitel 17

Lebensregeln und Gottesdienst

1. Und als er nun so verrichtet hatte das Werk Gottes genau und von da wieder zurückkam zu den Seinen, die ihn mit aller Sehnsucht ihrer Herzen erwartet hatten, und auch da verrichtet hatte das Opfer nach der Weisung der ewigen Liebe und dem Adam nun übergeben hatte das leere Gefäß in der Art und Bedeutung, wie es ihm anbefohlen war, da öffnete die ewige Liebe wieder den Mund des Engels und sprach:

2. „Ahbel, du sehr gehorsamer Sohn Meiner segnenden Barmliebe, dich ernenne Ich jetzt zum Priester und Lehrer aller deiner Geschwister und zum Tröster deiner Eltern. Und so sollst du an jedem Sabbat morgens, so die Sonne aufgeht, ein Opfer bringen von den schönsten und reinsten Früchten, die Ich später noch genauer bezeichnen werde, und sollst sie des Abends, da die Sonne untergeht, anzünden

mit dem Feuer der Liebe, das Ich dir zeigen werde, wie es verborgen ist natürlich in einem Stein, und wie man es bekommen kann allzeit aus demselben. Und dein Haupt sollst du nicht bedecken von der Mitternacht an bis wieder zur nächsten Mitternacht, damit dein Haupt frei sein möge zum Empfang Meiner großen Gnade; alle deine Brüder aber sollen erst ihr Haupt entblößen am Morgen und sollen es wieder bedecken am Abend. Die Schwestern deines Leibes aber sollen ihr Angesicht und ihren Kopf verhüllen den ganzen heiligen Tag über; nur die Eva darf blicken um die Mitte der Tageszeit dreimal nach dem Altar Gottes.

3. Der Adam aber soll sein Haupt nimmer bedecken die ganze Zeit seines Seins zum Zeichen, dass er der Vater ist eures Fleisches, und ihr ihn allzeit erkennen sollt an seinem Haupt und sollt ihm Ehrerbietigkeit und Liebe bezeugen allenthalben.

4. Wehe dem, der seinem Vater je in etwas in den Weg zu treten sich unterfangen würde! Den will Ich mit zornigen Augen anblicken; denn das Haupt des Vaters ist gleich der Heiligkeit Gottes. Jeder kann erhört werden, wenn er Reue tut im Herzen; aber wer antastet den geringsten Teil Meiner Heiligkeit, den wird das unauslöschbare Feuer derselben ergreifen und verzehren jeden Tropfen der Reuetränen in ihm, und er wird zerstört werden fürder ewiglich!

5. Und wer aber antastet seine Mutter argen Herzens und ist entgegen ihrer Liebe, den will Ich nicht mehr ansehen in aller seiner Not. Denn die Mutter ist gleich der Liebe in Mir; wer diese verschmäht, wird hart wandeln auf den heißen Wegen Jehovas.

6. Desgleichen auch, so ein Bruder wider den anderen ist, der wird verlieren Meine Gnade, und Meine Erbarmung wird ihm ferne sein; und so jemand missachtet seine Schwester, vor dem soll Mein Herz verschlossen werden.

7. Denn eure Brüder sind auch Brüder Meiner Liebe, und eure Schwestern sind die Augenweide Meiner Liebe.

8. Daher ehret den Vater, und liebet die Mutter, und seid einander gegenseitig untertan in aller Liebe, damit ihr fürchten könnt Meinen Namen Jehova, und damit ihr lieben könnt Meine Liebe und euch geleiten könnt lassen von der großen Heiligkeit Meines Geistes am Tage Meiner großen Heiligkeit dreifältig zur Erlangung der Weisheit siebenfältig für die sechs Tage der Liebe, zu handeln gerecht vor Meinen Augen.

9. Und nun sollst du, Ahbel, auch lehren alle deine Brüder verschiedene Arbeiten, und jeglichen eine andere, damit sie einander dienen können in der Liebe und Rat geben in mannigfacher Weisheit.

10. Und du sollst lehren deine Schwestern, zu bereiten Fäden aus dem Gras und den Pflanzen, und sollst sie auch lehren, zu flechten dieselben in breiten Streifen und zu bereiten daraus Kleider für ihre Brüder und dann auch für sich, damit die Liebe in ihrer Ordnung erhalten werde aufrecht.

11. Dem Adam, der Eva und dir aber will Ich Kleider geben von oben, unterschieden in der Farbe, – dem Adam weiß, der Eva rot und dir blau mit gelben Enden. Diese Farben aber soll niemand nehmen für sein Kleid, sondern soll färben sein Kleid bunt; aber es soll kein schwarzer Fleck darunter sein und auch kein Riss, – außer, wer da gesündigt hätte, der soll in der Reue sein Kleid zerreißen und soll es

bestreichen mit Kohlen und sein Haupt bestreuen mit Asche zum Zeichen, dass er ein Sünder ist vor Mir und zerrissen hat das Kleid der Gnade, da er sich beschmiert hat mit der Farbe des Ungehorsams und der Tod gekommen ist über ihn!

12. Der Kahin aber soll begehren die schönste Schwester, die da heißt ‚Ahar' oder ‚die Schönheit Evas', und soll mit ihr ziehen hinaus auf die Felder und soll machen Furchen in die Erde mit dem Werkzeug, das er da schon bereitet finden wird; er soll da streuen Körner in dieselben, die er da finden wird in Menge, und soll die Frucht den ‚Weizen' nennen; und wenn dieser wird reif geworden sein, da der Kern wird fest geworden sein und braun die Ähren, so soll er die Körner sorgfältig auslösen von den Ähren und soll sie zerreiben zwischen Steinen, und das Mehl soll er befeuchten recht mit Wasser und soll daraus kneten einen Teig; und den Teig soll er legen hernach auf einen platten Stein, der da heiß geworden ist von der Sonne, und soll ihn darauf liegenlassen den dritten Teil des Tages, und dann soll er ihn von da nehmen und ihm den Namen ‚Brot' geben; dann aber soll er dieses Brot nehmen, es brechen, Gott dafür danken und es dann genießen mit seinem Weibe Ahar.

13. Und sooft er eine Ernte machen wird von seinen Äckern, so soll er auch Mir die ersten zehn Garben opfern.

14. Wenn er Mir getreu bleiben wird, werde Ich allzeit wohlgefällig sein Opfer annehmen von der Erde; wenn er aber Meiner vergessen hat, so wird sein Opfer nicht angenommen werden und emporsteigen zum Himmel, sondern wird bleiben auf der Erde zu seinen Füßen.

15. Und so soll er leben und mehren sein Geschlecht; jedoch soll er Mir sein Herz zuvor dreimal und das Herz Ahars siebenmal opfern. So er das unterlassen wird, dann wird seine Untreue am Tage sein, und er wird werden ein Böser, und die Schlange wird leben durch ihn und wird leben fort und fort hernach in allen seinen Töchtern, die dadurch schön werden von außen, aber desto hässlicher von innen, und werden verderben alle seine Söhne und werden anstecken mit ihrem Gift die Kinder Meiner Liebe und Mir abwendig machen Meine Söhne.

16. Und Ich werde einst sein Geschlecht ganz vertilgen von der Erde! Das alles sage du ihm fest, und erinnere ihn dabei Meines heiligen Namens Jehova und Meines Tages des Sabbats!

17. Dir, du Mein frommer Ahbel, aber will Ich eine Herde zeigen von sanften Tieren und sie dir geben zum Weiden. Und der Name, den du ihnen geben wirst, wird ihr rechter Name sein; und wenn du sie rufen wirst bei ihrem Namen, so werden sie dich als den Hirten erkennen und werden deiner Stimme folgen allenthalben.

18. Und du sollst Mir also künftighin nicht mehr Früchte, wie nach der Rückkunft vom Berge Jehovas, sondern die Erstlinge deiner Herde opfern, welche sind die schönsten und reinsten Früchte, deren Ich dir schon vorher erwähnt habe.

19. Und zwar sollst du zuvor legen dürres Holz quer über den Herd, dann das blutige Opfer darauflegen, sodann Mir danken und es dann anzünden mit dem Feuer, das Ich dir gezeigt habe, wie es im Stein ist und du es nehmen sollst aus demselben nach Meinem Rat.

20. Und zum Zeichen, dass Mir dein Opfer wohlgefällig ist, wird der Rauch desselben allzeit gen Himmel steigen schnell, als wenn er große Eile hätte. Die Asche aber,

welche du mit einem Stein zudecken sollst, sollst du auf dem Altar liegen lassen drei Tage lang; am dritten Tage aber sollst du hinzugehen und den Stein von der Asche tun, und siehe, ein schöner Vogel mit glänzendem Gefieder wird sich erheben aus der Asche und wird fliegen gen Himmel. Und dann wird kommen ein Wind und wird verwehen die Asche nach allen Gegenden der Erde zur einstigen Auferstehung alles Fleisches, welches sind die Werke der wahren Liebe durch die Weisheit des heiligen Geistes, welcher gegeben wird den Kindern in der großen Zeit der Zeiten und allen Fremden, die danach dürsten werden.

21. Essen sollt ihr gemeinschaftlich am Morgen, um die Mitte des Tages und am Abend, – aber allzeit sehr mäßig und stets in großer Furcht des Herrn, nachdem ihr Ihm allzeit vorher und nachher gedankt habt, damit die Speise gesegnet und ihr dadurch der Tod genommen werde.

22. So jemand dieses je unterlassen wird, der wird alsobald der üblen Folgen gewahr werden. Wer es vergessen wird dreimal, den will Ich strafen mit einem langen Schlaf; wer es aber unterlassen wird aus einer trägen Faulheit, der soll dick werden wie ein Ochse und fett wie ein Schwein und dumm wie ein Esel, und die Kinder sollen seiner spotten und lachen aus vollem Halse über das Ekelhafte seiner Gestalt. Und so er wird wieder werden wollen gleich den allzeit Gehorsamen, so wird er müssen viel fasten und essen trockenes Brot.

23. Wer es aber unterlassen wird aus starrem Ungehorsam und aus Geringachtung dieses Meines leichten Gebotes aus Liebe zu euch, über den wird kommen die Begierde der Unzucht und aller Hurerei, da er leicht fallen wird in die Sünde und durch diese in den Tod und zu bestehen haben wird einen großen Kampf, zu bekämpfen die starke Schlange der Verführung Evas, und Ich werde ihn nicht ansehen früher, als bis er in großer Reue gesiegt hat über sein Fleisch.

24. Am Morgen aber sollt ihr essen Früchte der Bäume; um die Mitte des Tages aber sollt ihr essen vom Baum des Lebens; und am Abend aber sollt ihr trinken Milch und Honig, den Ich für euch sammeln werde lassen auf den Ästen der Bäume von vielen Tierchen der Luft des Himmels, die ihr ‚Celie‘ benamsen sollt (was ihr heutzutage ‚Bienen‘ nennet). Der Name ‚Celie‘ aber heißt soviel als ‚die Sorge des Himmels‘. Und am dritten Tage vor dem Sabbat sollt ihr schlachten ein Schaf, es reinigen vom Blut, es dann braten am Tage beim Feuer aus dem Stein und es essen am Abend fröhlich.

25. Und es soll auch der Kahin kommen zu euch und sein Weib Ahar und essen mit euch das Fleisch des sanften Tieres; aber sonst soll er bleiben auf dem Feld und essen sein Brot mit den Früchten alldort.

26. Und nun wisst ihr alles, was euch dermalen nottut. Und wenn da kommen wird eine kalte Zeit über die Erde zur Stärkung derselben, dann werde ich euch schicken Kleider aus Schafsfellen von oben für Adam, Eva und dich; die Felle aber von den fürs Abendmahl geschlachteten Schafen sollen sammeln deine Brüder und sie trocken werden lassen an der Sonne und sie aufbewahren zur Bedeckung ihrer Leiber zur kalten Zeit nach dem Beispiel, das Ich dir geben werde von oben. Und wenn die Felle werden trocken, so sollen sie dieselben waschen im frischen Wasser siebenmal, worauf die Felle dann weich und rein

werden, ganz tauglich zu ihrem guten Gebrauch."

Kapitel 18

Kahins und Ahbels Opfer

1. Und nun siehe, da trat der Engel hin zum Ahbel und küsste ihn brüderlich und empfahl allen, besonders aber dem Kahin, nachdrücklich den strengsten Gehorsam zur einstigen Gewinnung der vollen Freiheit und der daraus hervorgehenden Kraft und Stärke, welche ist die große Macht der Gnade der Erbarmung der Liebe, um zu verwandeln in sich die Schlange zum Ebenbild der Liebe und daraus zu zeugen Früchte des Segens und ja nimmer des Zornes der Gottheit.

2. Und nun siehe, du Mein dummer Schreiber und noch immer sehr alberner, träger und fauler Knecht, und höre mit beiden Ohren, was da ferner geschah. – Und siehe, da gingen alle an ihre Bestimmung und taten, wie ihnen in der allerhöchsten Liebe aus Mir geboten war, und lebten so in guter Ordnung zehn Erdkreise um die Sonne.

3. Aber siehe, da war einmal ein sehr heißer Tag, und die Sonne brannte stärker denn sonst über den Häuptern der Kinder und über dem Körper Kahins so, dass dieser ärgerlich wurde über die große Hitze und fluchte der Sonne; aber die Kinder waren geduldig und wuschen sich mit frischem Wasser, welches sie stärkte und kräftete, und tranken auch dasselbe und löschten sich damit den brennenden Durst und lobten und priesen Gott für die so große Gnade, dass Er ihnen gelassen hatte

das Bächlein für solche Zeiten der prüfenden Not aus Seiner ewigen Liebe.

4. Und siehe, unweit der Hütte Kahins, die er errichtet hatte nach seiner Erkenntnis aus den Ästen der Bäume und sie bedeckt hatte mit dem Stroh des Weizens, floss ein gewaltiger Strom, den Ich hervorgerufen hatte aus den Tiefen der Berge, welche gleich sind den Bergen des Mondes, die da sind in der Mitte des großen Landes Ahalas (oder die Wiege der Kinder der Schwachen und der Nachkommen Adams – und ist das alte Land, das ihr noch heutzutage ‚Afrika' nennt).

5. Und siehe, Kahin wollte nicht gebrauchen das Wasser und wurde faul und träge in der großen Hitze und wusste nicht, was er tun sollte, und wendete sich auch nicht zu Mir um Rat, und noch weniger an seinen Bruder Ahbel.

6. Und siehe, da kam der Sabbat des Herrn, und somit auch die Zeit der Opferung. Da nahm Kahin zehn Garben, da keine Frucht mehr innen war, aus ärgerlicher Trägheit wegen der großen Hitze, weil ihm die vollen zu schwer waren zu tragen zu seinem Opferaltar und es ihm leid geworden war um die Frucht, dass sie umsonst verbrennen sollte, woraus er dreimal Brot bereiten konnte für sich. Und so ward er argen Sinnes und legte das leere Stroh auf den Altar und zündete es an; aber siehe, der Rauch stieg nicht zum Himmel, sondern fiel zur Erde nieder, worüber der Kahin noch ärgerlicher wurde in seinem Herzen.

7. Zugleich aber zündete auch der fromme Ahbel sein Opfer vor den Augen des Herrn an und sprach, ganz durch und durch ergriffen: „O Du guter, heiliger Vater, der Du mich Schwachen mit aller Deiner Kraft Deiner heißen Liebe durch das

große Auge Deiner Sonne so gnädig anschaust! Deine große Liebe brennt zwar meine Haut, aber mein Herz schlägt Dir in dieser großen Wärme Deiner unermesslichen Liebe zu uns Sündern desto heftiger entgegen.

8. Ach, einst brannte die Erde Dein Zorn, o Jehova; aber jetzt brennt die Liebe aus Dir, o Du heiliger Vater!

9. O wie süß ist dieses Brennen des reinen Feuers des Lebens aus Dir; es ist eine heilige Vorschule, die mich erst fähig machen soll zur einstigen Aufnahme des reinsten Lebens aus Dir! Oh, wie unermesslich gut musst Du, heiligster Vater, sein, da Du uns schon hier auf dieser Erde so stark empfinden lässt die unbegreifliche Größe Deiner großen Gnade!

10. Ja, dieses Feuer, das ich Dir angezündet habe aus meiner schwachen Liebe, wie kalt ist es gegen das Deinige und wie klein und wie dunkel gegen das, das auf uns Unwürdige herabstrahlt aus Deiner weiten Sonne, die da ist ein kleiner Tropfen aus dem unermesslichen Meer Deiner unbegrenzten Erbarmung!

11. Daher nehme aber doch gnädig auf auch dieses mein kleines Opfer von mir für uns alle als ein geringes Pfand unserer heißgemachten Liebe zu Dir, Du allerbester, allerheiligster Vater, und behalte uns beständig in dieser Deiner heißen Liebe, die Du uns jetzt alle so gnädig empfinden lässt aus Deiner Sonne, amen.

12. Und Dein sei alle Macht und Kraft über alles, was da ist auf der Erde vor Dir; und nur Du allein bist würdig, allen Preis, alle Ehre und allen Ruhm zu nehmen von uns, die wir durch Deine große erbarmende Gnade uns nennen dürfen Deine gesegneten Kinder, amen.“

Kapitel 19

Kahin erschlägt Ahbel

1. Und siehe und höre weiter: Es standen aber die beiden Opferherde Ahbels und Kahins nicht ferne voneinander, und es war die ganze Entfernung siebenmal zehn Schritte, und war der Herd Ahbels gelegen gen Morgen und der des Kahins gen Abend.

2. Und siehe, als nun der Kahin bemerkte, dass der Rauch des Ahbels emporstieg zum Himmel und der seine aber niederfiel zur Erde, da ergrimmte Kahin in seinem Herzen; aber sein Gesicht machte er glatt, dass man nicht merken sollte seinen Grimm, während Ahbel betete für Kahin, da er merkte dessen Schalkheit.

3. Und der Herr vernahm das Flehen Ahbels und ließ nach dessen frommem Wunsch Seine Stimme hören den ergrimmten Kahin und sprach mit starker Stimme:

4. „Kahin, warum bist du Mir ungetreu geworden und ließest einnehmen vom Grimm dein Herz, und warum verstellst du deine Gebärde und lügst mit deinen Augen? Du führst Böses im Sinne gegen Ahbel! Ist es nicht also? – Verneine es, wenn du es kannst!

5. Ich habe vernommen, da du fluchtest Meiner Sonne, und sah die leeren Garben, mit denen du Mich abgespeist hast in deiner Trägheit und in deinem Geiz, und habe dich auch mehrere Male gesehen Hurerei treiben in deiner großen Faulheit, da du fast allzeit hast unterlassen, was dir geboten war zu tun, bevor du beschlafen möchtest dein Weib. Und sage, ist es nicht also?

6. Und siehe, Ich habe dir geduldig zugesehen und ließ nicht auf dein Haupt fallen Meine strafende Rechte und ergrimmte nicht über dich in Meiner

Heiligkeit. Daher erwäge Meine Worte, und werde fromm in deinem Herzen, und du sollst Mir angenehm sein, und dein Opfer wird wieder aufgenommen werden; wogegen du aber verharrst in der geheimen Bosheit deines Herzens, so hat die Sünde vor deiner Türe eine Ruhestätte sich bereitet und wird herrschen über dich, und du und alle deine Nachkommen werden Sklaven und Knechte werden derselben, und der Tod wird kommen über euch alle.

7. Daher lasse ihr jetzt nicht ihren Willen, dass sie herrsche über dich, sondern breche kräftig denselben, und mache ihn dir untertan, damit du frei werdest, – ein Herr deines Willens, der böse ist vom Grunde aus, da er aus dir ist und nicht aus Mir!"

8. Und siehe, da bückte sich Kahin nieder zur Erde, als wollte er bereuen seine Schuld. Aber siehe, da gewahrte er zu seinen Füßen eine Schlange und erschrak heftig vor derselben und erhob sich schnell wieder von der Erde und wollte hinfliehen zum Ahbel; aber siehe, da umschlang die Schlange seine Füße, dass er nicht konnte verlassen die Stelle.

9. Und die Schlange erhob ihren Kopf und öffnete ihr Maul und bewegte ihre Doppelzunge und sagte zu Kahin: „Warum willst du fliehen vor mir? Was habe ich dir getan? Siehe, ich bin ein Wesen gleich dir und muss kriechen in dieser elenden Gestalt; erlöse mich, und ich werde sein gleich dir und schöner denn dein Weib A-har, und du wirst werden gleich Gott, stark und mächtig über alles, was ist auf der Erde!"

10. Und siehe, da sprach der Kahin zur Schlange: „Siehe, du lügst; denn als ich dich im Gras fand, zerriss und verzehrte, hast du mich betrogen! Und wie soll ich nun deinen Worten trauen?! Denn ich musste damals viel leiden deinetwegen; daher kenne ich deine Lüge und kann nimmer trauen deiner Stimme. Und hast du nicht auch vorher vernommen die Worte Jehovas von oben?

11. Daher, so in dir irgendeine Erkenntnis der Wahrheit ist, so deute mit deiner Stimme mir das alles, und überzeuge mich vom Gegenteil, so will ich dir glauben und tun nach deinem Verlangen!"

12. Und siehe, da sprach abermals die Schlange, sagend: „Siehe, an allem dem ist dein Bruder Ahbel schuld! Er will an sich reißen die Gewalt zu herrschen, um dich als den Erstgeborenen deines Rechtes zu berauben; und alles dieses stellt er so listig an, dass er sogar die Liebe der Gottheit blendet und fromm tut vor Deren Augen, damit Sie ihn ja möge herrschen lassen über alles, was da ist auf der Erde, und dich aber trete spottend mit seinen Füßen. Denn damals, als du mich im Gras fandest und getan hast, was ich dir anriet, wärest du ein Herr geworden über alles, wenn es die tückische Schlauheit deines feinen Bruders nicht zuvor entdeckt hätte, was mit dir hätte vorgehen sollen, – der dann gleich zu dir kam aus erheuchelter Bruderliebe, gleichsam als wollte er dir helfen; ja, er hat dir auch geholfen, aber nicht auf den Thron, der dir allein gebührt, sondern ins Elend und in eine gänzliche Nichtigkeit deines erhabenen Wesens, was du doch bei dir schon lange hättest verspüren sollen.

13. Siehe, sogar um diese Kleinigkeit war er dir neidig, da der Herr dein Opfer aufgenommen hatte wie das seinige, und wusste durch seine schändlichen Schmeichelkünste dahin zu lenken den ohnehin schwachen Willen des Jehova, dass Er dein Opfer verstieß, und dir obendrauf noch

eine recht derbe Zurechtweisung hat müssen über den Hals kommen lassen.

14. Und siehe, es war ihm schon nicht recht, dass der Herr dich nicht alsogleich vernichtet hat. Daher siehe nur hin, wie er, noch arglistig betend, den Herrn bereden will, dass Er an dir das vollziehen soll, was Er jetzt gnädig noch unterlassen hat.

15. Und nun siehe, das ist aber die große Tücke Ahbels, dass er durch seine allerschändlichste, gleisnerische Heuchelei den Herrn dahin zu bringen willens ist, dass Er ihm am Ende alle Seine Macht in Seiner Verblendung übergeben wird, worauf dann dieser Ahbel Ihn vom Thron stürzen wird. Und so wird dann Gott schmachten auf der Erde; er aber wird ein herrschender Gott sein auf dem Throne Jehovas ewig.

16. Daher mache dich jetzt auf; es ist das letzte Mal, dass ich noch imstande bin, dich zu versehen mit der nötigen Kraft, zu retten Gott und dich! Daher gehe schnell hin zu ihm und rede ihn mit süßen Worten an, damit er dir folge hierher willig! Da aber will ich ihn festnehmen bei den Füßen und Händen; du aber nehme dann einen Stein, schlage ihn stark aufs Haupt, und so wirst du ihm den Tod geben, den er durch den Jehova dir hat androhen lassen. Und so wirst du befreien dich von dem sonst sicheren Tode und wirst die Augen öffnen der blinden Liebe des betrogenen Gottes, der dich dann machen wird zum Herrn auf der Erde und wird dir untertan machen den Tod der Sünde."

17. Und nun, so überredet in der Bosheit seines Herzens, verließ Kahin diese Stelle und ging hin zum Ahbel und sagte mit süßer Stimme zu ihm: „Bruder, komme doch her zu mir, und befreie mich von der Schlange, die mich abermals zugrunde richten will!"

18. Und der Ahbel aber erwiderte ihm: „Das, was du glaubst, das erst geschehen möchte, ist schon geschehen. Was du aber verlangst in deiner Verdorbenheit von mir, will ich dir tun in meiner Liebe. Der Tod, den du mir zu geben gedenkst, wird kommen über dich; und mein Blut, mit dem du die Erde tränken wirst, wird schreien zu Gott und wird kommen über dein Haupt und über alle deine Kinder; und der Stein, mit dem du deinen Bruder erschlagen wirst, wird ein Stein des Anstoßes werden, und es werden zerschellen an ihm alle deine Kinder; und die Schlange aber wird verderben alles Blut der Erde, und die Kinder des Segens werden Rache schreien über dein Blut; und dann wird kommen über euch eine große Finsternis, und niemand wird verstehen die Stimme seines Bruders, wie du die meinige jetzt schon nicht mehr verstehst, da du dich hast blenden lassen von deiner eigenen großen Bosheit durch die Gestalt der Schlange in dir und außer dir, welche war, ist und sein wird ewig der wahre Fluch des gerechten Gerichtes Gottes!

19. Und siehe, wie mir gezeigt hat der Herr den Plan aller deiner geheimen Bosheit und mich hat wissen lassen deinen großen Grimm, so weiß ich, was du machen willst und wirst mit mir und warum!

20. O du, dessen Blindheit dauern wird bis ans Ende aller Zeiten der Zeiten, führe mich denn hin als schuldloses Opfer, und tue mir nach deiner Bosheit in und außer dir, damit deine Schlange zum ewigen Lügner gestraft werde und du erfahren mögest hernach an dir, wer von uns beiden der Betrogene ist!

21. Und die Schande, die du angetan hast dem Herrn, wird dich gefangen nehmen, und nach der Tat werden dir deine

Augen und deine Ohren aufgetan werden, damit du sehen mögest, wie mich der Herr aufnehmen wird zu Sich als das letzte Ihm wohlgefällige Opfer aus deiner Hand; denn fürder wird kein Opfer, sondern der Tod dir gegeben werden, durch den du deinen Bruder geopfert hast.

22. Und siehe, ich habe alle Macht über dich, und es wäre mir ein Leichtes, dich zu vernichten so wie jenen Berg dort jenseits des Stromes gegen Mitternacht!

23. Und siehe, ich werde den Berg anrufen und sagen: ‚Hier bin ich, Ahbel, der Gesegnete des Herrn, voll der Macht und der Kraft des heiligen Geistes; darum verschwinde und werde zunichte, damit Kahin erfahre, wie groß seine Lüge ist!'

24. Und nun siehst du, Kahin, wie der mächtige Berg verschwunden ist aus dem Dasein durch die mir innewohnende Kraft des Geistes der Liebe. Und siehe, ein ebenso Leichtes wäre es mir, zu vernichten dich! Aber damit du sehest, dass in Gott keine Schwäche und in deinem Bruder keine schändliche Herrschsucht ist, so folge ich dir wie ein Lamm willig zur Schlachtung."

25. Und siehe, da nahm Kahin den Ahbel gar freundlich beim Arm und sagte: „Ahbel, was denkst du von mir!? Ich suche deine Hilfe, und du willst mich schon im Voraus beschuldigen des Todes an dir; so komm, und folge mir hin zur Stelle, da die Schlange deiner harrt, und vernichte sie wie den Berg, und mache mich frei und dich los vom Vorwurf der Schlange!"

26. Und der Ahbel erwiderte ihm kurz: „Welches ist der Unterschied zwischen dir und der Schlange? Meinst du Blinder, dass auch ich ein Brudermörder sei? Darum folge ich dir und sterbe fürs Leben und du leben bleibst für den Tod!"

27. Und siehe, das waren Ahbels letzte Worte an den Kahin, und von den Lippen Ahbels kam kein Laut mehr zu den Ohren Kahins; und so folgte er willig, wohin ihn Kahin führte.

28. Und als sie nun vollends an die Stelle gelangten, wo die Schlange des Kahin harrte, da war die Stelle, da Kahins Tücke offenbar wurde und umschlang die Füße Ahbels und dessen Hände und warf ihn zur Erde nieder, nahm einen großen Stein und zerschmetterte damit den Kopf Ahbels, dass sein Blut und sein Mark weit herum bespritzte die Erde.

29. Und die Schlange löste sich von den Füßen Ahbels, nahm den Stein in ihren Rachen und trug ihn vor die Türe Kahins und verbarg sich in den Sand unter dem Dorngestrüpp, frei.

Kapitel 20

Kahins Flucht

1. Und siehe, da zogen von allen Seiten her schwarze Wolken über dem Haupt Kahins zusammen, und große Blitze zuckten nach allen Richtungen, begleitet von starken Donnern; und es fingen an zu toben von allen Seiten her heftige Windsbräute und schleuderten große Massen von Hagel über die fruchtbeladenen Felder und zerstörten sie bis in den Grund. Und das war der erste Hagel, der geworfen wurde herab von den Himmeln, und der Hagel war ein Zeichen der Liebe ohne Erbarmung, da die Gottheit in Ihr beleidigt wurde von neuem durch die Untat Kahins an seinem Bruder Ahbel.

2. Und siehe, der böse Kahin floh in seine Hütte und fand sein Weib zitternd

am Boden liegend und einige seiner meistens ungesegneten Kinder wie Tote neben ihr. Da schauderte er zusammen und fluchte der Schlange und ging aus der Hütte und fand den Stein, welchen die fliehende Schlange vor seine Türe gelegt hatte, daselbst, da er über denselben hinglitt und gewaltig zur Erde niederfiel und abermals fluchte der Bosheit der Schlange und dem todbringenden Stein.

3. Und da er sich wieder aufgerichtet hatte mit seinem schmerzerfüllten Leib, so ging er an das Ufer des sehr nahen Stromes, um aufzusuchen die verfluchte Schlange und sie zu zerstören und zu vernichten.

4. Aber siehe, als er nun vollends ans Ufer kam, da sah er ein grässlich Ungeheuer, sechshundert und sechsundsechzig Ellen lang, sieben Ellen breit und dick, versehen mit zehn Köpfen, ihm entgegen stromaufwärts schwimmen und sah noch, wie auf jedem Kopf zehn Hörner gleich einer Krone herauswuchsen.

5. Und siehe, als diese ungeheure Schlange nun vollends in seiner Nähe war, da redete sie ihn aus allen ihren Köpfen zugleich an und sagte: „Nun, du starker Kahin, Mörder deines Bruders Ahbel, hast du Lust, mit mir es aufzunehmen, so beginne dein Zerstörungswerk!

6. Einst im Gras, da ich noch schwach war, da konntest du mich wohl zerreißen und verzehren mein Fleisch und Blut; allein jetzt dürfte dir ein ähnliches Werk an mir wohl nicht gelingen, denn die gute Kost, die du mir bereitet hast vom Blut deines Bruders, hat mich groß und stark gemacht. Und nun, so du noch willens bist, mich zu zerstören, so fange an, deine Rache zu tränken mit meinem Blut. Da du aber nur zehn Finger und nicht zehn Hände hast und

daher nicht ergreifen kannst jeglichen der Köpfe zugleich, so werden dich die übrigen acht zerstoßen mit ihren Hörnern und dich verzehren mit ihren acht Mäulern!"

7. Da erschrak der Kahin heftig und floh aus dem Gesicht der Schlange und fluchte abermals der Schlange und sah, wie gewaltig er betrogen worden war von der Schlange. Da dachte er: ‚Wer wird mich jetzt versöhnen mit dem ewig gerechten Gott, da mein Bruder Ahbel nicht mehr ist?! O du dreimal verfluchte Schlange, – du bist der Mörder meines Bruders und wolltest nun der meine werden! Oh, wenn ich wüsste, dass du zugrunde gehen müsstest, wenn ich zugrunde ginge, siebenmal würde ich seinen Tod an mir selbst rächen!‘

8. Und siehe, da stand die Schlange hinter ihm in der Gestalt eines überaus reizenden Fräuleins und sprach zu ihm: „Kahin, tue das, und ich werde dein Fleisch aufzehren und trinken dein Blut, und so werden wir dann wieder vollkommen eins sein und beherrschen alle Welt."

9. Und Kahin blickte das schmucke Fräulein an und sagte: „Ja, das ist deine wahre Gestalt; so bist du am fürchterlichsten! Wer dich sehen wird mit deinen zehn Köpfen, der wird dich fliehen wie ein Gericht der Gottheit; zu dem du aber kommen wirst in dieser Gestalt, der wird dir nachlaufen, dich fangen, dich lieben mehr denn Gott und sich für den Glücklichsten halten, so du ihn ergreifen wirst mit deinen allzeit todbringenden Händen, und die Menschen werden dir errichten Tempel und Altäre und lecken deinen Speichel und essen deinen Kot.

10. Und hätte ich dich nicht gesehen mit den zehn Köpfen, so wäre auch ich dein Sklave geworden; aber nun kenne ich dich

ganz und verabscheue dich in dieser Gestalt mehr denn in der früheren zehnköpfigen."

11. Da sprach das schöne Fräulein wieder: „Aber Kahin, wie magst du wohl fürchten diese zarten Glieder an mir und diese meine weiche Brust?"

12. „O schweige", sprach da Kahin, „deine zarten Glieder sind ebenso viele Schlangen voll bitteren Giftes, und unter deiner weichen, aufgedunsenen Brust ruht ein undurchdringlicher Panzer, mit welchem und an welchem deine Schlangenarme erdrücken werden mein armes und schwaches Geschlecht! Denn so gestaltet wirst du dir selbst den Riesen Leviathan zu deinem allergehorsamsten Diener machen!"

13. Und nun siehe, da entzündete sich das Schlangenweib aus ihrem inneren Grimm, so dass ihr ganzes Wesen strahlte gleich der Sonne, und nahm an die Gestalt Ahbels gar freundlichen Gesichtes und sprach abermals zum Kahin:

14. „Kahin, du blinder Tor, mein böser Bruder, siehe, den du hast erschlagen mit einem Stein, der steht nun verklärt vor dir und bietet dir seine Hand, dich auszusöhnen mit ihm, und fürchte nicht die Gestalt der Schlange, die du selber bist! Wer war's denn, du oder die Schlange, der untreu wurde dem Herrn? Beschliefst du oder die Schlange dein Weib gleich den Hunden ohne die vorher allzeit gebotene Opferung? Warst du's oder die Schlange, der da fluchte der Hitze und in der großen Trägheit dem Herrn leeres Stroh opferte? Sage, ergrimmte die Schlange oder du in deiner bösen Eifersucht wider deinen Bruder? Und war die Schlange nicht vielmehr eine äußere Erscheinlichkeit deines eigenen Bösen in dir, durch welches du dich selbst beredet hast in deinem großen Wahn, zu töten deinen Bruder?

15. Und wie fluchst du da nun der Schlange, die du doch selber bist, und hältst noch am Ende in einem noch größeren Wahn deinen eigenen Bruder für die personifizierte Schlange?! Und sagte dir nicht dein eigener Bruder, da er noch lebte körperlich – als du hingingst ihn zu holen zum Tode, vorgeblich in deiner großen Schalkheit, dass er dich befreien möchte von der Schlange –, ob du meintest, dass auch er ein Brudermörder wäre?

16. Sage und antworte, ob es nicht so ist; und ist es anders, so fluche erst der Schlange, und halte nicht mich, der daherkam von oben dir zu helfen als verklärter Bruder, für die Schlange, sondern dich selbst, und reiche mir deine noch vom Bruderblut befleckte Hand, damit sie von meiner Bruderliebe gereinigt werde von ihrer großen Schuld und du dann wieder Gnade finden könntest vor den Augen des Herrn!"

17. Und siehe, da wurde Kahin gefangen in seiner Blindheit vom Satan und wollte schon reichen dem Verführer die Hand. Aber siehe, da schlug ein gewaltiger Blitz vom Himmel zwischen dem Lügner und dem Kahin, und der vorgebliche Ahbel lag als Schlange am Boden, und der Kahin zitterte am ganzen Leibe, erwartend das sichere Gericht von oben.

18. Und siehe, da sprach Jehova aus den Wolken: „Kahin! Wo ist dein Bruder Ahbel, – wo hast du ihn hingetan?"

19. Kahin aber ermannte sich bald durch den Anblick der Schlange am Boden und sagte: „Wie fragst Du mich darob? Bin ich denn ein Hüter dessen?"

20. Und die Stimme Jehovas sprach heftiger denn früher: „Das Blut deines Bruders, damit du die Erde hast getränkt,

schreit zu Mir! Ich habe deine Tat gesehen; wo ist Ahbel, dein Bruder?"

21. Und Kahin aber sprach: „Herr, meine Sünde ist so groß, dass sie mir nie mehr vergeben werden kann!"

22. „Ja", sprach Jehova, „daher sei du verflucht auf der Erde, die Ahbels Blut verschlang; und wenn du auf derselben künftighin einen Acker machen wirst, so wird er dir kein Brot mehr geben, und du sollst fürder unstet und flüchtig herumirren auf derselben ohne Dach, wie ein reißendes Tier, und sollst dich ernähren von Dornen und Disteln!"

23. Da erschrak der Kahin gewaltig und sagte mit bebender Stimme: „Herr, Du Allgerechter, siehe, Du treibst mich heute aus diesem Land, und ich muss fliehen vor Deinem Angesicht und unstet und flüchtig sein auf der Erde. Und mir Armem wird's dann ergehen, dass mich totschlagen wird, wer mich findet; daher sei gnädig mir der Meinen wegen!"

24. Und siehe, da sprach Jehova: „Nein, es soll niemand totschlagen den Kahin, – sondern wer den Kahin töten würde, der soll getötet werden siebenmal! Damit sich aber niemand an dir vergreife, so will Ich dich bezeichnen an der Stirne mit einem schwarzen Fleck, damit dich niemand mehr erkennen und erschlagen soll."

25. Und nun siehe, da floh Kahin mit den Seinen aus Meinem Angesicht weit jenseits Heden in ein tiefgelegenes Land Nhod. Heden aber war ein schönes Kleinhügelland, voll von den besten Früchten; da gefiel es Kahin, und er wollte sich niederlassen daselbst. Als er aber auf zu den Hügeln geblickt hatte, da sah er überall einen Mann stehen, grimmen Gesichtes, bewaffnet mit einem Stein in der Hand, als warteten sie auf den Kahin, zu rächen

seine Untat; und diese Erscheinung war ein Werk der großen Furcht in ihm. Und er sah, dass hier kein Bleibens war für ihn.

26. Da floh er weiter und weiter gen Morgen und gelangte in eine große Niederung; da fiel er ermattet nieder und schlief drei Tage und drei Nächte. Dann aber kam ein mächtiger Wind von den Bergen herab, erweckte die Schlafenden und sauste und brauste dann über die weiten Ebenen dahin und legte sich endlich in den Tiefen des Landes, das da hieß ‚Nhod' oder ‚trockener Grund des Meeres'.

27. Und der Kahin blickte wieder empor zu den hohen Zinnen der Berge, und er entdeckte keine Männer mehr; da wusste er nicht, was er da tun sollte. Nach einer kurzen Weile aber streckte er seine Arme aus und schrie überlaut: „Herr, Du Gerechtester, so an Dein Ohr aus dieser großen Ferne noch dringt mein Geschrei, so sehe her über diese Zinnen gnädig der Kinder und meines Weibes wegen auf den gezeichneten Flüchtling der Heiligkeit Deiner Augen, die da gezeichnet hat meine Stirn mit der Nacht der Sünde, damit ich nicht erkannt würde mit freier Stirne an der Untat, die da gezeichnet steht auf der Stirne, in den Händen und auf der Brust des großen Sünders, dessen Sünde zu groß ist, als dass sie ihm je vergeben werden könnte."

28. Und siehe, da kam eine Wolke über die hohen Berge herab, siebenundsiebzig Manneshöhen hoch über die Flüchtigen, und eine starke Stimme sprach aus derselben, und das war die Stimme Ahbels, die da sagte: „Kahin, kennst du diese Stimme?"

29. Und Kahin entgegnete: „O Bruder Ahbel, kommst du daher, um dich billig zu rächen an mir, deinem Mörder, so tue mir nach der Gerechtigkeit; aber schone

deiner gesegneten Schwester und ihrer Kinder!"

30. Da sprach die Stimme abermals und sagte: „Kahin, wer da Böses tut, ist ein Sünder; wer da Böses vergilt mit Bösem, der ist ein Knecht der Sünde; wer Gutes tut fürs Gute, der hat die Schuld abgetragen, und es wird nichts übrigbleiben zu seinem Teil; wer das Gute erstattet mehrfach, der ist wert seiner Brüder; aber vor Gott zählt nur eines, und das ist: Gutes tun für Böses, und segnen, die da fluchen den Wohltätern, und das Leben geben für den Tod.

31. Und siehe, als dieser Letzte komme ich zu dir; daher fürchte dich nicht vor mir, da ich gesandt bin von oben nun zu dir, um dir fürs Erste zu zeigen, dass der Herr wahrhaft und getreu ist in allen Seinen Verheißungen, und fürs Zweite dir aber anzudeuten, dass du in diesem Land zu verbleiben hast mit den Deinigen und dich und sie zu ernähren mit den Früchten, die du antreffen wirst in diesem Land, und dann dir auch anzuzeigen, dass dir dein Bruder vergeben hat deine Tat durch die große Liebe des Vaters in ihm.

32. Mein Blut aber sollst du sühnen mit deinen Reuetränen, bis der Fleck gewaschen werde damit von deiner Stirne; und deine Kinder und dein Weib sollst du führen in aller Furcht vor dem Herrn. Und so du es tun wirst frei aus dir aus Furcht vor dem Herrn, so wirst du bleiben und leben, wie du bist, ein Geächteter; aber in der Liebe wirst du rühren das hartgemachte Herz der Gerechtigkeit."

Kapitel 21

Der Herr setzt Kahin einen Termin

1. Und siehe, da wurde Kahin beruhigt in seiner großen Furcht. Die Wolke verschwand, und er weinte Tränen der Reue und ging und suchte Nahrung für die Seinen und dachte nach, wie weit er sich entfernt hatte vom Paradies, und wie er nun so gänzlich verloren hatte die Liebe des Herrn und nun hinausgestoßen war in die harte Gerechtigkeit, stehend an der Schwelle des Gerichtes aus Gott. Und da er so dachte, da vermehrten sich seine Reuetränen, und es wurde ihm immer einleuchtender, wie so gar sehr groß seine Schuld vor Gott doch sein müsse, und er dachte auch, ob es denn doch wohl noch irgend möglich wäre, je nur zu dem allergeringsten Teil der Liebe zu gelangen.

2. Und so dachte er hin und her und auf und ab. Und siehe, da gelangte er so in diesen Gedanken an einen reichlich fruchtbeladenen Brombeerstrauch mit den Seinen; und da es alle gewaltig hungerte nach einer Speise, so wollten sie alsogleich herfallen über denselben und nach Hunger, Lust und Übermaß [davon genießen].

3. Aber siehe, da fasste der Kahin einen rechten Gedanken und sagte zu den Seinen: „O mein Weib und meine Kinder, zieht schnell zurück eure Hände, die ihr schon vorschnell ausgestreckt habt nach dieser reichen Kost; denn noch wissen wir nicht, ob sie Leben oder Tod enthält! Und lasst uns daher vorher niederfallen auf die Erde und bekennen vor Gott unsere große Schuld, und lasst uns Ihn bitten im Staube unserer Ohnmacht, dass Er gnädig möchte segnen zuvor diese Frucht; und so Er das vielleicht doch tun wird aus Seiner übergroßen Erbarmung heraus, dann erst

müssen wir Unwürdige ihm danken zuvor, und dann erst können wir mit Furcht und Zittern uns mäßig sättigen daran."

4. Und siehe, da traten alle einige Schritte zurück vom Strauch und taten nach dem Willen und nach der rechten Einsicht Kahins, der da laut allen vorbetete und weinend sagte: „O Du allergerechtester, großer, heiliger Gott, sehe gnädig auf uns Würmer im Staube der Ohnmacht vor Dir, Du Allmächtiger, die es nicht wagen, ihre Augen in ihrer allergrößten Schuld emporzurichten zu Deiner unaussprechlichen Heiligkeit! O gedenke unserer Schwachheit, und lasse nicht zugrunde gehen uns arme, reuige, große Sünder!

5. Sieh, dieser Strauch vor uns scheint eine gute Frucht zu tragen als eine Speise für uns Sünder; aber wir getrauen uns nicht zu essen davon, da wir blind geworden sind durch unsere große Bosheit und daher nicht mehr sehen können, ob der Tod oder das Leben innen ist.

6. Daher wolle gnädig anzeigen uns, wessen Geistes diese Frucht ist, damit wir Dich erst dann recht bitten können, dass Du, o Übergerechter, das Gift der Schlange ihr nehmen mögest und nur einen kleinen Tautropfen Deines Segens dann mögest fallen lassen, damit wir nicht verderben. O Herr, Du Gerechter, Du Heiliger, erhöre, erhöre, erhöre unsere schwache Bitte!"

7. Und siehe, da kam geflogen eine glührote Wolke von den Bergen ins Tal über den Strauch; und aus derselben schlug ein heftiger Blitz mit starkem Gekrache in den Strauch. Und siehe, eine große Schlange floh zischend aus demselben hervor und nahm mit offenem Rachen die Richtung gegen Kahin; er aber erschrak über die Maßen vor derselben. Aber siehe, die Blitze ließen ihr keine Ruhe und trieben

sie in aller Schnelle in den heißen Sand der weiten Wüste; und als sie vollends verschwand aus dem Gesichte Kahins, da wandte er sein Gesicht wieder zum Strauch und dankte Gott in der Stille für diese so gnädige Errettung aus der größten aller Gefahren.

8. Und siehe, da sah er auch, wie aus dieser Feuerwolke anfingen große Tropfen zu fallen über den Strauch, so dass ringsumher weit und breit die Erde befeuchtet wurde.

9. Und Kahin sah mit den Seinigen die große Freigebigkeit des Herrn und fiel abermals nieder mit all den Seinigen und dankte Gott in aller Inbrunst seines Herzens für so große Wohltaten und sagte, in Tränen zerfließend: „O Herr, Deine Gerechtigkeit ist groß und unbegreiflich, – aber wie groß muss erst Deine Liebe sein, da Du noch vermagst, des größten Sünders zu gedenken mit so großen Wohltaten aus Dir, o Du ewige Liebe! Wie groß muss doch die Bosheit sein, die Dich je verkennen mochte!"

10. Und siehe, da ließ sich aus dieser noch segentriefenden Wolke eine Stimme hören und sprach vernehmliche Worte, die da lauteten: „Höre du, Kahin! Ich habe Meine Gerechtigkeit verwandelt in Liebe; jedoch aber wird die Liebe sein nur bei denen, die sie da werden suchen künftig nicht nur in der Not und Bedrängnis, sondern in ihrer Fröhlichkeit und in ihrer Freiheit.

11. Siehe, Ich will dir einen Termin setzen auf zweitausend Jahre, und es soll in dieser Zeit keinen treffen je Meine Gerechtigkeit; und aus dieser Meiner Gerechtigkeit will Ich ein großes Gefäß bereiten und es setzen über die Sterne – und will aus Meiner Liebe ein zweites Gefäß bereiten und es setzen unter die Erde. Und so könnt

ihr tun, wie ihr wollt: Werdet ihr Böses tun, so werden eure Taten füllen das Gefäß der Gerechtigkeit, und da es wird voll geworden sein, so wird es bersten an allen Orten und wird lassen herniederstürzen die ganze Schwere über alle Täter des Übels und wird sie töten allesamt; und das Gefäß der Liebe aber, so es leer bleiben wird unter der Erde, wird aufnehmen die Toten zur langen, reinigenden Qual. Und da werden, die da sich werden reinigen lassen, versetzt werden in die Gestirne zu langen Kämpfen; und die aber da werden sich erhärten aus ihrer inneren Bosheit heraus, die werden dereinst geworfen werden unter den Boden dieses Gefäßes, da sein wird ewiges Heulen und ewiges Geklaffe[6] der Zähne im Zorn Gottes.

12. Und nun tretet hinzu zum vom Segen befeuchteten Strauch, und esst davon zur Stillung eures Hungers, und bedenkt dabei allzeit, von wem diese Gabe ist.

13. Und breitet euch aus im Land der Tiefe; aber auf die Berge wage keiner von euch je zu setzen seinen Fuß, denn ihre Zinnen sind heilig und sind bestimmt zur Wohnung für Meine Kinder. Wer von euch je dieses Gebot übertreten wird, der wird den allzeit da wohnenden Wächtertieren – als Bären, Wölfen, Hyänen, Löwen, Tigern und auch großen, lebenden Schlangen, die zuunterst hausen werden – zur Beute werden, desgleichen auch alle zahmen Tiere, die euch später werden untertan werden.

14. Nur so jemand von euch würde ganz fromm werden und bestehen die Feuerprobe Meiner Liebe, dem solle gestattet werden, einzudringen in den Bauch der Berge und da zu sammeln Erz und Eisen und daraus zu bereiten Werkzeuge nach dem, wie euch lehren werden eure Bedürfnisse.

15. Und nun esset, befruchtet und mehret euch männlich und weiblich, und wehret ab dem Samen der Schlange durch eure gerechte Furcht vor Mir, der Ich bin Gott, der Ewige, Gerechte und Heilige, amen!"

Kapitel 22

Kahin wird zum Tyrannen

1. Und nun siehe, da aßen sie und taten, wie ihnen geboten war, eine Zeit lang. Kahin erkannte nun wieder sein Weib und zeugte mit ihr einen Sohn und gab ihm den Namen ‚Hanoch', das heißt ‚die Ehre Kahins'. Und Kahin berief alle seine Kinder zusammen und sagte: „Kinder, seht hier einen neuen Bruder, den mir gegeben hat der Herr zu einem Herrn über euch, wozu ich ihn machen werde, damit eine Ordnung sei unter euch und ein Ende werde eures Gezänkes und eures Haders. Und er wird euch geben Gebote und wird loben die Treuen und züchtigen die Übertreter, damit auch wir ein Volk werden, groß und voll Ruhmes gleich den Kindern Gottes, die der Gesetze nicht bedürfen, da sie die Liebe haben, die sie frei macht und uns aber gelegt hat meiner Sünde wegen unter ihre Füße, die uns zertreten werden, so wir Gesetz- und Ordnungslose nicht haben

---

[6] Geklaffe bedeutet nach dem Frühneuhochdeutschen Wörterbuch Geschwätz, Geschrei, Geschimpfe. Gemeint ist wahrscheinlich das Zähneknirschen (Mt 8,11-12) der

bösen Geister in der Hölle, was nach Swedenborg auf die dortigen Zänkereien und Kämpfe hinweist.

einen, der uns vertrete und rechtfertige vor ihrer großen Macht.

2. Seht, ihr Gott ist auch der unsere; aber sie haben an Ihm einen guten Vater – und wir aber einen Richter. Der Vater kennt ihre Liebe, und Sein Auge und Ohr ist bei ihnen. Aber nicht so ist es bei uns. Wir sind uns selbst überlassen und können handeln, wie wir wollen; jedoch wenn wir bestehen wollen, so sind uns Gesetze und Ordnung notwendig. Denn sonst kann da nun erschlagen einer den anderen im Zank und Hader nach seiner Willkür, und so wird sich das Gefäß der Gerechtigkeit füllen vor der Zeit, und wir werden dann allesamt zugrunde gehen durch die auf uns niederstürzenden großen Lasten unserer Gräueltaten. Daher lasst uns alle kräftig zusammengreifen und zusammentragen Steine, große und kleine, und errichten eine hohe und feste Wohnung für ihn und, so viele unser sind, für jeglichen eine kleine in einem weiten Kreis um die seinige herum, damit er alle überschaue und beobachte ihr Tun und Treiben. Er aber soll frei sein von jeder Arbeit als ein Fürst in eurer Mitte und soll essen von euren Händen.

3. Für jetzt aber bin ich im Namen der Gerechtigkeit Gottes als Vater euer aller Gesetzgeber, und wehe dem, der ungehorsam wird meinen Geboten! Mein Fluch wird ihn hart treffen; dann aber wird keines Erbarmens sein über den Verfluchten in meinem Herzen, da keine Liebe mehr, sondern nur Gerechtigkeit innewohnt.

4. Seht, wo die Liebe wohnt, da ist auch Erbarmen, und es gilt Liebe für Recht; wo aber nur Gerechtigkeit wohnt, da kann nur gelten Recht für Recht und Gericht für Gericht, Lohn für Lohn, Treue für Treue, Gehorsam fürs Gesetz, Gericht für den Ungehorsam, Strafe für Vergehen, Fluch für Verräterei und Tod für Tod.

5. Und das sei eine Heiligung dieses meines Ausspruches, dass ich euch jetzt allen schwöre beim Himmel und dessen unerbittlicher Gerechtigkeit und bei der Erde, der harten Wohnstätte des Fluches Gottes, dass jeden Übertreter treffen wird scharf und genau, was ich hier jetzt euch allen kundgetan habe durch meinen Mund als Vater und als Fürst.

6. Dann aber kommt euer Bruder als euer wahrer Herr und Gesetzgeber nach seiner gerechten Einsicht und freien Willkür, – daher er auch sein wird frei vom Gesetz, da jede seiner freien Handlungen euch gesetzlich werden und bleiben muss, bis er es für gut erachten wird, es wieder aufzuheben.

7. Jetzt ist euch bekannt mein Wille, und demnach handelt und tut, wollt ihr bestehen in der Strenge der Gerechtigkeit durch Gesetze für die Ordnung zur Vermeidung des Gerichtes, welches sonst alle treffen würde, wenn nicht gesetzt wäre in der Gerechtigkeit Gericht für Gericht.“

8. Und siehe, da gingen alle von dannen und legten ihre Hände ans Werk, zu erbauen also eine Stadt, und arbeiteten daran sechzig Jahre. Da ihnen die Gebäude oft zusammenfielen, so brauchten sie viel Zeit für die Erbauung der Wohnung des neuen Fürsten und konnten dieselbe erst vollenden, als Ich dem Hanoch im Traum gezeigt hatte, wie sie bauen sollten, da es Mich gedauert hatte der armen Kinder, die bei diesem Bau vielen und großen Misshandlungen ausgesetzt waren von dem zwar bis dahin sehr geordnet streng gesetzlich rechtlichen Kahin, der nun die Seinen führte als ein Tyrann unter großer Furcht und unter großen Schrecken und

Angst vor den Strafen ohne Gnade und Erbarmung, da in ihm keine Liebe war, gerecht im Gehorsam gegen alle Gesetze, – bedachte aber dabei nicht, dass ein Gehorsam, der eine bloße Folge großer Furcht ist, eigentlich doch nicht im Allergeringsten ein Gehorsam ist, sondern pure Eigenliebe. Denn wer sich selbst liebt, der hält das Gesetz aus reiner Furcht nur vor der allzeit sicher folgenden Strafe bei der Übertretung desselben, da er sich seiner selbst überaus erbarmt, so er empfindet der Strafe Schmerz in seiner unbehilflichen Schwäche; findet er aber auch nur die geringste Gelegenheit, unbemerkt zu sein in seinem Herzen, so wird er fluchen dem Gesetz und dessen Geber und wird dasselbe bald treten mit den Füßen.

9. Und hat dann ein solcher sich irgendeine größere Kraft sammeln können, so wird er da doppelt grausam über all die Gesetze, möchten sie nun gut oder böse sein, herfallen und wird sie zerstören und vernichten samt dem liebelosen Gesetzgeber. (NB. Das sollen auch wohl bedenken alle Führer und Gesetzgeber dieser Zeit; denn auch ihrer harrt ein gleiches Los, so sie meinen, Furcht sei das einzige Mittel, zu erhalten die Ordnung und ihre Vorteile durch den darob stummen Gehorsam der Sklaven; sonst werden es bald alle hart empfinden, welche Früchte Gesetze, welche nicht ihren Ursprung in der reinsten, uneigennützigsten Liebe haben, dereinst früher oder später, oder entweder schon hier oder aber doch allzeit sicher jenseits bringen werden.)

10. Denn siehe, der Kahin aber handelte deswegen so gewissermaßen rechtlich grausam, weil er nicht allzeit volle Gnade und Bereitwilligkeit fand bei Mir, sooft er nach einer bösen Tat Reuetränen

vergoss. Dies konnte Ich jedoch nicht tun, da seine Reue nur auf den Verlust der Gnade, nie aber auf Meine Liebe gerichtet war.

11. Und siehe, wer so trauert, der trauert nicht in der wahren Tiefe um den Verlust des Lebens, sondern nur vielmehr um den des Wohllebens; und so ist dessen Reue falsch, da ihm nicht gelegen ist an der vollkommenen Wiedervereinigung mit Mir. Und so Ich aber dann auch wollte ihm geben, was er nicht verlangt und will, so würde er dann nur den Tod durch solchen Austausch des Willens erhalten, da der freie Wille das eigentlichste Leben des Menschen ist.

12. Und siehe, das war auch der Fall beim Kahin, da er verbannt hatte die Liebe und ergriff dafür die Gerechtigkeit, ohne zu bedenken, dass es ohne Liebe keine Gerechtigkeit gibt, und dass die Gerechtigkeit eigentlich die höchste Liebe selbst ist, ohne welche alles zugrunde gehen würde und notwendig müsste.

Kapitel 23

Kahin ernennt seinen Sohn Hanoch zum Fürsten

1. Und siehe, als nun vollends erbaut war die Stadt, da nahm Kahin den Hanoch und führte ihn in die hohe Wohnung, die da erbaut wurde für ihn, und übergab ihm daselbst in der Gegenwart aller seiner Kinder und auch schon Kindeskinder die ganze Vollmacht über sie und forderte ihn auf, ihnen allen zu geben Gesetze nach seiner rechten Erkenntnis und frei nach seiner Willkür, indem er sagte:

2. „Siehe, Hanoch, hier in dieser nur für dich allein erbauten Wohnung übergebe ich dir alle meine väterlichen Rechte mit aller Macht und Gewalt zur freien Führung meiner, deiner und ihrer aller Kinder durch Gesetze nach deiner Willkür, welche heilig zu halten sind von ihnen; denn es liegt wenig am Gesetz selbst, ob es so oder so ist, sondern es liegt alles an der genauen Befolgung desselben, und demnach wird es heißen: ‚Dem gemäß handeln, recht handeln, – wider dasselbe aber, vollends unrecht!‘, und es muss dann allzeit gestraft werden nach dem Maße der Übertretung.

3. Und so werden wir dann frei durch die Haltung und nicht durch das Gesetz, an dessen Beschaffenheit nichts gelegen ist, sondern nur an der Beobachtung desselben.

4. Jedoch du als der Gesetzgeber bist frei von jeder Haltung, weil deine Freiheit heilig sein muss des Gesetzes wegen; denn so auch du gebunden wärest ans Gesetz, so würde es dich hemmen, in der notwendig freien Sphäre zu wirken, da du dann selbst gefangen wärest im selben. Daher musst du außer demselben stehen, frei als einer, der keine Gesetze kennt; aber jede deiner Handlungen muss ihnen als den dir ganz Übergebenen zum strengen Gesetz sein, und so du willst, so müssen sie handeln, wie du willst, – und so sollen alle ihre Regungen und Bewegungen nichts sein als nur die deines Willens.“

5. Und da öffnete der neue Fürst seinen Mund und sprach in einem sehr gebieterischen Ton: „So hört, ihr meine Untertanen allesamt, männlich und weiblich! Keiner betrachte je etwas als sein Eigentum, sondern als das allein meinige, damit das Zanken und Hadern unter euch ein Ende nehme! Daher werdet ihr alle in der Zukunft nur mir dienen und arbeiten für meine Kammern; dafür sollt ihr zu essen bekommen je nach eurem Fleiß, und es sollen die Getreuesten näher zu mir kommen dürfen als die weniger Getreuen und da haben eine bessere Kost die Aufseher und die Vollstrecker der Rechte und Vollzieher der gerechten Strafen. Wehe dem Ungehorsamen! Diesen werde ich hinaustreiben lassen zu den Bergen, und die Tiere daselbst sollen ihn erwürgen und zerreißen. Die aber übertreten werden meine Gesetze aus Trägheit, Unaufmerksamkeit und aus Leichtsinn, die sollen gezüchtigt werden mit Ruten bis zum Blut. Die aber, welche sich getrauen würden, mir als dem Fürsten in irgendetwas zu widersprechen, die sollen gezüchtigt werden mit Schlangen bis in das Mark ihrer Gebeine, und es soll ihnen ausgerissen werden ihre Zunge und vorgeworfen werden den Schlangen zur Speise. Und wer mich je mit scheelen Augen anschauen wird, dem sollen die Augen ausgestochen werden, damit er fürder nicht mehr schauen wird können seinen Fürsten. Der Träge aber soll ein Lastträger werden und soll behandelt werden wie ein Lasttier mit Stöcken und Knitteln, damit geläufiger werden seine Füße und schneller seine Hände.

6. Sonst gebe ich euch kein Gesetz als die strengste Folgsamkeit in allen meinen freien Wünschen und Befehlen, die ich an euch werde ergehen lassen zu jeder Zeit des Tages sowohl als auch der Nacht, amen.“

7. Und siehe, da erschrak selbst der Kahin und alle übrigen über alle Maßen und gingen tief bestürzt aus der Wohnung Hanochs und verwünschten in ihren Herzen ihren grausamen Vater Kahin, der

ihnen für ihre so großen Anstrengungen bereitet hatte ein so erbärmliches Los.

8. Und als es nun Abend wurde, da hungerte es sie alle, und sie getrauten sich nicht zu essen und gingen traurig hin zum Hanoch und sprachen: „Herr, wir haben gearbeitet den ganzen Tag; nun, so gib uns auch zu essen, wie du versprochen hast!"

9. Hanoch aber erhob sich und sprach: „Wo sind die Früchte eurer Arbeit? Bringt sie her, und zeigt sie mir, und legt sie in meine Kammern, und dann will ich geben lassen jedem nach Recht!"

10. Und sie gingen und brachten, wie ihnen geboten war, die einen viel und die einen wenig, und legten dieselben zu seinen Füßen.

11. Kahin aber und sein Weib brachten nichts in der Meinung, sie seien frei. Und siehe, da teilte Hanoch die Früchte und sprach: „Wer da gearbeitet hat, der solle auch essen; der aber nicht gearbeitet hat, der solle auch nicht essen!"

12. Und so mussten Kahin und sein Weib für diesmal fasten. Und siehe, da verließ Kahin mit seinem Weib weinend die Wohnung Hanochs und fand auch kein mitleidiges Herz unter allen seinen Kindern und Enkeln. Da ging er hinaus auf die Felder und aß da von den übriggebliebenen Früchten; und da für ihn keine Wohnung errichtet war, so übernachtete er mit seinem Weib unter freiem Himmel.

13. Und als des anderen Tages wieder daherkamen seine Kinder um zu arbeiten, fanden sie ihn schon Früchte sammelnd. „Seht", sprachen sie, „er arbeitet das erste Mal in diesem Land; es geschieht ihm ja recht, da er es so hat haben wollen, statt Liebe das Recht!"

14. Und siehe, als sie nun wieder gearbeitet hatten unausgesetzt bis um die Mitte des Tages, einige sammelnd Früchte, einige bauend noch mehrere Häuser und Wohnungen und Vorratskammern und einige dienend ihrem Fürsten zu dessen Bequemlichkeit und dessen Weib und dessen Kindern, da kamen wieder alle hin zu ihm in die hohe Wohnung und brachten ihm Früchte und sonstige Zeichen ihres ermüdenden Fleißes und begehrten zu essen nach Recht, desgleichen auch der Kahin mit seinem Weib.

15. Und siehe, da erhob sich Hanoch grimmig ernst und sprach: „Wie oft wollt ihr denn essen des Tages? Meint ihr, ich lasse für euch die Früchte sammeln, dass ihr dann sorglos gefüttert werden könntet?! Wovon soll denn ich und meine Dienerschaft leben, deren Sache nicht ist, zu arbeiten gleich euch, sondern zu tragen ihren Herrn auf ihren Händen?! Daher entfernt euch von mir, und wage es von euch allen ja keiner mehr, je zu betreten die Schwelle dieser meiner hohen Wohnung! Ich werde von nun an täglich durch meine Diener lassen abnehmen von euch die Früchte für mein Haus; ihr aber könnt sparsam essen nur von den Früchten, die da frei von selbst von den Sträuchern und Bäumen gefallen sind, – so die Sammler, so auch die da bauen. Und das sei euch ein neues Gebot, das ihr heilig zu halten habt; wehe dem Übertreter!"

16. Und siehe, da nahm der Kahin das Wort und fragte den Hanoch ganz traurig und tief bewegt: „O Hanoch, du großer Fürst, mein gewesener Sohn, sage nach deinem Herzen recht und gerecht, ist dein Vater und deine Mutter nicht ausgenommen von allem dem, so du geboten hast weise deinen Untertanen nach deiner freien Willkür? Und muss ich denn sein gleich meinen Kindern, so gebiete, dass sie

auch ernähren sollen ihren Vater und ihre Mutter, die wir schon alt, mühselig und sehr schwach geworden sind. Oder erlaube mir gnädigst, zu ziehen von dannen bis ans Ende der Welt, damit ich nicht sehe die große Trübsal meiner Kinder fürder, da sie schmachten unter dem schweren Joch der freien Gerechtigkeit."

17. Und siehe, da sprach Hanoch: „Wie fragst du mich denn? Tue ich nicht recht, wenn ich tue, wie du mir die Lehre und die Macht gegeben hast? Hast du doch selbst niemanden als mich selbst nur gesetzlos erklärt und hast keine Ausnahme gemacht mit dir! Wie verlangst du denn nun solches von mir widerrechtlich und willst mich dadurch zwingen, an dir, dem ersten Gesetzgeber, die streng rechtlichen Folgen des Ungehorsams zum abschreckenden Beispiel für die anderen ohne Gnade ersichtlich zu machen? Und wenn ich so handle, sage, tue ich unrecht? Denn da bei uns keine Liebe ist, sondern nur das blanke Recht, wie kannst du da ansprechen gegen die Gesetze meiner freien Willkür um irgendeine Ausnahme als einer Gnade, welche sich nie vertragen kann mit den Rechten der Gesetze deines Fürsten? Dass du mein Vater bist, was geht das mich an? Bin ich doch geworden durch dich, ohne dass ich es auch nur unter irgendeiner Bedingung habe werden wollen! Und so hast du mich ja gezeugt ohne meinen Willen und machtest mich zum Fürsten ohne denselben! So sage mir denn, da ich nun wurde und bin, was ich bin, und wie ich bin, so ganz ohne meinen Willen, da ich keinen hatte, und [nicht wurde] unter auch nur irgendeiner Bedingung, rein nur zufällig durch deine Wollust und Fürst durch deinen Ehrgeiz, welche Verbindlichkeit ich somit, rechtlich betrachtet, zu dir habe?

18. So fliehe denn aus meinen Augen, wohin du willst, damit dich nicht ereilen die strengen Folgen der Gerechtigkeit! Dies sei die einzige Gnade, die ich dir frei aus mir, da ich tun kann, was ich will, gewähre; und nun gehe und fliehe!"

Kapitel 24

Kahin flieht vor Hanoch und wird zu Atheope

1. Und nun siehe, da fing Kahin an zu weinen und zog mit seinem Weib und vier Kindern, zwei Männlein und zwei Weiblein, von dannen und kam nach vierzig Tagen an die Ufer der Meere und erschrak da beim Anblick der großen Gewässer, da er glaubte in allem Ernst, das Ende der Welt erreicht zu haben. Und er dachte: Wenn mich nun Hanoch verfolgte, wohin werde ich da fliehen?

2. Vor mir ist das Ende der Welt und links und rechts sind hohe Berge, die ich nicht betreten darf, und das gnädige Auge und das Ohr des Herrn ist verschlossen für mich. Auch sehe ich hier lauter fremde, ungesegnete Früchte; wer wird sich dieselben zu essen getrauen? Und unser Vorrat, den wir mitgenommen haben, ist nun auch verzehrt! Was soll ich nun tun?

3. Ich will denn doch noch einmal versuchen, ein großes Geschrei an den Herrn zu richten; entweder wird Er mich erhören, oder Er wird uns zugrunde gehen lassen, und so wird es uns doch wenigstens am Ende ergehen nach Seinem Willen, den wir gewiss die ganze, lange Zeit hindurch in unserer großen Blindheit nicht erkannt haben.

4. Und siehe, da fing Kahin nach einem Zeitlauf von siebenundsiebzig Jahren wieder an, zu Mir zu beten, drei Tage lang Tag und Nacht hindurch ohne aufzuhören, und schrie in einem fort: „Herr, Du Gerechter, Du Liebevollster, sehe gnädig herab auf Deinen größten Schuldner, und tue mir nach Deinem heiligen Willen!" Und diese Worte wiederholte er zu tausend und tausend Malen.

5. Und es dauerte Mich seiner, da er so gar gewaltig und unendlich elend schrie. Siehe, da sandte Ich den Ahbel zu ihm in einer Feuerflamme, welcher zu ihm die Worte aus Mir richtete und sagte: „Kahin, erhebe dich vom Boden, und sehe mir ins Angesicht, und sage mir dann, ob du mich noch erkennst!"

6. Da richtete sich auf der Kahin und betrachtete furchtsam die Flamme und erkannte sie nicht, weder an der Stimme noch an der Gestalt, und fragte sie dann, bebend vor zu großer Angst: „Wer bist du sonderbares Wesen denn in dieser Flamme?"

7. Und der Ahbel antwortete ihm: „Ich, dein Bruder Ahbel, bin es in der Flamme der göttlichen Liebe vor dir! Was willst du denn, dass dir geschehen solle?" – „O Bruder", sprach Kahin, „so du es bist, – sehe, ich habe keinen Willen mehr! Mein Sohn Hanoch hat mir alles genommen, auch meinen Willen; nun habe ich keinen Willen mehr, und sehe, wie wir jetzt da sind, sind wir alle gänzlich willenlos! Daher kann ich nichts anderes sagen als: Mir und uns allen geschehe nach dem heiligen Willen des Herrn!"

8. Da sprach Ahbel: „Nun so höre denn! Das ist der Wille des Herrn, meines Vaters und deines Gottes, dass ihr essen sollt von all den Früchten, die ihr hier finden mögt, ohne Furcht und Scheu; denn die Schlange hat dich vertrieben hierher, und ist daheim geblieben bei deinen Kindern in der Stadt Hanoch mit all ihrem Gift und wird mit euch nichts mehr zu tun haben. Denn so der Mensch seinen Willen hingegeben hat, da gibt es für die böse Brut nichts mehr zu tun; wer aber da seinen Willen hat untertan gemacht der Schlange, der ist ein Gefangener von ihr, und das Ende seines Wirkens ist herbeigekommen.

9. Wer aber geflohen ist aus ihren nun stark gewordenen Schlingen und so gerettet hat den letzten Tropfen seines Willens und hat denselben niedergelegt auf die Erde im Angesichte Jehovas, dem wird Er geben einen neuen Willen aus Sich, damit er dann ferner handeln möchte als ein Werkzeug des Herrn. Und so ist auch für dich der Wille des Herrn, fernerhin zu handeln nach Seinem Willen; und so dich und die Deinen auch dereinst möchten finden die Nachkommen Hanochs, so werden sie dich nicht erkennen und die Deinen, da euch die Liebe des Herrn ganz schwarz brennen wird bleibend.

10. Und der Name ‚Kahin' wird dir genommen werden, und ein anderer Name wird dir gegeben werden, und dieser heißt ‚Atheope', das heißt ‚der Willenlose nach dem Willen Gottes'. Und sogestaltet musst du mit den Deinen flechten aus Rohr und Schilf einen sehr großen Korb, sieben Mannslängen lang, drei Mannslängen breit und eine Mannslänge hoch, sehr fest, und ihn dann verpichen mit Harz und allerlei Pech. Und so du dieses verrichten wirst mit allem Fleiß, dann musst du ihn stellen ans große Wasser hin und sollst sammeln Früchte auf vierzig Tage lang; und so du das getan haben wirst, dann legt die

Früchte in den Korb und steigt endlich allesamt in denselben!

11. Und dann wird der Herr kommen lassen eine große Flut vom großen Gewässer her, welche den Korb heben wird mit euch, und wird euch tragen hin in ein fernes Land in der Mitte dieser großen Gewässer, da ihr vollkommen sicher sein werdet vor allen Nachstellungen Hanochs.

12. Und da werden sein nahe, weit und breit, kleine Länder in diesem großen Gewässer, und so euer zu viele werden in einem Land, dann sucht die nächsten, und so fort und fort, und belebt so nach dem Willen des Herrn nach und nach alle Kleinlande in den großen Gewässern.

13. Und so ihr nicht vergessen werdet des Herrn, so wird Er einst euch zu bewohnen geben ein großes, festes Land, da ihr bleiben werdet bis ans Ende der Welt, wenn es erst zuvor gereinigt wird vom Fluch durch die bald darniederstürzenden Fluten, die da ersticken und töten werden die Nachkommen Hanochs und auch sehr viele Kinder Gottes, die sich werden fangen lassen von den schönen Töchtern Hanochs.

14. Jedoch sollen euch Willenlose nicht erreichen die Ströme dieser Fluten, da euch der Wille des Herrn gesetzt hat auf die Gewässer Seiner großen Erbarmungen. Und so ihr irgendetwas benötigen werdet, so wisst ihr ja ohnehin, wo der große Geber ist, der euch nicht verlassen wird, so ihr Ihn nicht verlassen werdet in euren Herzen.

15. Und nun trete näher, du Kahin!" – Und siehe, da trat Kahin hin zum Flammenbruder Ahbel, und Ahbel umarmte ihn, und so wurde er schwarz wie eine Kohle, und seine Haare wurden gekraust wie ein Pelz.

Und so geschah auch allen noch fünf übrigen.

16. Und da sprach Ahbel: „Nun, Bruder Atheope, bist du frei von jeder Schuld, die daheimgeblieben ist beim Hanoch, und so tue du denn nun nach dem Willen des Herrn! Amen."

Kapitel 25

Die Ausbreitung von Atheopes Stamm. Atheopes Schicksal

1. Und siehe, da verschwand Ahbel, und Atheope aß von den Früchten, fröhlich zum ersten Male in seinem Leben vollkommen, und tat genau, wie ihm befohlen ward.

2. Und so belebte dann sein letzter Stamm bis auf die heutige Zeit alle Kleinlande in den Gewässern und nach der großen Schlangenbrutvertilgung durch die Fluten von den Himmeln auch die großen Festlande, die ihr heutzutage ‚Afrika', ‚Amerika' und ‚Australien' nennt. Und sein Stamm ist nicht getötet worden durch die Fluten und ist noch derselbe bis zur Stunde dieser letzten Zeit zum Zeugnis der Gräueltaten der damaligen und der jetzigen Zeit Meiner und Hanochs Kinder.

3. Und siehe, so lebt noch dieser Atheope natürlich und geistlich bis zur Stunde verborgen auf einem Kleinlande in der Mitte der großen Gewässer, das nie ein Sterblicher finden wird, als steter Beobachter eures Tuns und Treibens.

4. Und siehe, er aß und trank Früchte aller Art und zeugte noch siebenhundert Kinder noch tausend Jahre lang. Dann aber wurde er erneut von Mir und aß und trank nicht mehr, da er gesättigt wurde mit

Meiner Liebe für die Ewigkeit, die da ist die beste Speise. Denn wer damit gesättigt wird, der wird den Tod nicht sehen, schmecken und empfinden ewiglich, und es wird ihn dann nimmer hungern nach einer Speise, noch dürsten nach einem Trank. Und sein Sterben wird sein ein lebendiger Austritt vom Leben zum Leben ins Leben des Lebens der Lebendigen durch den Lebendigen, der Ich Selbst bin.

5. Und so gesättigt lebt Atheope noch bis zur Stunde körperlich als der erste wahre Menschensohn im weiten Angesichte der Erde und kann schauen aller Menschen Tun und Treiben und ist demnach ein alter Zeuge aller Meiner Taten bis auf euch.

6. Er kannte Noah, Abraham, Moses, all die Propheten und Melchisedek, den hohen Priester.

7. Und er war Zeuge Meiner Geburt und Meiner Neuschöpfung durch das größte aller Meiner Werke, nämlich durch das Werk der Erlösung. Und so wird er auch aufbewahrt bleiben bis zur vollen Darniederkunft Meiner heiligen Stadt, was soeben zu geschehen anfängt, allda er dann auch vollends aufgenommen wird als ein treuer Torwächter; denn außer Mir kennt niemand die Schlange so durch und durch wie er, dem sie am meisten zu schaffen gemacht hatte.

8. Und nun sehe, das ist die Geschichte Kahins, euch nun gegeben zum reiflichen Nachdenken über euch selbst, damit ihr euch dadurch desto eher und desto leichter selbst finden möget und erkennen euer Böses an der Wurzelfaser und zerstören dasselbe in den tiefsten Fundamenten, um sodann in Meiner Liebe wiederzufinden das so lange schon verlorene Paradies und endlich zu werden wahre, getreue Bürger Meiner neuen, großen, heiligen Stadt, wie Ich euer aller allergetreuester, heiligster und allerbester Vater bin von allen Ewigkeiten der Ewigkeiten. Amen.

Kapitel 26

Die zehn Fürsten Hanochs

1. Und nun wende dich auf eine kurze Zeit gen Hanoch zurück, und Ich will euch da noch im Vorübergehen zeigen, wie es da ausgesehen hat nur erst nach einem Zeitlauf von dreißig Jahren.

2. Und siehe, Hanoch hatte sich nun auch das allerschönste Weib ausgesucht und noch dazu zwei Kebsweiber und trieb mit ihnen Unzucht über die Maßen. Dadurch verfinsterte sich sein Verstand so sehr, dass er ganz und gar vergaß auf seine ganze Regierung; und die wenigen Gedanken, die zu denken er kaum noch fähig war, waren nur beschäftigt mit Wohlleben, Glanz, weichen Kleidern und Hurerei.

3. Wenn ihm seine Untertanen nur recht viele und gute Gerichte von Früchten aller Art brachten und recht viel Geflimmer vor seine Wohnung und recht weiche Kleider, geflochten aus dem feinsten Gras, das da wuchs am Fuße der Berge, so war er damit auch schon vollends zufrieden und ließ dabei die Gesetze Gesetze und die Regierung Regierung sein.

4. Und siehe, da merkten seine Untertanen, dass er lau geworden war, und machten sich zugute seine Blindheit. Da merkten es auch seine Diener, wie die Sachen standen, und waren sehr pfiffig und schlau, wie die Schlange selbst, und suchten daher ihren Herrn auf alle mögliche Weise beständig einzuschläfern und

erlaubten auch lügnerischerweise – gleichsam im nachsichtigen Aufgebot vom Fürsten – den Untertanen alle nur möglichen Belustigungen, wenn sie ihnen nur recht fleißig ihre stets vermehrten Gaben lieferten.

5. Und siehe, da diese Diener nun sahen, dass sie ungestraft tun könnten, was sie wollten, da fingen sie an zu regieren und gaben den Untertanen Gesetze, fürs Erste, dem Fürsten zu erweisen eine göttliche Verehrung durch allerlei Opferungen, und fürs Zweite zugunsten zu geben die schönste Tochter irgendeines Untertanen; und welcher Untertan dieser Glückliche geehrt sein werde, dem würden erlassen alle Abgaben, und er werde ein freier Besitzer seines Hauses werden und werde Eintritt haben in das Haus des Fürsten und werde sich da können unterhalten mit dessen Dienern und werde alle Jahre einmal anschauen können seinen Fürsten und ihm danken für eine so große, auszeichnende Gnade.

6. Und siehe, da hatte die Schlange einen wahren Geniestreich, wie ihr sagt, ausgeführt. Denn nun fingen die Eltern an, ihre Töchter immer zu Hause zu behalten, und verwendeten alle Aufmerksamkeit darauf, dass diese nur recht zart und schön wurden, um sich dadurch einst vielleicht auch einen Freiheitsstand zu bereiten. Und eine solche Schöne sah dann keinen Gemeinen mehr an, da sie sich bestimmt fühlte für den Fürsten.

7. Was geschah nun aber durch diese gegenseitigen Betrügereien? Nichts anderes als das Allerärgste, was ihr euch nur je durch eure tiefsten Gedanken vorzustellen vermögt, nämlich: Die Diener brachten endlich die ganze Regierung an sich unter dem schlauen Vorwand, dass sie nämlich dem Fürsten Hanoch sehr gut gezüngelt begreiflich machten, dass er nun nicht mehr Fürst, sondern ein Gott des Volkes sei, und dass es entwürdigend wäre für seine unendliche Hoheit und unaussprechliche Erhabenheit, als welche seine nun göttliche sei, den Würmern der Erde Gesetze zu geben, und wollten aus der unermesslichen Hochachtung für seine über alles erhabene Heiligkeit dieses entwürdigende Geschäft auf sich nehmen; und so solle er nichts tun, als nur bloß mit einem Wink entweder sein Wohl- oder Missfallen äußern und die Schätze, die sie sammeln würden in großen Mengen für ihn, allerhuldreichst und allergnädigst annehmen.

8. Übrigens möchte er sich dem Volk nur einmal zeigen im Jahr, wo dann alles niederfallen werde vor ihm und werde ihn anbeten im Staub; und so er dann aber jemandem von den bestaubten Würmern eine besondere Gnade bezeigen wolle, so möchte das von ihm durch einen starken Tritt auf den Kopf eines Wurmes geschehen mit seinem heiligen Fuß.

9. Und so jemandem diese hohe Gnade zuteil werden möchte etwa der Opferung einer schönen und reizenden Dirne halber, so solle dieser aufgehoben werden alsobald von der Erde und schauen die göttliche Erhabenheit des Herrn aller Macht und Kraft und soll dann werden ein freier Bürger der heiligen Stadt des erhabenen Gottes Hanoch.

10. Und siehe, diese feinen Reden seiner Diener schmeichelten seiner eigenliebigen Eitelkeit so sehr, dass er in alles alsogleich vollends einwilligte. O des ungeheuren Narren!

11. Und siehe, jetzt hatten die Diener erreicht, wonach sie schon lange gestrebt hatten, nämlich die Gesetzgebung,

Bestrafung und somit die sämtliche Regierung, und so entstanden jetzt statt einem zehn Fürsten, die da zwischen Menschen, ihren Brüdern, und den sonstigen Tieren auch nicht den allergeringsten Unterschied machten und sie nur in vernünftige und unvernünftige Bestien teilten. Und nur, wenn irgendein solches vernünftiges Tier zu ihrem Vorteil irgendeinen schlau-bösen Streich in eine günstige Ausführung gebracht hatte, dann wurde ihm das Recht erteilt, sich auch Mensch nennen zu dürfen.

12. Und als diese zehn Fürsten sahen, wie ihren Gesetzen blindlings gehorchten – natürlich aus zu großer Furcht vor den unendlichen Misshandlungen – die Tiermenschen, so wählte nach und nach jeder von ihnen ebenfalls zehn Diener aus den freien Bürgern der Stadt und erhob sie in einen gewissen Adelsstand samt ihren Weibern und Kindern. Dafür aber mussten freilich ihre Töchter, so sie ihnen schön und reizend genug waren, ihnen zu Huren gegeben werden, mit denen sie Kinder zu hundert und tausend zeugten, welche alle dann den Tiermenschen zur Ernährung übergeben wurden; und so sie erwachsen waren, so wurden die männlichen ebenfalls zu Tiermenschen, die weiblichen, so sie durch die List der Schlange meistens sehr schön und reizend wurden, aber wurden gemacht ebenfalls wieder zu Huren und oft schon beschlafen in ihrem zwölften Jahr und wurden dadurch unfruchtbar gemacht. Und so sie dann nach kurzer Zeit alle ihre Reize verloren hatten, so wurden sie hinausgestoßen zu den Tieren und mussten arbeiten für dieselben und wurden genannt ‚Huhorä‘, das heißt nach eurer Art ‚Menschen, die das Vieh warten‘.

13. Und siehe, so ging dann diese Lebensweise mehr denn dreißig Jahre fort. Dann aber, da die Menschen auf diese unzüchtige Weise sich vermehrt hatten bis auf mehrere Hunderttausende und sich ausgebreitet hatten weit und breit im Land und somit nicht mehr übersehen werden konnten, so wurden mit der argwohnlosen Einwilligung Hanochs, ihres nun gänzlich kraft- und tatlosen Gottes, noch zehn Städte erbaut und wurden benannt nach den Namen der zehn Fürsten, die da hießen:

14. Kad (der Dieb), Kahrak (der Hurenmeister), Nohad (der Betrüger), Huid (der Böse), Hlad (der Kalte), Uvrak (Same der Schlange), Farak (der Grausame), Molakim (der Lügner), Uvrahim (der feine Schmeichler) und Thahirak (der große Frevler).

15. Und nun siehe, jede dieser Städte wurde erbaut genau nach dem Muster der Stadt Hanoch; und so ward auch in jeder Mitte errichtet eine hohe Burg gleich der hohen Wohnung Hanochs und ward umgeben mit einem Wall und Graben. Und denke, da die Menschen damals noch keine Werkzeuge, als: Krampen, Spaten, Hauen und Picken, hatten, so mussten sie daher ihre Hände gebrauchen und mit ihren Fingern die Erde gleich den Schermäusen aufwühlen.

Kapitel 27

Farak entlarvt das Ränkespiel der übrigen Fürsten

1. Ich will nicht gedenken der Misshandlungen, die bei einem solchen Bau stattfanden, sondern Ich will euch zur

Hauptsache leiten. Als nun die Städte vollends erbaut waren, da traten die zehn Fürsten zum Hanoch und sprachen: „Hanoch, du großer, erhabener Gott aller Macht und Kraft (NB. obschon er schon schwächer war denn eine Mücke und gar keine Macht mehr besaß) und allergrößter Herr aller Gerechtigkeit (NB. welche nichts als Dieberei, Hurerei, Betrügerei, alles Böse, Gefühlskälte, Schlangenbrut, Grausamkeit, Lüge, Schmeichelei und Frevel allem zugrunde hatte). Siehe, dein Volk ist groß geworden unter der allerweisesten Führung deiner grenzenlosen, unbegreiflichen und unerforschlichen Gerechtigkeit (NB. Das war wahrhaft eine grenzenlose, für ihn ganz unbegreifliche und noch mehr aber noch gänzlich unerforschliche Gerechtigkeit) und hat sich ausgebreitet im ganzen, weiten Land deiner göttlichen Herrlichkeit und kann daher nicht mehr übersehen werden von dieser deiner hohen Wohnung, und wenn wir sie aus den Augen ließen, so würden sie dann tun, was sie wollten; ja, sie könnten sich sogar so weit verirren, dass sie statt dich, dem doch nun alleinig alle Anbetung gebührt, wieder den alten Gott Kahins anzurufen und anzubeten anfingen, und es könnte diesem alten Gott doch wieder einfallen, irgendjemanden von ihnen zu erhören und ihn mit einer unbesiegbaren Macht auszurüsten, da er dann ein großes Volk um sich sammeln, über uns herfallen und uns endlich sämtlich vernichten möchte. (NB. Solche Besorgnisse geziemen sich sehr wohl für einen so mächtigen Gott.)

2. Und wir hätten endlich auch der gerechten Diener nicht genug, die da überall hingingen und die Früchte abnähmen und sie brächten hierher; und am Ende würden diese Diener uns überlisten auf dem Wege und würden verzehren am Ende selbst, was für dich nur, o großer Gott, die Erde gehorsamst hervorgebracht hatte." (NB. Also auch Furcht, zu verhungern, fing den großen Gott an zu quälen?)

3. Und siehe, da wurde Hanoch sehr verlegen und wusste nicht, was da zu tun sein werde, da er von allem dem zuvor nichts erfahren hatte, wie sehr sich sein Volk vermehrt hatte. Endlich aber erhob er sich und sagte mit einer kreischenden Stimme voll Furcht: „Wie wär's denn, wenn wir sie nach und nach, die Zuvielen, umbrächten und töteten und setzten sie auf die erste Zahl der Schwäche und Mutlosigkeit?! Was meint ihr, meine Getreuesten?" (NB. Ein schöner Vorsatz für die göttliche Gerechtigkeit.)

4. Und siehe, da sprachen die zehn: „O allergerechtester Gott, bedenke, was möglich und was unmöglich ist! (NB. Der allerweiseste, mächtigste und gerechteste Gott musste sich also auch von seinen Dienern über das Mögliche und Unmögliche belehren lassen.) Denn siehe, fürs Erste würden sie in großen Massen über dich und uns herfallen und uns allesamt vernichten, so wir nur einen erschlügen, und fürs Zweite bedenke des Gefäßes über den Sternen, davon uns der Kahin oft erzählt hatte, und so wir Gräuel zu üben werden anfangen, was da geschehen wird!" (NB. Also hatte der große, mächtige Gott doch noch Furcht vor dem alten Gott?)

5. Und siehe, da sprach der Hanoch zu ihnen: „So hört denn und vernehmt meinen Willen, der da lautet gewaltig: Jeder von euch, meinen zehn getreuesten Dienern, beziehe eine der zehn Städte und herrsche und regiere in meinem Namen und gebe Gesetze nach der rechten Einsicht und Erkenntnis und halte auf die

genaueste Befolgung derselben genau und strenge! So jemand von euch je nachlassen wird im gerechten Eifer, über den werde ich setzen den, der der Getreueste und Eifrigste von euch war. An der Einbringung der Früchte werde ich euch erkennen! Der erste, der da bringen wird die Gaben als rechte Gebühr für meine heilige Majestät, der wird auch das Lob der Gerechtigkeit als erster ernten, und ich werde das wenige von ihm annehmen, als wäre es vieles; die späteren aber werden müssen bringen vieles, und ich werde es annehmen, als wäre es nur weniges, da ich daraus deren Trägheit bemessen und ihren Handlungen ein gerechtes Lob oder einen gerechten Tadel werde zukommen lassen; und der letzte aber wird übergeben werden dem ersten, damit er sich bessere im Eifer und in der Strenge aller gerechten Sachen. Denn die strenge Gerechtigkeit ist das einzige Fundament eines Reiches, welches wir haben und besitzen ganz zu eigen.

6. Das ist mein gerechter und gestrenger Wille, der ich bin euer Gott und Herr, da ihr keinen anderen haben könnt und auch nicht sollt mit allen den freien und dienstbaren Untertanen. Es hat wohl einmal irgendeinen alten Gott gegeben, der auch sehr mächtig war, solange er gerecht war; aber er soll dann die Gerechtigkeit haben fallen lassen und tat den Übeltätern Gutes wie den Gerechten aus einer gewissen Liebe, ähnlich unserer Regung zu den schönen Weibern, und hat sich dadurch gänzlich zugrunde gerichtet und ist nun nicht mehr.

7. Daher bin ich nun an dessen Stelle jetzt, wie ihr mich seht; daher wird auch das Anrufen dieses alten Gottes sehr wenig nützen, da er nirgends und nichts mehr ist. Daher habt ihr euch in allen Angelegenheiten an mich zu wenden, dem nun alle Macht und Gewalt innewohnt! Amen."

8. (NB. Solche und noch viel ärgere Schilderungen muss ich heutzutage von vielen Hunderttausenden über mich hören, die ihren baren Unverstand durch ihre allerfinsterste Vernunft – ein Vermögen aller Tiere durch ihre scharfen Sinne – auf Meinen Thron setzen und so sich selbst anbeten und sich derzeit nicht mehr ‚Götter' – da ihnen dieser Name zu gemein und läppisch niedrig klingt –, sondern ‚Philosophen' oder ‚Weltgelehrte' und noch ‚Gelehrte' oder ‚Doktoren' aller Art nennen. Diese, allerfinsterster Art, wollen Mich sogar zwingen, zu ihnen erst in die Schule zu gehen, so Ich wollte ein Gott dieser so gar sehr aufgehellten Zeit den Übergelehrten sein; Ich sage aber, dass ein Regenwurm vernünftiger ist denn sie, obschon er nur einen Sinn hat. Ich sage, diese werden bald die allergrößten Augen machen und doch nicht mehr sehen denn eine Wühlmaus in der Erde und mit gespitzten und sehr langen Ohren nicht mehr hören denn ein Fisch im Wasser, da er keine Stimme, so auch kein Gehör hat.)

9. Und siehe, das war den zehn Fürsten gerade ein gutes, unversiegbares Wasser auf ihre Mühle; denn da war ihren innersten Wünschen der Hanoch zuvorgekommen und gab ihnen ein strenges Gebot, was ihnen gerade recht war. Denn jetzt erst waren sie wie gemacht, berechtigt, jeden nur erdenklichen Unfug zu treiben und zu betrügen das Volk und ihren dummen Gott.

Am 15. Mai 1840

10. (Und nun siehe: Als somit der Gott Hanoch seine Rede vollendet hatte, entließ

84

er diese seine zehn Diener. Diese aber gingen, dem Anschein nach tief ergriffen von einer so gewaltigen Rede; in ihren Herzen aber waren sie über die Maßen fröhlich über die große Torheit Hanochs, da sie meinten, dass er aus allerlei Furcht und Besorgnissen ihnen ihren eigenen Willen zum strengen Gesetz gemacht hatte und am Ende selbst überzeugt zu werden anfing, dass er ein Gott sei. Allein über den letzten Punkt irrten sie sich gewaltig; denn der Hanoch wusste bei sich gar gut, dass er kein Gott war, da ihm seine Schwäche und gänzliche Erschöpftheit nur zu deutlich zeigten, welche Bewandtnis es mit seiner Gottheit hatte!

11. Aber er wollte nur die anderen in der groben Blindheit erhalten und befestigen und Gott sein des Gewinnes wegen und dachte: „Den Blinden ist gut predigen; denn die unterscheiden nicht schwarz und weiß und halten den Tag für Nacht, und so umgekehrt." Allein hierinnen irrte auch er. Und so war zwischen ihnen ein wahres Narrenverhältnis, da immer einer den anderen für den Dümmeren und Größeren hält.

12. Und als sie nun wieder in ihrem Gemach zusammenkamen, da fing der Kad an, eine Rede an alle zu richten, und sagte: „Nun, ihr meine Brüder, die wir noch den Kahin zu unserem Vater haben und haben gesehen den Erzvater Adam und die Erzmutter Eva, die nicht kennt und nicht gesehen hat der Hanoch, noch je sehen wird den Adam. Seht, Kahin, unser Vater, war ein Übeltäter, wie keiner je von uns es war und je sein wird, und da er sich an den Gott Adams gewendet hatte, so gab ihm Dieser, was er wollte.

13. Nun, was brauchen wir denn mehr?! Wir wissen und sind Augen- und Ohrenzeugen dessen großen Taten; somit wissen wir, wo der große Machthaber wohnt! Tun wir, was der Kahin tat in der Not, auch im Überfluss, – und seid versichert, es wird sich bald weisen und zeigen, wer der eigentliche Herr im Land der Tiefe ist! Errichte daher ein jeder von uns diesem Gott einen Opferaltar und opfere Ihm da die Früchte des Landes, und die Macht darob wird nicht unterm Wege bleiben; und dann wird Hanoch, der Narr, lange gut warten können auf die Majestätsgebühr seiner eingebildeten Heiligkeit von uns, die wir Adam gesehen haben und die Eva."

14. Und siehe, als der Kad beendet hatte seine Rede, da erhob sich Kahrak und sprach: „Brüder, wenn es so ist, da haben wir ja eine gewonnene Sache! Seht, was mich anbelangt, so stimme ich vollkommen dem Kad bei; müssten wir denn nicht Narren sein, größer denn ganz Hanoch, so wir Mächtigeren ihn füttern sollen für nichts als zur Bestärkung seiner Narrheit und ihn mästen auch noch dazu, damit er noch geiler würde, zu beschlafen unsere schönsten Weiber, und so sie ihm nicht mehr schmeckten, wir uns, wie ihr alle wisst, erst noch eine außerordentliche Gnade daraus machen sollen, wenn er einem eine überlässt?! Da glaube ich, wir behalten die schönsten für uns! Die weniger schönen geben wir unseren Dienern; die übrigen sollen ein Eigentum sein unserer Untertanen, und der Hanoch kann dafür ein Blutlecker seiner eigenen Töchter werden und die Schande schmecken aus seiner eigenen Faust und mager werden wie das Bein eines Bockes und essen mit den Kälbern und trinken mit den Vögeln. Und wie er tat mit unserem Vater, warum sollen wir ihm nun nicht ein Gleiches tun? Hat er sich auch Dinge vorbehalten, was zu tun

vergaß der Vater Kahin und musste fliehen, da er doch sein Vater war wie der unsrige – und seht, er ist uns nur ein dummer Bruder; was soll uns denn nun hindern, ihm zu entgelten die Flucht Kahins? Seht, das ist meine Meinung, vorteilhaft für jeden von uns, da ich von meiner Seite tun werde dem alten Gott, wie es Kad für recht und wirksam sehr weise fand."

15. Aus allen ertönte nur ein einstimmiges Einverständnis auf die Rede Kahraks, worauf sich Nohad erhob und zu reden anfing, sagend: „Ihr kennt mein Amt und Fach, dem ich nach dem Willen Hanochs vorgestanden habe mit aller Treue, allem Fleiß und Eifer! Doch frage ich euch alle, was ich davon durch die lange Zeit gewonnen habe, so wird mir gewiss jeder von euch die Antwort geben: Nichts weiter und mehr als nichts! Das heißt: Ich half dem größten Betrüger betrügen und war somit selbst ein betrogener Betrüger; ich musste seines Heucheltruges wegen vor der Menge schlecht leben, mir öffentlich – bloß einer dummen Scheinheiligkeitsmeinung halber – als allerstrengster Rechtlichkeitspfleger jeden heiteren Genuss versagen, um dafür geheim statt eines Lobes und einer unsichtbaren Entschädigung und Entgütung für öffentliche Unbilden von seiner unbegreiflichen Narrheit noch die allerderbsten Verweise und Drohungen aller Art zu empfangen. Ihr alle habt es leichter gehabt und konntet tun nach eurem Vergnügen vieles, was zu tun mir unmöglich war, da ich gerade an der Spitze seiner rechtlichen Narrheit stand und musste tun und in genaue Ausführung bringen jeden seiner tollsten und verabscheuungswürdigsten Wünsche, damit sie dann durch meine gezwungene Heuchelei, worauf ich mich wohl verstand – oder eigentlich

verstehen musste –, irgendeinen rechtlichen Anstrich bekamen, wofür ich dann als rechtmäßiger Betrüger mich der Vollgültigkeit meines Betruges wegen wieder habe müssen betrügen lassen, und das dreifach: zuerst von Hanoch des Rechtes wegen, fürs Zweite von mir selbst des Volkes wegen, und fürs Dritte vom Volk und euch allen des Hanoch wegen. Ich glaube, euch einen hinreichenden Grund meiner vollsten Unzufriedenheit an den Tag gelegt zu haben und dadurch auch meine Truggestalt vor euch zu den Füßen. Und nun urteilt selbst, ob ich etwa unrecht habe, wenn ich aus Dankbarkeit für solche Anerkennungen den dreifachen Betrug von mir nehme und ihn so mit aller Gewalt auf Hanochs Haupt hinschleudere, da ich ihn enthüllen werde vor dem Volk. Und er möge dann hernach sehen, wohin seine Gottheit den Lauf richten wird, und soll ihr nachrennen wie ein Hinkender einem Hirsch. Und somit will ich auch tun, was der Kad für gut fand, und will den Rat Kahraks in die genaueste Ausführung bringen, und meine Abgaben sollen unschädlich sein seinen Augen, und das Getrabe meiner Kamele wird nicht belästigen sein Ohr. Und so nehme ich Besitz von der Stadt meines Namens."

16. Und siehe, da sagten die Übrigen: „Nohad hat vollkommen gut geredet, und so tue er auch rechtlich und gut."

17. Darauf erhob sich Huid und bog den Ton seiner Brust wie einen Blitz in die arge Versammlung und sprach heftiger denn alle übrigen, sagend: „Hört mich wohl an, Brüder und Söhne Kahins, des Geächteten, und versteht jedes meiner Worte von großer Bedeutung!

18. Wer vermöchte alle die Blutstropfen zu zählen, welche durch meine starken

Hände nach den Urteilssprüchen Nohads, des Betrogenen, aus den Rücken und Lenden des armen und schwachen Volkes, die so gut wie Hanoch und wir Nachkommen Kahins sind, geflossen sind nicht etwa der Übertretung irgendeines Gebotes wegen oder irgendeiner Faulheit oder auch nur der allergeringsten scheinbar strafbaren Ursache wegen, sondern bloß, wie ihr alle wisst, rein nur ihm zum Vergnügen und Zeitvertreib, nicht zu gedenken jener Misshandlungen beim Bau all der Städte, – so zwar, dass es mir gänzlich unbegreiflich ist, wie diese Armen noch das Leben haben erhalten durch diese schon so lange Marterzeit. Er wusste uns bei jeder Gegenvorstellung die Gebrechlichkeit des bewussten Gefäßes über den Sternen vorzuhalten und vergaß gänzlich dessen unter der Erde!

19. Aber ich frage euch alle nach Recht und Billigkeit, ob es dem Volk nicht besser ginge unter den Trümmern des Gefäßes als unter unseren beständigen Hieben von zähen Ruten, harten Knitteln und festen Prügeln! Und sagt, was hat er denn fürs Gefäß der Liebe unter der Erde getan? Ich glaube, außer den zahllosen Blutstropfen unserer Brüder wird sich wenig darinnen befinden! Und hätten wir listigerweise die Regierung nicht an uns gebracht, hätte er nicht auch einen um den andern gewiss angefangen töten zu lassen als Gott des Gräuels?

20. Wir selbst mussten grausam sein, dieweil wir noch seine Diener waren, um ihm jeden Verdacht zu ersparen. Allein die Städte sind nun erbaut, das Volk ist verteilt, die Macht ist unser wie die neue Anerkennung des alten Gottes und das Ihm gelobte Opfer; was brauchen wir noch mehr? Gehorchte uns das Volk, so wir es misshandelten, so wird es uns gewiss nicht untreu, so wir dessen geschlagenen Wunden heilen wollen und werden durch weisere und mildere Gesetze als durch diese der schwarzen Grausamkeit. Seht, ich bin böse genannt; aber ich möchte hier eine große Frage setzen: wer eigentlich böser ist, ob ich, ob Hanoch, oder die Schlange Kahins? Ich glaube, der Hanoch ist ein Meister aller Bosheit, und die Schlange muss all ihre Brut in sein Herz gelegt haben; sonst wäre nicht möglich, zu gedenken solcher Grausamkeiten von einem Bruder an seinen Brüdern durch seine und der Brüder Brüder!

21. Daher glaube ich, wir machten ihn uns selbst untertänig und dienstpflichtig und ließen ihn nach und nach entgelten vom Volk seine Grausamkeit mehrfältig statt der Majestätsgebühr; und so kann er dann den rechtlichen Tribut auf seinen eigenen Rücken nehmen und tragen, wohin er will."

22. „Recht und weise ist deine Rede, Bruder Huid", sprachen die Versammelten, „und dem Hanoch geschehe das nach deiner Rede, welche uns alle traf in die Mitte des Auges, das da oft geschaut hatte seine großen Frevel."

23. Und siehe, da erhob sich der Hlad und sprach in bündiger Kürze: „Brüder, ihr wisst, wie ich gefühllos gegen alles sein musste, um gewisserart das strenge Recht zu personifizieren oder die willkürliche Grausamkeit Hanochs als unerbittliches Recht darzustellen, und musste daher zu allen diesen seinen bösen Spielen gleiche billigende Miene machen. War ich auch nicht der Schläger selbst, so war ich doch der Aufseher dabei und musste zählen die Streiche Huids und aller Helfershelfer dessen und sie dankbar überbringen allzeit dem Hanoch. Seht, damals musste ich gefühllos scheinen, da ich es nicht im

Geringsten war; nun will ich mich umkehren, wie ihr seht! Gegen Hanoch will ich sein, was ich so oft zu sein scheinen musste dem Volk, unseren Brüdern; und den Brüdern aber will ich sein warm, ein kalter Entgelter ihrer von Hanoch erlittenen Unbilden an Hanoch selbst. Meine Treue gegen ihn sei kalte Vergeltung, und mein Fleiß soll mich machen zum Ersten unter euch, und die Stimme seines Lobes soll ins Heulen und Brüllen verwandelt werden und soll werden zu einem Ohrenschmaus den so oft Misshandelten; und mit den Blutstropfen seines Rückens sollen sich die bleichen Gestalten ihre Wangen röten!

24. Da ich sonst mit euch allen vollends einverstanden bin, so glaube ich, dass mein Urteil kein unrechtes ist, so ich handle nach meinem Gefühl, das lange genug wie starr zusehen musste all den Gräueln und Freveln Hanochs. Denn wer Gefühl und Empfänglichkeit hat für Schmerz und Qual, der hat es gewiss auch fürs Wohltun; das habe ich gesehen zahllos oft. Daher lasst uns in der Zukunft regieren durch Wohltun. Dem, der da täte Übles, dem geschehe nach Maßgabe seiner Tat mit Nachsicht, da er auch ein Bruder ist; dem Gehorsamen und Wohltäter aber geschehe Gutes zehnfach. Und dann erst werde dem alten Gott ein würdig Opfer dargebracht, das Ihm gewiss wohl gefallen wird, so wir Ihm das wiederbringen, was Kahin und Hanoch für uns alle so frevelnd leichtsinnig verloren haben."

25. Und siehe, da erhoben sich alle und verneigten sich gegen Hlad und sprachen: „O Bruder! Von uns allen ist dein Urteil das richtigste; du bist am nächsten den Kindern Adams. Daher sollst du uns ein Muster sein, nach dem wir alle unsere Verfügungen ordnen und richten werden und auch fest wollen.

26. Das warme Blut der armen Brüder hat geschmolzen das Eis um dein Herz, und nun bricht eine Fülle der Wärme aus demselben hervor; darum handle in dieser Wärme, und erwärme uns alle mit deinem Überfluss!"

27. Und siehe, es erhob sich auch der Uvrak und sprach: „Brüder, seht und hört! Alle eure Urteile sind richtig, recht und gerecht, aber das des Hlad ist nach meiner scharfen Erkenntnis das einleuchtend richtigste. Und somit bin ich bis auf eines ganz seiner Meinung, und dieses eine ist von großer Wichtigkeit, die da ist: Große, vorsichtige Schlauheit in allem, was wir nur immer unternehmen. Denn seht: Rechttun, wohltun, richtig und rechtlich urteilen, gerechte Vergeltung, eine sichere Ordnung, – das sind Dinge, die von großem, öffentlichen Nutzen sind fürs Volk sowohl, als auch für uns alle; und alle diese Dinge langen aus zwischen uns und dem Volk. Aber nun wissen auch alle freien Bürger der Stadt Hanoch, dass wir Fürsten und Hanoch für diese Dummköpfe ein wahrer Gott ist, was sich nun keiner von ihnen, um tausend Prügel nicht, wird nehmen lassen; und mehr als alle diese Freien ist all unser Volk in diesem Wahn gefestet.

28. So wir nun aber alsogleich unsere Hände an Hanoch legen, so werden wir dadurch sie alle gerade auf uns hetzen; und so der Hanoch hinzutreten würde in ihre Mitte und ihnen erläutern würde, dass wir ihm die Hände gebunden haben, damit er nicht hätte abwehren können unsere Misshandlungen, die wir an ihnen verübt haben, – so dieses geschieht, fällt das Volk über uns her, und wir gehen zugrunde unter der Last der Massen.

29. Daher ist List und große, vorsichtige Schlauheit unumgänglich nötig, wenn wir unsere Pläne durchsetzen wollen, damit die Sache uns kann nütze werden. Da ich nun sein geheimster Ratgeber war in allen Sachen, so weiß ich auch am besten, wie die Sachen stehen. Daher ist meine untrügliche Meinung diese: Dem Hanoch wenigstens drei Jahre lang den verlangten Tribut scheinhalber zu entrichten, unterdessen das Volk gut halten, damit es uns anhänglich werde, und dann öfter die Tüchtigeren an Verstand belehren über das nichtige Wesen Hanochs und über alle seine Betrügereien und allergröbsten Anmaßungen, ihnen zeigen Spuren des alten Gottes und ihnen dazu noch begreiflich machen, wie von uns alles, so hart es auch sein mochte, nur darauf angelegt war, sie endlich aus dem harten und schweren Joch Hanochs als Brüder zu retten, und dass dieses jetzt hatte geschehen müssen, denn sonst wären sie alle sämtlich umgebracht worden.

30. Ich gebe euch meine vollste Versicherung, wenn wir das Volk so unterrichten und behandeln es nach Hlads Meinung, so sind wir im unberechenbaren Vorteil, und ich glaube, selbst der alte Gott wird uns da die Herrschaft nicht streitig machen, so wir Ihm auch noch dazu ein Opfer geben wollen. Dann erst bin ich auch sicher, dass der Hanoch vom Volk erfahren wird, dessen schon sehr weise erwähnt haben meine einsichtsvollen und übererfahrenen Vorredner Huid und Hlad.

31. Beherzigt wohl meine Rede, ihr meine Brüder und hohen Söhne Kahins!" – Und siehe, alle verneigten sich und sprachen: „Amen, so soll es geschehen, damit eines jeden Rede gültig werde gegen Hanoch, den verruchten Ächter unseres Vaters und schändlichen Frevler des alten, mächtigen Gottes."

32. Da ließen sich die anderen wieder auf ihre Sitze nieder, aber der Farak blieb stehen und blickte erst ernst um sich herum, als wollte er sehen, ob nicht hinter jedem Redner etwas noch verborgen geblieben wäre, womit sich keiner ans Tageslicht wagte; und was er suchte mit den Augen, fand auch bald und leicht sein Verstand. Nun fing er an gewaltig zu reden, und seine Rede schonte niemanden gleich einem Schwert auf dem Schlachtfeld, sagend:

33. „Brüder, so ihr noch wert seid dieses Ehrennamens! Ich habe vernommen eure Reden, die ihr vor mir laut gemacht habt eure Gedanken und hieltet aber verborgen eure Begierden hinterlistig gegeneinander und habt einander angelogen mit euren Plänen und seid dadurch geworden zu gegenseitigen Meuterern, da ein jeder von euch im Sinne hat, sich heimlich davonzumachen und dem Hanoch anzuzeigen, dass er aus übergroßer Treue zu ihm vor dem wichtigen Antritt der Regierung seiner Weise eine Versammlung der Fürsten, wie sie soeben vor uns ist, zuwege gebracht habe und habe sie alle zu stimmen gesucht, dass sie ein Urteil von sich geben schändlich über Hanoch, damit dem Hanoch dann klar würde, welchen Händen er die zehn Regierungen anvertraut habe, – wodurch dann der Hanoch ihn ausrüsten würde mit aller Macht und ihn dann setzen möchte zum Alleinfürsten über uns alle; die Übrigen könnten dann leichtgläubiger Folge Hanochs das Los Kahins unter sich teilen.

34. O ihr Schurken, ihr Auswürfe aller Bosheit! Fragt euch alle selbst, ob nur je ein ehrlicher Zug euch zu etwas gemacht

hat? Denn alles, was ich bin und ihr seid, ist euch zu werden gelungen durch List, Schlauheit, Betrug, Schmeichelei und Heuchelei. Hat das arme Volk noch nicht gelitten genug? Ist es nicht schon ohnehin so elend geworden, dass es beinahe keinen Menschen mehr gleicht? Hat es nicht schon ohnedies beinahe den letzten Tropfen Blutes unter euren Hieben vergossen? Und was haben wir ihm je dafür Gutes getan, da es uns so lange willig ernährt hat für nichts als für Misshandlungen aller erdenklichen Art? Haben sie nicht, die ihr Tiermenschen nanntet, die nämlichen Rechte auf alles, was die Erde trägt? Und es war ihnen untersagt, zu essen von all den Früchten, die da reif geworden sind, sondern bloß von den faulen? Und ihr seid damit nicht zufrieden, sondern wollt sie noch tausendmal unglücklicher und elender machen, als sie es schon ohnehin sind?!

35. Dadurch bewogen sage ich euch allen ohne Scheu, so ihr regieren wollt das arme Volk, dessen ihr nicht wert seid, dass es eure Brüder sind, so lasst alle Bosheit und Hinterlist, und leitet sie im Angesichte Gottes, des wahren und alten, und seid auch dem Hanoch wahre Brüder und nicht Betrüger eurer Köpfe und Gurgeln wegen, und macht euch dessen würdig durch wahre Treue, wozu ihr geworden seid durch Betrug und List, sonst wird der alte Gott euer Opfer nicht ansehen und wird zu Hilfe kommen den Schwachen wider euch und euch machen zu Sklaven der Bestien, denen ihr den Namen gabt, der auf eurem Grunde gewachsen ist! Bedenkt wohl die Rede des Grausamen, amen."

36. Siehe, als der Farak seine Rede beendet hatte, da blieben die anderen wie angemauert sitzen und wussten auch nicht ein Wort zu ihrer Entschuldigung über ihre Lippen zu bringen, und es dachten die meisten bei sich: „Der ist uns heimlich bei dem alten Gott zuvorgekommen; denn wie konnte er uns sonst so haarklein durch und durch schauen? Und da es nun einmal so ist, wer wird an seiner Seite bestehen? Wäre er zu vernichten, dann wäre es ein Leichtes! Aber nun – wer wird seiner Macht sich zu widersetzen vermögen? Ehe wir noch eine Hand heben, wird die seine uns schon vernichtend treffen; daher wollen wir ruhig abwarten, was die Sachen für Wendungen nehmen werden, und da wird sich dann wohl zeigen, was da ferner zu machen sein wird."

37. Und siehe, da nun niemand mehr zu reden wagte, da trat noch einmal der Farak hervor und fragte sie: „Nun, wie ist euch denn? Hat denn keiner mehr den Mut, als Redner aufzustehen und mir zu entgegnen? Wo ist nun eure List, euer Betrug, eure Schlauheit, eure Schmeichelei, eure Heuchelei, wo eure Lügen, wo eure Macht, wo euer Fürstentum und wo euer betrogener Gott Hanoch?

38. Ja, ich sage euch, eure stumme Gedankensprache ist nicht entgangen meinem Ohr, und wie sich die Sachen auch wenden mögen, so werdet ihr auch ganz richtig machen, was da zu machen sein wird nach Recht und Billigkeit; und wer von euch nicht danach handeln wird genau, der wird geächtet werden gleich dem Kahin, von dem ihr sagt, dass er euer Vater ist, da er doch nach Recht handelte, – nur zu blind und streng, wodurch er sich gefangen nahm, und musste fliehen vor seinem eigenen Werk. Wohin, – das weiß niemand als der alte Gott; und so Er es jemandem wollte kundmachen, so würde der es wissen. Allein das ist nicht Sein Wille. Seht, er

war gerecht aus Furcht vor dem Gericht des Alten, und er fehlte dadurch in aller Handlung, da er nichts aus Liebe tat, die ihm doch geboten war vom alten Gott vor allem.

39. Ihr habt sogar alle Gerechtigkeit aus dem Felde geschlagen und an ihre Stelle List, Betrug, Schlauheit, Lüge und andere zahllose Schändlichkeiten mehr noch dazugesellt, die keine Namen haben ihrer Ruchlosigkeit halber, und glaubt, der alte Gott wird gleich bereitwilligst euch unterstützen in allen euren Niederträchtigkeiten, deren Zahl kein Ende hat, so ihr Ihm nur irgendein blindes Feuer als Opfer vormachen werdet. Oh, ihr irrt euch gewaltig; dieser Alte hat scharfe Augen und kennt genau euer ganzes Wesen, wie es beschaffen ist vom Ersten bis zum Letzten. Daher ist Sein Ohr ferne von euch und wird euch nie mehr erhören in eurer grenzenlosen Verruchtheit, so ihr auch die ganze Erde Ihm als Opfer anzünden würdet, so ihr nicht zuvor eure Herzen reinigt mit dem Feuer einer unbegrenzten Liebe zu euren durch euch schwachen Brüdern und unglücklichen Schwestern, und euch enthaltet von aller Hurerei, die Männern von zweihundert Jahren ganz unbegreiflich schlecht ansteht zu einem Fürstenamt.

40. Nun beantwortet meine Fragen, so ihr könnt, oder sagt, was ihr nun noch entschlossen seid zu tun, mir so gerade ins Angesicht, wie ich es euch ohne Scheu gesagt habe, so ihr euch getraut; denn ich strebe nach keiner Herrschaft noch nach irgendeinem Fürstentum wie ihr, sondern nur nach der genauen Erfüllung der mir auferlegten Pflichten meines Amtes und nach dem Wohlgefallen des Alten, – daher ich auch nie ein Unrecht beging, noch geschändet habe ein Weib, noch eine Jungfrau, und noch weniger Fräulein von zwölf Jahren und darunter, wie ihr, weswegen ihr mich auch den Grausamen genannt habt, da ich nicht wollte sein gleich euch ein fauler Schurke.

41. Dies sollen meine letzten Worte sein, damit ihr wisst, wen ihr vor euch seht, nämlich mich, den Grausamen, den ihr aber nie näher kennen sollt als nur so weit, als es nur die höchste Not erheischt, wie die gegenwärtige ist, damit nicht alles ewig – ja, ich sage ewig – zugrunde gehen möchte im wieder erweckten Zorn des alten, ewigen, heiligen Gottes! Daher frage mich keiner je näher, woher und wodurch! Amen."

Kapitel 28

Die Beratung der zehn Fürsten

1. Und siehe, da von allen, die da schon geredet hatten, keiner wagte, eine Gegenrede zu halten an den Farak, so erhob sich endlich der Molakim und richtete seinen Mund gerade gegen Farak, ihn scharf ins Auge fassend und sagend: „Bruder, deine Rede war scharf und traf einen jeden in seine Mitte; allein siehe, was unsere Reden betrifft, so ist deren Sinn gut und recht bis auf die Verwerfung Hanochs; nur sind sie entwürdigt worden durch innere, falsche Begierden, die in uns erst sind wach geworden beim Anblick der uns anvertrauten Fürstenämter.

2. So wir aber vertilgen in uns alle diese frechen Begierden und wollten auch werden wahre, treue Brüder, wie des Volkes, so auch des Hanoch nach Maßgabe des Rechtes und der Billigkeit, werden wir auch dann noch Schurken sein?"

3. Und der Farak antwortete: „Die Begierde ist das Leben des Willens; so ihr also aber wollt vertilgen jegliche Begierde in euch, woraus wollt ihr dann handeln als Fürsten? Daher soll keiner erdrücken die Begierden in sich als den Funken der Liebe in Gott; aber nur keine falsche Richtung sollen dieselben nehmen.

4. Die rechte Richtung derselben ist, Gott in seiner Liebe trachten zu gewinnen, und danach alle Handlungen richten nach der Erkenntnis des allerhöchsten Willens in uns, der in aller Demut erhalten wird die Eigenliebe in uns durch das Gefühl ihrer Nichtigkeit und unbegreiflichen Schwäche in ihr.

5. Die falsche Richtung derselben aber ist die Selbstsucht oder die gänzliche Blind- und Taubheit des Willens in uns, und alle Handlungen aus demselben richten sich nach den eigenen Bedürfnissen und lassen die der ebenbürtigen Brüder unbeachtet.

6. Siehe, die falschen Begierden blähen sich dann durch ihre stets wachsende Mehrheit in uns auf und erdrücken die Demut und erzeugen die Hoffart durch ihre Last, in welcher Lage sich dann der Mensch erleichtern möchte seine große Bürde; allein da er als Blinder nichts sieht und als Tauber nichts hört, was ihm helfen könnte, so hascht er in seiner falschen Begierde nach allen erdenklichen Mitteln, die seine Blind- oder Eigenliebe nur zu ersinnen vermag, und häuft dadurch nur neue Lasten auf Lasten, die in ihrer größten Überlast erdrücken das Leben aus Gott in uns und machen uns zu Tieren der Erdmaterie und zur Speise des Todes, der da zu Hause ist überall in der Materie, sowohl im Feuer als auch im Wasser, in der Luft und in der Erde, welche ist eine Mutter des Fleisches oder des Todes; denn wo ein Fleisch ist, da ist auch ein Tod. Somit werden wir auch alle sterben im Fleische.

7. Wer demnach ist in der Eigenliebe, der ist in der Liebe seines Fleisches; wer aber sein Fleisch liebt, der hat die Begierde nach dem Tode, und der Tod wird in seine Begierde übergehen und ihn gefangen nehmen in allen Fasern des Lebens und somit ihn verzehren und töten. Und so wird er werden zum Unrat des Todes und wird düngen die Äcker, da gesät ist die Frucht des ewigen Verderbens. Jetzt wisst ihr alles; handelt und lebt, oder tut und stirbt, amen."

8. Und siehe, da nahm wieder der Molakim das Wort und sprach: „Brüder, ihr kennt mein Amt und Fach; ich war nicht vom Hanoch, noch vom Volk dazu gemacht, sondern von euch allen mit Ausnahme des Farak, dass ich anlöge den Hanoch und so auch das Volk; nur euch allein musste ich zeigen den Mittelpunkt meiner Wissenschaft. Nun aber werfe ich links und rechts die Blendungen zu den Füßen Faraks und sage offen und getreu: Wenn ein Gott vom Himmel kommen wird, so wird dessen Rede nicht weiser sein als die des Farak!

9. Ich bekenne frei, wäre er nicht unser Bruder, so würde ich vor ihm niederfallen und ihn anbeten; aber er ist ein Mensch wie wir, – woher kommt ihm diese große Weisheit?!

10. Seht, ich bin blind und taub wie ihr; aber ein inneres Rauschen sagt es mir: Siehe, Gott spricht durch den Mund Faraks unsichtbar! Diese Stimme sollen wir hören, sehr wohl beachten und danach handeln, so wir leben wollen; sonst werden die Tränen unserer Brüder sich ansammeln zu einer großen Flut und uns ersticken sämtlich

in unserer großen Hurerei, Betrügerei und Frevellist."

Am 22. Mai 1840

11. Und siehe, da wurde auch ermutigt der Uvrahim, trat vor und sagte: „Amen, – Dank sei dem alten Gott, dass Er gnädigst geöffnet hat den Mund Faraks, unseres Bruders, ohne den wir sämtlich wären zugrunde gegangen, da wir alle schon tief gefangen waren in unseren todbringenden Begierden und wollte einer sein dem anderen ein Verräter, damit der Tod über uns alle gekommen wäre, so oder so, als gerechtes Gericht aus der Höhe der Heiligkeit oder aus der Tiefe des Zornes des alten Gottes.

12. Ich war ein feiner Schmeichler und wirkte dadurch mehr Böses als ihr und der Hanoch mit aller Gewalt; denn wäre ich nicht gewesen, er hätte lange schon seine Göttlichkeit, welche eigentlich ich auf das Eingeben Uvraks mit der Hilfe Nohads und Thahiraks ihm aufgeschmeichelt habe, fahren lassen, nachdem er mir öfter heimlich schon bemerkt hatte, dass ihm diese Gottheit innerlich sehr viel Angst bereitete und ihn nicht ruhen lasse bei Tag und bei Nacht, so er allein ist, und dass er dann öfter schon verwünscht habe diesen unglücklichen Gedanken Uvraks, den er nun des Volkes wegen nicht mehr loswerden könne, – und doch brenne er ihn mehr denn alles Feuer in seiner Brust.

13. Und nun seht, hier lege ich alle meine Schmeichelei nieder mit der Überzeugung, dass die Weisheit Faraks auch leicht heilen wird nach und nach diese große Wunde unseres Bruders, so wie sie hoffentlich uns allen die Augen geöffnet hat, damit wir ersehen möchten den Abgrund, an dessen lockerem Rande wir uns

alle neun behaglich befanden, nicht ahnend die große Gefahr, zu verlieren das Leben und somit auch alles, was nur durch dasselbe irgendeinen Wert hat.

14. Und du, teurer Bruder Farak, sei mir und uns allen ein treuer Wegweiser zum Licht aus den Höhen des wahren Gottes, der uns fremd geworden ist gleich unserem Erzvater Adam, und leite uns alle nach dem dir wohlbekannten Willen des allein wahren Gottes, und so auch alles Volk als ebenfalls unsere armen, unschuldigen Brüder, an deren Vergehungen wir allein schuld sind durch unsere grenzenlose Bosheit; und was du, o Bruder, für gut finden wirst als den nun nur dir allein bekannten Willen von oben, das wollen wir mit vereinten Kräften mit der Gnade von oben gerne und allzeit bereitwilligst in die genaue Ausführung bringen.

15. Daher lege ich auch hier mein Fürstentum nieder zu den Füßen des Freundes Gottes, des wahren, und werde mich nur glücklich preisen, mich einen getreuen Knecht nennen zu dürfen vor dem einzigen in diesem Land, der da Gnade gefunden hat aus so vielen Tausenden vor Gott, dem alleinig wahren und einzigen, der nicht mehr hat einen, der da wäre seinesgleichen.

16. Daher vernehmt alle meinen wohlabgewogenen Willen: Die Stadt Farak sei uns allen eine heilige Stadt. Da wollen wir uns allzeit einen weisen Rat holen, um danach weise handeln zu können. Er selbst aber sei unser Fürst und Leiter nach der Weisheit Gottes in ihm und sei der alleinige Mittelpunkt zwischen uns, dem Hanoch und all dem Volk, damit wir würdig werden möchten, nicht etwa Fürsten zu werden, daran nichts gelegen ist, so wir gesehen haben Gottes Weisheit; sondern nur

als willige, treue Knechte angesehen zu werden, die da Freude haben werden und sollen an dem Wohle der Völker und an der Weisheit Gottes in unserem Bruder Farak und an der vollen Wiedergenesung Hanochs und somit auch alles freien und dienstbaren Volkes.

17. Amen, sage ich in aller Namen; und du, o Bruder Farak, sehe mich an in deiner Weisheit, und sei uns allen ein Bruder, ein Fürst, ein Leiter, ein Ratgeber und ein weiser Freund! Amen."

18. Und siehe, die Rede Uvrahims belebte neu den Thahirak, wie auch die übrigen, die gesprochen hatten vor dem Farak gleisnerische Worte voll Eigennutz; und so begann auch er noch zu reden als einer, der ein Träger und wahrer Sparkasten alles Übels ist, und auch als einer, der sich göttliche Rechte und Dinge anmaßte – als Gottes für alle Ewigkeiten unantastbare Heiligkeit, dessen Gerechtigkeit, dessen Liebe, dessen Allmacht, ja am Ende sogar die ganze Schöpfung, als könnte er sie mit einem Finger zerstören, da er, wie er oft sagte, hinter die Schliche des alten Gottes gekommen sei und er sich auch sogar getraute, es mit Meiner Kraft aufzunehmen und offene Fehde zu erklären Meiner Allmacht –; und da Ich aus Liebe nicht wollte das große Schwert Meines Grimmes ziehen gegen einen elenden Wurm des Staubes – als der Unendliche gegen ein Nichts, das kaum erschaut werden kann wegen dessen unaussprechlicher Kleinheit gegen Meine ewige Größe und unendliche Macht –, so sagte er jedermann: Meine Schwäche habe Furcht vor seiner Stärke.

19. Was sagst du, Mein Knecht, zu solcher Aufforderung?

20. Und siehe, diese war doch noch nicht so lächerlich als die, welche von euch

Mir zur Stunde gemacht werden tausendfältig ärger, als diese da war.

21. Denn sehe hin an die Wurzel eures Priestertums! Wenn er redet, der Weltheilige auf dem Thron, da muss Ich im Ernst schweigen und Mich auch hüten, mit jemand zu reden; so er's erfahren würde, da wäre Mein Sprechling nicht sicher mit seinem Leibesleben.

22. Ich brauche euch den Dorn in Meinem Auge nicht näher zu bestimmen, da ihr ihn ohnedies leicht finden werdet. Allein nur noch eine kurze Zeit! Und nun wieder zur Sache.

23. Und siehe, dieser Thahirak fing nun auch, wie ein Blitz sich wendend, an, eine gewaltige Schlussrede an die Versammlung zu richten in aller Kürze, und sprach: „Brüder, die ihr weise und gewaltig geredet habt vor mir, dass ich erschüttert wurde bis in den innersten Grund aller meiner Bosheit und habe erschaut meine Nichtigkeit und meine grundlose Schwachheit und vernommen habe all mein großes Unrecht in all meinem Tun und Handeln, – ich brauche deiner Weisheit, Bruder Farak, nicht erst herzuerzählen all meine Schändlichkeiten, da selbst den Unweisen hinreichend bekannt ist mein bisheriges Amt und Fach in der allerruchlosesten Frevelei.

24. Seht, ich bin zu schlecht für eure Versammlung, um irgendein Wort zu führen zu einer Entschuldigung, sondern nur so viel sage ich, dass ich ein Grundstein bin alles Übels unter euch und dem Volk und dem Hanoch; daher mache ich auf gar nichts irgendeinen Anspruch, weder auf ein Fürstentum, noch auf eine Knechtschaft, noch weniger auf eine Dienerschaft, sondern mir geschehe von euch wie dem Vater Kahin. Und so wird der Grundstein aller Bosheit ausgehoben werden von

dem lockeren Gebäude alles Frevels, dass es dann zusammenfallen werde und ein besseres Gebäude der gerechten Weisheit Faraks aus Gott, dem Wahren und Mächtigen, an dessen verabscheuungswürdigsten Stelle möge für alle Zeiten dauernd errichtet werden.

25. Seht, Brüder, das ist der einzige Lohn, den ich von euch allen am meisten wohl verdient habe, – wodurch ich keine unbillige Forderung an euch zu machen hoffe, da ich nun wohl weiß, dass der alte Gott keine Gnade und Erbarmung mehr haben kann und darf mit mir Seiner Heiligkeit wegen, die ich allein geschändet habe namenlos.

26. Daher habe ich nun ausgeredet zur Genüge und erwarte daher in aller Zuversicht und Demut ein gerechtes und ganz billiges, wohlverdientes Urteil von der göttlichen, rechten und starken Weisheit Faraks!

27. Und so ihr mich wollt mein Weib und meine Kinder lassen mitnehmen auf die Flucht dem Kahin nach, so möge das jedoch eurer Erbarmung anheimgestellt sein. Und so geschehe mir dann nach dem Willen Faraks, amen."

Kapitel 29

Faraks weise Anleitung zur Besserung des Reiches. Die Nachfolger Hanochs

1. Und siehe, da erhob sich noch einmal der Farak und sprach: „Sieh, Bruder Thahirak, Gott und alle freien Geister können das Geschehene in alle Ewigkeiten der Ewigkeiten nicht mehr ungeschehen machen; umso weniger können es wir schwache Menschen. Denke selbst, wenn es nur irgendeinen Funken göttlicher Weisheit bei einem Menschen gibt, ob diese nicht so urteilen und also reden müsste:

2. Dieser Mensch hat gefehlt gewaltig aus seiner böswilligen Erkenntnis, da er nicht hatte Gnade von oben und war blind in seiner Selbstsucht zu seinem größten und aller ihn berührenden Schaden; nun aber kam durch die Barmliebe Gottes ein heller Blitz, begleitet von starkem Donner, von oben und machte ihn sehen seine ganze Verworfenheit und hören die Unzahl seiner Gräuel. Und nun finge dem Menschen an zu bangen, und er würde dann bereuen ernstlich all sein böses Tun aus dem Grunde seines Herzens und würfe somit alle seine Bosheit von sich und gäbe auch seinen Willen gefangen der Gnade Gottes, – sage mir, was würdest da selbst du tun einem solchen? (Antwort: Vergeben, und ihn ansehen, als hätte er nie gefehlt, und große Freude haben, dass ein so weit Verirrter sich wieder gefunden hat, und gefunden hat einen Ausweg aus den Kerkern des finsteren Wahnsinns zum Licht der göttlichen Gnade.) Du hast recht und richtig geantwortet, so du doch nur ein Mensch bist; und wie viel mehr aber wird der allerweiseste Gott als der Urgrund aller Wahrheit und Liebe diese Richtigkeit billigen, da Er am besten weiß, wie und wodurch und warum wir sooft gefehlt haben.

3. Nun denn wisse: Wir lieblosen Menschen richten unsere verirrten Brüder nach der Anzahl der Verbrechen, ob da Reue oder keine Reue da war; Gott aber richtet aus Seiner Liebe und Weisheit keine begangenen und bereuten, sondern nur die begehenden und unbereuten Fehltritte. Obschon das Geschehene nie vergehen wird, sondern aufbewahrt bleibt in der

unvergänglichen Erinnerung Gottes als ein dunkler Fleck auf der Linie unseres Lebens; aber gerichtet wird die Linie nicht im Anfang, noch in der Mitte, sondern am Ende, da dieselbe wächst und sich verlängert entweder gerade nach der Liebe und dem Recht aus ihr, oder ungerade und krumm nach der Bosheit und aller Ungerechtigkeit aus ihr.

4. Und siehe, so hat die Kraft der Weisheit aus Gott auch nun geradegemacht deine Krummheit, und so sollst du dich nicht selbst richten, sondern von nun an in der geraden Richtung deine Lebenslinie verlängern hin zum wahren Gott in aller Treue und Gerechtigkeit und dich öfter umsehen nach der von Gott nun geradegemachten Linie, damit du fürder nicht abweichst von der geraden Richtung, da du dann leicht entdecken wirst irgendeinen Abbug, um alsogleich auszugleichen denselben mit der Gnade von oben, die dir dann erleuchtet wird das große Ziel deines Lebens im Reich der ewigen Liebe und alles Lebens aus ihr.

5. Und nun gehe, übernehme in aller Treue, was dir geboten ist vom Hanoch, und sei eingedenk dieser meiner Rede, so auch ihr alle übrigen samt mir, dem Grausamen, und seid Brüder Hanochs, Brüder unter euch und Brüder des zu leitenden Volkes nach dem Willen Gottes des Mächtigen, Kräftigen, Starken, Allerweisesten und Liebevollsten. Amen."

6. Und auf diese Schlussrede erhoben sich alle und verneigten sich gegen Farak und sprachen: „Farak, du Weiser aus der alten Weisheit Gottes! Wir erkennen alle nun deine große Macht und unbegreifliche Einsicht in allen Dingen; obschon wir nicht einsehen, wie du dazu gekommen bist, so wollen wir aber doch tun, wie du es für gut

und recht findest, weil wir sehen, dass deine Weisheit auf Liebe beruht, die niemand den Kürzeren ziehen lässt, wenn man noch dazu wandeln will ihre sanften Wege, was wir nun alle tun werden und wollen aus deiner und nach deiner Weisheit.

7. Und du aber sehe, dass du auch den Hanoch zurechtbringst wie uns, amen."

8. Und siehe, da verließen alle ihre Plätze und begaben sich in ihre Städte und taten da nach dem Rat Faraks weise und gut, und es frohlockte alles Volk unter ihrer Leitung.

9. Und als Farak nun auf ähnliche Weise leicht auch bekehrt hatte den Hanoch, da stand der Hanoch auf und ergriff die starke Hand Faraks und sagte: „O Bruder, du hast wahr gesprochen und wohl getan; denn wo ein Geschöpf lebt, da ist auch noch Liebe und Gnade von oben zu erwarten wie bei mir; nur im Tode hat alles aufgehört. Nun lebt noch alles, – so lässt sich auch noch vieles wieder gutmachen; daher will ich alle Wunden wieder heilen, die meinen Völkern sind geschlagen worden, und das alles an deiner weisen Bruderseite, die da vermocht hatte ein so großes Unglück abzuhalten durch so große Einsicht von mir, dem arg Betrogenen, und so auch vom armen, betrogenen Volk."

10. Und siehe, so ging dann diese nun etwas bessere Regierung mehr denn fünfhundert Jahre wellenförmig fort, auch selbst noch unter den Söhnen, das heißt Kindern und Kindeskindern Hanochs, als da waren, dessen jüngster Sohn Irad (der Heftige, als Schüler Faraks), regierend hundert Jahre, dessen jüngster Sohn Mahujel (der Fatalist oder Schicksalsprediger), auch regierend hundert Jahre, dann dessen jüngster Sohn Methusael (der Zielstecker und

Erfinder der Natur und deren Kräfte), regierend hundertundzehn Jahre, und endlich dessen schon beinahe ganz Meiner vergessender Sohn Lamech (der Erfinder der Todesstrafen, die unter seiner Herrschaft vorzüglich gang und gäbe wurden), regierend zweihundert Jahre.

11. Aber siehe, bei Lamech muss Ich ein wenig länger verweilen, da mit ihm alles Herrschertum aufhört und die Abgötterei und die Mammonie an seine Stelle treten, so auch die verfluchte Naturphilosophie als das größte Meisterstück der grenzenlosesten Schlangenbosheit.

12. Und siehe, Lamech war eigentlich vermöge seiner Mittegeburt nicht berechtigt zu herrschen, da nach der urherkömmlichen, festgesetzten Sitte nur der jüngste Sohn, und nur im Sterbe- oder sonstigen Unfähigkeitsfall dann der Erstgeborene, und stürbe auch dieser, erst der Mittelbürtige berechtigt war zur Übernahme der Regierung.

13. Nun aber lebte noch ganz wohl Methusaels ältester Sohn Johred (der geheime Weise nach der Art Faraks, des lange schon Verstorbenen), und dessen jüngster Bruder Hail (getreuer Schüler Johreds und rechtmäßiger Herrscher).

14. Und siehe, Lamech aber, ein roher, finsterer, ehrsüchtiger, meineidiger Mensch, der sich ganz wohl für seinen Ehrgeiz herausphilosophiert hatte, dass er gleichermaßen berechtigt sei zu herrschen, ergrimmte in sich über die alte Sitte; und da er auch noch dazu umgeben war von einer gleichgestimmten, bösen Spießgesellenrotte, so hielt er einmal, als gerade durch den Tod Methusaels die Zeit des Regierungsantrittes Hails herbeigekommen war, in dieser herrschsüchtigen Hinsicht eine arge Ratsversammlung, um zu erforschen, was da zu tun sein möchte, um seinen bösen Zweck sicher zu erreichen.

15. Und siehe, einer, der da hieß Tatahar (das ist ein Blutdurstiger, auch ein Bluthund), gab ihm den grausen Rat, sagend: „Wir sind unser siebenundsiebzig an der Zahl, stark wie die Bäume, verwegen wie ein Tiger, mutig wie ein Löwe und grausam wie eine Hyäne, und du aber bist ein Meister von uns allen; so glauben wir, es sollte dir nicht schwer werden, mit einer tüchtigen Keule in der Hand Johreds Weisheit ein Ende zu machen im Wald dort nächst den Bergen, da wir letzthin die Tiger jagten. Und hat dann irgendeine gefräßige Hyäne seine Knochen zermalmt mit ihren scharfen und starken Zähnen, so kannst du ihr hernach aus Dankbarkeit zum Konfekt auch noch den Buben Hail hinzuwerfen, was für diese hungrigen Waldbestien eine willkommene Mahlzeit sein wird. Dann sagen wir dem Volk, dass sie auf einer Hyänenjagd in zu großem Vertrauen auf ihre geheime Weisheit, alsomit tollkühn, im Gebirge von den Hyänen zerrissen und gefressen worden sind. Und da du dann der alleinige rechtmäßige Nachkomme Kahins, Hanochs, Irads, Mahujels und Sohn Methusaels bist, wer wird dir dann noch die Herrschaft und die Regierung streitig machen?!

16. Nun, Lamech, was meinst du, – ist der Rat nicht, wie keiner, sicher zum Ziel führend? Gehe und handle, wir sind dir zur Seite, und der Erfolg ist außer Zweifel!"

17. Und siehe, dieser Rat kam dem Lamech wie gemessen recht, und er suchte noch am nächsten Tag Gelegenheit dazu, – fand sie auch bald mit Hilfe der Schlange. Da er bemerkte, dass Johred mit Hail nach dem Forst frohwandelte, so ging er schnell

anderseits mit seiner Spießgesellenrotte nach dem Forst und erwartete daselbst hinter den dichten Bäumen die beiden Brüder; und als diese vollends im Wald sich befanden, stürzte er plötzlich auf Johred, erschlug ihn auf einen Streich und tat mit dem Hail nach dem Rat Tatahars.

18. Und siehe, den beiden aber geschah dieses deswegen, weil sie stolz auf ihre Weisheit geworden waren, da sie als Fürstensöhne vergessen hatten, dass die wahre Weisheit nur in der größten Demut besteht, und sobald diese hintangesetzt wird, auch die Weisheit entweicht; und da bei ihnen das der Fall war, so war ihnen auch nicht zu raten, noch zu helfen, ohne ihre Freiheit notwendig verletzen zu müssen, was Ich nicht tun kann auch nur im Allergeringsten, da der geringste Teil der Freiheit unendlich höher steht als alles Natur- und Leibesleben aller lebenden Wesen der Erde. Daher auch die zugelassene Macht in Kriegen, wenn auch nur eines einzigen Menschen Willens- und Tatenfreiheit wegen.

19. Dieses sei auch dir, Mein ziemlich tüchtiges Rüstzeug, eine Warnung, so du dich übernehmen mögest – weder heimlich, noch weniger offenbar – vor deinen Brüdern, da Ich dir gegeben habe die Gabe der Weisheit. Denn siehe, so du unzüchteln würdest, oder stehlen in der Not, oder schwelgen und lumpen wie immer, so oder so, dann wird diese Gabe seltener Art bei den Menschen schwach werden in dir; würdest du aber darauf stolz werden, dann würde Ich dir sie alsogleich nehmen, dich nackt lassen und verlassen im Wald des Irrtums, und da würden dann die reißenden Bestien herbeikommen, dich verzehren, dass endlich nichts mehr von dir übrigbliebe als ein schlechter Name.

20. Siehe, in der Demut hast du es erhalten, in der Demut musst du es behalten, und in aller Demut musst du es auch an alle Brüder wieder abgeben.

Kapitel 30

Der Brudermörder Lamech wird König

Am 3. Juni 1840

1. Und siehe weiter, da nun Lamech solches verübt hatte in dem Wald an seinen Brüdern an Tatahars Rotten Spitze, so kehrte er froh zurück nach Hanoch und ließ sagen und bekanntmachen allem Volk in und um Hanoch und so auch den zehn Städten und deren Umgebungen, was da widerfahren ist den tollkühnen Brüdern Johred und dessen Züchtling Hail, worüber sich entsetzte ganz Hanoch samt den zehn Städten und außer denselben alles Volk. Da traten die Vernünftigen und auch etwas mehr Verständigen aus den Städten und all dem Volk, bei dreitausend an der Zahl ohne deren Weiber und Kinder, die da zu Hause blieben, zusammen.

2. Und so verfügte sich dann dieses kleine Heer von Männern gen Hanoch zu Lamech, da einer für alle das Wort führte und sprach: „Wo ist der Wald, da solches geschehen ist dem jungen König und dessen weisen Bruder Johred, und lass uns aufsuchen die Stelle des Gräuels, um vielleicht auch noch zu finden einige traurige Überreste oder doch vielleicht noch sonstige Spuren, die uns überzeugen sollen von der Wahrheit solcher Botschaft, damit wir daselbst aufrichtig beweinen können ein so großes Unglück und hernach aufsuchen die Hyäne, die haben wird eine gewiss noch blutige Schnauze, damit wir sie

erwürgen und erschlagen mit unseren Keulen und Steinschleudern ihr ganzes Geschlecht als schuldige Sühnung für Johred und Hail."

3. „Ja", sprach der Lamech, „ihr habt einen rechten Entschluss gefasst; ich als nun euer rechtmäßiger König (eigentlich ‚Kann ich' oder veraltet ‚Könn ig') werde selbst in eurer Mitte ein Gleiches tun, und mein erster Diener Tatahar soll unser Wegweiser sein samt dessen wohlbewaffneten Gesellen!"

4. Und siehe, es gefiel dem Volk der schnelle, wohlfällige Entschluss Lamechs, und sie sagten: „Seht, seht und hört! Huhuhorah (das heißt: Es lebt noch ein rechter König!); auch er ist weise und sei unser König!"

5. Und darauf erhoben sich alle und gingen, geleitet vom Lamech, nach dem Tiger- und Hyänenwald und fanden daselbst auch bald die noch mit Blut befleckte Gräuelstätte und trauerten und weinten daselbst und klaubten die zerstreuten Kleiderreste zur traurigen Verehrung zusammen.

6. Und als sie nun daselbst verrichtet hatten ihr eitles Trauerwerk und gesammelt hatten die wertlosen Reliquien Johreds und Hails, da verließen sie die Gräuelstätte und zogen voll bitteren Ingrimms waldeinwärts in Rotten, je eine zu hundert in kleinen Entfernungen von dreißig ausgestreckten Händen, zu suchen die verruchte Hyäne; und siehe, es wollte sich nicht auch nur ein einziges Tier, viel weniger irgendeine Hyäne zeigen. So sagten sie: „Die verruchte Bestie hat sich gewiss geflüchtet auf die Berge! – Mut! Hat auch noch nie ein Sterblicher gewagt seit Kahin, den Fuß zu setzen auf einen Berg, so wollen wir nun zum ersten Male die Bahn brechen; denn wir haben gute Ursache dazu,

und kein Gott ist imstande, zu missbilligen diesen Schritt, da wir gerechte Sache haben gegen diese verruchten, gefräßigen Bestien. Daher noch einmal: Mut, – und sollen wir alle zugrunde gehen!"

7. Und siehe, Lamech aber antwortete darauf: „Eure Stimme ist mein Wille und euch zum Gebot. Daher geht und tut, wie es euch gemahnt; ich aber will hier an Tatahars Spitze euer harren und ein aufmerksames Auge haben auf irgendeine euren starken Hieben entflohene Bestie aller Bestien!"

8. Da waren damit zufrieden die dreitausend und gingen ungewohnten, zögernden Schrittes und getrauten sich kaum umzusehen aus Schwindel im Angesichte ihrer erstiegenen Höhen und zurückgelegten Tiefen. Und siehe, drei Tage lang suchten sie die Hyäne, und es wollte sich ihnen aber auch nicht eine zeigen; da wurden sie es überdrüssig und hieben mit ihren Keulen an eine ihnen das weitere Fortschreiten verhindernde, mehr denn zwölf Klafter hohe und ganz wandsteile Steinwand und fluchten den Wäldern und den Bergen, die da seien eine Wohnung alles Ungetüms, und forderten Rechenschaft von den Bäumen, Felsen und Steinwänden und spützten auf die Erde die Schande ihrer Blutleckerei und verfluchten sie bis in den Grund und fluchten der Sonne, dass sie geleuchtet habe zu solcher Gräuelat, und so auch allen Sternen und dem Mond, die da zugesehen haben können einer solchen unerhörten Verruchtheit. Und einer von ihnen aber war der Größte und Stärkste und hieß Meduhed (das heißt ‚der Stärkste'). Dieser wandte sich um und richtete eine kurze, aber sehr passende Rede an die grimmentbrannte Menge und sagte:

9. „Was soll da werden mit diesem Unsinn? Seht, eure Keulen zerschlagt und zersplittert ihr an dieser toten, harten, unbesiegbaren Wand und macht schlüpfrig den Rückweg mit eurem Geifer! So wir nun heimkehren werden, und es treten uns da Hyänen, Tiger, Löwen, Bären und große Schlangen in den Weg, denkt, wie ihr euch verteidigen werdet! Hat der alte Gott uns schon hier ein unbesiegbares Ziel unserer blinden, fruchtlosen Rache gestellt, wie leicht kann Er noch ein viel fürchterlicheres stellen auf dem Rückweg! Daher bedenkt, dass mit dem Alten nicht gut streiten ist, da Er sogar Bäume und Steine lebendig machen könnte, so Er der Tiere zu wenig hätte, dass sie uns erschlügen und töteten allesamt unserer Torheit und unseres Ungehorsams wegen, da wir betreten haben die Berge gegen das strengste Gebot Kahins, Hanochs und Faraks, des Weisesten und Gerechtesten. Und wer weiß es, ob nicht etwa über dieser Wand höhere Wesen wohnen, davon noch immer eine schwache Kunde ist im Volk; denn umsonst sind diese Berge nicht da! Und würde vielleicht nur ein solches Wesen unser ansichtig, was ist dann unsere Mückenzahl gegen einen solchen Riesen Gottes? Daher lasst uns bescheiden umkehren am Tag noch, damit wir nicht zugrunde gehen unter dem Fluch der Nacht, die uns schon von jeher war ein großer Feind – wie der Tag eine Plage, jedoch nicht gerade auch verbunden mit so großen Gefahren gleich der Nacht. Daher tun wir alle nach diesem wohlerwogenen Rat. Amen."

10. Und siehe, als nun diese Rede sie zur Besinnung gebracht hatte und sie sich darauf ermahnt hatten und den Rückweg antreten wollten, da wurde Meduhed ansichtig eines großen Mannes, stehend auf einem Vorsprung der Steinwand; und der Mann war Seth, ein Sohn Adams und Stellvertreter Ahbels, der später mit Adam und Eva ins gelobte Land zu ziehen von Mir durch den Bruderengel Ahbel die Weisung bekam und dort die Berge zu bewohnen im fernen Angesichte des einstigen Paradieses, wovon Ich später noch etwas ausführlicher sprechen werde.

11. Und siehe, dieser Seth redete sie mit fester Stimme an, da er noch einer war, dem die Sprache aller Geschöpfe nicht fremd geworden ist, und sprach: „Ihr rauen und Gott gänzlich vergessenen Kinder Kahins, des Brudermörders! Welche gerechte Strafe Gottes, meines und Adams, der noch lebt, Vaters, wie aller seiner Kinder, die auf den Höhen wohnen, hat euch hierher, eurem Untergang in die starken Arme geführt? O ihr Schlangenbrut, wie seht ihr aus? O ihr Hyänenspeise, sagt, was ihr wollt, hier an dieser heiligen Stätte? Was sucht ihr hier an dem euch so streng verbotenen Ort? Weicht von hier und fallt allesamt in den Rachen der euch angedrohten Strafe, nämlich in den todbringenden Rachen, dem ihr nicht entgehen werdet, oder diese Steinwand wird euch begraben auf ewig!"

12. Und siehe, da fiel Meduhed auf die Knie nieder und schrie überlaut um Erbarmung und Gnade. Seth aber, da er nur Worte redete aus Mir, so wurde er auch umso erfüllter von Meiner Liebe und ließ sich bald erweichen von Meduheds Klagestimme und sagte:

13. „Meduhed, du allein darfst emporschauen zu mir, zu der großen Nähe Gottes, da du abhieltest deine Brüder von großer, mutwilliger Bosheit vor den allsehenden Augen Gottes; daher sollst du wissen allein, wo und wer diese gefräßige Hyäne

ist: Siehe, diese tausendfache Hyäne ist in der Tiefe geblieben an der Schlangenzungenspitze der Rotte Tatahars und heißt Lamech!

14. Dass von euch ja keiner es wage, Hand an ihn zu legen! Wehe dem siebenundsiebzigmal, der sich vergreifen würde an ihm, – da ein solcher dann vorgreifen würde der Zeit Gottes, welches aber wäre das Schrecklichste, da dann ein solcher zerstören würde das Band der göttlichen Liebe und lösen dadurch den breiten, unermesslichen Gürtel der schärfsten Gerichte der Gottheit, welche große Feuersäulen über die ganze Erde stürzen würde und so im Feuer zerstören würde die ganze Welt. Und erhebe dich mit deiner Rotte, und zieht im Frieden heim, und seht nicht dahin gen Hanoch, sondern auf euch und auf Gott, der da ist ein getreuer Retter derer, die auf Ihn schauen allezeit, – in der Lust sowohl, als auch in der Not! Amen."

15. Und siehe, da wurde Seth ganz Licht; sie aber erschraken und flohen aus seinem Angesicht über Stock und Steine und erreichten so noch die Ebene vor Untergang der Sonne, und um die Mitte der Nacht auch ihre Wohnungen, welche zehn Stunden Weges von den Bergen entfernt waren.

Kapitel 31

Auswanderung unter Meduhed

1. Und siehe, bevor sie sich alle trennten, da sie angekommen waren auf ihrem heimatlichen Boden, hielt noch Meduhed eine kurze Rede an sie, nämlich sagend: „Hört, Brüder, mich sehr wohl an; denn was ich euch nun sagen werde, ist von großer Wichtigkeit. Ihr habt gesehen den Mann auf dem Vorsprung der Steinwand im hohen Gebirge und habt vernommen den Donnerklang seiner großen Stimme und habt am Ende auch noch bemerkt, wie ihn ein großes Licht umhüllte, dass uns davor graute in aller Angst und wir, darob von großer Furcht gepeitscht an unseren Füßen, die da gesprungen sind über Stock und Steine, gelangt sind hierher an unseren wohlbekannten heimatlichen Ort.

2. Ihr habt ihn erwähnen gehört die uns wohlbekannte, tausendfache Hyäne; ihr habt auch gehört seine Warnung mit siebenundsiebzigmaliger Rachevergeltung und habt auch endlich alle vernommen dessen unerhörte Strafrede von den Feuersäulen.

3. Nun urteilt selbst, was nun bei solchen Umständen zu machen ist; – lassen wir ihn leben, so wird er mit uns allen bald machen, wie er es ohne Scheu mit seinen Brüdern getan hat; lassen wir aber gerechte Rache auf ihn kommen, so werden wir gerochen von oben mit Feuer siebenundsiebzigmal. Daher sind wir nun zwischen zwei Totschlägern; tun wir eines oder das andere, so erwartet uns allzeit der sichere Tod. Mein Rat wäre nun dieser:

4. Das grause Geheimnis – als ein Geheimnis des Todes – begraben wir in unseren Tiefen, nehmen dann unsere Weiber und Kinder und verlassen sodann in aller Stille bei tiefer Nacht dieses Gräuelland und treiben uns dort gen Morgen, da wir schon öfter bemerkt hatten ein niederes Gebirge, und setzen dann über dasselbe; da wird sich dann wohl zeigen, ob es noch irgendein Land mehr gibt außer diesem des Frevels. Und sollte daselbst auch das Ende der Welt sein, so glaube ich, dass es

besser ist, ruhig daselbst zu leben und im Alter einzuschlafen, als hier in steter Unruhe mit eigenem Blut entweder die Erde zu tränken oder verbrannt zu werden zu Asche.

5. Denn so sprach auch der Riese auf dem Vorsprung: ‚Seht nicht dahin gen Hanoch, sondern auf euch und auf Gott, der da ist ein getreuer Retter derer, die auf Ihn schauen allzeit in der Lust sowohl, als auch in der Not!', – die bei uns nun gewiss den allerhöchsten Gipfel erreicht hat.

6. Daher, Brüder, die euch alle wie mich brennt die Gerechtigkeit, vertraut auf den Gott, den uns scharf bekannt hat der Große am Berg, und tun wir das lieber heute noch als morgen, da es schon vielleicht zu spät sein könnte; daher Mut, auf Gott vertraut, und morgen wollen wir die Sonne schon dort am fernen Gebirge begrüßen! Eilt und holt die Eurigen und das Eurige, als da sind Früchte und Tiere, und in dreitausend Augenblicken treffen wir hier, mit Keulen wohlversehen, wieder ein. Amen!"

7. Und siehe, amen sprach auch die Schar, und in zwei Stunden war alles reisefertig, da es war um die zweite Stunde der Mitternacht. Und als nun Meduhed gezählt hatte alle Väter und fand, dass ihre Zahl voll war, da dankte er Gott und floh an der Spitze der großen, ihm folgenden Schar von zehntausend männlich und zwanzigtausend weiblich auf ebenso viel Kamelen und großen Eseln.

8. Und als die Sonne aufging, hatten sie schon lange das ferne, niedere Gebirge erreicht, was freilich ohne Meine besondere Hilfe nicht hätte geschehen können, da das Gebirge dreißig Stunden geraden Weges entfernt lag.

9. Hier weideten sie zwei Stunden lang ihre Tiere und rasteten und aßen von ihren mitgenommenen Früchten und dankten auf Geheiß Meduheds Gott für eine so wunderbare Rettung. Meduhed aber ging, vom Geiste angeregt, von zehn Männern geleitet, ein wenig fürbass und fiel im Angesichte der zehn Geleitenden nieder zur Erde und entzündete sich zu Gott und erblickte im Lichte seiner Liebe viel Böses in seinem Herzen und fing darob an zu weinen und zu wehklagen vor Reue über seine großen Schulden.

10. Und da Ich sah, dass es ihm ernst war um Mich, so schrieb Ich mit deutlich leserlicher Feuerschrift folgende Worte in sein Herz: „Meduhed, stehe auf im Angesichte Meiner großen Barmherzigkeit! Du bist gerettet mit allen denen, die, von deiner Liebsorge bewegt, dir gefolgt sind hierher. Allein hier könnt und dürft ihr nicht lange weilen, noch weniger verbleiben, – sondern wie du siehst dieses enge Tal sich ziehen hin gen Morgen und den kleinen Fluss fließen dahin, dem nach ziehe auch du mit der Schar siebzig Tage lang vorwärts, und wenn du dann kommen wirst an ein unübersehbares großes Gewässer, da raste eben siebzig Tage lang. Und dann aber komme wieder wie heute im Herzen zu Mir, dann will Ich dir den Weg zeigen, zu gehen auf den Wassern in ein fernes, großes Land, da ihr ohne Blutvergießen sicher werdet sein vor allen Nachstellungen der Grausamkeit Lamechs, des Brudermörders. Und so euch hungern wird, so esst von all den Früchten, die ihr antreffen werdet unterm Wege in großer Menge, und trinkt das gute Wasser des Flusses, der euer Wegweiser sein soll bis zum großen Gewässer, und gedenkt wie heute alle eures großen, über alle Wesenheit

erhabenen Gottes, und denkt, dass Ich ein Volk auf der Erde habe, dem Ich ein heiliger, liebevollster Vater bin!

11. Und denkt, als diese Erde rann wie ein Tautropfen aus Meinem großen Vaterherzen und die Sonne dort als Träne der Erbarmung aus Meinen allsehenden Augen, o da ward auch ihr noch Meine Kinder! So suche, du kleine Schar, zu werden durch Liebe, was du einst warst, ehe noch die Erde trug ein unzüchtiges Geschlecht und dort die große Sonne brannte aus Meiner Gnade! Nun aber macht euch auf den Weg und zieht in Meinem Namen! Amen."

12. Und siehe, da rief Meduhed der großen Schar diese Worte laut zu und war ergriffen durch und durch, und so auch die Schar durch ihn, und erhob sich behände und tat genau nach Meinem geoffenbarten Willen.

Am 12. Juni 1840

13. Und nun siehe, als nun Meduhed nach siebzigtägiger Reise angekommen war an das ihm vorbestimmte Ufer des großen Gewässers der Erde, das ihr heutzutage den ‚Stillen Ozean' nennt, und das an den Ufern gelblich, teils aber auch – an den tieferen Stellen – weite Strecken hin ganz blau leuchtet durch die Mischung der Farben des Grundes, des reichlichen Kupfersalzes und der sich darin brechenden Strahlen der Sonne, da lagerte er sich mit seinen Scharen längs den Ufern in einer sehr reich mit guten Früchten überladenen Gegend, welche gerade diejenige war, da Ich ihn hatte haben wollen.

14. Und da nun Meduhed – und auch alle ihm Gefolgten – sah, dass ich ein guter Wegweiser bin, so fiel er dankbar vor den Scharen auf sein Angesicht nieder zur Erde und dankte Mir aus dem Grunde seines Herzens, und die Scharen folgten mehr oder weniger, jedoch alle seinem guten Beispiel, woran Ich ein Wohlgefallen hatte.

15. Und siehe, als nun Meduhed vollendet hatte seinen Dank, voll gerührt in seinem Herzen durch Meine große Gnade, da richtete er sich auf, überblickte die noch liegenden, dankerfüllten Scharen, und so fing er an zu weinen vor Freude über Meine so große Erbarmung, die da gerettet hatte so vielen das Leben und wiedergegeben hatte den so lange schon in der großen, harten Knechtschaft Lebenden die goldene Freiheit und eine so reiche und unter Meinem hohen Schutz so sichere Ruhestätte.

16. Und als bald darauf sich auch gestärkt und überfröhlich erhoben hatten die Scharen, da stieg Meduhed auf eine kleine Anhöhe, etwa sieben Klafter oder, bestimmter noch, sieben Mannshöhen hoch über die weite Ebene, und richtete daselbst eine breite und lange Rede an sie, und diese war ihm gegeben von oben in sein Herz, und er sprach nicht ein Wort mehr, noch ein Wort weniger und war somit ein gerechter Prediger in Meinem Namen an die licht- und liebebedürftigen Scharen. Die Worte seiner breiten und langen Rede aber lauteten, wie da folgt:

17. „Brüder, seht auf zu mir, und hört mit offenen Ohren und Herzen die Worte, die ich auf das innere Geheiß Gottes nun an euch alle werde ergehen lassen; denn sie sind von größter Wichtigkeit!

18. Hört: Gott, der Allerhöchste, hat uns befreit wunderbar aus den mörderischen Händen Lamechs und hat uns wohlbehalten treu geführt hierher bis ans Ende der Welt, da ihr alle seht das Ende der Erde und den Anfang der großen Wasser. Seht das Land so schön und herrlich, als wäre es

aus den hohen Himmeln zur Erde herabgekommen, und es wäre gewiss jedem von uns eine große Lust, darinnen beständige Wohnung nehmen zu können oder zu dürfen. Allein nicht so lautet der Wille von oben aus der Höhe Gottes, sondern siebzig Tage nur dürfen wir hier verweilen; denn in dieser Zeit wird ein grausames Heer Lamechs, an der Spitze Tatahar, uns wohl auskundschaften. Und wehe jedem, der in seine grausamen Hände geriete, den würde er zerfleischen wie der Tiger ein Lamm!

19. Daher hat mir der Herr in Seiner großen Gnade gezeigt hier einen Ort, da wir hingehen sollen und bereitet finden werden Werkzeuge gleich denen, die da schon gegeben sind Seinen großen Kindern, die da wohnen auf den großen Höhen der Erde; damit auch wir dadurch sollen erkennen, dass Er auch unser Vater sein will und werden wird, so wir uns willig unterziehen wollen Seiner übergroßen Liebe, die bisher so köstlich gesorgt hat für uns, wie noch nie auch das beste Vaterherz für dessen Kinder, so es auch hätte an allem den allergrößten Überfluss.

20. Dann aber sollen wir die Werkzeuge nehmen und dieselben gebrauchen zum Umfällen der schlanken Bäume, dieselben befreien von der Rinde und all den Ästen, dann sie behauen auf vier Seiten, oben wie eine ruhige Wasserfläche, und es sollen wohl bereitet werden zehntausend Stämme von schönster und bester Art, die da haben ein kleines Laub. Ein jeder so wohl zubereitete Stamm soll haben zehn Mannslängen und soll sein breit einen Tritt eines Mannes; dann sollen erst je dreißig Stämme mittels der Nägel, die da auch in großer Menge unter den Werkzeugen angetroffen werden, fest aneinander geheftet werden. Und wenn so dieser Boden wird fertig sein, dann sollen an den Seiten drei Stämme der Länge nach übereinander befestigt werden und nach der Breite aber je zwei aufeinander; und dann aber soll das Innere mit Harz und Pech von den Bäumen wohl verpicht werden, welches unterdessen die Weiber und Kinder sammeln sollen in großer Menge.

21. Und diese neuen Gebäude sollen wir längs den Ufern errichten, und am letzten Tag sollen wir noch überall einen großen, grün belaubten Ast in jeder Ecke dieser Gebäude befestigen, zum Zeichen des errungenen Sieges durch die große Gnade von oben. Was da ferner zu tun sein wird, das erwarten wir am letzten Tag nach der großen Verheißung, die mir geworden ist, da unsere Augen noch hingeblickt haben in großer Furcht und Angst gen Hanoch; und so tun wir alle vereint als Brüder, da wir keinen Fürsten haben, dem wir den himmelschreienden Tribut entrichten sollen, – außer unserem großen Gott, der da ein Herr aller Macht und Kraft, unendlich von Ewigkeit, und auch ein Herr ist, gar gewaltig und gerecht über alle Herren, wo sie auch unrechtmäßig sein möchten auf der ganzen Erde, jetzt und in allen künftigen Zeiten der Zeiten als Gräueltäter und Mörder ihrer Brüder. Unserem Gott, der uns will ein Vater sein, sind wir Liebe und unbedingten Gehorsam schuldig; wer sich da widersetzen würde, der wird nicht gezüchtigt werden von seinen Brüdern, weder mit Ruten noch mit Knitteln, sondern Gott Selbst wird ihn strafen durch die Entziehung Seiner Gnade.

22. Nun wisst ihr vorderhand alles, was die Gegenwart benötigt; daher sammelt euch, erquickt euch mit Speise und Trank,

dankt dem Herrn, und dann geht eilig ans gebotene große Werk. Amen."

Kapitel 32

Das Hohelied des Meduhed

1. Und siehe, als nun Meduhed beendet hatte diese seine Rede, da fielen alle vor Gott nieder auf ihre Angesichter und dankten und priesen Gott aus der Tiefe ihres Herzens, der Zeit nach eine Stunde lang; dann erhoben sie sich fröhlich und gingen, vom Geiste der Gnade geleitet, etwas landeinwärts und fanden daselbst in einer weiten Grotte eine große Menge Werkzeuge aller Art, als Hacken, Äxte, Beile, Hobel, aller Art Messer, Sägen, Hämmer, Bohrer, Winkelmesser, Stemmesser und eine Million Doppelnägel – oder bei euch Klampfen. Und siehe, da wurden sie fröhlich über die Maßen, dass sie hüpften und jauchzten vor Freude über Meine für sie gar so unbegreiflich große Gnade. (NB. Seht, was Ich euch hier gebe, ist mehr denn diese Werkzeuge; aber es hat sich noch keiner so ganz recht eingefunden, der Mir in der größten Freudigkeit seines Herzens gebührend gedankt hätte. Merkt es euch, ihr stumpfsinnigen Verehrer Meines Namens und Feinschmecker Meines Wortes, und öffnet die Tore der Liebe weit, die da ist die neue, heilige Stadt in eurem Herzen, damit Ich dahin senden kann Meine Engel, dass sie reinigen werden zuvor die Plätze, Gassen und Schlupfwinkel, sowie all die Wohnungen darinnen, damit Ich dann Meinen Einzug halten werde können und ihr Mir dann entgegeneilt und in großer Freude ruft: ,Hosianna in der Höhe, und Friede allen Völkern, die eines guten

Willens sind; gelobet sei der Herr, der da kommt geritten auf einer Eselin; Halleluja dem Sohne Davids; Halleluja dem Fürsten des Friedens; Halleluja Dem, der da kommt im Namen des Herrn Gott Zebaoth; Er allein ist würdig, allen Preis, allen Ruhm und alle Ehre zu nehmen von uns; Er ist der einige große Gott, Er ist der heilige, alleinige Vater unserer Herzen. Amen.')

2. Und nun weiter! – Und siehe, da nahmen sie all die Werkzeuge samt den Nägeln und trugen sie an die Ufer, stärkten sich da durch Ruhe, Speise und Trank und gingen schon des folgenden Tages an die Arbeit mit dankerfülltem Herzen und lobten Mich selbst unter den Fällhieben; daher aber auch ihre Arbeit so schnell und richtig vonstatten ging, dass sie mehr als ein Wunder denn als eine eigentliche Arbeit anzusehen war; und sogestalt standen zweihundertachtzig Kasten in vierzehn Tagen vollkommen fertig an den Ufern, mit Stricken befestigt, damit sie sicher waren vor dem Davon-geschwemmt-Werden durch die stets langsam anwachsenden Fluten des großen Meeres.

3. Und siehe, so blieben ihnen nach getreu getaner Arbeit noch etliche fünfzig Tage zur vollkommenen Ruhe, während welcher Zeit ich ihnen durch den recht fromm und liebevoll gewordenen Meduhed auch nach und nach eine bessere Kenntnis von Mir gab, wie auch einen Sabbat, an dem sie sich, in Meiner Liebe ruhend, von jeglicher Arbeit gütlich tun sollten und sollten sich in dieser Ruhe ganz mir den ganzen Tag überlassen, und wenn sie das fort und fort täten, so würden endlich alle so weise werden, wie es Farak war und nun der Meduhed ist; ja, so sie sich auch nicht nur in der hohen Ehrfurcht und in der reinen Erkenntnis Meines Namens fromm

zu werden bemühen würden, sondern noch viel mehr in aller Demut ihrer Herzen Mich würden recht zu lieben anfangen und wachsen in dieser Liebe, dann würde Ich auch ihnen ein guter Vater werden, und der Tod würde ihnen wieder genommen werden, da sie dann aufgenommen würden als Kinder in den weiten Schoß der göttlichen Liebe bis zu einer gewissen großen Zeit aller Zeiten der Erde, da sie dann allesamt zum großen Vater kommen und schauen würden ewig dessen Antlitz und sich sättigen an den unermesslich reichen Ausflüssen der Liebe in Mir.

4. Und siehe, so und so hörten sie das alles durch den Mund Meduheds und frohlockten darob über die Maßen und drängten sich haufenweise hin zu Meduhed und waren sehr begierig, zu erfahren täglich etwas von Mir, worüber Ich Freude hatte im Himmel und alle Engel der Urschöpfung.

5. So lehrte Ich sie auch durch Meduhed, die Worte in Zeichen aufzubewahren, und die Zeichen aber waren entsprechende Bilder, hinter deren naturmäßiger Hülle sich ein geistiger Sinn verborgen hielt; und so lernten sie in dieser kurzen Zeit auch schreiben und lesen.

6. Und siehe, so habe Ich Mir in kurzer Zeit ein Volk aufgerichtet, das bis zur heutigen Stunde noch abstämmlich vorhanden ist, – wo aber, davon ein wenig später. Nun, als sie nun so wohl bereitet waren, da ließ Ich ein hohes Lied voll Weisheit und Liebe im Hintergrund durch den Meduhed an sie erschallen, welches da schon aufgezeichnet wurde und noch heutigentags vorhanden ist – wo aber, auch davon etwas später – und also lautete:

7. Höret wohl, ihr alle späten Kinder Meiner Gnade,
Höret, wie Ich euch zum großen Mahle alle lade,
Kommet alle treuen Herzens her in Meine Mitte,
Lobet fröhlich alle Meinen Namen nach der Sitte,
Welche Meduhed gar fromm und treulich euch gelehret,
Da als erster er nach Mir im Herzen hat begehret.

8. Sehet alle auf sein Beispiel reinen, guten Sinnes,
Sehet seine Augen, Mund und Ohren und des Kinnes
Sanften weißen Bart als frommer, weiser Reden Zeichen,
Seht, in allem diesem müsst ihr all ihm vollends gleichen,
Wollt ihr später Meine lieben, treuen Kinder werden,
Ganz befreit von allen Übeln böser Schlangenherden.

9. Seht, Ich werde bald die Erde rein von Gräueln waschen,
Sünder werden da umsonst nach Meiner Liebe haschen!
So ihr aber fromm und treu im Herzen werdet bleiben,
Werd' Ich schonend euch vorüber Meine Fluten treiben,
Euch verbergen wohl auf dieser Erde hohen Landen,
So Ich Meinen Zorn da lösen werd' von schweren Banden.

10. Seht, da werden heulen auf der Erde all' Geschlechter!
Hört, da wird verstummen all der Großen Hohngelächter!
Und der Wässer hohe Fluten, rauschend über Berge,
Werden tragen wen'ge Kinder, Meiner Liebe Zwerge,
Die da sind geworden klein wie Kinder einer Mücke,
Weil die Liebe hinkend ward und ging auf einer Krücke.

11. Seht empor zu Meiner Himmel lichterfüllten Räumen,
Seht zu Meinen Sternen, Meiner Gnade Strahlensäumen,
Seht die Sonne still erleuchten dieser Erde Fluren,
Seht den Mond die Erd' geleiten ohne alles Murren;
Seht, wie all die Welten still gehorchen Meinem Willen;
Nun, so tut auch ihr all eure Werke stets im Stillen.

12. Wollt ihr wissen, was wohl diese Sterne sind für Wesen?
Hört! Ich sag': Die Lieb' wird euch genau die Frage lösen!
Wenn die Liebe rein im Herzen sein wird ohne Makel,
Werd' Ich geben euch zur Leuchte Meiner Gnade Fackel;
Dann wird jeder lesen leicht in heller Flammen Zügen
Eine große Schrift des Namens Gottes ohne Trügen!

13. O du kleines Herz, in eine enge Brust geschlossen,
Kenntest du den Quell, aus dem du bist so groß entsprossen,
Oh, du würdest nimmer fragen nach den toten Massen,
Ja, du würdest sie ganz unbekümmert schweben lassen,
Da der Schöpfer aller dieser kleinen, nicht'gen Dinge
Gegen einem Herzen – liebend Selbst am selben hinge.

14. Was ihr schwache Menschenkinder oft für Großes wähnet,
O wie klein doch wird von Meiner Liebe das benennet!
O wie gar nichts sind die Dinge in den weiten Räumen,
Wie auch Menschen, deren Herzen nicht aus Liebe keimen!
Haltet darum nichts für groß als Meiner Liebe Treue
Und, was ihr am nächsten kommt: des Sünders wahre Reue!

15. Ich allein bin groß durch Meiner Liebe mächtig Walten,
Und ein freier Geist, der fest am Bande sich erhalten;
Aber Meiner Sonnen euch ganz unbekannte Bahnen,
Die euch so wie alles nur an eure Schwäche mahnen,
Was sind sie in Meiner Gottheit endlos großer Fülle?
Nichts als einer Milbe abgefall'ne, leichte Hülle!

16. Wenn zu aller Welten Mitte ihr da mögt erklimmen
Und da hören aller Sphären raschen Fluges Stimmen,
Da ermessen aller Sonnen hellsten Lichtes Stärke
Und begreifen alle Meiner Allmacht größte Werke,
Würdet ihr dann wohl euch Meiner großen Liebe nahen?
Nein, sag Ich; in alle Zweifel würd't ihr euch verjahen!

17. Könntet ihr auch lenken dort des Himmels großen Wagen
Und als große Geister schnell nach allen Sternen jagen,
Könnt't aus eurem Munde ihr euch helle Sonnen hauchen,
Ja, sie gleich der Meinen in des Meeres Fluten tauchen,
So wär' alle eure Kraft, mit Meiner wohl verglichen,
Nichts als Sand und Staub an alten Lehm- und Steinebrüchen.

18. Sehet hin gerade nach des Himmels blauem Bande,
Sehet über Wogen auch zum Meeres fernen Rande;
Glaubt es Mir, Ich sag' es euch: Es gibt dort keine Grenzen,
Wo bei Tag die Sonne, nachts der Sterne Unzahl glänzen,
Und des großen Meeres Fülle ist nicht zu vergleichen
Einem Tropfen nur in jener Sterne kleinsten Reichen.

19. Seht daher auf Mich, den Großen, kleine Menschenscharen,
Und des Wissens Gierde pflegt allein für Mich zu sparen!
Meine Liebe suchet kreuz und quer in allen Enden!
Wo ihr immer hin auch mögt die Augen forschend senden,
Meines Namens Zeichen werdet überall ihr finden;
Aber lasst euch ja von nichts als Meiner Lieb' nur binden!

20. Frohe Botschaft wird von Mir euch selbst das Gras verkünden,
So ihr euch enthalten werd't von all den Hanochssünden;
Aber so ihr lieben werd't euch treu als wahre Brüder
Und zu aller Wohl gebrauchen werdet eure Glieder,
Dann wird kommen eine große Gnad' zu euch von oben
Und wird euch dann zeigen, wie ihr sollt den Vater loben!

21. Und nun fallet hin zur Erde, eurer Sünden Mutter,
Schüttelt ab den Staub, der Schlange nichtig Todesfutter,
Dankt in eurem Herzen Mir, dem Retter, froh von neuem,
Lasst die Mir geweihte Zeit euch niemals je gereuen,
Lasset allzeit Meiner Liebe Macht im Herzen schalten,
So wird einst der Gnade Licht euch alle neu gestalten!

22. Und nun siehe, als der Meduhed dieses vollwichtige Lied des Lebens aus Meiner Gnade, die da ist ein kleiner Funke Meiner unendlichen Liebe und aller Erbarmung daraus, vollends aufgezeichnet hatte und, als es vollends aufgezeichnet war, auch dasselbe dem Volk vorgelesen hatte, da war eine zügellose Freude unter ihnen entstanden, die nur durch ein Wunder vom Himmel hat gemildert werden können, und dieses Wunder war ein plötzlicher Regen, und dieser Regen war ein Regen der Liebe aus Mir, da ihre Freude gerecht war; denn sie freuten sich über die gemachte Bekanntschaft Meines Namens, noch mehr aber über die Meiner Liebe, und am allermeisten aber freuten sie sich dessen, dass der so übergroße, heilige Gott so herablassend als Vater zu den Kindern des Elends in allerunbegreiflichster Liebe mit ihnen durch den Meduhed so belehrend geredet hatte.

23. Und siehe, so trieb sie der Regen auseinander in ihre Zelte, die da gemacht waren aus Zweigen, Gras und weißem Lehem (oder Lehm), und sie priesen daselbst Meinen Namen in kleinen Kreisen wonniglich bis in die Mitte der Nacht und hätten nicht aufgehört in ihrem Lob, wenn Ich sie nicht mit einem wohlverdienten, ruhigen, süßen Schlaf heimgesucht hätte. (NB. Ich habe euch schon Größeres gegeben, gereimt und ungereimt, als euer wahrer Vater; aber seit dem Obersten der Römer und dem kanaanitischen Weib im Evangelium, mit geringer Ausnahme der Apostel und einiger Blutzeugen, habe Ich noch nie eine so große Freude gefunden, namentlich aber bei euch schon gar nicht.

Ich verlange es zwar auch nicht, sondern sage es euch nur, dass ihr Mich stets mehr und mehr sollt zu lieben anfangen; das ist Mein Wille an euch. Darum sollt ihr euch kein schweres Herz machen; denn was da noch nicht ist, wird dereinst wohl noch werden, so ihr Mich näher werdet kennenlernen und dadurch eure Herzen erweitern werdet, damit Ich dahin mit Meiner Gnadenfülle werde einziehen können, was ihr euch alle über alles wünschen, aber nicht fürchten sollt, wie es einige unter euch gibt, was nicht sein soll in der Liebe. Amen.)

Kapitel 33

Abfahrt der Meduhediten

Am 8. Juli 1840

1. Und siehe, als nun die noch übrigen fünfzig Tage verflossen waren, da berief Meduhed, von Mir angeregt, sie alle zusammen und sprach eine gewaltige Rede an sie, welche also lautete: „Ihr Männer, Freunde und Brüder mit allen euren Weibern, Kindern, Knechten und Mägden, die nun ebenfalls nach dem Willen von oben unsere lieben Brüder und Schwestern sind, kommt alle her zu mir, und stellt euch nach der bekannten Ordnung um den kleinen Hügel, damit ihr wohl vernehmen mögt den mir neu geoffenbarten Willen des allerhöchsten Gottes!

2. Denn so will es der Herr, dass ihr all die Werkzeuge sammeln sollt und sollt davon legen in einen jeden Kasten aufs Stroh, das euch bisher zum Lager gedient hatte, von jeglichem eine gleiche Anzahl; und

habt ihr das getan und die gut belaubten Zweige in den Ecken mit den noch übrigen Nägeln befestigt, dann erst bringt dahin die gesammelten Früchte auf die sparsame Dauer von dreißig Tagen, und legt dieselben behutsam in die Ecken unter den Zweigen aufs Laub von Feigen! Die Kamele und Esel lasst hier zurück, den Lamechiten zum Zeichen, dass wir hier waren, und auch zum Zeichen, dass wir ihnen das Tierische zurückließen und nur das Menschliche und somit auch Göttliche gerettet haben; um die Werkzeuge aber legt einen Fuß hoch kleine Zweige, und bedeckt sie mit euren Decken und Strohmänteln, und die Tierfelle aber werft über die Werkzeuge. Und ist dieses alles genau nach dieser göttlichen Anordnung durch mich geschehen, dann kommt her noch einmal zu mir zum Hügel, damit ich euch allen nach dem Willen von oben noch weitere Verhaltungsregeln geben werde; dann werden wir Gott gemeinschaftlich danken und Ihn hochpreisen für Seine unermessliche und unbegrenzte Güte und Barmherzigkeit.

3. Nun geht und tut eilends, was euch geraten wurde durch mich von oben, amen."

4. Und siehe, da verneigten sie sich alle gen Meduhed, dankten Gott für diese Lehre in ihrem Herzen und gingen sehr willig und schnell ans gebotene Werk; und in sieben Stunden nach eurer Rechnung war alles in der größten Ordnung.

5. Und da sie nun alles auf die gebotene Art vollendet hatten, da kamen sie wieder nach dem frommen Verlangen Meduheds allesamt hin zum Hügel und dankten Mir daselbst in dessen Angesichte für die so schnell und so glücklich vollbrachte Arbeit.

6. Und als nun Meduhed gesehen hatte ihre vollbrachte Arbeit und sah, dass sie alle nun wieder wie vorher um den Hügel versammelt waren voll frohen und frommen Herzens, da fing nun Meduhed wieder an, eine Rede an sie zu richten, sagend:

7. „Männer, Freunde und Brüder, Weiber und Schwestern, hört! So will es der Herr, unser großer, allmächtiger Gott, dass ihr zu je hundertzwanzig in einem Kasten Platz nehmen sollt, und zwar vierzig männlich und achtzig weiblich, und es sollen die Kinder sitzen und liegen über den Häuten auf den Werkzeugen. Die Weiber aber sollen sitzen auf den Zweigen und Decken und Mänteln; ihr Männer aber sollt stehen um die Weiber und eure Gesichter wenden nach dem Zuge der Kästen und nach dem des Windes und sollt des Tages nur einmal essen, und zwar um die Mitte des Tages. Eure Not aber sollt ihr wie die Weiber und Kinder am hinteren Teil des Kastens ins Wasser verrichten; doch soll dabei immer einer den anderen halten, damit niemand ins Wasser falle. Die Männer aber sollen die Zeit hindurch nicht schlafen, noch sitzen, noch weniger sich niederlegen; denn der Herr wird eure Glieder stark und eure Augen wach halten durch die Zeit, die wir über den Fluten der großen Gewässer nach Seinem heiligen Willen zubringen werden. Die Weiber und Kinder sollen nicht selbst nach den Früchten greifen, sondern sollen sich die Kost von den Männern und Vätern demütig erbitten, damit wir ein Volk werden nach dem Willen und der ewigen, allmächtigen Ordnung Gottes, würdig dessen Wohlgefallens und endlich dessen unendlicher Liebe und Gnade, da wir auch nicht ein Haar auf unserem Haupt berühren wollen und werden ohne Seinen heiligen Willen!

8. Und so wir uns im Namen des Herrn alle werden in den Kästen befinden, dann

soll sich der Älteste in einem jeden Kasten auf ein vom Himmel durch einen starken Blitz gegebenes Zeichen bereithalten, mit einem scharfen Messer den Strick alsogleich abzuschneiden; alsdann wird ein Wind kommen und die Kästen hinaustreiben auf die hohen Fluten, und zwar schon im Angesichte Tatahars mit seinen mörderischen Rotten, welche in dem Augenblick, während wir schon bei tausend Mannslängen vom Ufer werden entfernt sein, ans Ufer gelangen werden.

9. Dann werdet ihr sie sehen Steine ins Wasser schleudern; uns aber wird keiner je mehr erreichen. Denn die rechte Hand Gottes wird uns schnell führen aus ihrem Hyänenangesichte und wird uns leiten hin in ein großes, fernes Land, welches dreißig Tage und dreißig Nächte von allen festen Landen entfernt ist und sich fast in der Mitte des großen Gewässers befindet und ‚Ihypon' heißt (das ist: ‚ein sicherer Garten'), und dieses Land wird uns bleiben, solange die Welt stehen wird, nach dem Willen von oben; daran aber werden wir es erkennen, dass wir schon in weiter Ferne daselbst einen hohen, brennenden Berg in vollen Flammen der Liebe Gottes werden erblicken. Da wird sein nur ein einziger Zugang, und selbst der noch wird sich zwischen zwei solchen brennenden, hohen Bergen großlandeinwärts ziehen; an den Wasserseiten aber wird es sein umflossen beständig von den höchsten Sturmfluten. Und dazu wird es noch umgeben sein von den höchsten Bergen, in denen weder Tiger, Hyänen, Löwen, Bären noch Wölfe und Schlangen wohnen, sondern diese werden vielmehr gleichen einer bis in den Himmel emporreichenden Mauer, welche wohl von niemandem leichtlich erstiegen wird werden können.

10. Im Inneren des Landes aber werden große, unübersehbare Ebenen voll von den herrlichsten und süßesten Früchten sein und so auch von schönen, brauchbaren, zahmen Tieren, welche uns ihre Milch zur gesunden Kost geben werden; und die Erde wird schmecken wie Honig und Milch und wird sein ohne Sand und Gestein und zu essen sein wie ein gutes Brot. Und hört, so spricht der Herr: Auf der ganzen Erde gibt es nirgends ein Land mehr, das diesem gliche an Vortrefflichkeit; da ist es weder je zu warm noch zu kalt, sondern es herrscht dort ein ewiger Frühling.

11. So werden dort die Menschen, die nach dem Willen Gottes leben werden, nie altern, und ihr Sterben wird ein sanfter Schlaf sein; dann aber werden unsichtbare Wesen kommen, einen solchen Menschen heimlich wieder lebend machen und ihn emportragen zu Gott. Da wird nicht zurückbleiben auch nur ein Stäubchen, das sich an die Füße eines solchen Wiederbelebten geklebt hatte.

12. Wer aber überhören je wird den Willen Gottes in seinem Herzen, der wird auch sterben, aber ewig am Leibe nimmer auferstehen. Und da werden kommen Würmer der Erde über sein Fleisch und werden es aufzehren samt Haaren, Haut und Knochen, und dessen Seele und Geist aber werden dann wieder zur Unterlage der Berge Jahrtausende als gefestete Körper dienen müssen im finsteren Bewusstsein ihres Elends und ihrer totalen Nichtigkeit, bis sie endlich wieder nach dem gnädigen Willen von oben irgendein Tier aufnehmen wird, und wo sie dann von Stufe zu Stufe sich durch die ganze Tierwelt werden elend, stumm und sprachlos durcharbeiten müssen, um endlich wieder einmal zur Würde des Menschen gelangen zu

können. Dies merkt euch wohl; denn da werdet ihr dann viele tausend Male sterben müssen, ehe ihr wieder zum Leben aus der Liebe und Gnade Gottes gelangen werdet! Bedenkt, was der Herr euch hier sagen lässt!

13. Eure Weiber aber sollt ihr in der Zukunft nie eher als erst in eurem vierzigsten Jahr beschlafen, und dann ja nicht öfter, als es unter dem Segen Gottes nötig ist, zu zeugen einen Menschen. Und mehr als höchstens zwei bis drei Weiber soll keiner haben; denn alles, was darüber wäre, würde euch zur großen Sünde vor Gott angerechnet werden und euer Leben auf der Erde zur kurzen, mühseligen Dauer machen, eure Liebe zu Gott schwächen und euch somit endlich alle Weisheit rauben, welche nur eine freiwillige Zugabe Gottes ist an jene, die Seine Gebote halten genau.

14. Und endlich: So wie hier, so sollt ihr auch dort nichts als Eigentum betrachten, sondern als ein Eigentum Gottes; und wer da behaupten würde und sagen: ‚Dieser Grashalm gehört mir!', der wird mit der Blindheit von Gott augenblicklich bestraft werden, damit er sich in Zukunft nie mehr wird können eine Frucht von der Erde aufklauben, sondern wird müssen zeit seines Lebens von der Liebe Gottes und seiner Brüder zu leben lernen.

15. Die Sünder sollen nichts essen denn das Gras der Erde und der mageren Bäume bitteres Laub wie das Tier, zu dem sie sich durch die Sünde herabgewürdigt haben; und bis sie nicht für ihre Sünde werden genuggetan haben, sollen sie nichts anderes zu essen sich wagen, wenn sie das Leben erhalten wollen. Namentlich aber geht das Unzüchtler an, und vorzüglich aber jene jungen Weiber, die sich aus Wollust öfter würden beschlafen lassen; denn einer solchen Leib wird der Herr mit einer Pest erfüllen, und da soll sie hinausgestoßen werden an die äußersten Grenzen des großen Landes, da nichts als Gras und Blätter wachsen. Schließlich sagt der Herr, unser großer, allmächtigster Gott, dass ihr euch untereinander lieben sollt, und keiner soll je ein Richter des anderen werden, sondern da soll der Schwächere zum Starken gehen, damit dieser ihm unter die Arme greife und ihm helfe, zu wandeln über das Land; und der Weiseste aber soll allen dienen und ein Ratgeber sein seinen Brüdern.

16. Nun denn, so ihr vernommen habt den Willen Gottes klar und deutlich, so dankt Gott mit mir in euren Herzen und sagt: Herr, Du allmächtiger, großer Gott, wir danken Dir mit Inbrunst unseres noch schwachen Herzens; mache es stark, Du großer, guter, starker, ewiger Gott, damit wir Dich dereinst, Deiner unendlichen Heiligkeit würdiger wie jetzt in unserer unendlichen Schwachheit, danken, loben und preisen könnten; und dass wir dadurch, wie Du uns so gnädig versprochen hast, dereinst auch würdig wären, Deinen Kindern nur in einem kleinsten Teil gleichen zu können. Nun aber, o großer Gott, geschehe Dein Wille, und lass uns besteigen die Kästen und führe uns alle nach Deinem alleinigen Wohlgefallen! Amen."

17. Und siehe, als sie nun dieses kurze Gebetlein verrichtet hatten, verließen sie mit Meduhed die Stelle und bestiegen fröhlichen Herzens die Kästen.

18. Und siehe, alles, wie es Meduhed geweissagt hatte, ist genau und pünktlich eingetroffen. Mit einem großen Sturm jagten, von der Schlange angeführt, Lamechs Hyänen- und Tigerrotten ergrimmt den armen Meduhediten nach; aber ebenso schnell trieb Ich die Kästen mit Meinem

Völklein von den Ufern, und so auch dann ruhig und doch schnell hin zu den Ufern des Großlandes, umflossen von den großen Gewässern.

19. Und die Lamechiten aber ließ Ich verfolgen von den stets wachsenden Fluten des Meeres bis zu den Bergen, allwo sie zu Tausenden von den Hyänen, Tigern, Löwen, Bären und Wölfen und Schlangen zerrissen und verzehrt wurden; denn der Zug der Verfolger bestand aus siebentausend männlichen und aus siebentausend weiblichen Köpfen. Und davon kamen nicht mehr denn sieben Jünglinge und sieben Fräulein nach Hanoch zurück und sagten daselbst aus, was da geschehen war, und brachten die von den Meduhediten hinterlassenen Tiere unversehrt zurück, an der Zahl fünfunddreißigtausend Kamele und ebenso viele Esel, und übergaben dieselben dem Lamech und erzählten demselben alles, was sie gesehen hatten, – wie nämlich ein heller Blitz aus dem wolkenlosen Himmel zwischen sie und die Flüchtlinge gekommen ist und dieselben in großer Schnelle am Ende der Welt, da ein großes, unermessliches Gewässer ist, weit auf dasselbe wohl hinaustrug. Dann aber fingen an die Wasser zu wachsen und hätten sie getrieben hoch in die Gebirge dort, und es waren unübersehbare Scharen von den bekannten reißenden Tieren über sie gekommen und hätten sie bis auf sie allesamt zerrissen und gefressen; sie selbst wären nur dadurch gerettet worden, dass sie sich unter die große Menge der Kamele und Esel geflüchtet hätten. Und es möchte Lamech wohl bedenken, was da geschehen sei, und es komme ihnen vor, als wohne über den Sternen ein großer König, mit dem die Menschen nie einen Kampf wagen sollten, und sollten lieber Ihn anbeten und

hoch verehren Seiner unbegreiflichen Macht wegen, da Ihm sogar das Meer, die Winde, Blitze und alle reißenden Tiere gehorsam wären, – was sie mit eigenen Augen gesehen hätten und gehört hätten eine große Stimme, welche den Tieren geboten hätte wie ein Donner und so auch geredet hätte mit den großen Elementen wie ein großer Sturm aus den Höhen der Sterne.

20. Und siehe, als Lamech solches vernommen hatte, ergrimmte er in seinem Inneren und beschloss, sich an Mir zu rächen. Das aber war eine Folge, weil die Schlange sein Herz ganz hat in Beschlag genommen. Daher sprach er zu den Jungen, die da zurückgekommen waren: „Hört, ihr sieben Schuldlosen! Ich will Genugtuung haben von dem Sternenkönig und einen tausendfachen Schadenersatz; geht hinaus, da ihr wisst, da Er zu sprechen ist, und gebietet es ihm in meinem Namen, was ich verlange! Und soll Er sich weigern, so sagt Ihm, Er sei von mir aus verflucht, und sollte Er noch so groß und mächtig sein, so werde Er durch mich, wie mein Volk durch Seine Tiere, auf der Erde unter meinem Hohngelächter von Seinem Volk zerrissen und zerfleischt werden. Denn er ist nur mit aller Seiner windigen und wässrigen Macht ein schwaches Lamm gegen mich, dem König der Löwen. In die Wälder aber werft allenthalben Brände, und zündet an alle Berge, damit Seine Bestien allenthalben gebraten werden, damit Er Sich hernach zur wohlbereiteten Tafel setzen und da verzehren kann der verbrannten Bestien Fleisch und Knochen; und will Er sie da nicht verbrennen lassen, so soll Er nur Fluten darüberleiten, damit Seine Macht ersaufe!

21. Oh, ich kenne diesen luftigen Übersternenkönig sehr wohl, denn alles,

was Er tut, tut Er aus Furcht vor mir; denn Er kennt meine Größe, Macht und Stärke, die Ihm genug zu schaffen machen und Ihn endlich ganz verderben wird, so Er nicht willfahrt meiner gerechten Forderung und jedem meiner Wünsche.

22. Nun geht und vollzieht, was ich euch geboten; nehmt Männer mit euch, wohlversehen mit Feuerbränden, um anzuzünden die Berge im Falle der etwaigen Weigerung!"

23. Da entfernten sich die Jünglinge und berieten sich untereinander, was da zu tun sein möchte. „Denn", sprachen sie untereinander, „wenn er denn gar so mächtig ist, warum geht er denn nicht selbst? Denn toll sein ist leichter denn kämpfen und drohen in der blinden Wut leichter denn die Ausführung. Denn das, was er geredet hat, das hätte ein jeder von uns auch reden können, aber zu was nütze? Wie weit seine und unsere Hände reichen, weiß und sieht jeder Mensch; aber wer hat je nur einen Finger des Übersternenkönigs gesehen, damit er ermessen könnte dessen ganze Macht und Kraft? Lamech ist eine Mücke nur gegen Tatahar und dessen Angang, und wo ist er und sein ganzer Anhang? Nun sind wir sieben noch seine ganze Zentralkraft und haben gesehen die unbegreifliche Macht des großen, unsichtbaren Königs über den Sternen, haben gehört Seine Rede, dass vor ihrer Stärke der ganze Erdkreis erbebt hatte wie jemand, den der Frost bis zu und in die Knochen und deren Mark eisig durchdrungen hat.

24. Daher tun wir, was wir wollen, und gehen hinaus, und statt der Drohung wollen wir Ihm ein Lob bringen und preisen Seine große Macht und Stärke; vielleicht nimmt Er uns auf, wie Er den Meduhed aufgenommen hat, und sodann soll daheim Lamech seine Kraft messen und in die Steine beißen vor Wut!

25. Wir aber wollen lieber einem so mächtigen, großen König dienen, der uns gewiss auch wie die Scharen Meduheds über den Fluten erhalten kann."

26. Und siehe, wie sie weise beschlossen, führten sie auch ihren Mir gefälligen Entschluss aus, nahmen ihre Weiber und Kamele und Esel, wohlbepackt mit Früchten, und eilten hinaus, da sie sahen die Gewässer, und ruhten an dem Ufer des großen Weltmeeres.

27. Einer aber, der das Wort geführt hatte, sprach nun wieder: „Da sind wir jetzt! Wo wollen wir hin? Wir wissen nichts; daher lasst uns den großen König bitten, dass Er uns aufnehme in Seine Dienste und uns zeige einen Ort unserer wahren Bestimmung, da wir schon wahrscheinlich nur durch Seine geheime Eingebung uns den Klauen Lamechs entwunden und uns frei hierher begeben haben.

28. Daher rufe ich in aller Sinne und Geiste, da wir noch keine Namen haben, Dich, o großer, unsichtbarer König aller Macht und Stärke, ehrfurchtsvoll an, nehme fürs Erste unser aller Dank für die Rettung aus den Zähnen der Hyänen und aus den Klauen Lamechs, und bitte Dich ebenso, dass Du nun auch uns führen möchtest nach Deinem Willen an irgendeinen sicheren Ort, da wir Dir dann ungestört dienen möchten; denn wir wissen, dass Du ein gar mächtiger Herr bist, und kennen die volle Nichtigkeit Lamechs, dessen Stütze wir sein sollten und nicht wollten, da wir die große Macht Deiner Herrlichkeit gesehen und durch und durch empfunden haben, wie wir auch gehört haben das wilde, nichtige, leere Geplärr des nun gänzlich ohnmächtigen Lamech.

29. Daher erhöre unsere gemeinsame Bitte, und gebe uns Deinen Willen kund – oder vernichte uns; denn es ist besser, von Dir vernichtet zu werden als Lamech zu dienen!"

30. Und siehe, als nun diese sieben mit ihren sieben Weibern so vollendet hatten ihr kurzes, aber sehr aufrichtiges Gebet, da fing ein kleiner Sturm an zu wehen von den Bergen her, und in dem Sturm kam im schnellen Laufe gesprengt eine sehr große Hyäne, grimmvollen und wutentbrannten Angesichtes, vor die kleine Gesellschaft und blieb vor ihnen stehen und musterte sie hin und her, auf und ab und durch und durch, gleichsam als wollte sie sich den besten Bissen aussuchen aus der von Todesangst bedrängten Gesellschaft. Und siehe, als nun alle ins Wasser die Flucht ergreifen wollten, da ermannte sich der Sprecher und sagte mit einer überlauten Stimme: „Hört mich an! Bleiben wir stehen, wo wir stehen, umgeben allenthalben von der unbesiegbaren Macht des großen Königs, und glaubt, wenn Er uns auch vernichtet, so wird Er uns auch in der Vernichtung wohl erhalten; und fürchtet nicht so sehr diese kleine Hyäne, da wir einer viel größeren aus ihren mörderischen Klauen so glücklich entronnen sind, und das umso mehr, da wir in der Ebene sind, wo keine Hyäne mehr die Macht hat, Menschen anzufallen und sie zu zerfleischen. Denn da uns der große, machtvolle König über den Sternen gerettet hat dort an den Bergen aus den Zähnen von so vielen Tausenden der reißendsten Bestien, da wir noch wider Ihn waren, nun aber wollen wir ja für Ihn sein, – wie sollte Er uns jetzt vernichten wollen?

31. „Glaubt mir, Er wird uns alle sicher wohl erhalten! Seht alle auf mich; ich will im Vertrauen hingehen zur Hyäne und ihr meinen Kopf in den Rachen stecken, und so sie mir etwas zuleide tun wird, dann flieht ins Wasser, oder wo ihr hinwollt; werdet ihr mich aber wohlbehalten meinen Kopf wieder aus ihrem Rachen nehmen sehen, dann fallt nieder zur Erde und dankt dem großen König, – denn dann ist Er uns schon sehr nahegekommen!"

32. Und siehe, was er sagte, das tat er auch alsogleich, – ging voll Vertrauens hin zur grimm- und wutschäumenden Hyäne, welche ihren Rachen weit aufsperrte, dass sein ganzer Kopf hinreichend Platz hatte in demselben.

33. Und siehe, so wie er seinen Kopf hineingesteckt hatte, ebenso wohlbehalten – ohne die Krümmung auch nur eines Härchens – nahm er ihn wieder heraus! Da erstaunte die ganze Gesellschaft und fiel alsogleich zur Erde nieder und dankte Mir, freilich noch sehr unbekannter Weise, aus der ganzen erkannten Tiefe ihres Herzens.

34. Als sie sich nun beinahe ganz erschöpft hatten in ihren Dank- und Lobesergießungen, da fing zum allergrößten Erstaunen die Hyäne an, eine wohlverständige Rede an sie zu richten, und sprach:

35. „Ihr späten Nachkommen Kahins und Hanochs, steht auf und seht mich an, seht an meine Grimm- und Wutgestalt! Ich bin nur ein reißendes Tier, bestimmt, treu zu bewachen die Berge und die auf ihnen wohnenden großen Kinder Gottes, den ihr in eurer Blindheit einen großen König nennt; aber sagt mir, ob ich als Tier je den Willen Gottes übertreten habe! Mein Leben ist Staub und Erde; meine Zeit sind wenige Jahre, Tage und Herzschläge nur; ich habe nichts zu erwarten; was meine Blutgier mir gibt, ist alles, was von meinem Dasein ich zu gewinnen habe vom Schöpfer;

und wer von euch mich je gesehen hat, über meine vorgeschriebenen Grenzen ohne den Willen Gottes schreiten, der nehme einen Stein und erschlage mich!

36. Doch ihr zaudert, – nicht, als hättet ihr den Mut nicht dazu, sondern weil euch mein Gehorsam gegen den Willen Gottes zur Verwunderung hinreißt! Und seht, wie euch Menschen, die ein ewiges Leben erwartet, ein reißendes Tier über eure gänzliche Gottesvergessenheit und somit auch über eure Bestimmung nun belehren muss dem Willen Gottes gemäß! Seht, kein reißendes Tier ist so wild, dass es auch nur in der Hungersnot seinesgleichen anfallen möchte, es zu zerreißen und sich damit den Hunger zu stillen! Allein ihr ewig leben sollenden Menschen zieht aus in Horden, um eure Brüder nicht etwa aus Not, sondern nur aus reiner höllischer Herrschsucht zu töten, mit ihrem Blut die Erde zu beflecken und ihr Fleisch in dieselbe zu verscharren!

37. O schämt euch, ihr Menschen, ihr sein sollenden Herren der Welt! Wo ist eure Herrlichkeit? Ihr seid euer vierzehn, und ich bin allein, und ihr habt euch vor meinem Anblick zu Tode geängstigt, – vor einem unglücklichen Tier, das ursprünglich nur zu eurem Dienst nach dem Willen des großen Gottes bestimmt war.

38. Geht mit in die Wälder und überzeugt euch, ob nur ein Tier das andere dominiert; und wird es zänkisch und neidisch, so wird es alsobald aus der Gesellschaft gestoßen, da es nicht war nach dem in unserm Innern waltenden Willen Gottes. Und ihr werdet da nie sehen, dass ein Tier das andere nötigte, für es auf den Raub zu gehen, um dasselbe als einen baren Müßiggänger zu füttern, – außer es ist eines schwach geworden; dann schleppt ihm ein anderes Tier irgendeinen Raub vor den Rachen in die Wohnhöhle. Und es legt keines an dessen Nacken und dessen Eingeweide den scharfen und starken Zahn eher, als bis es kalt geworden ist und faul und morsch; das lehrt uns der göttliche Wille in unserem Inneren, und seid versichert, es hebt auch nicht ein Tier ohne den Willen Gottes seinen Kopf in die Höhe!

39. Wir kennen gegen uns keine Eigentumsgrenzen als die unserer Natur und unseres Leibeswesens; ihr Gottes gänzlich vergessenen Menschen, ihr teilt die Erde ab, und da sagt dann ein König, ein Fürst oder ein Günstling derselben: ‚Das gebe ich dir gegen einen kleinen Tribut und das dem Günstling und dessen besseren Knechten ihrer gutgesinnten, tüchtigen Fäuste wegen! Alles übrige Volk könnt ihr als Lasttiere gebrauchen, denen ihr nur so viel zu geben braucht, dass sie mit genauer Not ein elendes bisschen Leben erhalten, um für die Müßiggänger die lästige, viele Arbeit verrichten zu können; und würden sie sich weigern, so steht ihnen fürs Erste eine große Misshandlung und fürs Zweite der Tod bevor!' Wollte sich dann ein solcher Sklave gar einbilden, dass er auch ein Bruder des Königs oder eines Fürsten oder eines sonstigen vom König gemachten Großen gleichen Rechtes sei oder sein wollte, – würde der nicht alsogleich ermordet werden? O sagt, wo auf der ganzen Erde gibt es noch etwas Grausameres, als ihr Menschen es seid?! Ist nicht eine Schlange, ich, ein Löwe, ein Tiger, ein reißender Wolf und ein grimmiger Bär ein lauterer, heiliger Engel gegen euch Menschen? Oh, wäre uns Liebe gegeben wie euch, wie würden wir Gott lieben! Aber ohne Liebe selbst lieben wir Ihn durch unseren genauen Gehorsam unendlichmal mehr als ihr, die ihr

nicht nur Seiner Liebe, aus welcher heraus Er euch erschaffen hat, vergessen habt, sondern sogar Seiner Selbst, der euch erschaffen hat!

40. Fragt die Steine, fragt das Gras, fragt die Luft, fragt das Wasser, ja fragt alles, was euch unterkommt, nur keinen Menschen, – und alles wird euch den großen Gott verkünden und die unendlichen Wunder Seiner Liebe erzählen; nur ihr freien, ewig glückseligst leben sollenden Menschen konntet eures Schöpfers, eures unendlichen Wohltäters gänzlich vergessen! Kein Wunder, dass ihr keinen Namen habt; mit welchen Namen könntet ihr auch benannt werden? Teufel kennen Gott und fliehen Ihn; Satane kennen Gott auch, hassen Ihn, dass Er Gott ist und ein Herr ihres Daseins; wer seid aber ihr, die ihr aus Teufeln, Satanen durch Seine unendliche Liebe zu freien Menschen geworden seid und habt Seiner ganz und gar vergessen und seht euch in eurer mückenhaften Schwäche selbst für Götter an, weil ihr mit Steinen und Knitteln aufeinander schlagen und hohle Steinhaufen errichten könnt, die ihr dann Städte nennt? Seht, ihr seid nichts, wie ihr seid; ein Grashalm ist mehr, und eine Hyänenklaue ist ein Heiligtum gegen eine ganze zahllose Brut von solchen Menschen, wie ihr sie in Hanoch verlassen habt, und wie ihr bis jetzt es selbst wart.

41. Kurz, so will es der große Gott: Bevor euch eine andere Bestimmung zuteilwird, so sollt ihr zu uns Hyänen siebzig Tage lang in die Schule gehen, um bei uns fürs Erste Menschlichkeit und Nächstenliebe und dann dadurch auch wieder Gott kennen zu lernen; und so ihr wieder erkannt habt eure Gleichheit an uns reißenden, wilden Bestien und Gott durch unseren stummen und blinden Gehorsam, –

dann erst wird der Herr aller Geschöpfe euch durch uns eine friedsame Stätte anzeigen lassen.

42. Nun folgt mir willig nach dem Willen Gottes ohne Furcht – außer in der alleinigen Furcht Gottes. Dem Willigen wird nichts zuleide geschehen; der Unwillige und Ungehorsame ist auch nicht wert, von den Zähnen der Hyänen zerrissen zu werden, sondern der erwarte hier Lamechs, der Satane, der Satansfürsten Los!

43. Und siehe, so folgten alle vierzehn Personen einer grimmigen Hyäne in eine finstere Gebirgshöhle und lernten dort durch Meine Zulassung von der Natur der Bestien gleiche Rechte der Menschheit, Nächstenliebe, Gehorsam und so auch wieder Mich erkennen und auf Mich ganz vertrauen, wodurch ihnen dann auch der große Unterschied zwischen der wahren Menschheit und den Tieren sichtbar wurde, und lernten aber auch zugleich erkennen, wie tief sie früher unter denselben gestanden sind, – und das alles durch Meine besondere Gnade, die sie Meinen Willen in den wilden Tieren sehen und in seiner ganzen Fülle empfinden ließ.

44. (Notabene. Mehr als damals wäre euch jetzt eine solche Schule nötig! Denn damals waren die Menschen als Kinder der Welt schlecht der Finsternis wegen; jetzt aber sind sie böse im Licht, und der Fürst der Finsternis bekennt, dass er ein Pfuscher geworden ist in der Bosheit gegen die Feinheit der Weltkinder, und es geht ihm ja schon wie manchen schwachen Eltern, die von ihren Kindern übertroffen werden an Einsichten aller Art.)

Kapitel 34

Landung der Meduhediten in Japan

1. Nun lassen wir diese kleine Gesellschaft in der Schule der Geschöpfe und lassen sie essen wilde Beeren, Gras und Wurzeln bis zur bestimmten Zeit; wir aber wenden uns hin nach Ihypon (heutzutage ‚Japon‘, auch ‚Japan‘) und erwarten alldort die herankommenden Meduhediten und wollen uns noch eine kurze Zeit bei ihnen aufhalten.

2. Nach dreißig Tagen und Nächten sind also unter Meinen günstigen Winden auf kleinen Umwegen der Ruhe des Meeres wegen die Meduhediten auf der besagten Großlandsinsel glücklich und wohlbehalten unter lautem Jubel, Frohlocken und Lobpreisungen Meines Namens angelangt, und zwar an der breiten Mündung eines ruhig fließenden Flusses aus dem Inneren des Landes, auf dessen ruhigem und ziemlich breitem Rücken sie in ihren Kästen bis ins Innere des Landes durch einen ziemlich starken, dienstbaren Wind geschoben wurden.

3. Als sie nun vollends in der Mitte waren, da fiel Meduhed auf sein Angesicht nieder, ganz ergriffen von der wunderbaren Schönheit des Landes, und dankte Mir in der stillen Tiefe seines Herzens bei einer Stunde lang, und aller Augen und Ohren waren auf ihn gerichtet.

4. Und als er nun beendet hatte sein Mir wohlgefälliges Gebet und in demselben auch erschaut hatte Meinen ferneren heilbringenden Willen für das gerettete Volk, da stand er wieder auf und wartete, bis die Kästen sich alle vollends aneinander angeschlossen hatten.

5. Als nun dieses alles nach Meinem Willen längs des seichten Ufers geschehen war, da stieg er alle Kästen nach Meinem inneren Geheiße ab und ermahnte die Scharen in aller Liebe, ja nicht eher das Land zu betreten, als alle dem Herrn bei drei Stunden lang in ihrem Herzen für diese unendliche Gnade werden gedankt haben. Und so der Herr erst dann das geschenkte schöne Land in und vor ihrem Angesichte segnen werde unter einem sichtbaren Zeichen, so wolle er zuerst ans Land steigen. Dann sollen sie ihre Kinder zuerst ans Land setzen und endlich erst selbst mit den Weibern das Land betreten; und da sollen sie sich dann wieder auf ihre Angesichter zur Erde vor Gott niederfallen und anbeten Seine Heiligkeit und lobpreisen Seine unbegrenzte Güte und unendliche Liebe.

6. Und siehe, als sie nun dieses verrichtet hatten in größter Freudigkeit ihres Herzens, da richteten sie auf den Ruf Meduheds ihre Augen in die Höhe, sahen eine lichte Wolke umhüllen das ganze Land und sahen große Tropfen fallen in der Fülle von der Wolke bei einer Stunde lang. Dann sahen sie diese Segenswolke sich wieder teilen und einen kleinen Regenbogen unter derselben brennend leuchten und vernahmen auch von Morgen her einen gar sanften Wind wehen, der ihnen durch den Mund Meduheds laut verkündete, dass Ich nun für sie das Land gesegnet habe, – worauf sie dann in schon besagter Ordnung ans Land stiegen und daselbst eben wieder in größter Freudigkeit ihres Herzens taten, wie es ihnen der frommweise Meduhed liebevoll angeraten hatte. Und als nun dieses alles geschehen war, da berief sie Meduhed wieder alle zu sich und hielt eine bündige Rede an sie, welche also lautete:

7. „Männer, Brüder, Schwestern und auch ihr schon wortverständigen Kinder! Merkt es euch alle wohl, was ich euch nun

durch die große Gnade Gottes kundgeben werde! Das sei der Grund alles unseres Denkens und Handelns, dass wir nie den heiligen Willen Gottes aus den Augen unseres Herzens lassen und allzeit mit Dank und Lobpreisung denselben erfüllen bis auf einen Punkt. Denn was immer von Ihm kommt, ist groß, heilig und daher auch von größter Wichtigkeit; und scheine es unseren kleinen Weltaugen auch noch so klein, so ist es aber doch von unendlichem Wert, da es von Gott ist, der nun unser aller Herr ist, und wir, so wir sehr willig gehorsam sind Seinem Willen, auch noch Seinen großen Kindern, die ihr habt kennengelernt unter der Felsenwand ob Hanoch, wie uns allen versprochen ist, gleich werden können.

8. Seht, so will der Herr, unser großer Gott und seinwollender allerheiligster Vater, dass wir uns fürs Erste lieben sollen, und zwar jeder seinen Nächsten als Bruder und Schwester siebenmal mehr als sich selbst. Jeder sei strenge gegen sich selbst und milde und sanft und voll Liebe gegen seine Brüder und Schwestern. Nie denke einer, größer sich und mehr wert als der Schwächste von euren Brüdern zu sein; denn bei Gott gilt nichts als ein reines, demütiges Herz. Wem der Herr je, wie mir, Seine Gnade schenken wird, der denke sich als den Allergeringsten und sei bereit, gleich mir, allen zu dienen und nach dem Willen Gottes allen mit einem guten Beispiel voranzugehen. Nur allein Kinder sind gegen ihre Eltern vermöge ihrer ursprünglichen Schwäche und notwendigen Erziehung den unbedingtesten Gehorsam schuldig; und wenn sie zur Erkenntnis des Willens Gottes in sich werden gelangt sein, dann trete statt des Gehorsams, den ihr dann Gott allein nur schuldig seid, die

kindliche Liebe und Achtung gegen die Eltern in hohem Maße an die Stelle. Doch sollt ihr nach dem Willen Gottes dem Weisesten von euch allzeit euer Ohr leihen und eure Augen auf ihn richten, um willig zu erfahren die Ratschlüsse Gottes fürs Allgemeine sowohl, als auch für jeden einzeln; doch hütet euch ja davor, je einem solchen Weisen irgend mehr Achtung, Liebe und Verehrung zu geben als einem anderen noch nicht weisen, aber doch sehr willigen, lieben Bruder.

9. Und da sei und bestehe die Achtung des Weisen aus Gottes Gnade von euch in nichts anderem als bloß in der Liebe Gottes, Liebe des Nächsten und dem willigsten Gehorsam gegen die Anordnungen Gottes durch das demütige Herz eines weisen Bruders.

10. Nie komme je eine Unwahrheit über eure Lippen; denn die Lüge ist ein Fundament alles Bösen. Fern sei von euch alle Schadenfreude über die Buße eines Sünders, sondern eure Liebe helfe einem gefallenen Bruder wieder auf die Beine.

11. Das Land gehört allen ohne allen Unterschied gleich; was der Boden reichlich tragen wird, das nehme der Bedürftige zu seiner Sättigung, und der Starke sammle gerne für die Schwachen.

12. Die Tiere macht euch freundlich, damit sie euch ihre warme Milch nicht versagen werden.

Am 13. Juli 1840

13. Ein jeder sei untertan seinem Bruder und bereit, ihm zu dienen; aber nie befehle einer dem anderen, sondern ihr sollt euch allenthalben mit der Liebe begegnen, damit ihr einst Kinder werden mögt eines Vaters in der Liebe.

14. Da der Herr allzeit mehr gibt, als es dem Menschen nötig wäre, zu erhalten sein Leben, so sollt ihr aber deswegen doch nicht unmäßig sein in jeglichem Genuss, sondern nach dem Willen Gottes eurer Gesundheit wegen mäßig in allem, was ihr tut und genießt; denn so spricht der Herr: ,Gesegnet sei ein gerechtes Maß und ein rechtes Ziel; das Unmaß doch sei verflucht und verdammt die ziellosen Wege, und auf ihnen wandle nur die Hurerei und Unzucht und finde da die Nacht des Verderbens und des ewigen Todes!' Darum sammelt den Überfluss des Segens, und errichtet überall Vorratshäuser, jedoch nicht nach der Art Hanochs aus Steinen, sondern aus Holz. Da steckt vier fein behauene Bäume in die Erde, so dass sie zwei Mannshöhen gut in einem Viereck über den Boden emporragen. Auf dieselben legt eben auch vier Querbäume nach euch schon bekannter baulicher Art. Macht dann ein Halbdach darüber, und deckt es mit Rohr und Gras. Zwischen den vier Holzpfeilern, aus der Erde ragend, macht eben auch aus Rohr geflochtene Wände, lasst aber in einer jeden Wand eine Öffnung, viermal so groß als ein Mannskopf, und von der Morgengegend her auch eine Türe, jedoch ohne ein Gitter, damit jeder nach Bedürfnis freien Eintritt habe. Innerlich aber schlagt bis zur Hälfte eines solchen Vorratshauses mehrere kleinere Pfähle in die Erde, etwa eine halbe Mannslänge über den Boden hervorstehend. Darüber befestigt dünne Bälkchen; legt dann darüber ebenfalls Rohrflechten, um so auf dieselben dann die Segensüberfülle für eure Brüder und auch für euch zu legen. In die andere Hälfte aber sammelt und legt dürrgewordenes, langes Gras kniehoch über die Erde als eine Ruhestätte, damit ihr auf derselben die Nacht hindurch schlaft und eure müde gewordenen Glieder ausrastet und erlabt die Eingeweide.

15. Eure Werkzeuge und sonstigen Geräte aber legt unter die Vorratsflechten. Jedoch soll sich nie jemand ein solches Haus zueignen, sondern da arbeite einer für alle und alle für einen und somit alle für alle, dass da nie jemand Not leide unter euch und allen euren Nachkommen.

16. Nahe an den Bergen, die nicht rauchen oder gar brennen, wie ihr sie von hier in weiter Ferne seht, macht mannstiefe Gruben; allda werdet ihr die euch schon bekanntgemachte Broterde finden, welche ihr jedoch sehr mäßig genießen sollt, und das nicht täglich, sondern nur dann und wann nach dem Willen Gottes zu eurer Gesundheit, so eure Not zu weich geworden ist.

17. Ferner werdet ihr an den Bergen, die ihr nun auch besteigen dürft, wenn sie nicht brennen, schöne, sehr harte, glatte Steine finden; diese sammelt und bringt sie vor eure Wohnungen. Fürs Erste sollt ihr darauf Körner eines Grases zermalmen, und aus dem Mehl sollt ihr mittels des Wassers einen Teig machen in einem Gefäß, das ihr in großer Menge an den Ufern des Flusses antreffen werdet, und sollt euch dann dazu auch eine schon bekannte Backstätte bereiten und euch darauf ein gesundes Brot daraus backen. Und fürs Zweite aber sollt ihr auch solche Steinplatten nehmen, die etwas weicher sind, von denen es auch eine Menge gibt an den Füßen der feuerfreien Berge, und sollt darauf euch alles dieses aufzeichnen nach der euch bekannten Art, damit noch selbst unsere späteren Nachkommen erfahren sollen den euch jetzt geoffenbarten Willen Gottes.

18. Denn hört! So spricht der Herr: ,Solange ihr und eure Nachkommen bleiben werdet in dieser gebotenen Ordnung, so lange auch wird nie ein fremdes Volk sich nähern können diesem Land und euch stören in eurem Frieden, und Ich Selbst werde euch tausenderlei schöne und nützliche Dinge erkennen und bereiten lehren; doch aber wenn ihr je aus Meiner Ordnung treten solltet und auch verbleiben in Meiner Vergessenheit und nicht wieder zurücktreten würdet alsobald zu Meiner Ordnung, dann werde Ich ein anderes Volk erwecken, es führen hierher, und das wird euch unterjochen und zu Sklaven machen. Da wird dann sein ein Kaiser, der euer Heiligtum zerstören wird und wird euch schlagen und viele töten lassen und wird euch gleich Eseln vor den Pflug spannen lassen und euch züchtigen wie ein Kamel. Der wird sich alles zueignen und wird euch hungern lassen und euch verbieten, euern Durst zu löschen mit dem Saft der Früchte, sondern wird euch zum Wasser treiben wie ein zahmes Tier. Und ihr werdet für ihn müssen, wie zu Hanoch, Städte bauen und ihn gut füttern und seine Diener, damit er kräftig werde, euch zu schlagen und zu töten.

19. Dann werdet ihr für eure Arbeit keine Früchte und kein Brot mehr bekommen, sondern tote Zeichen nach dem Grade der Arbeit, für welche Zeichen man euch etwas weniges zu essen geben wird; ja, so ihr dann noch nicht werdet zur Ordnung zurückkehren, so werdet ihr sogar müssen an den Kaiser von den Zeichen den fünften Teil als eine Arbeitssteuer von dem hart Erworbenen ohne Entgelt zurückgeben, welches wird sein ein Zeichen, dass ihr sogar bitten werdet müssen, um nur arbeiten zu dürfen, und da werdet ihr für eine solche Erlaubnis dann müssen die erwähnte Steuer entrichten.

20. Und Ich sage, da wird im ganzen Land auch nicht ein Fleckchen sein, das sich nicht der Kaiser möchte zugeeignet haben. Und verteilen wird er dann das Land als ein Lehen an seine Günstlinge und Höflinge; euch aber wird er zum schmählichen Leibeigentum der Günstlinge und Höflinge machen, und diese werden Herren sein dann über euern Tod und euer Leben und euch zu essen geben gekochtes Gras und schlechte Wurzeln, denn sie werden sich die besten Früchte aneignen. Und wer sich dann an einer solchen Frucht vergreifen wird, der wird alsogleich mit dem Tode bestraft werden.

21. Dann wird euch der Kaiser eure schönsten Weiber und Töchter nehmen für seine und seiner Günstlinge und Höflinge Geilheit, und ihr werdet aber eure Knaben in den Fluss werfen und dafür seine Kinder ernähren müssen, damit sie euch dann misshandeln werden. Ich aber werde dann Meine Ohren, um nicht zu hören euer Jammergeschrei, bis ans Ende der Zeiten verstopfen, und es wird euch dann tausendmal ärger gehen, als es euch gegangen ist in Hanoch.

22. Auch dieses alles merkt euch wohl, und schreibt es in die anbefohlenen weichen Steine.

23. So seht denn, meine lieben Brüder, was der Wille Gottes ist; darum tut, wie euch geraten, und ihr könnt eben so leicht, ja und noch um tausendmal leichter ein selbständiges Volk bleiben ohne auch nur irgendeines Verlustes eurer Rechte. Daher werdet voll Liebe und Gnade, und ferne sei von euch der böse Eigennutz, dann werdet ihr bleiben, wie ihr seid, ein Volk Gottes. — Und nun schließlich ist es der Wille Gottes,

dass ihr nämlich diese Kästen über den Fluss einen nach dem anderen mittels Stangen über den Kästen miteinander verbinden sollt und da errichtet eine Brücke über den Fluss, damit wir auch das Land jenseits des Flusses betreten und davon dann willkürlich Gebrauch machen möchten.

24. Nun fallt nieder auf eure Angesichter, und dankt dem Herrn für diese hohe Gnade der Belehrung und Kundgebung Seines Willens zu unserem allergrößten Wohl und sagt mit mir:

25. ‚O Du großer, überguter, überheiliger, allmächtiger Gott, wir danken Dir im Staube unserer Nichtigkeit! Lass zu Deinen heiligen Ohren dringen unseres Dankes schwache Stimme aus der Tiefe unserer Bosheit, und sehe gnädig an unser demütiges und schüchternes Herz! O Herr, wir sehen nicht, wie groß die Leere unseres Gemütes ist; daher erfülle uns gnädig mit der Wärme Deiner Liebe, und ziehe nie Deine Gnade von uns armen Kindern der Sünde! Lasse uns, so wir uns je vergessen könnten, gegen Deinen heiligsten Willen zu handeln, ja nicht von Menschen züchtigen, sondern züchtige Du uns nach Deiner Gerechtigkeit und großen Milde, und schaffe uns um in unseren Herzen nach Deiner großen Barmherzigkeit, damit wir dereinst würdig werden möchten, Deinen Kindern nur im Geringsten zu gleichen! Und so bleibe Du unser aller großer, heiliger Gott und unser Herr, und werde dereinst auch unser lieber, heiligster, heiligster Vater! O Herr, erhöre unser Flehen und vernehme gnädigst unsere schwache Bitte! Amen.'

26. Nun denn geht und vollzieht alles nach Zeit und Rat, und überzeugt euch von allem, damit ihr sehen mögt, wie wahrhaftig und getreu der Herr ist; und habt ihr alles vollzogen und des Herrn nie vergessen vor und nach jeder Arbeit, und vor und nach jedem Mahl, vor und nach dem Schlaf, vor und nach dem Aufgang, und vor und nach dem Niedergang – und ganz besonders aber, so ihr euch beschlaft, sollt ihr vor und nach der Handlung über alles den Herrn um Seinen Segen bitten –, dann werdet ihr zeugen Kinder des Lebens und des Lichtes, im Gegenteil aber nur Kinder des Todes und der Finsternis.

27. Ich aber werde mein ganzes Leben hindurch hier in der Gegend des Flusses verbleiben, da wir gelandet sind; und dort über dem Fluss in jener weiten Grotte auf dem schönen Berg wird meine und meiner Kinder Wohnung sein, damit ihr mich allzeit finden mögt, sooft jemand ein Anliegen hat. Diese Grotte und den Berg gibt mir der Herr zum Besitztum aus Liebe zu euch, damit ihr mich allzeit finden könnt.

28. Euer aber ist das ganze, große, schöne Land. Ich werde nach dem Willen Gottes noch sehr alt werden und noch ein später Zeuge sein aller eurer guten oder schlechten Handlungen. Und von allen, die hier sind lebend, werde ich der Allerletzte sein und euch folgen vor das Angesicht des Herrn.

29. Ihr, meine zehn Begleiter, die ihr auch schon weise geworden seid, nehmt das Volk und führt und verteilt es weise im Land und lehrt sie, was ihnen nottut; und kommt, sooft der Mond voll geworden ist, zu mir des Rates und der Lehre wegen. Amen.“

30. Und siehe, als nun Meduhed beendet hatte seine Rede, da verneigte sich alles Volk vor ihm, fiel noch einmal ohne Geheiß des Meduhed zur Erde nieder und dankte Mir für eine solche heilsame Lehre, richtete sich dann wieder auf und nahm

ehrfurchtsvoll die Nahrung zu sich, lagerte sich dann zur Erde und rastete und betete mitunter, drei Tage lang. Dann erhob es sich, nahm die Werkzeuge und stellte zuerst die Brücke her, dann aber ging es unter der Segnung Meduheds auf seine fernere Bestimmung nach allen Richtungen des Landes und pries und lobte Mich allenthalben. Und da wurden, wie leicht einzusehen, viele dann weise von ihnen nach der Art Meduheds und lebten so als ein glückliches Volk bei neunzehnhundert Jahre, beinahe bis in die Zeiten Abrahams, und wurden nicht mitgenommen von der Sündflut Noahs.

31. Später aber fingen sie Meiner auch nach und nach an zu vergessen, da Ich sie zum gebildetsten und reichsten Volk der Erde gemacht hatte, und gefielen sich in allerlei Schnitzwerk und fielen dadurch völlig in die schwarze Abgötterei und Hurerei aller Art.

32. Und nachdem Ich ihnen sechshundert Jahre lang durch die Finger zugesehen hatte und sah keines und abermals keines zur reuigen und sich bessernden Umkehr auch nur irgend die allergeringste Miene machen, so erweckte Ich, wie Ich es ihnen schon durch Meduhed hatte androhen lassen, in der Gegend der heutigen Mongolei ein Volk zur allgemeinen Geißel und ließ es durch einen Engel, der unsichtbar war, hinführen nach Ihypon, machte ihnen eine Inselbrücke vom heutigen Sina aus, wovon noch heute mehrere Inseln in einer etwas gebogenen Reihe zeugen, dass sie trockenen Fußes wie die Israeliten übers Rote Meer und auch fast gleichzeitig dahin gelangten, bei welcher Gelegenheit Ich dann auch durchs Feuer der Erde um Ihypon eine Menge großer und kleinerer Inseln emporheben und entstehen ließ als allfällige Zufluchtsorte für einige sehr wenige Weise, welche allda in Grotten wohnten und Mir im Stillen dienten, bis Ich sie abrief von der Welt.

33. In solchen Grotten finden sich auch noch zum Zeugnisse Meiner Liebe solche bezeichneten Tafeln vor, welche freilich jetzt niemand lesen könnte, und zwar viel weniger noch als die Hieroglyphen Ägyptens, welche niemand außer nur ein vollends Wiedergeborener wird lesen können und nur hie und da einiges erraten irgendeine starke fleischkranke Seelenschläferin durch ihren auf ganz kurze Momente nur aufgewachten Kindgeist.

34. Und so findet sich auch in der Höhle (die früher oder damals Meduhedsgrotte hieß) jetzt noch das euch schon bekannte hohe Lied, wie auch noch einige bekannte Werkzeuge; jedoch ist diese Höhle jetzt unzugänglich, da sie sich auf einem hohen Berg befindet, was Ich später durch Feuer und bis jetzt noch andauernde große Erdbeben bewirken ließ.

35. Und so ist dieses Land noch heutzutage in der kaiserlichen, halbmongolischen und halb ur-ihyponischen Verfassung. Der Ungläubige reise hin und überzeuge sich; aber es wird ihm wenig nützen, so er nicht völlig die Wiedergeburt erreicht hat. Und hat jemand diese, der wird nicht nur die ganze Oberfläche der Erde, sondern auch die Tiefe derselben bis in den Grund mit hell verklärten Blicken schauen.

36. (Denn alles, was Ich euch hier gebe, ist wahr und getreu für Meine Kinder; denn Ich gebe es nicht der Welt, sondern Meinen schwachen Kindern. Daher sollen dieselben Meine Liebe und Weisheit und Meine Worte und Meine Gnade nicht mit dem Maßstab der Welt bemessen. Denn Ich will nicht glänzen vor der Welt, sondern

will von euch nur geliebt sein. Denn Ich habe der Sonnen genug, um der Welt etwas vorzuglänzen. So ihr aber Meine Schrift mit eurer Weltgelehrtheit bemängelt, was glaubt ihr, was Ich dereinst tun werde mit eurem Weltunsinn? Daher lernt es von Mir; wenn ihr erst werdet aus Mir gelehrt sein, dann erst werdet ihr sehen und erkennen, wessen Regeln höher stehen, – Meine oder die der Welt. Denn die Welt hat das Wort im Sinne, Ich aber habe den Sinn im Worte – daher derjenige gar gewaltig zerstreut, der nicht mit Mir sammelt!)

37. Bevor Ich euch noch in dieser Meiner Haushaltung weiterführen werde, will Ich euch kurz etwas bezüglich Meines Engels sagen[7], – namentlich aber denjenigen, welche fast in jeder Zeile einen sogenannten Grammatikalanstand genommen haben der Welt wegen. Da ihr Herz dabei nicht schalkhaft ist, so sollen sie, wo Mein schwacher Gehelmschreiber Meines neuen Wortes irgendein N-Strichel zu viel oder zu wenig gemacht hat zufolge einer in ihm schon alten, unaufmerksamen Gewohnheit, es nach ihrer Einsicht ergänzen, so auch das Unorthographische und die I-Tüpfel; aber wer es da wagen würde, auch nur ein Wort zu versetzen oder einen besseren Reim zu suchen oder irgendeinen abgängigen Fuß unnotwendig zu suchen, den werde Ich mit ärgerlichen Augen ansehen. Sucht nicht das Wort im Sinne, sondern den Sinn im Worte, wollt ihr zur Wahrheit gelangen; denn im Geiste ist die Wahrheit, aber nicht in der Wahrheit der Geist, was unmöglich sein könnte, da der Geist frei ist und jeder Regel vorausging, Wahrheit aus sich schöpfen lassend. Da ihr das schon sogar von euren Genies sagt, warum seht ihr hernach Meinen Geist mit gar kritischen Augen an, als wenn euch ein Schulknabe irgendein schlechtes Pensum gegeben hätte zur Korrektion?! – Daher, so jemand glaubt, Ich tauge mit dem Kleid nicht in die Welt, der behalte Mich daheim; es wird aber jedem verdienstlicher sein, Meiner Schrift eine aus ihr entnommene Regel hinzuzufügen als eine Weltkritik, – denn viel seliger ist Geben als Nehmen! Dieses versteht wohl! Amen.

Kapitel 35

Die Sihiniten in der Schule der reißenden Tiere

Am 27. Juli 1840

1. Nun wenden wir uns in die Schule der Hyäne und suchen unsere vierzehn Studierenden heim und wollen auch da noch wirksam vernehmen, wie weit es eigentlich dieses Völklein in dieser außerordentlichen Lehranstalt die kurze schon bekannte Zeit hindurch in der Besserung des Gemütes gebracht hat.

2. Sehet und merket wohl, und es soll da niemand haben ein verstopftes Ohr und ein geschlossenes Auge, um zu vernehmen noch ein kräftiges Wort aus dem Rachen der schon bekannten Hyäne, ebenso eines Tigers, eines Löwen, eines Wolfes und eines Bären. Denn die Menschen sind voll Lüge, und es kann da auch nicht einer etwas Wahres dem anderen sagen, da euch schon gar oft die Erfahrung gezeigt hatte,

---

[7] dies betrifft das Gedicht „Der Engel", siehe dazu *Psalmen und Gedichte* 1.7

wie sehr die Gelehrten in der Irre sind, da alle ihre Irrlehren durch andere verdrängt werden, die oft noch schlechter sind als die verdrängten und gebrochenen. Somit ist es auch für euch nicht überflüssig, feste Worte aus der Sphäre der ungeheuchelten Natur voll Mark und Kraft zu vernehmen und daraus auch ein gutes Notabene euch ins Herz zu schreiben, um daraus zu ersehen, wie wahrhaftig, gerecht und getreu euer aller heiliger, ewiger Vater ist.

3. Denn seht, als nun die Zeit in ihrer Bestimmtheit erfolgreich abgelaufen war, da trat nun wieder die Hyäne voll Grimmes vor die erschreckte Gesellschaft, um durch die Angst deren Gemüter desto aufmerksamer zu machen, und sprach mit von Mir zulassend gelöster, breiter Zunge aus weit geöffnetem Rachen, wie da folgt:

4. „Auf vom Tode, so will es der große, allmächtige Gott und Herr aller Seiner zahllosen Geschöpfe! Die kurze Zeit ist schnell verronnen; schnell haben Tage und Nächte über eurem schwachen Dasein gewechselt. Damals, als ihr daher von mir Hyäne durch den mächtigen Willen des allerhöchsten Gottes geleitet ward, saht ihr den Mond in seiner Fülle euch erleuchten die schroffen Pfade der wirren Höhen bis zur Höhle, die ich und meine Kinder bewohnten, und die wir euch willig abgetreten haben, damit ihr euch allda habt erlaben können in der frischen Kühle der Erde. Nun seht ihr wieder an den Mond und seht, wie er neuerdings groß und voll geworden ist, da er früher sich verloren hatte bis zur Nichtigkeit seines Lichtes und geworden ist dann ein Kind, dann ein Jüngling und nun wieder geworden ist gleich einem Mann voll Kraft und Majestät.

5. Was euch nun dieser unablässig in kurzen Zeiträumen vollsinnigst belehrend zeigt, das sollt ihr einmal in eurem Leben getreu nachahmen. Es soll und muss euer Weltlicht abnehmen gleich dem Licht des Mondes, damit ihr fähig werdet nach eurer gänzlichen Hingabe des früheren Weltlichtes – was euer hochmütiger Verstand ist –, ein neues Licht aus den hohen Himmeln aufzunehmen, welches da ist eine wahre Liebe ohne Eigennutz und daraus die Gnade des großen, heiligen Gottes.

6. Seht, so wie ich jetzt mit euch rede, so kann auch jedes Ding für euch sprachfähig werden durch die gnädige Zulassung von oben. So ihr aber verstockten, herrschsüchtigen Herzens bleiben werdet, dann fallt nieder vor uns, euch gemahnend an diese Rede, und denkt, wie tief unter uns ihr steht – und wie hoch die Kinder Gottes über uns!

7. Denn sagt, welches Tier habt ihr je das andere beherrschen gesehen? Welches Tier habt ihr gesehen sich etwas zueignen? Welches Tier habt ihr gesehen je etwas dem anderen wegnehmen? Oder habt ihr uns je untereinander morden gesehen oder lügen und betrügen oder treiben Hurerei bloß zur Befriedigung der Wollust?

8. Sagt, wann habt ihr von uns eine Handlung begehen gesehen, welche nicht wäre unserer Natur gemäß gewesen vollends?

9. Wäre es denn nicht billig, dass die Tiere von euch erlernt hätten den nützlichen Gebrauch ihrer Kräfte; und nun, wie ihr seht, müssen wir reißenden Bestien euch Sanftmut und des Lebens weisen Ernst erst zeigen und lehren! O schämt euch, ihr Herren der Welt, da eine Mücke, die um meine Ohren säuselt, mehr Weisheit besitzt, als ihr und ganz Hanoch mit den zehn Städten sie besitzt; denn ist

auch die Dauer ihres Lebens nur kaum auf einige Tage beschränkt und ihres Wirkens keine sichtbare Spur vorhanden, so hat sie aber selbst in dieser sehr kurzen Lebensdauer unendlichmal mehr getan als ihr seit den Zeiten Kahins mit all eurer Städteerbauung und Brüdermarterung, denn sie erfüllte den in ihr waltenden Willen Gottes und hatte dankbare Freude dieses eitel kurzen Daseins. Allein ihr ewig leben sollenden Menschen konntet vergessen eures Wertes in euch und noch mehr des unendlichen Wertes der überheiligen Liebe des ewigen, heiligen Gottes in eurem Geist!

10. Wir toten Wesen freuen uns dankbar des stummen, kurzen Lebens, und ihr Lebendigen könnt Freude haben, den Unrat des Todes mit gieriger Zunge zu lecken!

11. O Du großer, heiliger Gott, warum hast denn Du nicht lieber lauter Hyänen, Tiger, Löwen, Wölfe und Bären erschaffen, die da allzeit tun Deinen heiligen Willen?! Und nie hättest Du gedenken sollen zu erschaffen auch nur einen Menschen, der da nicht nur Deines so überheiligen Willens, sondern sogar Deiner Selbst vergessen konnte!

12. O seht her, ihr schönen, glatten Menschen, seht meine abschreckende, zottige, elende Gestalt; ist sie nicht, als wäre sie in des Gottesfluches Nacht gehüllt und die eure dagegen in den höchsten Segen der ewigen Liebe?

13. Aber wie ist es denn, dass unter der Hülle des Todes Dank dem Schöpfer, – und unter eurer Haut des Segens Spott, Hohn, Verachtung und endlich sogar gänzliche Vergessenheit Ihm entgegeneilt?!

14. Daher kommt es, dass ihr euch zum Auswurf der Hölle durch euren Ungehorsam gemacht habt, während mein Geschlecht in aller Knechtschaft der göttlichen Macht, um viele Jahrtausende vor euch über die Fluren der Erde wandelnd, in seiner Wildheit hartem Druck doch nie aus der ihm von Gott angewiesenen Ordnung undankbar trat!

15. O bedenkt wohl diese Worte einer reißenden Bestie, und erhebt euch zur Würde, auch wahre Geschöpfe genannt zu werden, und seht, ob es euch einmal gelingen wird, Menschen genannt zu werden, und denkt dann, wie hoch noch dann die Kinder Gottes über euch stehen werden, und dass ihr ihnen wenigstens ähnlich, wennschon nicht gleich werden könntet und auch sollt. Meine Rede ist zu Ende; ihr aber bleibt und vernehmt noch ein anderes Geschlecht! Amen."

16. Und seht, als nun die Hyäne diese eindringliche Rede vollendet hatte, da sprang in grimmer Hast ein mächtig großer Tiger vor die eingeschüchterte Gesellschaft, blickte sie furchtbar ernst an und wandte, seine Rute behände schwingend, sich dann an den Redner und Anführer, sah ihn eine Weile starren Blickes an, sperrte endlich weit auf seinen tödlichen Rachen und begann dann wie folgt zu reden, sagend:

17. "Sihin! Das sei dein Name, – das heißt, dieser Name sage dir, dass du ein Sohn des Erdenhimmels bist, der da ist ein Himmel der Tiere, die da haben eine Seele aus dem Feuer der Sonne, welche redend geworden ist zu eurer Seele, die da eine Seele ist aus Gott, gegeben euch zur großen Schande vor mir und allen Blutschmeckern der Wälder und Gebüsche, da sie vergessen hatte des großen Gebers, während unsere Seele sich noch nie ein Haar breit über dessen Ordnung gewagt hatte, obschon auch wir mit den nämlichen fünf

Sinnen begabt sind wie ihr und haben ein Gedächtnis, eine Begierde und unterscheiden Erde und Wasser, Feuer und Luft, nass und trocken und unterscheiden Tag und Nacht, hoch und nieder, steil und eben, warm und kalt und haben auch eine sehr scharfe Sehe, vor der sich sogar ein verdorbener Geist nicht verbergen mag, sondern wie todfurchtsam vor ihr darniederschaudert, da er vor sich sieht einen unerbittlichen, starken, mutvollen Richter, der gekommen ist, die erste Enthüllung mit ihm vorzunehmen und zu zerreißen dessen Kotpallast, und zu trinken dessen unreines Blut, damit nicht die geheiligten Berge damit verunreinigt werden sollen.

18. Ihr alle hattet es mit eigenen Augen gesehen, was dem Heer Tatahars nicht ferne von hier widerfahren ist; meint ihr, dass euch die Esel und Kamele geschützt haben vor unserem gerechten Grimm? – O nein, ihr würdet euch sehr irren, so ihr dieser grundfalschen Meinung wäret! Gott hat uns geboten, eurer zu schonen; und es gab auch nicht eines unter uns, welches nicht alsogleich gehorcht hätte dem Willen des allmächtigen Schöpfers!

19. Und ihr Menschen, die nicht nur die edelsten Sinne, sondern noch dazu eine unsterbliche Seele und in derselben einen göttlichen Geist habt, ihr konntet Gott vergessen und gänzlich unbeachtet lassen dessen allerheiligsten Namen und Willen?

20. O du elendes Geschlecht, du verruchtes Menschenwesen, du wahres Moderscheusal der weiten Erde! Sage, was bist du, oder was willst du sein, wenn dir Gott, der Heilige, dein liebevollster Schöpfer, durch den allein du, wie alles, nur bist und bestehst, zunichte geworden ist?! Er, der dir dazu noch die vollste Freiheit aus zu übergroßer Liebe schenkte, um dich

Auswurf der Hölle einst näher und näher an Sein liebendes Vaterherz zu ziehen! Dafür, dafür muss Er, der liebevollste, heilige – O Du großer Gott, unterstütze meine Kraft, die mich beim Anblick dieser Scheusale verlassen will, damit ich vollziehen kann Deinen heiligen Willen! – Vater, verflucht und vergessen werden!

21. Seht das Gras! Es lobt Gott, denn es kennt in seiner Stummheit Gott, und ihr wisst in eurer lebendigen Freiheit nichts von Ihm! Ja, seht diese Berge, seht die Steine, seht die Wasser, seht uns, ja alles, was nur euren Blicken, Ohren und anderen Sinnen begegnen kann, lobt, ehrt und preist Gott, – und alle Himmel sind voll Seiner großen Gnade, Seines Ruhmes und Seiner unendlichen Ehre! Und wovon seid denn ihr erfüllt, dass ihr Ihn aus den Augen und Herzen so ganz habt verlieren können?!

22. Kurz – zu Ende sind meine Worte! Es wäre mir nicht möglich, euch länger anzuschauen und mich zu enthalten von der gerechten Wut! Daher verlasse ich euch nach dem Willen des Höchsten und sage euch nur noch zum Schluss, dass ihr – so euch die ewige Liebe aus unseren sanften Klauen gegen eure Hände, die noch vom Bruderblut dampfen, ins Freie geleiten wird und euch setzen wird zu einem Volk der Erde – gedenken sollt, was euch hier ein grausamer Tiger, aus dessen Augen Blutgierde grinsend und helllodernd brennt, doch gegen euch wie ein Lamm, nach dem Willen Gottes gesagt und gezeigt hatte!

23. Lernt es von der Natur, so euer Herz stumm geworden ist gegen die so laute Stimme Gottes! Amen."

24. Und als sogestalt vollendet hatte der Tiger seine Rede, stark und wirksam, so

kam nun die Reihe an den Löwen, der auch plötzlich, hinter einem Dickicht lauernd, aus demselben riesig hervorsprang und vor den schon etwas mutiger gewordenen Augen Sihins eine feste Stellung nahm, seinen Rachen weit aufsperrte und, wie erwähnt, ebenfalls zu reden begann, nämlich sagend: „Hört, ihr Tauben, und seht, ihr Blinden, sein wollende Machthaber der Erde, ihr starken Könige, Fürsten und Herren der Welt in eurer Mückenschwäche! Was meint ihr, was wohl die erste Pflicht wäre für ein freies Geschöpf, das da seine ihm von Gott verliehenen Kräfte willkürlich gebrauchen kann, das da durch nichts gehemmt ist und sein kann, zu denken aus der Liebe des großen, allmächtigen Schöpfers?

25. Seht, ihr starrt mich an wie ein zerschellter Steinpflock, und wisst weniger als ein modernder Baumstamm! Wäre es nicht die erste Pflicht, zu trachten nach Dessen heiligstem Willen, der euch, wie mir, das Leben gab – und zwar euch ein unsterbliches, mir aber ein sterbliches –, und zu erfüllen denselben bereitwilligst und zu erreichen dadurch die verlorene Gnade, die da verzehrt hatte euer dickster Ungehorsam?!

26. Tatet ihr je das, oder tut ihr's vielleicht jetzt? – O nein, ihr habt Gott noch nie erkannt; und was man nicht kennt, gegen das ist man auch aller Pflicht enthoben, – das ist euer schnöder Trost. Ich aber muss es sagen und fragen, wie es denn eigentlich ist, zu vergessen Dessen, an den euch doch jeder Tag und jede Nacht hätte stark erinnern sollen, und laut verkünden Seine große Majestät die aufgehende Sonne, der Mond und die hellen Sterne.

27. Seht, ich bin ein starker, grausamer Bewohner dieser unwirtbaren Gegend voll toter Steine und stechender, dorniger Gebüsche, muss mir mühsam und notgedrungen von meiner Natur auch grausam meine elende Nahrung suchen und nehmen dankbar, was mir Gottes Gerichte kärglich nur zukommen lassen, und darob oft tagelang den wütendsten Hunger dulden und leiden. Daher sage ich euch, so jemand mir in meiner großen Not auch nur mit einigen Tropfen Wassers zur Stillung meines brennenden Durstes entgegenkäme und labte damit meine dürr gewordene Zunge, – wie ein Schutzengel würde ich ihm dankbar folgen, teilen mit ihm meinen letzten Bissen und sterben aus Liebe zu meinem Wohltäter!

28. Aber ihr Menschen – nicht nur, dass ihr eure für euch arbeitenden Brüder schlagt, martert und tötet – seid sogar Gott undankbar, flucht Seinem Segen und verdammt Seine Gnade und verkehrt dessen große Liebe in den giftigsten Unrat der Schlange!

29. O Lamech, Lamech! Die Wälder wolltest du anzünden, um uns zu vernichten, da wir gehorsam waren dem Willen des großen Gottes. Was sollen denn aber wir tun dir, der du Gottes vergessen hast, und ermordet hast deine Brüder, und wolltest uns vor den Gerechten blutschuldig machen?!

30. Seht, wir suchen keine Rache, obschon uns wohl bekannt sind dessen Pläne; aber nur ihr undankbaren Menschen wollt euch rächen an den Schuldlosen! Daher lernt es von mir, dankbar sein und Gott gehorsam; dann erst tretet hinaus und werdet, wozu euch Gottes höchste Liebe gemacht und berufen hat! Amen."

31. Und siehe, als nun der Löwe vollendet hatte seine Rede, da kam auch der Wolf geschlichen, fing an, dieser nun schon wohl geweckten Gesellschaft eine gute Predigt zu halten, und ermahnte sie ernstlich zur Pflicht des Gehorsams und gegenseitiger Liebe in Gott und aller Seiner Kreatur, indem er sagte:

32. „Seht her, vor euren Augen und Ohren und schüchternen Herzen stehe ich, ein gefürchteter, reißender Wolf, berufen und geweckt von der großen Barmliebe des allmächtigen, heiligen Gottes – der da ist eine ewige Kraft, voll des allerhöchsten, vollkommensten Lebens aus und in Sich, unsichtbar allen Wesen, die sich ungeheiligt in Seiner Gnade gemacht haben, da Er der Allerheiligste ist –, euch anzuzeigen Seinen heiligen Willen, dessen ihr auf eine so schmähliche Art brudermörderlich vergessen habt in aller Selbstsucht, Eigenliebe, Herrschsucht und daraus auch in aller Verachtung dessen, was euch nur irgend an das Dasein des großen Gottes und dessen unantastbarer Heiligkeit hätte erinnern sollen und können.

33. Daher erweckte zu eurer großen Demütigung und unaussprechlichen Beschämung die ewige Liebe gerade uns, die allerverachtetsten und gefürchtetsten Bestien, euch zu predigen fürs Erste Gehorsam in aller Sanft- und Demut, und fürs Zweite euch Blinden zu zeigen durch unser Handeln und Wandeln, wie nun auch durch das Wort von unserer gelösten Zunge, kräftig und eindringlich den Willen Gottes an euch unsterblich sein und werden sollende Menschen.

34. Und dieser heilige Wille, in welchem alle Kraft und Macht, alle Weisheit und Stärke, das ewige Leben und die allerseligste, wonnevollste Freiheit besteht und bestehen wird ewig, lautet also: Ihr alle seid vollkommen gleich vor Gott, somit Brüder und Schwestern; daher soll sich keiner auch nur je träumen irgendeinen Vorzug vor den übrigen. Denn da soll weder Stärke, Schönheit, Jugend, Alter, Tugend, Weisheit oder was immer euch je zu irgendeiner Vorzüglichkeit das Recht einräumen, sondern mit allen diesen Vorgaben sollt ihr nur in aller Liebe und Ergebung in den göttlichen Willen einander beispringen und aushelfen den geflissentlich minder Begabten, damit euch eine Gelegenheit würde, zu üben die göttliche Tugend der ewigen, euch eingepflanzten Liebe des so überguten Schöpfers. Denn nur aus reinster, größter Liebe hat sich Gottes allmächtige Heiligkeit bewegen lassen, zu erschaffen aus Sich euch schlechte, undankbare, Ehre, Liebe und Gottes vergessende Menschen und dann noch eine zahllose, unendliche Menge von Wesen aller unübersehbaren Arten euretwegen, die euch in jeder möglich denkbaren Art dienen sollten.

35. Allein ihr dreimal Blinden und Übertauben seht und vernehmt nichts von allem dem, was euch nur hätte allzeit frommen sollen, sondern eure schändliche, unordentliche, geile Sinnlichkeit und Fleischliebe hat euch verfinstert in allem und so geworfen in die Klauen des gerechten, verdienten Todes!

36. Daher bedenkt, was ihr sein solltet und könntet, und was ihr jetzt seid: nichts als elende Larven und Schlangenpuppen der Hölle!

37. Ändert eure Sinne, ordnet eure Begierden, wascht euch mit der Liebe, werdet einander gleich in der Demut, im Gehorsam und in der wohlgeordneten Zucht

eurer Kinder; lasst ab von der Hurerei und zeugt im Segen Gottes eure Kinder, und seid denselben wahre Väter und Mütter in der Liebe und Gnade Gottes; lehrt sie vorerst gehorchen eurer weisen Liebe und darinnen finden die große Liebe, den heiligen Willen und so auch die unschätzbare Gnade Gottes; dann werdet ihr erst erkennen, dass nicht wir bösen Tiere, sondern Gottes Liebe durch unsere gelösten Zungen solche heiligen Worte an eure Ohren gnädigst gerichtet hat!

38. Und werdet ihr werden, wie euch gelehrt nun hat die Liebe des ewigen, heiligen Schöpfers, dann werdet ihr nicht nur Tiere, wie ihr eben erfahrt, sondern alle Kreatur für euch sprachfähig finden, und der Tod wird sich verlieren aus euren Herzen, und mit lebendigen Augen und weitgeöffneten Ohren werdet ihr die Tiefen der göttlichen Wunder in großer Klarheit vernehmen. Bedenkt wohl, was euch hier ein Wolf gewiss wunderbar gepredigt hat, und denkt daraus in euren gebrochenen Herzen, wie der ewigen Liebe und Heiligkeit Gottes alle Dinge gar leicht möglich sind, – und ihr werdet dann noch viel seltsamere Dinge in euch gewahr werden durch die Gnade Gottes! Amen."

Kapitel 36

Rekapitulation des Sündenfalls. Die Gründung von China

1. Und seht, als nun der Wolf, wohlgemerkt: ein Wolf, sage Ich – vollendet hatte wunderbar diese Rede voll Weisheit aus Mir, da sprang er freudig ins Freie, und ein großer Bär stand auf einmal, wie ihr zu sagen pflegt, wie aus den Wolken gefallen vor der in sich gegangenen, zerknirschten Gesellschaft und blickte sie wirren, unsteten Blickes an, als wollte er dadurch anzeigen, dass ihr Gemüt noch gleich seinen Augen wirr und unstet ist. Wohlbezeichnend dadurch ihren Gemütszustand, öffnete endlich auch er seinen Rachen und fing nach Meinem Willen an, feste und dadurch sehr befestigende Worte voll Ernstes und Würde an sie zu richten, sagend nämlich:

2. „Was ist Gott, was seid ihr, und wer bin ich? Nachdem Gott, der Ewige, Heilige, Allmächtige diese ganze sichtbare, unendliche Welt mit all den Sonnen, Erden, Monden, Meeren, Bergen, Tälern und großen Landebenen aus Sich durch Sein allmächtiges, wesenhaftes Wort gemacht hatte und dann darauf gesetzt hatte Gewächse aller Art, als da sind Gräser, Kräuter, Sträucher und Bäume, und zwar nach Seiner weisen Ordnung eines nach dem anderen, so auch dann etwas später in derselben Ordnung nach und nach Tiere aller erdenklichen Art, und gesehen hatte, dass alles dieses vollkommen Seiner Heiligkeit gemäß gut war, da sprach Seine Liebe in Sich Selbst zu Gott in der Mitte dessen unendlicher, allermachtvoller Heiligkeit:

3. ‚Nun ist alles wohl zubereitet; so lasst Uns denn auch den Menschen machen aus dem feinsten Lehm der Erde als ein vollkommenes Ebenbild aus Mir nach Meiner Liebe sowohl als auch Meiner Gnade, damit Wir erkannt und gelobt werden möchten von einem selbständigen Leben außer Uns, und damit auch dereinst alle Kreatur in und durch denselben möchte erlöst werden, um zu gelangen dadurch wieder zum freien Bewusstsein ihres zweckdienlichen Daseins aus Mir!'

4. Und seht, wie beschlossen, so ward es auch alsogleich vollends ausgeführt.

Nun stand nach wenigen Augenblicken der freie, ewige Mensch da in aller seiner herrlichen Majestät, ausgerüstet mit allen unendlichen Vollkommenheiten, Vorzügen und noch größeren Fähigkeiten zur Erreichung von noch unendlicheren Vollkommenheiten der Ähnlichwerdung mit seinem urheiligsten Ursprung, nämlich zur Ähnlichwerdung seines großen Gottes aus und in aller geistigen Heiligungssphäre.

5. Er hatte Macht, zu reden mit aller Schöpfung, und da war keine Sonne so hoch und weit gestellt, die da nicht vernehmen hätte können dessen starke, fragende Stimme; auch hätte sich da kein allergrößter Engelsgeist gewagt, dem großen Frager und Redner eine Antwort schuldig zu bleiben.

6. Und Gott, Selbst sichtbar Seinem Liebling, redete und sprach mit ihm wie ein Bruder zum anderen, sagend nämlich: ‚Sieh Mich an, Mein geliebter Adam! (Denn so hieß und heißt noch lebend dieser erste Mensch.) Nicht um dich zu prüfen, sondern um dich ganz vollkommen frei und somit Mir dich gleich mächtig wie eins zu machen, gebe Ich dir ein leichtes, kurzes Gebot nur auf eine sehr kurze Zeit; dieses sollst du halten die Zeit hindurch, da Ich bald wieder zu dir kommen werde. Und hast du es gehalten treu, so will Ich bei dir bleiben, und so sollst du dann mit Mir alles wie eins haben.

7. Siehe, alles muss sich fügen deiner Macht; aber siehe dort in geringer Ferne einen Baum mit schönen Früchten beladen; diesen habe Ich noch nicht gesegnet aus einem wohlweisen Grund. Daher sollst du nicht eher verkosten den süßen Saft des Apfels; denn an dem Tag, da du davon essen wirst vor Meiner segnenden Wiederkunft, wirst du sündigen, dich verderben und schwach, matt, blind, taub und sterblich machen! O Mein geliebter Adam, bedenke wohl die Worte deines liebevollsten Schöpfers, und verderbe Mir ja nicht Mein so weit schon gediehenes, größtes Werk Meiner Liebe und Weisheit!

8. Denn nun hängt es nicht mehr ab von Mir und aller Meiner Allmacht, sondern einzig allein nur von dir vermöge deiner von Mir dir schwer verliehenen Freiheit deines Willens.

9. Du kannst dich nun erhalten oder verderben! Daher halte dies leichte Gebot und werde dann ein zweiter Gott aus Mir und in Mir!'

10. Und seht, es wechselte der Tag kaum siebenmal mit seiner lichtlosen Begleiterin, als auch schon dieser erste, von Gott so überhoch und ganz frei gestellte Mensch durch den wollustvollen, verderblichen Anblick seines zweiten Ichs schwach, taub, blind und dennoch wissentlich zu seinem eigenen größten Schaden Gottes vergaß und böswillig dem so leichten und der allerhöchsten Liebe vollsten Gebot seines so überguten und heiligen Schöpfers ungehorsam wurde.

11. Darob ergrimmte der Ewige, Heilige und zerstörte die ganze sichtbare Schöpfung vor dem Angesicht des reuigen Frevlers. Auch nicht ein Stein, der da die Größe eines Apfels hätte, blieb verschont, wie auch kein Tier, welches auch schon Jahrtausende vor dem undankbaren Menschen dankbar über die noch mageren Fluren der Erde wandelte. Da fand alles den völligen Untergang in dem unendlichen Meer des göttlichen Zornfeuers.

12. Gott war nichts mehr heilig; schuldig oder unschuldig, – das war dem großen Zorn einerlei. Über und in allen unendlichen Räumen donnerte Seine Stimme

furchtbar gewaltig aller Kreatur ewige Vernichtung. Die Welten erbebten, sich lösend in ihren Fundamenten, und die Trümmer flohen heulend und furchtbar wehklagend von einer Unendlichkeit zur anderen vor dem ergrimmten Angesicht Gottes.

13. Allein hier geschieht etwas, was in alle Ewigkeit kein Engel begreifen wird: Während Er, der Heilige, mit Seiner Rechten alles vernichtet im Zorn, der Entheiligung durch die Sünde des großen Frevlers wegen, schützt Seine gleich heilige Linke den weinenden Sünder! Und nur eine kleine Träne des Sünders fiel in das so mächtig grausam zornglühende Auge Gottes, und seht, aller Zorn war verschwunden, und schon lächelte eine neue Schöpfung in und aus allen endlosen Räumen den ungehorsamen Menschen an, und die Erde und alle Welten wimmelten wieder fröhlich von zahllosen Geschöpfen zum Dienst des ungehorsamen Menschen.

14. Wie er war vor der Sünde, so blieb er begnadigt nach derselben noch fast über dreißig Jahre in aller unbegreiflichen Macht und Kraft, – und fiel wieder, da er stolz vergaß im Taumel der Wollust seines so liebevollen Schöpfers. Der Schöpfer trieb ihn, das heißt (auf Seinen Händen tragend) aus dem Paradies, während an einem anderen Ort die Wüste erblühen musste unter dem Fußtritt des großen Sünders.

15. Den Brudermörder Kahin strafte Er mit einem überfruchtbaren Land, weil er geweint hatte über seine Untat, und befreite ihn noch überdies aus den Klauen seines Sohnes Hanoch und schenkte ihm das Meer und alles Land in selbem; so ebenfalls den Meduhed mit seinem großen Volk; und nun bewährt sich dessen unendliche Liebe wieder neuerdings an euch, und

Sein Herz ist nicht einmal verschlossen vor dem größten Frevler Lamech!

16. O seht, seht, ihr unwürdigsten Menschen, welche unendliche Liebe Gott zu euch hatte und trotz aller eurer unaussprechlichen Sünden noch immer hat!

17. Hört aus mir Seine Stimme euch verkünden Seine Gnade! Seht hin dort gegen Mittag ein großes Land schon wohl bereitet für euch; seht, wie euch unsichtbar Er schützte an Seinem großen, liebevollsten Herzen vor unserem gerechten Grimm!

18. Und hört, soeben, wie ich meine gebotene Rede an euch werde vollendet haben und ihr weinend niederfallen werdet vor Seiner Liebe, wird Er durch einen Engel sichtbar euch ergreifen und sanft geleiten hin in jenes schöne, schon bezeichnete Land.

19. O Menschen, bedenkt, was Gott ist, was ihr seid und sein könnt und sollt durch Seine unendliche Liebe; bedenkt aber auch in eurer Gnade von Gott, wer und was wir armen verachteten Tiere sind und umfasst gleich Ihm – der nicht nur euer Schöpfer wie der unsrige, sondern euch ein wahrer Vater sein will und eigentlich schon lange, lange ist und war, ehe noch die Welt und wir gemacht waren – mit Seiner Liebe alle Geschöpfe uneigennützig und bedenkt: Auch wir stummen und sprachlosen Wesen freuen uns des Lebens. Daher lasst in eurer Liebe aus Gott einst am großen kommenden Tag auch uns erschauen ein neues Licht des freien Lebens aus Gott, in dem alle Kreatur leben soll und wird ewig!

20. Nun fallt nieder vor Gott, eurem heiligen Vater, und weint reuige Tränen der wahren Liebe, – dann aber lasst euch lobwillig erheben von der sanften Hand des allmächtigen Schöpfers, nun auch

eures liebevollsten Vaters, und geleiten von Seiner segnenden Rechten ins bezeichnete Land, und werdet da ein Volk, wie zu sein euch noch mächtig lehren wird Sein eigener, heiliger Mund durch die Lippen eines großen Bruderengels! Amen."

Am 3. August 1840

21. Und seht, als nun der Bär beendet hatte seine Rede, da entschwand er schnell aus ihrem Angesicht, und an dessen Stelle befand sich im Augenblick ein Engel, angetan mit einem weißen Lichtgewand, und dieser Engel war der fromme Ahbel, der eigentlich schon unsichtbar durch die Seele der Tiere sprach (was eigentlich allzeit der Fall ist, dass, sooft irgend Naturgegenstände redend werden durch den Mund eines Sehers und Propheten, da irgendein Engel aus den Dingen in die Seele des Sehers und Propheten und dieser erst dann mit entsprechenden naturmäßigen Worten es entweder selbst schreibt oder leichter jedoch alsogleich in bündiger Rede spricht, was freilich nur der Seher und Prophet begreift, warum das eine schwerer und das andere leichter ist, aus welchem Grunde schon selbst die Apostel mehr geredet als geschrieben haben, wie alle früheren Seher und Propheten).

22. Als somit diese vierzehn Menschen beiderlei Geschlechtes des Engels erst vollends ansichtig wurden, da erst begann dieser aus Mir ein gar sanftes Wort an sie zu richten und sprach, wie da folgt, getreulich wahr, nämlich:

23. „Kinder Kahins, meines arg gewesenen Bruders, der noch lebt und leben wird fürder durch aller Erdenzeiten Walten bis ans Ende aller Zeiten körperlich, unerreichbar allen Sterblichen bis ans baldige Ende

aller Bosheit, allwo den späten Nachkommen nach der großen Zeit der Zeiten der Allmächtige durch einen kleinen Seher große Dinge kundgeben wird und wird erwähnen ausführlich eures argen Urvaters (was soeben geschieht und schon geschehen ist), bedenkt wohl, was ich euch hier sagen und kundgeben werde nach dem allerheiligsten Willen Gottes, des allmächtigen, ewigen Schöpfers, wie auch des liebevollsten Vaters aller Engel und Väter und Menschen! Ihr habt vernommen die gar köstlichen Worte aus den Mäulern der reißendsten Tiere, welche Gott gesänftet hat durch mich und sprachfähig gemacht hat für euch, die ihr verdorben wart mehr denn alle diese Tiere durch die große Bosheit der Schlange Hanochs und nun vorzüglich des Lamech, der da geworden ist ein großer Täter des Gräuels, vor dem nun alle Schöpfung einen furchtbaren Abscheu hat, und auf dessen Nacken schon weltenlastenschwere Gerichte Gottes rasten und haben ein aufmerksames Auge auf das schon beinahe ganz voll gewordene Gefäß von Untaten über den Sternen.

24. Da ihr also die Jüngsten wart und noch seid, die da genötigterweise sich haben müssen mit dem Schlangenheer Tatahars vereinigen wider ihren etwas besseren Willen, so hat sich die unermessliche Liebe Gottes eurer erbarmt und ließ euch fürs Erste erkennen den unendlichen Frevel Lamechs, des Gottesleugners, in seiner überhoffärtigen Herrschwut. Dann führte sie euch hierher auf eine wundersame Weise in kurzer Zeit eine so lange Strecke, die ein gewöhnlicher Gang eines Menschen kaum in einhundertzwanzig Tagen würde zurückgelegt haben, nachdem sie euch vor allem dem gerettet hatte aus den tödlichen Klauen der Bestien, da der

verruchte Tatahar sein gerechtes Gericht fand, und zeigte euch dann durch den Tod euren Tod selbst und sandte mich nun zu euch, der ich lange schon durch und durch lebendig, um euch zu erwecken aus dem Schlaf des Todes und euch zu zeigen das Leben in der Demut und im steten freiwilligen Gehorsam gegen den allerheiligsten Willen Gottes und euch zu führen in ein Land, das die ewige Liebe Gottes für euch wohl bereitet hat. Und so ihr euch ganz werdet in der Liebe zu Ihm in aller Demut erkannt haben, dann erst werdet ihr auch durch die hinzukommende Gnade erkennen des Lebens wahren, heiligen, größten Wert in euch und daraus erst den allerheiligsten und allergrößten in der ewigen Liebe des heiligen, allmächtigen Schöpfers aller Dinge und liebevollsten Vaters aller Engel und Menschen nicht nur dieser Erde, sondern von noch zahllosen anderen Welten, von denen ihr bis jetzt noch nie eine Ahnung gehabt habt; denn das zu wissen ist bloß gegeben den Kindern und den Engeln Gottes.

25. Doch aber werden sich einst Welten vor dieser Erde neigen, da ihr Licht größer wird als das aller Himmel, denn da wird einst leuchten Gottes Heiligkeit allen Völkern, die eines guten Willens sein werden. Und so ihr getreu verbleiben werdet in der Demut und im freiwilligen Gehorsam gegen den allerheiligsten Willen des ewigen, großen Vaters, so wird dieses Licht auch zu euch dringen und euch lebendig machen durch und durch; jedoch, so ihr euch je erheben solltet oder könntet eines über das andere, dann wird dieses allerhellste und allerheiligste Licht, aus der innersten Tiefe Gottes ausgehend, zu euch nur kommen wie das Licht der entferntesten Sonne der Schöpfung in die finsterste Nacht der Erde.

26. Seht, die Nachkommen Lamechs werden ihres Hochmutes wegen bald mit ihren Häuptern das Firmament erreichen, es durchstoßen mit ihrer verruchten, blinden und tauben Starrheit als finstere, böse Frevler an der Stelle gerade, da das große Gefäß, schon beinahe jetzt ganz voll von Gräueltaten aller Arten, sehr gebrechlich steht. Dieses große Gefäß wird dann zur Erde voll von Sünden und der schrecklichsten Gerichte Gottes stürzen; da werden dann in den Hurenschlammfluten des Frevels ersaufen und ersticken alle Täter des Übels und werden mit sich reißen eine übergroße Anzahl der Kinder Gottes, die da sich werden von den Töchtern der Schlange in ihren Herzen gefangen nehmen lassen und werden mit ihnen treiben die schändliche Hurerei und zeugen Kinder des Zornes und des Fluches Gottes, die da werden genannt Kinder der Hölle und Säuglinge des Drachen, und werden da nicht mehr denn acht Personen geschont werden.

27. Jedoch bevor alles dieses geschehen wird, wird der Herr dreihundert Jahre hindurch lassen Lehrer und Propheten kommen, die sie warnen werden vor Seinen Gerichten und werden ihnen predigen die Buße zur Vergebung ihrer Sünden und zur völligen Änderung ihres todvollen Höllennachtscheinlebens und werden ihnen zeigen die Spur des wahren Lebens aus Gottes unendlicher Barmliebe und Gnade und werden ihnen wunderbar sogar im Kleinen zeigen die Art der bevorstehenden großen Gerichte Gottes.

28. Dann wird es geschehen, dass die arge Brut die Lehrer und Propheten ergreifen wird und wird sie teils töten, teils umschlingen mit ihren Schlangenarmen und wird sie hinabziehen in den Pfuhl ihrer

Hurerei und sie verderben und töten am Geiste und sie selbst noch dazu auch zu Mördern ihrer eigenen Kinder machen (NB. wie bei euch jetzt in euren Mir überaus wohlgefälligen Ressourcezeiten!).

29. Dann wird Gott den letzten Lehrer – einen Bruder des einzigen gerechten Sohnes, der da heißen wird Noah, das heißt ‚der gerechte Sohn', namens Mahal –, auf dessen eigenwilliges Verlangen noch bereisen lassen die Städte des Gräuels und predigen daselbst. Dieser wird Übles erfahren und selbst übel werden, am Ende Gott verlassen und zugrunde gehen im Pfuhl.

30. Dann erst wird das erwähnte Gefäß, der Sünde und des Gerichtes voll, zerbrochen und mit allem Fluch beladen zur Erde geschleudert werden und entzünden dieselbe an allen bösen Punkten aus ihrem Zentrum, und nur um der wenigen Gerechten willen wird dann die Barmliebe Gottes die gewaltigen Schleusen des Himmels öffnen und hohe Fluten selbst über die höchsten Berge wälzen zur Sänftung des Höllenfeuers und Erhaltung und Reinigung der Kinder, wie auch der Erde selbst zur Tragung eines besseren Geschlechtes nach dem Willen Gottes.

31. Jedoch sollt ihr weder von dem Feuer noch von den Fluten heimgesucht werden, so ihr demütig gehorsam beobachten werdet den euch nun geoffenbarten Willen Gottes, der also liebevoll lautet:

32. Euer erster Gedanke sei Gott, Sein Wille, Seine Liebe und Gnade; und so der Tag sich der Nacht in ihre sternschimmernden Arme begeben wird und der schönen Sonne Gottes letzter Strahl sanft verklingen wird über die weiten Fluren der Erde, sollt ihr euch in diesen prüfenden Lichtgedanken eures unsterblichen Geistes in die gesegnete Ruhe eures Leibes begeben.

33. Ihr sollt euch nicht sorgen um die Nahrung für den Leib; denn wo der Herr irgendein Land der Erde gesegnet hat, da werden dessen Bewohner niemals Hunger leiden müssen, solange ihr Bestreben dahin gerichtet sein wird, nur den heiligsten, alles segnenden Willen des ewigen, großen Vaters stets vor Augen und Herzen zu haben; denn darum sind die Menschen erschaffen worden, dass sie Gott erkennen sollen und dessen heiligsten Willen, danach leben und in Wort und voller Tat loben und preisen den allerheiligsten Namen des großen, ewigen Gottes.

34. Und so ihr das in aller Demut und freiwilligem Gehorsam aus reiner, uneigennütziger Liebe zu Gott tun werdet, so wird Er auch allzeit bereit sein, euch gnädigst Seinen heiligsten Willen kundzugeben, teils mittelbar durch die redende Natur, teils aber auch unmittelbar durch Sein eigenes, lebendiges Wort, laut redend in euren Herzen.

35. Habt ihr aber auch nur einen Tag das zu tun unterlassen in einer euch prüfenden Scheingenüge, so wird dessen Herz, der da Gottes hätte vergessen können, beschwert werden zuerst mit wohlmahnender Traurigkeit und wird sieben Tage lang sein stumm wie ein fauler Baum. Und wie der Boden der Erde unter den Tritten des Folgsamen die edelsten Früchte bis zu seinem Mund treiben, tragen und reifen wird, ebenso auch wird die Erde unter dem Fußtritt des Ungehorsamen zur Wüste werden und nichts tragen denn Staub, Steine, Dornen und Disteln und giftige Beeren.

36. Denn die unendliche Liebe und Weisheit Gottes gibt jedem das Seinige. Den frommen, folgsamen Kindern gibt sie Brot, Honig, Milch und süße Früchte leiblich und geistlich; der ungehorsamen, hochmütigen Brut der Schlange aber gibt sie Steine, Staub, Dornen und Disteln und giftige Beeren, geistig und leiblich, damit die böse Brut verderbe und womöglich der tote Geist erhalten und nach und nach wieder lebendig werde in der unendlichen Barmliebe des großen, ewigen, über alles allein allerheiligsten Vaters.

37. Seht, ihr alle seid gleich, – gleich ihr Männlichen und gleich ihr Weiblichen. Jedoch sollt ihr Weiblichen wohl bedecken eure Schamteile wie auch euren ganzen Leib, und vorzüglich aber euer Haupt, damit durch euer geiles Wesen nicht der Mann zur Unzucht gereizt werde, gleichwie die Schlange lockt durch die große, geheime Lüsternheit ihrer verführerischen Augen das freie Geschlecht der Vögel in die tötende Gefangenschaft ihres giftvollen Rachens; denn ihr Weiber seid zuallernächst Kinder der Schlange und voll deren Giftes. Daher seid vor allem züchtig wie ein Bienenweibchen, das sich nicht getraut mit seinem Wesen ans Licht der Sonne, sondern Tag und Nacht sorglich kriecht über die Zellen seiner harmlosen Kinderchen; so auch sollt ihr sein und gehorsam in allem euren Männern, insoweit es der allerheiligste Wille Gottes erheischt. Jedoch, sollte ein Mann – was nicht zu gedenken sein sollte – euch wider den allerheiligsten Willen Gottes zu etwas zwingen wollen, so soll auch euch gestattet sein, euer Haupt vor dem Mann zu entblößen und selben lieblich zu mahnen an seine Pflichten, hervorgehend aus Gott. Und so ihr alles dieses so genau erfüllen werdet, dann wird der Herr euch mit großen Gnaden überhäufen, und ihr werdet werden zur süßen Augenweide in unendlicher Schönheit des ewigen, heiligen Vaters, ewig und unsterblich.

38. Euch Männern aber sei kein anderes Gesetz gegeben als der allzeit sich euch kundgebende heiligste Wille des allerhöchsten Gottes; wer von euch jedoch diesen unbeachtet in seiner Brust je sollte lassen, vor dem wird sich nach und nach der heilige Mund Gottes, wie der der Natur, schließen. Dann wird ihm, da er sich von Gott nach außen gewendet, auch ein äußerliches Gesetz gegeben werden, welches ihn zum Sklaven der Sünde und Knecht der Hölle machen wird, wenn er nicht alsobald sein Herz brechen wird, es reinigen im demütigen Gehorsam und dann wieder bittend und lange betend dasselbe hintragen wird vor Gott in aller Furcht und Liebe, damit Er es wieder segnen und heiligen möchte mit Seinem allerheiligsten Willen. – (NB. Das sei auch euch ein gutes Zeichen, wie und warum ihr nach der Wiedergeburt trachten sollt!)

39. Nun aber erbebt euch und zieht an diese von den Kindern Gottes für euch bereiteten Kleider – die da ihr Männlichen, und die da ihr Weiblichen –, damit ihr euch unterscheidet im Geschlecht, auch in der Tracht der Kleider sittlich, züchtig und manierlich. Ferne jedoch sei von euch alle Pracht und Hoffart; nur bedecken soll euch das Kleid und schützen vor Erkältung in kühlen Nächten leiblich und [bringen] geistlich zu Gott in der Wärme der ewigen Liebe, Sanftmut und Gehorsam.

40. Und hier nehme auch ein jedes von euch eine Binde und verbinde sich damit seine Augen, damit da niemanden schwindle vor den Abgründen, über welche ich euch führen werde; und so wir uns

am bestimmten Ort und Stelle befinden, dann sollt ihr wieder dem Licht eurer Augen freien Lauf lassen und hocherfreut schauen da eure Vorheimat, köstlich eingerichtet von der übergroßen Liebe des überguten und überheiligen Vaters. Da sollt ihr euch laben mit gesegneter Kost der Erde und essen aus den Händen zweier euch alldort schon erwartenden großen Kinder Gottes, einem Mann und einem Weib, zur ewigen Lebensstärkung eures Geistes. Nun folgt mir nach dem allerheiligsten Willen Gottes! Amen."

41. Und siehe, so führte sie Mein lieber Ahbel sieben Tage und Nächte lang bis zur bestimmten Stelle schnell eine noch über dreißig Tage lange Strecke, und zwar ohne Rast und ohne Nahrung; denn derzeit waren sie Meine Gäste, und es flogen ihnen – wie ihr zu sagen pflegt – die gebratenen Vögel in den Mund, das heißt: Ich speiste sie unterdessen geistig; der Geist aber stärkte die Seele, und die Seele kräftete den Leib; und so haben sie bei dieser Meiner wahren Himmelskost schon gar wohl ausdauern können.

42. Und als sie nun so ganz wohlbehalten am bestimmten Ort und Stelle angelangt waren, da kamen alsobald die beiden sie hier erwartenden Kinder Gottes oder Kinder Meiner Liebe, Ahujel und dessen Weib Aza (‚Sohn des Himmels‘ und dessen Weib als ‚stumm gerechte Begierde‘), als Enkel der Kinder Adams vor Seth und nahmen ihnen die Binden von den Augen und bewillkommten sie auf das Freundlichste. Da erstaunten diese vierzehn Kleinen mächtig vor den zwei großen Kindern Meiner Liebe, die ein gerechtes Maß eines Menschen hatten, nämlich sechshundertsechsundsechzig Zoll der Mensch und sechsundsechzig Zoll weniger das Weib,

während die Geretteten kaum euer Maß von sechzig Zoll hatten.

43. Und als sie nun wieder im Vollgebrauch ihrer Augen und Ohren waren, da fing der Engel wieder an zu reden und sprach: „Kinder, hier ist der Ort eurer Bestimmung, und diese beiden großen Kinder Gottes betrachtet als eure von Gott euch neu gegebenen Eltern und folgt ihnen in allem; denn das ist der Wille Gottes, welchen ich bei meiner ersten Anrede an euch verschweigen musste.

44. Diese werden euch allzeit bestätigend sagen, was Gott zu euren Herzen reden wird, und werden euch allzeit erwecken, so euern Geist der Schlaf ankommen wird, und werden euch lehren viele nützliche Dinge, die euch sehr frommen werden, sowohl leiblich und geistlich. Und ihr sollt euch geschlechtlich ja nicht eher erkennen, als bis diese nun eure Eltern euch nach dem heiligsten Willen Gottes segnen werden; und seid ihr dann auch gesegnet worden, so sei aber doch ferne von euch alle Hurerei, sondern die Keuschheit prange wie ein Immergrün auf eurer Stirne, und nie entheilige Zwietracht, Zorn, Neid, Geiz und Unzucht die geheiligte Zeugung eurer Kinder, sondern Mäßigkeit in allem und die Liebe Gottes über alles sei eure Regel. So ihr das tun werdet, wird euer Leben des Leibes lang und euer Abschied von der Erde in großem Licht der unendlichen Gnade des ewigen, heiligen Vaters sein, da euer erst der wahre Lohn erwartet als ewiges Leben im weiten Schoße des heiligsten, liebevollsten Vaters im hohen Himmel dort über den Sternen und einst, ach einst in Seinem liebevollsten Herzen selbst!

45. Doch davon werden euch eure Eltern nähere Kunde geben, die da wohl

unterrichtet sind von Gott und meines Unterrichtes vor euren Ohren nicht bedürfen! Gottes Liebe segne euch, und Seine Gnade erleuchte und heilige euch und führe euch zum Leben! Amen, amen, amen."

46. Und nun seht, das ist die Gründung Sinas oder Chinas, welches Land verschont blieb von der Flut und noch heutzutage im Ganzen vielfach besser ist als andere Länder der Erde bis auf einige närrische Verschlimmerungen, welche erst später durch Bekanntwerdung mit anderen Menschen der bösen Welt dahin verschleppt worden sind. Da soll nie ein Unwiedergeborener Mein Evangelium zu predigen sich wagen! Amen!

Kapitel 37

Die Geschichte Chinas

Am 10. August 1840

1. Bevor wir nach Hanoch zurückwandern werden, muss Ich euch noch notwendigerweise etwas Näheres von den Bewohnern Chinas sagen. Nun merkt und seht, was fürs Erste die Größe der großen Kinder Meiner Liebe aus Adam betrifft, so ist eure Vorstellung irrig, wenn ihr euch darunter eine körperliche Größe vorstellt, sondern da sind sechshundertsechsundsechzig Zoll eine Vollzahl Meiner Liebe im Menschen. Zoll aber zeigen an das Maß des Guten aus der Liebe zu Mir; davon sind gerichtet sechshundert zu Mir, dann sechzig zum Nächsten und endlich sechs zu sich. Und das Maß des Weibes ist im göttlichen Maße gleich im Mann; doch die Nächstenliebe und die Eigenliebe des Weibes ist ein Unterschied von sechsundsechzig und hat darin das Weib dem Mann unbedingt in allem dieses Betreffenden zu gehorchen. Da sie aus dem Mann als Eigenliebe gebildet ist, so kann sie sich nur auch im Mann lieben, so ihre Liebe gerecht sein soll; und da sie zunächst dem Mann ist, so ist auch ihre Nächstenliebe zunächst im Mann, und daher der Unterschied.

2. Übrigens waren diese beiden, wie auch alle Kinder Adams, wohl um ein Bedeutendes auch körperlich größer als die sehr geschwächten Kinder Kahins und viel mächtiger, kräftiger und stärker in allen ihren Muskeln, Adern und Eingeweiden.

3. (NB. Die Ähnlichkeit der Zahl des Menschen mit der Zahl Meines Gegners aber rührt daher, dass bei diesem gerade der umgekehrte Fall ist, um das allerverabscheuungswürdigste Wesen vor Meinen Augen zu sein.)

4. Nun seht, wie der Sihin der Erste war, der sein Gemüt Mir zugewandt hatte, so war er auch der folgsamste Sohn dieser Eltern und leitete auch die übrigen gar sorglich im Gehorsam; daher sagte, ihn zuerst segnend in Meinem Namen, Ahujel in Gegenwart der Aza und aller übrigen:

5. „Sihin, ich segne dich im Namen meines und deines Gottes! Das Land soll heißen wie dein Name. Nimm deine schönste Schwester zum Weib, und zeuge mit ihr in aller gesegnetsten Zucht Kinder gleich den Kindern Gottes, und heiße sie ‚Söhne des Himmels' und ‚die Töchter der Erde'; und so mein großes Geschlecht von der Erde wird von der Liebe Gottes weggenommen werden, dann seien deine Nachkommen liebevolle, weise Leiter der Nachkommen deiner Brüder!

6. Liebe suche, und die Weisheit wird dir gegeben, und dein Stamm wird nicht sterben bis ans Ende aller Zeiten; denn der Herr wird deinem Stamm viele Linien

machen, damit dein Name lebe bis ans Ende aller Zeiten.

7. Dir ist nur ein Weib gegeben; jedoch in der Folge der Zeiten sollen in aller Zucht auch mehrere Weiber nehmen die Männer wegen der Zeugung der Geschlechter; jedoch sei von euch ferne alle Hurerei und eine ungesegnete Zeugung. Und so ihr das alles beobachten werdet, wird eures Volkes in tausend Jahren schon wie des Grases auf der Erde und wie der Sterne am Himmel werden.

8. Ich mit meinen wenigen Nachkommen werde euch noch segnen und leiten fünfhundert Jahre lang; dann aber wird die Reihe an dich kommen bis ans Ende der Zeiten. Die Zeit aber sollt ihr messen nach der Reife einer Frucht, die da fünfmal reif wird in einem Erdkreis um die Sonne. Und sooft ihr ein Ding erkannt habt, dann seht in euch; da werdet ihr ein Zeichen finden, und mit diesem Zeichen sollt ihr allzeit das Ding vorstellend bezeichnen. Eure Handlungen aber sollen ausgedrückt werden durch verschiedene entsprechende Linien und die Vollbringung derselben durch Punkte. Damit sollt ihr aufzeichnen, was ihr in der Zukunft von uns noch alles hören, lernen und erfahren werdet, und was ihr auch schon von uns gehört, gelernt und erfahren habt, und das Notwendige davon auch euren Kindern zeigen bis ans Ende der Zeiten zum einstigen großen Zeugnis über die böse Schlangenbrut. Amen."

9. Jedoch der Freiheit des Geistes unbeschadet blieb auch dieses Volk nicht immer ganz dasselbe. Nach der Rechnung etwa einhundertzwanzig Jahre nach der Sündflut wuchsen die Nachkommen Sihins ebenfalls zu einem bedeutenden Volk an und gerieten oft in verschiedene Zwiste und bildeten solchergestalt Parteien, die sich in ihren Gebräuchen und Gottesdiensten unterschieden. Einige behaupteten, nur die Erstgeborenen seien leitungsfähig; andere sagten, die Erstgeburt sei nichts Vorzügliches, da öfter weibliche Erstgeburten zum Vorschein kämen, – daher die Leitungsfähigkeit dem allzeit verständigeren Herzen anheimgestellt werden müsse. Das griffen wieder andere aus dem Volk auf und sagten: „Wenn es sich nur ums Herz handelt, warum soll denn nicht auch das verständige Herz eines unteren Bruders fähig zur Leitung sein?" Einige aber verwarfen wieder alles und sagten: „Wie es war im Anfang, so soll es bleiben bis ans Ende der Zeiten!" Einige sagten, man solle überall und allzeit Gott um Rat fragen und nie eigenmächtig urteilen und handeln. Darauf erwiderten wieder andere: „Wenn dem so ist, so kann das ja ein jeder tun; wozu denn hernach ein oder auch noch mehrere Leiter?" Andere wieder sagten, Gott offenbare Sich nicht jedem, damit die Menschen sich dadurch nicht entbehrlich werden möchten. Darauf entgegneten wieder andere: „So soll denn jeder Seher lehren, was er vernommen, und die Leitung Gott anheimstellen; wozu dann einer oder mehrere Leiter?" Wieder andere bemerkten: „Wer aber bürgt uns dafür, dass ein solcher höher stehen wollender Seher und Lehrer auch wohl allzeit Gottes Wort redet?" Andere wieder sagten darauf: „Ja, wenn man den Lehrern nicht mehr unbedingt glauben kann und darf, dann sind uns Leiter und Lehrer ja zunichte!" Und dergleichen Witzeleien mehrere, wodurch denn auch geschah, dass da eine Menge Sekten gestiftet wurden und dadurch das Reich in sehr verschiedene Leitungs- und Lehrzweige zerfiel und so zersplittert fortdauerte bis in das Jahr 3700 nach der

Erstehung Adams, allwann der sogar euren besseren Geschichtsschreibern schon etwas bekannte Hehu-Tsin's-Linie (Schutzmauer)-Erbauer namens Tschi-Hoang-Ti (weiser Alleinleiter des Volkes) auftrat, dem Volk gar gewaltig zu predigen anfing und ihnen prophezeite, wie ein großes Volk unweit ihres Landes Grenze sie heimlich ausgekundschaftet hätte; und wenn sie nicht samt und sämtlich zusammengreifen würden, um längs dem ganzen Reich eine hohe und dicke Mauer aufzuführen, so würde dieses Volk in Massen voll Kraft hereinstürzen und sie allesamt übel umbringen.

10. Er selbst habe die Macht von Mir, so lange diesem Einbruch Einhalt zu tun, bis die Mauer würde vollendet sein; jedoch nur auf zehn Jahre, daher sie ja allen Fleiß anwenden sollten, baldmöglichst dieses große, heilige Werk nach Meinem ihm geoffenbarten Willen zu vollbringen, denn sonst es um sie dann übel aussehen würde.

11. Nun griff alles zusammen, was nur Hände hatte, und die Mauer stand in achtundeinhalb Jahren vollendet da in einer Länge von mehr denn achthundertsiebzigtausend Mannslängen und in der Breite neun Mannslängen und in der Höhe neunzehn Mannslängen und ward versehen von hundert zu hundert Längen mit einem noch um zehn Längen höheren Wachturm, in welchem stets abwechselnd hundert Mann Wache halten mussten, was freilich eben nicht gar zu lange gedauert hatte, da dieser falsche Prophet sich dadurch selbst bei dem Volk entdeckt hatte, da er alle ihre Religionsschriften sammeln und, was darinnen nicht für seinen echten Despotengeist taugte, verbrennen und vernichten ließ.

12. Dadurch gelang es ihm, dieses vor ihm viel zerteilte, große Reich wieder, freilich nur durch Gewalt, zu vereinen und bei sechzig Jahre lang als ein wahrer Usurpator zu beherrschen. Sein Sohn gleichen Namens wurde lau und nachgiebig; dafür aber musste dessen Sohn, dieser beiden Usurpatoren dritter Nachfolger, bei einem allgemeinen Volksaufstand, da er die blutige Verfolgung der Frommen, mit welcher schon sein Großvater den Anfang machte, noch grausamer fortzusetzen begann, den großen Frevel mit seinem Leben bezahlen.

13. Das Reich zerfiel dann wieder in viele Teile, bis dann endlich im Jahre der Welt 3786 Liehu-Pang (ein Straßenräuber) sich ein Heer Gleichgesinnter sammelte, als Feldherr alles unterjochte, sich endlich zum Alleinherrscher (Kaiser) und Himmelssohn aufwarf. Er sammelte, soviel es möglich war, alte, irgend noch verborgene Schriften und Sagen, ordnete die Religion, setzte Priester ein, die da wachen mussten über das Heiligtum, und sonderte das Volk in gewisse Klassen oder Kasten, welche damals bei Strafe des Todes niemand übertreten durfte.

14. Dadurch gründete er das noch jetzt bestehende sogenannte himmlische Reich oder die große Dynastie (Han) und erweiterte dieselbe selbst über die Mauer westlich sehr bedeutend. Und so dauerte dieses Reich bis zum vierten Jahrhundert vor der großen Menschwerdung Meines Wortes, allwann es wieder eine ziemlich starke Trennung erlitt und verlor dabei einen großen Teil der Tatarei und Mongolei und geriet dadurch in drei streitende Reiche, Tschenkue genannt, und noch später, im vierten Jahrhundert nach der großen Menschwerdung Meines Wortes, erlosch dieser Stamm, und dieses Reich kam in

gleicher himmlischer Gestalt des Volkes und der Priester wegen unter einen mongolisch-tatarischen Herrscher, welcher sich in der Gegend des Baikalsees erhob, in und unter dessen erträglicher Leitung es noch heutzutage sich befindet.

15. Da habt ihr nun die ganze, gar kurze Geschichte Chinas. Wer hart im Glauben ist, der reise hin und überzeuge sich; aber es wird ihm nicht viel besser ergehen, als wenn er nach Japon reiste. Dem Blinden hilft eine Laterne auch am hellen Tag nicht; dem Sehenden aber genügt das Licht der Sonne!

16. Nun, da wir nun unsere vierzehn Studierenden auf diese Art wohl versorgt haben, so kehren wir auf eine noch kurze Zeit nach Hanoch zurück und sehen ein wenig noch dem tollen Tun und Treiben Lamechs zu; und wenn wir uns da bis zu den Zeiten Noahs werden grimmsatt gemacht haben, dann werden wir noch dem Stammvater Adam einen kurzen Besuch machen und wollen dann alsobald die Schleusen der Himmel öffnen. Amen.

Kapitel 38

Die Familie des Lamech. Jabal und Jubal.
Thubalkain und Naemhe

1. Ihr könnt euch sehr leicht vorstellen, dass durch solche gewaltigen Auswanderungen in einem Jahr Hanoch sowohl als auch die zehn übrigen Städte sehr menschenleer geworden waren, dass dazu Lamech noch seinen getreuen Anhang eingebüßt hatte und daher seine Macht, auf die er sich so viel zugutetat, so viel wie null und nichtig wurde.

2. Wenn ihr nun diesen Umstand euch vor die Augen stellt, so werdet ihr ohne viele Mühe leicht bald einsehen, dass Lamech wenigstens eine Zeit von dreißig Jahren in seiner Regierung notgedrungen mildere Saiten aufziehen musste, damit das Volk ihm wieder untertänig wurde und für ihn zu arbeiten anfing, damit er wenigstens sorglos mit den Seinen hat fressen können wie ein Schwein und wie ein fauler Ochse.

3. Die Seinen bestanden aber aus zwei Weibern, nämlich der Ada und Zilla (das heißt: ‚die wohlberatene Tugend im Frohsinn‘, dann ‚die stille Ergebung und Duldung‘). Da hatte die Ada zwei Söhne, nämlich den Jabal (Vater der Hüttenbewohner um die Füße der Berge) und Jubal (Musiker, als Erfinder der Hirtenpfeife und der Geige, eines Instrumentes, welches nicht unähnlich war dem euren, nur dass es aus einem Holzstück bestand, welches er mittels steinerner Wetz- und Schleifwerkzeuge mühevoll verfertigt hatte).

4. Und die Zilla aber hatte einen Sohn, nämlich den Thubalkain und dessen Schwester Naëme. Er wurde durch Meine gnädige Zulassung ein Meister in der Bearbeitung der Metalle, und Naëme aber bändigte die wilden Tiere und verschaffte dadurch ihrem Bruder und dessen Gehilfen den Eingang in die erzvollen Berge und war überaus schön am ganzen Leib und hatte eine überaus demütige, aber auch eine desto mutigere Seele, und es ward ihren Augen eine große Kraft gemein, so dass vor ihrem Anblick feste Steine zu Wachs wurden und die harten Zähne der Bestien weich wurden wie der Flaum einer Taube.

5. Seht, das war Lamechs Familie nebst einigen wenigen Dienern, die ihm geblieben waren, und einigen Zofen und wertlosen Kebsweibern, also in allem zusammen

bei dreißig Personen, die allesamt recht fleißig arbeiten mussten, um etwas zu essen zu bekommen und des Leibes Blöße zu decken, wie schon gesagt, bei dreißig Jahre hindurch, allwann dann wieder das Volk, mehr der guten Erfindungen halber als Lamechs wegen, nach Hanoch zu wandeln anfing, um dort nützliche Metallsachen zu kaufen, was da gleichsam tauschweise geschah. Auch reisten von den anderen zehn Städten Menschen herbei, um Jubals Musik zu hören, welche ihre Herzen erweichte und wieder für Lamech gestimmt machte; auch lockte die große Schönheit der Naëme alle Herzen, – und da wurde unglücklich genannt der, welcher Naëme nicht zu Gesicht bekam, und er weinte und heulte darum tagelang.

6. Damit ihr aber doch seht, wie dieses möglich war, so will Ich euch eine kleine Beschreibung ihrer Gestalt hinzufügen. Es ist diese Naëme dieselbe Gestalt, welche sich in das graualte, schwarze Heidentum als die Gemahlin eines Schmiedes und Götzin der Schönheit unter dem besonderen Namen ‚Venus' verlor. Seit Sahra und Rachael hatte körperlich nie eine so schöne Gestalt die Erde betreten als die der Naëme. Ihre Größe betrug fünf Schuh nach eurem Maß. Ihr Haar war schwärzer denn eine Kohle. Ihre Stirne war weiß wie ein frischgefallener Schnee, gegen die Augen ganz sanft gerötet. Die Augen waren groß und vollkommen himmelblau, der Stern feurig schwarz, die Augenlider frisch und sanft, so auch die dunklen Brauen. Die Nase war gerade und verlor sich in sanfte, weiche Enden, unter denen die zwei Mündungen durch ihre sanft gerundete Form einen lieblichen Anblick gewährten. Der Mund war gerade von Größe eines Auges, dessen sanft erhobenen Lippen jede Rose zum Schweigen brachten. Ihre Wangen, in der schönsten, heiter lächelnden, gerechten Form, waren mit aller Rosen zartestem und sanftestem Rot leise angehaucht, und ihre Farbe glich einer mit Schnee bedeckten Rose, da der Schnee gleichsam den letzten Liebesstrahl dieser Königsblume bis zu seiner glanzweißen Oberfläche schimmern lässt. So auch war ihr Kinn, wie keines mehr in irdischer Form. Ihr Hals war weder zu lang noch zu kurz, sondern ganz gerecht, glatt und rund, ohne auch nur des allergeringsten Makels. Der Anfang der Brust unterschied sich vom Hals nur durch eine sanft üppige, rasche Erhebung, so die Schultern und so der Nacken, jedes gerecht nach dem besten Verhältnis. Der Busen sah mehr einer ätherischen, weißweichen Lebenserhöhung ähnlich als irgendetwas Fleischlichem, an deren erhabenster üppig sanfter Rundung zwei heitere, junge Rosen zu knospen schienen. Ihre Arme waren so voll, weich und sanft, dass ihr euch davon auch nicht den allerleisesten Begriff machen könnt; denn solche Arme kommen nur im Himmel vor. Und in diesem schönsten Verhältnis war auch ihr ganzer Leib überzogen mit dem Glanzweiß des Schnees in ätherischer Sanftheit und Weiche.

7. Diese Naëme wurde nun das Weib ihres Bruders, der mit ihr sieben Söhne erzeugte, welche sehr plump und unförmlich aussahen und hatten viel Ähnlichkeit mit euren sogenannten Trotteln. Die Ursache davon aber war, dass Naëme sich nach dem Willen des Vaters zu oft musste gebrauchen lassen zu rein unzüchtigen Zwecken der Herrschsucht wegen; denn dadurch wurde wieder alles Männervolk dem Lamech untertänig. Aller Augen waren nun auf Naëme und aller Ohren auf die

habsüchtigen Befehle Lamechs gerichtet; denn Naëme blieb bis in ihr achtzigstes Jahr ein Gegenstand menschlicher Bewunderung, binnen welcher Zeit das Volk wieder sehr angewachsen war und allen Winken Lamechs folgte. Da nun Lamech sah, wie mächtig er nun wieder geworden war, so wurde er auch immer strenger und härter und führte da für die Widerspenstigen sogar die schon früher erwähnte Todesstrafe grausam ein.

Am 28. August 1840

8. Eben zu der Zeit der Naëme geschah durch Mein Geheiß von Seiten der Kinder Adams die erste Sendung eines guten Boten von den Bergen in die Tiefe Hanochs, um alldort zu verkünden Meinen Namen, und zwar gerade am Hofe Lamechs selbst. Und siehe, Lamech nahm den Boten gut auf; der Bote aber war ein Enkel Adams, abstammend von den Kindeskindern Adams vor Seth, und hieß Hored (‚der Furchtbare') und war groß, weise und hatte weder Weib noch Kinder. Und als Lamech nun nach Horeds Lehre in sich ging, da erwies er solchem Boten eine große Ehre, ließ zusammenkommen seinen ganzen weiblichen Hof und bat den Boten, sich das schönste Weib zu wählen. Und siehe, da sah Hored wider Meinen Willen an das Weib Thubalkains, und dieser musste auf Leben und Tod gehorchen dem Gebot Lamechs.

9. Denn obschon damals die Naëme schon nahe achtzig Jahre alt war, so war sie aber dennoch so schön, dass sich jetzt vor ihr ein achtzehnjähriges, überüppiges, reizendes Fräulein in die Nacht verkriechen müsste. Thubalkain war ohnedies schon von jeher an Untreue gewöhnt; so ging ihm dieses Ereignis auch nicht so sehr zu

Herzen, und das zwar umso weniger, da ihm Hored die Versicherung gab, dass ihm fürs Erste die wilden Tiere nichts mehr anhaben würden können vermöge der Waffen und dessen metallener Kleidung, und fürs Zweite würde er ihm von den Gebirgen mehrere starke Gehilfen verschaffen, die ihn vor allem schützen würden und würden ihm erst zeigen die wahre Art, Metalle zu bearbeiten zu allerlei nützlichen Dingen.

10. Thubalkain war damit auch vollends zufrieden, und somit war die Sache schmählich abgetan. Hored verließ Hanoch und kehrte mit seinem Weib wieder in die Gebirge zurück.

11. Allein, was die Hilfsmänner von oben betrifft, so blieb das beim Versprechen; denn Hored kam mit seinem Weib nicht mehr zu den Seinigen, sondern hatte sich eine einsame Stätte ausgesucht, um in seinem Glück von niemandem beneidet zu werden.

12. Thubalkain aber war durch solche Betrügerei genötigt, seinen Bruder Jabal, Sohn aus der Ada, zu bereden, mit ihm Sache zu machen, sich an den Bergen Hütten zu erbauen, dieselben als Wache zu bewohnen und auf diese Art erst als bekannter Hüttenbewohner aufzutreten.

13. Sie errichteten auf diese Art eine förmliche Metallfabrikation und machten hunderterlei teils nützliche, teils aber auch zierliche, galante, glänzende Sachen, die gegen Eintausch von Früchten reißend abgenommen wurden. Ja, fast aus allen Städten wie auch vom übrigen großen Land reisten Menschen zu den sicheren Hütten und kauften da nach Bedarf und Luxus und hingen sehr an dem Thubalkain und brachten ihre Söhne in die Lehre zum Thubalkain, auf welche Art das Hüttenvolk in

kurzer Zeit so sehr anwuchs, dass es vor demselben dem Lamech zu bangen anfing.

14. Da dachte er bei sich: ‚Was will, was soll ich nun tun? Die Tat, die ich verübt habe an meinen Brüdern, hängt lastenschwer an meiner Brust. Der große Furchtbare von den Bergen, der da mein Schwieger geworden ist, hat mir schwer meinen Frevel vorgehalten; er gebot mir, dem Volk anzuzeigen solchen Gräuel. Allein tue ich das, so bin ich meines Lebens nicht sicher; tue ich es aber nicht, so habe ich Gott und dessen große Kinder auf den Bergen wider mich, die mich Ungehorsamen vernichten werden.‘

15. Und siehe, eine starke Stimme sprach aus seiner Brust: „Offenbare es deinen Weibern und sage ihnen: Ihr Weiber Lamechs, hört meine Rede, und merkt wohl, was ich euch sage: Ich habe einen Mann erschlagen mir zur Beule und einen Jüngling mir zur Wunde; – Kahin soll gerochen werden siebenmal, aber Lamech siebenundsiebzigmal!“

16. Und siehe, so war es recht dem Lamech; und er tat alsobald, wie ihn die Stimme geheißen hatte. Als aber seine Weiber solches vernommen hatten, entsetzten sie sich so gewaltig, dass sie hinfort stumm blieben und daher auch niemandem davon etwas mitteilen konnten. Sie verließen nach einer Zeit ihn heimlich und gingen zu ihren Söhnen in die Hütten. Jedoch bevor sie noch diese erreicht hatten, wurden sie von zwei Gebirgsbewohnern angehalten, bekamen ihre Sprache wieder und wurden mitgenommen auf die geheiligten Höhen der Berge.

17. Als sie kaum auf den Bergen angelangt waren, erkundigten sie sich bald nach Naëme. Jedoch die Führer beschieden sie, dass Hored aus ihrem Gesichtskreis verschwunden sei aus Untreue und Neid und es ihnen nicht zu sehen gegeben sei, wohin er sich, einem Wurm gleich, verkrochen habe; und so sie wollten sich von ihnen segnen lassen, so würden sie (die Führer) sie (die Weiber) zu ihren Weibern annehmen. Denn es war die Ada hundertzehn und die Zilla erst hundert Jahre und waren beide noch von ausgezeichneter Schönheit und sahen aus, als wären sie in jetziger Zeit erst im vierundzwanzigsten Lebensjahr bei guter Erhaltung.

18. Darauf ließen sie sich segnen und wurden ihre Weiber, reisten dann mit ihren Männern zum Aufenthalt Adams, der da schon neunhundertzwanzig Jahre alt war, um auch von ihm gesegnet zu werden.

19. Als Adam ihrer ansichtig wurde, sprach er mit bewegter Stimme: „Hört, ihr Söhne der Kinder meiner Kinder, ich kenne alle meine sämtlichen Nachkommen, die da sind in meinem Segen nach dem Segen Ahbels von der ewigen Liebe; doch diese zwei Weiber kenne ich nicht! Woher sind sie?“ Und die beiden antworteten: „Sie sind geächtete Weiber Lamechs, welche dessen Untat geächtet hat.“

20. Und Adam sprach: „Was redet ihr? Ich kenne den Sohn Methusalems, und dieser ist erst einhundertsechsundzwanzig Jahre alt und hat noch nie ein Weib erkannt! Was redet ihr daher? Verflucht sei die Lüge und der Mund, der sie gesprochen, und die Zunge, die da die Unwahrheit rede im Angesichte Gottes! Daher, beim Fluch Kahins, des Mörders, redet, – woher sind die Weiber?“

21. „Zürne nicht, Vater Adam! Auch aus dem Schoße Kahins ist in der verfluchten Tiefe ein Lamech entstanden; dieser hat ermordet zwei Brüder. Diese Weiber

waren fromm im Fluche; daher hat uns der Herr erweckt, zu retten das Verlorene. Und so wir taten den Willen von oben, so zürne nicht, Vater, sondern segne, was der Herr gerettet hat!"

22. Und siehe, Adam wurde bewegt und sprach: „Was der Herr gerettet hat, das ist schon gesegnet, und da wäre mein Segen nur ein Frevel, – sondern ziehet hin im Frieden! Was Gott gefällt, wie sollte es mir missfallen? Daher bewahrt die Schätze der ewigen Liebe und Erbarmung! Amen."

Kapitel 39

Die Kinder Adams nehmen sich Frauen aus Kahins Geschlecht

1. Und siehe, darauf verließen sie den Stammvater und gingen und verwahrten diese Schätze nur beinahe zu stark in ihrem Herzen, so zwar, dass für Mich nur ein sehr kleiner Raum übrigblieb, was natürlich durchgehends nicht mehr nach Meiner Ordnung war. Und so verdunkelte sich allmählich ihr Herz, und sie wurden immer sinnlicher und sinnlicher. Und so wurden auch ihre Kinder, und es war da bald wenig Unterschiedes mehr zwischen ihnen und den Hanochiten.

2. Als nun die Kinder Adams bemerkt hatten diese Weiber, dass sie außergewöhnlich schön waren, so fragten sie die beiden, woher diese Weiber wären.

3. Diese aber antworteten: „Aus der Tiefe Hanochs; da sind noch viele Tausende, die aus dem Blute Kahins entsprungen sind! Geht hin und verkündigt alldort den Namen des Herrn, und es soll euch ein gleicher Lohn zuteilwerden. Hored ging hin und wurde belohnt; wir gingen hin, und der Lohn ist uns ans Herz gebunden!" – Sie fragten nach Hored; die beiden aber antworteten: „Brüder, unsere Liebe hat uns blind gemacht in ihrer gesegneten Süßigkeit; daher wissen wir nicht, wohin sich dieser gewendet hat. Doch denken wir, dass er den Weg des Ahujel und der Aza eingeschlagen hat, und ihr wisst, dass man nicht eher dahin gelangt, als bis die Sonne achtzigmal auf- und untergegangen ist; doch es liegt wenig daran, ihn zu beneiden in seinem Glück, sondern es liegt alles daran, dass ihr tut den Willen Jehovas und geht und lasst in Hanoch erdröhnen dessen heiligen Namen, und es wird der Lohn euch nicht entzogen werden."

4. Und es waren derer, die das vernommen hatten, sieben an der Zahl, und sie begaben sich in die Tiefe. Jedoch zuvor wollen wir noch einen Blick in die Tiefe Hanochs werfen und sie daselbst erwarten, ehe wir sie noch dort vollends auftreten lassen und handeln daselbst als Unberufene in Meinem Namen aus zeitlichen Interessen.

5. Nun seht, Lamech hatte jetzt niemanden mehr, der ihn tröstete. Es wollte ihn nichts ansprechen; die Musik machte beben sein Gewissen, und er vernahm in den sanften Schwingungen immer nur die letzten Seufzer seiner gemordeten Brüder, und der Ton der Pfeife durchschnitt ihm das steinerne Herz. Und so fluchte er dem Jubal, dass er solches elende Zeug zuwege brachte, das ihn beim Klang eines jeden Tones nicht nur siebenundsiebzigfach töte, sondern ihm allzeit einen tausendfachen Tod verursache. Aus der Ursache, welche allzeit gar so gewaltig sein Gewissen beunruhigte, musste Jubal auch verlassen den Hof und durfte sich nicht mehr sehen

lassen, wenn ihm übrigens noch etwas an seinem Leben gelegen wäre.

6. Auch seine schönsten Kebsweiber – und mochten sie sich noch so reizend gestalten – waren nicht mehr imstande, ihm auch nur irgendeinen Gefallen abgewinnen zu können, daher zerrissen sie ihre Kleider und weinten und trauerten. Als aber Lamech solches sah, ging er zu ihnen und sagte: „Meine Ada ist dahin, und meine Zilla ist nicht mehr; was soll ich mit euch? Geht hinaus auf die Felder und arbeitet, damit euch der Magen nicht leer wird in Hanoch und ihr verderben mögt an meinem Hof; denn ich brauche niemanden mehr denn mich selbst! Wäre ich noch in meiner Macht, so sollten sich Sonne, Mond und alle Sterne vor meinem Grimm beugen; allein ich bin schwach geworden seit Tatahar, und so vermag ich nicht mehr – selbst durch die vielen Hinrichtungen, welche nach meinem gerechten Gesetz erfolgt sind – zurechtzubringen wieder meine verlorene Macht. Daher will ich alles entfernen und allein sein mit meinen wenigen Knechten und Räten und sonstigen Dienern und will meine Regierung beschränken nur auf meine Stadt. Alles andere aber sei gesetzlos und vogelfrei, und wer da sich immer meinem Hof nähern wird, der soll mit dem Tode bestraft werden!

7. Und nun hebt euch, damit ihr nicht die Ersten seid, welche dieses Urteil empfinden sollen; und da wage keine ein Wort zu entgegnen, wenn sie mich meinen Grimm nicht will in ihrem Blut kühlen sehen!"

8. Und siehe, da entfernte er sich jählings, und die Mägde entfernten sich und waren an der Zahl dreißig von ausgezeichneter Schönheit in einem Alter von zwanzig bis vierzig Jahren. Als sie nun das Freie erreicht hatten, so ließen sie sich zur Erde nieder, beratschlagten unter sich, was da nun zu tun sein möchte, – und sie konnten zu keinem günstigen Entschluss gelangen. Und siehe, als sie nun so hin und her simulierten, da gewahrten sie auf einmal sieben große, vollkräftige Männer sie umstehen und erschraken sehr ob der unvermuteten Überraschung. Als aber die Männer deren Verlegenheit merkten, redeten sie dieselben folgendermaßen an und sagten:

9. „Fürchtet euch nicht, ihr jungen, schönen Kinder, denn es wird euch nichts Arges begegnen! Wir kommen nicht aus Hanoch, um euch zum Tode heimzuführen, sondern wir kommen von oben her, von den Bergen, und wollen euch erretten; und so ihr euch wollt unter der Bekennung des göttlichen Namens Jehova von uns segnen lassen, wollen wir euch, mächtig durch die Liebe Gottes, unseres Vaters Adam übermächtigen Vaters, zu unseren lieben Weibern annehmen. Dann aber müsst ihr uns folgen auf die Höhen, dahin die Naëme dem großen Hored gefolgt ist, und dahin, in die schutzsicheren Arme Aholins und Jolliels, zweier Brüder, sich die Ada und Zilla, welche da waren ehedem Weiber Lamechs, des grausen Brudermörders, wohlbehaglich begeben haben."

10. Da standen die Mägde auf und sprachen: „Wir sind unser dreißig an der Zahl, und ihr seid nur sieben; so jeder von euch nur ein Weib, wie wir dereinst vernommen hatten, nehmen darf, so fragt sich, was sollen wir, die übrigen dreiundzwanzig, tun an eurer Seite?"

11. Und die sieben sagten: „Es ist dem nicht also, wie ihr meint! Obschon im Anfang, wie uns unser noch lebender Stammvater Adam belehrt hat, nur ein Mann und ein Weib geschaffen wurden von Jehovas

Allmacht voller Liebe, so ist aber doch uns Kindern von Gott gestattet, vier, auch fünf und noch mehrere Weiber zu nehmen der Zeugung wegen. Daher tragt ja kein Bedenken, lasst euch segnen und folgt uns!"

12. Und siehe, als die Mägde solches vernommen hatten, so wurden sie über die Maßen freudig und folgten den Männern auf Schritt und Tritt. Und als sie nun vollends die Höhen erstiegen hatten, so wussten die sieben nicht, wie sie diese Schätze der Liebe unter sich teilen sollten. Da fielen sie auf ihre Angesichter nieder und flehten zu Mir um Rat. Und siehe, da kam Seth herbei und sprach: „Steht auf, und wollt nicht Gott versuchen mit meineidigen Herzen, und zu fragen den Heiligen, wie ihr möchtet teilen unter euch einen unlauteren Fang, sondern geht hin zum Adam, bereut alldort euren gewaltigen Fehltritt und teilt dann die Weiber an eure Brüder, wenn sie erst der Vater Adam gesegnet hat, damit ihr gerecht vor Gott erscheinen mögt; denn ihr wisst, dass Gott heilig ist, und dass Sein Land nicht soll entheiligt werden durch Ungehorsam und durch die Geilheit eures eitlen Herzens!"

13. Und siehe, auf eine solche Zurechtweisung gingen die sieben mit den Fräulein, von Seth geleitet, hin vor die Wohnung Adams und fanden ihn mit der Eva beten und seufzen zu Mir an der Seite Enos (des Predigers Meines Namens), der da war ein Sohn Seths, und an der Seite Henochs (der Wille Jehovas), des überfrommen Sohnes Jareds. Es meldete Seth alsobald dem Vater Adam, was da vorgefallen war, und bat ihn, sich zu erbarmen des Blutes Kahins, um dadurch die Ordnung, welche die sieben gestört hatten, wieder herzustellen.

14. Adam aber sprach: „O du mein lieber Sohn Ahbel-Seth, – ja, du bist ein getreues Bild meines frommen Ahbel; du bist, wie dieser es war, ganz nach meinem Sinne erfüllt von Liebe! Dieser segnete aus Liebe den Mörder, und du suchst Segen für das Blut meines Feindes!

15. O so sei tausendfach gesegnet, du geweckter Same Gottes, und segne mit diesem Segen das so tief entweihte Blut, und teile aus das Blut an die Kinder! Und wie es dem Herrn wohlgefällt, so möge jeder eine von den Mägden nehmen, und nicht eine mehr, und aber nicht mehr hier im Land Jehovas verbleiben, sondern er soll ziehen nach dem Untergang bei dreißig Tage fern und da Wohnung machen in der Tiefe der Täler und soll nicht eher kommen zu den Vätern, die allhier wohnen, als bis die Sonne hundertmal den Kreis ihrer Reise vollendet hat; denn du, mein lieber Ahbel-Seth, weißt ja ohnehin, erfüllt von Jehovas Gnade, wie heilig dieser Ort ist, an welchem Sein heiliger Name so oft genannt wird aus eines jeglichen Munde, da dein Opferaltar steht, da auch gepredigt wird von Enos der heilige Wille des allerhöchsten, heiligen Vaters, und da der Henoch den heiligen Willen erfüllt bis zum letzten Punkt. Daher handle in dem allerheiligsten Namen Jehovas und in meinem Namen, der ein heiliger Name ist, da ich als erster ungeborener, von Gottes heiliger Hand erschaffener Mensch ihn von dessen allerheiligstem Munde erhielt!

16. Die Liebe leite dich, und die Gnade führe dich ewig! Amen!"

17. Und siehe, Enos und Henoch geleiteten den Vater Seth aus der Hütte Adams. Und Eva weinte vor Freuden, da sie Adam so glücklich sah, und sprach: „Adam, wie freue ich mich doch immer, wenn du so

recht glücklich bist! Aber wenn ich auf mich zurücksehe, so werde ich wieder traurig, wenn ich erfahre, wie groß meine Schuld ist, und wie viel Böses aus ihr schon hervorgegangen ist; – wie muss es erst bei den Nachkommen Kahins aussehen! O Gott! Was bin ich für eine große Sünderin!"

18. Adam aber erwiderte, sie tröstend: „Geliebtes Weib, du mein zweites Ich, deine Trauer ist allzeit gerecht und dem Herrn wohlgefällig. Daher sei ruhig in deinem Herzen und denke, dass wir nichts vermögen ohne Gott, und mit Gott, wie uns Henoch lehrte, vermögen wir alles. Daher können wir auch ohne Gott niemals völlig Ruhe finden; daher aber auch sollen wir alles dem Herrn zum Opfer bringen. Siehe, Er ist mächtig, weise und voll Liebe und wird auch die rechten Mittel finden, das wieder gerade zu machen, was durch uns krumm geworden ist. Daher sei unbesorgt; die Liebe des Herrn wird alles zu seiner Zeit wieder zurechtbringen! Amen."

19. Und siehe, da dankte die Erzmutter dem Adam, und er aber segnete sie zum letzten Mal mit Meinem Namen und lebte hernach noch zehn Jahre, – sie aber noch dreißig.

20. Seth aber tat, wie ihm Adam geraten hatte. Die sieben aber fingen an zu weinen, dass sie sich entfernen sollten. Und es dauerte Seth in seinem Herzen, und er fiel nieder auf sein Angesicht und flehte zu Mir, sagend in seinem Herzen: „O Jehova! Sehe, die Tränen dieser Kinder brennen mich, und doch ist meine Liebe nur ein Hass, verglichen mit Deiner unendlichen Erbarmung! Zeige mir durch Deinen Mund Henoch an, was ich tun soll; oder lasse mich wie den Ahbel sterben, damit ich nicht sehe die Tränen der zu verweisenden

Kinder! O Jehova! Erhöre, wie allzeit, auch diesmal mein Flehen! Amen."

21. Und siehe, Henoch blickte auf zum Himmel, und Ich öffnete ihm den Mund, und er fing an zu reden und sprach: „Ich habe Mein Ohr an die Erde gelegt und habe wohl vernommen die Liebe Seths. Es sei denn, dass die sieben geben die Mägde ihren dreißig weiberlosen Brüdern, und sie aber leben noch zehn Jahre keusch, so sollen sie bleiben; wo nicht, sollen sie fliehen aus Meinem Angesichte, wie Adam sie hat beschieden! Amen."

22. Und als die sieben solches vernommen hatten, wurden sie heiter und fröhlich in ihren Herzen und priesen und lobten Gott für eine so große Gnade und brachten die Mägde mit großer Freude ihren Brüdern, geleitet von Seth, Henoch und Enos.

23. Als aber die Brüder ansichtig wurden dieser Mägde, so erschraken sie und wussten nicht, was daraus werden sollte, und weigerten sich, selbe anzunehmen. Da Ich aber merkte die Bereitwilligkeit der sieben, so sprach Ich durch den Mund Henochs:

24. „Ich habe erfahren an den sieben ein uneigennütziges Herz, welches sich freute, Freude zu machen euren Brüdern; daher behaltet die Mägde, gesegnet für euer Herz, einer je vier und die zwei ältesten je fünf; aber die gebotene Keuschheit soll gehalten werden! Amen."

25. Und siehe, Seth, Enos und Henoch segneten sie und verließen sie, Meinen Namen lobpreisend, und gingen und erzählten es dem Adam.

Kapitel 40

Adams Rede über seinen Fall

Am 14. September 1840

1. Und als Adam solches vernommen hatte von Seth, Enos und dem überfrommen Henoch, so war er hoch erfreut, da er sah, wie weit Meine Liebe über die Liebe aller Menschen erhaben ist, und wunderte sich nicht wenig, da er dadurch gewahr wurde, dass Meine Liebe sich sogar in die Tiefen des Fluches gesenkt hatte zu der glatten Schlangenbrut, und sprach, darüber durch und durch gerührt, folgende kurze Rede, welche Rede hernach noch lange berühmt war und sich erhielt bis zur Sündflut, wurde aber jedoch nicht aufgezeichnet, sondern pflanzte sich nur von Mund zu Mund fort. Diese Rede aber lautete also:

2. „O meine Kinder! Öffnet weit eure Augen und fasset die weitgedehnten Fluren der Erde, die jetzt, soweit eure Blicke reichen, schon fast überall mit meinen gesegneten Kindern besäet ist! Blicket auch hinab in die Tiefe und übersehet all die dunklen, weitgedehnten Tiefen, und sehet hin gegen Morgen jenen überhohen, stets brennenden Berg! Fasset die ganze Erde, so ihr es vermöget, und sehet mich, den ersten Menschen dieser Erde, – ja, was sage ich, sehet mich als den sein sollenden Ersten, der aller Kreatur im Geiste als Kreatur voranging und war leuchtend mehr denn der Sonnen Mitte und wollte sein größer denn Gott! Und Gott zeigte mir die Macht Seiner Heiligkeit, und ich ward verdammt und wurde geworfen in die unendlichen Tiefen des göttlichen Zornmeeres und wurde da von einem Grimme in den anderen durch unendliche Tiefen geschleudert. Ja, es mochten da wohl Ewigkeiten um Ewigkeiten verronnen sein; allein es war dessen ungeachtet in der weiten Unermesslichkeit kein Plätzchen mehr zu finden, da ich in dieser großen Nichtigkeit hätte irgendeinen Ruhepunkt finden können.

3. Und als ich so von einer Unendlichkeit zur anderen fiel und immer fort und fort fiel ewig, ewig und immer ewig, so fing ich an zu gewahren die Größe und unendlich und ewig fortdauernde Macht Gottes, und mir wurde klar mein eitles Bestreben.

4. Doch aber dachte ich mir: ‚Was nützt dir diese Einsicht nun? Ich bin nun zu entfernt von Gott, und Er kann unmöglich irgendetwas mehr von mir wissen, denn in dieser endlosen Nichtigkeit herrscht nichts als ewige Vergessenheit Gottes. Ewig bin ich gefallen von Grimm zu Grimm, allwo endlose Feuerfluten beständig an meine Stirne schlugen und breite Flammenzungen an meinen Eingeweiden leckten und mich brannten mehr denn weißglühende Erzplatten; nun aber bin ich selbst unter diese Grimmströme ewigkeitentief gesunken. Wo ist nun der erzürnte Gott, und wo bin ich? Da ist alles taube, unendliche ewige Nacht!'

5. Und seht, als solche Reuegedanken in mir sich durchtauchten, da bemerkte ich denn auf einmal ein mir ähnlich Wesen aus den ewigen Höhen mir nachschweben. Das Wesen erreichte mich in Blitzesschnelle, erfasste mich mit gewaltiger Hand und blickte mich sanft lächelnd an und sprach: ‚Luzifer, du armer, gefallener Geist, kennst du Mich?'

6. Und ich sprach: ‚Wie sollte ich dich erkennen in dieser wesenleeren, finsteren Nichtigkeit?! Kannst du mich aber vernichten und machen gleich dem, das nie war,

nicht ist und nie mehr sein wird, so tue es, und ich will dir im Voraus danken, damit du nach meiner Vernichtung nicht unbedankt von dieser wesenlosen Stelle zurückkehren mögest zu deinen mir unbekannten Höhen!'

7. Und hört, das Wesen sprach: ‚Höre! Nicht vernichten will Ich dich, sondern erhalten und zurückführen auf fremden Wegen dahin, da du voll sündiger Hoffart ausgegangen bist!'

8. Und ich sagte: ‚Tue, was du kannst; aber bedenke die Größe des Zornes Gottes! Denn ich war groß und bin zunichte geworden; daher bedenke – und wärest du irgend noch größer denn ich entstanden –, dass Gott ewig und unendlich und voll flammenden Zorngrimmes ist!'

9. Und das Wesen erwiderte: ‚Hast du denn nie auch die Liebe in Gott gemessen? Siehe, sind auch die Zornfluten groß, so reicht aber doch dessen Liebe noch dahin, wo die tiefen Ströme des Grimmes ewig versiegt sind unter den endlosen Rändern der Unendlichkeit, da eine zweite Unendlichkeit ihren Anfang nimmt!'

10. Und ich erwiderte darauf: ‚Siehe, als ich noch war ein Fürst alles Lichtes, da wurde mir gezeigt ein mattes Flämmchen. Dieses hätte ich sollen anbeten; denn es wäre die ewige Liebe Gottes. Dieses konnte ich nicht glauben in meinem Strahlenglanz und sah mich weit erhaben über das matte Flämmchen. Und siehe, da ergriff mich der Grimm meiner Lichthöhe. Ich entzündete mich noch mehr und wollte vernichten mit meinem Licht das Flämmchen gänzlich; allein da erfasste mich der göttliche Zorn, und ich wurde geschleudert hierher in diese ewige, finstere Leere, welche ich erst nach Ewigkeiten erreicht habe.'

11. Und seht, da sah ich auf einmal das Flämmchen über dem Haupte dieses Wesens schweben, und das Wesen aber sprach wieder zu mir: ‚Luzifer, erkennst du Mich jetzt?' – Und ich antwortete: ‚Ja, Herr, ich erkenne Dich; Du bist Gottes Liebe und reichst weiter als dessen unendliche Zornflut. Sieh mich an in Deiner Gnade, und schaffe mir ein festes Plätzchen, damit ich Ruhe finden möchte in dieser ewigen Leere!'

12. Und seht, da rollte eine Träne aus dem hellen Auge der ewigen Liebe hinab in die finstern Räume der Ewigkeit und ward zum großen Gewässer. Und die Liebe hauchte über die großen Gewässer in der Tiefe, und die Wässer teilten sich, und da wurden der Tropfen zahllose aus den Gewässern. Und das Flämmchen über dem Haupte der ewigen Liebe dehnte sich aus im Augenblick und entzündete die Tröpfchen zu zahllosen großen Sonnen; die Sonnen aber sprühten in der Wärme der ewigen Liebe Erden, und diese ihre Monde.

13. Und seht, aus der Mitte der Träne Gottes schwamm diese Erde zu mir herauf, und die Liebe segnete und hauchte sie an, und die Erde blühte wie ein Garten und war glatt, schön und eben; aber es war noch kein lebendes Wesen daselbst zu gewahren. Allein die Liebe blickte die Erde an, und es wimmelte auf derselben, wie in den Meeren und anderem Gewässer, auf den Festen, wie in der regen Luft von Leben aller Art.

14. Seht, das sah ich alles und bin mir jetzt dessen vollbewusst durch die besondere Gnade des Herrn. Als aber nun die Erde so bestellt war nach dem Willen der Liebe Gottes nach und nach der ewigen Ordnung gemäß, da richtete die Liebe ihre Augen in die Höhe Gottes und sprach:

15. ‚Lasset, ihr heiligen Mächte des Vaters, Uns den Menschen machen und ihm geben eine lebendige Seele, damit das, was gefallen ist, einen Ruhepunkt fände und sich demütige vor Dir und Mir und aller Macht Unserer Heiligkeit!'

16. Da donnerte es aus den feuererfüllten ewigen Räumen, und der Donner war die Stimme Gottes, und diese Stimme verstand nur die Liebe, und sie formte darauf aus feinem Lehm – seht her – diese Füße, die mich schon über neunhundert Jahre tragen, die Hände und – kurz, so wie ich vor euch stehe, so formte mich die ewige Liebe!

17. Und bald stand ich da. Aber noch war ich tot und war keine Regung noch Bewegung an mir zu gewahren. Da neigte Sich die ewige Liebe über diese tote Form und blies ihr durch die Nüstern mit dem lebendigen Odem eine lebendige Seele in die Eingeweide; und seht, da wurde lebendig, wie jetzt, ich, der erste Mensch der weiten Erde, und sah an die große Schöpfung und hatte keine Freude an ihr und ward müde meines wundervollen Daseins und konnte nicht begreifen, wie, wann und was und warum und woher ich gekommen bin; denn meine lebendig beseelte Form konnte nicht sehen die schaffende ewige Liebe.

18. Und seht, da ließ die ewige Liebe die Form umsinken in den ersten Schlaf und sprach zu mir: ‚Siehe deine Ruhestätte! Ziehe ein ins Herz dieser lebendigen Wohnung; denn für dich habe Ich sie wohlbereitet. In ihr wirst du finden eine wohlbesetzte Tafel, auf welcher der Wille Gottes mit großen Feuerzügen gezeichnet sein wird; daran sollst du dich kehren und dir nehmen deinen Willen und dafür aufnehmen den Willen Gottes!

19. Siehe, das ist der fremde Weg, auf dem Ich dich zurückführen will! Schaue nie nach dir, sondern stets nach der Tafel Gottes; dann wirst du leben mit Mir ewig und herrschen von einem Thron über die Unendlichkeit! Aber wehe dir, so du noch einmal fallest, dann wird die Liebe dir sogar zum Fluche werden, und Ich werde den Menschen einen anderen Geist geben, der zunächst von Mir ausgehen wird, – du aber wirst dann von neuem diesen Standpunkt verlassen müssen auf Ewigkeiten der Ewigkeiten, und es wird dir nimmer eine Zeit gegeben denn die des ewigen Feuers im Zorne Gottes und im Fluche der Liebe!

20. Daher bedenke, was das heißt! Der Zorn Gottes kann gemildert werden, wenn die Liebe ins Mittel tritt; wenn aber die Liebe selbst wider dich fluchend wird, wer dann wird dich wohl schützen gegen den ewigen Grimm der Gottheit, und welches wird dann das Mittel zwischen dem Zorne Gottes und dir sein? Ich sage dir: kein anderes – als das Gericht und die Verdammnis! Denn du bist ein Werk Gottes aus Mir. Wo aber ist das Wesen, welches Gottes Herrlichkeit anrühren möchte? Denn entweder soll werden ein Werk nach dem Willen der freien Macht der ewigen Heiligkeit Gottes – denn darum ward dir ein freier Wille gegeben, dass du den Willen der ewigen Macht Gottes in dir erkennen möchtest –, willst du das aber nicht, so ist an dir nichts gelegen, und du sollst dann erkennen die unendliche Macht Gottes, wenn sie dich bannen wird in die ewige, brennende Nichtigkeit.

21. Denn bei Gott ist kein Wesen in irgendeinem Betracht, und es liegt Ihm auch ewig nichts an Milliarden solcher Geister, wie du einer bist; denn Er mag in jedem Augenblick zahllose Milliarden noch

größerer Geister denn du hervorrufen, um sie dann wieder zu vernichten auf ewig, wenn sie nicht entsprechen Seiner ewigen Herrlichkeit!

22. Daher bedenke, was Gott ist, und was Er will, und was du bist, und was mit deinem dir verliehenen freien Willen du wollen sollst, damit die große Herrlichkeit Gottes in dir offenbar werden möchte, und so auch in allen, die aus dir geworden sind und in dir und mit dir gefallen sind!

23. Siehe das weite Grab der Erde und auch das aller zahllosen Sternenwelten! Ich nehme dir die große Last der mit dir Gefallenen und lege sie nun in die Erde und in alle Sterne, und da soll kein Stäubchen nutzlos schweben und soll bergen bis zur Zeit ein lebend Wesen, dir gleich, in sich.'

24. Und seht, da nahm die Liebe den Geist und legte ihn in die schlafende Form; und es gefiel dem Geiste wohl in mir, da er sah, dass er wohlgeborgen war und ward befreit von einer so großen Last, die er so lange hatte tragen müssen, und jetzt aber wurde er getragen in der lebendigen Wohnung, welche da bereitet hatte die ewige Liebe.

25. Und als ich auf diese Art eins geworden war mit dem Geiste, seht, da weckte mich die ewige Liebe. Ich erwachte und stand als ein einzelner Mensch im Angesichte der ganzen unermesslichen Schöpfung und sah niemanden denn mich, das Gras der Erde und deren Gesträuche und Bäume und auch die leuchtende Sonne am weiten, blauen Firmament. Da fing mich an zu bangen. Ich verließ die Stelle, suchte eine Gesellschaft und fand auch nicht ein Wesen, das mir gliche!

26. Und als ich des Suchens müde ward, da fiel ich wieder zur Erde nieder, und ein süßer Schlaf bemächtigte sich meiner. Und seht, in diesem Schlaf hatte ich folgenden Traum: In der Mitte meines Herzens sah ich ein unendlich reizend Wesen, und dieses Wesen sprach in mir zu mir:

27. ‚Sehe mich an, wie ich bin schön und reizend und habe eine Form gleich der deinen und kann sie wohl überschauen! War meine Gestalt auch einst nur ein großes Licht, das da seine Strahlen sendete den endlosen Räumen entlang und verzehrte sich selbst in solcher Übergröße, so konnte ich doch nie meine Form schauen, sondern ich war selbst Licht, in dem sich zahllose Formen enthüllten. Die Formen sind mir genommen worden, in denen ich mich verunendlichfältigt sah und wohl empfand; aber dafür ist mir selbst Form gegeben, und diese Form ist schöner denn all mein einstiges Licht, und ich gefalle mir in dieser Form so sehr, dass ich eine große Lust an mir habe und liebe mich selbst und werde von dir geliebt und habe eine große Begierde in mir zu mir und kann dich zu mir ziehen, wann ich will, und du musst allzeit folgen dem Zuge meiner Begierde!'

28. Und seht, ich hatte wirklich ein großes Wohlgefallen an mir in mir. Und als ich so in diesem Wohlgefallen noch immer fest und fester schlief, da sah ich eine lichte Hand mich durch- und durchgreifen bis in die Mitte des Herzens und festhalten mein zweites Ich. Und dieses sträubte sich anfangs; aber es unterlag bald den mächtigen Fingern der Liebe Jehovas; denn die lichte Hand war die Hand der ewigen Liebe!

29. Bald zerbrach der mächtige Finger Gottes eine Rippe meinem zweiten Ich, griff in dessen Innerstes und zog bald einen Wurm aus dessen Eingeweiden und schloss endlich wieder die Stelle, da der mächtige Finger des Herrn sich den Weg machte zur Wegnahme der eigenliebigen

Begierde. Und danach aber sah dieses mein zweites Ich nicht mehr so reizend aus wie ehedem, und es war dessen Form gleich der meinigen, und ich hatte nicht mehr den Zug dahin, sondern wir beide wurden gezogen von der ewigen Liebe. Da sah ich den Geist verfallen in einen Schlummer, und in diesem Schlummer löste er sich auf und floss über in alle meine Teile, und wir wurden vollends eins.

30. Da mir noch solches träumte, seht, da weckte mich auf einmal eine sanfte Stimme, und diese Stimme war eine Stimme des Herrn und sprach: ,Adam, du Sohn der Erde, erwache, und sehe an deine Gehilfin!' – Und ich sah die Eva vor mir und war froh über die Maßen; denn ich sah mein zweites Ich aus mir getreten, und dieses hatte große Freude an mir, und diese Freude war die erste Liebe, die ich, der erste, ungeborene Mensch, empfand, und sah zum ersten Male mein geliebtes Weib – und liebte sie rein im reinsten Schoße der ewigen Liebe Gottes in aller Fülle des ersten Lebens!

31. Und seht ferner, in solcher süßen Empfindung verlebte ich drei Tage und drei Nächte. Da aber empfand ich auf einmal eine gewisse Leere in mir, und ich wusste nicht, was ich daraus hätte machen sollen, oder was daraus werden sollte oder könnte!

32. Wüste ward es um mein Herz und trocken in dem Munde, – und seht, da stand denn auf einmal die ewige Liebe vor mir, gar so mild und liebevoll aussehend, hauchte mich an und stärkte mich und sprach: ,Adam, siehe, dich hungert und dürstet nach Speise und Trank, und deine Liebe, die da soll ,Eva' heißen, nicht minder. Sehe an die Bäume, die Ich jetzt segnen werde; deren Frucht esset zur Stärkung eures Leibes sowohl, als auch eurer Seele. Aber von jenem Baume dort in der Mitte des Gartens sollet ihr nicht essen, bevor Ich wiederkommen werde, euch und den Baum zu segnen; denn an dem Tage, da du von dem Baume essen wirst, wird auch der Tod in dich treten. Du wirst zwar versucht werden; aber sei standhaft bis zum dritten Male, so wirst du den Wurm des Todes, der am selben Baume nagt, verderben, die Eva reinigen und dir und ihr und allen, die aus dir wurden und werden, ein überfreies, seliges, ewiges Leben in Gott bereiten.

33. Siehe, darum machte Ich die Zeit, damit deine Prüfung nur kurz währen sollte – und das erkämpfte Leben aber ewig!

34. Siehe, du hast mit keiner fremden Macht zu kämpfen, sondern mit dir selbst; denn Ich habe dir alles untertan gemacht, aber nur dich selbst konnte und durfte Ich nicht, damit das Leben dir eigen werde. Daher missachte nicht dieses leichte Gebot, und erhebe dich über dich selbst, damit du leben mögest ewig!

35. Siehe, der Wurm ist dein Böses vom Grunde aus und trägt den Stachel des Todes in sich; daher beiße nicht in den Stachel des Wurmes, den Ich dir genommen habe vor Eva aus deinem Herzen im Schlafe und bildete daraus die Eva, die dir lieb ist, da sie aus deiner Liebe entstand und ihr Fleisch aus deiner Begierde und blieb in ihr die Wurzel des Todes, welchen du beleben sollst durch deinen Gehorsam!

36. Geliebter Adam, siehe, Ich, die ewige Liebe Gottes, aus der alles Leben strömt, sage dir das bittend: Verderbe Mir nicht ein so großes Werk an Dir! Du weißt ja, welche lange Zeit der Zeiten verronnen ist seit dem, da Ich dich auffing im ewigen

Falle vom Leben zum Tode! Siehe, es mochten wohl eine Milliarde von solchen Erdenjahren verflossen sein, wenn schon damals eine Zeit bestanden hätte, und Ich scheute nicht jegliche Sorge, dich lieben geschaffenen Bruder zu retten; aber da Ich so viel tat, so tue du noch das wenige und gebe in dir Mir Meinen geliebten Bruder wieder, damit wir in Gott, unserem heiligen Vater, wieder eine Liebe werden möchten ewig. Amen.'

37. Und seht, da verließ mich die Liebe. Ich aber aß und trank und stärkte mich – zum Ungehorsam! O Kinder, hört, ich wurde der ewigen Liebe ungehorsam!

38. Die Erde vermag euch zu erzählen die Größe meiner Untat; denn da blieb kein Stein auf dem anderen, und die Unendlichkeit ward erfüllt von der großen Gewalt des Zornes Gottes!

39. Ich verbarg mich und weinte bittere Tränen der Reue; und die ewige Liebe verschmähte nicht meine Tränen, und die Zähren der Eva waren Ihr angenehm. O Kinder, hört, die Liebe machte alles wieder gut! Ich fehlte wieder am Sabbat und weinte laut über meine Verworfenheit. Und seht, die Liebe sandte einen Engel und ließ mich geleiten aus dem Garten der Versuchung in ein Land, das der Seth noch gar wohl kennt, in ein Land der Besserung, aber auch in ein Land der Trauer, – und wieder in ein Land der Freude. Denn als ich den Fluch wegnahm von Kahins Haupte, der von meinem Todesstachel verderblich geworden war, da er entstanden ist vom Safte des Apfels, der vom Wurme des Todes begeifert war, so gab mir die Liebe des Herrn meinen lieben Ahbel-Seth, – und nun vor hundert Jahren führte uns alle der neue Engel der ewigen Liebe des Herrn hierher ins Land der Erkenntnis Gottes und der ewigen Wahrheit, da Ahbel das Schwert pflanzte und die roten und weißen Beeren vom Strauche las!

40. Seht nun, Kinder, die unermessliche Liebe Gottes, was alles sie an mir und an euch allen getan hat, noch tut und ewig tun wird! Daher seid fröhlich, wenn die ewige Liebe auch die Kinder Kahins heimsucht; doch aber soll nie jemand dahin wandeln von uns ohne das ausdrückliche Gebot des Herrn, denn das Erdreich daselbst besteht aus dem Kot der Würmer! Daher, wenn der Herr jemanden zuvor nicht gesegnet hat, der wage es nicht dahin! Denn alles Übel liegt in den Weibern der Tiefe nun; daher verunreiniget euch nicht mit ihnen! Amen."

Kapitel 41

Henoch wird Prediger

Am 21. September 1840

1. Und als der Adam diese Rede durch Meine besondere Zulassung beendet hatte, da wurde sein Inneres wieder geschlossen seines Heils willen. Seth, Enos und Henoch aber wunderten sich über alle Maßen und konnten nicht begreifen den hohen Sinn dieser Rede und fragten den Adam, was er denn damit hätte sagen wollen.

2. Er aber staunte sie an und wusste kaum, dass er etwas geredet hatte und fragte sie entgegen, was er denn eigentlich gesprochen habe.

3. Seth aber sprach darauf: „O Vater, siehe, du hast uns enthüllt deine wundervolle Werdung vom Anbeginne aller Wesenheit und zeigtest uns die unbegreifliche Führung der ewigen Liebe. Wir verstanden

es nicht und wollten dich um eine nähere Erläuterung bitten; daher vergebe uns den Fehltritt unserer Neugierde! Wen sollte auch nicht wundern solcher Dinge, die soeben von deinem Munde an unsere Ohren gedrungen sind?!"

4. Adam aber stand auf, erregte sich und sagte: „So ihr aber wunderbare Dinge nun vernommen habt, so denket, dass sie vom Herrn und nicht aus mir herrühren, und so wisset ihr ja auch, wem zunächst Dank und Ehre gebührt!

5. Lobet daher den Herrn, da Er die höchste Liebe und Weisheit Selbst in aller Heiligkeit ist, und denket, dass der Mensch dem Menschen nichts geben kann, außer er hat es zuvor empfangen von der Liebe des Herrn, der da der alleinige Geber aller guten Gaben ist! So ich euch irgendetwas Gutes gegeben habe, so habe nicht ich, sondern der Herr hat es euch gegeben. Mangelt euch Licht, so seht empor zum Licht der Himmel, und da werdet ihr ja dann doch sehr leicht erkennen, woher das Licht aller Lichter unablässig strömt; denn da eine Gabe jemandem gegeben wird, da ist auch der große, heilige Geber nicht ferne. Daher suchet Ihn, und ihr werdet Ihn auch wohl finden, und das Verständnis der Gnade wird nicht unterm Wege bleiben!

6. Dieses beherziget wohl; denn Adam, euer aller Vater, sagt euch jetzt, wie zuvor, das Übergehende der Werdung aus der herab sich lassenden großen Gnade des ewigen, überheiligen, überguten Vaters! Da aber der Heilige, Liebevolle tat das Seinige, so tut ihr auch das eurige, und gehorchet in allen Dingen! Amen."

7. Und seht, da verneigten sie sich gen Adam und gingen ihren Weg und besprachen sich unterwegs, was da wohl zu tun sein dürfte. Und Henoch, der Jüngste von allen, der da ohnehin seiner besonderen Frömmigkeit wegen ein Lehrer von Meinem Namen war, nahm das Wort und sagte zu seinen Vätern:

8. „Väter! Adam, unser aller Erdenvater hat Worte gesprochen voll Weisheit und tiefen Sinnes. Wir verstanden sie nicht; denn er redete, was er nicht wusste, dass er also geredet hat. Wenn dem so ist, da ist ja leicht das Verständnis, wie ergreifend er geredet hat. Denn hätte er geredet als Mensch, wie hätten wir als Menschen ihn nicht verstehen sollen? Da er aber redete – nach menschlicher Weise zwar – Dinge aus dem Namen Gottes mit der Zunge des Geistes, der da war ein Zeuge der Liebe in und aus Gott, so konnte unser fleischlich Wesen freilich nichts verstehen von allem dem, was Gottes und des Geistes der Liebe ist.

9. So es aber nun gesagt wurde aus dem Geiste der Liebe nach dem ewigen Rat der Heiligkeit Jehovas, so musste es gesagt werden zur Verherrlichung des allerheiligsten Namens. Wir verstehen es ja nicht mit unserer Kurzsinnigkeit, aber es ist Einer, der es versteht, und dieser Eine ist die ewige Liebe des Herrn; aus Ihr ist alles hervorgegangen, was da ist, und so auch unsere Liebe zu Ihr. Und so empfinde ich, dass, so jemand da ließe seine Liebe über und über strömen in alle Teile seines Wesens zur ewigen Liebe aus Gott und in Gott, der würde verstehen solche Rede der Weisheit; denn die Liebe ist die Wurzel aller Weisheit und es ist nirgends Weisheit denn nur in der Liebe zur Liebe in Gott.

10. Daher, o Väter, wir haben die Wurzel aus Gott; lassen wir sie schießen in alle Teile unseres Lebens, und meine Empfindung sagt es mir überlaut und klar, dass uns noch gar Vieles und Großes wird

geboten werden aus dem Gnadenmeer der ewigen Liebe, das noch größer, tiefer und erhabener sein wird denn das uns Adam erzählte. Aus Adam und Eva sind wir geboren; daher haben wir viel Fleisch, aber wenig Verständnis des Herzens. Wenn aber einst Menschen aus der reinen Liebe Gottes werden können geboren werden, denen wird unser Verständnis zum Spielzeug werden."

11. Und seht, diese kurze Lehrrede gefiel dem Seth und dem Enos wohl, so zwar, dass Enos, sich zum Seth wendend, sagte: „Vater Seth, solch eine Rede voll geheimen Sinnes hat nun Henoch gesprochen, dass sie mir ging wie ein Feuerstrom durch Bein und Mark, und mein Herz erschauerte vor der geheimen Weisheit der göttlichen Liebe in ihr.

12. Höre, Vater, seine Empfindung ist wahr, da sich sein ganzes Wesen in reinster Liebe und voll Demut ausspricht; daher soll er ferner ein allgemeiner Lehrer sein aller unserer Brüder und Kinder in der geheimen Weisheit der ewigen Liebe. Denn obschon der Herr jedem gab die Liebe und das Verständnis des Herzens als reine Gnade aus Sich Selbst, so aber ist anderseits doch auch empfindlich wahr, dass nicht jeder von uns eine gleiche Last haben kann, und es hat der eine mehr Gewalt in seinen Füßen, der andere in seinen Händen, ein anderer in seiner Brust, ein anderer in seinem Rücken, und wieder ein anderer in seinen Eingeweiden, und der in diesem, und der in jenem. Auch hat zwar ein jeglicher ein menschlich Gesicht, und es sieht doch nicht eines dem anderen vollends ähnlich. Und so meine ich denn auch, Henoch hat eine große Macht und Gewalt in seinem Herzen, und es wird ihm darinnen keiner gleichen; denn man kann nicht

Liebe haben, wie man will, sondern so viel einer der Herr verliehen hat. Jedem hat er zwar gegeben Liebe, aber nicht alle sind sich gleich darinnen; daher muss auch das Verständnis verschieden sein, damit ein Bruder dem anderen notwendig werde, wodurch dann erst alles ausgeglichen wird, was der Herr so überweise uneben hat entstehen lassen.

13. Und du, mein lieber Henoch, der du wohl vernommen hast nun diese meine Rede, sage mir, ist es nicht so, oder kann oder soll oder darf es anders sein? Dein Herz ist stark, und dein Verständnis macht das meine zunichte; daher rede, und lehre die rechten Wege des Herrn, und zeige uns allen dessen unbegreifliche Fußstapfen, und lehre uns den gerechten, allerheiligsten Namen des Herrn gebührend loben und preisen, wie es sich wohl gezieme für uns Kinder Seiner ewigen Liebe und dadurch Kinder unseres alten Vaters Adam!"

14. Und seht, als der fromme Henoch solche Rede voll Würde und Erhabenheit aus dem Munde Enos' vernommen, fragte er die beiden Väter: „Wird es sich aber wohl ziemen einem schwachen Kinde, denen zu predigen, von denen es noch gar vieles zu erlernen hat?"

15. Seth und Enos aber entgegneten und sagten: „Lieber Henoch, weißt du denn nicht, wie uns Adam öfter belehrt hat? Die Väter haben nur mit dem Segen des Herrn in den Leibern ihrer Kinder Wohnungen für ihre jüngeren Brüder gezeugt; da wir aber Zeuger der Leiber sind und nicht auch der Liebe, die da ist ein lebender Geist aus der Liebe Gottes, so sind wir in der Liebe ja nichts als lauter Brüder und Schwestern untereinander und sind somit vielmehr Kinder eines und desselben

überheiligen Vaters in den Himmeln der Höhe, die da ist eine ewige Wohnstätte der Heiligkeit Gottes, der da ein wahrer Vater unser aller ist. Daher predige du nur zu in deiner Liebe, und sei versichert: wir werden die Zunge des Bruders und des Kindes mit der Gnade Gottes wohl unterscheiden; denn so jemand die Liebe predigt, der redet als Bruder aus dem Herzen der ewigen Liebe, und sein Wort wird sein gleich einer aufgehenden Sonne, deren Licht erwärmend verscheucht die Nebel aus den dunklen Furchen der Erde. Wer aber nur predigen würde aus seiner ihm verliehenen Weisheit, dessen Lehre würde sein gleich dem Licht der Sonne am Mittag, welches Licht nicht mehr erwärmt, sondern nur gewaltig und unerträglich brennt, und man sich vor solchen übergrellen Strahlen gerne flüchtet unter die allerdichtesten Schatten aus Furcht vor solchen brennenden Strahlen!

16. Du aber, lieber Henoch, hast nur einen großen Born der Liebe und nicht der nackten Weisheit in dir; daher lasse diese deine göttliche Morgensonne uns, deinen Brüdern in Gott, aufgehen!"

17. Und Henoch antwortete: „Liebe Väter, wenn es so ist, da meine Empfindungen aus Gott es mir auch sagt, dass es so ist, so habt ihr ja vollends recht geredet; aber nur eines habt ihr vergessen, und dieses ist von größter Wichtigkeit und lautet also: Jedweder kann reden und handeln nach seinem Belieben zur Ehre Gottes, wie und wann er will; aber zu predigen in Seinem Namen vermag nur der, dem es gegeben wurde von oben. Mir ist es gegeben nur von euch, aber noch nicht von oben; daher predige ich nur vor euch. Wenn es mir aber auch gegeben wird von oben, dann erst kann und darf ich predigen allen

Brüdern die große Kraft des Namens der ewigen Liebe. Was aber die Ziemlichkeit der Preisung des großen Namens betrifft, so wisst ihr lieben Väter ja ohnehin, welcher Preis und welches Lob dem Herrn am angenehmsten ist, und wisst auch, dass da weder Worte, noch Gebärden, noch Gedanken, noch zeremonielle Gebräuche so viel als nichts sind und nur allein Liebe und Gehorsam Ihm das wohlgefälligste Opfer sind, welches wir Menschen Ihm darzubringen vermögen! Er, der unser aller Gott und Vater ist, weiß genau, was Er mit uns will; daher geschehe ja allzeit Sein heiliger Wille! Amen."

18. „Ja", sprach der Seth, „du lieber Henoch du, auch diese deine Rede war eine Rede voll Weisheit aus der unendlichen Liebe des Herrn und glich einem schönen Morgen, der in dir aufgeht und sanft erleuchtet unsere Furchen. Siehe, Henoch, alle Wahrheit ist ein Licht, das ausgeht von der sanften Flamme der ewigen Liebe, und dieses schönste, herrlichste Licht ist die wahre Morgensonne des Herzens; ja, es ist das einzige Licht, und außer diesem Licht gibt es kein Licht, und selbst der Sonne Licht ist nur ein matter Widerschein dieses herrlichen, einzigen Lichtes der ewigen Liebe. Siehe, dieses Licht leuchtet gar so mild in deinem Herzen; es erquickt uns allzeit und erwärmt unsere Herzen mit großen, des heiligen Vaters würdigen Gedanken. Ja, wenn du redest, so kommt es mir vor, als vernähme ich Klänge aus einer Welt, die einst unseren späten Nachkommen gleich einem großen Lichtstrom aus dem ewigen Morgen Gottes aufgehen wird; – siehe, so sehr erquickt uns die Rede deines Herzens. Daher schweige nicht, sondern rede, und lasse dem Herzen

freien Lauf, und zeige uns, was ich und Enos wünschen!"

19. Und als Henoch solches vernommen, sah er gen Himmel und sprach leise in seinem Herzen zu Mir wie folgt: „Heiliger Vater, sehe gnädig herab auf mich, Dein schwaches Kind! Siehe, ich soll geben und habe nichts denn meine Liebe zu Dir, – o Vater, mein Herz brennt vor Liebe zu Dir, ich kann nichts, als Dich nur lieben –, o Vater, zürne nicht, dass ich mich getraue Dich, o Du allerheiligster Vater zu lieben, der ich nichts als Staub und Erde bin, aber sehe, du bist ein gar so guter Vater, und Deine Größe verschmäht nicht den Wurm im Staube! O Vater, siehe, wir alle sind bestaubte Würmer vor Dir, Du allmächtiger, ewiger, heiliger Vater! Es ist nichts Gutes an uns als allein unsere Liebe zu Dir, die zuvor aus Dir in uns kam. Mit dieser Deiner Liebe in uns lasse Dich, o Du guter, heiliger Vater, aus allen unseren Kräften über alle Maßen lieben! Denn was kann ich Schwacher reden, da meine Liebe zu Dir mir allzeit die Zunge hemmt, daher ich auch, wie Du es weißt, Dich weder loben noch preisen kann, da die Liebe zu Dir mir die Zunge lähmt.

20. O Vater, siehe daher gnädig herab auf mich bestaubten Wurm und löse mir die Zunge, so Dein heiliger Wille es ist, dass ich zu reden vermöchte zur Verherrlichung Deines Namens im Angesichte meiner Väter, Brüder und Kinder! Du weißt, dass Enos, Kenan, Mahalaleel und mein Vater Jared allzeit gepredigt haben die große Herrlichkeit Deines allerheiligsten Namens; o so lasse auch mich nicht ein unwürdiger Sohn meiner frommen Väter sein!"

21. Und seht, als nun der Henoch solches stilles Gebetlein in seinem liebenden Herzen gesprochen hatte, welches ein wahres Gebet war, und welches Mir auch nur einzig angenehm war und ewig angenehm bleiben wird, da es ein rechtes Gebet war, so ließ Ich alsobald einen Engel darniedersteigen zur Erde und stärken alldort seinen Bruder Henoch und ließ ihm vollends lösen die Zunge. Und als dieses geschehen war, sehet, da erkannte sich Henoch aus seiner Liebe und begann folgendermaßen zu reden:

22. „O liebe Väter und Lieblinge Gottes, seht, die Liebe zu Gott hat mich auf eine kurze Zeit blind, taub und stumm gemacht; der Herr hat in meiner Liebe mich angeschaut, und Seine unermessliche Liebe hat mich gestärkt und gelöst meine matte Zunge. Seht, das alles hat nun soeben die ewige Liebe getan. Nun erst kann und darf ich reden; daher vernehmt das Lob des heiligen Vaters.

23. Seht, so will es der Herr, der da voll Liebe ist, dass der Mensch Ihn liebe aus allen seinen Kräften; denn es besteht nirgends irgendeine Macht oder Kraft außer allein in Gott. Und so ist alle Kraft im Menschen nur eine Kraft der Liebe aus Gott, und diese Kraft ist gelegt in unser Herz, und diese Kraft ist keine andere als die Liebe selbst. Da wir nun aber Liebe haben, so sollen wir sie nicht behalten, sondern sie opfern Dem, der sie uns auf eine so wunderbare Art unserem Herzen aus Seiner Gnade überschwänglich eingelegt hat.

24. Seht, nichts haben wir, was wir dem Herrn geben könnten, das wir nicht zuvor von Ihm erhalten hätten; und welche Freude könnten wir Ihm auch wohl machen, so wir Ihm auch die ganze Erde, ja die ganze Welt zu geben vermöchten?! Er würde uns sagen: ,Kinder, Ich bedarf dessen ewig nicht; denn so Ich Freude an Welten hätte, so könnte Ich Mir ja in jedem

Augenblick zahllose Milliarden erschaffen und hätte auf Ewigkeiten der Ewigkeiten auch den hinreichendsten Raum dazu. Allein Mich freuen nicht eure Opfer, die Mir bereitet werden aus der Materie, die da ist ein Haus des Todes, sondern Mich freut nur ein reumütiges, Mich liebend voll zerknirschtes Herz. Das ist es, das ganz euer ist als eine freie Gabe von Mir; dessen seid ihr im Vollbesitz. So ihr wollt, könnt ihr es Mir wiedergeben, und Ich werde da einziehen mit Meiner Gnade, und ihr werdet leben ewig dann mit der Gnade in Meiner ewigen Liebe, und alle Dinge sollen klar werden wie ein Tropfen Wasser. So ihr aber selbst einzieht in euer Herz und verriegelt dann die Türe vor Mir, dass Ich nicht hinein kann, wenn Ich will, so werdet ihr alsobald euer Lebensbrot in euch verzehren; und da Ich als der alleinige Geber des Lebensbrotes mit Meiner Lebensgabe nicht mehr hineingelassen werde, so wird also auch der ewige Tod alsobald die notwendige Folge der Eigenliebe und des Selbsttums in euch werden.'

25. Denn seht, spricht der Herr ferner, ,Ich habe keine Freude am Nehmen, sondern Meine größte Seligkeit besteht nur ganz allein im immerwährenden Geben. Wer da empfangen will, der nehme es allzeit willig, so Ich ihm gebe, und lasse erfüllen sein Herz mit Meiner Gnade, damit dereinst Meine Liebe im Vollmaß wird einziehen können; denn dessen Herz nicht ganz erfüllt wird von Meiner Liebe, der wird nie schmecken das Leben in sich, sondern der Tod wird ihn gefangen nehmen durch und durch. Denn es ist jetzt die Zeit, dass Ich jedem zuvor gebe Gnade, dann erst die Liebe aus Mir bis zur großen Zeit aller Zeiten; alsdann aber wird die Liebe sein das Erste, und wer nicht haben wird die Liebe, dem

wird nie zuteil werden das Licht der Gnade, sondern da wird zugrunde richten jeglichen das Licht der Welt.'

26. Und seht, liebe Väter, und vernehmt wohl meine Rede und hört wohl, wie der Herr noch ferner spricht, und es lauten Seine Worte: ,Hört, ihr Kinder Meiner Erbarmung, Meine Gnade ist ein großer Schatz, und es hat die Erde nichts, was diesem gliche. Meine Gnade ist ein rechtes Licht aus der Höhe Meiner Heiligkeit, wie Meine Liebe ist eine rechte Speise des Lebens. Wer da nicht empfangen hat Meine Gnade, der kann nicht glauben, dass Ich es bin, aus dem alles Leben ewig strömt; wer aber nicht hat den Glauben, der ist gleich den Tieren und wird gerichtet, da er geht und steht. Doch aber so jemand wäre, der Mich da erkennen möchte in seiner Liebe, über den werden Ströme der Gnade ausgegossen werden, und da hat dann ein solcher schon im Voraus teil an dem, was dereinst werden wird den Menschen der Erde, in der großen Zeit der Zeiten, die eines guten Willens sind.

27. Daher glaubt, damit ihr zur Liebe und dadurch zum Leben dereinst gelangen mögt, und liebt Mich in eurem Geiste, und es seien alle eure Werke eurer Hände und eures Willens Zeugen des Lebens in euch, und eure Zunge sage euch, dass ihr Kinder Gottes seid. Ich werde die Menschen richten nach dem Glauben; Meine Kinder aber will Ich führen in Meiner Liebe, und das Licht Meiner Weisheit soll ihnen zur ewigen Leuchte des allerseligsten Lebens in Mir, ihrem liebevollsten, heiligsten Vater werden, jetzt und in alle Ewigkeiten der Ewigkeiten! Amen.'

28. O liebe Väter, habt ihr gehört, was der Herr geredet hat?" – Und der Seth antwortete: „Ja, geliebter Henoch, wir haben

es gar wohl vernommen; allein es geht uns dabei nicht viel besser als bei der Erzählung Adams; denn wir alle haben zwar Gnade, aber zu wenig Liebe."

Kapitel 42

Kenans Traumgesicht von den zehn Säulen

Am 28. September 1840

1. Und als der Seth eine solche kurze, liebarme Bemerkung ausgesprochen hatte, seht, da kamen diesen dreien noch der Kenan, Mahalaleel und Jared entgegen und grüßten sie in aller Liebe und dankten Mir für die Gnade des Wiedersehens, und Seth segnete sie alle in Meinem Namen, damit sie reden konnten und durften im Angesichte Meiner Liebe und im Angesichte Seths, des zweiten Stammvaters der hochgesegneten Linie nach Adam, welche endlich Ich Selbst in der großen Zeit der Zeiten körperlich beschloss.

2. Und als diese drei den Segen empfangen hatten, da öffnete zuerst Kenan den Mund und sprach: „Liebe Väter und Kinder, höret und vernehmet wohl meine Rede; denn ich will sie euch so getreu, als ich sie empfangen habe durch nächtliches Gesicht, wiedergeben. Und dieses Gesicht stellte zehn Säulen vor, und diese Säulen ragten über ein großes Gewässer, das oft gewaltig an die Säulen schlug. Und da stand auf der ersten Säule Adam und sprach zu den Fluten: ‚Höret Kinder, Gott, der Herr Zebaoth, der mächtige, große, heilige Vater aller von mir gezeugten Kinder ist ein einziger Gott! Wie Er mich auch gemacht hat zum einzigen Menschen der Erde, so ist Er von Ewigkeiten her ein einziger Gott, und es gibt außer Ihm keinen Gott mehr; denn es ist die Unendlichkeit von Ewigkeit zu Ewigkeit ganz erfüllt von Seiner Ehre, Heiligkeit und Liebe. Daher glaubet, ihr Fluten, dass der Herr ist ein einziger, einiger, großer, ewiger, allmächtiger, heiliger, gerechter, höchst weiser, liebevollster, gnadenreicher, barmherziger, überaus guter und über alles erhabener Gott und darum unser aller Vater. Daher seid ruhig, ihr muntern Wogen, und kläret euch, damit das Licht dieses einzigen Gottes euch durchleuchten möchte bis in den Grund eures Lebens! Amen.'

3. Und sehet, da wurden ruhig die Wogen um die Säule Adams, und es fiel ein gar gewaltiges Licht von der Höhe Gottes auf die glatte Spiegelfläche der Wässer; da erglänzte die Fläche gleich einer Sonne, und aus dem Grunde der Gewässer kam ein einstimmiger Lobgesang, entwand sich gleich einer lichten Wolke den Gewässern und stieg, heller und heller strahlend, hinauf zu den ewigen, heiligen Höhen des allmächtigen Vaters, der da ist der einzige, einige Gott.

4. Und höret weiter, ihr lieben Väter und Kinder, was ich gesehen im nächtlichen Schauen, zwar nicht mit den Augen des Leibes, – mit geistigen Augen hab' solches entzückt ich gesehen!

5. Nicht weit von der Säule des Adam stand eine fast gleiche erhaben. Die muntern Wogen getrauten sich kaum zu erheben die blitzenden Häupter empor zur erhabenen Säule und kreisten im sanften Geschaukel voll Ehrfurcht um diese erhabene Säule herum, so, als wollten sie sagen: ‚Sieh, sterblicher Mensch, sieh den Namen des Höchsten, der, heilig und liebevoll, ‚Jehova' heißet! Nie soll dieser Name von frevelnden Zungen ganz eitel gennet je

werden; der Name des heiligen Vaters ist heilig, wohl heilig, höchst heilig! O Menschen, o Kinder', so riefen die kreisenden Wogen, ,bedenket, o bedenket, wem der Name ist eigen! Da denket in euren Herzen, dass Gott, ja ein Gott es ist, dem dieser Name ist eigen!'

6. Und seht, als vom kreisend sanft schaukelnden Wogengetümmel ich solches hab' staunend vernommen, konnt' ich erst erheben ganz furchtsam zur Höhe der Säule des Geistes hoch staunende Sehe und sah – o ich kann's nicht beschreiben, wie heiß und doch wonnig mir da um das Herz ist geworden! – Ich sah auf der glänzenden Höhe der Säule ganz ernsten Antlitzes dich, teueren Vater, dich, Seth, sah ich stehen! Und du sprachst zu den sanft kreisenden Wogen, was eben zuvor ich geredet, da solches von ihnen ganz treu hab' vernommen und war da im Glauben und Hören, als hätt' ich's vernommen von allen den kreisenden Wogen, was du nur geredet da hast auf der heiligen Höhe zu den die heilige Säule im sanften Geschaukel umflutenden Wogen; und wie ich geredet, so hab' ich's gesehen.

7. Und höret nun ferner, ihr lieblichen Väter, und so auch ihr allzeit uns folgsamen Kinder! – So sah ich denn ferner unweit von der Säule des Seth ganz umflutet von leuchtenden Wogen die dritte der Säulen; die stand, wie vom rötlichen Lichte umflossen, erhabener denn alle die anderen, und alle die Wogen, die rascher und rascher um andere Säulen sich trieben, die standen hier stille und dampften aus ihren sanft bebenden Furchen dem Herrn und ewigen, heiligen Vater, von Ehrfurcht und Liebe durchdrungen, ein feuriges Loblied entgegen.

8. Ich wollte nachspähen, wohin die so feurigen Dämpfe den Weg möchten nehmen, – und seht, meine Augen, geblendet beinahe vom heiligen Glanze erhab'ner Gesänge, die so da entdampften der Ruhe der reinen Gewässer, erblickten in heiliger Höhe der dritten der Säulen, von blitzenden Wolken umzogen, den dritten von euch lieben Vätern, und dieser war Enos!

9. Ja du, Vater Enos, du standst auf der dritten der Säulen und sprachst in gar feurigen Worten zu den still horchenden Wogen: ,O höret, ihr alle Gewässer der Erde; vernehmet die Worte der Höhe und horchet den Tönen der heiligen Rede! Ihr könnet da fluten und wogen sechs Tage und Nächte in fröhlichen Reihen; doch wenn da der siebente Tag ist gekommen, gesegnet von heiliger Ruhe, der Sabbat des Herrn, ein heiliger Tag, hört, den sollet auch ihr allzeit feiern zum schuldigsten Lobe und Preise des heiligen Vaters! Denn das ist der ewigen Ordnung gemäß, dass da alles, das atmet lebendigen Odem aus Gott und im liebenden, dankenden Herzen empfindet die Liebe des ewigen, heiligen Vaters, das solle der Ruhe und Feier des heiligen Tages gedenken; denn dieses ist allzeit des heiligen Vaters hochheiliger Wille: Sechs Tage kann arbeiten all das Gewässer, kann fluten und wogen in rauschenden Zügen; doch heilige Ruhe soll wehen am heiligen Sabbat gleich feurigen Wolken, zur Feier einladend, hehr über den schweigenden, horchenden Fluten!'

10. Und höret, ihr lieblichen Väter und folgsamen Kinder, was ich euch allhier hab' gemeldet, getreu und genau, also hab' ich's vernommen.

11. Und höret geduldigen Willens noch ferner, geliebteste Väter, und ihr auch, uns liebende Kinder, was ich da noch ferner

und weiter mit staunenden Augen des Geistes für Wunder der göttlichen Liebe und leuchtender Gnade hab' treulich gesehen! O Väter und Kinder, wie ihr mich da sehet und höret im bebenden Eifer euch meine Gesichte erzählen, ja wahrlich, so stand ich denn dort im Gesichte als vierter, vom rötlichen Lichte umflossen, auf einer ein wenig nur minder erhabenen Säule, die so wie die ersten drei leuchtend umflutet von munteren, kreisenden Wogen nach allen erdenklichen Richtungen war. Voll des Staunens ob solcher so plötzlich erhabenen Stellung, die ich da den Vätern gleich hab' eingenommen, bemerkte ich traurig, dass weiter und weiter der Säule entlang denn die Wogen stets finstrer und stürmischer wurden und hoben in brennendem Eifer an zahllosen Stellen unstet ihre schäumenden Häupter gleich rauchenden Bergen hoch über die Säule, auf welcher ich stand, voll Sorgen und Kummer, empor, so als wären sie Kinder, die ohne Gehorsam im Herzen sich böslich bemühen, die Säule des Vaters und so auch der Mutter zu stürzen und, selbe im Falle verhöhnend mit lästernden Zungen, zu treten mit stampfenden Füßen, an welchen da klebet in Massen des schwarzen Undankes ertötender Staub.

12. Und als solches ich habe betrachtet die Zeit lang mit blutendem Herzen, erhob sich auf einmal, der Säule entströmend, ein heftiger Sturm und tobte Orkanen gleich über die schäumenden Häupter der bergenden Wogen. Und sehet, es währte der heftige Sturm, der Säule entströmend, nicht lange, als sich das Getümmel der tobenden Wogen, genötigt von strafender Macht der Orkane, zur segnenden Ruhe begab, so dass nur hie und da noch ein seltenes, leises Gemurmel der willig sich ebnenden Furchen der Fläche so großen Gewässers zur völligen Ruhe die leuchtenden Schichten dem göttlichen Munde entströmenden Hauches nicht unangenehm unterbrach. Und als völlig die mächtige Liebe des ewigen, heiligen Vaters mit solchen erstaunlichen Mitteln die segnende Ruhe hat treulich bewirket, so fing meinem Munde alsbald ein gar köstlicher Ton zu entquellen. Und hört, dieser Ton klang wie heilige Worte, entströmend dem lieben den Herzen des heiligen, ewigen Vaters aus Höhen der Höhen des ewigen Lichtes der Lichter unendlicher, leuchtender Sphären und goss sich in reichlichen Strömen gar weithin laut über die endlose, horchende Fläche der großen Gewässer, und wie ich vernommen, fand treu ich den Sinn solcher göttlichen Stimme gar herrlichen Klanges. Der Sinn aber sprach sich auf folgende Weise gar schön und gar wunderbar aus:

13. ‚Hört', sprach die heilige Stimme, ‚ihr stürmen nur wollenden Fluten, Gehorsam und Liebe der Säule des Kenan seid schuldig ihr bebenden Wogen, wollt lange ihr feuchten die toten und festen Geklüfte der trauernden Erde; doch wehe den bergen sich wollenden, schäumenden Wogen, die da sich erheben je über die leuchtende Säule des Kenan vermöchten!

14. Zu klaffenden Bergen, so hoch sie auch immer erheben sich möchten, werd' Ich durch die ewige Kraft Meines Zornes und brennenden Grimmes sie jählings erhärten und festen zur zeitlich sowohl, als auch geistigen, ewigen Qual in dem brennenden Pfuhl Meines ewigen Fluches!

15. Doch den gar ruhig gehorchenden Fluten soll zeitlich und ewig das Wogen im Lichte der ewigen Liebe des heiligen Vaters der Väter gesegneter, munterer, fröhlicher

Fluten, zuströmend den Meeren des ewigen Lebens, aus Meiner Erbarmung bald werden!

16. Erhebet euch nimmer denn über die heilige, leuchtende Säule des Kenan. So will es der ewige, heilige Vater der Väter und Richter der tobenden Wogen der Meere des Lebens in endlosen Reihen und feurigen Strömen aus Gott!' – Seht, geliebteste Väter, und ihr auch, uns liebende Kinder, wie ich es erzählte, so treu und so wahr, ja geradeso hab' ich's gesehen mit innerer Sehe voll Wunder und höherem Walten der ewigen Liebe in Gott und aus Gott!

17. Und so höret denn ferner, was ich all für Wunder der göttlichen Liebe im Geiste erstaunt hab' gesehen so klar und so deutlich, als stünden so seltene Dinge ganz lieblich vor meinen hellschauenden offenen Augen des fleischigen Leibes!

18. Ich stand noch auf leuchtender Säule und blickte nun fürder ein wenig zur fünften der Säulen; und höret, wie staunte ich da ob des neuen erstehenden Wunders der göttlichen Liebe des ewigen, heiligen Vaters!

19. Die Säule war düster vom Fuß bis zum Scheitel, und die sie in heftigen Stößen umflutenden Wogen, die schienen gleich glühenden Erzen sich zornentbrannt zu vernichten; da brauste und sauste der Tod durch die glühenden Tiefen der zornigen Wässer, und Woge auf Woge erstarrte, vom glühenden Grimme ergriffen.

20. Ich sah in die Nächte der brausenden Tiefen des Todes, erblickte da Dinge – o höret, die Zunge des Menschen könnt' eher erstarren als wiederzugeben die Gräuel der wütenden, ganz von dem tötenden Zorne durchglüheten Wogen.

21. Als solches ich sattlich gesehen durch meine geöffneten Augen des Geistes im Herzen der Seele des Fleisches, da hob ich beklommenen Herzens die Augen empor zu dem Scheitel der düsteren Säule und sah dort, o höret, dich, Jared, den Sohn meines Sohnes Mahalaleels ersten gesegneten Liebe, um Liebe empor zu dem ewigen, heiligen Vater für die grimmentbrannten und untereinander sich stoßenden, würgenden, mordenden Wogen gar ernstlich flehen!

22. Und als du, mein Jared, so flehtest, da stürzte auf einmal den weithin geöffneten Himmeln entlang eine reichliche Flut voll erbarmender Liebe hernieder auf die von den Gluten des tötenden Grimmes gefesteten, gischenden Wogen. O höret, da brauste und sauste von neuem die starrende Fläche des todvollen Meeres, da fingen von neuem die hart in den Tod schon gefesteten Wogen sich wieder zu lösen in ihrer erbitterten Härte und flossen wie Brüder und Schwestern, einander sanft flutend und wogend und furchend, durchdringend und helfend, zufrieden in die von der ewigen Liebe von neuem durchwärmten Arme und Herzen.

23. Und als da ich solches gesehen, da ward denn auf einmal von mächtigen Händen geschleudert ein flammendes Schwert in die bebenden Hände des flehenden Jared, und dieser ergriff es behände und schwang es nach göttlicher Fügung, soweit es zu schwingen nur Möglichkeit war; und als solches geschehen, da konnt' ich mit deutlich bezeichneten Worten vernehmen:

24. ‚Du irdisches, treuloses Wogengetümmel, zu töten geschaffene Wesen als Kinder der ewigen Liebe sollst nimmer du wagen; denn Ich bin der Herr so des

Lebens und so auch des Todes! Wer immer da töten wird zornigen Herzens die Brüder und Schwestern, der soll auch alsbald mit den Strafen des ewigen Todes am Geiste und Seele ganz sicher bestrafet bald werden. Daher solle niemand den anderen da stoßen, noch schlagen, noch fluchen, noch morden, noch töten; denn Ich bin der Herr und der mächtige Gott so des Lebens und so auch des zeitlich' und ewigen Todes!'

25. Und höret und sehet, geliebteste Väter und ihr auch, uns liebende Kinder, wie ich nun erzählet hab' treulich und wahr, so auch ist es geschehen von Zeichen zu Zeichen, von Wort bis zum Wort.

26. Und als solches vernommen und helle gesehen ich hatte, da lenkte die Augen alsbald zu der sechsten der Säulen ich über und sah dort, o höret, geliebteste Väter und ihr auch, uns liebende Kinder, – es grauet zu sagen vor euren forschenden Augen der furchtsamen Zunge des Kenan die schrecklichen Gräuel, die Ich, euer Kenan, geschehen musst' sehen, und zwar bei der sechsten der Säulen.

27. Ich sahe die Säule umflossen vom Blute und scheußlichen Schlamme, und statt der sonst munter die früheren Säulen umkreisenden Wogen, hört, krochen hier grauen- und ekelerregend ohn' alle Vergleichung die grauslichsten, schändlichsten Würmer.

28. Und hört, selbst die Säule, die herrliche Säule, die war, wie sonst keine, vom Fuß bis zum Scheitel beschmutzt und besudelt vom Blute der Schande der schändlichen, scheußlichen Würmer! Oft krochen die Würmer hinauf bis zum Scheitel sogar; auch erhoben sich Massen um Massen empor, so dass niemand gewahren da mochte die herrliche Marke des göttlichen Willens.

29. So weit auch das Auge des Geistes nur immer zu reichen vermochte, so konnte es aber doch nichts als nur Haufen und Haufen erschauen und sehen, wie sich diese Haufen der Würmer zerquetschend im gräulichen Eifer nun wieder vereinend zu größeren Würmern wurden und krochen dann über die anderen, sich windend und krümmend gerade zur schlammüberdeckten Mahalaleelssäule, umwanden dieselbe bis unter den Scheitel und wollten ihr nehmen dadurch ganz die göttliche Form, durch welche der heilige Wille des ewigen, heiligen Vaters zur Kunde soll werden den friedlichen Wogen der großen Gewässer des Lebens im endlosen Meere der heiligen Liebe im Herzen des ewigen, heiligen Vaters.

30. Doch hört, was da ferner ist treulich geschehen! Auf einmal erdröhnten die glühenden Himmel; die Sonne erlosch, und der Mond auch konnt' nicht mehr sanft spenden den Schein seiner Treue, und so auch die Sterne; die fielen in Mengen und Mengen zahllos aus dem purpurdurchglüheten Himmel.

31. Und höret, als solches geschehen, da fingen zu klagen und heulen unzählige Tote aus allen den Tiefen des stinkenden Schlammes und sprachen: ‚O decket uns, all ihr zerbrochenen Sterne, damit wir das Antlitz Mahalaleels ewig nicht sehen; denn der ist im Namen des ewigen, zornigen Gottes gekommen als feurige Geißel, zu schlagen uns elende Würmer, die wir denn da haben umschlungen die hohe, die herrliche Säule!'

32. Und hört, als den finsteren Tiefen des Todes ist solches entstiegen, da barsten die Himmel, aus deren geöffneten Ritzen gewaltige Ströme des göttlichen Feuers sich über Mahalaleels Säule ergossen.

33. Mahalaleel aber, vom Geiste des Herrn durchleuchtet, sprach: ‚Höret, ihr stinkenden Wogen in Würmergestalten, die Liebe des Herrn ist ewig und heilig und rein; darum sollet auch ihr nicht Unlauterkeit treiben!

34. Die Zeit ist gekommen, ein heiliges Feuer vom Himmel, zu waschen euch stinkende Würmer im ewigen Feuer des Zornes, so ihr euch nicht ehedem waschet zu friedlichen, liebe- und gnadedurchleuchteten, munteren Wogen.'

Am 2. Oktober 1840

35. Und als nun dem feurigen Munde Mahalaleels unter beständigen Blitzen und heftig dieselben begleitendem Donner ist solches in kräftigen Worten entquollen, o höret, da fingen die Haufen und Massen der Würmer an zu sinken, und wie sie zu ebener Fläche sich hatten geglichen, da flossen die schändlichen, ekelnden Formen gleich Erzen am sprühenden Feuer der düsteren, ewigen Schmiede in anfangs noch trübe, doch nach und nach immer in mehr sich durchklärende Wogen und friedliche Fluten hier in-, da durch-, und dort auch hehr auseinander.

36. Und höret, also war die Ordnung, die herrliche Ordnung alsbald wieder neu hergestellt, und nach dieser Herstellung der göttlichen Ordnung ließ gierig ich schießen mein Auge in endlose Fernen so über die weißliche Fläche der großen, gar rein nun gewordenen Wässer und sah, dass da nirgends mehr Haufen und Massen sich drängten, und sah, dass nur hie und da dunklere Wogen den lichteren nahten und dann in der Nähe derselben selbst heller und heller, am Ende gar leuchtend selbst wurden, und sah da noch ferner, da ich von den endlosen Fernen der wogenden Flächen der großen Gewässer mein forschendes Auge anheim hab' gelenket dahin zur Mahalaleels Säule, dass sie gewaschen von aller der blutigen Schande gar lieblich in weißlichem Lichte erglänzte, umfurchet von niedlichen, schäkernden, leuchtenden Wogen.

37. Mahalaleel, höre, dich sah ich dann knien und danken dem Herrn, dem heiligen Vater der leuchtenden Wogen; und sieh, jedes Wort, das dir, dankend dem Vater der ewigen Liebe, den zitternden Lippen entstammte, floh gleich einer strahlenden Sonne hinauf zu den ewigen Höhen des ewigen, heiligen Vaters!

38. Und hört, ihr geliebten Väter, und ihr auch, uns liebende Kinder, wie ich es gesehen und treu hab' gehöret, so treu und so wahr geb' ich hier es euch wieder.

39. Und da ihr jetzt solches in eurem Herzen habt willig vernommen, so höret noch ferner erzählen mich, Kenan, die nächtlichen Wunder der göttlichen Liebe und überhell strahlenden Gnade des ewigen, heiligen Vaters!

40. Nun höret, als solches ich sattsam gesehen im strahlenden Lichte der Gnade, entströmend den ewigen Höhen des heiligen Gottes und Vaters der Liebe und aller der friedsamen, leuchtenden Wogen, da stieß denn auf einmal mein Auge auf eine ganz glührote siebente Säule; und Henoch, der fromme, der ehrliche Henoch, stand schwebend beinahe auf dieser erglüheten Säule.

41. Die Wogen umflossen im tückischen Treiben die hoch in die flammenden Lüfte aufsteigende Säule des Henoch. Ich staunte jedoch nicht gar lange dies sonderbar' Bild mit den Augen des Geistes da an, als ich bald zu gewahren anfing, dass da unter den tückischen Fluten, zum Teile

vom Schlamme des Grundes bedecket, sich fremde, geraubte, gestohlene Wässer gar gräulich gefesselt befanden.

42. Es waren da Wässer der Liebe und Wässer der Gnade, und waren da Wässer des Lebens und Wässer des Lichtes, und so noch der Wässer erdenkliche andere Sorten; und alle die zahllosen Wässer – hört! – waren gefestet gleich denen durchsichtigen Steinen mit glühenden Banden der schändlichen, nur das Ich liebenden Liebe.

43. Und sehet, ihr Väter und Kinder, wie dieses liebloseste Rauben und Stehlen geschah; hört, wie ich es gesehen, so will ich's euch künden: Es hoben sich Massen, von diebischem Eifer getrieben, gleich niedlichen Wölkchen aus dieser so tückischen, wogenden Fläche der großen Gewässer, von denen die Säule des Henoch umflutet nach allen unübersehbaren, erdenklichen Richtungen war. Diese Wölkchen nun flohen weit über die Grenzen des ihnen gehörigen Säulengebietes hinaus; wenn sodann sie ersahen ganz ruhige Flächen in anderen Gebieten der großen Gewässer, da stürzten sie schneller denn Blitze darnieder, ergriffen mit gieriger Hast da die friedsamen Wogen, zerstäubten dieselben in dunstige Nebel und hoben und trieben dann selbe in eiligster Schnelle gleich stürmenden Winden in ihres tückfeuchten Gelichters unheimliche, schlammvolle Tiefen. In selbe versenkten sie diese so tückisch geraubten, gar friedlichen Wässer und drückten und pressten dann selbe mit ihrer gestohlenen Macht ganz zu härtesten Steinen zusammen und deckten dieselben auf schändliche Weise mit Schlamm und mit Kote der Lügen aus schändlichem Eigennutz zu.

44. Doch es währte dies tückische, loseste Treiben nicht lange; denn bald sah

ich Henoch erleuchten viel mehr als die Sonne, und brennende Strahlen, dem Haupte des Henoch entströmend, durchwühlten in mächtigen Strömen in einem Momente hell alle die schlammigen, diebischen Tiefen der großen, von Raubgier durchglühten Gewässer.

45. Und hört, als da kaum noch die Fläche der Tücken Gewässer die brennenden Strahlen, dem Haupte des Henoch entströmend, berührten, so fingen die Wogen der tücken Gewässer an zu gischen, zu sausen und brausen. Da dampfte und qualmte die endlose Fläche und gab, von der Hitze der Strahlen genötigt, dann all die vorher gar so tückisch gestohlenen und durch die eigene Liebe und Habsucht im schlammigen Grunde gefesteten fremden Gewässer notwillig zurück. Und die fremden Gewässer, die stiegen gleich feurigen Wolken, in zahllosen Scharen den unteren, dunklen und trüberen Dämpfen der tückischen Fluten sich hurtig entwindend, empor in die reineren, leuchtenden Lüfte. Und seht, als nun da sie entstiegen den Tiefen des Todes, da kamen geschäftige Winde, der Säule des Henoch entströmend, und trugen in wirbelnder Freude die neuen entbundenen Kinder gar zärtlich denn wieder, den tobenden Dämpfen der tücken Gewässer entlang, in die liebenden, harrenden Arme der edel gewordenen Wässer durch göttliche Gnade gegeb'ner Gebote zurück. Und als solches geschehen durch Wunder der heiligen Liebe von oben, da streckte auf einmal der Henoch gar machtvoll die Hände und sprach, scharf gebietend mit heftiger, donnernder Stimme:

46. ‚Ihr tückischen, diebischen, raubenden Wogen, vernehmet hinab in die Tiefen der schlammigen, finsteren Gründe den heiligen Willen des ewigen, mächtigen

Gottes, und höret mit ruhiger Fläche die mächtigen Worte des Heils, das da ruft: Jeder Tropfen ist vielfach gezählet im Herzen der ewigen Liebe, und jeder demnach ist sich selbst und der ewigen Liebe zu eigen; daher werde einer nie grausam dem anderen zum Raube. Denn wehe dem Diebe, dem tückischen Räuber und Mörder des Eigentums anderer reinerer Wässer und Wesen; ja wehe da allen den sich nur allein böse liebenden Wogen! Vernehmet: Die Tücke der Räuber und Diebe wird nimmerdar wogen in heiteren, furchenden Kreisen, wohl aber, hört, wird sie, im starrenden Tode zu glühenden Steinen des ewigen Fluches gefestet, in unterste Tiefen der Erde geworfen von tötender Macht des Gebotes sogleich oder einst sicher werden. ‚Ihr sollet nicht rauben und stehlen!', so lautet des ewigen, heiligen Gottes gar mächtiger Wille!

47. ‚Dies merket und achtet, ihr tückischen Wogen!' Und höret, geliebteste Väter, und ihr auch, uns liebende Kinder, das waren die letzten der donnernden Worte des Henoch von strahlender Säule als herrlichster, ewiger Marke des göttlichen Willens! Und als sie verklangen, die herrlichen Worte in ferne, dem Auge des Geistes selbst fremde Gefilde der finsteren Flächen der wogenden Gräuel, da konnt' ich gar deutlich vernehmen den Tiefen entstiegene Worte. Die Worte, die sprachen gehorsamen Klanges hinauf zu der Säule: ‚So mache uns rein, lichter Herold des mächtigen Willens des heiligen, ewigen Gottes, damit wir, wie andere Wässer, gefällig dem leuchtenden, heiligen Auge der ewigen, heiligen Liebe auch werden!'

48. Und höret, da fingen, der leuchtenden Säule entströmend, gar heftige, feurige Winde zu wehen an und mischten in leuchtender Fülle das Feuer der ewigen Liebe den wogenden Fluten der horchenden, endlosen Fläche gar wundersam bei. Und die Wogen und Fluten, die wurden durchläutert von solch einer leuchtenden Milde, o höret, sie schienen so hell wie die Fläche der Sonne und lobten und priesen den Herrn der Gnade, die Säule mit strahlenden Wogen umkreisend. Da tönten die heiligen Echos harmonisch den endlosen Räumen der leuchtenden Fluten entlang. — Hört, so hab' ich's gar treulich gesehen und so es euch treulich auch wiedergegeben.

49. Und da ihr, geliebteste Väter, und ihr auch, uns liebende Kinder, so lange schon habet geduldig die Ohren mir, Kenan, dem geistigen Redner, gar achtsam geliehen, so höret noch ferner, was alles für Wunder der göttlichen Liebe und Gnade ich habe gesehen und treulich vernommen: In einer nicht weiten Entfernung erblickte ich eine ganz glatte, wie schimmerndes Erz fast aussehende Säule; dieselbe umwogte, o höret, ein sandiges Meer.

50. In der Ferne, so dachte und glaubte ich wirkliche Fluten der Wässer zu sehen; doch näher und näher als mir diese staubigen Fluten gekommen, je klarer wie auch desto reiner hab' ich es gesehen, dass hier nimmer Wasser, die Säule umflutend, sich wogte, doch wohl aber trockener Sand, von den Winden gehoben sich wirbelnd, das Wogen der Wässer dem forschenden Auge des spähenden Kenan gar trüglich vorlog!

51. Als ich solches mit ärgerndem Staunen betrachtet da habe und konnte auch nirgends ein Wasser, und wär' es ein Tropfen nur, irgend nach längerem Schauen entdecken, da hob ich die Augen empor zu dem Himmel und flehte zum ewigen,

heiligen Vater der Liebe um Gnade, um Hilfe und so auch um weisesten Rat; aber stumm blieb der Himmel, umflossen vom weißlichen, hie und da nur vom mattrötlichen Schimmer, und nimmer kam auch nur ein leisester Schall von der immer sich mehr und mehr trübenden heiligen, ewigen Höhe der sonst so willfährigen Liebe und Gnaden durchströmenden Wohnung des ewigen, heiligen Vaters.

52. Und sehet, es stiegen beständig die trüglichen Wogen des Sandes stets höher und höher und wurden, wie leicht zu begreifen, je höher sie stiegen, je dichter und dichter, dass auch nicht der grellste Strahl durch die staubig sich wogenden Massen des trugvollen Sandes, das Auge erquickend, zu dringen vermochte.

53. Doch höret, es währte zum größten Glücke die lose Verfinsterungsgeschichte nicht lange; denn bald sah ich fröhlichen Herzens Mathusalah stehen auf jener vom finsteren Sande umlagerten Säule, bewaffnet mit einem zweischneidigen, brennenden Schwerte. Er hatte die Augen verbunden mit einer vom glitzelnden Staube besudelten leinenen Binde und hatte die Ohren verstopfet mit klebrigem Harze. Doch sehet, auf einmal kam, blendend vom himmlischen Glanze, gar eiligen Fluges geflogen ein mächtiger Aar. Der umflog in stets engeren Kreisen das sinnstumme Haupt des Mathusalah, löste demselben die schützende Binde von' Augen und leckte von dessen, dem Klange verschlossenen Ohren gar sorglich und reinlich das hart klebrige Harz. Und als so er Mathusalahs Sinne von schützenden Banden befreiet, da flohe der mächtige, leuchtende Aar als ein ferne noch leuchtender Stern hinauf zu den heiligen Höhen der Himmel, von dannen er hehr ist gekommen.

Mathusalah aber, der Treue und Wahre, ergriff das zweischneidige, brennende Schwert, welches er mit der drohenden Rechten gleich zackenden Blitzen in Kreisen nach allen erdenklichen Richtungen schwang.

54. Und es lösten sich während des eifrigen Schwingens vom brennenden Schwerte flammende, leuchtende Zungen gleich sprühenden Funken von einem vom heftigen Brande ergriffenen harzigen Stamme des Holzes, das unten an Füßen der Berge gar reichlich in dickesten Stämmen da wächset.

55. Und höret, die zahllosen Zungen, die flohen in möglichster Schnelle nach allen erdenklichen Richtungen über die endlose, staubige Fläche und rührten den trüglichen Sand mit der Macht ihres Feuers zu einem chaotischen Dinge, daraus man nicht Klarheit erreichen konnt', was denn aus solchem Gemenge wohl Nützes möcht' werden.

56. Ich sahe dem wunderbar' Treiben der lange Zeit fort und fort währenden Mischung der flammenden Zungen mit solchen unendlichen Massen des trügerischen Sandes gar voll von den größten Erwartungen zu, und doch wollte nichts anderes als nur ganz weiß schon durchglühter Sand zu dem lange erwünschtesten Vorscheine kommen.

57. Doch sehet, inmitten so sehnsuchtsvoll harrender Wünsche erhob sich Mathusalah furchtbaren Blickes und fing gar gewaltig den heiligsten Willen des ewigen, heiligsten Vaters dem durch und durch glühenden Sande zu predigen an. Und die mächtigen Worte, dem Munde Mathusalahs eifrig entströmend, ergossen sich, großen Gewässern hehr ähnlich, in breitesten Strömen gar fürchterlich

brausend und rauschend und tobend, den Sand mit sich reißend, wie früher die Zungen nach allen erdenklichen Richtungen hin. Und das Brausen, das Rauschen und Toben sprach deutlich vernehmliche, mächtige Worte, ja Worte der Macht und der ewigen Größe der Heiligkeit Gottes!

58. Die Worte, die lauteten – höret, ihr Väter und Kinder! –: ‚Du nichtiger Staub, wohl vernehme den Willen der Heiligkeit Gottes! Ein fälschliches, trügendes Wogen sei nimmer dir eigen; bekehr' dich zum flüssigen, reinesten Wasser, und woge als solches in ewigen, leuchtenden Wogen; denn nichts als die Lüge nur wird einst zunichte ganz werden!'

59. Und sehet, als solches vernommen da ward von der endlosen Fläche, da löste sich Kernchen um Kernchen in lautere Tropfen; die rannen in leuchtender Wahrheit gar fröhlich zusammen und flossen zu einer unendlichen Fläche der reinsten Gewässer zusammen und wogten und furchten nun durch und durch, fröhlich den heiligsten Namen des ewigen Gottes lobpreisend, und wuschen den wider sie zeugenden, noch an Mathusalahs Säule festklebenden Sand von derselben und lobten dann selbe, in leuchtenden Reihen umkreisend, nachdem sie mit liebender Gierde vorher mit dem Lichte, das reichlich der Säule entströmte, sich schmückten die lockeren, glänzenden, schaukelnden Häupter.

60. Und sehet und höret, ihr würdigen Väter und ihr auch, uns teure Kinder, wie ich es hab' wahrlich und treulich gesehen und auch mit den offensten Ohren gehöret, so treulich und wahrlich geb' ich es euch wieder. Die Wahrheit, o Väter und Kinder, die Wahrheit alleinig ist wahrhaft das liebliche Wesen der Liebe. Darum wird die Lüge zunichte wie sonsten kein Laster; denn sie ist alleinig der ewigen Wahrheit der Liebe des Vaters gerade entgegen.

61. Und höret nun ferner, geliebteste Väter, und ihr auch, uns liebende Kinder, was ich, euer Kenan, noch alles für Wunder da habe mit staunenden Augen gesehen. Es kam mir so vor, als wenn ich samt der Säule, auf welcher ich stand, immer weiter und weiter in ferne Gebiete der anderen Säulen geschoben wär' worden; und, wie es mir früher geschah, so geschah es nun wieder, und ich sah von meinem erhabenen Stande die neunte der Säulen!

62. O Väter und Kinder, da sah es gar sonderbar aus! Hört, aus einer unendlichen Tiefe der ewigen Nächte, von schmutzigen, allerlei schimmernden Farben bekleckset, stieg eine gar furchtbare Säule zu einer fürs Auge nicht mehr zu erreichenden Höhe empor. Um die Säule war weder ein Wogen der Wässer, noch irgendein Stauben des Sandes, noch sonsten ein Regen und Streben von nambaren Wesen zu sehen; nur ewig fortwährende Nächte umlagerten stumm diese neunte, buntscheckige, endlose Säule. Ich dachte in dieser entsetzlichen, endlosen, leblosen Wüste: ‚Was soll, ja was kann denn das heißen? Für wen wohl steht diese unendliche Säule dahier?'

63. Und so dachte ich lange und lange so hin und so her; doch es wollte trotz all meines nutzlosen Denkens auch nicht ein kleinwinzigstes Fünkchen erhellen die ewige, endlose Nacht um die endlose, scheckige Säule. O Väter und Kinder, da ward es mir bange; denn selbsten das Licht meiner Säule ward minder und minder, so zwar, dass ich kaum nur noch merken konnt', dass meine Füße auf deren mattschimmernden Scheitel noch standen. Als

solches ich musste gar traurig erfahren, da fiel ich denn nieder auf mein Angesicht und fing so recht von Herzen zum ewigen, heiligen Vater zu beten und bitten an, dass Er mich doch da nicht zugrunde so gehen möcht' lassen.

64. Und höret, als solches ich ernstlich wohl tat, da erklang denn auf einmal so eine wohlmahnende Stimme und sprach: ‚Kenan, senke dein Denken rein liebend in Mich, deinen Vater und Gott, und du werdest die Dinge alsbald mit ganz anderen Augen erschauen!' – Und wie mir die heilige Stimme befohlen, so tat ich's auch alsogleich, ohne auch nur im Geringsten mich weilend so über den liebvollsten Klang zu besinnen.

65. Und höret, als solches ich tat so mit liebeerfülltestem Herzen, da fing alsbald an die unendlich mir scheinende Säule zu sinken stets tiefer und tiefer hinab in den Abgrund der ewigen Nacht. Und es währte dies Sinken nicht lange, als mir ein entfernetes Rauschen sehr großer Gewässer an meine scharf lauschenden Ohren, dem donnernden Rollen der Sphären nicht unähnlich, drang. Eh' noch ich mich recht konnte umsehen, da, höret, o Väter und Kinder, da sah ich schon weltgroße Massen der schäumenden Fluten hinab jählings stürzen, hinab in die finsteren, endlosen Räume der früheren ewigen Nacht um die scheckige Säule. Und höret, es währte dies Stürzen nicht lange, als ich schon die frühere Stelle der ewigen Nächte erfüllet ganz sah mit noch trübem, doch endlos hinwogendem Wasser. Auch sah ich das Ende der ewig mir scheinenden Säule den ewigen Höhen der Himmel entsteigen und nieder sich senken zu denen trübwogenden Fluten der neuen Gewässer des leuchtenden Scheitels, auf welchem in leuchtender Glorie der Lamech, Mathusalahs Söhnlein, gebührlich da stand als ein lieblicher Herold des göttlichen, heiligen Willens. Und als so auch er meiner ansichtig wurde, so fing er alsbald an die Fluten so lautende Worte zu richten:

66. ‚O höret, ihr großen Gewässer! Verzehret euch nimmer in euren Begierden; denn dass ihr euch habet in Liebe und Gnade von oben, ist Habe für ewige Zeiten für euch zur endlosen Genüge. Denn mehr als ein Ding kann nicht nehmen denselben und einigen Platz; daher suchet denn nimmer durch fremde Begierden euch selbst zu vernichten, und woget und kreiset in eurer ganz eigenen Sphäre zum Lobe und Ruhme des ewigen, heiligen Vaters!'

67. Und höret, als solches der Lamech hat weise gesprochen, da klärten und wogten die Fluten sich eiligst, vom ewigen Lichte des göttlichen Willens durchleuchtet. Und ich aber, Kenan, hab' solches gar treulich gesehen; und wie ich's gesehen, gehöret, so hab' ich's nun treulich und wahrlich auch wiedergegeben.

Am 19. Oktober 1840

68. Und höret, ihr lieblichen Väter, und ihr auch, uns liebende Kinder, o höret noch willig den Schluss meiner Rede, und schauet mit mir, eurem Kenan, hinab in die Tiefe des göttlichen Zornes und die durch die Flammen des Zornes mattschimmernde Gnade den treulosen Völkern der Erde!

69. O höret und sehet, was da ich all's hören und sehen hab' müssen an finsterster Stelle der zehnten der Säulen! Hört, alle die früheren Säulen, die hatten doch mehr oder weniger ein eigenes Licht, – ja die neunte der Säulen sogar war umgeben von einem buntmatten Geflimmer; doch diese

nach Ordnung die zehnte der Säulen, die hatte auch nicht einen noch so matt schimmernden Punkt, ja sie war doch so finster, dass ich sie nur fühlen, doch sehen dieselbe trotz aller der schärfesten Strenge der geistigen Sehe nicht konnt', und ob Wasser, ob Sand oder finsterer, leerer und nichtiger Raum bloß dieselbe umwogte, umstaubte, umgab, – hört, das alles war gräulich verborgen dem forschenden Auge des träumenden Kenan ob solcher unglaublichen finsteren, schwärzesten Nacht um die zehnte der Säulen.

70. Ich harrte und harrte von Weile zu Weile und schaute mit dreimal geschwängerter Kraft meiner Sehe, ob nirgends denn sich eine Helle erschauen wird lassen; doch alles mein Mühen war gänzlich vergebens, selbst meine am schärfsten gespanntesten Ohren, auch diese vermochten auch nicht nur ein leisestes Lispeln des zartesten Lüftchens vernehmen!

71. O höret, da ward es mir bange in dieser vom ewigen Tode erfülltesten finstersten Öde! Ich konnte nicht beten, noch bitten den ewigen Vater der Liebe um eh'ste Befreiung aus dieser so schaurigen Nacht alles Todes; denn nun erst empfand ich, dass nicht nur die Augen und Ohren, ja sehet und höret, sogar meine Zunge zu reden gelähmt mir war.

72. Und als solches an mir ich so herb musst' erfahren, da zuckte auf einmal ein heftiger Blitz aus der grundlosen Tiefe der ewigen Nacht ganz hinauf zu den ehern mir scheinenden Höhen des gänzlich verschlossenen Himmels!

73. Doch wie sonst dem Blitze stets pfleget ein Donner zu folgen, so war doch bei diesem so endlosen Blitze von einem nachrollenden Donner nicht eine all'leiseste Spur. Und so wie's vor dem Blitze, so war es auch gleichfalls nach selbem: die dichteste Nacht ausgebreitet von einer Unendlichkeit hin bis zur andren, und mir, eurem Kenan, fing gar sehr gewaltig nach Licht und nach Leben wohl an zu verlangen; denn wahrlich, ich sag' es euch, nun bin ich des Todes unendlicher Nacht wohl gar satt schon geworden. O Väter und Kinder, die Nacht, o die Nacht, die hat lange gedauert, bis endlich ein winziges Sternlein am ehernen Himmel sich zeigte als einzige spät erst erscheinende Folge des lange vorher schon der Tiefe gen Himmel enteilenden Blitzes.

74. Ganz unverwandt waren nun meine so lange geblendeten Augen gerichtet nach diesem kleinwinzigen, schimmernden Pünktchen. Und als ich so staunte da über das schimmernde Pünktchen, da höret, da tönte auf einmal sehr helle in meine ganz taub schon gewordenen Ohren – es waren nicht Worte, noch menschliche Stimmen, auch war es kein Brausen, kein Sausen, kein Toben –, o höret, es glich dieses Tönen dem Pfeifen der Hirten, gerade als wenn sie die Schafe des Ahbel nach alt schon herkömmlicher Sitte um sich her versammeln oft wollen und diese dann kommen gar eiligen Schrittes und staunen den sorgsamen Hirten mit ihren zum Himmel gewendeten Häuptern wohl an.

75. Doch das Pfeifen nur habe ich helle vernommen, gesehen doch habe ich nichts von den Schafen des Ahbel! Als solches ich habe erfahren an meinen ganz tot schon gewordenen Sinnen, da fuhr wie ein Blitz mir ganz hell durch die Seele ein Wort, hört, ein Wort, und dies Wort, ja dies süßeste Wort sprach: ‚Die Zunge, hör', Kenan, ist dir nun gelöset; nun bete und bitte den Vater des Lichtes und der Liebe und des Lebens ums Licht und um Liebe

und Leben für diese im Tode zerbrochene Säule!'

76. Da fiel ich denn nieder auf mein Angesicht und fing eilends zu beten und flehen denn an zu dem heiligen Vater der Liebe und alles sich regenden Lebens, Er möge in Seiner Erbarmung doch spenden von oben ein hell leuchtend Flämmchen der Gnade, damit meine Augen doch schauen da möchten die furchtbare Größe und weit'ste Ausdehnung des finsteren Todes. Und als ich nun lange genug habe treulich und wahrlich geflehet empor zu dem heiligen Vater, da rief mich auf einmal so eine gar kräftige Stimme beim Namen und sagte: ‚Erhebe dich eilends, und schaue die großen Abgründe des finsteren Todes! Es ist denn bezeichnet der Ehebruch hier an der Stelle der zehnten zerbrochenen Säule, von welcher zertrümmert die untere Hälfte der Liebe im tiefsten Abgrunde des Todes zerstreuet da lieget, – die obere Hälfte der Gnade jedoch hängt am ehernen, endlosen Bogen des Himmels und wird sich nicht eher hinab zu den Trümmern lassen, bevor nicht der Grund dieser Säule gewaschen rein wird von dem Kote der Schlange. Der Grund ist die Erde, ein sündiges Haus, und der Kot der Schlange ist aller der Weiber der Tiefe aus Hanoch gar reizendes Fleisch. Darum wehe der fett nun gewordenen Erde vom Blute der Brüder, die wegen des Fleisches der buhlischen Weiber sich haben gar grausam ermordet und haben getränket die Erde mit ihrem gesegneten Blute! Ich will große Fluten vom Himmel entströmen bald lassen und töten da alles Fleisch wegen dem reizenden Fleische der Weiber, durch welches verzehret ward all das Gewässer dahier um die zehnte der Säulen! O prange nur, prange, du herrliches, reizendes Fleisch aller Weiber als tückvollster Kinder des Drachen! O prange, du lockende Speise der Würmer des Pfuhls, du Ekelgeruch Meiner Ehre! Du badest und waschest dich täglich im feinsten Wasser, bereitet aus allerlei Kräutern und Würzen, und schmierest die Haut mit den feinsten Ölen, damit du noch reizender und noch anziehender wirst, zu verführen die Kinder des ewigen, heiligen Vaters!

77. Es liege daher dir ein ewiger Fluch auf dem Nacken; das sage Ich, Jehova, Gott der Allmächtige, Ewige; dir werde Ich bald, o gar bald ein solch' Bad zubereiten, in welchem dich ewig zu baden und schmieren du wohl zur Genüge wirst haben!

78. Und wie das geschehen wird, höre zu, Kenan, will Ich eben jetzt zeigen dir ganz wohl erleuchtet vom Lichte der Gnade des ewigen, heiligen Vaters; darum sollst erheben dich auf deiner ganz auch erloschenen Säule und schauen hinab in die Tiefe, allwo du ersehen wirst, was da geschehen wird, hör', in der Bälde.'

79. Und höret, ihr Väter und Kinder, ich habe alsbald mich erhoben und schaute hochstaunenden Blickes hinab in die Tiefe des Todes und sah da gar mächtige Scharen von unseren Kindern, die heiligen Berge verlassend, hinab zu den Töchtern der Menschen froh eilen und dort sich mit selben vereinen und zeugen gar Kinder, als kräftige Söhne und reizende Töchter, mit ihnen und sahe die Söhne zu Herrschern werden und grausam als solche dann töten und schlachten und morden die ärmlichen, hilflosen Kinder der Menschen! Da flossen denn Ströme vom Blute der Brüder und Kinder der Menschen; und höret, die Ströme des schuldlos vergossenen Blutes, die schrien gewaltig um Rache empor zu den ehernen Bögen des Himmels.

80. Da riss denn der Himmel inmitten entzwei, und dem leuchtenden Risse entschwebte ein Engel gar eiligen Fluges hinab zu der Liebe des Lamech und sagte zur selben: ‚So richte denn, Noah, wie lang schon der Herr dir hat treulich befohlen, den Kasten der Gnade, und tue alsbald dich in selbem verwahren mit allem dem, was dir der Herr hat befohlen; denn siehe, schon brennet die fluchschwere Erde an zahllosen Punkten, entzündet vom richtenden Zorne des ewigen Gottes! Das klagende Blut hat jedoch, wie du siehst, nun gewaltig die Gnade des Himmels erschüttert; daher hat der heilige Vater beschlossen, die Erde vom Fluche zu waschen und düngen dieselbe dadurch für ein bess'res Geschlecht, das da eh'stens entsteigen wird dir, Seinem einzig noch treu wohl verbliebenen Noah!'

81. Und sehet, ihr lieblichen Väter, und ihr auch, uns liebende Kinder, als solches geredet in eiliger Sprache zur Liebe des Lamech der leuchtende Engel nun hat, hört, da barsten auf einmal die ehernen Bögen des Himmels, und aus den weit gähnenden Klüften und feurigen Rissen desselben entstürzten gar bald die gewaltigsten Ströme von Fluten des dämpfenden Wassers als Gnade des ewigen, heiligen Vaters zur Löschung des Feuers und einstigen Tilgung der Schuld von der sündigen Erde.

82. Und als nun die Fluten die Tiefen der Erde zu füllen anfingen, da sah ich zahllose Geschlechter den Tiefen entsteigen und wehklagend suchen die Höhen der Berge. Ich sahe die reizendsten Weiber als Töchter der Menschen von weißestem Fleische gar ängstlich erklimmen mit blutenden Fingern und Händen ermattet die schroffesten Spitzen der Felsen und ringen auf schwindelnden Höhen die blutenden Hände empor zu den klaffenden Spalten des feurigen Himmels und schreien mit lautesten, schmerzvollsten Stimmen um Trost und um Hilfe. Doch all dies Geschrei war vergebens, und mitten den Fluten, die stets nur gewaltiger stürzten den klaffenden, glühenden Spalten des ehernen Himmels entlang, stießen feurige, wirbelnde Winde die zartesten Kinder der Menschen, sie brennend und sengend, gewaltsam von denen so mühsam erklommenen, felsigen Spitzen der Berge hinab in die tobenden Fluten als klagende Speise des Todes!

83. Und höret, die feurigen Winde, sobald sie entweset gar grauenhaft hatten bald hier und bald dort eine schützende Spitze der Berge vom zartesten, weißesten, reizendsten Fleische, die tobten und riefen, gar schauerlich höhnend: ‚Da bade und wasche und schmiere dich, schändliche, lockende Speise des Teufels und seiner Gehilfen, und schmücke dich wohl in den duftenden Armen des ewigen Todes, und nehme den Lohn deiner rastlosen Mühen, durch welche gefallen sind all die Geschlechter der Erde von Adam dem ersten hin bis zu dem letzten Bewohner der fluchschweren Erde, und gehe den tödlichen Weg alles reizenden Fleisches!'

84. Und höret, so riefen die tobenden feurigen Winde, sooft sie entweset da hatten bald eine, bald wieder die andere schützende Spitze der mühvoll erklommenen Höhen und Steilen der Berge.

85. Doch nicht gar zu lange, hört, dauerte dieses so schaurige Würgen und Morden des sündigen Fleisches der üppigsten Weiber und aller durch ihre verführende List arg betrogenen und so gefallenen Söhne der Erde und Kinder des Himmels; denn bald sah ich fluten und wogen gar große Gewässer ganz über die höchsten

Steinspitzen der Berge, und war außer mir kein lebendiges Wesen zu sehen und auch nichts zu hören als nur die an meine mattleuchtende Säule sich drängenden Wogen des neu nun entstandenen großen Gewässers.

86. Ich war schon gewohnt durch die neun vorhergehenden Fälle, sobald die Gewässer erfüllet schon hatten die endlosen Tiefen des Todes, zu sehen alsbald eine glänzende Säule entweder schon stehend erhaben hell über der wogenden Fläche der Fluten, und wenn schon denn früher die Säule, so wie bei der neunten, nicht alsogleich vollends als solche zu schauen dem forschenden Auge des Kenan sich bot, doch es währte nicht lange, da war schon der Lamech auf selber, dem Himmel entstiegen, gebietend zu sehen; doch jetzt, höret, wollte sich keine der Säulen mehr zeigen!

87. Ich harrte gar lange und staunte nicht wenig, als ich statt der Säule den Kasten der Gnade auf friedlichen Wogen daherschwimmen sah. Und als selber die Stelle erreichet wohl hatte, auf welcher denn früher die finstere Säule zu fühlen sich mir blindem Seher darbot, – hört, da wichen die stürmenden Wogen zurück, und der Kasten der Gnade blieb stehen auf einer gar großen, den Wässern entstiegenen, lieblich nun schimmernden Säule.

88. Und als nun der glänzende Kasten der Gnade so gänzlich befreit von allen den wogenden Fluten und Wassern nun war, hört, da wurde geöffnet am Dache desselben ein blitzendes Fenster, durch welches alsbald sanfte Tauben gar munteren Fluges enteilten und weit über Wogen und Fluten hinflogen.

89. Doch nicht gar zu lange verweilten sie über den Fluten, so hin- und herfliegend, die munteren Tauben; denn außer der Säule des Kastens der Gnade war nichts als nur Woge an Woge sich drängend zu sehen. Und da sie nichts fanden, die munteren Segler der Lüfte, woselbst sie nach länger anhaltendem Fluge wohl könnten sich nieder zur nötigen Ruhe denn setzen, so flogen sie schnelle denn wieder dem Kasten der Gnade hinzu, suchten emsig das blitzende Fenster und flogen durch selbes gar eilig hinein in den Kasten der Gnade.

90. Und als nun das blitzende Fenster denn wieder verschlossen da wurde, so fingen alsbald, hört, gar heftige, feurige Winde nach allen erdenklichen Richtungen endlos weit über die ewig mir scheinende Fläche der wogenden, großen Gewässer zu wehen. Der wogenden Fläche nun fingen durch dieses so heftige Wehen der feurigen Winde gar mächtige Massen von Wolken so schnell wie die Blitze gar hehr zu entsteigen. Es währte dies mächtige Toben der Winde nicht lange, als bald sich schon hie und da über dem Spiegel der Wässer hochragende Spitzen der Berge zu zeigen anfingen, – ja, mehr're darunter sogar gleich zu grünen begannen und sahen bald niedlichen Gärtchen wohl ähnlich.

91. Und höret, als solches sich zeigte dem forschenden, fröhlichen Auge des Kenan, da blitzte denn wieder das Fenster, sich öffnend am Dache des Kastens der Gnade, durch welches gar bald wieder Tauben sich eiligen Fluges erhoben und flogen gar munter alsbald zu den grün schon gewordenen Spitzen der Berge, umflogen dieselben in heiteren Kreisen nach lieblichen Weisen und weilten recht lange, auf frisch schon gewachsenen Zweigen sich wiegend und schaukelnd, daselbst; doch nach längerem Weilen verließen sie

wieder dieselben und kehrten, nun reichlich beladen mit grünenden Zweiglein, denn wieder sogleich in den harrenden Kasten der Gnade zurück.

92. Und nun höret und sehet, als solches geschehen denn eilends nun war, so begannen die Fluten gar schnelle zu sinken, und Berge und liebliche Felder mit fruchtbarer Erde entstiegen gar wundersam eiligst der sinkenden Fläche der Wässer und grünten alsbald, von den wärmenden Strahlen der Sonne belebet, zu lieblichen Wiesen und Fluren und fruchtvollen, üppigsten Gärten.

93. Und da an der Stelle der Säule, o höret, da wuchs gar so wundersam Land um die Säule stets höher und höher, bis endlich der Kasten der Gnade selbst ganz auf hehr grünender Erde zu ruhen kam. Sehet, da blitzte nun wieder das Fenster am Dache des Kastens der Gnade, und eine gar reichliche Menge der muntersten Tauben enteilte in kreisender Schnelle demselben und kehrte nach längerem Harren wohl nimmer zum offengelassenen Fenster am Dache des Kastens der Gnade zurück.

94. Da gewahrte der Noah als Liebe des Lamech im Kasten der Gnade das gänzliche Fallen der Fluten und fing an zu öffnen die Pforten desselben und ließ aus demselben frohwandeln denn all die verwahrten Geschlechter der Erde und nach und nach auch seine Kinder und Weiber. Und als nun erreichet sie hatten mit bebenden Herzen und zitternden Füßen die grünende Erde, da fielen sie nieder zur Erde und dankten und priesen dann im Angesichte des leuchtenden, offenen Kastens der Gnade den Herrn als den einzig erbarmenden Retter aus solchen verdienten Gerichten des Zornes des ewigen, heiligen Gottes.

95. Als solches gar lange verrichtet sie hatten voll Dank und voll Liebe zum heiligen, ewigen Vater, da kam denn gar eilends geflogen ein leuchtender Engel und brachte dem Noah die fröhliche Botschaft vom über und über hehr leuchtenden Himmel, um welchen ein farbiger Bogen sich schlang. Und hört, – so sprach der leuchtende Engel:

96. ‚Hör' Noah, du einziges Band Meiner Liebe, aus dir will Ich wecken den Samen des Lebens dereinst, der gar mächtig dem Tode die zahllos verschlungene Beute entreißen wohl wird! Denn Mich dauert des Fleisches da unter den hart nun gefesteten Fluten der Sünde; darum will Ich senden dereinst einen mächtigen Retter und nimmer die bebende Erde mit solchen Gerichten heimsuchen. Der farbige Bogen soll allzeit verkünden den Völkern, dass Ich solches nimmer der Erde will bringen ja bis an das Ende der Zeiten und Zeiten; was dann wird geschehen, das weiß Ich, der ewige Vater, alleine!'

97. Und höret, ihr lieblichen Väter, und ihr auch, uns liebende Kinder! So hab' ich all dieses gesehen und treulich gehöret, und wie ich's vernommen, so hab' ich's euch wahrlich nun wieder gegeben, und weiter war nichts mir zu schauen gegeben. Und was ich gesehen, das deutet ihr weisesten Väter und Kinder voll Liebe; denn mir ist verborgen der Sinn solcher seltenen Träume aus Gott."

Kapitel 43

Henoch erklärt die Rede Adams und Kenans Traumgesicht

Am 12. November 1840

1. Und sehet, als der Kenan vollendet hatte seine Traumrede in sehr fließender, wohlgefälliger Form, da blickten ihn alle an und verneigten sich vor ihm; denn es ergriff sie alle ein hoher Wunder, und sie wussten nicht, was sie daraus machen sollten.

2. Endlich aber doch, nach langem Staunen, erholte sich der Vater Seth und fing an, gar wohlbedacht folgende Worte an die anwesenden Kinder zu richten, da er die Augen dankend gen Himmel erhob und zu sprechen begann, wie da folgt, sagend nämlich: „O Kenan, o Kinder, was ist das? Was soll das heißen, und was soll daraus werden?!

3. Noch ist die geheimnisvolle Rede des Erzvaters Adam kaum von allen unseren Sinnen empfunden worden; noch haben wir noch keine Silbe davon in unseren liebeschwachen Herzen verständlich entwirrt; ja selbst Henochs letzte Feuerrede schwebt mir noch wie ein dunkler Knäul vor allen meinen Sinnen! Und nun kamst gar du, lieber Kenan, mit einer Überwelt voll Unheimlichkeiten, deren Sinn nur Gott allein bekannt sein kann; ja, ich möchte beinahe behaupten, dass es einem Menschen kaum möglich sein dürfte, noch zu erhalten das Leben, wenn der ewige, heilige Vater ihm so viel Weisheit zukommen ließe, zu begreifen solcher geheimnisvollen, hohen Dinge unbegreiflich tiefsten Sinn!

4. O Kenan, Kenan, warum musstest du schauen und nun erzählen ein solches Gesicht uns armen, schwachen Vätern und Kindern und dadurch verwirren alle unsere Sinne – und hast uns dadurch ärmer gemacht, als wir zuvor waren, da uns noch nicht bekümmerten solcher Reden preisgegebene Wege und Ratschlüsse der ewigen Heiligkeit Jehovas, deren Sinn vor keinem Engel enthüllt liegen kann, solange der Engel nur Engel, aber doch ewig nie kann und wird sein gleich Dem, der da ist unser aller lieber, heiliger Vater, der da unerforschlich ist in jeglichem Seiner ewigen Worte?!

5. O Kinder, schlagt es euch aus dem Sinne, die ihr solches vernommen habt aus dem Munde des lieben Kenan, und gesteht lieber mit mir ein in aller Zerknirschung und Demut unseres liebeschwachen Herzens, dass wir alle zusammen nichts vermögen! Auch trage keiner von euch allen je eine Begierde in sich, solches zu begreifen, sondern lassen wir solche unbegreiflichen Dinge nur allzeit wieder Gott über, der da wohl wissen wird, was Er damit will; uns aber hat Er es gewiss nur gegeben zu einem baren Stein des Anstoßes, um damit uns armen Schwachen fürs Erste zu erkennen zu geben, wie stark Er selbst in einem Sonnenstäubchen ist, und fürs Zweite, damit wir uns in unserer Demut selbst prüfen möchten, dass wir aus uns selbst zu gar nichts tüchtig sind, sondern dass nur allzeit Er, unser lieber, heiliger Vater, alles ist in allem!

6. O Kinder, bedenkt wohl die Rede eures Vaters Seth, und bewahrt euch daher vor jeglicher Versuchung! Amen."

7. Und als da vollendet hatte der Seth wohlüberdacht seine Rede, da trat alsobald Henoch, der überaus Fromme, vor die Väter, verneigte sich vor ihnen und erbat sich die Erlaubnis, in deren Angesichte in

dieser Hinsicht auch einige Worte sagen zu dürfen, und das zwar darob umso mehr, da er ganz besonders soeben deswegen eine innere Aufforderung erhielt.

8. Seth blickte ihn an und sprach: „O rede, rede du nur, du heiterer, frommer Sohn des ewigen Frühlings! Auch deine Feuerreden sind ja nur ein kühlender Morgentau gegen solche unerhörten Sonnenbrände aus dem Munde Kenans. Es wird uns allen sehr wohl tun, so du sie ein wenig zu dämpfen vermöchtest; daher rede du nur zu – und hättest eigentlich schon lange reden sollen –, rede! Amen."

9. Und es stimmten alle dem Wunsch Seths bei, und Henoch aber begann zu reden, wie da folgt, sagend nämlich: „O liebe Väter und sämtliche Kinder Gottes, hört und vernehmt wohl diese meinem Munde entschwebenden Worte!

10. So ihr wollt und könnt, erhebt eure Blicke hinauf zu den unermesslichen Höhen der Himmel Gottes, unseres allerheiligsten, besten Vaters, und lasst wieder eure Blicke hinab in die ebenso unermesslichen Tiefen desselben einen mächtigen Gottes fallen, dessen Herrschaft nimmer irgendein Ende ist! Denkt, wie viel mag da in den Höhen wie in den Tiefen verborgen liegen, wovon noch keines Menschen Sinn irgend noch sich etwas konnte träumen lassen!

11. Kenan allein war so glücklich, soviel mir bis jetzt bekannt ist, ein kleines Sonnenstäubchen ein wenig nun zerlegt im Geiste zu erblicken, und unser Erzvater Adam hat uns ebenfalls nun ein etwas zerriebenes Sonnenstäubchen gezeigt – meiner sein sollenden Feuerrede nicht zu gedenken –, und das nimmt uns schon so hohen, unbegreiflichen Wunder! Wie ist es denn aber, dass wir vermögen, Welten und Sonnen vor unseren schwachen Augen vorüberziehen sehen und doch noch zu leben?! Wer hat je noch erschaut die Wunder in einem Grashalm, der sich bescheiden unter unserem Tritt beugt?! Welche Größe und Erhabenheit Gottes liegt darinnen, und doch treten wir ihn mit unseren unwürdigen Füßen und leben doch noch dabei!

12. Geht es im Geiste denn uns nicht gerade fast also wie den Kindern, die auch ganz betrübt ein härteres Stück Brot ansehen, wenn es ihnen gereicht wird zur Zeit, allwann sie noch eine weiche Milchspeise erwarten? Sollte man aber ihnen daher nie ein Brot geben, weil sie der weichen Kost angewöhnt wurden? Wie werden sie damit aber zur Manneskraft gelangen?

13. Sehet, geradeso geht es nun auch uns! Dieweil wir noch kaum milchzähnige Kinder waren, gab uns der heilige Vater Milch zu trinken und eine unseren Kräften wohl angemessene weiche Kost; nun aber sollen wir im Geiste Männer werden! Sehet, da taugt die weiche Kost wohl nicht mehr, sondern der Vater gibt uns nun Brot, damit wir zu kräftigen Männern in Seiner Gnade werden möchten, da wir dann die Dinge nicht bloß schauen, sondern auch wohl begreifen sollen und erkennen Seine große Liebe und Weisheit und aus diesen beiden Seinen allerheiligsten Willen darinnen!

14. So uns nun der Erzvater Adam erzählt hat die Vorwege seines einst verirrten Geistes, in und durch welchen auch der unsrige verirrt und verwirrt worden war, da gibt es doch wahrhaft nicht so viel Unbegreifliches darinnen! Denn es musste ja doch der Geist früher da sein denn der Leib, wie Gott eher notwendig, bevor irgendeine Kreatur, die erst aus Ihm

hervorging, da Er der Urgrund aller Dinge ist! Denn für wen hätte sonst wohl dieser Leib, dieses morsche Gebäude aus Lehm, erschaffen werden sollen, so der lange schon notwendig daseiende Geist nicht dagewesen wäre, für den doch nur ganz eigentlich diese seine Freiheit prüfende Wohnung von Gott, unserem heiligen Vater, errichtet wurde!

15. Hat doch noch nie eine Henne ein leeres Ei gelegt; auch wissen wir alle nur zu genau, dass der Inhalt des Eies eher da sein muss denn die weiße, harte, wohlverschlossene Schale! Oder kann jemand weisermaßen wohl annehmen, dass der Geist sich erst im Leibe entstehend heran- und herausbilde? Ja, der solches imstande wäre, der müsste ja noch tausendmal ungescheiter sein und viel unklüger als jemand, der da möchte eine Hütte bauen für jemanden, der noch gar nicht da ist, in der tollen Meinung, die Hütte, wenn sie nur einmal dasteht, werde schon in und aus sich einen Einwohner erzeugen!

16. Warum geht denn die Zeugung vor der Werdung, warum der Mann vor dem Weib? Wie hören wir den Wind von ferne rauschen, während unsere Bäume noch ruhig stehen? Wenn aber der Wind gekommen ist über unsere Bäume, dann bewegen sich alle Zweiglein. Nun, musste der Wind nicht früher schon dagewesen sein, um zu uns zu kommen und unsere Bäume in eine geschäftige Regsamkeit zu bringen? Die Bäume haben den Wind gewiss nicht erzeugt, sondern der Wind ist frei über sie gekommen und machte sie erst lebendig.

17. Oder könnte wohl jemand behaupten, dass irgendeine Frucht des Baumes wegen sei erschaffen worden, oder der Baum müsse deswegen früher dagewesen sein, damit er erst eine Frucht aus sich erzeuge? Wie sagt ihr denn aber, Gott habe allerlei Samen gelegt in die Erde, daraus dann hervorgegangen seien allerlei Gräser, Pflanzen, Gesträuche und Bäume und brachten die Früchte des Samens zum Vorschein, in welchen sich der lebendige Same wieder neugeboren vorfindet!

18. Wenn aber Gott uns, Seinen Kindern, in allen Seinen zahllosen Wunderwerken die ewige Ordnung zeigt, dass das Leben oder die Kraft allzeit weit dem vorangehen muss, was erst durch und endlich für dasselbe wird, wie sollte uns denn gar so wundernehmen, wenn uns Adam vermöge höherer Erleuchtung die lange Geschichte seines Geistes erzählte und uns dadurch zeigte, dass und wie auch wir darinnen verflochten sind und waren und alle unsere Nachkommen bis ans Ende aller Zeiten mehr oder weniger sein werden, und uns darüber noch zeigte, wie heilig und groß und doch so liebevoll und voll Gnade und Barmherzigkeit Gott, unser allmächtiger Vater, ist und wie unendlich langmütig und nachsichtig!

19. Und so wir das erfahren, wie sollen wir da uns fürchten, da wir wohl wissen, wie unendlich gut Der ist, der uns solches erfahren lässt! Ja, wir sollen und müssen Gott fürchten, – aber nicht darum, dass Er uns Brot gibt, sondern wir sollen fürchten, Ihn nicht zu lieben; denn wer da einen Augenblick versäumt hat in der Liebe zu Gott, der war tot, solange er außer der Liebe zu Gott war. Daher soll unser vornehmstes Geschäft sein, Gott beständig zu lieben, da Er uns schon solange vorher nach dem Zeugnis des Erzvaters Adam, ehe wir noch waren, so mächtig geliebt hat, dass wir nun das, was wir sind als Seine Kinder, nur durch Seine unendliche Liebe geworden sind; und da sollen alle unsere Geschäfte

sein zur beständigen Stärkung in der Liebe zu Gott!

20. Sehet die zahllosen Geschöpfe um uns, sie bestehen und entstehen zwar auch aus dieser allmächtigen Liebe; aber sie können und dürfen diese Liebe nicht wiederlieben, da sie der Liebe nicht reif und fähig sind, – gleichwie wir unseren Jungen vorenthalten die gegenseitige Liebe, solange sie derselben noch nicht reif geworden sind.

21. Wir aber sind allesamt der Liebe reif geworden; daher sei auch unser vornehmstes Geschäft, zu lieben unausgesetzt Den, der uns der Liebe so vollkommen reif gemacht hat!

22. Wie sagt denn aber ein Gatte zu seinem Weib, dass sie ihn lieben solle in all ihrem Tun und Lassen, weil er sie liebt in allen seinen Eingeweiden; darf das auch ein tugendsamer Knabe zu einem unreifen Mägdlein sagen? Ihr sagt: ‚Bei der Heiligkeit Gottes, nein, bis der Baum nicht gesegnet ist! Wehe dem, der sich daran vergriffe; denn es muss zuerst die Reife sein, dann der Segen und nach dem erst die Liebe!'

23. O Väter, dass ihr so sagt, da habt ihr ja vollends recht nach dem Willen Gottes; aber sagt ihr es euch selbst und beantwortet euch die Frage, ob es nicht noch gröber gefehlt wäre, wenn die Reifen und Gesegneten dann auch täten gleich den Kindern und sich flöhen, als wenn die unreifen Kinder sich beschliefen!

24. Durch Kenan zeigte Gott uns unsere volle Reife zur freien Liebe gegen Ihn, warum wundern aber wir uns dessen, als wären wir unreife Kinder, da wir uns doch vielmehr wundern sollen, dass wir allesamt lau und unbeständig gleich den Wasserwogen sind in der Liebe, wodurch die Gnade in uns zersplittert wird gleich der Sonne auf der unruhigen Fläche des Wassers?!

25. Ich sage: Kenans Traum sagt uns nichts anderes, als dass wir Gott, unseren heiligen Vater, mehr und mehr aus allen unseren Kräften lieben sollen und sollen in der Liebe bereuen jeden lieblosen Augenblick, der uns tot gemacht hat so lange, als wir ohne Liebe dagestanden sind; denn es ist eines und dasselbe: Leben und Lieben. Wer da hat Leben, der lebt in der Freudigkeit seines sich wohlbewussten Daseins und ist somit ein Freund seines Lebens, das heißt, er liebt sich selbst in seinem eigenen Leben. Wenn aber jemand aus der Freude über sein eigenes Leben käme, der käme ja auch aus dem Leben alsobald, als er die Lust zum Leben verlieren möchte, und tötete sich selbst, da er dann ein Selbstmörder würde, wie Kahin ein Brudermörder ward, und sterbe demnach zwiefältig, zuerst aus der Liebe Gottes und dann aus seiner eigenen Liebe heraus.

26. Sehet, unser Leben oder unsere Liebe aber ist in Gott, und Gott ist allein unsere Liebe und Leben; so wir aber schwach und lau werden in unserer Liebe zu Gott, so wird auch unser Leben schwächer und schwächer, so zwar, dass wir am Ende in dieser Lebensstummheit die Dinge in und um uns schauen, als wären wir blind und taub, und begriffen von allem dem nichts, was in und um uns vorgeht, und meinen dann, wenn uns Liebfaule und Träge der heilige Vater mit Seiner Gnade wecken kommt, es gezieme sich nicht, wach zu werden in der Liebe. O liebe Väter, das sei ferne von uns; denn unser Gott ist gar ein ernster Gott und überheilig als unser liebevollster Vater und hat keine Freude an Neckereien und an Versuchungen. Denn

warum soll Der uns versuchen, der alle unsere Haare gezählt hat lange zuvor schon, als sie uns noch am Haupt gewachsen sind? Wird Er nicht wissen, was wir tun werden? – Oh, dessen bedarf Er nicht!

27. Aber wir bedürfen um desto mehr Seiner Gnade; die Gnade aber ist keine Neckerei noch Versuchung, sondern sie ist die reinste Segensgabe des heiligen Vaters, um unser schwach gewordenes Leben mehr und mehr zu stärken in Seiner Liebe. O Väter, seht nun an in gerechter Liebe zu Gott, unserem heiligen Vater, die Gesichte Kenans, und ihr werdet leicht gewahr werden, dass uns Gott dadurch nichts anderes im Geiste vorgeführt hat als die tote Schwäche unserer Liebe zu Ihm! Daher werden wir wieder stark in der Liebe in und zu Ihm, so wird uns schon alles wieder klar werden, was uns bisher noch dunkel geblieben ist! Amen."

Kapitel 44

Henochs und Adams zeitliche Versorgung wird geregelt

1. Und da der Seth solches vernommen hatte, fingen seine Augen an, sich zu öffnen, wie auch die Augen der übrigen; denn sie begriffen nun alle wohl, was der Henoch damit hatte sagen wollen, und waren damit zufrieden, da sie gewahrten, dass doch der Henoch solche Dinge begriff, die ihnen allen so ganz und gar unbegreiflich waren, und priesen und lobten darob Mich mit einfältigem Herzen inniglich, dass Ich einem Menschen zu ihrem Wohle so viel Weisheit verliehen habe und gezeigt habe Dinge aus der Höhe wie aus der Tiefe und ließ enthüllen ihren verborgenen Sinn zum geistlichen Wohle derer, die Mich suchten in der wahren Liebe.

2. (NB. Euch ist nun auch schon so manches und bei weitem Größeres gegeben worden; allein es ist noch keiner so recht im Herzen zu Mir gekommen, dass er Mich lobe und preise in der wahren Liebe und wäre fröhlich über die Maßen ob solcher großen, nun so reichlich zu euch darniederströmenden Gnade und nicht heimlich seufze nach der Weihe des Knechtes, der da sein muss ein Werkzeug Meiner Gnade um wenig mehr Lohn, als um den jeder von euch Mir dienen soll in der wahren Liebe. Ich habe nur einen vor der Welt zum Narren erweckt für euch, damit ihr erhoben werden mögt zu großen Ehren vor den Engeln, und dieser eine ist Mein schwacher, armer Knecht, der da ist ein Narr, vom Land früh zu euch gekommen, und war lange unter euch, und niemand gewahrte, dass er ein Narr ist vor der Welt. Aber der Narr suchte Mich, und Ich habe Mich von ihm finden lassen und habe ihn geweckt vor euren Augen, damit er euch zu einem Lasttier werde und bringe euch ein neues Brot der Liebe aus den Himmeln, das da ist ein wahres Brot, da es Liebe gibt und Liebe fordert. So aber das Lasttier auf Sion sich befindet auf einem morastigen Weg, so geht ihr hinzu und nehmt gierig Brot aus seinem Korb; aber um seine Füße bekümmert ihr euch wenig und seht nicht, dass dieselben bis an die Knöchel meist euretwegen im zähen Lehm stehen! Ich sage aber, so euch das Brot und das Wasser des Lebens schmeckt, so lasst das gutmütige Lasttier nicht stecken! Der es tun kann, der tue es und befreie seine Füße insgeheim vor der Welt vom Kot; denn sonst werden mit der Zeit, so er bei euch verbleiben soll, seine Füße aus Angst schwach werden,

dass er kaum fähig wird, für euch Brot zu tragen, außer Ich Selbst werde ihn davon befreien, ihn aber dann auch führen, wohin Ich ihn werde wollen. Jedoch bei euch lassen werde Ich ihn dann wohl nimmer; denn Ich habe noch der Kinder viele, aber wenige darunter, die zu Narren sich möchten gebrauchen lassen. Denn es ist besser und leichter, das Brot zu essen, wenn es schon bereitet ist; aber schwerer ist es, um geringen Lohn sich aus Liebe vor den Pflug spannen zu lassen als Lasttier. Das bedenkt wohl, und lobt und preist Mich in eurem Gehorsam! Wer von euch wird etwas tun darin, der wird nie einen Stater verlieren, und es wird ihm zu seiner Zeit rückerstattet werden zeitlich und ewig; der Knecht aber wird sagen dem, der es tun möchte, worin seine Füße stecken. Amen.)

3. Nachdem da alle Mich gelobt und gepriesen hatten bei einer Stunde lang, da erhob sich nun wieder Seth und hieß die anderen sich erheben und sprach zu ihnen: „Kinder, unser lieber Henoch hat mit der sichtbaren Gnade von oben schwere Lasten von unseren bedrängten Herzen gehoben und hat selbe kräftig geschleudert in eine unabsehbare Tiefe der Wonne und Seligkeit; Gott, unser aller heiligster, bester Vater, sei ewig dafür gelobt und gepriesen! Aber da dem Henoch solches unseretwegen als Folge seiner ausgezeichneten Demut vor Gott und vor den Brüdern ward gegeben – und was er empfangen hat, das alles hat er uns ohne den geringsten Vorenthalt treulich wiedergegeben –, so wir aber nun fröhlichen Mutes loben und preisen Gott, unseren heiligsten Vater, so glaube ich, dass wir deshalb des Henoch in unserer Liebe und Freude nicht vergessen sollen! Denn da er ein Liebling Gottes

geworden ist, wie soll er nicht auch der unsrige sein?

4. Obschon wir wohl wissen, dass dieses alles, das er uns sagte, rein nur von oben kommt, so glaube ich aber doch, – dieweil wir Achtung haben müssen vor der Stelle, da unser aller Vater Adam nur hingetreten ist und die Mutter Eva –, dass es noch füglicher wäre, den Mund nicht unbeachtet zu lassen, durch welchen Gott Selbst zu unseren Herzen gesprochen hat.

5. O Kinder, nehmen wir den lieben Henoch in unsere Mitte und lassen ihn nicht mehr bearbeiten die magere Erde, damit sie ihm reiche einen harten Bissen, – sondern, da ihn Gott, unser aller heiligster Vater, in Seiner unendlichen Liebe gnädig zum Bearbeiter unserer liebeschwachen Herzen gemacht hat, so lasst uns für ihn die Erde bearbeiten durch unsere vielen anderen Söhne und Töchter, die zwar alle kräftige Glieder, aber dafür desto schwächere Herzen haben.

6. Du, lieber Henoch, aber wirst das auch willig und dankbar annehmen, was dir deine Väter aus großer Dankbarkeit, Lob und Preis zu Gott geben möchten, damit du volle Muße haben möchtest, unser aller Herzen nach dem heiligsten Willen Gottes regsam zu bearbeiten!

7. Und nun, Kinder, folgt mir in meine Hütte, und lasst uns stärken unsere Glieder mit Speise und Trank in dem Namen unseres allerheiligsten Vaters, und dann möge uns unser lieber Henoch wieder etwas erzählen von der Liebe! Amen."

Am 26. November 1840

8. Und als der Seth solches anbefohlen hatte seinen Kindern, da machten sie sich alsobald auf den Weg, hin zur Hütte Seths, welche nahe an der Hütte Adams errichtet

war. Und als sie nun ankamen, so verneigten sie sich alle vor der Hütte Adams, und dann erst vor der Hütte Seths, und besuchten dann auf kurze Zeit den Erzvater und die Erzmutter und ließen sich vor dem Mahle segnen von Adam, was täglich bei den Gegenwärtigen zu geschehen pflegte, und für die Entfernten aber wurde ein allgemeiner freier Segen ausgesprochen. Nachdem sie aber solches verrichtet hatten und wollten sich ehrfurchtsvoll und heiß dankbar entfernen, siehe, da sprach Adam gerührt mit schon sehr schwebender, gemütsbrechender Stimme:

9. „Liebe Kinder, und du mein geliebtester Ahbel-Seth! Ich, euer Vater Adam, habe euch nun gesegnet, und ihr geht nun hin, zu stärken mit Speise und Trank eure Glieder, – und dass ihr das tut, tut ihr ja recht und wohl; aber seht, ich bin schon sehr alt und schwach geworden, wie auch die Mutter Eva, und kann nicht mehr arbeiten. Es versagen mir schon alle Glieder den Dienst; ihr wisst, dass ich allzeit noch gearbeitet habe und habe nicht gewollt, dass jemand für mich hätte arbeiten sollen, um dadurch jedem mit einem guten Beispiel voranzugehen.

10. Allein heute vermochte ich es nicht mehr. Als ihr alle arbeitsunfähig wart, arbeitete ich, euer Vater, mit der gnädigsten Hilfe unseres großen, heiligen Vaters für euch alle; nun aber vermag ich's nicht mehr!

11. Kinder, ich bin hungrig und durstig; so ihr euch werdet gesättigt haben, da denkt mit einer kleinen Stärkung auch an euren alten Vater und eure Mutter, und gebt auch uns etwas zu essen und zu trinken, und lasst uns hinfort nicht mehr aus eurer Sorge! Und was ihr uns, euren Eltern, tut, Kinder, das tut aus Liebe, damit der von euch mir dargereichte Bissen nicht hart und bitter, sondern wohlschmecke euren alt und schwach gewordenen Eltern; denn ihr werdet diese kleine Last nicht lange mehr über euch haben, da ich, euer schwacher Vater, sicher nicht lange mehr diese Hütte unter euch, euch allzeit segnend, bewohnen werde, sondern werde sie verlassen auf ewig und werde eine andere Hütte beziehen daselbst, wohin Ahbel gezogen ist. Darum sorgt gerne für mich, euren alten, schwachen Vater, und ebenso für die Mutter, dieweil wir noch unter euch sind; denn nach wenigen Jahren, die bald verronnen sein werden, werdet ihr trauernd suchen den, der euch jetzt in seiner unbehilflichen Schwäche um Speise und Trank bittet, – aber auf der weiten Erde wird nimmer seine Hütte zu finden sein. Nun, liebe Kinder, geht im Namen Gottes, begleitet von meinem Segen, und stärkt eure Glieder; aber vergesst nicht eures alten, schwachen, hungernden Vaters und ebenso der alten, schwachen Mutter! Amen."

12. Als aber diese braven Kinder solche Rede von Adam vernommen hatten, wurden sie so gerührt in ihren sanften Herzen, dass sie alle laut zu weinen anfingen und sich lange nicht zu erholen vermochten. Endlich aber erhob sich doch Seth und sprach, durch und durch gerührt:

13. „Vater! Kinder! Solange die Erde steht und der Himmel mit seinen Sternen, dem Mond und der Sonne dieselbe umwölbt, ist noch nie ein so heiliges Wort aus dem Munde eines Menschen gesprochen worden als das, welches ich, nach Adam euer aller Vater, nun aussprechen werde. Ich sage: Eher sollen alle Sterne vom Himmel fallen und der Sonne und dem Mond auf ewig ihr Licht benommen werden; alle

Meere, Seen und Flüsse sollen eher vertrocknen bis auf den letzten Tropfen, und die ganze Erde soll eher werden zum nackten Stein: ja, das alles soll eher geschehen, als es uns je zuvor gelüsten soll, eher einen Bissen in den Mund zu stecken, bis nicht unser Vater Adam und unsere Mutter Eva hinreichend gesättigt worden sind zu jeder Zeit des Tages!

14. O Vater und Mutter, ihr wisst ja schon von jeher, wie sehr es mich allzeit erfreut hat, so ihr in den Tagen eurer Kraft von mir etwas habt annehmen wollen; um wie viel größer aber ist nun meine Freude, da ihr unserer Sorge nötig habt, damit mir doch einmal die gnädige Gelegenheit zuteil wird, nur im allergeringsten Teil ein wenig mit der allergrößten Liebe meine übergroße Schuld abzutragen und euch, o Vater und Mutter, abzustatten eurer großen Wohltaten kleinsten Teil! O Vater und Mutter, nehmt es gnädig auf und verweilt bis ans Ende der Zeiten segnend unter uns!

15. Und du, Enos, und Kenan, eilt in meine Hütte, und holt alsobald die beste Speise und den frischen Trank, und sagt es meinem Weib Jeha, eurer Mutter, dass es ihren Vater Adam und ihre Mutter Eva danach hungert und dürstet, und bringt sie hierher, damit auch sie gelobe, was ich so heilig im Angesichte Gottes soeben nun geschworen habe! Nun geht, und kommt sogleich! Amen, amen, amen."

Kapitel 45

Adam segnet seine Kinder und ermutigt Henoch

1. Und sehet, es verflossen kaum hundert Pulsschläge, als die beiden Abgesandten, versehen mit Speise und Trank, an der Seite der weinenden Jeha ehrfurchtsvoll in die Hütte Adams traten und reichten es ehrerbietig dem Seth, damit der es dann als Würdigster, niederknieend vor Adam und Eva, denselben in der größten kindlichen Liebe und in größter Freude reichen möchte, danach sie verlangten.

2. Und sehet, da nun Adam sah die große Bereitwilligkeit seiner Kinder und ihre große Liebe, da erhob er seine Augen, ehe er noch einen Bissen in den Mund steckte, gen Himmel und sprach: „O Du großer, bester, überheiliger Vater, wie groß muss doch Deine Liebe zu uns schwachen, ungehorsamen Menschen sein, da der kleinste Funke dieser Deiner unendlichen Liebe in meinen Nachkommen und Deinen Kindern schon so mild und herrlich mir altem und schwachem ersten Menschen der Erde entgegenstrahlt! O Vater, siehe gnädig herab von Deiner heiligen Höhe auf Deinen schwachen, gefallenen Sohn, dessen Fall allen seinen Nachkommen zum Falle geworden ist, und segne auch Du in Deiner Milde die liebe Gabe meiner Nachkommen und Deiner lieben Kinder, damit sie mich und mein treues Weib stärken möchte in unserer steten Reue ob unseres Ungehorsams gegen Dich, o Du heiliger, bester, liebevollster Vater! Segne aber auch diese Deine lieben Kinder, und lasse es gnädig geschehen, dass Dein heiliger Name allzeit möchte gepriesen, gelobt und verherrlicht werden! Amen."

3. Als nun der Adam solches geredet hatte, so nahm er die dargebrachte Speise und aß und trank mit der Eva wohlgemut und voll Dankbarkeit gegen Mich und voll Freundlichkeit gegen seine Kinder. Die Kinder aber dankten Mir still in ihren Herzen

für die große Gnade, dass Ich sie gewürdigt habe damit, dass sie nun in großer Freude sorgen durften für ihre Eltern. – Sehet, das waren Mir recht liebe Kinder, dergleichen es jetzt wenige gibt auf der gänzlich verdorbenen Welt; oh, das waren aber auch Kinder nach Meinem Herzen! Möchten doch viele solche Kinder sein, oh, dann wäre Ich ihnen kein so verborgener Vater, als Ich nun leider gar so vielen sein muss, damit sie doch nicht gänzlich zugrunde gehen in ihrer verstockten Blindheit!

4. Und als der Adam und die Eva sich nun gesättigt hatten im Angesichte ihrer aus Liebe stets noch weinenden Kinder, da richtete sich Adam auf und dankte Mir mit tiefgerührtem Herzen und wandte sich nach vollendeter Danksagung zu seinen Kindern und sprach mit überaus freundlicher Stimme von schwebender, gerührter Bewegung: „Gottes Segen und mein Segen sei allezeit mit euch und bei allen euren Nachkommen. Und solange die Erde bleiben wird, soll eure nun so hoch gesegnete Linie fortbestehen bis ans Ende aller Zeiten; und die da je sein werden aus eurer geraden Linie, an denen soll auch wohl sichtbar sein in allem ihrem Tun und Lassen dieser mein Urstammvatersegen aus Gott als unserem aller heiligsten Vater; und es soll dereinst sichtbar werden dieser mein Segen über euch alle als eine neu aufgehende Sonne der Liebe und Gnade aus Gott, dem Vater, über alle Völker der Erde, welche dann schauen werden die große Herrlichkeit Gottes in allerhöchster Liebe und Sanftmut darniedersteigen als ein Leben alles Lebens! Amen. – Und nun geht, liebe Kinder, und stärkt und labt euch unter Gottes und meinem Segen! Amen."

5. Seth aber erhob sich und sprach: „O du, lieber Vater, und du, liebliche Mutter!

Es wäre nicht fein, so dich gehungert hat auch nur einen halben Tag, dass wir aus großer Liebe zu dir nicht auch sollten teilen mit dir dein unverdientes Ungemach, daran wir schuld sind, da wir erst so spät zu dir gekommen sind; daher lass uns aus großer Liebe zu dir und durch dich und mit dir zu Gott den heutigen Tag keine Speise zu uns nehmen, damit wir Gott desto lauterer und würdiger zu loben und zu preisen vermöchten in unserer überglücklichen Nüchternheit! O Vater, nehme gnädig auf dieses unser kleines, gerechtes Opfer; erlaube aber dafür deinem Enkel Henoch zu reden vor dir und uns von der Liebe Gottes, damit sein Mund geheiligt werden möchte auch durch deinen Segen, wie er vor uns geheiligt wurde von Gott durch deinen heimgegangenen Sohn Ahbel! O Vater, willfahre gnädig meiner frommen Bitte! Amen."

6. Als aber Adam solches vernommen hatte, ward er gerührt bis zu Tränen und sprach: „O Kinder, ihr tut mehr, als was ich von euch verlangte! Es soll euch in allem Guten ja niemals eine Schranke gesetzt werden! Tut immerhin, was euch frommt; aber tut, was ihr tut, nicht zu meiner, sondern allzeit zur Ehre Gottes, und vergesst eures Vaters nicht in seiner großen Not, und gedenkt allzeit wohl der Schwäche eurer Mutter!

7. Und du, lieber Henoch, der du von Gott durch meinen geliebtesten Ahbel zum Redner und Prediger der Liebe bist gesegnet worden, sei auch gesegnet von mir in allen deinen Nachkommen, und es möge dereinst von deiner Linie allen Völkern der Erde ein großer Prediger erstehen, der mit dem Wort des ewigen Lebens den Menschen das Reich Gottes verkünden wird. Amen. Und nun rede mit deiner gesegneten Zunge! Amen."

8. Als nun aber Henoch solche hohe Aufmunterung erhalten hatte, so ward er über die Maßen froh und heiter und dankte zuerst Mir in seinem Herzen; dann aber fiel er vor Adam nieder, küsste dessen Füße und das Kleid der Eva und bat darauf inbrünstig den Urstammvater, dass er ihm seine segnenden Vaterhände möchte aufs Haupt legen, damit dadurch dann erst seine schwache Zunge würdig werden möchte, zu reden Worte der Liebe vor und zu den Ohren, welche einst die Worte aus dem Munde der ewigen Liebe Selbst vernommen hatten, ja vor und zu den geheiligten Ohren, in die Gottes Stimme so vielfach drang.

9. Adam aber, nachdem er dem Henoch tat, danach dieser verlangte, sprach zu ihm: „Lieber Henoch! Du hast deine Bitte recht gestellt, dass sie Gott und mir wohlgefällig ist, und es ist so, wie du gesagt hast; aber eines, das dir freilich nicht ziemlich gewesen wäre zu denken, noch viel weniger zu sagen, muss ich hinzusetzen, und das ist: vor und zu welchen Ohren Gottes heilige Stimme einst vergeblich in allerhöchster Liebe redete!

10. Siehe, lieber Henoch, mir steht es zu, wie jedem von euch, die eigenen Fehler vor aller Augen zu bekennen und sich so zu demütigen vor Gott und der Erde; aber wehe dem, der da möchte verkleinern den Namen seines Bruders und ihm nehmen die Ehre, die ihm Gott Selbst gegeben hat! Es ist aber demnach solche Ehre eines jeglichen Eigentum von Gott aus, und es hat niemand das Recht, ein so geheiligtes Eigentum des anderen anzugreifen mit seiner Zunge oder mit seiner Hand; aber jeder hat das Recht, sich zu demütigen vor Gott und vor der Erde, das ist, vor seinen erwachsenen Brüdern, – nur nicht vor der Unmündigkeit, damit diese nicht hochmütig und anderartig geärgert werde.

11. Dieses sei nun euch allen eine gute Lehre, mir aber eine große Beruhigung, vermöge welcher ich erst selbst im guten Stande sein werde, Gottes Worte aus Henochs gesegnetem Munde wohl zu vernehmen! Denn es ist ein anderes, so ein Bruder zum anderen spricht von der Erde, dem Mond, der Sonne und allen den Sternen – denn das sind Dinge der Welt, die alle erschaffen wurden meinet- und euretwegen –, und ein anderes ist es, so ein Bruder zum anderen redet Worte aus Gott von den Dingen, die Gottes sind; die kann und soll niemand eher vernehmen, bevor er sich nicht erniedrigt hat vor der alles richtenden Heiligkeit Gottes.

12. Wer aber da meinen würde, der Bruder rede Dinge aus sich und nicht aus Gott, so dessen Zunge gesegnet wurde, der würde über sich selbst das Gericht aussprechen in seinem Eigendünkel, da er meine, dass auch er so gut wäre und Gott ja durch eines jeglichen Mund reden könne und müsse, und es müsse nicht gerade der des Henoch sein; aber da sage ich, euer aller Leibesvater und Zeuger eurer Seelen aus Gott: Es ist dem nicht so! Sehet an die Blumen auf dem Feld! Ist nicht eine jede anders in der Gestalt, Farbe, dem Geruch und in dem Gebrauch – und ist aus allen die edelste doch nur die Rose mit ihrem überherrlichsten Geruch und ihrem jegliches schwache Auge stärkenden Tau, so zuvor durch den Geruch erquickt wurde das Herz? Und so ihr betrachtet die zahllosen Sterne am Himmel, so werdet ihr finden, so ihr sie genau beachtet, dass auch nicht zwei ganz ein und dasselbe Licht haben; aber nur einer unter all den Sternen, welche nicht verlassen ihre Gemeinde, den

ihr den ‚Stern Ahbels' nennt, ist, der da strahlt gleich einem hellen Tautropfen in der Morgensonne! Es ist zwar Gott einerlei Sorge um ein Sonnenstäubchen oder um eine Sonne, und es ist Ihm einerlei, zu ernähren eine Mücke oder ein Mamelhud; denn es ist, wie wenn jemand viel hat, so kann er davon geben Großes und Kleines mit demselben Willen und derselben Liebe: dem, der vieles bedarf, vieles und dem, der nur weniges bedarf, nur eine kleine Gabe, und er kann auch vielerlei Gaben austeilen, dem einen dieses und dem anderen jenes, und so jedem etwas anderes. Henoch aber wurde beteilt mit Liebe und erhielt eine gesegnete Zunge und ein wohlerleuchtetes Herz; daher soll er auch geben, was er erhielt. Und weil da die Liebe Gottes sein Anteil wurde, so soll er nun auch Liebe wiedergeben, gleichwie die Rose das gibt, was sie erhielt, und niemand zweifelt, dass sie es zuvor von Gott erhalten hatte, das sie gibt, da es eine gute Gabe ist, die unseren Sinnen frommt. Wer wird je zweifeln können, woher die Gabe Henochs kommt, wenn seine Zunge vor lauter Liebe Gottes bebt?!

13. Daher rede, Henoch, und stärke uns, deine Väter, mit der Überfülle deiner Gabe aus Gott! Amen."

Kapitel 46

Das siebenmalige Kommen des Herrn

1. Und sehet, als nun der Vater Adam solche Rede vollendet hatte, da erst erhob sich ehrfurchtsvoll Henoch und begann seine Rede an die Väter zu richten; jedoch bevor er noch förmlich zu sprechen begann, kehrte er im Stillen sein liebendes Herz zu Mir und bat Mich um die Gnade, dass es ihm nun gegönnt werden möchte, zu reden von Meiner Liebe und der Heiligkeit Meines Namens, der da unaussprechlich ist jeglicher Zunge ewig, weil er so heilig ist.

2. Und Ich tat ihm auch alsobald, um was Mich gebeten hatte, und seine Stimme machte Ich wohlklingend wie edles Erz, und so redete er eine Rede voll Würde und Süße, und es wurde vor und nach ihm von keiner menschlichen Zunge eine Rede gesprochen, die dieser gliche, bis Moses und all die Propheten, die ebenfalls geredet haben mit der Zunge Henochs und aus demselben Geiste. Diese Rede aber lautete also:

3. „O Väter! Die große Gnade Gottes, unseres allerheiligsten Vaters, ist unter uns gekommen wie ein kühlender Hauch, dem fernen Morgen entschwebend. Ja, der heilige, ewige Vater ist unter uns! Du, Erzvater Adam, wirst vielleicht sagen: Henoch, höre, das kann nicht sein; denn der Herr hat zu mir geredet: ‚Sehen wirst und sollst du Mich nicht mehr, sondern Ich werde einen Engel setzen, dass er dich führe, leite und prüfe bis zur Zeit Meines Wohlgefallens!' Allein, Vater Adam, so aber jemand unter den Menschen hätte ein schwaches Weib, die da an einem heiteren Morgen getrübt hätte das liebefrohe Angesicht ihres sie tief liebenden Gatten, da sie ihm nicht folgen wollte ins Gemach, auf dass sie empfange den Segen von Gott, nachdem die Sonne aufgehe und segne die Erde aus Gott mit den hellen Strahlen der Barmliebe Gottes – wenn nun der Gatte solchen Ungehorsam in der Liebe gewahr wird, da wird er sagen: Weib, was soll ich mit dir, da du verabscheust die Gnade und Kraft Gottes in mir und überhebst dich wider den

Segen Gottes?! Siehe, um der Heiligkeit Gottes in meiner Kraft zu genügen, sei du verlassen von mir, und dich soll nicht eher ein Segen berühren, als bis dich die Sonne siebentausendmal angesehen hatte und dich allzeit hatte waschend getroffen in den Tränen deiner Reue! Alsdann will ich an meiner statt jemanden senden, dass er dich segne in meinem Namen; und so du dich erst erneuern wirst, will ich wiederkommen und von ferne dich ansehen, ob du würdig bist geworden, dass ich dich anrühre mit meiner segnenden Kraft. Meine Erinnerung wird dich umgeben, und auf deinem Acker sollen wachsen Dornen und Disteln; aber der Same, aus dem da werden möchte ein Spross aus Gott, soll entrückt sein derzeit deinen Eingeweiden!

4. Da aber der Gatte solches geredet hätte, verließe er das Weib. Und als das Weib aber solchen heiligen Ernst merkte, so fiele sie nieder zur Erde und finge an zu weinen und zu wehklagen über sich und ihren unverzeihlichen Ungehorsam gegen des Gatten heilige Kraft aus Gott und wälzte sich im Staub der Erde vor Traurigkeit. Da aber der Gatte nun wohl sah den großen Ernst in der Reue des Weibes, so wird er bei sich sagen: ,Sie bereut ihre Sünde gewaltig und weiß sich nicht zu raten und zu helfen ob meiner Härte, die da ist ein Schutz der heiligen aus Gott mir innewohnenden Kraft, und ihr Jammergeschrei macht verstummen die Stimme meines Abgesandten. Daher will ich das Wort meiner Härte in meinem Herzen brechen und mich lediglich von meiner überaus nachsichtigen Liebe leiten lassen und vor der Zeit hingehen zu ihr und sie trösten und will sie anrühren und trocknen ihre Tränen und so sie wieder annehmen zum Weib!'

5. Das Weib aber, da sie sich fast blind geweint hatte, erkennt erst nach und nach die große Barmherzigkeit ihres Gatten und erhebt sich endlich von der Erde und schaut hochbeglückt und -erstaunt das Antlitz ihres Gatten. Der Gatte aber ermahnt sie, sagend: ,Weib, du staunst, dass ich wortbrüchig geworden bin; allein siehe, meine Liebe hat mich wortbrüchig gemacht, und meine Härte erbarmte sich deiner, da du sie so gewaltig gesänft hast mit deiner Reue, und so bin ich vor der angedrohten Zeit gekommen zu dir, um dich wieder aufzunehmen in mein Herz!'

6. O siehe, Vater, wie dieser Gatte aus großer Liebe wortbrüchig wurde und vergaß seine Härte ob der großen Reue seines Weibes, so wurde auch Gott, unser aller heiligster Vater, schon gar oft aus zu übergroßer Liebe wortbrüchig und hält nicht zu Seiner gerechten Härte, und Sein Zorn ist der Zorn einer Taube für die Reumütigen; aber Seine Liebe ist gleich einer starken Quelle, welche das Weltmeer unablässig nährt!

7. O Väter, und du auch, Mutter Eva, hebt eure Augen empor und schaut den großen Heiligen unter uns, – ja schaut den liebevollsten, wortbrüchigen Vater unter uns, Seinen Kindern!

8. O Vater, meine Rede ist zu Ende, und es möchte nun Der reden, der mir diese Rede gab; denn vor Dem verstummt meine Zunge!

9. O Du heiliger Vater, sage in Deiner Liebe Du Selbst das große Amen!"

10. Und seht, wie es der Henoch berichtete, so war es auch, und Ich sprach, allen sichtbar, das große Amen. Und als sie Meiner ansichtig wurden, so fielen sie alle nieder vor Mir und beteten in großer Zerknirschung ihres Herzens im Staube Mich,

ihren heiligen Vater, an. Und es getraute sich keiner, sein Auge emporzurichten; allein Ich rief sie alle beim Namen und gebot ihnen, aufzurichten ihre Häupter, damit sie erkennen möchten ihren heiligen Vater. Und sie sahen empor, und Adam erkannte Mich und wollte reden; allein seine Zunge gehorchte nicht seiner zu großen Liebe, und Mich dauerte dieser schwachen Kinder, und so verweilte Ich eine Zeit in ihrer Mitte.

Am 18. Dezember 1840

11. Und siehe, da war es denn, dass sich niemand getraute und auch vor zu großer Furcht und Liebe ganz und gar nicht vermochte, auch nur ein Wort über seine Lippen zu bringen. Und es dauerte Mich solcher Armut und grenzenlosen Verzagtheit, dass Ich ihnen Mut und Kraft einhauchte, damit sie vermögend würden, zu ertragen Meiner Stimme Donnerklang, und wohl verstehen möchten den hohen Sinn solcher Rede aus dem Munde der ewigen Liebe, die sich da ergoss ähnlich einer großen Flut aus dem ewigen Urborne alles Werdens und Seins.

12. Als dann nun alsobald gestärkt waren alle ihre Sinne und ihre Seele und ihr Geist dadurch, da erhob sich Adam, unterstützt von seinen Kindern, und sprach voll Liebe und demutsvollem Vertrauen: „O Du heiliger Vater, der Du die ewige Liebe Selbst es bist, Du hast uns, die wir alle voll der Sünde sind, gnädig milde und voll Liebe in Deiner großen Barmherzigkeit angeschaut; daher wage ich armer Knecht der Sünde in meiner unendlichen Vernichtung vor Dir, Dich mit bebendem Herzen zu bitten und zu fragen: O heiligster Vater! Wo ist an uns allen nur eine Lebensfaser, die noch würdig im Geringsten wäre, sich

frohlockend sagen zu können: Weil ich noch unverdorben bin, darum seist oder möchtest Du zu uns gekommen sein?!

13. Allein es sind alle unsere Haare schlecht geworden und kein nütze jegliche Faser unseres Lebens! O so möchtest Du uns gnädigst offenbaren, was da doch Deine Liebe bewogen hatte, Dich so gnädig in solche Niedrigkeit zu begeben!

14. O heiligster Vater, nehme nicht ungnädig auf diese unsere zerknirschte Bitte und Frage; doch wie allzeit, geschehe auch diesmal Dein allerheiligster Wille!"

15. Und sehet, als der Adam solches aus der Tiefe seines Herzens geredet in Meinem Angesichte, da fielen alle wieder auf ihre Knie nieder und beteten Mich in ihrer für den Menschen unaussprechlichen Liebe an; Ich aber trat ihnen näher und hieß sie, nachdem sie ihrer Liebe Genüge taten, aufzustehen und zu öffnen ihre Augen und ihre Ohren und wohl zu vernehmen Mein Wort.

16. Und als solches geschehen war, da erst richtete Ich folgende Worte zu ihren Herzen, die sinnlich oder naturgemäß also lauteten:

17. „Kinder, höret! So spricht Der, der euch gegeben hat eine unsterbliche Seele und einen lebendigen Geist aus Sich, dass ihr sollt erkennen Meine große Liebe zu euch, dass Ich euch dereinst geben will das ewige Leben aus eurer Liebe zu Mir und aus Meiner Liebe zu euch, so die große Schuld der Liebe dieselbe Schuld an der Heiligkeit getilgt haben wird zu einer Zeit, die Ich erst dazu machen werde aus Mir. Wie Ich euch alle gemacht habe aus Meiner Barmherzigkeit, so werde Ich auch diese Zeit bereiten aus Meiner Liebe.

18. Wie Ich aber jetzt bin ein Geist der Gnade unter euch, so werde Ich dann sein

ein Mensch voll der höchsten Liebe unter den Menschen. Wie aber ihr auch jetzt erkennt, dass Ich, euer Vater, zu euch gekommen bin als ein hoher, ewiger Geist aller Kraft und Macht, und wohl wisst, dass Ich es bin, der nun solches zu euch redet, so werden Mich jedoch dann eure späten Kinder nicht sogleich erkennen als schwachen, armen Bruder unter sich, und werden Mich verfolgen und grausam misshandeln und werden Mir tun, was Kahin dem Ahbel tat. Aber es wird schwer werden, den Herrn des Lebens zu töten; denn da wird Mein Scheintod gereichen allen zum ewigen Leben, die da glauben werden, dass Ich es bin, der als ein mächtiger Retter unter sie gekommen ist, mit aller Macht der Liebe angetan, um zu sühnen die Schuld, die euer Ungehorsam über euch verbreitet hat, wie über die ganze Erde und über alle Sterne – denn auch dort gibt es Kinder, die uranfänglich aus dir, Adam, gegangen sind –, die aber auch werden wird den Ungläubigen und Halsstarrigen in ihrer eigenliebigen Bosheit zum ewigen Gericht und so auch zum ewigen Tode.

19. Und so werde Ich kommen sieben Mal; aber zum siebenten Mal werde Ich kommen im Feuer Meiner Heiligkeit. Wehe dann denen, die da unlauter werden gefunden werden! Diese werden fürder nicht mehr sein denn im ewigen Feuer Meines Zornes!

20. Sehet, einmal war Ich schon da im Anfang der Welt, um zu erschaffen alle Dinge wegen euch und euch wegen Mir. Bald werde Ich wiederkommen in großen Wasserfluten, um zu waschen die Erde von der Pest; denn die Tiefen der Erde sind Mir ein Gräuel geworden voll schmutzigen Schlammes und voll Pest, die da geworden ist aus eurem Ungehorsam. Da werde Ich kommen euretwegen, damit nicht zugrunde gehe die ganze Welt und eine Linie bestehe, deren letzter Sprössling Ich sein werde.

21. Und Ich werde zum dritten Mal vielfach kommen, wie jetzt ungezählt zu euch, bald sichtbar und bald wieder unsichtbar im Wort des Geistes, um vorzubereiten Meine Wege. Und Ich werde zum vierten Mal kommen in großer Not körperlich in der großen Zeit der Zeiten. Und Ich werde kommen gleich darauf zum fünften Mal im Geiste der Liebe und aller Heiligung. Und Ich werde zum sechsten Mal kommen innerlich zu jedem, der nach Mir in seinem Herzen ein wahres, ernstliches Verlangen tragen wird, und werde da sein ein Leiter dessen, der voll Liebe sich wird gläubig von Mir ziehen lassen zum ewigen Leben, und werde aber auch sodann ferne sein der Welt; wer aber da wird aufgenommen werden, der wird leben, und Mein Reich wird mit ihm sein ewig.

22. Und endlich aber werde Ich noch einmal kommen, wie schon gesagt; doch dieses letzte Kommen wird allen sein ein bleibendes Kommen, entweder so oder so!

23. Höret und verstehet wohl, verbleibt in der Liebe, denn diese wird euer Retter sein! Liebt Mich über alles, – das wird euer Leben sein ewig; liebt euch aber auch untereinander, damit euch erlassen wird das Gericht. Meine Gnade und Meine erste Liebe sei mit euch bis ans Ende aller Zeiten! Amen." – Und ihre Augen wurden geschlossen.

Kapitel 47

Die Größe und Tiefe des Wort Gottes

1. Als sie nun vollends zu sich gekommen waren, siehe, da erhob sich Adam und sprach zu der kleinen Versammlung: „Nun, Kinder, habt ihr es mit eigenen Augen gesehen und mit eigenen Ohren vernommen? Ja, ihr habt gesehen den Herrn der Ewigkeit, den Gott der Unendlichkeit, ja unseren liebevollsten, heiligen Vater habt ihr gesehen und gehört Seine unaussprechlich süße Stimme! Ja, Er ist, wie Er war, da ich Ihn sah, ehe Er noch gesehen wurde von einem sterblichen Auge, das da nun umhüllt ist mit des Todes dreifacher Nacht, und Seine Stimme ist dieselbe unveränderte Stimme voll Macht und Kraft, deren unendlich süßem Klang gehorchend Sonnen und Welten ihr Nichts verließen und in unbegrenzter Ehrfurcht da und das wurden, wo und was sie sind, ja durch deren Klang sogar der mächtigste und größte Geist das wurde, was er jetzt ist – ein ohnmächtiger Wurm im Staub der Erde hier vor euren Augen; denn ich selbst bin an dessen Stelle gesetzt worden als eine elende, schlechte, undankbare Kreatur voll Ungehorsam von und aus mir selbst!

2. O Kinder, sehet, wie überaus gut doch unser Gott, ja unser liebevollster, heiligster Vater ist! Sehet, dieser große Geist, dessen Stelle nun ich armer und überaus schwacher Staubmensch einnehme, war berufen, zu sein ein Bruder der ewigen Liebe der Heiligkeit des Vaters; allein der eigenliebige Ungehorsam trieb diesen großen, mächtigen Geist hierher in diese namenlose Niedrigkeit. Da es nun nicht mehr möglich ist, dass wir in unserer sämtlichen Nichtigkeit je vermöchten, der Gottheit würdig näher nur um ein Sonnenstäubchen zu kommen, so will Er, wie ihr nun alle wohl vernommen habt, um uns näher an Sich zu ziehen, Sich Selbst in unsere Nichtigkeit begeben, und dadurch dieser unserer Nichtigkeit mehr geben, als es die größte Geistesgröße je zu fassen vermöchte, das heißt – wenn ich es richtig erfasst habe –: Er will uns Würmern des Staubes nicht nur ein Gott, ein heiliger Vater sein, was Er von Ewigkeit war, sondern Er will uns sogar ein starker Bruder werden, um uns Wertlose dadurch mit Sich zum ewigen Leben zu vereinen!

3. O Kinder, wer vermag solche unendliche Liebe zu fassen? Wo ist das Herz, das in seiner höchsten Entzündung nur den unendlich kleinsten Teil solcher Liebe ertrüge, die da vermag den großen Gott, den heiligsten Vater zu uns herabzuziehen, Sich unserer Nichtigkeit zu erbarmen und endlich aus solcher Liebe selbst Sich mit unserer Nichtigkeit zu bekleiden, um uns alles, alles, alles werden zu können?

4. O Kinder, mein Gefühl erlahmt mir die Zunge; daher rede du, Henoch, weiter, du gesegneter Redner Gottes, und lass uns vernehmen die Wunderkraft deiner Zunge! Aber höre: wo ich aufgehört habe zu reden, da beginne du zu reden von der großen Liebe des heiligsten Vaters! Amen."

5. Und als Henoch solchen Wunsch vernommen hatte, siehe, da gemahnte er sich, erhob sich vom Boden, dankte Mir in aller demütigen Vernichtung seines reinen Herzens, verneigte sich endlich gegen alle und ging endlich zu Adam und verneigte sich vor ihm und sprach:

6. „O Vater meiner Väter! Siehe, es sind hier meine Väter und deine Kinder; wie sollte ich bei solch unerhörter Erscheinung es nur wagen, meine Zunge vor denen zu

rühren anzufangen, die Gott vor mir werden hieß aus dir und sie durch die Natur mir gesetzt hat zu Vätern?! Daher möchten sie doch auch es mir liebeduldig zuerst gestatten, dass ich dann in vollster Ruhe meiner Eingeweide wohl könnte das Wort der großen Gnade Gottes aussprechen im Angesichte aller Väter und der hohen Mutter Eva."

7. Als aber die Väter solche demütige Bescheidenheit vernommen hatten, da standen sie auf, verneigten sich vor Adam und priesen Mich mit lauter Stimme und dankten Mir, dass Ich dem Henoch gegeben habe ein gar so bescheiden demütiges Herz. Und aus dem Angesichte aller strömte hohe Freude über den herrlichen Henoch. Und Adam selbst lobte überaus dessen Einsicht und Demut und bat ihn nun mit der fröhlichsten Beistimmung aller, ganz wohlgemut zu beginnen zu reden von der großen Liebe Gottes, des ewigen, heiligen Vaters.

8. Und als nun Henoch solches vernommen hatte, siehe, da erst begann er nach einer inneren, stillen Anrufung Meiner Gnade und Erbarmung folgendes zu reden und sprach, wie da folgt:

9. „O geliebteste Väter! Was soll, was kann die matte Zunge des schwachen, begrenzten, kleinen Menschen an der so hoch geheiligten Stelle hervorbringen und zitternd stammeln, wo kurz vorher die ewige Liebe und Weisheit des heiligsten Vaters so ewigen Inhalts schwere Worte wesenhaft zu unseren Herzen geredet hat!

10. O Väter, was ist unser größtes Wort gegen dessen kleinstes, das da der ewigen Macht solcher heiligen Liebe aus Sich genügte, hervorzubringen eine Unzahl großer und kleiner Dinge, und damit auszufüllen den unendlichen, ewigen Raum Seines Willens, während unsere größten Reden nicht einmal ein kleinstes Sonnenstäubchen aus seiner ihm bestimmten Ordnung zu verwehen vermögen!

11. O Väter, sehet, so wir das so recht bedenken, muss uns da nicht zumute werden, als stünden wir auf glühenden Kohlen und ich, der Sprecher, auf den brennenden Strahlen der hohen Mittagssonne, da ihre Strahlen über unserem Haupte fließen machen das harte Erz?!

12. Denket, Gott war es, der da stand als ein mächtiger, ewiger Geist und redete große Worte aus Sich zu uns, und wir verstehen sie nicht und werden sie ewig nicht vollends verstehen; denn wie soll oder könnte das, so nichts ist aus sich, erfassen die ewige, unendliche Selbstheit Gottes und begreifen den ewigen Geist eines Wortes aus dem Munde Gottes, da wir alle ja ganz wohl wissen, wie viele Worte die ewige Liebe und Weisheit benötigte, um uns und das ganze, unendliche All für uns so vollkommen, als es unbegreiflich ist, hervorzurufen!

13. O Väter, sehet, wenn man das bedenkt und möchte reden von dem unendlich großen Ruhm Gottes, wo sollte man da anfangen und wo enden?

14. Sollten wir uns zum Sonnenstäubchen wenden, das, gar so unbedeutend unter den Strahlen der Sonne glitzelnd, in der Luft unserer kleinen Hütte schwimmt, ohne zu wissen, welches das erste ist, dass wir bei demselben anfangen möchten?! Oder wem wohl ist bekannt das letzte, damit er wohlgemessen möchte anstimmen ein billiges Lob dem Herrn, dem heiligsten Vater, dem unendlichen, ewigen Gott?

15. O Väter, da wir aber schon in unserer Hütte die Unmöglichkeit einsehen, zu begrüßen das erste Sonnenstäubchen

zierlich und wohlgefällig für Gott und zu danken Ihm für die Erkenntnis des letzten, – wo aber werden wir anfangen, so wir aus unserer Hütte treten möchten und schauen da über die weite Erde die endlose Vielheit des Staubes?!

16. Und doch müssen wir gestehen, dass alles dieses uns unendlich Scheinende vor Gott soviel als nichts ausmacht, obschon uns die volle Enthüllung auch nur eines solchen Stäubchens eine Ewigkeit beschäftigen würde, so wir es erkennen sollten in der unendlichen Vollkommenheit Gottes.

17. O Väter, sehet also, ein solch winziges Stäubchen, wie wir es nun erkennen, ist für uns schon so groß; wie groß muss die unendliche Vielheit in ihrer Ordnung vom Ersten bis zum Letzten sein! Wo ist außer Gott ein Wesen, das da möchte begreifen die ewige Weisheit des heiligsten Vaters darinnen?!

18. Und da es so ist, was sagen wir zur Erde selbst und zu all den zahllosen Sternen und allem dem, was auf der Erde ist, und was alles sich erst in den großen Sternen vorfindet?! Und was möchten wir sagen über uns, jetzt und urwesentlich?! Und doch ist dieses alles nur ein einfaches Wort aus dem Munde Gottes!

19. O Väter, jetzt erst bedenkt recht: Wie viele Worte hat vor unser aller Augen, Ohren und Herzen derselbe ewige, unendliche, heiligste Vater, durch dessen allmächtiges ‚Werde!' die Unendlichkeit erfüllt wurde mit Unendlichkeiten, nun gesprochen!

20. O höret, die Ewigkeit wird es ewig nicht erfassen, und die Unendlichkeit ist zu klein, dass sie das aufzunehmen vermöchte, was wir aus dem allerheiligsten Munde soeben wonnemüde vernommen

haben. Uns Menschen ist es unmöglich zu denken; aber wenn alles dieses wird nach solchem allerheiligsten, allerhöchsten Beschluss in Erfüllung gehen, dann werden Himmel und Erden müssen selbst endlos werden. Der Staub wird zur Erde und die Unendlichkeit selbst wird müssen endlos erweitert werden, bevor wir nur ein Sonnenstäubchen von dem begreifen werden, was unser aller heiligster Vater im Sinne hat, um uns ein heiliger Bruder zu werden!

21. O Väter, sehet, welch eine Größe und Tiefe da ist in Gott, – und ich armes Würmchen im Staube sollte es wagen, nach einer solchen Rede sie deutend aufzutreten vor euch, da doch solches für einen neuen Himmel gesagt wurde zu unserem großen Trost – und nicht für diese beschränkte Erde?! Wir können nichts als nur lieben Ihn, der da allzeit heilig, heilig, heilig ist und sein wird ewig. Alles, was wir erkennen mögen, bestehe darin, dass wir Ihn, unseren heiligsten Vater, stets mehr und mehr zu lieben vermöchten, und unsere größte Weisheit bestehe darin, dass wir Den über alles zu lieben vermöchten, der die ewige Liebe Selbst ist durch und durch – und wir und alles durch Ihn ewig! Amen, amen, amen."

Kapitel 48

Henoch zieht in die Hütte Adams

Am 23. Dezember 1840

1. Und als nun der Henoch auf die Art vollendet hatte seine entschuldigende Rede, da dankte er im Stillen Mir, dass Ich ihm gegeben hatte solcher Rede trefflichen Sinn; dann aber verneigte er sich wieder vor Adam und vor allen seinen Vätern.

Adam und die Väter aber richteten sich auf und sprachen sämtlich Amen und umarmten den sonst sehr schüchternen Henoch – der da wenig Mut hatte, vor jemandem sich als etwas geltend zu machen, aber desto mehr Mut hatte, Mich im Stillen überaus zu lieben aus der unbegrenzten Demut seines Herzens und so auch seinen Vätern zu gehorchen in aller kindlichen Liebe – und dankten Mir auch voll Liebe und starken Vertrauens für die Gnade, dass Ich unter ihnen geweckt habe einen solchen Liebesprecher der Liebe.

2. Seth aber dankte noch ganz besonders dem Vater Adam für die Segnung der Zunge Henochs und bat Mich im Angesichte aller, dass da, bis ans Ende aller Zeiten fortwährend, diese gesegnete Zunge Henochs bei allen Nachkommen aus dieser Grundlinie der Menschheit bestehen möchte.

3. Und alle sprachen Amen; Adam aber segnete den Wunsch Seths und sprach: „Der Herr wird getreu verbleiben in allen Seinen großen Verheißungen bis ans Ende der Zeiten; möchten doch Ihm alle unsere Nachkommen treuer und treuer werden bis ans Ende aller Zeiten! Amen.

4. Nun aber, liebe Kinder, geht unter meinem vielfachen Segen und dadurch im allerheiligsten Namen unseres ewigen, überguten, liebevollsten Vaters in eure Wohnungen, und ruht aus eure Glieder und eure Seele und Geist in Gott! Und du, Ahbel-Seth, vergesse deines Vaters nicht, und bringe mir mein Gericht und meinen Trank, und tue dann unter meinem dreifachen Segen, was deinen Kindern geraten wurde! Henoch aber sollte die Zeit meines Lebens in meiner Hütte wohnen und speisen aus der Schüssel, daraus ich speisen werde, und soll aber dafür bereit sein,

allzeit mir und allen seinen Vätern, Brüdern und Schwestern zu dienen in der Liebe des Geistes aus Gott! Und nun geht und tut, wie ihr es vernommen habt! Amen."

5. Und alsobald verneigten sich alle vor Adam und gingen in ihre nicht fernen Hütten. Seth aber tat mit der Hilfe seines Weibes seine Pflicht, und Henoch aber holte aus seiner unansehnlichen Hütte sein Lager und brachte es zur Hütte Adams und endlich nach verrichteter stiller Danksagung in die Hütte Adams selbst, allwo die alte Mutter Eva nach Kräften ihm behilflich war, das Lager so weich als möglich zu machen. Und als somit alles wohl bereitet war, so war auch schon Seth mit seinem Weib, wohlversehen mit Speise und Trank, zugegen und dankte Mir mit dem gerührtesten Herzen für die hohe Gnade, die ihm vor allen seinen älteren Brüdern zuteil geworden war, Speise und Trank reichen zu dürfen seinen Eltern und dem lieben Henoch, der ihm vorkam wie ein aufgehender Morgenstern.

6. Und als das Abendmahl nun eingenommen war und das Dankgebet verrichtet, da sprach noch Adam zu Seth, sagend: „Ahbel-Seth, du weißt, dass morgen der sechste Tag der Woche ist und übermorgen der heilige Ruhetag des Herrn erscheint! Zur Zeit der Opferung möchten sich alle meine Kinder aus dir und deren Kinder und Kindeskinder allhier einfinden, wie auch soviel als möglich von jenen meinen Kindern, die mir der Herr nach dir gegeben hat!

7. Das soll ihnen morgen angedeutet werden, wie auch denen, die da geholt haben aus der Tiefe ihre Weiber, dass sie sich sollen reinigen, um zu betreten diese heilige Stätte, darüber der ewige Geist aller

Liebe und Weisheit geschwebt ist in aller Wahrheit, Macht und Kraft, und daselbst aus dem Munde Henochs zu vernehmen eine neue Lehre aus Gott, die wohltun wird ihren Herzen, wie sie wohltat dem unsrigen, da es angefüllt wurde mit so unendlichen Erwartungen aus der unermesslichen Liebe Gottes. Nun, lieber Seth, ist dir für heute und morgen alles bekannt aus mir; alles Übrige wird dir offenbaren dein Herz, – und so möge dich Gottes Gnade wie mein Segen geleiten! Amen."

8. Und bevor sich der Henoch zur Ruhe begeben hatte, so trat er schüchtern vor Adam hin und sprach: „O Vater der Väter, möchtest du mir wohl noch erlauben, dass ich dir mit einer kleinen Bitte dürfte zur Last fallen; aber verzeihe mir zuerst diese meine eigenmächtige Frage!"

9. Adam, ganz gerührt von solch bescheidener, demütiger Herzlichkeit, zog den Henoch an seine Brust und küsste und herzte ihn und sagte endlich, vor Freude weinend: „O Du großer, überheiliger, überguter Vater! Welch eine herrliche Frucht hast Du mir durch Seth an die so viel beweinte Stelle Ahbels gegeben! Ahbel war ein Held vor Dir und mir, aber die Frucht Seths ist ein triefender Honig aus Deinem ewigen Morgen! O habe Dank, ja ewigen Dank für so viel Gnade und Erbarmung!

10. Siehe, du meine Eva, wie gut unser Gott, unser Vater ist! Mit welchen Schätzen hat er uns bereichert!" – Eva aber sprach: „O Adam, ich kann nichts als in zu großer Freude ob so viel Gnade und Liebe weinen! Wir sind es nicht im Geringsten würdig; denn neben dieser meiner übergroßen Freude aber empfinde ich auch die große Last, welche durch meine alleinige Schuld die Tiefen der Erde drückt. O Kahin, Kahin, warum musstest du werden der

Erde zum Fluch?! O Adam, dieser Gedanke nimmt allzeit die Sprache meiner Zunge, und meine Freude wird mit den Dornen umwunden, die da aufgenommen haben meine erste Träne im Paradies noch! O Adam, lass mich weinen und beten!"

11. Adam aber sprach: „O Weib, sei ruhig, lass Gott nun sorgen und tue, was deinem Herzen frommt! Und du, mein lieber Henoch, eröffne mir dein liebevolles Herz, und sage mir dein frommes Anliegen! Mein Herz, mein Auge und mein Ohr hängen an deinem gesegneten Munde; daher rede, wenn du willst, wann du willst, und wie du es willst, und mir wird es allzeit recht sein! Amen."

12. Henoch aber, da er solches vernommen hatte, öffnete sein Herz und ließ seiner Zunge gerechte Zügel schießen vor Adam und sprach: „O Vater meiner Väter, segne mein Lager in deiner Hütte, damit auch meine Seele vollkommen ruhen möchte daselbst, da die hohe Mutter gesorgt hat für die Ruhe meines Leibes!

13. Denn so der Leib ruht, muss die Seele Frieden haben; sonst ruht der Leib schlecht, und der Geist kann sich unterdessen nicht üben in der Beschauung seiner selbst und in der Ähnlichwerdung seiner Urform in Gott. Wie aber ist der Schlaf als Ruhe des Leibes eine Wohltat Gottes durch die Natur, so ist der Friede der Seele jene innere, stille Wärme der ewigen Liebe, aus welcher erst dem Geiste jener Stoff bereitet wird, dass er sich damit voll bilde, um dadurch wieder dereinst zu werden ein wahres Gefäß zur Aufnahme der Liebe und so des Lebens aus Gott.

14. O Vater der Väter, siehe, es nötigte mich keine geringe Sache, mich dir zu nähern und dich zu bitten um den Segen über mein Lager! Denn es gibt nichts in der

Welt, das da nicht wäre aus dem Leben und wieder führend zum Leben und zeige die Wege des Heils durch die unendliche Erbarmung der ewigen Liebe und unermesslichen Gnade. Aber versäumen sollen es die Menschen nicht, alles aus der Liebe Gottes eher zu segnen: die Erscheinungen, die Nacht, das Lager, die Ruhe und alles in ihr und mit ihr. Alsdann werden dem reinen Menschen die Gesichte des Schlafes zeigen getreu die Werke der Liebe im Geiste, und es wird ihm ein Leichtes werden, sich selbst zu erforschen; wer aber da unbeachtet lässt die Erscheinungen und achtet nicht den Segen des Lagers und so der Ruhe, der gleicht einem Blinden und Tauben, und die Liebe und das Leben werden an ihm stumm vorüberziehen.

15. So aber ich nicht vermöchte Großes im Kleinsten zu gewahren, wie vermöchte ich hernach zu gewahren im Großen Unendliches und im Unendlichen die ewige Liebe und unendliche Weisheit, Macht und Kraft Gottes selbst?!

16. Daher, o Vater meiner Väter, versage mir den Segen meines Lagers nicht, und gebe meiner Seele den Frieden, auf dass sie fröhlich möchte ruhen in der Liebe Gottes, um zu zeugen kräftig dann von der großen Gnade im Geiste und aller Wahrheit aus der ewigen Erbarmung. Amen."

17. Als aber Adam solche fromme Bitte vernommen hatte, da ließ er sich hinleiten zum Lager des Henoch und segnete dasselbe dreimal. Und da er das Werk des Segens beendet hatte und wieder zurückkam an seine Stelle, da sagte er: „Henoch, es ist geschehen nach dem Wunsch deiner Gottestreue! Aber siehe, da dir ein solcher Segen nottut, so tut er ja allen not und wäre für mich gewiss auch nicht überflüssig; wer aber wird da segnen mein Lager?"

18. Henoch aber erwiderte in aller Liebe und tiefer Ehrfurcht: „O Vater meiner Väter, es sind die Berge voll von deinem Segen, und dein Lager hat wohl angeschaut Der, der dich schon gesegnet hat eher, als noch geschaut hat ein menschliches Auge hinauf zu den lichten Wohnungen des heiligen, großen Vaters. So aber der heilige, große Vater dich und alles, was Er dir gegeben, gesegnet hat, wie solltest du etwa von mir einen Segen verlangen, da ich selbst nur kaum ein kleiner Teil deines Segens aus Gott bin?

19. O sei in aller Ruhe aus Gott! Denn die Erde selbst ist nur dir unter die Füße gestellt worden aus dem großen Überfluss des Segens aus dir und für dich; daher ist auch dein Lager schon lange gar wohl gesegnet und dir dadurch gegönnt eine freie Ruhe und ein hoher Friede deiner Seele aus Gott, während meine Seele nur ist eine Seele aus dir und somit nur ein kleiner Teil des übergroßen Segens, der dir zuteil wurde unmittelbar aus der Hand der ewigen Liebe des heiligsten Vaters. Daher mögest du wohl ruhen im hohen Frieden an der Stelle, die da erleuchtet und über und über gesegnet wurde von der allerheiligsten Gegenwart Gottes unter uns allen! Siehe, daher möchtest du dich nicht sorgen um das, um was der Herr schon lange eher gesorgt hatte, bevor noch eine Sonne der Erde geleuchtet hatte!

20. Ich aber darf dir nur danken für eine so hohe Gnade, dass du gesegnet hast mein Lager; aber dein Lager zu segnen mit meiner Hand, o Vater meiner Väter, wäre die größte Vermessenheit! Oder wie sollte der geben, der nichts hat, dem, der da lange vorher von Gott alles empfangen hat?!

21. Siehe, ich habe nichts empfangen denn die Liebe und kann daher auch nur diese wieder geben, wie ich sie empfangen habe! Aber der Segen ist nur dir gegeben worden, und wir selbst sind dein Segen; daher ruhe du in allem Frieden deiner Seele aus Gott! Amen."

22. Adam aber wurde ganz gerührt von dieser Rede und küsste dreimal den Mund des Henoch und sprach folgende tiefe Worte, sagend nämlich: „O du lieber Henoch du! So sprach einst auch mein Sohn Ahbel, als er auf der Flucht aus dem Paradies mich und meinen Segen auf seinen Schultern trug und selben mir im Lande Euehip wieder treulich zurückgab.

23. O Henoch, je länger ich dich anhöre, desto bekannter wird mir der Ton deiner Rede, und es ist, als vernähme ich die süße Stimme meines Ahbel! Ist schon dein Leib nicht der Leib des Ahbel, so ist aber doch deine Gestalt vollkommen die des Ahbel, und so die Rede, so die Liebe, so der Geist.

24. O Du großer, heiligster Vater, es wird die Erde kaum zehnmal so lange von Menschen bewohnt werden, als ich sie bewohnt habe und sie nach Deinem heiligsten Willen noch leiblich bewohnen werde; doch so ich auch lebte bis ans Ende, was wäre wohl noch zu gedenken, das mein Herz auf dieser Erde mehr zu segnen vermöchte, als so Du, o Jehova, mir wiedergäbest meinen Ahbel?! Doch auch dieser mir unmöglich zu erfüllen scheinende Wunsch ist nun so herrlich erfüllt worden! O Jehova, ich kann Dir nicht [genug] danken für die unendliche Gnade, dass Du mir im Henoch meinen Ahbel und somit allen Segen wieder zurückgegeben hast, den Du für würdig hältst, dass aus seiner Linie einst ein Spross hervorgehen sollte als ein großer, heiliger Bruder allen meinen

Kindern aus Dir! O Jehova, nehme gnädig auf meinen tiefsten Dank!

25. Und du, Mutter Eva, siehe, nicht umsonst machtest du so freudig Henochs Lager sanft und weich; denn der, den du sechshundert Jahre lang beweintest, ist uns im Henoch nun wiedergegeben! Daher freue dich mit mir; denn siehe, er wird nimmer sterben, sondern so er bleiben wird über unsere Zeit auf der Erde, so wird er dann wieder, wie er gekommen ist, und wie er jetzt ist, dahin kehren, woher er gekommen! Darum freue dich mit mir, Eva! – Und du, Henoch, sage, ist es nicht also?"

26. Henoch aber sagte: „Ja, Vater Adam, mein Fleisch ist aus der Eva und meine Seele aus dir und mein Geist aus Gott! Wie sollte ich nicht sein der, den du gesegnet hast, oder Ahbel oder dein gesegneter Same, da doch ist mein Geist und Ahbels Geist ein und derselbe Geist aus Gott! Daher ruhe sanft im Frieden deiner Seele, und du auch, liebe Mutter Eva, in Gott! Amen."

Kapitel 49

Die Morgengebete von Adam und Henoch

1. Und als der Henoch solches geredet hatte, da frohlockte Adam, und die Eva hatte große Freude. Und es sprach zum Beschluss der Adam: „Amen, der Herr, unser aller heiligster Vater, sei mit uns allen, und so begeben wir uns zur Ruhe, und diese Ruhe sei mit allen unseren Kindern! Amen."

2. Und so legten sich diese drei Menschen zur Ruhe und schliefen wohl bis an den heiteren Morgen, da ein frischer Wind gar munter stärkend sie erweckte. Die Zeit

des Niederlegens war nach eurer Rechnung die neunte Stunde und die Zeit des Aufstehens, ebenso gerechnet, die dritte Stunde morgens. Und als sie nun so gestärkt vollends auf ihren Beinen sich befanden, da verrichtete ein jeder ein stilles Herzensopfer, und nach solch heimlicher Verrichtung aber erhob sich alsbald Adam und sprach folgendes Gebetlein im Angesichte Henochs und der Eva:

3. „O großer, liebevollster, heiligster Vater, in Deinem allerheiligsten Namen, der da ist voll Macht, Kraft und aller Herrlichkeit, habe ich in Deinem Angesichte wieder einen neuen Tag erlebt. O Herr, lasse diesen ganzen Tag über mich so denken und handeln, dass der späte Nachruf der Abendröte mir sanft tönend zuwehen wird: Adam, frohlocke; denn dein Auge hast du nicht abgewandt vom Angesichte Jehovas und deine Füße nicht aus dem Geleise der Wege der ewigen Liebe, und wie da ging die Sonne still erleuchtend und erwärmend durch das Firmament, so folgte dein Herz dem stillen Wehen des ewigen Geistes!

4. O Vater, der Du nie noch Dein Aug' und Ohr von mir abgewandt hast, wende es auch heute und in alle Ewigkeit nimmer weg von mir!

5. O Herr, da ich heute wandeln werde, da zermalme Deine Liebe jeglichen Stein auf dem Wege meiner Wanderschaft, auf dass meine Füße nicht darüber gleiten möchten, mir zum Falle, oder mir ein Stein durch einen harten Anstoß gar meinen Tritt verletze und dann mich hindere, Deine Wege mit geraden Gliedern ferner zu verfolgen!

6. O Herr, zähle am Morgen meine Haare, und lasse nicht zu, dass am Abend eines fehle, und so auch jeden Schweißtropfen, auf dass am Abend keiner unrein befunden werden möchte!

7. O Herr, segne und stärke mich Schwachen, auf dass ich, kräftig aus Dir, da könnte heute und fortan, solange es Dir gefallen wird, meine Kinder, die Du mir gegeben hast, in Deinem allerheiligsten Namen segnen!

8. O heiligster Vater, erhöre meine schwache Bitte im Namen aller Deiner Kinder und aller Kreatur! Amen."

9. Und als Adam solches aufrichtige Gebetlein vollendet hatte, siehe, da wandte er sich zu dem noch stille betenden Henoch, sagend: „Henoch, siehe, ich habe nun laut vor Gott und vor dir gebetet, und ich habe eine große Kraft erlangt, dass ich euch alle würdig und wirksam zu segnen vermöchte; somit falle auf dich mein erster Segen! Und da du nun gesegnet bist, so stehe auf und verrichte auch du dein Gebet vor Gott und vor mir laut, damit ich und deine Mutter uns würdigst und überaus fromm erbauen möchten an deinem sanften Morgenrot in deinem liebeerfüllten Herzen. Du hast vernommen mein Gebet, in welchem ich mein menschliches und väterliches Anliegen treulich dem Herrn vortrug aus der innersten Tiefe meines Herzens; da du aber nicht beten kannst als ein Vater, sondern als ein Sohn, so lasse laut werden die Stimme der kindlichen Liebe deines Herzens! Amen."

10. Und als der liebefromme Henoch solchen Wunsch Adams vernommen hatte, da stand er alsogleich auf, dankte inbrünstig Mir und dem Adam für den empfangenen Segen und begann endlich, dem Wunsch Adams zufolge, folgendes Gebetlein an Mich zu richten, sagend:

11. „O großer Gott, o heiligster Vater, Du ewige Liebe voll der unermesslichsten

Erbarmung und voll der heiligsten Gnade! Obschon ich wohl weiß, dass Du nur des Wortes im Herzen achtest und nicht hörst auf den Ton der Zunge und nicht ansiehst den Hauch der Lunge und missachtest jede Gebärde des Fleisches, so will ich aber dem frommen Wunsch Deines Sohnes Adam nach meine Zunge anstimmen zu Deinem Lob.

12. O Du heiligster Vater, siehe, als ein schwaches Kind streckte ich gestern meine müden Glieder auf das gesegnete, weiche Lager und ruhte daselbst zur Kraft Deiner Milde bis an den heutigen heiligen Morgen Deiner unendlichen Gnade und stand so voll und überfüllt von Deinen Erbarmungen auf!

13. Wer vermag zu ergründen die Größe Deiner unendlichen Liebestaten an mir? O dass ich nur den unendlich kleinsten Teil davon zu begreifen vermöchte!

14. Was ist der Mensch gegen Dich, dass Du seiner gedenkst, o Du, vor dessen leisestem Hauch Ewigkeiten fliehen wie leichte Schneeflocken vor dem heftigsten Sturm!

15. Wie groß, wie unendlich groß muss Deine Liebe sein, dass der schwache Mensch noch bestehen mag vor Dir, da er doch ist voll Undankbarkeit in aller seiner vermeintlichen Liebe und Demut vor Dir, da er doch ewig nie wissen kann und wird, ein wie großer Schuldner er gegen Dich ist, und ebenso auch nie ganz ermessen wird können seine endlose Niedrigkeit vor Dir!

16. O heiligster Vater, siehe daher gnädig herab von Deiner unendlichen Höhe, Macht und Stärke auf mich ebenso unendlich Schwachen, und nimm gnädigst auf meine höchst unvollkommene Liebe zu Dir; denn siehe, hätte ich auch die vollste Liebe aller meiner Brüder und Väter in mir, was wäre selbst dann meine Liebe?

17. Weltenalle sind ja nur ein Tautropfen vor Dir! Oh, so sei denn diese meine schwache, unvollkommene Liebe zu Dir alles, was ich dankbar gegen Dich vermag; o stärke mich darinnen mehr und mehr nach Deiner Barmherzigkeit! Amen, amen, amen."

Kapitel 50

Adam und Henoch loben Gott

Am 9. Januar 1841

1. Und als nun der Henoch solches Morgengebet laut vollendet hatte, siehe, so erhob sich Adam fröhlich und lobte und pries Meinen Namen und dankte Mir inbrünstig für die Gabe des Gehörs, das da tauglich ist, zu vernehmen solche Herrlichkeit, und für das Licht der Augen, die da wohl tauglich sind, zu erschauen die großen Wunderwerke Meiner Erbarmung, und für die Stimme, die da vermag wohlverständige Worte des Lobes und aller noch so über alles unbegreiflichen und unendlichen Erhabenheit des großen, heiligen Gottes dem kleinen menschlichen Herzen soviel als möglich begreiflich näher zu führen. Und so dankte er Mir für alle übrigen Sinne; denn er sah gar wohl ein, dass deren Gabe und beständige Erhaltung eine gar große Wohltat aus der freigebigen Hand Meiner Liebe sind.

2. Und als er nun solche nochmaligen Lob-, Preis- und Dankbetrachtungen, wie auch sonst täglich, vollendet hatte, da wandte er sich abermals zum Henoch, der dabei auch dasselbe still in seinem Herzen getan hatte, und sagte:

3. „Henoch, du auserwählte Zunge der ewigen Liebe Gottes, siehe, ich nannte dich ‚Ahbel'; allein ich habe dir Unrecht getan und war undankbar gegen Gott! Denn siehe, Ahbel war zwar mein erster gesegneter Sohn, den mir Gott gegeben hat, und war daher ein Liebling meines Herzens und ein getreues Werkzeug in der Hand Gottes, gegeben mir zur Rettung; dich aber hat der Herr nun in meiner späten Zeit zu mir gesandt gleich einer stärkenden Salbe, damit die Wunde, die mir Kahin geschlagen, möge in meiner letzten Zeit in meinem Herzen geheilt werden. Denn wärest du nur Ahbels Seele und Geist in der Hülle Henochs, da wärest du, was der Ahbel war, und wärest gleich meinem lieben Seth, den mir der Herr an die Stelle Ahbels gesetzt hat; dich aber hat der Herr erweckt aus Seiner Liebe und hat diese Liebe in Jareds Samen gelegt, auf dass du eine reine Frucht der Liebe würdest, um dann allen deinen Vätern und Brüdern zu zeigen den sanften Weg der Liebe und auch zu zeigen, dass die Liebe mehr ist als alle unsere Weisheit, die fallen kann, während die Liebe aus dem Schlamm des Meeres Berge und Felsen schafft.

4. O Henoch, du mein lieber Henoch, komme her an meine Vaterbrust, und lasse dich lieben und segnen im Überfluss, auf dass dein Segen reiche bis ans Ende aller Zeiten! Denn du hast nun ein Öl in mein schon sehr hart gewordenes Herz gegossen, dass es nun wieder so weich zu werden anfängt, wie es damals war, als mir der Herr zum ersten Mal meine liebe Gehilfin entgegenführte; und es entfaltet sich ein vielfältiger Rosenstrauch in meinen großen Gedanken, und da sehe ich zuoberst eine Knospe – o Henoch, eine Knospe –, und diese Knospe glänzt verschlossen stärker denn die Sonne am Mittag! Doch nichts weiter davon; siehe, das alles hast du nun bewirkt!

5. Daher bist du weder Ahbel noch Seth, sondern bist ein reines Leben der Liebe aus Gott durch den Samen Jareds und hast ein eigenes Leben, das dem Tode nimmer unterliegen wird. Daher teile an alle von deinem Überfluss, auf dass sie auch erkennen möchten, dass nicht die Weisheit, sondern nur die Liebe das wahre ewige Leben aus Gott ist; denn jetzt erst sehe ich selbst, dass ich in der Liebe nur werde unzerstörbar sein ewig. Denn alle unsere Weisheit wird und muss zunichte werden vor Gott; aber die Liebe, die kleine Liebe, wird dereinst großgezogen werden von Gott, da Er Selbst lauter Liebe ist.

6. O Henoch, wenn die Sonne aufgehen wird, so ermahne mich und rede, amen."

7. Und als der Adam solches ausgeredet hatte, da drückte er den Henoch noch einmal an seine Vaterbrust, segnete ihn noch einmal und hieß ihn dann nachzusehen, ob Seth noch schlafe und dessen Kinder in ihren Hütten, und auch zu sehen, wie die Sterne stehen, und ob die Sonne sich schon ihrem Aufgang nähere, und wie es in den Tiefen aussehe, ob neblig oder ob ohne Nebel, und welchen Zug die Winde haben, ob denn das Firmament ganz rein oder mit Wölkchen hie und da untermengt sei, und ob das Gras wohl betaut sei.

8. Und so er das alles wohl beobachtet würde haben, so möge er dann wieder zurückkehren und ihm über alles getreue Nachricht gegen den glorreichen Aufgang der Morgensonne geben.

9. Und siehe, Henoch dankte dem Adam ehrfurchtsvoll und ging alsobald zu tun, was ihm Adam geboten hatte.

10. Es war aber nach eurer Rechnung die vierte Stunde vorüber, als Henoch aus der geheiligten Hütte Adams trat. Und als er nun denn also ins Freie trat, siehe, da ermahnte er sich alsobald im Herzen und gedachte bei sich im Stillen:

11. „O Du ewiger, großer, heiligster Vater, voll der unbegreiflichsten, allerreinsten, allerhöchsten Liebe! Wie klein doch ist diese geheiligte Hütte Adams, unseres Erdenvaters, gegen dieses Dein unermessliches Gebäude! Wie klein und vereinzelt schimmern die sonst weltengroßen Feuersterne in Deinem großen Haus, und doch hat deren Zahl kein Ende, wie das Haus keine Wände, sondern sie alle schweben in Deiner Gnade und hängen fest an Deiner Liebe, und es vermag keine Kraft denn die Deinige sie zu führen durch der endlosen Kreise ferne Bahnen.

12. O Du heiliger Vater, wie groß, stark und gut bist Du, und wie herrlich musst Du sein in Deinem Licht, da Deine Nacht schon so groß, schön und herrlich ist!

13. O Du mein guter, heiliger Vater, erweitere meine zu enge Brust, auf dass ich Dich in den vollsten Zügen zu lieben vermöchte; denn zu schön und zu groß ist alles, was jetzt mein Auge schaut! Wie herrlich ragen die Wipfel der hohen Zedern in die freie, lichtdurchschimmerte, sanftbewegte Luft empor und bewegen ihre Äste und Zweige, als ob sie den Sternen liebewinkten! Dann aber kommt alsobald irgendein Hauch von Dir, sie empfinden Deine heilige Nähe und senken alsobald ihre hohen Häupter zur Erde. Jedoch bald erheben sie sich wieder von neuem, gezogen von der großen, überheiligen Macht Deiner Liebe, und frohlocken rauschend in freier Höhe Dir ein unerforschliches, tiefsinniges Lob entgegen. Oh, wie groß und erhaben muss das Lob sein, dass ich nicht einmal zu ahnen vermag, was für ein heiliges Opfer Dir, dem erhabenen Schöpfer, dargebracht wird von Deiner geschaffenen Natur! Unablässig lobt Dich die Erde, das Gras, die Pflanzen, die Sträucher, die Bäume und all die schönen Sterne; nur der Mensch kann schlafen in der Mitte so heiliger Opfer!

14. O Du überguter, heiliger Vater, ich will nimmer aufhören, Dich zu loben; und es soll mich dazu ermuntern jedes bewegte Stäubchen, dass ich nicht nachlassen soll, je Dich mehr und mehr zu loben!

15. Denn Du gabst mir ja ein Herz, angefüllt mit Liebe und aller Fröhlichkeit, und so will ich denn allzeit fröhlich sein über Deine so unendlich große Güte und allzeit laut frohlocken in Dir, meinem Gott, dass Du so voll Liebe und Gnade bist gegen jedermann, der da Freude hat in Deinem heiligsten Namen.

16. O Fröhlichkeit, Fröhlichkeit, du schönste Gefährtin der Liebe, wie süß schmeckst du dem Herzen, das da schlägt nach dem Willen des heiligen Vaters!

17. Oh, es ist wohl gar gut und gar fröhlich zu sein, da der heiligste Vater ein großes Lob gnädigst annimmt von der Unendlichkeit wie von einem Tautropfen, den der leise Hauch der Morgensonne verweht!

18. O Vater! Sieh gnädig auf mein schwaches Herz herab, und erkenne das nichtige Stäubchen meines Lobes, und überhöre nicht unter den stark schallenden Dankliedern Deiner Sonnen mein armseliges Gezwitscher, das da vielleicht noch schwächer ist denn das leise Gesumse einer von der Nacht betäubten unbedeutendsten Mücke!

19. O Du mein großer, heiliger, liebevollster Vater, Herr und Gott, nehme

gnädig auf dies mein verworrenes Stammeln, und lasse mich nun treu vollziehen den Willen des Erzvaters Adam! Amen."

Kapitel 51

Jareds Freude über seinen Sohn Henoch

1. Und siehe, da ging der Henoch, wie ihm Adam geboten hatte, und beobachtete alles genau, was ihm Adam gewiesen hatte.

2. Da er aber zur nahen Hütte Seths kam, fand er ihn noch schlafend und wagte nicht, ihn zu wecken, da der Seth ihm, zunächst Adam, ein hochgesegneter Vater war. Und da er dann ferner seine Augen forschend an den gestirnten Himmel heftete und seine Blicke richtete gegen den Aufgang, um zu ermessen nach der Stärke der Morgendämmerung die Zeit des Aufganges, siehe, da kam Jared herbei und segnete Henoch und sprach zu seinem Sohn:

3. „Mein lieber Sohn, siehe, vor Freude konnte ich heute nicht schlafen darob, dass du so viel Gnade vor Gott gefunden hast! Denn wer hätte vor heiliger Scheu je gewagt, nach dem Untergang außer dem Seth die geheiligte Hütte Adams zu betreten, – und du darfst nun sogar darinnen wohnen! Und das jetzt noch umso mehr, da wir gestern alle der unermesslichen Gnade Augen- und Ohrenzeugen waren, die dieser Hütte von der allerhöchsten Höhe Gottes widerfahren ist!

4. O du mein lieber Sohn, siehe, meine Freude ist zu groß, als dass ich es nur im Geringsten vermöchte, dir zu zeigen, wie sehr darob mein Herz, überfröhlich dankend, liebegebrochen wurde; ja, es kommt mir vor, ich sollte jeden Baum liebend umfangen, und dessen Rinde küssen, die Sterne selbst ja kommen mir heute ganz nahe vor und hauchen mir lauter Liebe entgegen!

5. O Henoch, siehe, Freude und Liebe erdrücken mich, und meine Zunge bebt vor Wonne, dass ich nicht zu reden vermag mit dir! Nur sage mir, was denn dich schon so früh hergelockt hat aus der geheiligten Wohnung unseres Erzvaters!

6. Denn dich kann nicht das, was mich nicht schlafen ließ, herausgetrieben haben! Denn das vor mir ist, ist meine Freude und Gnade, – du aber bist in der Freude und Gnade; siehe, daher muss dich ein höherer Wille geleiten! O Henoch, mein lieber Sohn, verschweige mir nicht das Heiligtum, das dir ins Herz gelegt wurde; denn nichts Geringes ist und kann das sein, das du, dich danach kehrend, im Herzen trägst! O verhehle es nicht vor mir, deinem Vater!"

7. Als aber der fromme Henoch solches vernommen hatte, blieb er, seinem Vater dankend für den Segen und ihn liebkosend, stehen und sprach folgendes:

8. „O lieber Vater Jared, du kennst ja deinen Sohn, dessen Alles auch das Deinige ist, wie ich nichts habe, dass ich es nicht zuvor von dir empfangen hätte, und es ist meine Liebe dein Grund und meine Freude dein Segen, und durch meine Augen schaut eine Seele aus dir, und dein Blut schwellt meine Adern, und alle meine Eingeweide sind aus dir, und so hast du auch mich nur Gott und Seine Liebe gelehrt und machtest mich aufmerksam auf Seine Gnade, und siehe, so sind alle meine Tritte und Schritte dein Werk durch die große Gnade von oben, und es kann dir nichts fremd sein, was ich tue; aber siehe, der

mich nun herausgesandt hat, der ist mehr denn du und ich, und ist unser aller Erzvater Adam! Warum er mich hierher hat gesandt, darf nur er vor allen zuerst wissen, da er der Erste auf der Erde unter uns allen ist, und weil das, was er mir anvertraute, weder mein noch dein, sondern sein ist.

9. Daher, lieber Vater, du auch nicht eher forschen möchtest, als bis du es erfahren wirst von dem, dessen es ist, damit er es dann gebe von oben herab an alle, die es vonnöten haben.

10. Bald wird er heraustreten, und dann wirst du es schon gar wohl erfahren beim Aufgang der Sonne!"

11. Und als der Henoch noch solches redete, siehe, da trat auch schon der Seth aus seiner Hütte und wurde alsobald der beiden ansichtig, ging hinzu und segnete alsobald beide. Diese aber verneigten sich gar ehrfurchtsvoll und dankbar gegen ihn. Seth aber fragte den Henoch alsbald eben auch, darum sich schon Jared erkundigt hatte, brachte aber ebenso wenig aus dem Henoch heraus wie zuvor der Jared. Seth aber wunderte sich darob, dass Henoch so verschwiegen war, und der Henoch entgegnete ihm:

12. „Vater Seth, du bist an der Stelle Ahbels ein gesegneter Sohn und weißt, dass du Gott und Adam zum Vater hast näher denn ich und mein Vater Jared! Hat er dir nicht gegeben all das Seine, dass es nun ist das Deine?! So mich aber Adam aus sich gesandt hat, zu erforschen, was seines Herzens ist, siehe, wie verlangst du von mir, dass ich es dir früher geben möchte als dem, dessen Herz mich dazu nötigte, solches für ihn zu sammeln, damit er dann etwas hätte, um es als Vater am Morgen euch allen zu geben?!

13. Siehe, alles, was mein ist, kannst du ja haben ohne Vorenthalt, denn es war zuvor lange schon dein, bevor es zum Meinigen ward; allein Adam hat vor uns allen etwas voraus, und so muss er auch zuerst empfangen, damit er es dir und allen wieder geben kann. Siehe, die Sonne naht ihrem Aufgang, der Mond eilt blass seinem Untergang zu, und die Sterne treten ab vom großen Schauplatz der Nacht, und der Vater Adam steht schon vor der Türe seiner geöffneten Wohnung, meiner harrend; daher nur noch eine kleine Geduld, und ihr werdet alsbald empfangen, das zu sammeln ich so früh ausgesandt wurde."

14. Nach solcher Rede empfahl sich Henoch seinen Vätern und ging eilends zur Hütte Adams, warf sich vor selbem auf sein Angesicht, dankte Mir im Staube, erhob sich endlich, da ihn Adam gerufen hatte, trat voll Ehrfurcht in die Hütte und berichtete ihm alles genau, was er treulich beobachtet hatte.

15. Und als der Adam solches hatte treulich vernommen aus dem Munde Henochs, siehe, da erhob er sich alsobald und sagte zuerst zur Eva: „Eva, mein getreues Weib, ruhe sanft in Gottes Gnade, bis ich wiederkomme, von Henoch aus und ein begleitet; denn schon harren auf allen den Bergen die Kinder meines Segens. − Und du, mein geliebter Henoch, geleite mich auf den Hügel gegen Morgen, auf dass mein Segen nicht später komme denn die Strahlen der Morgensonne zu all den Kindern auf den Bergen, wie auch zu denen, die da bewohnen als Hirten die kleinen Ebenen zwischen den Bergen, und dass der Herr die in der Tiefe noch verschonen möchte eine Zeit lang mit Seinen strengen Gerichten! Nun lasse uns eilen! Amen."

Kapitel 52

Henoch besingt den Morgen

1. Und alsobald verließen die beiden die Hütte und eilten der kleinen, runden Anhöhe zu und bestiegen alsobald dieselbe; denn sie war zehn Mannslängen höher denn der Platz, da die Hütte Adams stand, und war ringsumher frei von allen Bäumen, und die Wipfel der Zedern reichten nur bis zum Fuße dieses freien Hügels, auf welchen zwar ein schmaler, aber sonst recht bequemer Weg führte.

2. Und so kamen sie auf die Höhe sieben Minuten nach eurer Rechnung vor dem Aufgang; da ließ sich Adam zur Erde nieder, dankte Mir für den wieder neu erlebten Tag und bat Mich um den Segen, auf dass er dann vermöchte wirksam in Meinem Namen alle seine Kinder zu segnen in Meiner Liebe und aus Meiner Gnade.

3. (NB. Was ihr jetzt wenig mehr beachtet, und die Welt für eine Albernheit hält, – daher auch Ich und Mein Segen fernbleiben müssen, so nun alles dessen lange nicht mehr benötigt wird!)

4. Und als er solches vollbrachte, siehe, da gewahrte er Mein Wehen und segnete alle seine Kinder vor dem Aufgang.

Am 13. Januar 1841

5. Als nun der Adam seinen Segen aus Mir gespendet hatte allen seinen Kindern und dabei auch wohl gedachte derer in der Tiefe, siehe, da brachen die ersten Strahlen der Morgensonne über den weiten Horizont hervor, und Adam weinte vor Freude beim Anblick derselben, da seine Augen wieder erblickten Meine Gnade strahlen über die weiten Fluren der Erde und durch Meine Barmliebe aus der Sonne nun auch wieder erwärmt zu werden anfing der durch die Nacht kalt gewordene Boden der Berge, da es auch stets kälter war denn in der Tiefe, – wie es noch heutzutage der Fall ist.

6. Da aber Adam gefrohlockt hatte und sah den Henoch voll Freude, so gedachte er desselben und ermahnte ihn zu reden bei der aufgehenden Sonne, wie er es sich schon früher am Morgen gleich nach dem Morgengebet bedungen hatte.

7. Und als der Henoch solchen Wunsch vernommen hatte, siehe, da fing er alsobald an zu reden aus der Liebe, und es war seine Rede folgende:

8. „O Vater, du verlangst eine Rede von mir, deren ich nicht fähig bin! Ich soll dir nun gleich dem Seth den Morgen besingen, der da ist ein hochbegabter Sprecher in derlei Dingen – und ich nur ein blinder Liebefühler!

9. Siehe, daher möchtest du wohl Nachsicht haben, so ich es nicht vermag gleich dem hohen Seth; doch das in meinem Herzen sich regt, will ich ja geben, soweit die Fähigkeit meiner schwachen Zunge reicht.

10. O Vater, was ist dieser matte, schwache, vergängliche Morgen gegen den ewigen Morgen des Geistes aus der unendlichen Liebe des ewigen, heiligen Vaters! Diese Sonne mit ihrem matten Geschimmer, was ist ihr Licht gegen die unendliche Glorie der Liebe in Gott? Nichts als ein schwarzer Punkt in den Strahlen der göttlichen Liebe! Ja, sie ist der letzte Ausgangspunkt eines winzigen Gnadenfünkchens aus der ewigen Liebe in Gott, und es nimmt uns wunder ihre Majestät! Was würden wir denn tun, so wir zu schauen vermöchten die ewige Urquelle alles Lichtes in der Liebe des Vaters in aller ihrer Heiligkeit?!

11. Es sei aber ferne, als dass ich darob die Sonne tadeln möchte, sondern das sage ich, dass sie sein soll eine erste Lehrerin und uns sage: ‚O ihr schwachen Menschen, was schaut ihr mich mattleuchtende Erderleuchterin so verwundert an? Das auf meiner Fläche euer Auge blendet, wie gering ist es gegen dem, was ihr in eurer Brust bergt! Wäre mir so viel gegeben wie dem Geringsten unter euch, wahrlich, mein Licht würde nahe an die fernen Pole der Unendlichkeit mit ungeschwächter Kraft dringen; allein, wo meine Strahlen zurückbleiben, da breitet das Auge eures Geistes noch mit der vollsten Kraft seine Strahlen aus und empfängt dafür wieder frischere und noch kräftigere aus dem ewigen Morgen der Liebe in Gott!'

12. O Vater, siehe, die Sonne hat recht, so sie uns eine solche Lehre gibt mit ihrem ersten Strahl! Denn so wir zu uns selbst zurückkehren und betrachten da den großen, endlosen Raum unserer Gedanken und den noch größeren unserer Gefühle und dann erst den allergrößten der Liebe zu Gott, der gewiss unendlich sein muss, da es uns dadurch erst möglich wird, den unendlichen, ewigen Gott zu erfassen und so zu lieben, wie können wir da das Licht des Staubes, es fast anbetend, für herrlich und groß halten, das hinreichend Platz hat im Fleischesauge, da der ewige, große, heilige Vater Sich von uns lieben und in der Liebe wohl zugänglich erfassen lässt?!

13. Es erfreut unser Herz durchs Auge sich der Morgensonne sanften Strahles zwar, und all das Heer der Tiere jubelt lauten Getöses ihr, der holden Tagesmutter, entgegen, und der Blumen Kelche öffnen sich, um gierig einzusaugen die ersten milden Strahlenspenden des lichten Morgensegens der schönen Sonne, und die fernen Wellchen des Meeres hüpfen munter gleich jungen Kinderchen und zupfen gleich diesen ihre Strahlenmutter am weiten Gewand des Lichtes, – ja, das sind lauter schöne Bildformgedanken; aber wenn ich bedenke, dass, um all dies Schöne zu empfinden, doch immer ein Mensch dazu gehört, dessen Herz solcher Bildformgedanken wohl fähig ist, so dessen Gemüt seine Ruhe treu genommen hat in der Liebe Gottes, so ist da ja der tröstende Nachgedanke einer der wahren Ordnung, vermöge welchem alle diese Morgen- und andere Szenen so gut wie nichts wären, so sie weder gesehen, empfunden, noch gefühlt und sonach äußerlich begriffen werden möchten von einem Menschen, dem da innewohnt eine lebendige Seele und [in] ihr aber ein ewiger Geist der Liebe aus Gott.

14. Da wir aber solches gar wohl wissen, wie ist es denn aber, dass wir regelmäßig frohlocken, so die Sonne dem Willen Gottes gemäß heraufgetrieben wird, auf dass sie erscheine zur bestimmten Zeit; und so wir aber unseren freien Geist betrachten, nimmt es uns fast gar nicht wunder, so wir in ihm ein Licht erschauen, das da, nie untergehend, in gar wunderbarer Freiheit hin und her strahlt mit stets gleicher Liebefähigkeit und Kraft in den endlosen Gebieten der Gnade und aller Liebe des ewigen, heiligen Vaters?!

15. Ja, es verwundert uns ein hängender Tautropfen, wenn dessen schillernden Strahlenfarben und Zitterschimmer unser lüsternes Auge kitzeln, während wir den unermesslichen Lebenswundertropfen der göttlichen Liebe in uns fast unbeachtet lassen! So uns ein frisches Morgenlüftchen anweht, o dann frohlocken wir der holden Anmut lächelnd entgegen; aber dass wir

unablässig von der frischesten Lebensluft aus dem ewigen Morgen Gottes über- und überwehet werden im Angesicht der Sonne des Geistes zum ewigen freieren und freieren Leben, o dessen frohlocken wir wenig! So auch spannen wir alle unsere Sehkraft hin zur weitgedehnten, wellenden Meeresfläche und ergötzen uns gewaltig am losen Geschaukel der blitzenden Flut; aber die großen Lichtwogen des endlosen Meeres der göttlichen Gnade gehen an uns gar oft spurlos vorüber, und unsere Freude darüber hat bald ihre Grenzen erreicht! So auch macht uns staunen ein rot, grün und blau glänzender Schmetterlingsflügel; aber ein hoher Gedanke in der Brust eines unsterblichen Bruders wird leichtlich als ein loses Machwerk der trügerisch verschrieenen Phantasie verworfen! Und so wird nicht selten das Nest eines Vogels bewundert und Gott dafür rechtlich gepriesen, während ein unschätzbar köstliches Werk des freien, unsterblichen Geistes mit großer Geringachtung hintangehalten wird!

16. O wie erhaben stimmt unser Gemüt das Rauschen der Zedern, wenn ein dreister Wind schonungslos durch ihre zarten Äste mit Ungestüm rennt; aber das heilige Rauschen des Geistes der ewigen Liebe überhört das windbetäubte Ohr, das im Sturm Sprache sucht und nicht achtet des lauten Rufens der Stimme Gottes in der eigenen Brust!

17. O Vater, da ich schon rede vor dir, so lasse mich noch ferner reden aus meinem Herzen, das da einsieht vor Gott, dass es wahrhaft unbillig ist und außer aller Ordnung, so da jemand hat ein großes und ein kleines Gefäß und tut in das große wenig und in das kleine aber vieles, das da nicht Platz hat darinnen und fällt außen

herum, da es zertreten wird, während das große Gefäß fast leer steht, darinnen gar vieles wohlgehalten Platz hätte. Unser sinnlicher Leib ist das kleine Gefäß, das wir stets gewaltig überladen, und unseren Geist der Liebe aber, als das endlos große Gefäß, beachten wir fast gar nicht und tun daher auch ganz entsetzlich wenig hinein!

18. Wir brennen unsere Opfer regelmäßig und glauben dem Herrn einen Gefallen zu erweisen, so wir uns vor dem Opferbrand auf unsere Gesichter in den Staub niederlegen; allein, das sind lauter Dinge, zu überlasten das kleine Gefäß, während dabei des großen, dem Herrn allein wohlgefälligen Opfergefäßes der reinen Liebe im Geiste und in der Wahrheit gar wenig bedacht wird!

19. Ich aber bin der Meinung, da wir das eine tun zum sichtbaren Zeichen unserer geistigen Blindheit, so sollen wir von der Hauptsache umso weniger abstehen, da durch sie allein nur das wahre, ewige Leben des Geistes der Liebe in Gott bedingt ist! Denn des gemahnt uns jeder Morgen und jede aufgehende Sonne, da wir nicht wissen, von wannen sie kommt, und was sie ist, ob der Blindheit unseres Geistes. Des gemahnt uns auch die Rinde des Baumes, den sie umkleidet, so dass da niemand behaupten kann, der Baum sei da der Rinde wegen, wohl aber die Rinde des Baumes wegen, damit des Baumes schaffende Kräfte aus Gott geschützt und verborgen bleiben möchten vor unserer fleischlichen Neugierde, – dem Geiste aber als ein Wink gelte aus Gott, der da spräche:

20. ‚Siehe, Ich habe das Leben vor dem Fleische verborgen, damit der Tod seiner nicht ansichtig werde, und habe verhüllt Mein Eigentum in dir, damit du es in dir trügest bis zur Zeit der Enthüllung

wohlverwahrt! Unter der Rinde da wallet ein mächtig Getriebe und handelt und ordnet des ewigen Gottes gar weise und liebevoll ernst die heilige Liebe; da rauschen gar mächtige Ströme des tätigen Lebens aus Gott!'

21. O Vater, so ist alles, alles, was wir nur immer mit unseren Fleischaugen ansehen, nichts als ein totes Kleid, innerhalb dessen ein stilles Leben wallt, das uns anziehen soll, und zwar zunächst das unsrige in uns; und haben wir das in der reinen Liebe zu Gott gefunden, so werden erst dann die Wunder um uns lebendig, von deren äußerlicher, toter Beschaulichkeit wir uns schon gar so oft, selbe fast anbetend, für nichts haben hinreißen lassen.

22. Wer möchte denn wohl bewundern einen Tropfen Wasser darum, dass es ein Wasser ist? Was sollte man denn tun beim Anblick des Meeres, oder so ein fruchtbarer Regen von oben in zahllosen Tropfen zur Erde fällt und dieselbe befruchtet?

23. Wenn aber der Geist sein eigen Bild im Tropfen erschauen wird, o Vater, da wird derselbe erst zu sammeln anfangen fürs Gefäß des Lebens und des Wunderns gut Rat haben, da er in sich nach der früheren Sonnenlehre wohl, wie in seinen Brüdern, der Wunder größtes entdecken wird, das da ist die ewige, unendliche Liebe Gottes voll der größten Demut in uns! O Vater, siehe, so habe ich denn vollendet; nehme es gnädig auf, und zeige mir gnädigst an deinen ferneren Willen! Amen."

Kapitel 53

Adams Zeugnis über Henoch

1. Und als der Adam hoch überrascht solche Rede aus dem Munde Henochs vernommen hatte, da rieb er sich die Stirne und schlug sich auf die Brust bei sieben Male und sagte endlich:

2. „O Liebe, was bist du, dass ich dir nicht zürnen kann? O Henoch, höre, du bist ein gewaltiger Redner; denn du hast mir stark meine Schuld vorgerückt und berührtest diejenigen Seiten stark in mir, die bis jetzt noch jedem ein unantastbares Heiligtum seit Ahbel geblieben sind. Aber wer kann dir gram werden, da du Worte redest, die nicht auf deinem Grunde gewachsen sind und reine Worte der ewigen Liebe sind?!

3. Denn also du redest, kann kein Mensch reden, außer es ist ihm gegeben von oben; und auch hätte niemand die Kraft, etwas vor mir zu reden, so ihm nicht gegeben wäre solcher mächtige Sinn von der ewigen Macht der Liebe des heiligsten Vaters.

4. Du aber redest ohne Scheu aus der Macht deiner großen Liebe zu Gott und teilst aus vom großen Gefäß, und so hast du keine Verantwortung; denn aus deiner Liebe wird jede Schuld verantwortet, und so auch die meinige. Und ich kann dir nichts erwidern, als dass du sicher ein Mann nach dem Herzen Gottes bist; denn so du redest, da bebt mein Herz wie das eines Kindes in der finsteren Sturmesnacht, und so du betest, da weint mein ganzer Leib.

5. O Henoch, deine Rede gleicht allzeit einer aufgehenden Sonne, der man anfangs gar fröhlich ins Angesicht schauen kann; aber wenn sie sich dann stets höher

und höher erhebt, so muss sich dann auch jeder Beobachter sein Gesicht verhüllen, denn solcher Strahlen Kraft vermag dann des Menschen finsteres Auge nimmer zu ertragen und lebend zu bleiben in seiner Sehkraft.

6. O Henoch, du hast mir jetzt wohl sehr viel gesagt, so dass ich es wohl je kaum in diesem Erdenleben vollends fassen werde, und machtest mich fröhlich und betrübt, – fröhlich, weil dein Engelsgeist noch nie so hell wie jetzt aus dir geleuchtet hat, – betrübt aber machtest du mich darob, weil dein übersonnenstarkes Licht mir gar außerordentlich klar gezeigt hatte meine unnennbar großen Mängel vor Gott und dessen ewig heiliger Ordnung!

7. Aber wenn ich wieder denke, dass du, mein lieber Henoch, es bist, der du uns gestern die unerwartete Ankunft der ewigen Liebe angezeigt hast, dann werde ich wieder fröhlich, so ich dich nur ansehe und bedenke, dass du ein Liebling des großen, heiligen Vaters bist, wodurch du auch der meinige für mein ganzes Leben geworden bist und auch bleiben wirst, solange ich auf dieser Erde noch wandeln werde, wie dein Name gleich dem meinigen bleiben wird bis ans Ende aller Zeiten.

8. Nun aber, lieber Henoch, lasse uns wieder zurückkehren in die Hütte, daselbst uns der Seth schon sicher ein Frühstück bereitet hat; nach dem Frühstück aber wollen wir die arbeitenden Kinder hie und da besuchen und sie erfreuen mit unserer Gegenwart, und es soll dabei sein die Eva, der Seth und dessen erster Sohn Enos, und wieder noch des Enos erster Sohn Kenan, der Seher, und wieder noch auch des Kenans erster Sohn Mahalaleel, und wieder noch auch dazu dessen erster Sohn, dein Vater Jared, und du aber an meiner rechten Seite, – und so wollen wir nützlich den Vortag zubringen. In der Mitte des Tages aber wollen wir unsere Glieder stärken unter lautem Vor- und Nachlob des Herrn; den Nachtag aber wollen wir wieder, in uns kehrend, in meiner Hütte zubringen und wohl gedenken der gestrigen großen Heimsuchung.

9. Dir aber sei nimmer dein Mund geschlossen, denn deine Rede tut allen not. Besonders aber sei eingedenk, mit deiner gesegneten Zunge vor deinen Vätern und Brüdern zu heiligen den morgigen freien Sabbat; und wie du jetzt geredet hast ohne Rücksicht, desgleichen tue auch heute, morgen und fortan!

10. Und nun siehe den Seth uns schon entgegeneilen, und so lasse uns gehen! Amen.“

Kapitel 54

Das rechte Danken und Loben

`Am 20. Januar 1841`

1. Und somit erhoben sie sich beide, dem Morgen den Rücken kehrend, und gingen vom Berg, an dessen Fuß sie schon der Seth sehnsüchtig erwartete. Und als sie nun zum Seth gelangten, so warf sich dieser vor Adam hin; dieser aber erteilte ihm den Morgensegen und hieß ihn hernach sich erheben vom Boden und dann sie geleiten zur Hütte.

2. Nach kurzem daselbst anlangend begaben sich Adam und Henoch alsbald in die Hütte, wo die Mutter Eva schon sorglich ihrer harrte. Seth aber eilte alsogleich in seine Hütte und hieß sein Weib eilends das bereitete Frühmahl in die Hütte Adams tragen; er aber und der Enos, Kenan,

Mahalaleel und der überfrohe Jared lobten zuvor Meinen Namen und begaben sich dann ehrfurchtsvoll in die Hütte Adams, um demselben den gebührenden Morgengruß und des Segens Dank abzustatten. Als sie darob voll Ehrfurcht in die Hütte Adams traten und beginnen wollten ihre Schuldigkeit, siehe, da gemahnte sie der Adam, eine kurze Zeit innezuhalten, bis erst der Henoch vollenden werde das soeben zu beginnende Gebet vor dem Frühstück. Und da sie solchen Wunsch vernommen hatten, siehe, da hielten sie inne, traten etwas zurück, ihre Augen und Ohren und Herzen an den Mund Henochs legend, und dieser aber begann folgendes Gebetlein an Mich in aller Treue zu richten, indem er also begann:

3. „Übergroßer, liebevollster, heiligster Vater, neige gnädig Dein heilig Ohr an meinen schwachen Mund, und vernehme das armselige Gewimmer eines bestaubten Wurmes der Erde an dem Tag der ewigen Erbarmung Deiner unendlichen Liebe, da es Dir wohlgefiel, dem Staub der Erde unseren Erzvater Adam und aus ihm die Erzmutter zu entwinden und in beide nachher die zeugende Segenskraft zu legen, in deren Fülle wir alle und noch ein zahlloses Gefolge aus dem Samen der Liebe geworden sind und noch uns nachfolgen werden zahllose Geschlechter auf Geschlechter bis ans Ende aller Zeiten, – den Du, o bester, heiligster Vater, aus Deiner ewigen Liebe nahmst, auf dass unsere Seele Dir zu einem lebendigen Ebenbild durch die Liebe Deines Geistes in ihr zu werden vermöchte! Oh, habe Dank, Lob und Preis für solche Gnade und Erbarmung, deren Größe wir nicht zu ahnen vermögen, dass Du Dich so weit herablassen mochtest, zu gebieten dem, das ewig nicht war, dass es werde und bestehe, in aller Freiheit zu erkennen sich und Dich und zu schauen Deine Erhabenheit und zu staunen über die Werke Deiner großen Macht und Herrlichkeit!

4. Siehe, wir sind hier im Angesichte Adams, Deines erhabenen Erstlings, und vor uns befindet sich schon eine gute, frische Labung des Leibes! O heiligster, bester Vater, segne uns, und segne diese frische Labung, auf dass sie uns zum Leben in Deiner Liebe und nie mehr zum Tode Deines Zornes gereichen möchte, und lasse uns alle durch Deine Gnade wohl eingedenk sein, was Deine unendliche Liebe an diesem Vorsabbat an uns allen und für uns alle unendlich Großes getan hat!

5. O lasse uns wohl gedenken, dass nur Deine Liebe es war, die den Erzvater Adam dem Staub der Erde entsteigen hieß, und Deine große Hand Deiner Liebe ihn formte zu Deinem Ebenbild und uns alle wunderbar so vollkommen, wie ihn aus Dir, aus Ihm hervorgehen ließ. Oh, des will ich Dich loben, Dir danken und Dich preisen mein Leben lang; nur möchtest Du gnädigst aufnehmen dieses mein ohnmächtiges Geschrei, obschon es nicht würdig ist, sich zu nahen Deinem Herzen, das alle Deine Schöpfung nicht anzublicken wagt! O Herr, segne uns und die Labung; denn all unser Sein ist ein Segen aus Dir ewig! Amen."

6. Und als nun der Henoch solches Gebet ausgesprochen, da verneigten sich alle Väter gen Adam und verrichteten ihre Pflicht, deren schon früher erwähnt wurde. Adam aber segnete sie dafür und sagte: „Liebe Kinder, verharrt ein wenig bei mir, bis ich, die Eva und der liebfromme Henoch uns werden mit der Gabe Gottes gestärkt haben! Dann werde ich euch alsobald meinen Willen und die Gesichte des Morgens deutend kundgeben; derzeit aber

lasst euch nieder, und gedenkt der Andacht Henochs! Amen."

7. Und sie ließen sich nieder und taten im Geheimen, das ihnen Adam anbefohlen hatte. Als aber das Frühstück nun alsobald eingenommen ward, siehe, da erhob sich Adam, blickte gerührt zu Mir empor und dankte Mir im Herzen, desgleichen auch die Eva und an ihrer Seite der Henoch.

8. Nachdem aber Adam vollendet hatte seinen Dank, da wandte er sich zum Henoch, sagend: „Lieber Henoch, was du begonnen hast vor der Labe, siehe, das vollende nun auch laut im Angesichte aller deiner Väter, damit dadurch dein Werk ein ganzes werde vor Gott und vor uns, deinen Vätern! Amen."

9. Und alsobald erhob sich Henoch gar fröhlich, dankte dem Adam für solche Erinnerung und begann wieder folgende kurze, aber desto inhaltschwerere Rede an alle zu richten, sagend:

10. „O liebe Väter, was könnte wohl billiger sein, als Gott für jegliche Gabe ohne Unterlass den kindlichen Dank abzustatten, und mit so starker Stimme zwar, dass Sonne, Mond und alle Sterne davor beschämt erzittern möchten!? Allein, fragen wir uns selbst, ob es dem großen Herrn damit gedient wäre, so wir Ihm, von unserem Hochmut geblendet, gewisserart zeigen wollten, wie machtvoll großartig wirkend sich Seine Liebe in unserer Brust ausnimmt!

11. O Väter, des bedarf der große, heilige Vater im Himmel nicht; denn was Er in uns gelegt hatte, kennt Er, vor dem alle Werke offen daliegen, am allerbesten! Denn wir sind nur in unserer demütigen Schwäche etwas vor Ihm, dass Er uns in Seiner Liebe ansieht; unsere Stärke aber ist

eine blinde Torheit vor den Augen Seiner Heiligkeit.

12. Ist Er denn nicht Selbst alle unsere Stärke? Wie sollen denn wir uns dann dessen rühmen, das nicht unser ist, sondern Dessen, der es uns aus Seiner großen Erbarmung gegeben hat, auf dass wir selbst werden sollen zu Seinem Eigentum!

13. So wir aber allzeit wollten mit großer, kräftiger Stimme Ihm vorschreien unser Lob und Dank, würde das dann nicht also lauten, als lobten und dankten wir uns selbst im Angesichte Gottes, so wir da mit Seinem Eigentum in uns vor Ihm großtäten und uns am Ende überredeten, als vermöchten wir etwas aus uns vor Ihm?!

14. Sehet, so aber jemand redet mit großer Stimme (d. h. erhabenen Worten) wie aus sich, so ist diese Stimme nicht sein, sondern sie ist dann eine Stimme des Herrn durch den Menschen; wie sollten da wir denn wollen in unserer Blindheit, dass Sich der Herr Selbst loben, preisen und danken solle an unserer statt, während Er uns nur gnädigst dadurch anzeigt, was wir in unserer Schwäche zu tun schuldig sind, auf dass wir fürder einer gerechten Stärkung von Ihm würdig zu werden vermöchten?!

15. O sehet, dass wir aber den Herrn würdig loben, preisen und danken möchten, so tun wir das in unserer Schwäche demütigst; dann werden wir von Ihm angesehen werden in Seiner Erbarmung und werden allzeit von neuem gestärkt werden durch Seine unendliche Liebe! Amen."

16. Als aber der Adam samt den übrigen solche Rede vernommen hatte, siehe, da wandte er sich alsobald zum Henoch, ihn fragend: „Aber lieber Henoch, was ist denn das, was du soeben gesprochen hast? So ich es nicht verstehe, wie sollen

das dann meine Kinder, derentwegen ich dich ganz eigentlich vorzugsweise zu reden aufgefordert habe? Denn es geht aus deiner Rede hervor nach meinem Verständnis, dass wir auf diese Art den Herrn weder loben, noch preisen und danken sollen; denn wir alle und alles an uns ist ja Gottes und ist aus Ihm hervorgegangen!

17. So denn jemand den Herrn somit loben, preisen und danken wollte, so müsste er denn ja alsobald schweigen in und durch die Erinnerung, dass der Herr in uns, als Seinen Werken, Sich Selbst lobe, preise und danke!

18. Siehe, es ist ja alles an uns Gottes Macht und Kraft, und wir sind durchaus Sein Werk und lebende Teile aus Ihm! Siehe, somit wäre dann ja all unser Tun nichts als eine eitle Vermessenheit gegen Gott, so wir dächten, dass wir es tun, während doch nur Gott es tut, da nichts an uns unser, sondern lediglich Gottes ist!

19. O Henoch, was du sagtest, musst du unserem Verständnis näherführen, sonst gehen wir alle zugrunde in der Nacht unserer Zweifel!"

20. Als aber Henoch solchen Missverstand gewahr wurde, so schlug er sich auf die Brust und sprach: „O liebe Väter, wie nimmt euch des so wunder?! Wer mag wohl das Holz des Baumes essen, da es zu hart ist, und doch kommt die süße Frucht vom Holz, das an und für sich ungenießbar ist! So wir aber die Frucht genießen, da danken wir denn doch für die Frucht und nicht für den Baum, auf dem die Frucht für uns bereitet wurde!

21. Nun aber denkt, so wir aber wären das Holz des Baumes, und es würde uns diesem gleich gegeben eine Frucht; da aber der Baum gesetzt ist, dass er Früchte trage, – was soll nun dem Herrn danken, der Baum oder die Frucht?

22. Ist denn nicht da die Frucht eine Liebesgabe des Herrn, die dem Herrn nicht danken kann und darf, sondern nur der Baum als ein freies Gesetz – obschon aus derselben Frucht entstanden – darum, dass ihm ferner gegeben ist in ununterbrochener Reihe die Kraft von oben, dass er hervorbringe eine lebendige Frucht und in dieser zahllos seinesgleichen!

23. Was ist demnach aber für ein Unterschied in der Pflanzung, so wir dem Baum Reiser abnehmen und verpflanzen selbe in die Erde, und es wird wieder ein Baum daraus, – und so wir die Frucht nehmen und legen sie in die Erde, und es wird ebenfalls ein Baum?!

24. Sehet, wir aber sind die Reiser, und der Same ist der Segen Gottes. So wir aber erkennen, dass wir nicht die Frucht und der Same, sondern nur Reiser und Bäume sind, dass wir mit der Frucht und dem Samen möchten gesegnet werden, da ist ja die große Stimme in uns die gegebene Frucht und der Same Gottes, die für sich nicht loben, preisen und danken sollen, da sie es sind, dafür gedankt werden sollte; wir aber sind gleich dem Baum und den Reisern und müssen daher loben, preisen und danken in dem, was wir sind, aber nicht in dem, was wir empfangen, und dann allzeit für das, das wir empfangen, damit wir vollends frei werden möchten vor Gott und entsprechen dadurch dessen heiliger Absicht. Amen."

Kapitel 55

Kenans Bekenntnis

1. Als aber Adam und die übrigen Väter solche erklärende Rede vernommen hatten, siehe, da nahm sie alle hoch wunder, dass der Henoch so hohe Worte der Weisheit zu reden vermochte und bei allem dem ein so anspruchsloser, junger Mann war, dass ihm wohl niemand ansehen mochte solche hohe Weisheit, die selbst den Adam aus sich selbst zu schweigen nötigte!

2. Und es nahm der Kenan das Wort und sagte: „O Vater Adam, siehe, bisher war ich ein Seher und musste dir an jedem Vorsabbat meine und deine Gesichte und frühnächtlichen Beobachtungen am Firmament sowohl als auch auf der Erde deutend erzählen, auf dass du sie dann segnetest und wiedergäbest deinen Kindern!

3. Nun aber hat der Herr die Zunge Henochs mit eigener Hand gesegnet und gelöst! Siehe, daher wagt meine Zunge sich nicht mehr zu rühren vor dir, vor den übrigen Vätern und Kindern; es möchte daher auch dieses Geschäft der liebevolle, weise Henoch auf sich nehmen. Haben wir auch einst seinen Leib gewaschen mit dem Morgentau, so tut es aber uns nun selbst umso mehr not, von ihm gewaschen zu werden mit dem Morgentau seines Geistes, der da reichlich träufelt von seiner gesegneten Zunge!

4. O Henoch, wasche mich nach deiner Gnade von oben; denn ich bekenne und erkenne: Wer da nicht gewaschen wird mit diesem Wasser, der wird zugrunde gehen, und es wird sein Leben verwelken wie das des Grases, da kein belebender Tropfen hingefallen ist.

5. Der Herr hat es nur einem ganz gegeben, damit es die anderen von ihm nehmen möchten, sooft sie es gebrauchen wollen. Denn das Leben ist zwar wohl allen gegeben, aber nicht so die Unsterblichkeit; die trägt nur einer für alle in sich. Und wer sie von ihm nehmen will, der wird, wie er, unsterblich werden; wer sie aber übersehen wird, dessen Leben wird vom Tode genommen werden zu einer Zeit, da der große Herr Seine Sichel an das dürre Gras legen wird.

6. So wir unsere Hand an unser Herz legen, so nehmen wir wohl wahr dessen Schlagen in wohlabgemessenen Räumen – desgleichen wird es auch der Henoch wahrnehmen –; aber so wir unser schlagendes Herz fragen: ‚Wohin schlägst du, unruhiges Herz?', so werden wir aus demselben eine dumpf verworrene Antwort bekommen, die da schauerlich genug lauten wird: ‚Ich schlage beständig an die eherne Pforte des ewigen Todes und erwarte unter großem Bangen, bis dieselbe, sich öffnend, mich auf ewig verschlingen wird!'

7. So wir aber das ebenso schlagende Herz des Henoch fragen: ‚Wohin schlägst denn du, liebetreues, frommes Herz?', so wird es uns in den klarsten Akzenten erwidern: ‚Höret Brüder, ich schlage beständig an die hellen Pforten des Lebens und bin voll der süßesten, überzeugenden Gewissheit, dass sich diese bald öffnen werden, um mich in die endlose Fülle des Lebens aus Gott aufzunehmen, davon jetzt nur ein kleiner Tautropfen mich beseelt und belebt!'

8. O Väter, Brüder und Kinder, dass es also ist, habe ich gar oft in meinen Gesichten gesehen; dass es aber nicht also bleiben soll, das lehrt jeden die eigene Liebe

zum Leben: Wir können es uns gegenseitig nicht geben, da wir es nicht haben; aber wir können es nehmen von dem, der es hat. Der Henoch hat es empfangen von oben; so er es uns aber geben will und es auch darf, so ist es ja an uns, es zu nehmen.

9. O Henoch, daher rühre du nur fleißig deine Zunge voll Lebens, damit wir alle von der Fußsohle bis zum Scheitel möchten gewaschen werden mit dem Lebenstau, der da reichlich kommt aus des Lebens geistigem, ewigem Morgen von Gott über deine gesegnete Zunge; daher, Vater Adam, lasse nun an meiner statt auftreten den Henoch und uns deuten und wohl zeigen die Zeichen des Lebens am Himmel wie auf der Erde! Amen."

10. Und als der Kenan solche gute Rede beendet hatte, siehe, da erhob sich Adam und sprach: „Kenan, du bist meinem Wunsch zuvorgekommen; daher möge Henoch in aller Kürze tun, danach euch alle verlangt und mich gewaltig dürstet! Amen."

11. Henoch aber erhob sich alsobald voll Ehrfurcht und sprach: „O Väter, so höret! Es gehen die Sterne ihren Gang und schimmern bald mehr, bald weniger, und es wehen auch die Winde bald von einem und bald wieder von einem anderen Ort her und ziehen rauschend ihre Wege ferne hin, und tragen oft leichte Wölkchen, oft ganze Massen auf ihren schwankenden Flügeln fort, und so fällt der Tau und der Regen, und es fächelt das Gras, und es schwingen sich die Bäume mit zitterndem Laub, und wir wissen nirgends den Grund davon und möchten uns darüber die Köpfe zerstoßen; wenn aber am Ende die Ernte kommt, da sagen wir: ‚Der Herr hat Seine Elemente weise geleitet, da die Ernte so gut ausgefallen ist!', und es kümmert uns

dann wenig mehr, wohin die Winde die Wolken getragen haben.

12. Sehet, das ist auch die beste Deutung! Denn was der Herr tut, ist weise getan; wir aber tun dabei am besten, so wir alles sorglos dem Herrn überlassen und nicht deuten wollen Seine Wege, sondern dafür lieber uns selbst suchen und das Leben in uns.

13. Sehet, das ist die beste Deutung, in der alles Geheimnis verborgen ist. Doch auf dem Wege mehreres davon. Amen."

Kapitel 56

Die Adamsgrotte

Am 21. Januar 1841

1. Als aber der Henoch ausgeredet hatte seine kurzgefasste Deutung, siehe, da sprang Seth auf vor Freuden, umarmte den Henoch und sprach: „O Vater Adam, wie kurz doch ist das Wort der Liebe auf dem hellen Pfad ihrer Weisheit und wie doch so voll Klarheit, Leben, Kraft und Wirkung!

2. So aber des Menschen schwerer Verstand mühsam all die Sterne zählt, dem Pfad der Winde zweifelnd schwer nachspürt, den Zug der Wolken angafft, die schlafenden Nebel in den Tälern aufschrecken will von ihrer segnenden Ruhe, die Tautropfen gewichtig prüft und das Gras, die Pflanzen, die Gesträuche und alle die Bäume beinahe närrisch und geistlos fragen sollte, wie sie allenfalls die Nacht hindurch geruht haben, um endlich nach allen diesen leeren Erkundigungen ein ebenso schwach gewichtiges Urteil zu schöpfen, aus dem man allenfalls mit einer erratenen Halbgewissheit dann auf die künftige Ernte

schließen möchte, ob sie gut, mittel, oder schlecht ausfallen wird, und das noch dazu auf allzeit einer lange dauernden Beratung beruhend, – da ist ja eine solche Deutung Henochs rein vom Himmel, die uns enthebt aller fernerer solcher ganz sinn- und wertlosen Beobachtungen, an denen nun nach meiner Erkenntnis geradeso viel liegt wie an der Zeit, die vor hundert Jahren schon spurlos verflossen ist.

3. O du lieber Henoch du, fahre du nur fort, die Zeichen des Lebens in uns zu deuten, und ich bin überzeugt, dass uns allen eine solche Zeichendeutung unendlichmal mehr nützen wird, als ob wir vermöchten mit all den Sternen, Sonnen und Monden Zwiesprache zu führen, verstünden aber nichts von dem, das doch der Grund aller unserer Regungen ist, und was alles uns unsere Gefühle und Empfindungen sagen, und auf welche Weise die ewige Liebe sich etwa kund- und wohl zu erkennen gibt in uns, und das ewige Leben durch sie!

4. O Kinder, das steht unendlich höher als alle Erntefelder und Obstbäume, auf die wir doch trotz aller unserer Beobachtungen und Vorsabbatsdeutungen auch nicht einen Apfel oder eine sonstige Frucht zu bringen imstande sind, und trotz allen unseren unnötigen Sorgen der Herr doch nur tut, was Seiner Liebe, Weisheit und Heiligkeit gemäß ist!

5. O Henoch, rede und deute du nur zu, damit auch unser starr gewordenes Holz und unsere Reiser nach Kenan bald segenvolle Früchte des ewigen, unvergänglichen Lebens bringen möchten! Amen."

6. Und darauf aber erhob sich Adam und sagte: „Amen, gesegnet sei du, mein geliebter Ahbel-Seth, und hochgesegnet die lebendige Zunge Henochs und gesegnet alle meine Kinder, die eines guten und frommen Herzens sind!

7. Aber nun lasset uns gehen und treu besuchen alle unsere arbeitenden Kinder und ihnen verkünden den morgigen Sabbat und das, was sie zu erwarten haben am selben von der so hochgesegneten Zunge unseres lieben, weisen und frommen Henoch!

8. Der Herr möge jeden unserer Schritte vor jeglichem Ungemach behüten! Amen."

9. Nach dem erhoben sie sich alle, und die Eva an der Seite Seths wie der Adam an der Seite Henochs traten wohlgemut aus der Hütte. Die Kinder verneigten sich alle vor der alten Wohnung ihres Vaters und ließen denselben dann voran an der Seite Henochs gehen; diesem folgte dann der Seth mit der Eva und dieser endlich die übrigen anwesenden Hauptstammkinder.

10. Als sie also nun gegen Morgen ihre Richtung nahmen und schon eine ziemliche Strecke zurückgelegt hatten, siehe, da kamen sie zu einer Grotte, aus welcher eine reinste Quelle floss, und es war diese Grotte bekannt unter dem Namen ‚Adamsruhe‘ und die Quelle aber unter dem Namen ‚Evas Tränenbächlein‘. Da pflegte Adam allzeit auszuruhen; und so wurde auch diesmal daselbst zu- und eingesprochen.

11. Die Grotte war sehr geräumig, so zwar, dass darinnen leichtlich zwanzigtausend Menschen unterkommen mochten; die Hauptsache dieser Grotte aber war folgende Seltenheit, dass sie nämlich fürs Erste eine Höhe von hundert Mannslängen hatte und war viel mehr ein Tunnel durch einen Berg hindurch als eine eigentliche Grotte, welcher Tunnel aber darum gar so großartig berühmt war, da er durch einen

grün und gelb kristallenen großen Gebirgskegel den Durchgang gegen Morgen bildete, in dessen Mitte eine hochspringende Quelle sich befand, über welcher sich durch verschieden gefärbte Kristallprismen das Licht der Sonne in tausendartigen Färbungen durcharbeitete.

12. Wie auch das Licht matter sich an den verschiedensten Punkten durcharbeitete und diesen ziemlich langen Tunnel wunderbar beleuchtete, so war aber doch der schon bekannte Mittelpunkt mit der springenden Quelle der alles euch bis jetzt Bekannte himmelweit übertreffende, wunderbar reizend herrlichste Teil dieses Tunnels.

13. Sehet, darum war auch diese Durchgangsgrotte ein Lieblingsort des Adam, und es war außer den Hauptstammkindern wohl selten den anderen gestattet, diese Grotte zu passieren, – jedoch aber etwa nicht aus Neid, sondern bloß aus Furcht nur, dass nicht etwa ein leicht erregbares Gemüt zur Anbetung eines solchen Wunderortes hingerissen werden möchte.

14. Als sich nun diese Hauptgesellschaft in der Mitte der Grotte befand, allda um das weite, runde, goldene Wasserbecken eine Menge wohlgeformter, verschiedenfarbiger Edelkristallplöcke lagen, unter denen einer ‚Der goldene Vaterstuhl‘ hieß, da ließ sich Adam ein wenig nieder, und also durften auch alle übrigen seinem Beispiel folgen; nur der Henoch blieb neben dem Adam stehen.

15. Als aber Adam solches bemerkte, siehe, da sagte er zu ihm: „Lieber Henoch, warum tust du nicht, was ich und die übrigen tun? Siehe, hier zu meiner Rechten ruht ein recht bequemer, grüner Kristallpflock; setze dich hin und ruhe samt mir und den übrigen!"

16. Und der Henoch tat alsobald, was der Adam wünschte, sagte aber: „O Vater Adam, siehe, da du es mir erlaubst, zu ruhen auf dem Steine Seths, so mag ich es ja wohl tun, da dein Wort höher steht denn das Wort aller übrigen Väter; so ich mich aber ohne deine Erlaubnis darauf gesetzt hätte, siehe, da hätte ich in eine große Vermessenheit mich gestürzt und hätte es wohl verdient, von Seth und allen anderen Vätern mit zornigen Augen angesehen zu werden! O liebe Väter, verzeiht, da ich solches zu tun mir getraue; denn ich will stets im Gehorsam handeln gegen alle Väter, und es soll nie etwas begangen werden von mir, das da je vermöchte, mich ihrer Liebe unwert zu machen! Amen."

17. Und es stand der Seth auf und sagte, zum Henoch sich kehrend: „O du mein geliebtester, übermütig bescheidener Henoch, weißt du denn nicht, dass du der schöne Mittelpunkt unserer Liebe schon lange geworden bist?! Siehe, siehe, auf meinem Kopf würdest du dir sicher einen Sitz bereiten; denn in unseren Herzen hast solchen du lange schon dir zubereitet, – und der Kopf ist nicht vorzüglicher denn das Herz!

18. Da wir dir schon lange unser Lieben und Leben zum Wohnsitz gaben, siehe, wie möchte uns dann eines kalten Steines kümmern, auf den du dich setzt? Darüber sei nur ganz vollends ruhig. Aber siehe, es kümmert mich, und sicher auch alle anderen, etwas anderes: Siehe diesen herrlichen Punkt! Lieber Henoch, lasse deiner gesegneten Zunge hier einen ganz ungehinderten, freien Lauf! Amen."

19. Da aber Adam und die übrigen solchen frommen Wunsch Seths vernommen

hatten, siehe, da wurde Henoch alsobald von allen Seiten bestürmt, etwas Liebegutes und Erhabenes über diesen Tunnel zu sagen aus seinem Herzen.

20. Und der so fromm gehorsame Henoch ließ sich, wie sonst, auch diesmal den Wunsch nicht zweimal erwidern, sondern stand alsobald auf, verneigte sich gegen die Väter und fing an, folgende sehr denkwürdige Rede an alle seine Väter zu richten, sagend nämlich:

21. „O liebe Väter, an diesem Ort der Ruhe Adams werde ich aufgefordert zu reden, ohne zu wissen, was ich eigentlich reden und worüber ich sprechen soll? O liebe Väter, bisher war es noch immer Sitte, dass, so einer von dem anderen irgendetwas erfahren wollte, er den Geheimnisträger doch wenigstens mit einer Frage belästigte, dadurch er selbem zu verstehen gab, dass er wieder irgendetwas noch nicht weiß.

22. Allein ich aber soll nun reden, ohne dass ich um etwas gefragt wurde!

23. So sei es denn auch; denn da ist meine Zunge frei und kann da aussprechen, was mein Auge mit glühenden Zeichen im Herzen aufrechtstehend in klarsten Zügen erschaut! Und diese Zeichen sind lebendige Züge der ewigen Liebe und der allerbarmenden Gnade des ewigen, heiligen Vaters in mir; und so will ich denn einmal aus diesen reden und führen ein unsterblich Gespräch aus meinem Gott und eurem Gott, aus meinem heiligen Vater, der voll Liebe ist, und aus eurem heiligen Vater, der voll Liebe, Gnade und aller Erbarmung ist!

24. O liebe Väter, diese Grotte ist ein treues Bild des menschlichen Herzens, wie es sich verhält zu Gott! Wohin wir nur immer unsere Augen richten mögen, können wir durchaus keinen undurchschimmernden Punkt gewahren, außer den Boden, der uns trägt.

25. Sehen wir hinauf in die hohe, von tausendfarbigen Lichtern hell erleuchtete Kuppe, und wie herrlich eben dieses schöne Licht diese lebendige, hochspringende Quelle wunderbar scheinend belebt!

26. Wer vermöchte da die Pracht zu besprechen, die tausendfach verändert in einem Augenblick schon des Sehers Auge überrascht, und jeder herabfallende Tropfen einem Stern gleicht, der da kühn den Himmel anstrebte und dann aus Strafe für seine verwegene Tollkühnheit verglühend wieder vom selben geschleudert würde.

27. Ja, wenn wir unsere Augen nach Morgen wenden, so leuchtet uns der weite Gang ein grünes Licht entgegen; sehen wir dahin, woher wir gekommen sind, so leuchtet der Gang uns ein gelbes und endlich gar ein blutrotes Licht entgegen; und so überrascht unser Auge, dahin wir es nur immer wenden mögen, doch stets ein anderes Licht!

28. Wenn wir uns dann satt gestaunt haben, dann sagen wir, von der großen Herrlichkeit durch und durch ergriffen: ‚O großer Gott, wie erhaben schön und überaus herrlich ist alles, was Du gemacht hast, Herr! Deine Werke achten wir, und Du segnest uns mit eitel wonniger Lust dafür, – denn für uns hast Du sie ja gemacht, und des freuen wir uns über die Maßen und wollen Dich dafür allzeit loben, preisen und Dir danken, dass Du solche herrlichen Dinge gemacht hast für uns, die Du in Deiner großen Erbarmung für würdig befunden hast, Deine Kinder zu nennen.'

29. O liebe Väter, dass wir solches tun, ist ja recht und billig; aber wenn wir nur ein

wenig in unser Herz blicken wollen und dasselbe fragen, ob der große Werkmeister dieser erhabenen Dinge aus Seiner unendlichen Liebe und Weisheit ebendiese erhabenen Wunderdinge bloß zu unserer sinnlichen Belustigung gemacht hat, oder ob Er uns vielleicht in solchen Dingen nicht andere Dinge verborgen hat, die wir zunächst suchen und finden sollen zur wahren Verherrlichung Seines allerheiligsten Namens, – o liebe Väter, das ist eine andere Frage!

30. Sehet, nur eine Sonne lässt ihre weißen Strahlen fallen über den hohen Scheitel dieses Edelkristallberges; aber welche Wirkung des einen Lichtes der Sonne in dieser Grotte!

31. O sehen wir hinauf! Wer vermöchte da die zahllosen Formen übersehen, die jeder unruhige Blick schon verunendlichfältigt, – und doch ist alles Wirkung eines und desselben Lichtes! Jedes Wellchen im goldenen Becken, wie tausendfärbig wird es, so ein zurückfallender Tropfen seine Regsamkeit stört, und doch ist alles Wirkung eines und desselben Lichtes!

32. O liebe Väter, sehet, uns selbst hat der Herr eben hier ein gar großes Denkmal gesetzt!

33. Wir sind diese Grotte in unserem irdischen Dasein mit einem Eingang vom Abend und einem Ausgang gegen den ewigen Morgen. In der Mitte sind wir, wie wir sind in des irdischen Lebens Fülle, und treten vom Abend her als Kinder in die Gnade und Erbarmung und sehen da nichts als nur den Mittelpunkt des Lebens vor uns, ohne zu bedenken, dass diese Lebensgrotte nicht geschlossen ist, sondern uns allen gar wohl einen entgegengesetzten Ausgang gen Morgen stets offenhält.

34. O liebe Väter, ein einfach Licht ist auch das holdselige Flämmchen der ewigen Liebe! Unsere Sehe der Seele ist diese erhabene Kuppe. Diese Quelle ist gleich unserem Geiste, der beständig zum Licht emporstrebt, aber beständig zurückgewiesen wird mit der Lehre:

35. ‚Was strebst du, Ohnmächtiger, empor?! Da ist kein Weg für dich, sondern bleibe oder kehre in das goldene Becken deiner demütig gehorsamen Liebe zurück! Beschaue dich da in der prüfenden Täuschung deines Seelenlichtes, und sei allzeit bereit, dem Zuge des Bächleins gen Morgen zu folgen; da erst werden dich mächtige Strahlen der Gnadensonne ergreifen und werden dich aufziehen als Feuerwölkchen in vollster Freiheit deines Lebens dahin, woher du gekommen bist!'

36. O liebe Väter! Da wir schon früher in der Hütte der Zeichen gedachten, so möchte auch diese Deutung dazu gerechnet werden! Amen."

Kapitel 57

Adams Bekenntnis

Am 27. Januar 1841

1. Und als der Henoch solche fromme Rede vollendet hatte, siehe, da erhob sich abermals Seth und sprach: „Ja wahrlich, es ist also, wie du, lieber Henoch, aus einer hohen Quelle nun zu uns gar herrlich, treulich gesprochen hast!

2. Denn ich merke es gar wohl an mir, da ich beständig in die Höhe hüpfe in meiner Weisheit; und wenn diese eitle Triebkraft in der begrenzten Höhe mich meiner eigenen Schwachheit überlassen hat, oh, dann falle ich allzeit gleich diesen Tropfen

in das Becken meiner angeborenen Nichtigkeit zurück, wo ich dann alsogleich wieder von der Gewöhnlichkeit und Alltäglichkeit verschlungen und gedemütigt und endlich von dem natürlichen Zuge mitgerissen werde und erst dann ohnmächtig nach und nach wieder zu erkennen anfange das große Gesetz, das der Herr in meine ganze Natur niedergelegt gar überaus weise und liebevoll hat, dass nämlich der, dem der Herr durchaus keine Flügel zum Fliegen verliehen hatte, in der wohltätigen und zieldienlichen Ruhe ganz demütig daheim bleiben soll, und daselbst ruhig und dankbar abwarten, bis es der ewigen Erbarmung gefallen wird, auch das bescheidene Tröpfchen, das ich selbst allzeit sein sollte, von dem Bächlein aufnehmen zu lassen und es zu führen hinaus gegen den ewigen Morgen, da die Gnade des Herrn ewig strahlt, allwo die unendliche Liebe des ewigen, heiligen Vaters dann das bescheidene Tröpfchen sicher nicht zugrunde wird gehen lassen.

3. O lieber Henoch, sage, ist es nicht also, und ob ich dich so recht verstanden habe! Denn ich glaube, dass es also ist, und glaube auch, dass es niemand anders kann verstanden haben.

4. Daher zeige uns allen noch kurz, dass es so ist, oder ob es also ist!"

5. Und siehe, der Henoch wurde entzückt über Seth, ging zu ihm hin, umarmte den Vater und sagte: „O lieber Vater Seth, sei doch getröstet, denn du hast wohl verstanden die Stimme der ewigen Liebe, wie sie über meine bebend schwache Zunge sich gleich den Strahlen einer aufgehenden Sonne ergossen hat.

6. Denn das ich rede, ist nicht mein, sondern allein der ewigen Liebe des allerbesten, heiligsten Vaters, dafür Ihn auch ewig loben, preisen und danken soll mein ganzes Wesen in allen Teilen und Kräften; und es soll fürder nicht an mir, außer mir und in mir sich etwas vorfinden, das da nicht geweiht wäre der Liebe, dem Lobe, dem Preise und Danke zu unserem so überaus guten, heiligen und liebevollsten Vater, von dem wir und alle Dinge sind durch Seine große Erbarmung.

7. Und daher ist es auch also, dass der Mensch aus sich nichts machen kann und auch nichts machen soll, wenn er sich auch geschmeichelt sieht und empfindet im wohltätigen Bewusstsein eines höheren Lebens in seiner engen Brust, – sondern gleich dem Tröpfchen soll er sich nur dem Herrn ganz überlassen, und Dieser wird ihn gewiss so ziehen und leiten, wie es Seiner ewigen Liebe und Ordnung am gemäßesten und für den Menschen aber gewiss am allerbesten sein wird ewig! Amen."

8. „Ja, also ist es!", sprach der Adam und alle seine anwesenden Hauptstammkinder. Und der Adam fuhr fort zu reden, sagend: „Denn alles, was da wächst auf der Erde, gedeiht gar wohl, und es fügt sich alles gar sanft und bescheiden der ewigen Ordnung des über alles mächtigen Gottes. Da sehen wir ja täglich, wie der Sonne Strahl gar mächtig zieht das Gras aus dem dunklen Schoße der Erde und ebenso die Pflanzen, Gesträuche und alle die Bäume, wie eben der mächtig sanfte Strahl der Sonne aus den feuchten Tiefen und dem Meer gar freundlich die Wölkchen zu sich an das Firmament, mit sanftem Licht erfüllt, empor hebt, und diese Wölkchen endlich verherrlichend und verklärend macht, dass sie, dem Licht selbst ähnlich, von unseren groben Sinnen gar nicht mehr empfunden werden, obschon sie ewig unvergänglich sind dem Auge des Geistes.

Und ist das auch nur ein entsprechendes irdisches Bild, so hat es aber doch die volle Gleichung mit der hohen Ordnung des Menschen, dem da gegeben ist ein besinnter und beseelter Leib, auf dass im selben die edle Frucht gedeihe nach der ewigen Ordnung zum ewigen Leben in Gott, wie die Zeugung gedeiht aus der Seele durch die Macht der Liebe aus Gott und Seiner Ordnung zu einer neuen, unsterblichen Frucht.

9. O Kinder, sehet, der Herr hat uns einen Redner wohl zugerichtet und hat ihm die Augen geöffnet und durch ihn unsere Ohren freier gemacht, auf dass wir nun schon gar wohl zu verstehen anfangen die großen Absichten des heiligsten Vaters mit uns! Und da wir hier gar wohl und hocherfreulich vernommen haben den weisen Sinn dieses meines Lieblingsortes, so lasst uns weiterwandeln; denn die Erde trägt noch viele unerkannte Schätze in sich, und so lasst sie uns zur ferneren Geistesweide werden! Amen."

10. Und siehe, da dankte im Stillen Mir die Gesellschaft der ersten Menschen der Erde und erhob sich alsdann und wandelte gen Morgen dem Ausgang zu und daselbst durch eine kleine Beengung in das heiterste Freie, allda sie sich ein wenig aufhielt, und sah ganz erstaunt dem rieselnden, klaren Bächlein nach und sah weiter unten sanfte Nebelchen sich hurtig erheben aus dem Bächlein hinauf zu den freien Räumen des Lichtes und sah auch, wie diese, durch die Wärme verklärt, ihren Blicken entzogen wurden. Und sie verstanden nun alle wohl dieses Schauspiel der Natur und erkannten sich wohltuend darinnen und lobten Mich darob in der Tiefe ihres Herzens und frohlockten über die Maßen und begaben sich endlich weiter

über eine ziemlich weite Gebirgsebene, daselbst viele Familien hausten; und als diese schon von weitem des überschneeweißen Erzvaters ansichtig wurden, da eilten sie scharenweise hin an den vielbetretenen Steinweg, und ließen sich segnen vom Adam und lobten dann Meinen Namen, dass ihrer reinen Stimmen Klang sich weithin verhallend über die fernen Gebirge ergoss und all die da wohnenden Kinder einlud zu dem folgenden Tag der Ruhe, dem Sabbat, an dem da Mir wieder ein schuldiges Opfer entzündet wird werden.

11. Und siehe, so gingen mit jubelnden Herzen die Väter gar weit noch hinaus, wo ein himmelanragender, schneeweißer Fels ihnen den Weg kurz abschnitt, und allda sie sich dann wieder zur Erde niederließen, umringt von Tausenden der Kinder, welche alle emsig sich bemühten, ihren Hauptstammvätern allerlei Erfrischungen zu bringen, und sich dabei jeder glücklich schätzte, so seine herzlichen Gaben nur segnend angerührt wurden.

12. Siehe, an dieser Ruhestätte blickte der Adam empor zu den hohen und weiten Zinnen dieses himmelanragenden Felsenberges und blieb die längste Zeit stumm und ganz in sich gekehrt, und es wagte ihn niemand zu fragen, was er da wohl sehen möge. Und so verstummte alsobald auf eine Zeit lang der laute Jubel der Kinder; denn alle bemerkten Tränen in den Augen des Vaters.

13. Und es dachten alle hin und her, was er denn da wohl vorhaben mochte und außer dem Henoch gewahrte wohl auch niemand, was da in der Seele Adams vorging.

14. Endlich verließ er mit seinen Augen die großen Steilen dieses Steinberges und überblickte stille die herbeigeeilten

Scharen seiner Kinder und sprach endlich hochgerührt:

15. „Oh, das ist alles meine eigene Schuld! O großer, heiliger, gerechter Gott, warum ließest Du meine Schuld zu einem solchen Berg anwachsen?! Noch lebe ich, und der Berg reicht schon fast an den Himmel; wie hoch erst wird er werden bis ans Ende aller Zeiten!

16. So schaue ich nun am Vorsabbat, umringt von tausend Kindern, hier ruhend an der Feste meiner Schuld; und so wird auch einst der letzte Mensch hier einsam, entblößt von allen lebenden Geschöpfen und Kindern, meine Schuld büßend, trauernd hinaufblicken zu den ewigen Zinnen der glänzenden Welten in der Unendlichkeit Gottes und wird mit großer Sehnsucht erwarten, dass der Berg sich möchte stürzen über ihn, dass er ihn zerschmettere und unter seinem Schutt begrabe den letzten Tropfen meiner großen Schuld!

17. O Kinder, sehet, da oben, wo es noch immer raucht und brennt, da bin ich entstanden und habe gesündigt im Angesichte Gottes und der Erde!

18. Da war ich noch vollkommen, und es war alle Kreatur mir untertan und wohl verständlich vom Mittelpunkt der Erde bis hinauf zu jener hohen, letzten Welt der Welten, die keines Geistes höchster Gedanke je erreichen wird!

19. Und was hat die Schuld aus mir gemacht? Was bin ich geworden in der Nacht meiner Sünde?! Nichts als ein elender Wurm im Staub der Erde, der kaum mehr imstande ist, das bisschen des elendesten Lebens in sich herumzuschleppen!

20. O Kinder, wer von euch da fallen könnte vom letzten, fernsten Stern der Höhe bis zum letzten, fernsten Stern der Tiefe, sehet, der würde kaum den Sprung einer zirpenden Grille gemacht haben gegen den Fall meiner Höhe bis zu dieser namenlosen Tiefe!

21. Ich wurde gesetzt da oben schon in meinem irdischen Anfang zur größten demütigenden Selbsterkenntnis und erkannte mich und fiel darob noch tiefer; bis hierher musste ich fallen und meine Füße noch tiefer durch Kahin!

22. O des namenlosen Falles! Ich, der außer Gott seinesgleichen nicht hatte, muss nun meine Kinder um Unterricht und Brot bitten!

23. Aber es ist nun einmal also; so sei es denn im Namen Dessen, dem es wohlgefiel, aus mir zu machen, was ich nun bin im Angesichte aller! Amen."

24. Und da Adam solches betrübende Gespräch vollendet hatte, siehe, da fing er an zu weinen, und sein betrübender Zustand betrübte bis auf Henoch alle, die da zugegen waren. Und die Eva aber empfand doppelt schwer die den Adam betrübende Bürde auf ihrer Brust; jedoch aber suchte sie ihre Tränen zu verbergen, um nicht, auch weinend, das Herz des Adam noch betrübender zu machen, – und so dauerte dieser betrübende Zustand eine Zeit von beinahe einer Stunde. Seth aber trat hinzu und trocknete dem Vater die Tränen vom Gesicht und sagte:

25. „O Vater, weine nicht darob, dass dir der Herr solches tat; wärest du ein arger Vater, wie könnten wir dich denn als solchen lieben?

26. Wir aber haben nie etwas Arges an dir gefunden, sondern alles, was wir an dir gefunden haben, und was wir von dir empfangen haben, war gut, ist gut und wird gut bleiben; darum wir dir auch samt und sämtlich alle Liebe und Hochachtung allzeit bereitwilligst als ein wahrhaft kindliches

Dankopfer darbringen. Daher, lieber Vater, sei getrost und betrübe dich nicht ob der weisesten Führung des allmächtigen, liebevollsten, heiligsten Vaters!

27. Denn du selbst lehrtest uns ja alle, dass, was der Herr tut, alles wohlgetan ist; so Er aber nun solches an uns allen getan hat, wie möchte, sollte und könnte es anders als wohlgetan sein?! Und so ist es ja unnötig, sich zu kümmern dessen, so des Herrn Wege anders sich gestalten durch ein liebweises, mächtiges Walten, als wie wir sie unserer unendlichen Beschränktheit vor Gott irgend anpassen möchten!

28. O Vater, und wenn dir selbst irgendwann einstens eine Vollmacht verliehen war, dass dir selbst Sonne, Mond und alle die Sterne gehorchen mussten, so war dir solche denn doch noch immer nur verliehen vom Herrn aller Macht und Kraft und war somit nicht eine Vollmacht aus dir selbst, sondern sie war eine Vollmacht aus Gott.

29. Was aber des Herrn ist, das kann Er ja auch wieder zurücknehmen nach Seiner liebweisen Ordnung; und so tut der Herr dann Seiner Liebe und Weisheit gemäß ja ohnehin nur das Allerbeste und Zweckmäßigste für uns, die wir alle vermöge Seiner großen Erbarmung uns Seine Kinder nennen dürfen.

30. So Er aber unser aller Vater ist, wie wird Er wohl je Seiner Kinder vermöge Seiner unendlichen Liebe und daraus folgenden unbegrenzten Erbarmung vergessen können?!

31. O Vater, daher erheitere wieder deine Stirne, und erlustige dein Herz, und gestatte dem lieben Henoch allhier, sobald sich die Kinder wieder werden entfernt haben, einige Blicke seiner Morgenröte über all die Dinge hier zu werfen, damit sie verklärt werden möchten und dann zu Weideplätzen gemacht für unseren Geist durch seine lebensprudelnde Zunge!

32. O Vater, daher erheitere dich! Amen."

33. Und siehe, als der Seth solche wohlnützliche Trostrede beendet hatte, da blickte ihn Adam an mit erheitertem Gemüt und winkte dem Henoch, auf dass er willfahren möchte dem Wunsche Seths und der übrigen Hauptstammkinder, — jedoch erst dann, wenn sich die übrigen würden entfernt haben bis auf einen, der da schwarze Haare hatte und nicht zu ihrem Stamm gehörte, sondern zur Zeit erst der Tiefe entkommen war und hatte sich voll Wissbegierde gemengt zu Adams Kindern, da ihn die große Furcht vor Lamech noch dazu angetrieben hatte, zu fliehen als Sterblicher zu den Unsterblichen der Berge.

34. Und als dem Henoch ein solcher Wink gegeben wurde, siehe, da erhoben sich, wie bei solchen Gelegenheiten schon von jeher üblich war, alsobald Enos, Kenan und Mahalaleel und bedeuteten den Kindern, dass sie sich am nächsten Sabbat vor dem Aufgang auf dem bekannten Platz vor der Hütte Adams wohl einfinden sollen, ihre Gaben bringen, und jetzt sich auf eine kurze Zeit entfernen möchten, da es also des Vaters Wunsch laute der kurzen Ruhe seines Herzens wegen; wenn aber ein Zeichen gegeben werde, so mögen sich alle wieder versammeln und den Vater geleiten bis zu den Kindern des Mittags, von dannen sie sich dann wieder in ihre Heimat begeben mögen.

35. Nachdem diese drei ihr Geschäfte fruchtend beendet hatten, und zu ihren Plätzen zurückgekehrt waren, und nach dem Willen Adams den Schwarzhaarigen

mitgenommen hatten, siehe, da erhob sich zuerst Adam und fragte den Fremden:

36. „Was hat dich dem Tode entreißend hierhergeführt? Antworte – oder fliehe aus dem Angesichte des Vaters der Väter der Erde, denn in deinen Adern fließt ein tödlich Blut, und auf deiner Stirne ist Kahins Todesmal am Ahbel gar klar zu sehen noch. Daher rede, so du zu reden vermagst, oder so deine Zunge irgendeiner Sprache fähig ist! Amen."

37. Der Fremde aber warf sich alsobald vor Adam nieder und stammelte gar furchtsam einige gebrochene Laute, daraus niemand klug zu werden vermochte denn allein der Henoch.

38. Seth aber sagte zum Adam: „O Vater, siehe, dein gerechter Eifer macht den Erdensohn sterben; daher ziehe gnädigst und voll Segens deine Gerechtigkeit zurück, und sprich, dass der lebendige Henoch ihn belebe, damit er dann vermöchte, deiner billigen Gerechtigkeit Genüge zu leisten! Amen."

39. Und Adam gewährte, dessen es dem Herzen des Seth verlangte, und sagte dem Henoch: „Siehe hier einen Toten aus der Tiefe; belebe ihn und löse ihm die Zunge, auf dass er uns allen kundgeben möchte den Drang seines Herzens! Amen."

40. Darauf sich dann der Henoch alsobald erhob und seiner Zunge folgende Wendungen gab, sagend: „O Väter, wie nennt ihr diesen Menschen einen toten Erdensohn, da er doch lebt gleich uns und ist nur ein armer Mensch aus der Tiefe! So sich aber ein krankes Tier begeben möchte vor unsere Wohnung, so möchten wir es nicht von dannen treiben, sondern es wohl pflegen, bis es genese; und so denn nun ein armer, verlorener Mensch aus der Tiefe seine Zuflucht unter großen Beschwerden zu uns genommen hat, den lassen wir im Staub vor unseren Angesichtern sich wälzen gleich einem Wurm!

41. Da wir doch alle gesehen haben, dass er lebend zu uns gekommen ist, und wir alle wohl wissen, dass jedes Leben nirgends denn in und aus Gott nur seinen Ursprung nehmen kann, wie das Bestehen desselben.

42. O liebe Väter, daher lasst diesen Menschen erstehen, auf dass er erkennen möchte den großen Gott auf diesen Höhen; denn die Liebe des großen, ewigen, heiligen Vaters reicht sicher weiter, als es unser größter Gedanke nur im Allergeringsten je wird zu erfassen imstande sein.

43. Wie sollte diese unendliche Liebe denn nicht auch anrühren die Kinder der Tiefe?! Und hat sie eines zu uns heraufgezogen, dann ist es nicht an uns, solche Armut von uns zu weisen, sondern sie anzunehmen, als wäre sie gewachsen da oben, wo es noch raucht und brennt, dahin wir noch manchmal töricht unsere Blicke richten und meinen, der Stein sei unsere Schuld oder wir die des Steines!

44. Oh, daran liegt unendlich wenig, wie weit und hoch ein solcher Stein emporgewachsen ist, darum er doch nur Stein ist, wie wir unsterbliche Kinder Gottes bleiben werden, und er vergänglich, wie wir ewig unvergänglich; aber es liegt alles an unserer Liebe, die da kein Geschöpf, am allerwenigsten einen armen Bruder aus der Tiefe, ausschließen soll. Denn wir sind nur Kinder der Liebe und darin Kinder Gottes. Daher tun wir denn auch danach, um wahr und würdig zu sein, was wir sein sollten! Amen."

Kapitel 58

Der fremde Flüchtling Asmahael

Am 4. Februar 1841

1. Und siehe, nach allem dem aber beugte sich Enos nach dem Begehren Adams zur Erde und richtete den Schwarzhaarigen auf und bat darauf Adam und Seth um die Erlaubnis, vor der Abreise von diesem Punkt ein paar Worte aus seinem Anliegen aussprechen zu dürfen.

2. Und es wurde ihm von allen Seiten gewillfahrt, dass er nur reden möchte, wonach ihm verlange.

3. Und siehe, da verneigte sich Enos, dankte für die Erlaubnis und begann folgende denkwürdige Rede an alle zu richten, welche also lautete:

4. „Väter und Kinder! Mir kam soeben ein großer Gedanke in meinen Sinn und haftet nun, ein bleibender Strahl eines heftigen Blitzes, in meiner stark erregten Seele: Ich habe einst geträumt – es war damals, als ich einmal überschlief den Aufgang, dass mir darüber ein kleiner Vorwurf zuteilwurde –, dass wir uns, eben wie jetzt, dahier befanden und betrachteten diese wunderbare Gegend und hatten recht viele Freude über unsere vielen Kinder, die wir eben auch zu einem bevorstehenden Sabbatsopfer einluden. Und siehe da, als wir uns eben so freuten, da kam eine stark leuchtende Gestalt in unsere Mitte, so dass wir uns alle entsetzten ob ihres starken Lichtes! Allein die Gestalt ließ uns nicht zu lange in unserer entsetzten Lage, und enthüllte sich bald vor unseren lichtgeblendeten Augen.

5. O Väter und Kinder, diese enthüllte Gestalt war Ahbel und führte einen ähnlichen Menschen vor das Angesicht des Erzvaters und sprach mit gar sanfter Rede:

6. „Höre Vater! Außer mir ist vom Kahin niemandem irgendetwas Arges begegnet, außer dass mein Leib für dich verlorenging. Siehe, ich habe dem Kahin von Herzen alles verziehen und habe das umso leichter tun können, da ich nie einen Groll auf ihn hatte. Und da er sich flüchtete in späterer Zeit vor seinem Sohn Hanoch und kam gen Mittag an das Gestade eines allergrößten Gewässers der Erde und da verschmachtete vor Hitze, Hunger, Durst und Furcht mit den sehr wenigen geretteten Seinigen, siehe, da kam ich mit der Zulassung des ewigen, heiligen Vaters eigenwillig hinzu, offenbarte mich ihm, fand ihn in Tränen großer Reue, dass er mich bis ins Innerste dauerte, lehrte ihn dann einen wasserdichten Korb flechten und führte ihn und die Seinen dann über die Wogen in ein fernes, fruchtbares und sicheres Land.

7. Und ich tat desgleichen noch mit mehreren seiner Nachkommen aus Hanoch, die eines besseren Sinnes waren.

8. Doch nie getraute ich mich, auch nur einen aus Hanoch, der großen Stadt Kahins, zu dir, o Vater, zu führen; denn ich kannte wohl deinen gerechten Zorn über das Haupt Kahins. Doch aber wusste ich auch, was der Herr zum Kahin geredet hatte, da dieser über die weite Erde floh voll bitterer Reue, da Er ihn versicherte, sagend: Wer da Kahin totschlüge, soll siebenmal gerochen werden!

9. Nun aber bringe ich dir auch nach dem Willen Jehovas einen Gott suchenden Flüchtling aus der Tiefe; daher gebe ihm, was er sucht, und nehme ihn in aller väterlichen Liebe auf; denn auch in seinen Adern kreist dein Blut!

10. Erwecke ihn mit deinem Segen, und der Herr wird deine Kinder erwecken, auf dass sie dann predigen möchten Seinen Namen gar wunderbar zur möglichen Rettung der Erde den Kindern in der Tiefe.

11. O Väter und Kinder! Und so sehe ich nun denselben Menschen unter uns, wie ich ihn damals sah, und sah auch soeben den leuchtenden Ahbel verlassen diese Stätte, und der Henoch sah es wahrlich auch, darum er schweigsam war. Und so ist mein Anliegen zu Ende. Denkt und tut, was euch wohlgefällt! Amen."

12. Und Henoch beteuerte alsogleich die Aussage des Enos mit einem: „Ja, es war und ist also!"

13. Und siehe, da aber der Adam solches vernommen hatte, so ward er ganz erstaunt und fragte begierig: „Wo ist Ahbel gestanden?"

14. Enos und Henoch aber zeigten gleichzeitig ein und dieselbe Stelle an, und so glaubte ihnen Adam fest, da sie sich nicht geirrt hatten in der gleichzeitigen Bezeichnung der Stelle, da Ahbel gestanden hatte seine Treue und Liebe vor Adam.

15. Nach dem aber ließ er sich noch von jedem insgeheim bezeichnen die Gestalt Ahbels; und da die Bezeichnungen auch in diesem Punkte übereinstimmten und gar wohl beschrieben dessen Gestalt, da blieb dem Adam kein Zweifel übrig, die volle Echtheit dieses Gesichtes alsogleich anzunehmen.

16. Und auf diese Art überzeugt, rief nun Adam freudig aus: „O Ahbel, was du mir bringst, nehme ich auf, und wäre es Kahin selbst!

17. Daher bringt ihn her zu mir, den schwachen Schützling Ahbels, auf dass ich ihn segne und ihn aufnehme in unsere Mitte und ihm zeige in mir der Erde ersten nicht geborenen, sondern unmittelbar aus der allmächtigen Hand der ewigen Liebe hervorgegangenen Menschen und die Mutter aller Menschen, die aus mir hervorging, und endlich Den, von dessen Größe, Macht, Heiligkeit und Liebe alle Ewigkeiten und wesenvolle Unendlichkeiten treulich zeugen wie wir alle, da uns gegeben ward ein ewiger Geist aus und von Gott Selbst!"

18. Nach dem brachten sie ihm den Schwarzhaarigen hin, und Adam rührte ihn an und segnete ihn dreimal und fragte ihn um seinen Namen. Dieser aber sprach: „O großer, erhabener Erstling Gottes, des großen Königs der Erde, du weiser Vater aller Väter der Erde, verzeihe mir armem Flüchtling aus der Tiefe, der ich an der Hand einer lichten Gestalt, den tötenden Händen Lamechs entrissen, hierher geführt wurde! Siehe, ich habe keinen Namen; denn ich war nur ein arbeitender Sklave, und diese haben in der Tiefe keinen Namen, sondern werden allda gerufen gleich den Tieren durch leeres, unartikuliertes Geschrei. Sie dürfen die Sprache nur verstehen, aber nicht reden; wer da je möchte einen verständigen Laut über seine Zunge bringen, der würde darum alsogleich seine Redelust mit dem grausamsten Tode bezahlen müssen!

19. Daher zürne nicht, dass ich armer Sklave dir nicht geben kann, was du von mir verlangst; denn siehe, in der Tiefe geht es gar grausam zu, und es gibt wohl keinen mehr, der da seines Lebens sicher wäre. Denn wohin sich jemand nun fliehend wenden möchte, so wird er alsobald eingeholt von Lamechs Häschern und Kriegsknechten; und da er gefangen wird, wird er auch ohne alle Gnade und Erbarmen auf das Grausamste getötet!

20. O du großer Vater der Väter der Erde! Da unten geht es also zu, dass die daselbst verübten Gräuel keine menschliche Zunge zu erzählen vermöchte. Die grausame Tötung der arbeitenden stummen Sklaven ist wohl das Allergeringste noch; denn es kann doch noch mit einem Namen bezeichnet werden. Aber es werden da auch namenlose Gräuel verübt, – doch solche dir zu erzählen, werde ich wohl niemals wagen, damit dadurch die Höhen nicht entheiligt werden möchten! Amen."

21. Als aber der Adam mit seinen Kindern solche Erzählung von dem Namenlosen vernommen hatte, da entsetzte er sich gewaltig und wollte schon einen Fluch über die Tiefe aussprechen, allein der Namenlose fiel ihm ins schwere Grimmwort, sagend:

22. „O halte zurück dieses unheilschwere Wort, du guter Vater der Väter der Erde; denn höre! Die da unten stehen nicht an auf deinen Fluch; denn die haben des Fluches in großer Überfülle. Lamech genügt der ganzen Erde; denn so der große König über den Sternen Seinen bittersten Fluch über die Erde donnern möchte, so brauchte Er der Erde nur noch einen Lamech zu senden, und du, o Vater der Väter der Erde, kannst versichert sein, dass, ehe die Sonne hundertmal auf- und niedersteigen möchte, die Erde außer dem Lamech kein lebendes Wesen belästigen würde!

23. Daher, o Vater der Väter der Erde, darüber du fluchen wohl möchtest, o höre, da segne die fluchschwer belasteten Tiefen der Gräuel du lieber; denn so du noch mehren da möchtest mit Flüchen den finsteren Boden der Gräuel, dann wehe, dann wehe den armen und stummen Arbeitern der Tiefe!

24. Ihr reichlich vergossenes Blut schreit schon ohnehin gleich den brausenden Stürmen hinauf zu den Sternen um Rache; und wenn du dazu auch der Tiefe wohl fluchen noch möchtest, dann möchten bald blutige Wogen die heiligen Spitzen der Berge umspülen!

25. O Vater der Väter der Erde, da segne, o segne, wo rechtlich fluchen du möchtest! Amen."

26. Und siehe, als der Adam solche Bitte vernommen hatte, ward er gerührt und lobte den namenlosen Jüngling und fragte ihn: „Höre, du armer Sohn aus dem Blute Kahins! Da du in der Tiefe nicht reden durftest, woher hat deine Zunge beinahe Kenans Beugsamkeit erlangt?

27. Denn du sprichst, als wenn du schon von jeher unter uns ein geweihter Sänger Gottes gewesen wärest; und so sind deine Worte wohl gemessen und fassen allzeit den rechten Sinn. Sage mir getreu, woher dir solches geworden ist!"

28. Und siehe, alsbald ermahnte sich der Namenlose und antwortete: „O Vater der Väter der Erde! Danach du fragst, dich staunend ob meiner gelösten Zunge, des freut sich mein jugendlich Herz, sich zu rühmen vor dir als dem Vater des weisesten Lehrers!

29. O sehe und höre: Der Lehrer, der solches gar weise zu reden mich lehrte, war jener, der treu mich hierher vor dich, Vater der Väter, geleitet! Du kennst ihn und hast ihn schon eher denn die, so dich treulich hier horchend und wartend umgeben, gekannt: es war Ahbel, dein leuchtender Sohn, der, von höherer Liebe durchlebt, mir löste die stockende Zunge, damit ich zu reden vermöchte der Wahrheit gar seltene Formen vor dir wohlgefällig, wie

auch vor all deinen von Gnade und Segen erfüllten Nachkommen.

30. O Vater der Väter der Erde, nun weißt du alles, das ehedem fremd dir mocht' klingen; o lasse daher mich, den armen und fremden Entflohenen der Tiefe, allhier auf den heiligen Höhen, zu suchen in eurer Mitte denjenigen mächtigen Herrscher voll Recht und voll Güte, von dem all die Sterne, der Mond und die Sonne so wunderbar zeugen!

31. O Vater der Väter der Erde, sprich liebevoll Amen!"

32. Da aber der Adam solche Rede vernommen hatte, ward er dermaßen gerührt, dass er kein Wort zu reden vermochte, und seine Augen schwammen in freudig mitleidigen Tränen.

33. Endlich aber überwand sich Adam und sprach voll Rührung zum Namenlosen: „Höre, du lieber Fremdling aus der Tiefe der Gräuel, wenn es also mit dir steht, wie du mir durch deine Zunge bestätigend kundgegeben hast, dass ich es nimmer zu bezweifeln vermag, dass es nicht also wäre, wie du es aussagtest, und dir dadurch schon Gott wunderbar eine gar große Gnade erzeigt hatte, so ist es ja wohl füglich, dass wir, dessen Kinder, nicht anders handeln werden an dir, wie unser aller großer, heiliger Vater an dir in Seiner unendlichen Erbarmung gehandelt hatte; und so geschehe dir, wonach dein Herz dürstet.

34. Und siehe hier an meiner rechten Seite den ebenfalls sehr jungen Henoch! Siehe, der ist nun ein gesegneter Redner Gottes; der soll nun dein fernerer Lehrer in Gott, unserem liebevollsten Vater und Herrn der Unendlichkeit, werden!

35. Und da du ferner keinen Namen hast, so will ich dir einen Namen geben, danach du ‚Asmahael' heißen sollst, das ist ‚ein getreuer Fremdling, suchend Gott'! Denn hier muss jedes Ding seinen Namen haben und jede Handlung ein Wort und wohl bezeichnet sein jede Beschaffenheit und innehaftende Eigenschaft, und wie, wann, wo, warum, wodurch etwas ist und geschieht, muss da bezeichnet sein genau; daher kann ein Mensch um desto weniger ohne Namen umhergehen.

36. Es muss aber jeder Name genau entsprechen dem, der ihn empfing; wer aber einen Namen empfangen hatte, der soll treu demselben leben, sonst ist er ein Lügner, da er nicht handelt, danach sein Name lautet. Und so du nun einen Namen hast, so erkenne zuerst denselben, und handle getreu danach, sonst wirst du ein Lügner im Angesichte Gottes und aller Seiner Kinder werden und wirst zuschanden werden vor jeglichem Stäubchen, das da allzeit entspricht seinem Namen.

37. Und so segne ich dich noch einmal und sage dir: Asmahael! Ich, Adam, der erste Mensch, der auf dieser Erde hervorging aus der Hand Gottes, des ewigen, heiligen, liebevollsten Vaters, segne dich gleich meinen Kindern, darum du ein treuer Träger sein sollst deines Namens!

38. Und so reiche ich dir meine Hand und erhebe dich herauf zu meinen Kindern.

39. Und nun, meine Kinder, folgt meinem Beispiel, und werdet dessen Väter, und du, lieber Henoch, werde sein Bruder und Lehrer!

40. Du, Jared, aber sollst ihn beherbergen für immer anstatt des Henoch, der da ein Einwohner meiner Hütte geworden ist.

41. Der Herr eröffne dir dein Herz und alle Sinne deiner Seele zum ewigen Leben deines Geistes in Gott! Amen."

42. Darauf fiel Asmahael alsogleich zu den Füßen Adams nieder, küsste dieselben und dankte überlaut für die so große Gnade, die ihm da zuteil geworden war in der Höhe Meiner Kinder; denn er fing auch alsobald in sich die Wirkung des Segens zu gewahren an, darum er denn auch also zu jubeln anfing, sprechend:

43. „Asmahael, gar ein herrlicher Name, den ich wohl unwürdig zu tragen noch bin; doch der Meinung bin ich, dass ein Name, im Anfang gegeben, dem treuen Empfänger gesetzlich die Pflicht, diesen heiligen Richter (ein großes, lebendig Gebot) auferlegt, demselben zu folgen, soweit die Erkenntnis nur immer den Pfad mag eröffnen. Und müsste da jemand der Sonne und Sterne gar ferne gelegene Bahnen verfolgen als Träger des bindenden Namens, so müsste er's freilich und treulich erfüllen, darum ihm die Gnade so groß ist geschehen, – und wäre selbst höher gestellt die gnädige Ford'rung des heiligen Namens! O Vater der Väter der Erde, für den, der gar oft mit dem Tode zu ringen genötigt wurde, o hört, für den ist dem Weg des ewigen Lebens zu folgen fürwahr nicht beschwerlich; und so man im finstersten Schlamm der Gräuel der Sünde stets kämpfend sich elend den Weg musste bahnen zum sparsamsten Licht und einem noch kargeren Leben, das öfter im zartesten Keim erdrückt vom finstersten Zweifel schon wurde, – o hört, wie leicht ist dagegen zu folgen dem leuchtenden Weg lebendig zum Leben!

44. O herrlicher Name ‚Asmahael‘, schönster, mich leitender Stern da hinauf zu den ewigen, heiligen Höhen des Lichts und des Lebens; o hört, umsonst wird der Fremdling nicht tragen nun ein solcher Gnade so heiliges Geschenk, amen, amen, da sage ich amen!"

Kapitel 59

Henoch weist die Erzväter an, sich selbst an Gott zu wenden

Am 8. Februar 1841

1. Und als der Asmahael ausgeredet hatte, da erhob sich abermals Adam ganz gerührt und sprach: „Henoch, siehe, nun kommt die Reihe wieder an dich! Nach allem dem ist es füglich, Worte aus der Höhe zu vernehmen, um danach alles Fernere vollkommen dem Willen des Herrn gemäß handeln zu können. Denn siehe, ich habe das Meinige bereits getan nach meinem Liebedünken; allein unsere Liebe ist nicht allzeit rein und daher auch nicht allzeit sicher und dadurch der Erfolg ihrer Handlung nicht heilig. Daher ist es jetzt ganz besonders an der Zeit, dass du, lieber Henoch, die lebendige Stimme aus dir uns alle wohl vernehmen lässt.

2. Also rede, und zeige uns die gerechten Wege deines Schützlings! Amen."

3. Als aber Adam solches geredet hatte, siehe, da erhoben sich alle und verneigten sich gen Adam und dankten ihm, dass er solches anbefohlen hatte. Besonders aber hüpfte Seth beinahe vor Freuden; denn er war Henochs größter Anhänger und Verehrer dessen Wortes, und so konnte er nicht umhin, bevor noch Henoch zu reden anfing, selbem ein paar ermunternde Worte zuzurufen, sagend:

4. „O lieber Henoch, siehe, danach mein Herz lange schon sich gewaltig sehnte, das hat die gute und gerechte Ordnung durch meinen Vater und durch euren

Vater nun bewerkstelligt! Oh, ich freue mich über die Maßen, nun in dieser Sache den heiligen Willen zu vernehmen! Denn es ist wahr, wir mögen oft etwas tun, das uns gut dünkt; allein, ob es darum auch schon gut und recht ist, weil es uns also vorkommt, das ist eine ganz andere Frage!

5. Und das ist eben auch, was du uns zeigen solltest! Und so fange du an, zu reden aus deinem Leben aus Gott in dir! Amen."

6. Und sonach erhob sich Henoch und begann folgende Rede an alle zu richten, nachdem er sich zuvor im Herzen an Mich gewendet hatte, sagend nämlich zuvor in sich:

7. „O Du überheiliger, liebevollster, großer Vater, Herr und Gott, gebe mir Allerschwächstem Deine Gnade, auf dass ich in aller Liebe und Demut vermöchte, getreu zu offenbaren Deinen Willen den Vätern und ihnen aus Dir zu geben in der Fülle, danach ihr Herz dürstet.

8. O überheiliger Vater, doch nur Dein heiligster Wille geschehe ewig! Amen."

9. Und siehe, darauf erweckte Ich den Henoch vollends, und er begann zu reden, wie da folgt, sagend: „O liebe Väter, dass ihr solches wünscht, ist ja recht und vollkommen billig – denn Gottes Liebe geht über alles, und Seinem Willen sind alle Dinge untertan –; allein, dass ihr mich zu dem beruft, euch zu offenbaren in meiner Schwäche das, was alle Ewigkeiten ewig nicht umfassen und begreifen werden, sehet, liebe Väter, das ist für eure Vaterwürde nicht gerecht und billig!

10. Glaubt ihr denn, dass der Herr ein Zimpferling sei, dass Er einen Menschen minder achte als den anderen, so einer wie der andere tun möchte nach Seinem Willen?! O Väter, da irrt ihr euch gewaltig, und es ist nicht also!

11. Blickt auf zu den lichten Räumen der Unendlichkeit! Wer unter uns kann sagen, dass er nicht vermöchte, zu erschauen die weiten Ströme des Lichtes und all die Dinge, die vom selben umflossen sind?! Wessen Ohr vernimmt nicht selbst ein leises Lüftchen wehen über ein dürres Laub?! Oder ist wohl einer unter uns, dem da nicht gegeben wären alle Sinne im brauchbarsten Zustand und ein lebendig fühlendes Herz?!

12. So uns aber das alles ohne Unterschied eigen ist, was alles vom Herrn ist, wie sollte denn jemand mehr oder weniger des Herrn sein, so er von Ihm ausgegangen ist und wieder eingehen möchte zu Ihm?! O Väter, sehet, welches Kind möge da wohl zu euch kommen, sich heiligen Rates zu erholen, dass ihr es nicht anhören möchtet, um ihm zu geben, das ihm fromme?!

13. Da ihr aber als gefallene Menschen schon barmherzig seid sogar gegen Fremde, um wie viel mehr wird der allerbeste, heiligste Vater euch tun, das euch frommt, und gerne geben, dafür Er jeden wohl befähigt hat!

14. Daher glaubt nicht, dass ich ein auserwähltes Organ der lebendigen Stimme Gottes bin; o nein, das bin ich nicht, sondern ihr seid es vielmehr! Wendet euch nur zu Ihm, und es wird euch sicher werden, was des Herrn Wille ist! Amen."

15. Nach dem aber schwieg Henoch, in sich und dadurch auch zu Mir gekehrt. Und von Adam bis Jared und dem Asmahael wusste niemand, was er aus dieser kurzen Rede Henochs machen solle; und so fragte einer den anderen:

16. „Was soll das heißen? Was wollte Henoch damit sagen? Wir vermöchten,

gleich ihm, zu sprechen ein Wort des Lebens aus der Höhe Gottes?! Nein, das verstehe, wer es mag; wir verstehen es einmal nicht!"

17. Und also auf diese Art ging das von Munde zu Munde, und es ergriff sie alle hohen Wunders über Henochs für diesmal trockene, gebundene Kürze; sogar dem Seth fiel es gewaltig auf, dass diesmal Henoch sie samt und sämtlich so kurz abgefertigt hatte.

18. „Denn", sagte der Seth, „was nützt es uns, so wir auf uns selbst angewiesen sind, indem wir ja ohne Henoch es wissen, was wir vermögen, und wissen es auch, inwieweit uns allen der Herr in Seiner Liebe zugänglich ist, und wie viel wir von jeher von Seiner Stimme vernommen haben! Denn diese ist ein Angehör der Liebe, wie die Weisheit ein Angehör der Gnade ist.

19. Wie kann aber jemand den Herrn zuvor lieben und reden aus Ihm, bis er notwendig erst die Liebe und das Wort vom Herrn empfangen hat? Welcher von uns aber kann sich damit rühmen außer Henoch? Dass ich nicht wüsste, was mir eigen ist!

20. Die Gnade haben wir alle zwar, Gottes Kinder zu sein, wie unleugbar auch unter allen Geschöpfen die ausgezeichnetste Fähigkeit, als Menschen Menschen zu sein, und haben als solche alle dieselben Sinne und gebrauchen dieselben auf eine und dieselbe Weise; aber es frage sich nur ein jeder selbst, ob bei aller dieser Sinn- und Gnadengemeinschaft wohl auch einen jeden eines und dasselbe gleich, oder auf eine und dieselbe Art vergnügt!

21. Daraus aber wird es ja klar, dass nicht einmal einem jeden gleichviel Gnade, geschweige erst gleichviel Liebe zuteil wird; und das wird noch um so ersichtlicher, so man aus so langer Erfahrung weiß, wie unbeständig die Liebe mit jedem Gegenstand, den sie ergreift, zu Werke geht, und was dazu für Abgezogenheit und große Aufopferung erfordert wird, in was immer für einer Hinsicht liebefest zu werden!

22. Obschon ich dadurch nicht sagen will und kann, dass wir darob durchaus in der Liebe gegen den Herrn nicht fester und fester zu werden vermöchten, – aber das ist einmal gewiss, dass uns nur die Gnade gegeben wird, statt der Liebe aber durch die Gnade allein die Fähigkeit nur, die Liebe uns zu erwerben und sie dann erst in uns aufzunehmen; aber auf ein bloßes Verlangen wird sie uns nimmer zuteil, und möchte dieses Verlangen noch so sehnsüchtig sein. Kurz und gut, so es dem Herrn gefällt, jemandem die Liebe zu geben in der Fülle wie dem Henoch, so ist das eine Barmsache des Herrn, und Er wird niemanden um Rat fragen, wenn Er jemanden damit erfüllen will. Aber hört alle, Regel ist es durchaus keine, und wir können mögen, was wir nur immer mögen, und der Herr ist aber dabei doch nur der alleinige Herr und tut und handelt nach Seiner unerforschlichen Weisheit, das Ihm wohlgefällt, – wir aber sind nur Zeugen dessen, das Er macht vor uns und für uns.

23. Und du, mein lieber Henoch, fasse wohl diese meine Worte, und danach rede! Denn deine große Bescheidenheit ist mir wohlbekannt, und deine Demut hat dich mir so teuer gemacht; daher brauchst du künftig nicht mehr allzu bescheiden zu werden und uns stets zu zeigen deine große Demut, wenn es sich um einen Dienst handelt, den du Gott und uns, deinen Vätern, schuldig bist. Denn dass du solches alles bist, siehe, das wissen wir

schon lange alle, der Herr aber noch unendlichmal besser denn wir, darum Er dir auch die Liebe dauerhaft verlieh; und du brauchst uns darob keine neuen Beweise mehr zu liefern, sondern dass wir dich zu einem Lehrer und Sprecher Gottes berufen, ist ja nur geschehen zufolge solcher deiner Tugenden. Und so kannst du vor uns reden ohne alle Furcht, wie du schon gar oft in unser aller Angesicht getan hast.

24. Außer, so solches, dass du früher redetest, dir vom Herzen zu reden geboten war, so konntest du wohl nicht anders reden und tatest wohl, dass du also geredet hast!

25. Aber wenn ich bedenke, dass du gesprochen hast, uns ermahnend zur Eigenwende nach der Stimme des Lebens aus Gott, siehe, vermöchte da Gott nicht so viel denn du und könnte unsere Herzen gar wohl auf das anweisen, das du getan hast!

26. Allein da du auf diese Art schon zu reden angefangen hast aus Gott, siehe, so genügt es nicht, uns bloß nur trocken anzuweisen an Den, von dem einem jeden von uns wohlwissend alle Dinge sind, – sondern, da einer zugunsten aller vom Herrn ganz besonders beteiligt wurde in diesem Überfluss, soll er auch nach Recht und Billigkeit den in dieser oder jener Hinsicht weniger Beteiligten beispringen; dadurch erst werden wir wahrhaft vor dem Herrn an den Tag legen, dass wir wahrhaft Seine Kinder sind!

27. Siehe, daher haben und müssen auch die Bescheidenheit und die Demut ihre wohlweisen und nützlichen Grenzen haben!

28. Nehme es nur einmal so recht natürlich; siehe, als uns der Vater kundgab die Schwäche seines Leibes, wir aber aus lauter übertriebener Demut uns gescheut

hätten, ihm zu gewähren, danach ihn verlangte in seiner Natur, oh, was würde ihm da wohl unsere übertriebene Demut genützt haben, so sich keiner gewagt hätte, ihm Speise und Trank zu reichen?!

29. O siehe, die wahre Demut muss daher nie aus dem Bereich der Liebtätigkeit treten, wenn sie dem Herrn wahrhaft wohlgefällig sein soll, und wir sind verpflichtet, darum einander so lange behilflich beizuspringen, solange wir einander nur immer kundgeben, dass wir in diesem oder jenem einander benötigen; was aber die Anweisung an den Herrn betrifft, so ist es ja recht und billig, dass der Stärkere den Schwächeren ermahnt, aber ihn so lange nicht auslässt, als bis der andere spricht: ‚Siehe, nun hat der Herr auch mich geweckt!‘

30. Henoch, siehe, noch kann dir das keiner von uns sagen, denn wir alle sind nichts vor Gott; daher verbanne dein Unnötiges, und denke an das in der Fülle deiner Liebe, was uns vorderhand allen nottut in dieser Lage, damit wir vollends vermöchten, liebegerecht zu erscheinen vor Gott!

31. O zaudere nicht, und tue Genüge unserer Liebe in Gott! Amen."

Kapitel 60

Henochs erklärt den Grund für sein hartes Wort

1. Und siehe, nachdem Seth solches geredet hatte, erhob sich Adam und sprach: „Das Wort des Henoch war ein hartes Wort, und das Wort Seths aber war ein weiches Wort!

2. Ist es aber, dass ihr beide gerecht gesprochen habt, nur der eine hoch, hart und unverständlich, der andere aber sanft und wohlverständlich, so ist von mir aus keiner beschuldigt; aber das ist es: Man gebe den Kindern keine Kost, wofür ihnen die Zähne noch nicht gewachsen sind! Und so ist, Henoch, für diesmal deine Kost zu hart; daher wird es wohl an dir sein, die gerechte Kost so zu erweichen, dass wir sie mit Nutzen werden verzehren können! Amen."

3. Nach dem aber erhob sich abermals der Henoch und fing an, folgende sehr denkwürdige Rede an alle zu richten, sagend nämlich:

4. „O liebe, wohlachtbare Väter! Das der Vater Seth so wohlmeinend unter mein Angesicht sittlich und voll Würde gesprochen hatte, ist ja wahr, gerecht und billig und zeigt klar und deutlich, das des Menschen ist wieder zum Menschen; denn es ist also auch der Wille von oben, und es hat demnach jeder das Recht der Liebe, dem anderen in menschlichen Dingen beizuspringen, und das umso mehr zur Zeit der Not und des Verlangens, und da wäre der kaum wert, ein Mensch zu sein, so ihn nur irgendein eitler Grund davon abhielte, zu tun und zu reden, was der Pflicht und Liebe rechtens ist.

5. Jedoch, o liebe und wohlachtbare Väter, sagt oder fragt euch selbst, was in dem Falle zu tun sein dürfte, so mir der Erzvater Adam gegen irgendeine Anfrage der Kinder, um nicht selbst reden zu müssen, eine kurze, harte und tiefbestimmte Antwort an selbe gegeben hätte, die Kinder aber hätten die Antwort nicht verstanden und ich als der Überbringer auch nicht von mir aus bis auf den Grund, sondern nur so viel, als es der Erzvater mir erläutert hätte, unter der Bedingung des Verbotes zwar,

einstweilen von der Erläuterung nichts zu melden, damit die Herzen der Kinder in der Sphäre ihres Denkens nicht allzu träge, sondern geweckter und geweckter werden möchten. So dann aber die Kinder ob der etwas dunklen Antwort über mich herfielen und nötigten mich, verständlicher und klarer zu reden, – o Väter, urteilt selbst: Wessen Verlangen steht hier höher, das des Erzvaters, oder das der unzeitig wissbegierigen Kinder?

6. O Väter, ihr könnt nicht umhin, mir hierin vollends beizustimmen, so ich durch meine gerechte Verschwiegenheit das Gebot des Erzvaters wohl verwahren würde bis zur Zeit seines Wohlgefallens, desgleichen ich heute vor dem Aufgang meinem Leibesvater Jared getan habe, da das Wort des Erzvaters höher steht denn all das lüsternste Verlangen aller seiner Kinder! Und so ich verschwiegen war, tat ich nicht der hohen Pflicht, das ihres rechtens war?!

7. Wie ist's denn aber, da ihr wohl wisst, dass, so ich rede, ich nicht aus mir, sondern aus dem Herrn rede, dass ihr mir dann Vorwürfe macht, als hätte ich geredet aus mir, da ihr doch noch von gestern her den sprechendsten Beweis haben möchtet, wie sichtbar nahe der Herr meine schwache Zunge begleitet hatte?!

8. Da ihr aber nun nicht mich, sondern den Herrn durch mich gefragt habt und euch somit nicht an meiner, sondern an des Herrn Stimme gelegen war, so fragt euch selbst, wem der Vorwurf zukommt!

9. Kann ich denn mehr tun, als es des Herrn Wille ist, oder kann ich mehr geben denn so viel nur, als ich selbst empfangen habe?

10. Und hätte ich es auch empfangen in der Fülle, des Herrn Wille aber hätte mir bestimmte Grenzen angewiesen, euch

vorderhand nur so viel zu sagen, als ich eben auch pünktlich getan habe, da eben der Herr solches weise absichtlich von mir verlangt hatte, – und so ich dem Herrn gehorche in aller Furcht und Liebe, o liebe Väter, sagt und urteilt selbst, ob ich nicht recht handle, so ich den Willen des Herrn höher halte denn alles nutzlose Verlangen der Menschen, die zusammen gegen Ihn nichts sind und ohne Ihn auch gar nichts vermögen, mit Ihm aber alles!

11. O Väter, seht, für mich ist der Vorwurf überflüssig wie gegen einen Baum, der keine anderen Früchte bringen kann als welche der Herr in ihn gelegt hatte, mögen sie nun süß oder bitter schmecken; was aber den Herrn betrifft, sagt, wo ist das Wesen, das da nicht ewig gutheißen möchte jegliches Seiner Worte, an deren Verständnis wohl Ewigkeiten werden vollauf zu nagen haben!

12. So ihr mich aber aus dem Herrn fragt, da glaubt es auch, dass ich aus dem Herrn rede; zweifelt aber jemand in seinem Herzen, da ist ja ohnehin Frage und Antwort unnütz, da er keinen Glauben hat und misstraut seinem eigenen Herzen.

13. Wie kann aber jemand liebefest werden durch seinen Bruder, wenn sein Herz in dem Herrn wankt?! Daher vertraut dem Wort des Herrn, auf dass ihr liebefest werden möchtet!

14. Es ist zwar der Sohn nicht über den Vater; wenn aber der Herr mit dem Sohn redet, dann ist der Sohn des Herrn, und es solle der Vater sich nicht grämen der Stimme des Herrn im Sohn.

15. Ich, Asmahael und Ahbel haben euch ja ohnehin kundgetan des Herrn Willen, das da ist ein Wunder für uns alle; wozu da noch eine Frage?! Sondern zu handeln in der Liebe und im Glauben an

den Herrn ist hier des rechtens; und was darüber, sei ewig des Herrn! Amen."

Kapitel 61

Wie das Wort Gottes angenommen werden soll

Am 11. Februar 1841

1. Und als der Henoch solche Rede vollendet hatte, siehe, da erhob sich alsbald Seth wieder und sprach: „Oh, was sind wir, und was vermögen wir? Nichts!

2. So wir zwar reden menschlicherweise untereinander, so dünkt es uns weise; aber nun ist es mir klar geworden, dass alle unsere Weisheit vor Gott eine bare Torheit ist, daran Er sicher kein Wohlgefallen haben mag.

3. Hört, war meine frühere Rede nicht eine, die nur dem edelsten Menschenherzen zu entstammen vermag?! Was ist sie jetzt? Nichts als eine eitle Torheit; und ich gleiche dadurch einem Verblüfften, der, mit seinen Gedanken in die ganze Welt zerstreut, in seiner Wohnung fragt nach seiner Hütte!

4. Aber warum, warum konnten denn wir unsere vanne [eitle] Torheit nicht eher begreiflich einsehen und gaben uns gar so entsetzlich bloß vor dem Herrn? Es ist, dass wir allesamt blind seien, sonst wäre es ja unmöglich, dass wir den lieben Henoch darüber noch haben mit einer ganz unnötigen Frage zwecklos beunruhigen können, darüber wir ja wahrlich doch schon ohnehin die wunderbarste Bestimmung von oben her durch Ahbel, Henoch, Enos, Kenan und endlich wunderbar durch Asmahael selbst bestätigt erhalten haben – und wollten eher den Worten Henochs

misstrauen als zu blicken in unsere eigene Blindheit! O der absurden Torheit! Wäre sie doch von uns nie begangen worden; denn wie unschicksam ist es jetzt, sich zu schämen als Vater vor den Kindern!

5. Aber es ist nun einmal durchgehends nicht anders, und so sei es dem Herrn geopfert!

6. Ich aber denke in meinem Herzen: Der liebevollste, heiligste Vater wird in Seiner großen Milde mir und uns allen unsere zu sorgliche Ängstlichkeit zuliebe halten und uns beraten in Seiner Liebe und nicht in Seiner Weisheit, gegen die wir gar zu außerordentlich nichts sind, und wird uns ansehen als schlafende Kinder, die da träumen, als wären sie wach, oder wenigstens mit geschlossenen Augen dafürhalten, dass, so sie nichts sehen, auch die Wachen nichts sehen müssen oder können!

7. O du Henoch du, wecke du uns nur zu; es wird doch einst die Zeit kommen, dass wir auch sehen werden, was du siehst, und wir alle durch dich nun und einst!

8. So wird es aber sein in der Zukunft, dass der Herr die Kinder zu Lehrern ihrer Eltern erwecken wird und wird geben den Eltern ein kindliches Herz. Und es werden dereinst noch Kinder kommen hinter uns, die in ihrer Ohnmacht Größeres tun werden denn wir in aller unserer Kraft. Und so wird allzeit des Herrn Wille geschehen!

9. Und du, lieber Henoch, stehe auf und sage mir, ob ich also recht geredet habe, und erquicke dadurch unser aller Herzen! Amen."

10. Nach dem aber lächelte der Henoch all die Väter gar liebefreundlich an und sagte: „O liebe Väter, vergebt mir meine manchmalige scheinbare Härte; denn nicht ich, euer Sohn Henoch, wende da meine Zunge, Worte zeugend zu eurem Verständnis, sondern der Herr wendet sie nach Seinem Wohlgefallen. Dafür kann aber ja das Werkzeug nicht, so es der Herr gebraucht nach Seinem Wohlgefallen! Und so ich da rede Dinge, deren Sinn verborgen liegt gleich dem Keim im Samenkorn, so lehrt das Benehmen und hier ja schon die wohlgeordnete Natur, dass auch der Keim aus dem Samenkorn nicht alsobald in vollreifer Frucht hervorbricht, so er erst kaum in die Erde gelegt wurde, – sondern da muss das Korn erst zunichtewerden und verfaulen um den Keim; da wird erst das Leben frei und wächst nach und nach unter manchen Stürmen, Sonnenschein und Regen zur segensreichen, tausendfachen Frucht empor.

11. Sehet, geradeso ist es auch mit jeglichem Wort des Herrn! Nicht also, wie es gegeben wurde, wird es fruchtbringend sein, – sondern so es gelegt wurde in das Erdreich unserer Herzen, so wird es gelegt in seiner wohlverwahrenden, harten Schale; wenn aber dann durch unsere Liebe diese harte Schale aufgelöst und verzehrt wird im Herzen, sehet, da wird dann der lebendige Keim oder das lebendige, werktätige Verständnis ans Licht der Sonne des Geistes hervorbrechen und unter manchen stürmenden Prüfungen, Lieberegen von oben und Gnadenlicht vom heiligsten, liebevollsten Vater wohlgedeihend reifen zur unschätzbaren Frucht alles Lebens und aller Liebe in der Weisheit Gottes, unseres Vaters!

12. O Väter, sehet, so ist es der Wille des Herrn; und also sollen wir auch jegliches Seiner Worte ergreifen! Und so erst werden wir an den Tag legen vor dem Herrn, dass wir wahrhaft Seine Kinder sind, die das Wort des Vaters verstehen und

wohl erkennen Seine Stimme allzeit. Amen."

Kapitel 62

Wie die Urväter die Rede Henochs verstanden haben

1. Siehe, das war eine rechte Rede, und doch war sie den Vätern noch nicht ganz klar, und so fragte Adam all die umstehenden Kinder, sagend:

2. „Kinder, habt ihr nun alle wohl verstanden die Rede Henochs?"

3. Seth aber antwortete: „O Vater, so nun der Same erst gelegt wurde, wie könnte es wohl sein, dass wir es vollends verstünden?! Wir haben zwar die Schale mit dem Keim und den Stein [Keim] mit dem Leben empfangen; aber die Verwesung der Materie ist noch nicht erfolgt, auf dass das Leben frei geworden wäre. Aber ich vertraue fest, es wird die Zeit des Herrn das Ihrige sicher tun und wird unsere Herzen umgestalten zu einem neuen Paradies! Amen."

4. Und es fragte Adam also den Enos weiter um das Verständnis. Dieser aber entgegnete: „O Vater, ich sah einst einen Haufen unförmlicher, plumper Steine liegen; da war ihre Farbe ein und dieselbe. Es fiel aber bald darauf ein fruchtbarer Regen vom Himmel, und dieser Regen fiel auch über diesen Haufen Steine; diese Steine aber, da sie zuvor die Sonne gewaltig durchwärmt hatte, sogen begierig jeden Tropfen in sich und dampften, wonniglich scheinend ob solcher Erquickung, so zwar, dass ich sie nimmer zu sehen vermochte ob des gewaltigen Dampfens. Nun fing aber auch unter dem Regen ein kleiner Sturm an zu wehen; dieser trieb alsbald die Dämpfe von den Steinen, und ich konnte dieselben wieder schauen. Aber wie sah ich sie verändert!

5. Die Einfarbe war zur Tausendfarbe geworden, und das eingedrungene Wasser hatte sie völlig durchsichtig gemacht, und einige davon zerfielen in einen weißen Brei; und ich vermochte dadurch, nur zu deutlich beinahe, zu erschauen ihren mannigfaltigsten Gehalt.

6. So glaube ich auch jetzt einen solchen Haufen Steine vor mir und in mir zu erblicken, die durch die Gnadenstrahlen von oben schon gar gewaltig durchwärmt zu sein scheinen, und es ist noch gar wenig Unterschiedes zwischen ihnen; aber nun glaube auch ich fest, so der Regen, von Stürmen begleitet, kommen wird, da wird es mit meinen Steinen wohl werden wie mit den gesehenen, allda die durchleuchteten gleichen werden dem vollen Verständnis und die zerfallenen der Verwesung, aus der ein neues Leben aus der Erde meines Herzens keimen wird, gleich wie dort aus dem weißen Brei sich alsbald ein üppiges, junges Gras erhob. Amen."

7. Und sobald wurde desgleichen auch Kenan gefragt; da war seine Antwort folgende: „O Vater, ich sah jüngst an einem schwülen, heißen Tag, dass sich ferne Gegenden mehr und mehr zu verlieren anfingen, und es half da kein Anstrengen der Sehe; kurz, sie verschwanden endlich ganz und gar, und das Licht der Sonne vermochte nicht zu hindern solches Verderben, stets näher und näher zu rücken. Und so wurden von solchem dunstigen Unding auch nach und nach unsere nächsten steilen, hohen Nachbarn verschlungen; mich bangte der Erde, und so floh ich in meine Hütte.

8. Es kam in der Nacht ein Ungewitter. Blitze und Donner wetteiferten in ihren Mächten. Ein Sturm drängte den anderen. Windsbräute tobten an meiner Hütte vorüber, und dem Himmel entstürzte ein Stromregen, dessen glühende Fluten an den Spitzen der Berge zerbarsten und dann donnernd und schaumbrausend in die tiefen Gräben und Täler dem Meer zu stürzten.

9. O Väter, da schmachtete mein ganzes Haus in einer großen, betäubenden Angst und fürchtete sich vor Gott!

10. Ich betete. Das Ungewitter verzog. Ruhig wurde es gegen den Morgen; da verließ ich eine Zeit vor dem Aufgang meine Hütte und blickte erstaunt und dankbar in die Ferne. Oh, es war der heiterste Morgen, und mein Auge entdeckte da in früher ungeahnten Fernen Dinge und sah sie in ein freundliches Dasein treten!

11. Und so glaube ich nun auch fest, dass nach dieser meines Herzens Sturmesnacht ein gleich ruhiger und überaus heiter reiner Morgen in und durch die Liebe zu Gott, unser aller liebevollstem, heiligstem Vater, erstehen werde. Amen."

12. Und es galt die Frage nun dem Mahalaleel, ob und wie er die Rede Henochs wohl verstanden haben mochte.

13. Und er antwortete in seiner Wortkargheit: „O Väter, unlängst an einem Morgen nahm ich mir vor, solange es ginge, die Sonne anzugaffen, um vielleicht in derselben gleichwie im Vollmond etwas zu entdecken. Allein ich empfand bald die Strafe für meine Tollheit; denn als bald mein Auge nicht mehr vermochte, ferner zu ertragen die große, brennende Heftigkeit des Lichtes, sehet, da wandte ich meine Augen ab von der Sonne und bemerkte mit großer Angst, dass meine

Augen nichts mehr zu erschauen vermochten; ja sogar ich selbst bin mir verlorengegangen, so dass ich die Erde und mich nur zu fühlen, aber nicht mehr zu sehen vermochte.

14. Und so blieb ich den ganzen Tag über und merkte am Abend kaum, wie die Nacht sich allmählich über die Erde zu lagern begann.

15. Meine Kinder geleiteten mich in meine Hütte; daselbst betete ich zum guten, heiligen Vater, dass Er mir das Licht meiner Augen gnädigst wiedergeben möchte, das ich durch meine große Torheit eingebüßt hatte. Darauf schlief ich ein, und die Nacht spendete reichlichen Tau über meine Augenlider, und kühlende Lüfte wehten über die erhitzten Augen und kühlten den Sonnenbrand in meiner Sehe. Die Nacht verstrich, und – dem guten, heiligen Vater sei Dank und Ehre! – für mich erstand wieder ein ruhiger, heiterer, reiner und frischer Morgen. Meine Sehe ward gestärkt, aber nicht mehr zu einer neuen Torheit, sondern zu schauen die blumenreichen Fluren der Erde und zu achten darob, wie sich in zahllosen Formen und heitersten Gestalten das Leben aus den Verwesungen frei entwindet.

16. Und so glaube auch ich fest: Ist nun auch mein geistiges Auge ob des zu großen Gnadenlichtes von der heiligen Höhe Gottes geblendet, so wird aber eine stille nächtliche Herzensruhe und der Liebe kühlender Tau, unterstützt durch ein stärkendes Liebewehen von der Höhe des guten, heiligen Vaters, auch bald am großen Morgen des Geistes über den Gefilden meines Herzens ein wunderbares Leben aus den Verwesungen meiner harten Gedanken und Gefühle erstehen lassen. Amen."

17. Und so kam nun auch die Reihe an den Jared, und dieser gab folgendes zur Antwort, sagend: „O Väter! Was soll ich da für eine Antwort geben? Henoch ist zwar aus mir zunächst hervorgegangen, wie die Sonne aus der Erde hinter den Bergen hervorzugehen scheint; aber gar bald entsteigt sie überhoch den Tiefen der Erde und überstrahlt dann mächtig den endlosen Raum, und die ganze Erde badet sich dann geblendet in den übermächtigen Strahlen ihres Lichtes; und alles Leben weckt sie zur heiteren Regsamkeit und zahllosen, wunderbaren Entfaltung aus den Verwesungen der Nacht!

18. So glaube ich denn auch fest und beharrlich: Henoch wurde erhoben gleich einer Sonne zur unermesslichen Höhe über mir, und es wird nun mein ganzes Wesen von seinem großen Licht geblendet. Aber es soll das heilige Licht nur wirken gleich dem Licht der Sonne, und es soll meine Nacht mir zum Segen werden; denn so das Licht Leben wirkt und zieht den lebendigen Keim aus den Verwesungen hervor und formt und lenkt ihn dann wunderbar, da werde ich sicher, einer Pflanze nicht minder, in der stillen Ruhe meiner Demut vom Herrn bedacht werden. O Väter, dessen bin ich gewiss! Der Herr gebe jedem, das Ihm wohlgefällt! Amen."

Kapitel 63

Wie Asmahael die Rede Henochs
verstanden hat

1. „Und nun", sagte der Adam weiter, „da mir bis auf Henoch alle geantwortet haben, Henoch aber ganz natürlich lange schon die lebendige Antwort selbst ist, so lasst uns am Ende noch sehen, wie alles dieses Asmahael aufgenommen hatte; und es soll seine Antwort der letzte, sichere Beweis sein, dass er nach dem Willen Jehovas würdigst möchte aufgenommen werden in unsere väterliche Mitte.

2. Und so gebe nun auch du, Asmahael, dein mögliches Verständnis von dir und zeige uns, wie du deinen dir bestimmten Lehrer erfasst und begriffen hast; und so rede, was du vermagst! Amen."

3. Und siehe, alsbald begann Asmahael folgende, sehr denkwürdige Antwort von sich zu geben, und zwar so getreu, als sie ihm von Mir eingehaucht wurde, sagend nämlich:

4. „Geliebteste Väter der Väter der Erde, zu schwer für euch Kinder des höchsten, des heiligsten Vaters war Henochs gar wunderbares Wort zu verstehen und voll zu erfassen dasselbe aus innerster Tiefe der Wurzel des Lebens! O Väter der Väter der Erde, das sollte ich nichtiger Wurm des Staubes auch deutend gar zeigen, – ja zeigen, wie weit das Unendliche sich mit dem Endlichen möglich mocht' einen, der Tod mit dem Leben, die Nacht mit dem Licht, die Erd' mit der Sonne, wie zeitlich mit ewig, und wie die Geschöpfe mit Gott!

5. O ihr Väter der Väter der Erde, wenn solches ich könnte, o wahrlich, dann würde die Erde nicht sparsam von einer alleinigen Sonne am Tage erleuchtet nur werden; o höret, aus jeglichem Wort, aus jeglichem Laut der Zunge entstünden dann Heere der Sonnen, die alle die Erde gar munter umkreisten!

6. O Väter der Väter der Erde, ich meine, die Macht solcher Worte und so auch ihr endlich's Verständnis steht höher, unendlichmal höher, als dass ich, ein kaum noch dem Tod und der Nacht erst

entrissener Sklave, schon möchte enthüllen das größte der Wunder, ein Wunder der Wunder im Wort!

7. Ich habe gar oft schon gesehen gar weisliche Taten von Tieren verüben; es waren die Dinge fürwahr sehr erstaunlich, dass Menschen mit fleißiger Mühe desgleichen nicht möchten erzeugen; doch Worte, um das zu benennen, das da sie erzeugte, o höret, – die Worte, dies Wunder der Wunder, konnt' nimmer mein lauschendes Ohr von den Zungen der weisesten Tiere vernehmen!

8. Da dacht' ich, zu künden das Leben dem Leben vom Leben kann nimmer die weiseste Tat! Denn ich sah oft Spinnen inmitten des kühnsten Gewebes ersterben, – ja selbst in den größten Palästen der mächtigen Städte der Tiefe hielt oft schon der Tod ein gar schauerliches Erntefest!

9. Ja selbst Menschen gen Menschen, sie zeigten ohn' Worte vom Leben wohl schwerlich sich mehr, als ein Stein es vermag zu dem Stein!

10. Doch Worte, o höret, die Worte, entstammend dem Leben, die zeigen uns wieder das Leben! Und konnte das Leben ursprünglich sich anders als einzig allein nur im Wort sich finden?

11. Im Wort ist Leben; das Wort ist das Leben, und Gott ist das Wort und das Leben. Es findet das Leben im Wort sich nur, und das Wort muss ja ewig in Gott sich selbst zeugend und findend als Leben vom Leben gar mächtig geredet und alles aus sich so gestaltet unendlich geschaffen auch haben!

12. O Väter der Väter der Erde, wenn ich nun erfahre von Henoch des Wortes gar mächtiges Walten und alles durch dasselbe umstalten in mir, oh, da frage ich nicht mehr nach Leben! Fürwahr, solches

habe ich treu ja im Wort schon gefunden; und wem nicht genügt dies Zeugnis vom Leben, o Väter, der dürfte ein anderes wohl schwerlich je finden! Amen."

Kapitel 64

Henochs Rede über das göttliche Wort

Am 15. Februar 1841

1. Als aber der Adam und die übrigen Väter solches aus dem Munde Asmahaels vernommen hatten, siehe, da ergriff sie alle, mit der Ausnahme Henochs, hohen Wunders, und sie wussten nicht, was sie daraus machen sollten.

2. Da sah alsbald der Henoch solche Verlegenheit der Väter, dass sie ihn dauerten, und fing unaufgefordert an, folgende lichtvolle Rede an sie zu richten, dass sich alle überaus erfreuten, sagend nämlich:

3. „Vergebt mir, liebe Väter, dass ich nun frei, unaufgefordert zu reden anfange, – aber nun muss ich's tun; denn jetzt tut euch allen ein helleres Licht von oben not, und so vernehmt: Was euch meine Zunge nun künden wird, wird sein ein Wort des Lebens, ein Wort aus der Höhe und ein Wort aus der Tiefe, – aus der Höhe voll Licht und aus der Tiefe voll Leben; denn in der Höhe ist Gott das Licht alles Lichtes und in Seiner Tiefe das Leben alles Lebens.

4. Sehet, so aber ist dieser Grund zu verstehen: Wenn wir da einen Blick werfen in die Höhe und wieder einen hinab zur Erde, und das zwar ganz natürlich, so werden wir in der Höhe alles voll Lichtes und in der Erde und auf der Erde alles voll von allerartiger Regsamkeit erschauen. Da liegen zahllose Leben in sich bergende Samenkörner in den Furchen der Erde begraben,

ebenso zahllose Samen der Tierwelt in ihren erwärmten Nestern, wie auch in den Eingeweiden der Tiere, und harren darin der Wärme und der Erstehung zum Licht.

5. Aber wahrlich, ehe nicht all die Furchen der Erde, all die Nester und all die Eingeweide der Tiere vollends durchwärmt werden, wird kein Leben erstehen in seinem Keim aus all diesen Kerkern und sich dann frei erheben hinauf zu den freien Räumen, die da sind voll Lichtes.

6. Sehen wir aber nicht sommers und winters dasselbe Licht die Erde erleuchten – und doch nicht dieselbe Wärme die Furchen der Erde durchwärmen?! So aber das Licht die Wärme brächte, sehet, da müsste es ja allzeit warm sein unter denselben Strahlen der Sonne; dass es aber nicht also ist, lehrt uns der frostige, oft ganz starrkalte Winter.

7. Nun fragt es sich dann freilich: Was und wo ist denn sodann die Wärme, da sie nicht am Licht hängt und das Licht somit kein Träger der Wärme ist?

8. Sehet, es ist aber die Wärme das verborgene, schlafende Leben selbst in der Tiefe und kann sich selbst nicht frei machen; wenn aber das Licht lange genug geleuchtet hat über den Tiefen der Erde, sehet, da erweckt es die Wärme aus dem Schlaf. Diese zerreißt dann ihre frostigen Behälter und tritt dann freitätig heraus, verbindet sich dann mit dem Licht und bildet dann ein Wesen, das seine Wurzeln noch im Urschoße des Lebens ausbreitet und darin seine Nahrung sucht, aber den lichtverwandten Teil über die Erde frei erhebt, um sein einmal gewecktes Leben fortwährend wach zu erhalten; und was bei den Pflanzen das Erweckende ist, das ist auch bei den Tieren einer wie der anderen Gattung der Fall, und es wird alles vom Licht gezogen und getrieben von der Wärme.

9. Aber alles dieses ist nur eine natürliche Erscheinung, und es gilt die verschieden geformte Regsamkeit als lebend nur für das Wesen, das ein Träger eines höheren Lebens ist.

10. Wenn wir aber sehen, dass sich gleichartige Wesen anziehen und sich finden, und ungleichartige aber sich abstoßen und sich fliehen, da lernen wir, dass in ihnen nicht einerlei Wärme und einerlei Licht ist, das sie treibt und zieht, – sondern da gibt es ein geraubtes Licht und eine gestohlene Wärme, wodurch alles Unkraut und Ungeziefer getrieben und gezogen wird; jedoch vermag alles dieses ein höheres, freies Leben zu gewahren!

11. Nun fragt es sich: Wie aber vermag ein höheres, freies Leben dieses und warum? O Väter, da liegt der Hauptknoten, der da zu entwirren ist!

12. So höret denn: Wie aber die Form aller Dinge in ihrer größten Verschiedenheit ist ein Ausdruck der natürlichen Wärme in der Verbindung des Lichtes und unterscheidet sich nur nach der Fähigkeit der Aufnahme von mehr oder weniger Licht oder mehr oder weniger Wärme, so ist auch die Sprache des Menschen eine gebildete Form der geistigen Wärme, welche die göttliche Liebe im Herzen ist, und vom geistigen Licht, welches die göttliche Gnade im Menschen ist.

13. Wie möchten wir verständige Worte sprechen, wenn sie nicht als ewige Formen des Geistes uns gegeben wären?! Da wir aber alle Dinge benennen können, sagt, wer lehrte uns das?

14. Gott allein konnte das, da Er allein nur der ewige Inbegriff aller Formen ist, weil das Leben und Licht oder die Liebe

und Weisheit Selbst und als die ewige, unzertrennliche Verbindung der beiden die Urform aller Formen oder das Urwesen aller Wesen oder demnach das ewige Wort Selbst!

15. Wenn demnach jemand das Wort gefunden hat äußerlich und hat es verstanden und angenommen, so hat er ja kein Ding, sondern ein geistiges Leben im Vollbestand gefunden, da jegliches Wort eine Form ist, entstehend aus geistiger Wärme und geistigem Licht. Was wundert uns dann die Rede unseres Asmahaels?!

16. Oder gleichen wir in solchen Fragen nicht den Fischen, die mitten im Wasser dasselbe nicht sehen, und wir, von der Luft umgeben, die Luft nicht, so wir in der Fülle des Lebens aus Gott uns erstaunen ganz betroffen über die wahre Empfindung Asmahaels?!

17. O Väter, es hat aber alles seinen Grund! Seht, das Leben haben wir zwar unzerstörbar im eigenen Wort selbst; aber es gleicht noch dieses Leben dem im Samenkorn verschlossenen! Wenden wir unser Herz der Welt zu, dann ist es bei uns Winter, und das zu kurz dauernde Gnadenlicht vermag da die Geisteswärme in uns nicht zu lösen; so wir aber unsere Herzen beständig nach oben zum Herrn kehren, da wird das lange, ja fortwährende Gnadenlicht die geistige Lebenswärme in uns bald entbinden, und wir selbst werden dann als lebendige Form oder lebendiges Wort uns erheben zum ewigen Wachsein im Licht des Herrn.

18. Wer aber desgleichen nicht tut, der ist ein Räuber und Dieb und wird sich gestalten zum Unkraut, Ungeziefer und zur gräulichen Unform des Lebens gleich denen in der Tiefe.

19. Wer also das Wort hat, der hat auch das Leben ewig; aber je nach dem Wort, also wird auch das Leben sein!

20. Das ist das Verständnis Asmahaels. Amen."

Kapitel 65

Adams Rede über sein Leben

1. Nach dieser großen Lichtspende Henochs aber erhoben sich alle und dankten stille im Herzen Mir für diese Gabe durch Henoch. Und Adam verlangte nach einer kleinen Leibesstärkung, welche ihm auch alsbald gereicht wurde; und da er sich gestärkt hatte mit etwas Honig, Milch und Brot, so dankte er für diese Gabe Mir und sprach dann zu seinen Kindern:

2. „Kinder! Dahier verlor ich einst alles durch mich selbst, – und wahrlich, tausendmal mehr, als ich damals verlor, hat mich der Herr, unser liebevollster, gnadenreichster, heiligster Vater, wieder nun dahier finden lassen!

3. O Paradies, du schöner Garten, du lichter Ort, da ich noch in der Hand Gottes prangte gleich einer aufgehenden Sonne und in aller Fülle des Lebens mächtiger war denn der Zug aller Welten, da ich war dein übermütiger Einwohner und du mein schwacher Träger!

4. Ich fiel einst, und du, schönes Augenblendwerk, vermochtest mir nicht aufzuhelfen! Des Mächtigen Fall hat dich gedrückt, und dein Flaumenboden wurde zusammengedrückt gleich einer frischen Wolle, die ein Wind dem Baum entreißt und sie dann fallen lässt zur Erde, auf dass sie zertreten werde von unseren Füßen.

5. Durch meine genötigte Flucht bist ohne Last du zwar aufgeschossen zur eitlen Höhe deiner Schwachheit, es drückt dich zwar keines Mächtigen Fuß mehr; aber es ist auch nicht viel Rühmendes an dir außer der eitlen Erinnerung, dass du einst mein schwacher Träger warst.

6. Allein der Herr sah in Seiner Erbarmung, dass für den fallsüchtigen Schweren dein Grund zu locker war; daher setzte Er Steine unter meine Füße, dass ihre Festigkeit mich bewahren sollte vor einem künftigen Fall.[8]

7. O des guten Bodens, auf dem jetzt meine Füße ruhen, der mich nun schon nahe neunhundert Jahre vor einem neuen Fall gesichert hat, was zu tun du nicht einmal dreißig Jahre vermochtest! Dieser gute Boden machte nun auch oder war die demütigende Ursache, dass ich nun dein festerer Träger geworden bin, denn du einst als der meinige warst. Denn nun habe ich dich unendlichmal herrlicher in mir selbst aufgerichtet durch die große Gnade von oben und bin versichert, dass du in mir ewig zu keinem Fall gelangen wirst; und sollte es auch möglich sein, dass du fielest in mir, so wirst du mich nicht beugen und niederdrücken, sondern ich werde dich mit der Gnade von oben wohl aufzurichten vermögen, auf dass du ein beständiger Einwohner bleiben mögest dessen, an dessen Haare dem Herrn mehr gelegen ist als an der ganzen Erde, die ehedem deine wankende Trägerin war!

8. O Kinder, traurig kam ich hier an, denn ich musste meinen Verlust beweinen, wie ich ihn schon früher tausendmal beweint habe; aber es war diesmal der letzte Seufzer und die letzte Träne, die da deine kahle Wand befeuchtet hat. Von nun an werde ich dich nimmer betreten, du alte, hohle Nussschale eines ausgebrannten Lebens, sondern mein Fuß wird nun frohlockend wandeln auf eigenem Grund, da die Frucht des ewigen Lebens auf selbem zur Reife gediehen ist.

9. O Kinder, mir ist überaus wohl zumute, und dir, mein Henoch, sei mein ewiger Segen dafür!

10. Kinder, hat jemand noch einen Zweifel, so behalte er ihn für meine Hütte auf den Nachmittag; und so lasst nun die Kinder zusammentreten, auf dass ich sie segne und ihnen sage, dass sie sich morgen wie allzeit vor dem Aufgang einfinden möchten am geheiligten Ort des Opferbrandes! Amen."

11. Und siehe, als nun der Adam diese seine Lob-, Schmäh-, Dank-, Preis-, Abschieds- und Anordnungsrede vollendet hatte, da vollzogen seine Kinder alsobald seinen Willen. Da eilten alle Kinder jubelnd herbei, wurden dann gesegnet vom Adam und sodann feierlichst geladen, zu kommen am Sabbat zur rechten Zeit. Nach dem wurden die Kinder im Frieden und unter Meinem Lob wieder entlassen.

12. Danach aber sagte Adam: „Nun denn, meine Kinder, lasst uns gen Mittag

---

[8] Nach der Manuskriptabschrift lautet dieser Vers in aktualisierter Rechtschreibung folgendermaßen: „Allein der Herr sah in Seiner Erbarmung, dass für den fallsüchtigen Schwachen dein Grund zu locker war; daher setzte Er Steine unter meine Füße, dass ihre Festigkeit mich bewahren sollte vor einem kräftigen Fall." Das passt nicht in den Kontext der Rede, weswegen Übertragungsfehler zu vermuten sind und daher die Version der Erstauflage übernommen wurde.

ziehen und tun alldort dasselbe, was wir hier taten!

13. Der Herr sei mit dir, Henoch, und mit uns allen und Asmahael und mit allen unseren hier und überall wohnenden Kindern!

14. Der Herr führe uns und bereite aller Kinder Herzen auf unsere segnende Ankunft und Seine große Erbarmung und Gnade, dass sie morgen mit wohlbereitem und verständigem Herzen erscheinen möchten zur Verherrlichung Seines Namens und zur Belebung ihrer Seele und Erweckung ihres noch schlafenden Geistes!

15. Und nun lasst uns wandeln frohen Mutes gen Mittag! Henoch und Asmahael seien meine Führer, und die übrigen folgen mir nach der vorigen Ordnung. Doch, da die Sonne ihre Strahlen schon stark angespannt hat, so lasst uns einen schattigen Waldweg ziehen, auf dass unsere Glieder nicht ermatten vor der Zeit der bestimmten Ruhe nach der treu getanen Pflicht; auf dem Weg aber soll jeder schweigsam wandeln und wohl achten, wohin er seine Füße setzt, auf dass er nicht Schaden leiden möchte in seiner Geradheit.

16. O Herr, Du bester, heiligster Vater, ziehe Dein mildes Auge nicht weg von uns allen! Amen."

Kapitel 66

Asmahael und der Tiger

1. Und nun gingen die Väter ruhig einen schattigen Weg unter Zedern und Palmen hin gen Mittag und waren auf dieser Reise, die bei einer Stunde Weges dauerte, voll guter Dinge und lobten und priesen Mich in ihren Herzen; denn sie hatten nun vollauf zu schauen, da die Natur völlig durchsichtig für ihre durch Mein Wort gestärkten Augen geworden war.

2. (NB. Auf die euch im Bereich der Naturzeugnisse schon ein wenig versinnlichte Art!)

3. Und als sie den halben Weg gegangen waren, siehe, da stutzte auf einmal Asmahael und getraute sich nicht, einen Schritt mehr weiter zu machen, und zitterte am ganzen Leibe.

4. Henoch aber fragte ihn alsogleich: „Asmahael, was ist dir, dass dir deine jungen Glieder den Dienst versagen? Zeige uns getrost an, ob eine Gefahr du siehst, oder ob ein anderes Übel dich befallen hat; denn siehe, wir wandeln auf dem Weg des Herrn, und der Herr ist mit uns, wie wir mit Ihm! Daher teile uns getreu mit, was dich ganz hemmend kümmert! Amen."

5. Da erholte sich Asmahael und sprach, sehr beklommen noch: „O Väter der Väter der Erde und du auch, mein lieber Henoch! Da seht ein wenig nur fürbass und schaut den mächtigen, grimmigen Tiger! Schon bleckt er gar lüstern die Zähne und spannt die tödlichen Krallen zum kräftigen Sprung, um mich zu erfassen, zerreißen, zu trinken mein Blut und zu essen mein Fleisch! Denn der Wächter der heiligen Höhen ist nimmer zu sänften in seiner erschrecklichen Wut; ja des wachende, grausame Treue des Grimmes ist eine, dergleichen der Erde kein Ähnlich's gegeben mocht' werden!

6. O Väter der Väter der Erde, damit ihr mit mir nicht zugrunde auch geht, so weicht zurück und lasst mich denn als rettendes Opfer von diesem gar mächtigen Tiger ergreifen, damit euer heiliges Leben in Gott so verschont möcht' werden! O

rettet, o rettet euch, würdigste, mächtige Väter!"

7. Und siehe, da blickten die Väter ein wenig fürbass und sahen, das den Asmahael gar ängstlich machte.

8. Adam aber sagte zum Henoch: „Höre, lieber Henoch! Gehe hin und bringe den grimmen Wächter hierher, auf dass sich der furchtsame Asmahael befreunde mit der Kraft Gottes im Menschen, darob er zum Herrn der Natur gesetzt wurde und ihm gehorche alle Kreatur! Amen."

9. Und alsogleich ging Henoch hin zum Tiger; der aber warf sich augenblicklich vor dem Henoch zur Erde und bebte in allen seinen Muskeln und Fibern.

10. Henoch aber sprach mit starker Stimme zum Tiger: „Stehe auf, du grimm- und muskelstarkes Tier! Gehe hin zu Asmahael und beuge deinen kräftigen Nacken vor deinem Herrn, auf dass er behutsam getragen werde von dir an meiner und Adams Seite, und zwar gen Mittag, dann Ruhe, − dann gen Abend, dann Ruhe, − dann gen Mitternacht, dann Ruhe, − und dann endlich zur Wohnung Adams, und dann gänzliche Ruhe, dein Lohn und deine endliche Bestimmung! Amen."

11. Und siehe, alsobald erhob sich der mächtige Tiger in aller seiner kolossalen Größe, ging an der Seite Henochs gar demütig hin zum Asmahael und tat, wie ihm geboten war.

12. (NB. Diese Riesengattung der Tiger findet sich jetzt nur noch in einigen Urwäldern, in des inneren Afrikas Hochgebirgen, wie auch äußerst selten in denen Asiens.)

13. Da aber Asmahael solches sah, ward er völlig stumm vor Verwunderung und konnte nicht sprechen wie auch fast nicht stehen; denn nun ward es vor seinen Augen enthüllt, was ihm einst seine Mutter erzählte, was sie in einem Traum gesehen hatte. Denn dessen Mutter war fromm in ihrer Art und musste ihre Frömmigkeit samt ihrem Gatten gar schmählich mit dem Tode bezahlen, da sie sich geweigert hatte, den Lamech als den allerhöchsten Gott anzubeten, nachdem ihr zuvor die hohe Gnade widerfahren war, von dem geringsten Waffenknecht Lamechs gewaltig durch eine ganze Nacht hindurch auf die geilste und unnatürlichste Art beschlafen zu werden.

14. Und da sich auch ihr Gatte solcher Danksagung ärgerlich weigerte, so wurden auch ihm bei lebendigem Leibe die Gedärme aus dem Bauch mit ehernen Haken gerissen.

15. Woher aber Lamech solche Werkzeuge so bald erhielt, wird zur Zeit schon kundgegeben werden.

16. Und siehe, da sich Asmahael nun ermannte, so sprach er voll Wärme: „O mächtige Väter der Väter der Erde, nicht eure leibliche Größe und Stärke vermöchte zu bändigen solch ein gar riesiges, reißendes Tier; wahrlich nein, nur ein Gott, ja ein mächtiger Gott ist's, der solches durch eure geheiligten Herzen vermag! Dem sei Dank, Dem sei Lob, Dem sei Preis und die Ehre, ja heilige Ehre dem mächtigsten, heiligsten Vater so großer, erhabener, mächtiger Kinder! Amen."

17. Adam aber lobte ihn ob seiner rechten Erkenntnis der Liebe zu Gott, und dass er Mir allein die Ehre gab.

18. Henoch aber hob ihn auf den Nacken des Tieres, und dieses trug sorglich und behutsam seinen Herrn an der Seite Henochs.

19. Und so ging der Zug weiter den duftenden, schattigen Weg entlang, und kein Hindernis stellte sich hemmend dem Zug

mehr entgegen. Da sangen gar munter die Vöglein, auf Ästen sich wiegend, und sangen wohltönend prophetisch dem Menschen ein Liedchen, – ein Liedchen vom Menschen der Menschen, das sangen die munteren Vögelein Ihm.

Kapitel 67

Die Kinder des Mittags fürchten sich vor dem Tiger

1. Und so kamen sie nun wohlbehalten bei den Kindern des Mittags an, welche, als sie solcher Ankunft ansichtig wurden, alsobald alles verließen und hinzueilten zum Empfang der Erzväter, um dieselben würdigst zu begrüßen.

2. Jedoch als die zahlreichen Kinder des tragenden Tigers ansichtig wurden, ergriff sie eine große Furcht; denn sie kannten die grausame Beharrlichkeit dieses Tieres und hatten solche erfahren bei einer Gelegenheit, allwann sich einige Jünglinge zusammenmachten, um eine Reise nach Hanoch, wovon sie reden gehört hatten, zu unternehmen.

3. Das Tier durfte ihnen zwar nichts zuleide tun, sondern sie nur durch seine grimmsprühende Gestalt und wutentbrannte Bewegung zurückschrecken und also abhalten von ihrer Torheit; aber es gab ihnen seine Muskelkraft doch dadurch zu erkennen, dass es einen Ochsen, das heißt einen aus dem Dickicht herbeigeeilten Riesenauerstier, vor ihren Augen mächtig anfiel und selben alsogleich in kleine Stücke zerriss, und alsogleich auch verzehrte samt Haut und Haaren,

4. welche Szene die wenigen Reiselustigen auch alsobald zum Umkehren brachte,

und ihnen die fernere Reiselust auch gänzlich benahm, und das umso mehr, da der Anführer der kleinen Schar sogar mit einem tüchtigen Schwanzhieb von Seiten des Tigers gar kräftig bedient wurde.

5. Daher hatten vermöge solcher Lektion diese Kinder auch einen ganz besonderen Respekt vor diesem Tier und wunderten sich nicht wenig darüber, dass sie den Asmahael sahen auf dem Nacken dieses Tieres furchtlos sitzen und sich gar bequem tragen lassen.

6. Da aber der Adam alsobald merkte ihre Furcht, so sprach er zum Henoch: „Siehe, die Kinder scheuen sich vor dem gewaltigen Träger Asmahaels; gehe hin und stärke sie im Namen des Herrn, auf dass ihnen benommen werde die Furcht und sie sich uns nahen möchten zum Empfang meines Segens! Amen."

7. Und alsobald trat Henoch hin zu den scheuen Kindern und redete sie mit folgenden Worten an, sagend: „Höret alle, ihr Kinder Adams, ihr Kinder voll Weisheit! Was ist's, das euch zurückscheuen macht beim Anblick eines mächtigen, aber doch wohlgehorchenden Tieres?

8. Wozu habt ihr Seths Weisheit überkommen – und habt Furcht vor dem, das euch gehorchen soll?!

9. Es ist aber, dass ihr irgendwann selbst aus dem Gebiet des Gehorsams, welcher die Grundfeste aller Weisheit ist, getreten seid und sodann zurückgewiesen wurdet durch die Macht des starren Gehorsams solches Tieres, sonst ließe es sich kaum denken, woher eure Furcht stammen sollte!"

10. Die Kinder aber antworteten: „Höre, Henoch, Großsohn Jareds, es ist so, wie du sagtest: Es versuchten sich fünf Junge im Ungehorsam gegen unseren

Willen insgeheim, – denn ihr Auge hatte einen lüsternen Blick gen Hanoch gemacht; aber ihre Füße wurden alsobald von einem solchen Tier in das Gebiet der Grundfeste der Weisheit zurückgewiesen.

11. Da sie uns hernach aber kundgaben, welche große Stärke und Grausamkeit sie an solchem Tier erfahren, so scheuen wir uns davor!"

12. Henoch aber erwiderte ihnen: „Oh, dass ich nicht wüsste, was eure Herzen lange schon bedrängt hatte! Wohl euch von oben, dass nur eure Kinder es waren, in denen ein arger Same, von euch gelegt, Wurzeln fassen wollte, sonst wäre dieser Tiger ein übler Verräter an euch geworden, und der, den das Tier auf seinem Nacken trägt, hätte eure Weisheit zur großen Torheit gemacht.

13. Nun aber geht unerschrocken hin zum Erzvater Adam, auf dass er euch gebe, woran euch nun vor allem nottut; und so fasst im Namen des Herrn Mut, und folgt mir ohne Furcht! Amen."

14. Und sogleich folgte eine Schar der anderen, sich hin zum Adam begebend, allda sie niederfielen auf ihre Angesichter und Adam sie segnete.

15. Da aber alle den Segen empfangen hatten, wurde Enos beauftragt, ihnen anzuzeigen, dass sie sich erheben sollten.

16. Als solches nach alter Sitte geschehen war, so brachten sie dann alsogleich Früchte, Brot, Milch und Honig und reichten es dem Adam und dessen Großsöhnen. Und sie rührten alles an und lobten Mich für solche Gaben an die Kinder, hießen dann dieselben bei dreißig Schritte zurücktreten, damit nun wieder Henoch über diese Mittagsgegend einige Worte aus der Tiefe des Lebens in Gott reden solle.

17. Allein als diese Kinder des Mittags eben zurücktreten wollten, fing der Tiger so gewaltig zu brüllen an, dass die Erde unter ihren Füßen bebte und all die Mittagskinder vor Furcht zur Erde sanken und gar ängstlich um Hilfe zu rufen anfingen.

18. Adam selbst wandte sich zum Henoch und fragte ihn, was das bedeuten solle.

19. Auch Seth und die übrigen taten desgleichen, da außer dem Henoch und Asmahael niemand verstand solches Benehmen des Tigers; denn Henoch verstand es aus Mir, und sein Jünger aber aus Henoch, darum er auch ohne alle Furcht auf dem Nacken des gewaltig brüllenden Tigers ruhig saß.

20. Henoch aber wandte sich ehrfurchtsvoll zum Adam und sprach: „O Vater, so du willst, so rühre an die Zunge des Tieres, und das Tier wird dir kundgeben, warum es also gewaltig brüllt!"

21. Adam aber sagte: „Henoch, ist mein Finger denn mächtiger denn der deine?"

22. Henoch aber erwiderte: „Vater, dein Finger ist aus Gott, meiner nur aus dir; darin liegt die Macht deines Fingers zur Verherrlichung des Namens Jehova!"

23. Adam aber rührte die Zunge des Tieres an, und sogleich ließ das Tier folgende verständliche Worte gewaltig erschallen, welche also lauteten: „Adam, du großer Schluss und Anfang aller Schöpfung aus der Hand Gottes! Siehe, die du zurücktreten ließest, haben einen blinden Gehorsam; aber ihr Wille frevelt in dieser Blindheit! Daher erwecke zuvor ihre Treue im Herzen, und mache bescheiden ihren Willen; dann erst sehe, welche Früchte dir der Mittag bringen wird. So du aber Mahlzeit halten willst im Geiste, da bescheide deine Kinder nicht zurück; denn so ich ein Mahl

halte, da treibe ich meine Kinder nicht hintan – und bin doch nur ein Tiger! Amen; höre: Amen."

Kapitel 68

Adams Rede über Gott und die Liebe Gottes

Am 24. Februar 1841

1. Als aber der Adam solches vernommen hatte, ward er über die Maßen froh und sprach: „O Kinder! Freut euch alle mit mir; denn ich habe wahrlich das Wahrhafte des Paradieses gefunden! Neunhundert Jahre sind bereits verflossen in meiner Stummheit, da ich nicht mehr verstanden habe das Geschlecht der Tiere; allein jetzt habe ich wohltuend wieder verstanden den scharfen Sinn des Tieres, und des freue ich mich über die Maßen!

2. O Henoch, du Glücklicher, du Unsterblicher! Groß ist dein Licht und groß die Liebe in dir! Dem Herrn sei ewig Lob, Dank, Preis und Ruhm dafür, dass Er uns durch dich eine so große Barmherzigkeit erwiesen hat!

3. Was wären wir alle ohne sie? Nichts als halbverständig bewegliche Maschinen, die am Ende ihr eigener Wahn verzehrt hätte, und der Herr der Natur wäre ein armseliger Mückensklave geworden, der beim Anblick eines Laubfrosches, von großer Furcht getrieben, geflohen wäre wie ein Lamm beim Anblick eines reißenden Wolfes, da er nicht wüsste, was diesem oder jenem innewohnt, und am allerwenigsten, dass seine eigene Seele eine letzte und voll gebildete, unsterbliche Seele ist, – ja eine Seele, in der alle Seelen aller Kreaturen vereinigt sind! Und da er das

unmöglich erfahren könnte als Dreivierteltoter aus sich, wie hätte er erst dann begriffen sein inneres Leben, seine Liebe, seinen Geist und die rein göttliche Abkunft desselben?!

4. O Henoch, o Kinder! Des Tigers wundersam vernehmlich starkes Wort wird euch voll erschüttert haben und noch mehr die beschuldeten Kinder dieser Mittagsgegend; allein mich hat es erfreut. Denn einst stand ich nicht nur diesem Geschlecht vor, sondern aller Kreatur vom Größten bis zum Kleinsten wie vom Stärksten bis zum Schwächsten; ja, es standen alle Elemente unter meinem Wort, und Sonne, Mond und Sterne waren nicht stumm für mein Wort und Begehren!

5. Doch es liegt wenig daran, dass ich solches nicht mehr vermag, und ich möchte auch nie mehr darüber trauern oder den Herrn bitten darum, dass Er mir solches alles wieder geben möchte; aber es liegt alles daran, dass wir recht verstehen möchten, den Herrn über alles zu lieben. Denn darinnen ist alles Leben verborgen, – wie in der früheren Macht und Wunderfähigkeit alle Versuchung und mit ihr der Fall.

6. Ein Herr sein, heißt groß, weise und mächtig sein; wenn es aber dem demütig sein sollenden Menschen [zuteil] wird, ein Herr zu sein, wahrlich, dem wird die Demut sauer zu stehen kommen! Hat aber der Mensch seine Herrschaft vor dem Herrn niedergelegt und hat dafür die Liebe erwählt und sich dadurch kleinst gemacht vor dem Herrn, hört, da wird dem Kleinen die Demut leicht werden!

7. Oder was soll der noch geben dem Herrn, der durch seine Demut und Liebe sich zum Eigentum des Herrn gemacht hat?! Sind wir aber nur einmal dem Herrn

in der Liebe zu eigen geworden, was bedarf es da noch mehr einer Herrschaft?!

8. Geht denn nicht ohnehin die Stärke des Herrn über alles? Sind wir aber der Liebe des Herrn, so werden wir wohl auch der Macht und Stärke des Herrn sein! Und so wird der Schwächste im Herrn stärker sein in allem denn der Stärkste aus sich, und würden ihm auch alle Elemente untertan sein!

9. Was half mir solche Macht von Gott dereinst? Ahbels Schwäche im Herrn hat alle meine Macht aufgewogen! O Herr! Siehe, nun bitte ich Dich nicht mehr um Macht und Stärke, sondern um Schwäche bitte ich Dich, auf dass ich Dich in der demütigsten Vernichtung meines Selbstes über alles zu lieben vermöchte; denn habe ich nur Dich erfasst im Herzen, o Herr, dann ist mir die ganze Welt und alle ihre Macht und Stärke gleich einem verdunsteten Tautropfen, der war und nun nicht mehr ist.

10. O Kinder! Sehet, das ist es, darum mich heiter gemacht hat das Wort des Tieres; nicht darum, als dass ich dächte, der Herr hätte mir meine frühere Macht und Weltherrlichkeit wieder verliehen, o nein, sondern, dass ich in meiner demütigen Schwäche ein neues Eigentum der Liebe des Herrn geworden bin! Denn meine Schwäche zagte, zu berühren die Zunge des Tieres; aber das mächtige Wort des Herrn stärkte meines Fingers Spitze, und dieser löste dem Tier die Zunge, zu sprechen Worte der Weisheit. O Kinder, das ist unendlichmal mehr, als zu verstehen die Natur aller Schöpfung; menschlich nur ist das Erste, aber rein göttlich das Zweite, und es ist nichts damit zu vergleichen!

11. Und nun höret, Kinder! Zum Schluss sei noch ein Wort an euch gerichtet. Damit der weisen Mahnung des Tieres Genüge werde, so lasst all die Kinder uns nähertreten und zuerst vernehmen ein Wort von mir, dann eines von Seth und endlich eines vom Henoch; dann aber sollen Enos und Kenan ihnen den morgigen Tag verkünden, und sobald heute die Sonne sich gen Abend neigen wird, sollen sie von aller Arbeit ruhen.

12. Bevor wir aber diese Gegend verlassen werden, soll auch Asmahael über diese Gegend von seinem Träger [herab] einiges sagen im Vergleich zur Tiefe, damit den Kindern ein lebendiges Zeugnis ihrer Torheit gegeben wird; dann eine kleine Stärkung, darauf Segen und Abgang! Amen."

13. Und alsobald nahte sich Henoch der Schar, ermutigte sie, und sie, die Kinder des Mittags, traten hinzu und erwarteten unter großer Furcht und großem Zittern, was da über sie kommen möchte.

14. Als nun allesamt eine ordentliche, altersrangmäßige Stellung eingenommen hatten, da erhob sich Adam vor ihrem Angesicht und begann folgende denkwürdige Rede an sie zu richten, sagend nämlich:

15. „Kinder, die ihr bewohnt die Gegend, darüber, von meiner Wohnung besehen, die Sonne über die Mitte des Tages steht, sagt oder bezeugt es mir, dem Stammvater der Stammväter, ob ihr wohl verstanden habt das Wort, das da war ein ungeheucheltes Wort aus dem Munde der unverdorbenen Natur der sonst sprachlosen Tiere!"

16. Und die Kinder bejahten es und bekannten ihre Schuld unter gewaltigen Tränen der Reue. Und Adam fuhr fort zu reden, sagend:

17. „Wohl euch, dass ihr bereut euren Frevel; denn der Herr nimmt es ernst mit Seinem Volk! Und ihr möchtet füglich

gerichtet worden sein, und eure Schultern wären mit Unheil belastet worden, so euch nicht gereut hätte, davon euch eben dieses Tier abgehalten hat.

18. Meint ihr, euer Ungehorsam hat darob aufgehört, ein Ungehorsam zu sein und eure Sünde eine Sünde, dieweil ihr zurückgekehrt seid? Mitnichten, sage ich; denn nicht Furcht vor dem Herrn, noch weniger die Liebe zu Ihm hielt euch ab, zu vollziehen euer frevelhaftes Vorhaben, – nein, sondern die Furcht vor der Stärke dieses wider euch zeugenden Tieres!

19. Und so wurdet ihr gerichtet vom Herrn durch dieses Tier zu eurer großen Schande; denn der Herr hat euch eure Herrlichkeit genommen und erfüllte dafür euer Herz mit großer Angst und Furcht vor dem, das euch fliehen sollte, des Herren ihr sein solltet!

20. O seht, zu welchen Sklaven euch euer Ungehorsam gemacht hat!

21. Wahrlich, hättet ihr eure Freveltat nicht wohl bereut, dieses Tier wäre euch ein grausamer Richter geworden!

22. Aber es ist nicht hinreichend, dass ihr eure Tat bereut ob der großen Schande, mit welcher euch der Herr geschlagen hat, oder dass ihr eure Tat bereut, weil euch der Herr entzogen hat einen großen Teil Seiner Gnade und euch gestellt hat an die Grenzmarke Seiner Erbarmung, oder weil der Herr dieses Tier, euren Richter, euch gestellt hat zu einem Zeugen und es nun vollends wunderbar erweckt hat zu einem Redner wider euch, sondern: So ihr eure Tat oder euer Vorhaben wahrhaft bereuen wollt, so dankt mit freudigem Herzen dem Herrn, dass Er euch noch behalten hat im Gericht, und weint darüber, dass ihr nur einen Augenblick Seiner so unendlichen, überheiligen Vaterliebe habt vergessen können, da euch doch täglich die Sonne vom Himmel laut zuruft: ‚Kinder, euer guter, heiliger Vater hat mich für euch geschaffen; erkennt Seine große Liebe!' – und der Mond euch zuruft: ‚Kinder, hört, euretwegen schuf mich euer liebevollster, guter, heiliger Vater zum treuen Wächter und steten Begleiter der Erde, auf dass ich beständig euch ein Zeuge sei Seiner unendlichen Liebe!' Und all die Sterne rufen euch zu: ‚O Kinder, unsere Zahl ist groß und hat kein Ende; wir sind zumeist Sonnen ferner Welten, die alle da entsprechen eurem Wesen teilweise, für jedes Atom einzeln, wie in der Vervielfältigung derselben bis ins Unendliche! Seht, für euch sind wir gemacht, für euch die ganze Unendlichkeit! O seht und erkennt, wie mächtig, groß, liebevoll, gut und heilig euer Vater ist!'

23. Und die ganze Erde ruft euch zu: ‚O Kinder, hört, ich und alles, was ich trage, ist für euch! Wie eine zärtliche Mutter muss ich euch tragen durch endlose Räume, euch täglich an meinen stets offenen Brüsten saugen lassen, muss mich wenden und drehen, auf dass euch Tag und Nacht werde, damit ihr, wie Kinder spielend, nach eurer Beschäftigung eine Ruhe habt! O Kinder, wer vermöchte sie zu zählen, die zahllosen Arbeiten, die ich in und außer mir euretwegen verrichten muss! Seht, alles dieses hat euer guter, heiliger Vater aus übergroßer Liebe zu euch also angeordnet!'

24. O Kinder, fragt das Wasser, – es wird euch dasselbe sagen; fragt die Täler, die Berge, – sie werden euch dasselbe sagen; fragt all das Gras, die Pflanzen, die Gesträuche, die Bäume, fragt die Tiere alle, – ihr werdet von überall ein und dieselbe Rede vernehmen; ja, jeder Tautropfen wird es euch laut verkünden und jedes

Sonnenstäubchen zulispeln, dass Gott Jehova und Herr unser aller guter, liebevollster, heiliger Vater ist und uns gesetzt hat zur völligen Ausbildung unter lauter liebevolle, wohltuende Wunder Seines Vaterherzens, damit wir uns in der Liebe zu Ihm so befähigen sollen, stets größere und größere Wohltaten und Seligkeiten zu empfangen und endlich die unaussprechlichste selbst: das ewige Leben in Seinem Schoße!

25. O Kinder, sehet, sehet, wie gut unser heiliger Vater ist; und wie konntet ihr auch nur einen Augenblick Seiner vergessen, und das noch dazu einer so nichtigen Sache halber!

26. Und nun, so ihr euren Ungehorsam wahrhaft bereuen wollt, da ist es, darin sucht und erkennt den wahren Grund eurer Reue; denn alles andere ist eitel und unnütz!

27. Wir alle sind der ewigen Liebe entsprossen und sind darob Kinder ein und desselben heiligen Vaters, der da wohnt in Seiner ewigen Glorie und Heiligkeit unendlich und in Seiner Liebe bei uns und wir bei ihm. Daher muss uns auch alles an Seiner Liebe gelegen sein. Denn nur in und durch die Liebe sind wir Seine Kinder; nur durch die Liebe können wir Ihn als Gott und Herrn würdig preisen; durch die Liebe können wir Ihn erkennen; in der Liebe können wir uns Ihm nähern und so nur, durch und in der Liebe, leben und das ewige Leben finden und erhalten.

28. Gott in Seiner Heiligkeit ist unzugänglich, in Seiner Weisheit unerforschlich, in Seiner Gnade unermesslich, in Seiner Macht über alles fürchterlich, in Seiner Stärke ewig unüberwindlich. Sein Licht ist ein Licht alles Lichtes und Sein Feuer ein Feuer alles Feuers. Und so ist Er in allem diesem ein unantastbarer, uns auch ganz fremder Gott, der uns nicht will und uns ewigdar von Sich stößt; aber eben dieser Gott ist auch die allerhöchste Liebe Selbst. Diese Liebe sänftet Sein Göttliches so sehr, dass Er uns will; und so wir Ihn lieben, so ergießt Er Sich dann aus allem Seinem Göttlichen durch die Liebe zu uns, macht uns zu Kindern und gibt Sich uns dann als der beste, allerliebevollste, heilige Vater in allem, was wir nur ansehen mögen, zu erkennen, mehr und mehr zu lieben, zu genießen und endlich im freien, ewigen Leben selbst als solcher vollends zu erschauen.

29. Daher bedenkt wohl, Kinder, wer und was Gott ist, – und wer und was unser heiligster Vater ist, und handelt danach getreu! Amen."

Kapitel 69

Seths Trostrede an die Kinder des Mittags

1. Und siehe, als die Kinder solche Rede aus dem Munde Adams vernommen hatten, da schlugen sie sich auf die Brust und weinten ernste Tränen der Reue, dass sie kaum besänftigt zu werden vermochten. Denn sie sahen nun wohl ein, was sie verloren hatten; aber das Verlorene wiederzuerhalten, sahen sie keinen Weg und glaubten sich als schon vollends gerichtet.

2. Als aber Adam sah ihre ernste Reue, sprach er zum Seth: „Höre, mein geliebter Sohn, erhebe dich, öffne deinen Mund, und richte ihre Herzen auf voll Frieden und Liebe zu Jehova! Amen."

3. Und alsobald erhob sich Seth und fing an, folgende sehr denkwürdige Rede an sie zu halten, sagend nämlich: „Höret, Kinder, die ihr da vor unseren Augen und

Ohren weint gerechter Reue Tränen! Unser Gott und guter heiliger Vater ist zwar ein allergerechtester Herr, aber auch ein aller Liebe vollster Vater voll Erbarmung. Denkt, dass wir keine Handlung begehen können, die Gott als Gott kümmern oder zuwider sein könnte; denn welcher Unterschied wäre im Grunde, ein Sonnenstäubchen oder eine Welt zu zerstören?!

4. In Beziehung auf Gott ist sowohl eines wie das andere ein pures Nichts, – wie auch wir alle zusammen nichts sind gegen Ihn. Wie aber könnte oder möchte das Nichts etwas begehen an dem Nichts, das da etwas wäre im Anbetracht gegen Gott,

5. ingleichen es auch uns nicht kümmert, was die fast gänzlich unsichtbaren Tierchen unter einem modernden kleinsten Blättchen, das ein leiser Hauch dem Moos entführte und mit einem daranhängenden Tautröpfchen ins Meer fallen ließ, machen! Jedoch ist dieser Vergleich fast eben gar kein Vergleich gegenüber dem, wie unendlichmal viel weniger eine ganze Welt samt uns gegen Gott ist. Und so sind wir und all unser Tun und Lassen soviel als gar nichts gegen Gott.

6. Aber höret! Eben dieser Gott hat denn doch eines, das Ihn gar sehr kümmert, und dieses eine ist eben Seine eigene, ewige Liebe selbst, durch welche wir – und alle Dinge unseretwegen – entstanden sind. Durch und in dieser Liebe ist Gott unser Vater und wir Seine Kinder. In dieser Seiner Liebe kümmert Ihn das Unbedeutendste wie das Allergrößte in gleicher Sorgfalt; und so gibt sich auch mit dieser Liebsorge in allen Dingen Seine unverkennbare Göttlichkeit und väterliche Liebe kund.

7. Der Liebe Gottes ist demnach auch nicht einerlei, wie wir handeln, ob so oder so. Wenn wir die Liebe zwar für selbständig betrachten, so ist auch diese so beschaffen, dass sie blind ist gegen alle Handlungen ihrer Kinder gleich einer zärtlichen Mutter gegen ihren Säugling; allein, es wäre aber Gott ohne Liebe kein Gott, und die Liebe ohne Gott wäre keine Liebe. Und so sind Gott und dessen Liebe ein Wesen und ist Gott mächtig in Seiner Liebe und die Liebe heilig durch Gott. Und dieser also einige Gott ist samt und sämtlich unser liebevollster, heiligster Vater, wie wir nach Seinem Ebenbild vollkommen Seine Kinder sind, da auch wir ein Herz und in ihm einen Geist der Liebe haben, wie in unserem ganzen Wesen eine lebendige Seele voll Verstand, dass da auch der Verstand ist gleich dem Wesen Gottes für sich und die Liebe des Geistes im Herzen mit ihrem freien Wollen gleich der Liebe in Gott. Und wenn aus der Seele und aus dem Geist ein Wesen wird durch das freie Wollen, so sind dann auch wir vollkommen Gott in allem ähnlich und somit erst Seine Kinder.

8. Wie aber Gott für uns in der Liebe nur Gott ist und unser aller liebevollster, heiligster Vater, so können auch wir nur in der Liebe Seine Kinder werden. Die Vereinigung Gottes mit Seiner Liebe ist aber gleich dem Gehorsam. Wenn wir nun in unserem fürwitzigen Verstand gehorchen den empfundenen Anforderungen des Geistes und vereinigen somit das Licht mit der Liebe, so werden wir dadurch Kinder der Liebe voll Weisheit, voll Wohlgefallen Gottes und Kinder voll des ewigen Lebens.

9. Nun sehet also, liebe Kinder: Da ihr im Fürwitz des Verstandes ungetreu geworden seid eurer innersten Liebe aus Gott in euch, so wurdet ihr ungehorsam in eurer Seele wie eurem Heiligtum, so auch der Liebe in Gott. Eure Liebe hat sich dann

zurückgezogen; ihr lebtet nur in eurer Seele, nach äußerer Ausdehnung (wenn's möglich wäre ins Unendliche) strebend. Nun urteilt selbst und sagt, was da fester sei: ein sich nach allen Seiten ausdehnender Nebel, wenn auch seine flüchtige Größe ganze Weltgegenden umhüllt, oder ein kleines, rundes, gleich einem Tautropfen durchsichtiges Steinchen? Seht, darin auch liegt der Grund eurer Furcht und der Grund eurer Blindheit!

10. Ist das Steinchen nicht also fest, dass es niemand zu zermalmen vermag und widersteht jedem Sturm, jedem Druck, jedem Schlag?! Ja, ihr saht zwar den Tiger einen mächtigen Stier plötzlich zerreißen in kleine Stücke; aber wahrlich, hätte dieser Tiger in ein solches kaum eigroßes Steinchen gebissen, um seine ärgste Waffe wäre es geschehen gewesen! Und hätte er es als Ganzes verschlungen, so würde er seinen Tod verschlungen haben, und in seiner Verwesung wäre das Steinchen unversehrt geblieben!

11. Sehet Kinder, diesem Steinchen gleicht der Mensch in seinem Gehorsam, – dem Nebel aber als purer, äußerer Verstandesmensch! Geschieht es aber nicht, dass, wenn Winde Nebel an Nebel drängen, daraus Wassertropfen werden und, wenn mehrere und viele solcher Tropfen zusammenfließen, am Ende einen See ausmachen?! So aber die große Schwere der Wassermasse in der Tiefe sich sehr drückt, so ergreifen sich unter solchem Druck endlich seine Teilchen und bilden einen durchsichtigen Stein, der dann ist ein fester Strahlenstein, einerlei mit Thummim, der da ein Sinnbild ist und ein großes Wahrzeichen des wiederkehrenden Gehorsams durch die wahre Reue.

12. Sehet, ihr seid durch euren Ungehorsam zum Nebel geworden! Es kamen aber nun allerlei Winde und drängten und ängsteten euch von allen Seiten. Ihr empfandet den Druck und weintet Tränen des Schmerzes. Sehet, da ist der Regen! Aber es ist nicht genug, dass ihr zu Wasser wurdet gleich den einzelnen Tropfen, sondern ihr musstet zu einem See werden in eurer Reue. Ihr seid es nun geworden. Es drückt euch zwar jetzt mehr denn früher in der Tiefe eures Lebens; aber hört und seht und begreift wohl: Durch eben diesen jetzigen letzten Druck hat sich euer zweifaches Leben gleich den Wasserteilchen wieder ergriffen, und ein neuer Stein des Lebens und der wahren Weisheit hat sich in euch gestaltet. Darum seid froh und voll heiteren Mutes; denn nicht, um euch zu verderben, sind wir gekommen, sondern dass euch ein neues Leben werde in der wahren Liebe zu Gott, unser aller heiligstem Vater. Amen."

13. (NB. Höret, das ist der sogenannte Stein der Weisen, den die Welt nimmer zu finden vermag, noch je mehr finden wird.)

Kapitel 70

Henochs Rede über den Samen des Lebens

Am 1. März 1841

1. Als nun die Kinder solche liebweise Rede aus dem Munde Seths vernommen hatten, da hoben sie ihre Häupter empor, blickten gen Himmel und dankten Mir und priesen Mich aus vollem Halse darob, dass Ich den Seth erweckte und ließ durch seinen Mund ihnen solchen wunderbar heilsamen Trost verkünden.

2. Adam aber, mit gerührt, sagte: „Da ihr nun empfangen habt von mir ein Wort der Weisung und vom Seth ein rechtes Wort des Trostes, so bereitet euch denn vor und öffnet weit eure Herzen, zu empfangen auch ein Wort des Lebens aus dem Munde Henochs! Ihr seid durch mich ein gedüngter Acker geworden, welchen Seth aufgelockert hat mit seiner Zunge; aber es liegt noch der lebendige Same nicht in der Furche eures aufgelockerten Herzens. Henoch ist von oben zum Sämann bestellt; daher empfangt von ihm den Samen des Lebens! Amen.“

3. Und alsobald richtete sich Henoch auf, richtete sein Herz zu Mir und flehte Mich in seiner Liebe, die unbeschreiblich groß war, um die Erbarmung und Gnade an, auf dass Ich ihn erfüllen möchte mit Worten des Lebens, damit durch sie belebt werden möchten, die da getrauert und geweint haben in Meinem Namen, dem sie durch ihr eitles Unternehmen ungetreu geworden sind.

4. Und alsbald erweckte Ich vollends Henochs Herz; er aber erkannte alsobald ein helles Licht in seinem Herzen lodern und sah zum ersten Mal eine helle Feuerschrift in seiner Seele und erkannte wohl aus selber, dass es war ein lebendiges Wort aus Mir. Er dankte Mir inniglich, öffnete endlich seinen Mund und begann folgende, äußerst denkwürdige Rede an alle zu richten, sagend:

5. „O Väter und ihr Kinder im Mittag! Höret alle, was der Herr, unser Gott und heiligster Vater, spricht!“

6. Und siehe, als aber die Väter solchen doppelten Aufruf vernommen hatten, nahm es sie ein wenig wunder, wie denn auch sie nun zu diesen Mittagskindern sollten hinzugezogen werden.

7. Henoch aber sprach: „O Väter, solltet ihr denn vom Leben ausgeschlossen werden, wenn diese Mittagskinder das Leben empfangen? Denn nun rede durchaus nicht ich, sondern der Leben hat und Leben gibt aus jeglichem Wort, das Seiner unendlichen Liebe entstammt, redet aus meinem Munde!“

8. Seth aber richtete sich alsobald auf und sagte eilends: „O Henoch, das sei ferne von uns allen! Höre, wir wissen es gar wohl, woran es uns gar gewaltig gebricht; daher rede du nur zu und gebe uns, auf dass auch wir zum Leben gelangen möchten! Amen.“

9. Und so fing Henoch nun an, die eigentliche Rede von sich zu geben, sagend: „Wahr ist es, gedüngt ist der Acker und gefurcht sein Grund; aber der Same mangelt noch in den Furchen. Woher aber sollen wir den Samen nehmen, um ihn zu leblegen in die Furchen, auf dass er in selben zur lebendigen Frucht gedeihe?

10. O Väter und Kinder des Mittags! Der Same ist die Liebe; die Liebe ist das Leben, und das Leben ist das Wort. Das Wort aber hat von Ewigkeit in Gott gewohnt. Gott Selbst war im Wort, wie das Wort in Ihm. Alle Dinge und wir selbst sind entstanden aus diesem Wort, und dieses Wort vermag niemand auszusprechen denn allein Gott. Es ist aber dieses Wort der eigentliche Name Gottes, und niemand vermag diesen Namen auszusprechen, und es ist dieser Name die unendliche Liebe des heiligsten Vaters, und wir sollen diese Liebe erkennen in uns und mit dieser Liebe dann lieben aus allen Kräften und Mächten Den, dessen Liebe wir und alles das überfröhliche Dasein verdanken.

11. Das aber ist das ewige Leben, dass wir es als solches erkennen in der Liebe zu

Gott, das heißt: dass wir die Liebe mit unserer Liebe in Gott, unserem heiligsten Vater, erkennen und das ewige Leben in ihr.

12. Wenn wir aber betrachten unser leiblich Auge und gewahren, welche großen Fernen wir mit ihm erreichen können, so ist es ja klar und wahr, dass uns solches Licht nicht zum Stehen, sondern zum Gehen und Tätigsein verliehen wurde. Wer aber vermöchte wohl zu zweifeln, dass jemand nicht möchte ein erschautes Ziel erreichen, da er dazu noch versehen ist mit zwei Füßen, die ihn ans erschaute Ziel zu bringen vermögen?!

13. Wenn uns aber die innere Gefühlssehe ebenso gut wie die Augen und Füße verliehen ist und wir erschauen mittels dieser Sehe die Liebe in uns, so haben wir dann ja auch gleich den Füßen des Leibes den freien Willen, vermöge welchem wir dieses Ziel alles Lebens kräftig verfolgen können, und sogestalt unser ganzes Wesen zur Liebe hinzubringen, um es dann von ihr ganz ergreifen zu lassen, auf dass dasselbe lebend werde durch und durch.

14. Und haben wir solches vollführt, wie sollte da das ewige Leben nicht unser sein, wie es das Licht der Augen des Leibes ist?! Oder meint ihr, es sei dieses Leben ein Blendwerk? Da frage ich, sind wir uns denn gegenseitig ein solches, und all die Dinge, die wir schauen?!

15. So wir aber die Rinde schon für kein Blendwerk halten mögen, wem könnte es hernach noch beifallen, das Holz und das innerste Mark des Lebens für ein Blendwerk zu halten?!

16. Oder meint ihr, der Herr habe bloß nur lebende Maschinen zum Gras- und Fleischfressen erschaffen, um Sich etwa daran zu ergötzen?! O wahrlich, Seine allerhöchste Weisheit möchte wohl eines höheren Vergnügens fähig sein, als dass sie genötigt wäre, sich grasfressende Maschinen zu erschaffen, um dann vergnügt beobachten zu können, wie diese das Gras und noch anderes in den stinkenden Unrat verkehren! O der Schande des Unglaubens!

17. Oder meint ihr in der großen Beschränktheit eurer Ideen, so ihr etwas macht und hervorbringt ein beschränktes Werk – so in der Zeit wie im Raum –, auch Gott, der Unendliche, sei gleich euch auch beschränkter Ideen fähig?! Oh, welch eine Unart gegen die Heiligkeit Gottes!

18. O zeigt mir an das Geschöpf, das ihr gänzlich zu vernichten vermöchtet! Zeigt mir etwas, das da nicht in sich enthielte Unendliches! Teilt im Geiste das kleinste Stäubchen, und zeigt mir dann die letzten Teile, an denen keine weitere Teilung mehr möglich sein sollte, – oder zeigt mir ein Samenkorn, das da nicht einer unendlichen Vermehrung fähig wäre!

19. Da uns aber schon diese nichtigen Dinge die Unendlichkeit der göttlichen Ideen zeigen, wie töricht und überaus blind wäre es, nur zu denken, dass Gott mit jenen Wesen, die Er mit dem lebendigen Gefühl des ewigen Lebens in der Liebe zu Sich gar wohl versehen hat, eine zeitlich beschränkte Idee sollte verbunden haben, – Er, der Unendliche, der über alles Erhabene, der Heilige, Ewige voll Liebe und alles Lebens!

20. O Väter und ihr Kinder des Mittags, höret diese Worte; sie kommen aus der heiligen Höhe des liebevollsten Vaters!

21. Wir haben kein Gebot außer das des ewigen Lebens, welches ist die Liebe und lautet: ‚Du sollst Mich, deinen Gott und heiligen Vater, lieben aus und mit aller der Liebe, die Ich dir gab von Ewigkeit her zum

ewigen Leben und als ewiges Leben! So du Mich liebst, so verbindest du dich wieder [mit] Mir, und deines Lebens wird nimmer ein Ende sein; unterlässt du aber solches, so trennst du dich vom Leben. Dein Leben wird zwar darob nicht aufhören; auch werde Ich darum ewig nicht aufhören, dein richtender Gott zu sein; und wirst du auch, von Meinem Leben getrennt, fallen den ewigen Räumen Meiner Zorntiefen entlang, wahrlich, nicht außer Mir wird dein ewiger Fall sein! Mich, deinen Gott, wirst du nie verlieren; aber deinen liebevollsten, besten, heiligen Vater und mit Ihm ein ewiges, freies, wonnevollstes Leben, siehe, das wirst du verlieren.'

22. O Väter und ihr Kinder des Mittags! Dies einzige Gebot haben wir; dieses ist jedem Kind schon tief ins Herz geschrieben. Dieses Gebot ist der lebendige Same, den ihr alle in eure Herzen säen müsst, wollt ihr leben als Kinder eines heiligen Vaters, der da Gott ist heilig, heilig, heilig von Ewigkeit zu Ewigkeit.

23. Ihr Väter habt zwar viel gesprochen vom Gehorsam und habt dadurch die Herzen dieser Kinder gar wohl aufgelockert; ich sage aber, wer da liebt, kann den Gehorsam wohl zu Rate halten. Ist denn der Gehorsam nicht der geistige Weg zur Liebe, welche das Ziel alles Lebens ist? Hat aber jemand auf diesem Weg das Ziel erreicht, sagt, wohin sollte er hernach auf diesem Weg noch wandeln?

24. Daher, so jemand dem Ziel noch ferne ist, der tut wohl, dass er so lange geht, bis er es erreicht hat; hat er es aber erreicht, da ergreife er es mit allen seinen Kräften und halte es fest, das heißt: er liebe Gott über alles, so hat er alles empfangen. Er hat den Vater des Lebens für

ewig gefunden, und seiner Freiheit wird fürder kein Ende sein.

25. Und so nehmt denn hin diesen teuren Samen des Lebens, ihr Väter und ihr Kinder! Gott Selbst hat ihn mir für euch gegeben. O Liebe! Du bist dieser lebendige Same; so belebe denn die Herzen der Schwachen und Toten! Amen, amen, amen."

Kapitel 71

Das ewige Leben kann nicht erlernt werden

1. Und höre, es hatte aber diese Rede beinahe alle stumm gemacht; denn sie verstanden nun gar wohl die Rede Henochs und dachten nur bei sich über all die Irrtümer nach, von denen sie bis jetzt sämtlich so hart befangen waren. Und auch ihren Kindern gingen die Augen weit auf; sie erkannten sich wieder und Mich mehr und mehr durch ihre aufwachende Liebe in sich. Und es begriffen nun erst auch vollends von Adam bis Jared die Hauptstammkinder die Grottenrede Henochs und verstanden vollends den Sinn der Grotte. Und Adam dachte viel über den Aufgang der Sonne nach und verstand selben. Seth aber richtete sich auf, blickte gen Himmel und dankte Mir für dieses große Geschenk; und seinem Beispiel folgten alle, die zugegen waren, und lobten und priesen Mich über die Maßen in ihren Herzen.

2. Es trat aber eines der Mittagskinder, die da waren aus der Linie Seths und Enos', hin zum Henoch, verneigte sich tief vor ihm und sagte: "Henoch, sehe, hier vor dir stehe ich im Namen aller; mein Name ist

Sethlahem (das heißt: ‚Ein mit Weisheit hochbegabter Sohn Seths').

3. Mein Erstes ist, durch dich abzustatten den allergebührendsten Dank an den heiligen Geber solcher hohen Gnade. Denn da du dem Herrn am nächsten bist und hast dessen lebendiges Wort, so ist es auch wohl am füglichsten, dass du das Mangelhafte unseres Dankes gegen den Herrn für eine so große Wohltat ergänzt. Denn da ich die Weisheit erhielt vom Herrn, so tat ich, was mich diese lehrte, und konnte auch nicht mehr tun, da meine Weisheit hinreichend fand, was ich tat. Allein das du hier lehrtest in deiner Lebenssprache, ist mehr denn alle Weisheit aller Menschen; es ist die Wurzel alles Lebens und der ewige Grund aller Weisheit, – ja, es ist Gott, den du hier verkündest! Und siehe, da reicht meine Weisheit nicht aus, um Diesem den gerechten Dank abzustatten; daher tue du an meiner Stelle, was des Rechtens ist! Das andere aber, das mich nach dir verlangte, ist, dass du mir gestatten möchtest, zu dir in die Schule zu kommen, damit du mich lehren möchtest den Weg, den du gegangen bist, dass dir geworden ist in einer solchen Tiefe das Leben aus Gott.

4. O Henoch, verarge mir nicht diese Doppelbitte; denn meine Weisheit sagt es mir, dass du ein rechter Seher Gottes bist. Denn des Allerhöchsten Liebe hat voll gemacht dein Herz, und angerührt ward deine Zunge durch das Feuer, das da übermächtig dem Finger Gottes entströmt. Oh, so zeige dem Sethlahem, wie und wann dir solches geworden! Amen."

5. Henoch aber erhob sich alsobald und sagte: „Höre, Sethlahem, wozu des Rühmens? Hast du denn die Weisheit darum erhalten, dass du mit ihr ausgingest zu rühmen, was des Rühmens nicht wert ist, und

weißt nicht zu rühmen Den, dem doch allein nur aller Ruhm gebührt?! Oder meinst du, das Leben lasse sich auch erlernen wie solche Weisheit, die du erlernt hast mit kaltem Herzen, auf dass du ein Meister in der Weisheit würdest?!

6. O Sethlahem, Sethlahem! Sehe zu, dass du nicht erstickst in deiner eitlen Wissbegierde!

7. Sehe hier einen Feigenbaum und da einen Baum voll schon halbreifer Pflaumen! Was meinst du, so der Pflaumenbaum in die Schule ginge zum Feigenbaum, um von ihm die Kunst zu erlernen, statt der Pflaumen auch Feigen zu tragen auf seinen Ästen gleich dem Feigenbaum, – wird solches wohl füglich je geschehen?

8. Gewiss, so deine Weisheit zu irgendetwas nütze ist, muss sie dich augenblicklich überzeugend gemahnen, dass solches in alle Ewigkeit nicht angehen wird!

9. Aber so jemand nimmt Reiser mit Samen vom Feigenbaum, beschneidet dann allseits den Pflaumenbaum, spaltet die Zweigrümpflein und steckt dann die Samenreiser hinein und verbindet sie sorgfältig mit Erde und Harz, so wird alsobald der Saft des Pflaumenbaumes in den Feigenreisern umgestaltet werden zum Leben des Feigenbaumes; und so werden dann nach nicht gar langer Zeit auf dem so umgewandelten Pflaumenbaum edle Feigen zum Vorschein kommen.

10. Solches zu tun lehrte dich schon lange deine Weisheit; wie ist's denn aber, dass sie dich nicht auch gelehrt hatte, den Herrn aus allen Kräften zu lieben, auf dass du statt Pflaumen auch Feigen des Lebens zur Frucht gebracht hättest?!

11. Ich sage dir aber, Sethlahem, siehe, Adam hat dich beschnitten wie alle deine Kinder und Brüder, Seth hat euch

gespalten, und der Herr hat durch mich nun die Reiser des ewigen Lebens in euch gesteckt; nun sucht durch eure gegenseitige Liebtätigkeit frische Erde und Harz, und verbindet das Leben wohl in euch durch den Glauben, so werdet ihr auch alsobald finden, was du nun fruchtlos bei mir zu erlernen suchtest!

12. Und nun gehe und handle, so wirst du leben! Amen."

13. Als aber der Sethlahem solche Rede vernommen hatte, da schlug er sich auf die Brust und sagte: „O Henoch, ich erkenne die hohe Wahrheit deiner Rede, allein es ist dir leicht, solche zu reden, da du sie schon hast; denn der Herr hat sie dir gegeben frei aus Sich heraus, ohne dass du darob desgleichen tun mochtest, was zu tun du mich angewiesen hast! O siehe, im Trockenen lässt sich gut ruhen und ohne Pfand leicht nehmen; allein also ist es nicht bei mir! Gar lange schon arbeite ich und ringe unaufhörlich nach dem, das dir ohne Mühe geworden ist; allein es ist umsonst! Für mich ist der Himmel mit Steinen verlegt, und es wäre leichter, in die Erde ein Loch zu graben, das da reichen möchte bis dahin, da sie nicht mehr ist, als zu erlangen einfließend nur einen einzigen Tautropfen des Lebens der Liebe von oben.

14. Dass es aber also ist, – so sehe nur hin auf die hohen Väter, auf dass sie dir zeugen für mich! Sind sie vermöge ihres Standes nicht alle höher denn du und somit dem Herrn auch natürlich näher denn du? Warum aber bleibt ihnen der Herr ferne und wandelt mit dir, Hand in Hand verschlungen?

15. O Henoch, wäre all dieses in dir nicht als eine freie, keineswegs verdiente Sache von oben, vom heiligen Vater gegeben, wahrlich, du würdest bis auf diesen Augenblick reden gleich mir, klagend über den gewaltigen Seelendurst und -hunger!

16. Oder meinst du, dass ich nicht wüsste, es vermöchte kein Baum von dem andern etwas zu erlernen? Siehe, dafür könnte ich deiner Rede Rat halten; denn so wir aber unseren Kindern lehren müssen, das ihnen nottut – als: Gehen, Sprechen, Arbeiten –, um ihnen dadurch die Spur des allerhöchsten Gottes begreiflich zeigen zu können, – sage mir, sind wir denn mehr gegen Gott, als da sind unsere Kinder gegen uns? Ich glaube, wir sind unendlichmal weniger gegen Ihn! Wie soll und könnte uns denn der Weg anders als auf dem Weg des Unterrichts, wie es bei allen Kindern der Fall ist, gezeigt werden?

17. O Henoch, du glaubtest, mit mir leicht fertig zu werden, da du mich zur Bruder- und Gottesliebe verwiesen hast; allein, es soll dir nicht so leicht werden, wie du meinst, meiner los zu werden! Zuvor will ich alles dieses erst an dir wohl gewahren, bis ich es annehme!

18. Aber in deiner kurzen Abspeisung scheint eben nicht der höchste Grad der Nächstenliebe vergraben zu sein; wenn aber die Nächstenliebe ein Seitenstrahl der Liebe zu Gott ist, wahrlich, da weiß ich nicht, was ich von deiner Gottesliebe halten soll!

19. Sehe zu, dass du dir nicht etwa bald selbst der alleinig Allernächste[9] werdest!

20. Ist es recht, dass durch jemandes Rede ein anderer geärgert werde? Siehe,

---

[9] Laut der Manuskriptabschrift heißt es „Allmächtigste" statt „Allernächste". Dem Kontext nach passt „Allernächste" besser, weswegen wir von einem Schreib- oder Übertragungsfehler ausgehen und daher der Erstauflage folgen.

wie sehr mich auch deine erste Rede erbaute, so sehr aber hat mich auch dein jetziges Wort geärgert! Denn ich weiß wohl, dass du ein Seher Gottes bist und hast das lebendige Wort; wüsste ich es nicht, nie käme ich zu dir und möchte lobpreisen ein solches Heiligtum in dir! Dass du mich aber darob tadeltest, da frage ich: Wer hieß dich denn, solches über deinen Kopf zu nehmen und mich darob zu tadeln?!

21. O siehe, es ist nicht fein, den hungrigen, durstigen und weinenden Bruder in Gott so kurz von sich zu weisen!

22. Geduld ist das Erste, und die Demut ist die Seele der Liebe! Henoch, ich weiß, dass du beider Meister bist; warum aber zeigst du mir die Stirne und scheinst das Herz vor mir verschlossen zu haben? Habe ich dir doch nie etwas zuleide getan! Kehre dich daher um, und sei mir ein Bruder in Gott statt ein kalter, trockener Wegweiser! Amen."

23. Nachdem aber der Henoch solches vom Sethlahem mit der größten, lächelnden Gelassenheit vernommen hatte, richtete er sich wieder auf und begegnete ihm mit folgenden Worten, sagend:

24. „Sethlahem, siehe, wenn es also wäre, wie du laut deiner Rede des Dafürhaltens bist, wahrlich, du hättest mich lange schon zu deinen Füßen weinend erblickt; allein, dem ist es nicht also.

25. Damit du aber meiner nicht verstandenen Rede wegen nicht ungerecht dich ärgernd deine Hütte betreten möchtest, so besänftige dein Herz, und höre, was ich dir sagen werde: Sethlahem, sehe hin in die blaue Ferne, und sage mir an das Gras, die Pflanzen, Bäume und Gesträuche, welcher Art und Gattung sie sind, ob also wie hier, oder ob anders, –

26. was für Gestein, was für Erde, und was für Quellen, ob also wie hier, oder ob anders! Von welchen lebenden Wesen ist es bewohnt? Gibt es vielleicht auch Menschen dort? Und was ist es, das sie jetzt verrichten?

27. Höre, Sethlahem, dein Schweigen sagt es dir, dass du solches nicht weißt! Nun frage ich dich aber: Auf welchem Wege könntest du dir solche Kenntnis wohl am füglichsten verschaffen?

28. Ich setze den Fall, ich selbst wäre schon dort gewesen und hätte daselbst alles beobachtet. Es möchte sich aber fügen, dass mich die Väter in deiner Gegenwart darüber fragten und ich ihnen enthüllte die blaue Ferne. So du aber solches vernähmest und nicht wüsstest, wie, woher und wodurch, sprächst du dann zu mir: ‚Höre, was du nun geredet hast, gefällt mir ganz besonders! Auch ich möchte also sprechen über die Ferne wie du; siehe, ich will darob zu dir in die Lehre gehen, auf dass ich es von dir erlerne, solches zu reden.' So ich dir dann erwidern würde: ‚Höre, solches lässt sich mit innerer Überzeugung nicht erlernen für den, der nach innerer Überzeugung trachtet, – und welch ein mühsamer Weg zur reinsten Erkenntnis wäre dieses und wie unfruchtbar!

29. Aber sehe, da über diese Berge geht der nächste Weg dahin! Bemühe dich dahin, und sei versichert, in drei Tagen bist du wieder hier und wirst gleich mir darüber Reden voll Weisheit führen können, wie solche zu führen mit innerer Lebenskraft du sonst in Jahren nicht erlernen möchtest!'

30. Nun kämest du aber wieder zu mir und möchtest mich ob solches kurzen, aber wahrheitsvollen Rates des Mangels der Liebe beschuldigen! Sage dir selbst,

wie verhält sich eine solche Beschuldigung als lieblos zu solchem Rat, nach welchem du sicher in drei Tagen das erreichen mögest, was dir sonst wohl kaum Tausende von Jahren geben möchten?!

31. Siehe, da hast du mit deiner Weisheit einen scharfen Hieb in den Wind gemacht!

32. Der Weg ist dir gezeigt. Hast du den Mut nicht, allein ihn zu wandeln, so komme und prüfe mich, ob als Bruder ich dich mit aller Liebe geleiten werde oder nicht; ich glaube aber, darin möchtest du schwerlich je einen Klagegrund finden!

33. Aber so ich dir tun möchte nach deinem törichten Verlangen, siehe, da müsste ich dir wohl eher Feind werden, auf dass ich vermöchte, in meiner Verworfenheit dich, meinen lieben, armen Bruder in Gott und Adam, zu betrügen!

34. Siehe, das Wissen wird dir ewig nichts nützen zum Leben; aber so du handeln wirst nach der Wahrheit, so wirst du das Zeugnis der Wahrheit finden, und es wird sein das Zeugnis der Liebe – und die Liebe das ewige Leben in Gott! Amen, amen, amen."

Kapitel 72

Asmahaels merkwürdige Rede

Am 9. März 1841

1. Und als der Sethlahem solche Rede vernommen hatte, fiel er vor dem Henoch nieder und sprach: „O Henoch, deine große Weisheit hat mich zunichte gemacht, dass es mir nun vorkommt, als wäre ich nimmer vorhanden; aber ich merke, dass ich dich in meiner Vernichtung nun mehr verstehe als zuvor in meiner

Weisheit! Und so nehme hin meinen Dank für solche deine große Geduld, die du mit mir hattest und wurdest nicht ärgerlich über meine große Torheit, die mich frech genug werden ließ, dass ich mich darob unterfing, dir unter dein liebeerhelltes Antlitz zu treten und mit dir zu rechten, der du ein lebendiges Werkzeug in der Hand des allmächtigen, heiligen Vaters bist!

2. Siehe, meine Augen hast du zwar blind gemacht, und ich sehe noch nicht, was des Rechtens ist; aber ich nehme nun ein anderes Licht in mir wahr, das mir zeigt eine neue Bahn, zwar matt erleuchtet noch, aber eine Bahn, die mich in einem Augenblick weiterbringen wird, als mich das fruchtlose Licht meiner Augen in vielen, ja schon in sehr vielen Jahren gebracht hat.

3. O Henoch, sollte auf dieser neuen Bahn mein Fuß auf irgendeine sehr lockere Stelle treffen, dann lasse mich zu dir kommen, auf dass du mir zeigen möchtest, ob ich rechten Weges wandle.

4. O Henoch, rufe mir zu, wenn du mich in meiner Blindheit wirst einen Irrtritt machen sehen! Amen."

5. Und Henoch erwiderte ihm, sagend: „O Sethlahem! Siehe, du hast einen redlichen Willen und bist voll guten Eifers, dass dir darob ein Lob gebührt; aber eines noch ist zu tadeln an dir, und das ist, dass du das, was nur allein Gott, unser aller heiligster Vater, Seinen Kindern geben kann, bei mir, ebenfalls nur einem schwachen Menschen, suchst und so auch das Werkzeug statt des Meisters lobst!

6. Meinst du denn, ich sei erbittlicher denn die unendliche Liebe und Erbarmung des ewigen, heiligen Vaters?! O Sethlahem, lasse dich nimmer betören von der geheimen Torheit deines Herzens, und

wende dich nie eher zu den Menschen, als bevor du dich im innersten Grunde gewendet hast voll Liebe und Reue zu Gott! Und solltest du unerhört bleiben längere Zeit, sodann denke erst, dass alle allerbesten Menschen gegen Gott eitel böse und lieblos sind, und dass Gott dir doch lange eher alles geben wird, bevor dich das mitleidigste Menschenauge auch nur eines Blickes würdigen wird.

7. Was aber uns betrifft, so sind wir ja ohnehin auf Geheiß Gottes, unseres allerheiligsten, besten Vaters zu euch gekommen und werden zufolge Seiner Liebe in uns unsere Augen nimmer von euch wenden. Daher erhebe dein Herz nach oben und liebe den heiligen Vater aus allen deinen Kräften, so wirst du leben; denn solche Liebe wird dich in einem Augenblick mehr lehren als alle besten und weisesten Menschen in vielen hundert Jahren. Siehe, nun hast du alles, das dir vorderhand nottut; handle und wandle in der Liebe zu Gott! Amen."

8. Nach solcher Rede aber verneigte sich Sethlahem vor den Vätern und trat dankbar zurück und fing an, viel Freude in sich zu empfinden, und pries Mich darob im Herzen.

9. Nach dem aber wendete sich Henoch zum Adam, sagend: „Lieber Vater, sei nicht ungehalten, dass ich dich länger hier aufhielt, als du für mich vorgesehen hast; allein, siehe, der Herr richtet Seine Liebegaben nicht nach unserem Zeitmaß, sondern, wann Er's geben will, gibt Er es, und allzeit sei Ihm, dem großen, heiligsten Geber, unser vollster Dank, Preis, Lob und Ehre! Amen."

10. Adam aber erwiderte: „O lieber Henoch, des sei ohne Kummer; wir wissen ja alle, dass das, was der Herr tut, allzeit wohlgetan ist! Amen."

11. Und der Seth stimmte gleich laut ein und setzte endlich noch hinzu: „Und allzeit zu der allergerechtesten Zeit! Amen."

12. Adam aber erhob sich abermals und sagte, sich zum Henoch wendend: „Henoch, nun lassen wir alsbald den Asmahael beginnen, auf dass auch er fürs Erste seine Zahl erfülle und fürs Zweite uns daraus kundgebe seine Ansicht über dieser Gegend schöne Formen und endlich, wie er alles dieses aufgefasst hat. Nach dem aber wollen wir alsbald uns zur Weiterreise anschicken und noch eine kurze Einladung an die Kinder des Abends und die der Mitternacht ergehen lassen und uns endlich nach Hause verfügen. Amen."

13. Und Henoch hieß den Asmahael, zu beginnen seine Sache.

14. Und siehe, alsobald trat das Tier mit seinem Reiter vor. Es sprachen aber die Kinder des Mittags verschiedenes etwas laut untereinander; das Tier aber brüllte sogleich dreimal so heftig hintereinander, dass darob alle ein gewaltiges Bangen ergriff und ihre Stimmen in das tiefste Schweigen versanken.

15. Nachdem aber solche Ordnung hergestellt war, verstummte alsbald das Tier, und Asmahael begann, folgende überaus merkwürdige Rede gar fein klingend von sich zu geben, sagend nämlich:

16. „O würdigste Väter der Väter der Erde! Was soll und was könnt' ich, der finsteren Tiefe des Todes vor kürzlicher Frist kaum entronnen, nun reden auf diesen so heiligen Höhen, da alles – voll Wunder, voll Gnade, voll Lebens – das kräftigste Wort auf der bebenden Zunge erstarren mir macht?!

17. Die herrliche Form dieser Gegend, o wahrlich, wer heilige Worte des Lebens aus sich nicht zu reden vermag, o wie sollte der Formen wie diese so wunderbar herrlich und schön, mit der stotternden Zunge zerlegend, darstellen?

18. O Väter der Väter der Erde, ich habe noch kaum mich getraut, mein Auge erst vollends zu öffnen, dass mir zu erschauen die Fähigkeit würde zuteil die Wunder der heiligen Höhen; nun sollte dieselben darstellen ich Armer, ich Blinder, ich Toter vor euch, die voll Gnade, voll Lebens, voll Macht und voll Stärke die Dinge von seltsamsten Formen schon lange durchschaut vom innersten Grunde wohl haben?!

19. Was sind diese grasreichen Flächen, umrungen von himmelanragenden felsigen Wänden und Spitzen, wenn ihre gar große Bedeutung verborgen dem Schein vom Leben muss bleiben?! Stünd' nicht ein verwerfliches Steinchen unendlichmal höher im heiligen Range für mich und für Jeden, der solches vom Grunde verstände, denn alle Gebirge und Höhen der Erde und diese mit ihnen?

20. Wie leicht ist zu sagen: ‚Man darf's ja nur sehen, dass dorten im Morgen ein dampfender, himmelanragender König der Berge, als müsst' er die Erde beherrschen, gar kühn sich erhebt!' O wahrlich, das Auge der Tiere mag solches auch sehen! Doch wenn ich mich frage: ‚Verstehst du, Asmahael, solches gar mächtig Gebilde?', da spricht's in der Nacht meines Herzens: ‚Wie sollte der Tote den Toten begreifen?! Dein Leben ist Schein nur und Trug deiner Sinne! Die beugsame Zunge ist alles, dass du unterscheiden dich magst von den Tieren!'

21. O Väter, wenn solches ich habe empfunden, da denkt, wie gar unerforschlich die Formen der heiligen Höhen mir sind!

22. Seh' ich dort zwischen Morgen und Mittnacht auch einen noch herrlicher strahlenden Berg denn die Sonne am Himmel gar selbsten, da sie uns einfärbig die Strahlen nur spendet und dieser das Licht aller Sterne und Blumen in mächtigen Strömen, die Sonne beschämend, ausbeutet, – doch wenn ich mich frage: ‚Wie das und woher und warum?', o dann ruft mir das Gras wie auch alle die Steine mit wohl zu verstehenden Zeichen ins Ohr: ‚O du Tor, warum sinnst du mühsam den Wundern des Lichtes wohl nach? Ist das Licht denn zu schauen, geflossen aus Gott!

23. O du Tor, siehe, zum Leuchten nur schuf einst die Allmacht des Schöpfers die Sonne und nimmer, zu schauen dieselbe; und hast du empfangen die Fähigkeit, reiflich zu denken, so denke nicht über das Denken, was gleicht der Torheit, die Sonne zu schauen.

24. Gedanken sind Lichter der Seele, erleuchtend das lose Gewirr des leiblichen Lebens, doch nimmer, als dass du sie einzig allein dazu nehmen und nützen nur sollst! Wie möchtest du die außen erstehenden Wunder begreifen, solang' du dich selbst als das nächste der Wunder musst fliehen?!'

25. O sehet, ihr würdigsten Väter der Väter der Erde, o wenn man denn solches notwendig erfährt von der stummen Natur, o dann ruhet sich hart auf den Höhen des Lichtes!

26. Ich ward nicht beschieden hierher, um zu leuchten, nein, nur um erleuchtet zu werden ward ich von dem glänzenden Ahbel zu euch hergeführt! Darum lasst nur hören mich eure Reden voll Licht und voll Leben; zu reden ist lang noch die Zeit nicht

für mich! O wer könnte auch Worte noch finden, die heiliger klängen als jene voll Kraft und voll Leben von oben, der Zunge des Henoch enttriefend, da eines gewichtiger ist als der Erde schwer lastendes Wesen von Grunde zu Grunde! Denn wo das gesprochene Wort nicht nur einzig allein als wohltönender Schall zu vernehmen sich bietet gar üppiglich, sondern reichlich das Leben den tödlich verborgenen Tiefen im Menschen erfolglich und segnend entwindet, – o höret mich Armen: solch Wort ist wohl schwerer und größer denn alles, was möglich das Auge zu schauen vermag und zu wägen der leibliche Sinn!

27. Und so lasst, ihr würdigsten Väter der Väter der Erde, mich Armen, mich Toten nun schweigen; denn es ist nicht füglich, als Toter zu reden zu denen, deren Brüste ein Leben aus Gott in dem hellsten Licht in sich bergen, von da jedes Wort mit gesegneter Zunge das Leben ausstreut also wie die Sonne ihr zitterndes Licht.

28. Sonach lasst, o Väter der Väter der Erde, mich enden mein nichtig nur schallendes Wort; denn die Zeit ist für Bess'res gemacht denn für leeres Geplapper!

29. Ist schön auch die Gegend als Rückstrahl des Lebens, – doch schöner ist, selbst nach dem Leben zu trachten! O wahrlich, wie ich es empfinde, ist schöner ein Tropfen des Lebens, im engsten Raum verschlossen, für den, der es treu hat gefunden, als wenn er mit schärfesten Blicken hinaus in die endlosen Räume voll Sonnen und Todes möcht' starren!

30. O Henoch, mein weisester Lehrer durch Gnade und Liebe von oben, entschuld'ge mein leeres Geplauder und halte dem Toten die Blindheit zugute! Der Tote und Blinde bin ich, höre! Amen."

Kapitel 73

Die Hauptstammväter werden getadelt

1. Und als nun der Asmahael sein Wort vollendet hatte, siehe, da erhob sich Adam und belobte sehr den Asmahael, dass er so viel Demut an den Tag gelegt hatte, in welcher mehr Weisheit zugrunde liegt als in Sethlahem und allen seinen Kindern; darauf aber wendete er sich wieder zu Enos und Kenan und bedeutete ihnen, die Kinder des Mittags für den bevorstehenden Sabbat zu laden, „auf dass sie erscheinen möchten noch vor dem Aufgang der Sonne zum Morgenbrand des Opfers, das wir Jehova darbringen müssen, wollen und werden."

2. Und alsobald taten die zwei ihre Geschäfte. Nach dem aber brachten die Kinder Erfrischung und Stärkung den Hauptstammvätern; und diese nahmen, aßen und tranken und gaben auch dem Asmahael zu essen und zu trinken.

3. Als aber das Tier [die Hauptstammväter] essen und trinken sah, ward es unruhig und fing mächtig an, den Rachen zu öffnen und mit dem Schweif um sich zu schlagen.

4. Adam aber sagte zum Henoch: „Lieber Henoch, sehe an das Tier; was soll das zu bedeuten haben? Beruhige es, sonst wird es nicht gut sein, mit ihm weiter zu reisen! Amen!"

5. Henoch aber erhob sich alsogleich und sprach: „Meint ihr denn, dass solche Tiere von der Luft leben oder Gras fressen?! O nein, das alles ist ihrer Ordnung zuwider! Es will aber eine Nahrung; daher bringt drei unreine Tiere lebendig, auf dass es sich sättige!"

6. Es wurden aber alsobald drei Böcke herbeigeschafft. Henoch aber sagte zum

Asmahael: „Siehe, ein Futter für dein Last-tier! Steige herab, und bringe es demsel-ben zur Nahrung und zum Zeichen, dass du dem Wächter zum Verschlingen darbringst deine Unlauterkeit aus der Tiefe!"

7. Und der Asmahael tat alsobald, wie ihm der Henoch geraten hatte im Ange-sichte der Väter.

8. Als aber der Asmahael die drei Böcke dem Tier vorführte, rührte dieses keinen derselben an, sondern schlug sie mit dem Schweif von sich und fing an, gewaltig zu brüllen.

9. Es wurde aber allen bis auf Henoch bange, welcher noch nichts genossen hatte von den dargereichten Erfrischun-gen, sondern sich dafür im Herzen mit Mei-ner Liebe labte und gar wohl stärkte.

10. Adam aber redete noch einmal den Henoch an und sagte: „O Henoch, siehe, dass du uns nicht täuschest; denn das Tier schlägt die von dir bedungene Nahrung von sich! Rate, wenn du magst, was da zu tun; denn mir wird's bange um den Asma-hael! Wie schauerlich bäumt es sich, und wie donnernd brüllt es und stellt sich also grimmig an, als wollte es uns alle verschlin-gen! Daher schaffe Rat und Hilfe, so du magst und kannst!"

11. Henoch aber trat alsbald hin zum Tier und redete es folgendermaßen an, sa-gend: „Beruhige dich, denn ich verstehe gar wohl deine Gebärde; doch damit es auch die verstehen möchten, so sei deine breite und lange Zunge gelöst! Und so gebe denn kund dein Anliegen, und was dich zu solchen abschreckenden Gebärden nötigt!"

12. Und alsbald trat das Tier dreist in die Mitte der Väter und ließ aus seinem weitgeöffneten Rachen folgende Worte deutlich vernehmen, welche also lauteten:

13. „Höret, ihr stumpfhörigen und blindsichtigen Menschen! Wahr ist, es hungert mich in jedem Haar schon, da ich drei Tage mir keine Nahrung habe erjagen können, und so werde ich auch das mir ge-brachte unsaubere Futter in meiner Not wohl verzehren; aber es war mir solches bevor nicht möglich, bis es mir möglich ge-macht wurde, euch allen, bis auf einen, an-zuzeigen, wie es für euch im höchsten Grade unbillig und ungerecht ist, Gottes Gaben eher in den Mund zu stecken, als bis ihr dafür den heiligen Geber gebeten habt um den Segen und Ihm hernach gedankt habt in aller Demut und Liebe für solches große Doppelgeschenk.

14. Wisst ihr Toren voll Blindheit denn nicht, dass auf der Erde kein reines Gras mehr wächst, das da tauge zur Nahrung der Unsterblichen, damit sie nicht verder-ben möchten?!

15. Sollte es daher nicht euer sehnlichs-ter Wunsch sein, dass der große, heilige Geber es allzeit reinige für euch und segne jegliche Kost zu eurer Lebenswohlfahrt?!

16. O schämt euch, ihr nahen Zeugen der Allgegenwart des Allerhöchsten! Ihr seid berufen, von Ihm zu zeugen, und könnt Seiner vergessen, da ihr euch Seiner am allermeisten erinnern sollt!

17. O wie undankbar ist eure Freiheit voll Leben und wie bloß in Worten eure Liebe zu Ihm, dass sogar ich als eine rei-ßende Bestie mit dem gerechtesten Unwil-len erfüllt werde, so ich ansehen muss sol-chen Frevel bei den Kindern Gottes! Ihr möchtet fluchen der Tiefe; aber es steckt in eurer eigenen Tiefe so viel Undank, dass sogar ihr das größte Unheil in die Tiefe bringen werdet körperlich, so ihr euch des Dankes und der wahren Liebe in euren Herzen nicht mehr kümmern werdet!

18. Die Unlauterkeit Asmahaels sollte ich verschlingen; ich aber sage und rate euch: Legt vielmehr die eures undankbaren Herzens auf die Böcke, damit ich nicht nur ein Träger Asmahaels, sondern viel mehr eures großen Undankes werde.

19. Nun, Asmahael, bringe mir die Böcke, und tue, wie dir geraten hatten die Väter, und belaste mit dem Fluche sie, damit die reuigen Väter gereinigt die Stelle verlassen möchten und du und ich mit ihnen; es sei!"

Kapitel 74

Adams Klage über die schonungslose Wahrheit

Am 17. März 1841

1. Als aber die Väter solches Wortwunder aus dem Rachen des Tieres vernommen hatten, siehe, da entsetzten sie sich gewaltig und schlugen sich auf die Brust, bereuten ihren Fehler und gelobten Mir im Herzen, den ganzen Tag über nichts zu sich zu nehmen, weder Speise noch Trank. Bei einer halben Stunde baten sie Mich im Herzen um Vergebung, und außer dem Henoch getraute sich keiner, die Augen von der Erde zu erheben.

2. Und eben diese Zeit benützte das Tier etwas seitwärts zu seiner Mahlzeit. Als das Tier nun fertig war mit den drei Böcken, kam es alsbald zurück, sprang zu einer nahen, frischen Quelle und kühlte sich alldort die Zähne und die Zunge, damit seine Wut gekühlt würde und gemildert seine Blutgierde.

3. Nach dem aber begab es sich wieder zum Asmahael hin und bot selbem gleichsam fürs Fernere seine Dienste an.

4. Henoch aber, die Väter anblickend, fragte leise den Adam, ob er noch etwas begehre, oder ob man sich zur Abreise anschicken sollte.

5. Adam aber entgegnete mit noch zitternder Greisenstimme: „O Henoch, siehe, die Angst hat mir die Glieder gelähmt, dass ich mich nicht zu erheben vermag, und, wie du siehst, auch der Mutter Eva, – und wir müssen und sollen fort gen Abend! Wie aber werden wir es denn anstellen, dass wir weitergelangen mögen?

6. Und siehe, lieber Henoch, auch den übrigen geht es nicht viel besser denn mir! Daher schaffe uns Rat aus deiner Liebe zu Gott, was da zu tun sein wird; denn wahrlich, ich empfinde tief den Frevel unserer Lauheit, aber auch ebenso tief die Schwäche meiner Glieder!

7. O Wahrheit, o Wahrheit, wie furchtbar mächtig bist du! Dieses Tier ist ein treues Bild deiner Schonungslosigkeit. Du schonst keines Menschen, und mag er der erste oder der letzte Bewohner der Erde sein! Dir ist jedes Alter gleich. Du schlägst die Väter samt ihren Kindern und schonst ihrer schwachen Mütter nicht. Unsere Häupter drückst du zur Erde nieder, und die Gliedmaßen lähmst du zur Untätigkeit. Wo ist außer Gott noch ein Wesen, das da ertragen könnte die ganze Bürde deiner Schwere?!

8. O sanfte, zarte, heilige Liebe! Wenn du mit der Wahrheit nicht Arm in Arm wandelst als heiligster Lebenssegen Jehovas, o dann ist die Erkenntnis der für sich allein stehenden Wahrheit wahrlich ein Tod den Menschen.

9. O Kinder, sucht fürder ja keine Wahrheit für sich mehr, sondern einzig und allein nur die Liebe! Und soviel Wahrheit diese mit sich führen wird, soviel wird's

auch gerecht sein dem Menschen und frommend zum Leben.

10. Wem aber der Herr mehr geben wird der Wahrheit denn der Liebe, den wird sie am Ende erdrücken, oder der Herr Selbst wird müssen sein Lastträger in der großen Wahrschwere werden.

11. Daher lehrt auch ihr allen euren Kindern in der Zukunft in der Liebe die Wahrheit, und den Brüdern aber in der Wahrheit die Liebe!

12. Und nun, Henoch, tue, was du vermagst, und denke, höre und sehe, was die Wahrheit für sich allein getan hat an uns allen! O Henoch, vereine deine Bitte mit der meinen, damit uns der Abend nicht hier antreffe! Amen."

13. Henoch aber kehrte sich in seinem Herzen zu Mir und ließ folgende stille Seufzer in seiner Brust auftauchen, welche also lauteten: „O Du großer, heiliger, liebevollster Vater aller Menschen und über alles mächtiger Schöpfer, Gott der Unendliche und Ewige und Allerheiligste! Sehe gnädig auf uns arme, schwache Würmer im Staub von Deiner unermesslichen Gnadenhöhe [herab], und schaue aus der unendlichen Fülle Deiner Liebe auf unsere grenzenlose Schwäche, die wir, geschlagen von der großen Macht Deiner Wahrheit, hier im Angesichte Deiner Vatermilde schmachten!

14. O lasse uns erheben von dem harten Boden der Erde mit neugestärkten Gliedern und voll fröhlichen Mutes, und führe uns nach Deinem heiligen Willen, dahin es Deine Gnade und Dein Wohlgefallen gut Rat hält, und lasse nicht zu, dass den Vätern irgendein Wehe begegne, sondern gebe, dass wir alle beständig in Deiner Liebe und Gnade wandeln möchten!

15. O heiligster Vater, erhöre mein stilles Flehen und Seufzen! Amen."

16. Nachdem er aber solches gesprochen hatte im Herzen voll Liebe und lebendigen Vertrauens, siehe, da vernahm er alsbald in sich ein mächtig süßes, heiliges Wort, welches zu ihm sagte:

17. „Höre, Henoch! Ich habe dein Seufzen wohl vernommen und habe erhört deine Bitte! Trete hin zu deinen Vätern, tröste sie voll Segens aus Meiner großen Erbarmung und versichere sie Meiner Größe und Meiner Verheißung, greife ihnen dann unter die Arme, und sie werden alle, von einer großen Kraft gestärkt, sich Jünglingen gleich erheben und werden voll Munterkeit vollenden die noch bevorstehende Bahn nach Meinem Willen.

18. Das Tier aber lasse nicht betreten die Wohnung Adams, noch den Grund und den Boden, sondern nach vollbrachter Reise lasse es wieder in Frieden ziehen an den Ort seiner Bestimmung.

19. Und nun gehe und übe, was dir geboten wurde, und erziehe den Fremdling Asmahael zu Meiner Ehre, amen; höre in aller Liebe, amen."

Kapitel 75

Henoch ermutigt die Urväter

1. Und alsbald dankte Mir Henoch im Herzen für ein so großes Stück Brot aus dem wahren väterlichen Hause, begab sich dann in die Mitte der schwachen Väter und fing an, folgende Trostworte aus Mir an sie zu richten, sagend nämlich:

2. „O liebe Väter, ein kleines, etwas außergewöhnliches Wunder hat der heilige Vater und Herr aller Macht, um uns aus dem Schlafe angewohnter Lauheit zu erwecken, gnädigst zugelassen: Einem Tier

löste Er die sonst ewig stumme Zunge und ließ ein geringes Fünkchen der ewigen Wahrheit über die sprachungewohnte Schnauze nur gleiten. Wir vernahmen das gehaltschwere Fünkchen und entsetzten uns sehr darob, als wenn wir der ewigen, qualvollen Vernichtung im unerbittlichsten Angesichte gestanden wären!

3. O der eitlen Furcht und halben Verzweiflung! Sagt mir, liebe Väter, was darf der wahrhaft Liebende denn wohl fürchten?

4. Ist denn nicht die wahre, uneigennützige Liebe zu Gott die schützende Hand des heiligen Vaters, an unsere Brust gelegt, vor deren Macht alle Unendlichkeit in ihren tiefsten Fundamenten ehrfurchtsvoll gehorchend erbebt?!

5. Trägt nicht derselbe Finger Gottes, dessen ganze Hand uns wohlschirmend erhält, das ganze unermessliche Gewölbe der Unendlichkeit mit all den zahllosen Sternen, der Sonne und dem Mond, – und wir werden beinahe regungslos schwach über eine ungewohnte Kleinigkeit, während wir ein bei weitem größeres Recht hätten, schwach und gänzlich mutlos zu werden, so wir ein wenig über uns selbst nachdächten, wie dieses unerhörte Wunder der Sprachfähigkeit uns ununterbrochen also eigen ist, dass wir also reden können, dass es da beinahe kein sichtbares Ding mehr gibt, welchem wir nicht vermöchten mehr denn tausend Namen zu geben?!

6. O sehet, das wundert uns nicht, und wir werden auch gar nicht schwach, so wir miteinander Worte wechseln!

7. Wenn uns aber die unendlich größeren Wunder in Anbetracht unserer Fassungsfähigkeit nicht schwach machen, o wie töricht ist es hernach, vor dem Gezirpe einer Erdgrille ohnmächtig zu werden! Hört, da sieht noch viel mehr knechtische Furcht denn die eigentliche lebendige Liebe heraus!

8. Kann aber wohl der Lebendige durch und durch selbst vor dem Tode erschauern oder, schwach werdend, zurückbeben vor ihm?

9. Wahrlich, wenn der Lebendige vor dem Tode bebt, trägt er selbst noch gewaltige Spuren des Todes in sich!

10. Wurde der Mensch denn nicht gesetzt zu einem Herrn aller Geschöpfe im großen Weltenraum?! Wie ist es mit ihm denn geworden, dass er vor dem Gesumse einer rauen Fliege zurückbebt, als hätte Gott schon ein halbes Gericht über ihn gehalten?

11. O liebe Väter! Ich weiß, was daran schuldet; nicht etwa, wie ihr meint, des Vaters und der Mutter erster Grundfall — denn dieser war selbst nur eine Folge davon –, sondern das ist es, dass der Mensch in seiner Freiheit sich groß und mächtig zu dünken anfängt und verliert sich dann in diesem törichten Eigengroßdünkel so weit, dass er meint, an jedem Haar hingen Sonnen und Welten. Wenn aber dann der liebevollste, heilige Vater das töricht schlafende und träumende Kind durch irgendeinen kühlenden Tropfen voll Liebe, Erbarmung und Gnade erweckt, dann schlägt es plötzlich seine Augen auf, erkennt seine Schwäche und Nichtigkeit und weint, da es nur ein schwaches Kind ist.

12. Wenn es aber dann den starken Vater erblickt, da freut es sich, läuft in aller Liebe zu ihm hin, liebkost den starken Vater und bittet ihn um Brot; und wo ist der Vater und die Mutter, die da von sich stoßen möchten ihren Liebling?!

13. Wenn aber das Kind trotzig ist, so weiß es der Vater zu strafen, auf dass es sanft werde. Wenn sich aber das Kind nimmer möchte völlig erwecken lassen, wird da der Vater wohl auch nur ein Mittel unversucht lassen, um es wieder zu erwecken zum Leben?

14. Und hat das Kind wieder seine Augen aufgemacht und angelächelt den bekümmerten Vater, wird sich der Vater darüber nicht mehr freuen als über hundert Wache?!

15. O liebe Väter! O seht, wie eitel eure Furcht und Schwäche ist! Wacht auf in der Liebe, und seht, wie der große, liebe, heilige Vater euch sehnsuchtsvoll und liebebekümmert zur Seite steht und harrt, wann ihr eure Augen der Liebe zu Ihm emporschlagen möchtet!

16. O wacht auf! Er ist uns kein ferner Vater, sondern ein naher Vater ist Er uns und voll Liebe, Sanftmut und Geduld!

17. Seid ihr jetzt auch noch schlafmatt und traumerschöpft, – wacht vollends auf, und ihr werdet gestärkt werden, dass ihr wie junge Hirsche vor Freuden springen werdet! Oh, so erwacht in der Liebe zum Vater! Amen!"

Kapitel 76

Seth findet das Leben aus Gott

1. Nach der Vollendung solcher Rede dankte Mir Henoch wieder im Herzen und streckte dann seine Hände aus, griff den Vätern unter die Arme, und zwar nach der Stammordnung. Und siehe, alsbald erhoben sich die Väter fröhlich und munter und durch und durch neugekräftet von der Erde und dankten Mir über die Maßen für solche Gnade und priesen laut Meinen Namen. Ja, es nahm die große Freude sogar ihre Füße in Anspruch, dass sie samt dem Adam und der Eva zu hüpfen anfingen; und der Seth aber war ob der zu großen Freude beinahe ausgelassen und hüpfte so hoch, als er es nur immer zuwege bringen konnte.

2. Es begab sich aber, dass er in seiner Hüpferei fiel und sich ein wenig wehe tat am rechten Knie und konnte sofort nicht mehr hüpfen; und sogleich ward er betrübt, denn er sah solches für eine Strafe an und wendete sich alsbald zu Mir und sagte in seinem Herzen:

3. „O Herr und unser aller bester, heiligster Vater! Sehe gnädigst herab auf mich Armen und gebrechlich Schwachen; siehe, ich war überfröhlich in Deinem Namen und bin gefallen in dem Unmaß meiner Freude!

4. O heiliger, allerliebevollster, bester Vater! Helfe mir wieder auf, – denn fürder will ich mich nimmer mit den Füßen, sondern desto mehr in dem Herzen mich freuen und Dich auch lieber desto mehr loben und preisen mit meiner Zunge und will die Füße gebrauchen nach Deinem Willen und die Hände nach Deinem Wohlgefallen; aber nur für diesmal, o heiliger, bester, liebevollster Vater, nehme den Schmerz von meinem Knie! Oh, erhöre meine Bitte! Amen."

5. Und sofort vernahm er eine große Stimme, die da sprach in seinem Herzen: „Höre Seth! Freue dich allzeit Meines Namens; freue dich deines Vaters, und freue dich über alles, das dich wie immer zu Mir erhebt! Aber lasse dabei leibliche Anstrengung, die zu nichts nütze ist, sondern freue dich in der Stille des Herzens! Freue dich im Leben über das gefundene Leben, und ziehe nicht, das dem Tode eigen ist, mit in

die Freuden des Lebens, so wirst du nimmer einen Schaden leiden, weder am Leibe und noch viel weniger am Leben des Geistes aus deiner und Meiner Liebe zugleich!

6. Merke dir das wohl, und fasse es so tief wie nur immer möglich ins Leben, so wird deiner Freude nimmer ein Ende werden; und nun stehe auf, und wandle froh in Meinem Namen! Amen."

7. Als aber der Seth solches in sich vernommen hatte klar und deutlich, da fing er an, vor Freude zu weinen, und dankte Mir laut für solche unerwartete Gnade.

8. Es merkten aber nun die übrigen, dass mit dem Seth etwas Besonderes vorgegangen war, und sie wunderten sich bis auf den Henoch alle ob der augenblicklichen Ruhe Seths und dessen überfröhlichen Stimmung.

9. Seth aber merkte solches und erbat sich, dass sie nun mit Fragen ihn in seiner Freude über das gefundene Leben aus Gott nicht stören möchten; am Abend würden sie es ohnehin erfahren in sich von oben.

10. Nun wendete sich Adam zu den Kindern, dankte Mir, segnete sie alle, segnete die Kinder des Mittags und segnete die Gegenden und sagte dann:

11. „Und nun, Kinder, dankt dem Herrn, und macht euch zur Reise gen Abend fertig, und zwar in der bekannten Ordnung: Asmahael in meiner und Henochs Mitte auf dem Tier der Wahrheit! Amen."

Kapitel 77

Die großartige Gegend auf dem Weg vom Mittag gen Abend

Am 22. März 1841

1. Und alsbald ordneten sie sich nach dem Willen Adams und machten sich auf die Reise zu den Kindern, die da im Abend wohnten.

2. Es opferte Mir jeder sein Herz und lobte Mich in der Stille, so die Fortreisenden und so auch die noch dableibenden Kinder des Mittags.

3. Und die dableibenden Kinder des Mittags verneigten sich vor den Hauptstammeltern und dankten ihnen für solche frohe Botschaft und priesen Meinen Namen und lobten Meine Liebe über die Maßen und wurden voll Freuden über Meine große Erbarmung.

4. Und siehe, unter solchen guten Verhältnissen schieden hier die ersten Menschen der Erde von ihren Kindern.

5. Der Weg war hier vom Mittag an bis gen Abend ein sehr großartiger – es versteht sich, nur von menschlichen Augen betrachtet –; er war das im höchsten Grad, was ihr unter dem Ausdruck ,romantisch' versteht.

6. Der großen, jetzt nirgends mehr anzutreffenden Seltenheit wegen will Ich ihn euch ein wenig näher vor die Augen rücken; und so merkt und malt es euch im Herzen aus!

7. So aber hat die Gegend ausgesehen, durch welche der Weg gen Abend führte: Stellt euch vor sieben in einer Linie aufgestellte Kegel von graulichblauer Farbe, einen jeden siebentausend Fuß hoch, zuunterst ein Siebtel Meile im Durchmesser. Denkt, dass ein Kegel sich an den anderen

schloss, wie wenn jemand solche Kegel so aneinanderstellen möchte, dass sich dieselben an den Füßen berühren möchten!

8. Wie aber diese sieben Kegel in einer Front nebeneinanderstehen, so – bildet es euch ein – stehen hinter einem jeden Kegel noch zehn in stets abnehmenden Dimensionen und in den verschiedensten Färbungen. Aus der Spitze eines jeden Kegels springt eine reine Wasserquelle hervor. Vor der Hauptfront, ungefähr in einer Entfernung von hundert Klaftern, ist ein gerader Weg, der sich um tausend Fuß höher denn die Füße der Kegel über einen schnurgeraden Gebirgsrücken hinzieht, dessen nördliche Seite mit den schönsten Zedern und Palmen, Pappeln und Platanen bewachsen ist; aber auf der südlichen Seite ist außer den erwähnten Steinkegelgruppen mit ihren großen Winden gleich rauschenden Wasserfällen nichts zu sehen denn kahler, nur hie und da mit kleinem Gras und Moos überwachsener Steinboden.

9. Nun, da ist eine kurze Beschreibung des Weges von Mittag gen Abend! Denkt euch noch die unbeschreibliche Wirkung, welche durch die Strahlen der Sonne hervorgebracht wird, so sich diese in den zahllosen Wasserbögen brechen und obendrauf noch durch die Kegelspalten die allerbunteste Farbenpracht der hinteren, kleineren Kegelreihen schimmert, so habt ihr in aller Kürze alles, daraus ihr euch ein ziemlich deutliches Bild dieser Wegpartie gen Abend machen könnt.

10. Auch dieser Weg war ein Lieblingsweg des Adam. Er wandelte allhier besonders an sehr warmen Tagen gern, weil da stets kühle Lüfte wehten, und überdies diente ihm dieser Anblick auch stets zu großen Begeisterungen in den früheren Zeiten. Wenn er von da zurückkam, sprach er mit seinen Kindern in sehr erhabenen Worten über Meine Liebe, Gnade, Weisheit, Erbarmung, Heiligkeit, Größe und Macht; er nannte daher auch diesen Weg: ‚Die Beschauung der sieben Mächte aus der Ewigkeit des großen Gottes Jehova'.

11. Als nun die Väter zu diesem Weg gelangten und nach und nach bis zum mittleren Kegel vor gelangt waren, ließ der Adam den Marsch ein wenig innehalten, um sich ein wenig an der großartigen Naturszene weiden zu können.

12. Und alsbald ließen sich alle Kinder nieder und ergötzten sich an dem stummen, mächtigen Walten der laut tobenden toten Natur.

13. Nach einer kurzen Pause aber, in welcher Meiner wohl gedacht wurde, wandte sich Adam zum Asmahael und fragte ihn: „Asmahael, sage uns, was du an dieser Szene findest, und wie sie dir gefällt!"

14. Asmahael aber wandte sich ehrfurchtsvoll zu Adam und sprach: „O Vater der Väter der Erde! Du fragst hier den Schwachen, allwo für den Stärksten zu groß und zu viel wird geboten; doch, wenn ich betrachte die hohen und steilen, bewässerten, spitzigen Säulen aus bläulichtem Stein, gestaltet vom mächtigen Finger des ewigen Gottes, da denk' ich im Herzen: Für Große ist Großes nicht groß, und für Kleine ist Großes unnütze! Was soll denn die Mücke aus Bergen wohl machen?! Was nützen der Fliege die Finger von unseren Händen?!

15. Und so ich betrachte allhier diese mächtige Szene, o Vater der Väter der Erde, da gewahr' ich gar klärlich, dass Großen nur Großes mag frommen; der Fliege

jedoch soll zufrieden genügen ein sumsendes Paar leichter Flügel!

16. Ihr Väter, ihr großen und mächtigen Kinder des Höchsten! Für euch sind so große, so herrliche Dinge vom mächtigen Finger der Gottheit gestaltet, – ihr könnt sie nützen, begreifen und loben; für mich sind die Berge am Rücken der Fliege gelagert.

17. O Väter der Väter der Erde, was nun ich gesagt, ist alles, was ich euch zu sagen vermochte; o lehrt mich anders, wo möglich, solch' Größe der Dinge im Geiste begreifen! Amen."

18. Als aber der Adam solche demütige Bescheidenheit vernommen hatte, freute er sich überaus und sagte, zu den übrigen sich wendend:

19. „O liebe Kinder, hört! Der Asmahael kommt mir vor wie ein durch längere Zeit brachgelegenes Feld, welches zwar während der Brachzeit keine Früchte getragen hat – denn es war nur ein brachliegendes Feld –, wenn aber ein guter Same auf dessen Erde gesät wird und dann eingefurcht in die Tiefe, so wird aus einem solchen Acker in kurzer Zeit hundertfältige Frucht zum erfreulichen Vorschein kommen.

20. So auch kommt es mir mit Asmahael vor; denn er ist noch nicht zwei volle Schattenwenden in unserer Mitte, aber wahrlich, mit unserer alleinigen Ausnahme möchte er wohl alle anderen Kinder auf den Höhen beschämen!

21. Hört, liebe Kinder! Wenn die Armen der Tiefe allesamt nur dem Asmahael irgend nahekommen in seiner Fruchtbarkeit, wahrlich, es wäre ewig jammer und schade, dass wir ihnen nicht zu Hilfe kämen!

22. Daher wollen wir uns heute in meiner Hütte beraten unter dem mächtigen

Beistand Gottes, was in dieser Hinsicht zu tun sein sollte.

23. Der Herr aber möge uns bewahren vor jeglicher Eigenmächtigkeit! Amen."

Kapitel 78

Henoch erklärt die Entsprechung des Naturwunders

1. Als aber der Asmahael solches aus dem Munde Adams vernommen hatte, ward er zu Tränen gerührt und sprach mit zum Himmel erhobenen Augen:

2. „Oh, wenn es möglich doch wäre, zu retten die Armen, die armen getöteten Brüder, o wahrlich, dann möcht' ich als nichtige Fliege zum mächtigsten Geier wohl werden und schießen im schnellsten Fluge hinab in die Tiefen, um alle die Brüder, die Armen, die Toten für Licht und für Leben daselbst zu erfassen und tragen so schnell nur und schneller, als jeder Gedanke zu eilen vermag, all' daher, dass sie sehend mit mir staunen da sollen, wie bald und wie hehr auf den heiligen Höhen die mächtigen Kinder des Herrn all die wundererfülltesten Dinge den Schwachen und Toten gar weise belehrend enthüllen und zeigen in mächtigen Formen, aus heiligen Worten erbaut, die Wohnung des Lebens im Menschen – und, mächtiger noch als das alles, den mächtigsten, heiligsten Schöpfer der Welten und Sonnen als Vater der Menschen!

3. Oh, wenn es doch möglich wohl wäre!

4. O Väter der Väter der Erde, erschaut oft das Auge im staunenden Schauen hinaus in die endlosen Räume der glänzenden Schöpfung das nichtige Stäubchen auch

nimmer, – doch wenn aber dieses so nichtige Stäubchen ins Auge des Sehers, vom Wind getragen, gefallen ist einmal, dann fängt sich der Große das schmerzliche Auge zu reiben und sucht zu entledigen sich, was da hemmend und brennend die Sehe ihm schloss! Und so ruft dann nicht selten der Bruder zum Bruder:

5. ‚O komme und such' mir das nichtige, lästige Ding aus dem Auge!' Und hat es der Bruder ersehen, begraben im tränenden Auge des Bruders, dann ruft er: ‚O Bruder! Der nichtige Feind deiner Sehe ist schadlos geworden; er liegt in siegender Flut deiner Tränen begraben! Mitleidige Tränen dich werden zur heiteren Freude gar bäldlich von deinem gefürchteten, nichtigen Feind befreien; denn ist erst das Stäubchen zur Träne gar selbsten geworden, wird's nimmer dir drücken die Sehe und hemmen dieselbe, zu schauen die leuchtenden Fernen der ewigen Schöpfung!'

6. O Väter der Väter der Erde, ihr schaut mit heiligen Augen hinaus in die endlosen Triften der ewigen Lichter; doch unten, dort unten in finsterer Tiefe des menschlichen Elends, da wirbelt ein tobender Orkan den feindlichen Staub, eurer Sehe zur Hemme, nicht selten zur heiligen Höhe herauf!

7. Wenn er Schmerzen euch macht, o lasst dann denselben von einer bekümmerten Träne ergreifen, und duldet, bis selber zur dankbaren Träne selbst wird!

8. O vergebt mir Armem und Schwachem! Und kann auch die Fliege nicht brüllen gleich Tigern und Löwen, doch zeigt auch ihr leises Gesumse und sagt: ‚O Väter der Väter der Erde, auch ich bin der mächtigen Hand eures heiligen Vaters entronnen; darum gönnt ihr Großen mir

Schwachem auch einen mitleidigen Blick!' Höret! Amen, o amen."

9. Adam aber sagte, hocherfreut über die schönen Worte Asmahaels: „Ich habe dein gerechtes Seufzen wohl vernommen und kenne gar wohl den argen Staub der Tiefe, diesen großen Feind alles inneren Schauens; jedoch bevor wir zu irgendeinem Wohlwerke schreiten werden, muss erst der Wille des großen Herrn genau erforscht werden. Denn von uns soll nie etwas unternommen werden ohne den wohlerkannten Willen von oben; daher nur noch eine kurze Zeit, und es soll heute noch entschieden werden, was da der große Herr über allen Sternen beschlossen hat, zu tun in den Tiefen der Gräuel, und solches wird wohl das Beste sein. Und möge es ausfallen für oder gegen, so geschehe allzeit auf das Allerpünktlichste Sein allerheiligster Wille! Amen."

10. Es stand aber alsbald Seth auf und sagte zum Adam: „Lieber Vater! Sollte uns allhier nicht der Henoch eben auch wie in deiner Grotte eine kurze Deutung dieser Prachtgegend geben? Siehe, mich dürstet gar sehr danach! Wie oft schon habe ich darüber nachgedacht, konnte aber doch ein für allemal nichts anderes herausbringen, als was die Augen sahen und meine Ohren vernahmen, nämlich diese himmelanragenden, gleichförmigen Steinspitzen mit ihren merkwürdigen Wasserstrahlen, welche in zahllosen Wasserperlen rauschend über die steilen Wände herab zur Erde stürzen und durch dieses harmonische Rauschen das Ohr auf eine wunderbare Art entzücken.

11. Daher möchtest du wohl gestatten, dass darüber der Henoch uns allen kundgeben möchte eine wahre Deutung. Amen."

12. Adam aber sagte, hoch- und wohlbilligend das Verlangen Seths: „O Seth, du bist mir zuvorgekommen! Denn solches war lange schon mein eigener Wunsch; daher geschehe, wie du es gewünscht hast! Und du, lieber Henoch, tue und reiche deinen dürstenden Vätern einen kühlen, stärkenden Trank aus deiner Liebe nach meinem und Seths Verlangen! Amen."

13. Und siehe, alsbald erhob sich Henoch und fing an, folgende sehr denkwürdige Worte an die Väter zu richten, sagend nämlich:

14. „O Väter! Im Schoße der weiten Unendlichkeit Gottes werden wohl noch größere und wunderbarere Naturszenen sich vorfinden und unaussprechlichmal erhabener sein denn diese siebenmal zehn wasserspritzenden Steinspitzen, da alle kaum einige tausend Mannshöhen vom Grund aus betragen, was doch bei weitem nicht so viel ist wie das Verhältnis einer Blattklebmilbe gegen uns; und doch ist es also, dass ein solches Tierchen in seiner Art größer ist denn diese ganze wasserspritzende Steingruppe!

15. Es ist denn aber, dass eine solche großartig scheinende Szene ein stummes Wort aus der Weisheit des allerliebevollsten, heiligsten Vaters predigt, so ist dann nur der Sinn erhaben, aber nicht das stumme, leblose Werkzeug, – gleichwie auch kein Mund darum erhabener ist denn ein anderer, wenn er Worte auch von größter Erhabenheit gesprochen hat; denn das Erhabene liegt nicht am Mund, sondern am Wort.

16. Also ist es auch bei dieser Szene. Nicht weil sie solches darstellt, dass wir daran erkennen in der inneren Entsprechung des Geistes die sieben Geister oder die sieben Mächte Gottes, und dass jede davon voll ist des lebendigen Wassers der Gnade, welche beständig über unser mageres Erdreich unserer Seele herabregnet und dennoch nicht viel mehr Früchte zeugt denn das stets bewässerte Erdreich um die Füße dieser Steinkegel, – noch weil die dahinterstehenden zehn Kegel darstellen die heiligen Pflichten der Liebe, die stets dieselben sind, weil die sieben Geister eigentlich auch nur ein Geist sind, was da bezeugt dieselbe Höhe, dieselbe Farbe, dieselbe Gestalt, dieselbe Masse, dieselbe Richtung, dasselbe Wasser und dasselbe harmonische Rauschen, – sondern die alleinige Erkenntnis daraus in uns selbst ist erhaben und würdig! An der Szene selbst ist wenig gelegen!

17. ‚Löst die Wunder vorerst im Herzen; wahrlich, dann erst werdet ihr mit Mir stimmen‘, spricht der Herr, ‚und sagen: ‚O Herr, wer nur einen Tropfen Deiner Liebe verkostet hat, dem wird die Erde zum Ekel im lauten Jubel über Gott des eigenen Herzens!‘ Amen."

Kapitel 79

Adams Schwäche

Am 26. April 1841

1. Nachdem Henoch diese Rede beendet hatte, verneigte er sich ehrerbietigst gegen alle Väter und dankte Mir dann im Herzen für die hohe Gnade, durch die er nun wieder vermocht hatte, so viel rein Gutes und Wahres aus Mir den Vätern zu verkünden.

2. Adam aber erhob sich und sagte „Amen!" und fuhr dann zu reden fort, indem er sagte: „Mein vielgeliebter Henoch, diesmal sehe ich nun ganz klar, dass die

Worte, die du nun gesprochen hast, nicht in deinem Leibe entstanden sind, sondern der Herr und unser aller allmächtiger Schöpfer und allerheiligster Vater hat sie dir zuvor getreu ins Herz gelegt!

3. Denn wahrlich, liebe Kinder, welcher Mensch könnte das wohl aus sich schöpfen und diese Steingruppe in aller ihrer Wunderbarkeit also einleuchtend begreiflich enthüllen wie du durch die Macht und Allerbarmung des allerhöchsten Gottes?!

4. Es ist wohl das allererste Mal, dass ich dich so vollends erfasst habe, und das noch sozusagen vom Grunde der tiefsten Wurzel!

5. Aber nur eines ist mir noch nicht erschaulich gewiss und einleuchtend, und dieses eine ist, dass ich es mir noch immer nicht recht vorstellen kann, auf welche Art du das heilige Wort, das du dann aussprichst, in dir empfängst und es hörst und dann alsogleich aussprichst, dass es dann klingt, als wäre es von dir, da doch der endlos hohe Sinn erschaulich gerade das blankste Gegenteil bietet, ja ein so blankes Gegenteil wie eine ganz ruhige Wasserfläche, auf der da nicht die allergeringste Unebenheit zu entdecken ist.

6. O lieber Henoch, nicht jetzt, sondern zu einer anderen, gelegeneren Stunde, wenn es dem Herrn wohlgefällig wäre, zeige und enthülle uns das allen, damit wir dadurch einen inneren Maßstab bekämen und danach zu beurteilen imstande wären, wie und wann jeder von uns in sich das heilige Wort vernehmen möchte, entweder für sich oder für alle.

7. Ich sage dir aber noch einmal: nicht jetzt, sondern zu einer gelegeneren Stunde! Für jetzt aber danken wir alle dem Herrn, dass Er uns einer so hohen Lehre gewürdigt hat, und wollen uns danach zur Weiterreise anschicken, und zwar nach der schon bekannten Ordnung in dem Namen Jehova! Amen."

8. Und alle taten in der innersten Tiefe ihres Herzens, wie es Adam geboten hatte.

9. Als sie Mir nun vollends ihren Dank dargebracht hatten, da erhoben sie sich und machten sich zur Reise fertig.

10. Bevor sie aber noch ihre Beine in Bewegung setzten, sagte Adam zu Seth: „Höre, mein geliebter Ahbel-Seth, es hungert mich – meine matt werden wollenden Glieder sagen es mir –; doch du weißt das Gelübde des heutigen Tages, das ich mit euch allen dem Herrn gemacht habe, als der Rachen des Tieres uns fast samt und sämtlich erschauern machte.

11. Was wird nun zu tun sein? Ich möchte den Henoch fragen; allein wahrlich, es ist das erste Mal im Leben auf dieser Stelle, dass mich der Mut verlässt, ein Kind zu fragen – das noch dazu ist ein Kind der Kinder! –, womit ich meiner Mattigkeit, ohne das Gelübde zu brechen, begegnen soll!

12. Gehe hin zu ihm, und frage ihn leise um seinen Rat! Amen."

13. Sogleich machte sich Seth hin zum Henoch und sprach: „Höre, lieber Henoch, unseren Vater Adam hat eine starke Mattigkeit befallen in allen seinen Gliedern. Es verlangt ihn gar gewaltig nach Speise, – allein das Gelübde gebietet ihm, nichts zu essen den ganzen Tag hindurch. Sage, wenn es dir möglich ist: Auf welche andere Art wird der Erzvater seine Mattigkeit loswerden können?

14. O lieber Henoch, tue, was du vermagst! Denn obschon auch ich zum Leben gekommen bin, so fühle ich aber doch erst ein Leben der Schwäche in mir und nicht eines der Kraft; darum möchte ich dem

Erzvater eine sehr schwache Stütze werden!

15. Du aber hast es in der großen Fülle; so rate oder helfe! Amen."

16. Henoch aber begab sich alsobald zu Adam und sagte: „O Vater, so lasse dich nicht von der Versuchung übermannen! Der Herr Selbst ist es, der dir solches zukommen lässt, um zu prüfen die Stärke deines Bundes in dir.

17. Da du noch nicht warst, vermochte dich der Herr wohl ins Dasein zu rufen, dass du wurdest ein freier Mensch und Geist, vollkommen nach Seinem Ebenmaß.

18. Nun bist du lange schon ein freier Beobachter und Empfänger von unnennbaren Ausflüssen von Seiner unendlichen Liebe, Erbarmung und Gnade; wie magst du dich denn von einem Kleinmut erfangen lassen und beben vor dem hinfälligen Staub des Fleisches, wenn dessen gegliederter Tod dich mahnt, dass nicht das Fleisch, diese stets mehr und mehr alternde Hülle des inneren Lebens, sondern der Geist der Liebe, welche das eigentlichste, innerste Leben ist, zum Leben bestimmt ist in Gott?!

19. Lasse immerhin ermatten das Fleisch; und wenn es wird schwach werden hinein bis zur Wohnstätte des Lebens, so wird dasselbe um desto leichter und eher sich in aller Fülle ergießen in alle Seele und wird durch diese auch bestens nähren jede Faser des Fleisches zum einstigen ewigen Leben.

20. Denn der Geist wird dann das Leben des Fleisches in sich aufnehmen, und so wird dann der Tod nichts haben, das er erwürge, denn sich selbst, was da ist das leere Fleisch selbst.

21. O Vater, in deiner Schwäche baue auf die Kraft Jehovas, so wirst du in deiner wiedererlangten Kraft in der Macht des Lebens frohlocken und sagen:

22. ‚O Herr, du bester, heiligster Vater! Ich war nicht, und Du hast mich ins Dasein gerufen; und ich war da in aller mutigen Kraftfülle des frohen, heiteren Lebens aus Dir. Es gefiel Dir, mich mit mancher Schwachheit zu prüfen; ich erkannte mit Deiner Gnade die neue Prüfung und brachte Dir in meiner Ermattung ein Opfer der kindlichen Liebe. Du hast nun wieder meine Müdigkeit angesehen, und ich lebe nun hoch frohlockend ein neues, erstaunlich wonnevolles Leben in Dir, o Jehova! Dir sei ewig aller Ruhm, Preis, Lob und Dank!'

23. O lieber, aller Achtung würdigster Vater Adam! Glaube es mir, dem schwachen Henoch: Es wird keine Stunde der Schattenwende vorüber sein, so werden deine Glieder kräftiger sein denn die des starken Tigers; aber nur festhalten musst du den Bund! Denn der Herr verachtet allzeit den treulosen Wankelmut des Herzens.

24. Vorderhand aber lasse dich bis gen Abend von mir geleiten und dir unter die Arme greifen, und du wirst des Herrn wunderbare Leitung gar bald vollends erkennen! Amen."

Kapitel 80

Die Prophetenschulen und ihre Regeln

1. Und als der Adam diese Trostrede des Henoch vernommen hatte, so ward er alsobald fröhlichen Herzens und ertrug seine zunehmende Mattigkeit mit großer Ergebung und ließ sich vom Henoch weitergeleiten.

2. Und so ging der Zug, obschon etwas mühsam, dessen ungeachtet mit noch ziemlicher Raschheit vor sich. Auf dem ganzen, beinahe halbstündigen Wege wurde keine Silbe gewechselt; aber ein jeder für sich bat Mich im Herzen inbrünstigst um die Stärkung und Erhaltung Adams. Vorzugsweise aber war Henoch voll unerschütterten Vertrauens und berechnete genau in seiner Liebe zu Mir, dass Ich sein unbeugsames Vertrauen auf Meine Erbarmung und Gnade gewiss und überaus sicher nicht werde zuschanden werden lassen.

3. Denn sahen die übrigen auch ein, dass Mir kein Ding unmöglich ist, so zweifelten sie aber doch an Meinem Willen, da sie noch nicht die große Freikunst erlernt hatten im Herzen, auf dem unerschütterlichen Weg der reinen Liebe zu rechnen und wohl zu berechnen Meine ewige, über alles unaussprechliche Treue, – welche Kunst aber Meinem lieben Henoch schon zur größten Fertigkeit geworden war, und er darob auch allzeit höchst sicher war des unausbleiblichen Erfolges dessen, das er in seiner gerechten Liebe von Mir erwartete.

4. Er war daher auch nie traurig und bedauerte niemanden, so ihm etwas Unangenehmes begegnet war. Denn sein Auge ruhte beständig auf Meinem Herzen, und so gewahrte er gar wohl die geheime Leitung Meiner Liebe, wie sie durch jedes noch so sonderbar scheinende Mittel allzeit am allerbesten versteht, die Kinder also zu führen, wie es für die Gewinnung des ewigen Lebens auch am allerbesten taugt. Ja, er ging in der Rechnung seiner Liebe zu Mir so weit, dass er sogar mit der größten Sicherheit bestimmte, wie, wann, wo und warum etwas zum Vorschein kommen würde, und zu welchem Ende. Und so war er gewisserart auch der erste Prophet der Erde und Urgründer der bis zu Meiner menschlichen Darniederkunft sich erhaltenden sogenannten Prophetenschulen, welche einzig und allein darin bestanden, dass ihre Schüler von beinahe der Geburt an schon in Meiner Liebe erzogen wurden. Die Welt ward ihnen dargestellt als eine gefestete Unterlage Meiner Liebe, als ein großes Schulhaus, in welchem alle Menschen durch eine kurze Abgeschiedenheit von Mir durch den eigenen Antrieb ihres inneren Lebens eine große Sehnsucht nach Mir bekommen sollen. Ihre äußeren Reize sind nur der Versuchung wegen da, damit sich die Menschen selbst richten sollen nach Meiner Liebe. Und sobald jemand dadurch an der Welt kein Wohlgefallen mehr finden wird, sondern nur an der stets wachsenden Sehnsucht nach Mir, dem wird dann alsobald das innere Auge und Ohr erschlossen werden, und er wird, wenn auch noch im sterblichen, ebenso verführerischen Leib, alsbald wieder den heiligen Vater hören und dann und wann zu sehen bekommen.

5. Der Geist der ewigen Liebe wird ihn dann erfüllen; er wird schauen die Zukunft, Gegenwart und Vergangenheit allörtlich, und des Leibes herbeigekommener Tod wird jeden mit einer unaussprechlichen Wonne erfüllen, da er da überklar erst zu schauen wird anfangen, dass der Tod des Leibes kein Tod, sondern nur ein gänzlich vollendetes Wachwerden zum ewigen Leben ist.

6. Das und noch manches mit Meiner Liebe im engsten Bunde Stehende war das eigentliche Wesen der Prophetenschule, von welcher, wie schon bemerkt, Henoch nach Meinem Willen der Urgründer war.

7. Die goldene Regel von ihm durch Mich war stets noch der Grund und das innere Fundament aller Prophetenschulen und lautete also:

8. Du magst nicht glauben, dass es einen Gott gebe, wenn du Denselben nicht schon eher geliebt hast aus allen Kräften eines kindlichen Herzens. Wer da sagt: ‚Ich glaube an einen Gott!', kann aber Denselben nicht lieben, der ist ein toter Lügner und hat kein Leben; denn Gott ist das ewige Leben Selbst, – Seine Liebe ist dieses Leben. Wie kann aber jemand das Leben anders begreifen denn durch das Leben?! Da aber die Liebe nur das Leben ist, wie in Gott ewig aus Sich, so im Menschen durch die Erbarmung aus Gott, wie kann da der Mensch sagen, dass er glaube an einen Gott, da er doch Denselben verleugnet tausendfach in seinem lieblosen Zustand, welcher kein Leben, sondern nur eine gewisse Regsamkeit der von Gott erschaffenen Natur ist, tauglich zur Aufnahme des Lebens der Liebe aus Gott.

9. Der regsame Leib ist noch nicht ein Mensch, sondern ist nur gemacht, dass er ein Träger sei eines Menschen vermöge der ihm eingehauchten lebendigen Seele; nimmt aber diese beleibte Seele das Leben der Liebe aus Gott nicht auf in sich, so ist sie trotz aller Regsamkeit und Brauchbarkeit ihrer Sinne tot. –

10. Das war also die goldene Regel. Dass mit ihr und aus ihr mit der Zeit noch andere entstanden sind, ist wohl so natürlich, wie natürlich aus der ersten Liebe, welche sich nach und nach mehr und mehr in den alleinigen Glauben bei den Völkern verlor, die zehn Gebote und alle Propheten entstanden und aus diesen endlich wieder die reine Liebe durch Mich zu Mir und daraus zum Nächsten.

11. So war auch die streng weltentsagende Lebensweise bis zur Zeit des empfangenen Lebensgeistes der Liebe eine aus dieser Regel hervorgegangene, von welcher Zeit sich dann freilich das fernere irdische Leben nach der inneren Freiheit modifizierte, demzufolge dann auch jeder Prophet lebte, wandelte und handelte.

12. Also war es somit mit den Prophetenschulen, welche, wie schon bemerkt, im Henoch ihren Gründer hatten, welcher jetzt auch schon mit dem Vater Adam glücklich bei den Kindern des Abends angelangt war.

13. Aber wie erstaunt waren nun alle, als der früher so matt gewordene Adam auf einmal zu vollster Kraft wieder gekommen war an der Seite Henochs!

14. Adam selbst aber war außer sich vor Freude und dankte Mir unter vielen Freudentränen für solche plötzliche Stärkung und sagte endlich zum Henoch, wie auch zu all den übrigen:

15. „O Henoch! O Kinder! Wie ein gar so überaus herrlicher Gott ist unser Gott! Wie gut, wie liebevoll und wie voll Erbarmung! Er, der kein Leid kennt wie keine Unvollkommenheit, Er, der heilige, unendliche, ewige, über alles mächtige Gott kann aus Seiner endlosen Vollkommenheit dennoch unvollkommene Wesen erschaffen, nicht etwa, als vermöchte Er nicht, sie vollkommen zu erschaffen – das sei ferne von uns je zu denken –, sondern um den vermöge Seiner endlosen Weisheit unvollkommen Erschaffenen so recht aus aller Seiner innersten Gnade- und Liebetiefe Seine väterliche Liebe von Ewigkeit zu Ewigkeit stets mehr und mehr angedeihen zu lassen, und um ihnen dadurch zu zeigen, dass Er nur der alleinige, allerwahrhafteste Vater aller Menschen und Geister ist.

16. O Henoch, o Kinder, dieses sehe ich jetzt erst so ganz vollkommen ein! Wäre ich nicht matt geworden, wie hätte ich die unaussprechliche Wohltat der Stärkung je wahrzunehmen vermocht?!

17. Der heilige Vater aber ließ mich recht schwach und matt werden, um mich dadurch desto empfänglicher für Seine unaussprechliche Liebe zu machen! Oh, der übergute Vater, wie gut erst muss Er sein gegen jene, die sich gegen Ihn nie versündigt haben, da er schon gegen mich, der ich doch der größte Sünder bin, da ich in Seinem Angesichte gesündigt habe, so überaus gut, gnädig und barmherzig ist!

18. O frohlocket, ihr Armen; denn ihr seid arm, um desto mehr zu empfangen! Frohlocket, ihr Schwachen; denn ihr seid schwach, um desto mehr Kraft zu erlangen! Frohlocket, ihr Traurigen; ihr seid traurig, um desto mehr Freuden zu empfangen! Frohlocket, ihr Hungrigen und Durstigen; ihr seid hungrig und durstig, um desto mehr gesättigt zu werden! Frohlocket, selbst ihr blinden Geister; sehet, der Herr hat die Nacht gemacht, dass sie empfinde das Bedürfnis des Tages! Wer hätte je am Tage das Bedürfnis des Tages empfunden, wenn der Herr nicht vor dem Tage hätte die Nacht gesetzt?! O Tod, wärst du nicht der Tod, so müsstest auch du frohlocken; denn deiner selbst wegen bist du nicht aus der ewigen Ordnung hervorgegangen! Wer weiß es, ob dich der Herr nicht darum entstehen ließ, damit aus dir dereinst vielleicht das allerhöchste Leben erstehen wird!

19. Wahrlich, wahrlich, wo der Herr gibt, da gibt Er als Vater Seiner unendlichen Liebe gemäß; aber überglücklich sei der, dem der Herr etwas nehmen wird, denn der wird's unendlichmal wieder empfangen aus der Hand des ewigen Vaters!

20. O Henoch, o Kinder! Ich, euer Vater Adam, bin überselig, da mich der Herr nun eine so große Gnade hat erfahren lassen, die größer ist denn mein ganzes Leben!

21. Du, lieber Henoch, aber sei hochgesegnet; dein Same soll nicht aussterben bis ans Ende aller Zeiten, und dein Name soll am Ende aller Zeiten den Völkern so nahekommen, als wärest du mitten unter ihnen! Späte Sprecher des Herrn werden ihren Kindern deine Liebe zum Vater rühmen und sich selbst nach dir richten.

22. So wie jetzt hast du noch nie gezeigt, wie sehr du an dem heiligen Vater hängst; denn dadurch bin ich gestärkt worden, weil du so überaus mächtig fest am Vater hängst!

23. Dir aber, mein großer Gott, Herr und Vater, sei aller Preis, aller Ruhm, alle Ehre, aller Dank und alles Lob; denn Du allein bist würdig, solches von uns zu empfangen!

24. Kinder, lobet alle den Herrn; denn Er ist gütig, liebevoll und überaus gnädig und barmherzig!

25. Henoch, siehe, das unaussprechliche Dankgefühl in mir gegen Gott lähmt mir beinahe die Zunge, dass ich kaum mehr zu reden vermag! Daher, da wir schon zu den Kindern des Abends gelangt sind, so mache du mit dem Asmahael Anstalt, dass sie erfahren, dass wir hier ihrer harren, und dass sie sich darob hierher begeben sollen, um zu empfangen den Segen und die heilige Kunde des morgigen Sabbats; alles andere sollen sie hier erst erfahren und sehen! Amen."

Kapitel 81

Die nackte Gerechtigkeit aus der Höhe der Weisheit tötet das innere Leben

Am 3. Mai 1841

1. Als die Rede beendet und der letzte Wunsch vom Adam ausgesprochen, vom Adam gesegnet und von Mir dem Henoch nebenbei noch angezeigt war, da verneigte sich alsbald der Henoch vor den Vätern, desgleichen, dem Henoch nachfolgend, auch der Asmahael von seinem Träger aus.

2. Alsdann eilten die beiden zu den Kindern des Abends und verkündigten dort mit lauter Stimme die Anwesenheit des ihrer harrenden Erzvaters Adam an der Grenze des abendlichen Gebietes. Als die Kinder solches vernommen hatten, da rafften sie sich alsbald zusammen, nahmen allerlei Früchte und andere Esswaren mit sich und eilten dann ehrfurchtsvoll mit Henoch und Asmahael hin zum Erzvater Adam. Als sie in starker Anzahl in die Nähe des Adam gelangten, fielen sie auf ihre Angesichter, getrauten sich nicht eher aufzustehen, als bis ihnen vom Adam durch Kenan zum wiederholten Male angedeutet wurde, dass sie sich endlich aus ihrer übertriebenen Ehrsucht vor den Vätern erheben sollten und empfangen den Segen vom Adam zur Rechtfertigung ihrer Gegenwart, um dann mit den geöffneten Ohren das heilige Wort der Einladung zum Opfer- und Brandfest am morgigen heiligen Sabbat zu vernehmen.

3. Nun erst erhoben sie sich voll Furcht und Angst und gebärdeten sich, als wenn ihr Gewissen so manches Nagewürmchen in sich verschlösse, welches unter der Sonne freiem Licht nicht gar wohl fortkommen möchte.

4. Adam nahm solche Erscheinung etwas wunder; auch Seth und die übrigen Kinder bis auf Henoch und Asmahael konnten sich diese rätselhafte Erscheinung nicht gar wohl auseinandersetzen und verstummten endlich selbst in ihren Mutmaßungen.

5. Adam aber erhob sich alsbald und beschied den Henoch und Asmahael zu sich und fragte natürlich vorzugsweise den Henoch – aber auch der Asmahael hatte hier die gegebene Freiheit zu antworten –: „Henoch, was soll denn das mit diesen Kindern? Sie kommen mir vor, als wären ihre Herzen mitnichten frei, sondern gedrückt und gebunden mit allerlei Unding!

6. O lieber Henoch, auch du, treuester Asmahael, sagt oder erforscht zum wenigsten in euch, was es mit dieser Erscheinung für eine Bewandtnis haben möchte!

7. Ich meines Teiles behaupte, dass hier ein arger Same unter dem Weizen ist; und wenn es also ist, so dürfen wir nicht eher von der Stelle, als bis das reine Korn wieder aus der Spreu und dem Unkraut gefunden und dann wohl verwahrt in unserer väterlichen Liebestrenge wird.

8. Mir kommt es auch gar so sonderbar vor, dass das Tier diesen Kindern beständig den Steiß zuwendet und sie auch nicht einmal eines Blickes würdigt, während es doch die Kinder des Mittags mit weitest geöffneten Augen fürchterlich lebhaft anglotzte!

9. O lieber Henoch! Mache, dass wir sobald als möglich ins Klare und dadurch auch wieder in die erwünschte Ordnung kommen möchten! Amen."

10. Henoch aber erhob sich und sprach: „Höre, Adam, und höret alle, ihr Väter, diese Kinder sind durch eine zu große Demütigung von unserer Seite gänzlich

mutlos geworden; diese Demütigung hat ihnen die Liebe zu uns geraubt und erfüllte dafür ihre Herzen mit knechtischer Furcht.

11. Wir sind ihnen nun kein Gegenstand der Liebe und kindlichen Hochachtung, sondern ein Gegenstand des Schreckens und heimlicher Verachtung sind wir ihnen geworden. Wenn die große Furcht vor unserer inneren Geisteskraft und -macht aus der Liebe des Herrn sie nicht abhielte, wahrlich, sie vermöchten mit uns allen dasselbe zu tun, was Kahins Eigenliebe mit Ahbel tat!

12. O Vater Adam, siehe, darin liegt sie begraben und wohl verborgen diese so sonderbare Erscheinung, an welcher niemand denn wir selbst die allermeiste Schuld vor ihnen und vor dem Herrn tragen; daher ist es nun freilich an uns, diesen Fehler wieder gutzumachen!

13. Das Tier aber nahm deswegen eine solche Stellung ein, um uns dadurch anzudeuten, dass die Schuld in unserer Mitte wohnt, darum es auch uns ansieht und den Steiß gegen die Kinder hält; und es zeigt uns dadurch an, dass sie von uns verunreinigt worden sind.

14. Ihr fragt mich im Herzen: ‚Wann und wie verunreinigten wir denn diese Kinder? Und sollte es geschehen sein ohne unser eigentliches Wollen, wie wird dieser Fehler wohl wieder gutzumachen sein?‘

15. O Väter, die erste Fragehälfte, wie und wann sie verunreinigt worden sind, ist überleicht zu beantworten; aber desto schwerer die zweite!

16. O Vater Adam! Siehe, darin liegt es, dass du durch deine frühere zu ängstlich strenge Gerechtigkeit aus viel mehr Furcht denn Liebe vor und zum Herrn hast solche Unterschiede zwischen den Kindern gemacht, und hast die einen verurteilt gen Morgen, die da überglücklich sind, und hast die anderen verurteilt gen Mittag, auf dass sie sich stets minder denken sollen denn die Lieblinge des Morgens, und diese verurteilt gen Abend, weil sie dir trägen Geistes vorgekommen sind, da sie sich öfter am Morgen vom Schlaf übermannen ließen, und hast endlich gar hart die letzten verurteilt gen Mitternacht darum, da sie in manchen äußeren Gebräuchen nicht wollten deiner Meinung sein.

17. O siehe, lieber Vater Adam, wärest du damals schon von der Liebe des ewigen, heiligen Vaters also wie jetzt belebt gewesen, sicher wären deine Urteile ganz anders ausgefallen! Allein die nackte Gerechtigkeit, wenn auch von allen Strahlen der Weisheit umflossen, ist drückend und hart, wenn aus ihrem Hintergrund – sollte er auch etwas verborgen sein – nicht ein leiser Liebestrahl wohltuend durchweht all die siebenmal zehn aus der Höhe wasserspritzenden Steinspitzen der fruchtlosen Weisheit.

18. Siehe, gleichwie das schwer fallende Wasser aus der Höhe das Gras nicht belebt, sondern nur zerstört und tötet und unter seiner harten Traufe nichts denn harte, ausgewaschene Steine finden lässt, also eben auch ist die nackte Gerechtigkeit, fallend aus der unermesslichen Höhe der Weisheit. Sie tötet und vernichtet das innere Leben. Und ist das Leben einmal ähnlich geworden einem toten, ausgewaschenen Stein unter der harten Wassertraufe, so wird es sehr schwer werden, aus einem solchen Stein irgendein lebendiges Pflänzchen zu ziehen!

19. Denn der schwere, anhaltende Druck des Gerechtigkeits- und Weisheitswassers hat das früher sanfte und lockere Erdreich zum harten Stein gemacht und

dann den totgemachten Stein hohlgewaschen. Was soll nun aus dem Stein werden?

20. Wahrlich, bevor er nicht durch ein übermäßiges Liebefeuer wieder zur lockeren Erde umgewandelt wird, wird auf ihm jeder gesäte Same verdorren und endlich gänzlich ersterben.

21. Es ist aber über Steine nicht gut wandeln und über Steine springen gefährlich. Wer auf einen Stein fällt, der fällt hart und zerschellt sich; auf wen aber ein Stein fällt, den zermalmt er. Daher auch ist die zweite Hälfte der Frage schwer zu beantworten.

22. Ich für mich bin der Meinung: Wenn diese Steinkinder und Brüder und Schwestern auf dem Wege der alles mächtigen Liebe nicht zu sänften und zu lockern sind, so wird eine noch größere Wassermenge selbst der weisesten Gerechtigkeit gar wenig mehr vermögen.

23. Lernen wir aber von unserem ewig heiligen, liebevollsten Vater Selbst, wie Er Seine lebenden Wesen lenkt: Die Vögel des Himmels, groß und klein, sind nicht gebannt weder in den Morgen noch den Abend, noch Mittag und Mitternacht; die Tiere der Wälder durchstreifen dieselben nach allen Richtungen; selbst die Fische im Wasser und all das Gewürm haben keine Wände gezogen zur Hemmung ihrer Bewegung und Wohnung.

24. Der Herr hat uns sogar kein Gebot gegeben, den Kindern Kahins zu fluchen; warum tun wir dann solches an unseren Kindern, Brüdern und Schwestern und bannen sie in Gegenden, auf dass sie unfrei sind und zu Steinen werden?!

25. O Vater, löse die nutzlosen Bande der Gerechtigkeit und Strenge und verbinde sie mit dem allmächtigen Band der heiligen Liebe, so wird dann die Weisheit aus der Liebe ihnen zu einem freien Wegweiser werden; und sie alle werden sich dann gar bald, von diesen neuen Strahlen erleuchtet, als Kinder eines und desselben heiligen Vaters erkennen und werden frohlockend sich selbst an dein Vaterherz schmiegen und dich mit von aller Liebe erglühten Armen umfassen und dich einen lieben Vater nennen!

26. O Väter! In einem Tautropfen Liebe liegt mehr Kraft und heilige Macht denn in einer Welt voll weisester Gerechtigkeit, wenn diese nicht die Liebe zum Grunde hat! Daher lasst nun mächtige Winde der Liebe wehen, auf dass diese starren Eisklumpen auftauen möchten, um wieder zu befruchteten Tautröpfchen zu werden, und lasst die Steine selbst vom mächtigen Feuer der Liebe zerlockern, damit unser Same nicht vergebens in ihre Furche gelegt werden möchte! Amen."

Kapitel 82

Der sich im Irrtum befindliche Seth weist Henoch zurecht

1. Als aber der Adam solches vernommen hatte aus dem Munde Henochs, da erschauerte er im Herzen, denn die Anspielung auf Kahins aus schwarzer Eigenliebe verübten Brudermord riss ihm die alte Wunde auf, dass er darob fast kein Wort leichtlich über seine fiebernden Lippen zu bringen vermochte und somit schwieg und bebte.

2. Es trat aber alsbald Seth zum Henoch und sagte: „Lieber Henoch, das hättest du nicht tun sollen, dass du dem alten Vater Adam nun eine so gefährliche Angst und

Trauer bereitet hast durch die etwas unbesonnene Anspielung auf Kahins Untat; gewiss, du hättest ihm dieses alles auf eine ganz andere, unmerkliche Art beibringen können! Siehe, es ist das erste Mal, dass ich mich genötigt fühle, dir etwas zu verweisen; für ein künftiges Mal aber lege bei solchen Gelegenheiten deine Worte auf die Waage der Billigkeit, damit sie den Vater trösten, aber nicht betrüben möchten! Du selbst bist es, der uns allzeit Liebe und Sanftmut lehrt; aber befolge erst selbst recht genau, was du uns lehrst, – dann erst wird deine Lehre voll Segen, Kraft und Macht über unsere Herzen gewinnen! Amen."

3. Henoch aber, der Mir still im Herzen dankte für das Wort, das er zu Adam geredet hatte, war hoch erstaunt über diese Zurechtweisung, – sagte kein Wort dagegen, sondern wendete sich alsogleich wieder zu Mir und bat Mich, dass Ich ihm anzeigen möchte, was da aus der kurzen Rede Seths werde zu machen sein.

4. „O heiliger, liebevollster Vater, der Du schaust im hellsten Lichte alle Finsternisse der Welt", fing Henoch an, im Herzen zu Mir zu beten und zu bitten, „Du weißt es, dass ich Dein heiliges Wort ohne Zusatz und ohne Wegnahme getreu dem Adam verkündigte! Wie ist es, dass es der so würdige Vater Seth so uneben aufgefasst hat?

5. Konnte ich doch unmöglich anders sprechen, als Deine unendliche Liebe es mir gegeben hat!

6. Auch war Seth eben erst Zeuge, wie Du, o Jehova, den Adam von seiner Mattigkeit befreit hast und hast ihn gestärkt in jeder Fiber seines Lebens!

7. O heiliger Vater, der Du voll Liebe und Erbarmung bist, zeige meinem unbedingtesten Gehorsam gegen Deinen heiligsten Willen an, woher das rührt, und wie die Sache beim Seth wieder vollends gutgemacht werden möchte! Ich, Dein armer, schwacher Henoch, gelobe Dir in meinem Dich über alles hochliebenden Herzen, dass auch nicht ein Haar meines Hauptes sich rühren soll ohne Deinen heiligsten Willen! Amen."

8. Alsbald aber erblickte Henoch eine Flammenschrift im Herzen, und da stand es geschrieben: „O Henoch, warum sorgst du dich darum?! Das Herz ist nicht verständig noch in allem, wenn nicht das ganze Herz voll erfüllt ist von der ewigen Liebe; wenn aber diese kommen wird, dann wird auch der Seth die Steine und alles Gras, Pflanzen, Sträucher und Bäume wohlvernehmliche Worte miteinander wechseln hören.

9. Du aber schweige vorderhand, und lasse deinen Schüler für dich das Wort führen! Amen."

10. Seth aber, da er auf diese seine Mahnrede den Henoch keine Miene zum Reden machen sah, fing sich selbst über Hals und Kopf im Herzen zu befragen an, was das doch sein möchte, dass nun alles wie verstummt geworden ist; aber auch sein eigenes Herz blieb stumm. Und so war der Seth genötigt, sich wieder an den Henoch zu wenden und ihn zu fragen, warum er ihm auf die frühere Einrede nichts erwidert hätte.

11. Henoch aber sagte voll Hochachtung und Liebe: „O würdiger Vater Seth! Hat wohl das Kind ein Recht, sich gegen die Ermahnung eines Vaters aufzulehnen?! Du hast mir das Wort Gottes zwar verwiesen, das ich habe aussprechen müssen; allein, wenn du mit mir redest im Namen des Herrn, kann und darf ich dir Frage, Antwort und freie Rede bieten! So du aber als Vater

im Ton eines Lehrers mit mir redest, siehe, dann ist es meine kindliche Pflicht, dir unbedingt zu gehorchen, zu schweigen und im eigenen Herzen mich aber alsbald mit der Liebe Jehovas zu vereinen. Siehe ahnungsvoll, aber furchtlos hin auf den Redner, den das Tier trägt; denn so will es nun der Herr, dass dieser euch vorderhand meine Stelle vertreten soll! Frage ihn, und er wird euch die geziemendste Antwort geben im Namen Dessen, der ihn dazu berufen hatte! Amen."

12. Diese sehr bescheidene Äußerung Henochs machte den biederen Seth ganz verstummen. Aber dafür löste sie dem Adam wieder die Zunge, und dieser sprach zu Seth: „Aber geliebter Sohn! Du, den mir Jehova an Ahbels Stelle gegeben zum Trost, sage mir, was mochte denn doch dein Herz also geblendet haben?

13. Des Herrn heiliges Wort mochtest du dem Sprecher Gottes verweisen – und hast dich doch erst kaum zehn Augenblicke vorher überzeugt, wie wunderbar es mich gestärkt hat!

14. Das Wort aus dem Munde Henochs, ausgehend vom Herrn bezüglich der Kinder, hat bei mir ein neues Wunder gewirkt, welches höher steht denn Kahin und Ahbel!

15. Wahr ist es, die Eigenliebe Kahins und die gleiche Versteinerung dieser Kinder durch meine Schuld hat in der Rede Henochs mich stark verletzt; allein es war aber ja auch ebenso notwendig, dass es mich also verletzt hat, denn sonst wäre ich ja unmöglich je zur vollen Heilung der alten, stets brennenden Wunde gekommen wie eben jetzt! Denn wo der Herr verwundet, da heilt Er wunderbar; wo aber Menschen sich gegenseitig einen Schaden zufügen, – wahrlich, wenn der Herr Sich ihrer, wie jetzt meiner, nicht erbarmt, in Ewigkeit würden sie gegenseitig den Schaden nicht wieder gutmachen!

16. Ich habe gesündigt an meinem treuen Weib im Paradies, und der Erstgeborene ward mir zur großen Wunde, – und bis jetzt mochte ich die Wunde nicht zu heilen! Vor dreihundert Jahren schon hatte ich die Kinder hart gesondert und sehe erst jetzt ein, dass ich dadurch Gift in meine alte Wunde gestreut habe.

17. Der Herr nahm mir jetzt das Gift und heilte mir die alte Wunde durch Henochs Wunderworte. Warum hast du dich denn eher an der Liebe vergriffen, bevor du ihren Wundersinn in deinem Herzen erkannt und erschaut hast?

18. O Seth, o Seth, sehe zu, dass dir der Herr nicht wieder nimmt aus dem Herzen, das Er dir schon so herrlich gegeben hat! Für ein nächstes Mal aber höre zuvor jeder auf meine Stimme, und wen ich da zu meiner Unterstützung bescheiden werde, der komme und helfe mir. Allein bei Gelegenheiten, wie diese ist, wo der Herr doch so augenscheinlich mit uns zieht, ist es wohl durchaus nicht nötig, dass wir uns unaufgefordert helfen wollen, da doch die allerbeste Menschenhilfe soviel wie nichts ist gegen die wahre, unaussprechliche Hilfe des Herrn durch Sein allmächtig Wort, welches nicht ist wie ein menschlich Wort, sondern welches da allzeit ist eine vollbrachte Tat für alle Ewigkeiten der Ewigkeiten.

19. Und somit, lieber Seth, erkenne deinen Irrtum vor dem Herrn; falle hin zur Erde und bitte den Herrn um die Gnade und Erbarmung, auf dass Er dich wieder ansehen möchte! Amen."

Kapitel 83

Henochs Rede über das wahrhafte
Vermitteln des Wortes des Herrn

Am 12. Mai 1841

1. Seth aber verstand nun gar wohl die Rede Henochs über die Stummheit der Kinder des Abends und die entschuldigende des Adams und sagte endlich:

2. „O Vater, o Henoch, nun ist mir alles klar! Ihr beide, du, geliebter Vater, und du, geliebter Sohn, werdet mir wohl vergeben meinen ängstlichen Irrtum; aber wird mir solches wohl auch der Herr tun, gegen dessen allerheiligstes Wort ich im eigentlichsten Sinne des Wortes geeifert habe? Wie werde ich da Vergebung erlangen?

3. Es war schon licht geworden in meiner Seele, und ich gewahrte schon gar deutlich ein neues, wahres Leben erstehen in meinem Herzen; allein nun gewahre ich nur zu gewiss wieder Nacht und Tod in meinen Eingeweiden!

4. Wahrlich, es werden die Kinder des Abends und der Mitternacht zu reden anfangen, als wären sie aus der Sonnenmitte hervorgegangen; ich aber werde stummer sein denn ein Stein in der Meerestiefe, da ich meine Zunge verwendete zum Widerspruch, wo ich sie hätte zum ewigen Dank verwenden sollen! Nicht einmal der liebe Henoch sollte an mich Worte des Lebens aus der Höhe richten, sondern alles nur der Asmahael! O großer Gott, wie ungeheuer groß muss meine Sünde vor Dir sein, da Du sogar um meiner Hartnäckigkeit willen als der Herr alles Lebens dem Henoch vor mir nichts zu reden gebotest, sondern allein dem Asmahael, dass dieser mich belehre über alle meine Irrtümer!

5. O wehe mir, so mich der Herr nicht mehr ansehen möchte in Seiner Erbarmung! Wer wird mich dann erretten aus der Nacht des Todes?

6. O Herr, lasse immerhin Deinen Asmahael Worte voll jugendlicher Kraft in aller Fülle des Lebens an uns, die wir voll Stumpfheit und toten Sinnes sind, richten, und das vorzugsweise an mich; aber nur lasse darob die so hoch gesegnete Zunge Henochs nicht verstummen vor uns, und ganz besonders vor mir, damit niemand meinetwegen etwas verlieren möchte.

7. O Herr, Gott und Vater, sei mir armem Toren voll Blindheit barmherzig und gnädig! Amen."

8. Nach dem aber erhob sich auf Mein Geheiß alsobald der Henoch und fing an, aus Mir folgende Kraftworte an den Seth und auch an alle zu richten, sagend:

9. „O lieber Vater Seth, siehe, wo ist der Mensch, so ihn ein Irrtum gefangen hat, dass er sich möchte helfen in der Mitte des Irrtums?! Da er spricht, spricht er wie im Traum; da er handelt, handelt er wie ein Blinder; da er geht, geht er, als hätte er keine Knochen in den Füßen; da er stehen möchte, da fällt er wie einer im Wirbelschwindel; will er wieder erstehen, da mag er seine Füße nicht zurechtbringen; und will er sehen und hören, da sieht und hört er den Schatten statt der Sache und den leeren Schall statt des lebendigen Wortes.

10. Siehe, also war und ist es auch bei dir! Du hast des Lebens und der wahren Liebe Schatten nur in dir im Mittag wahrgenommen; damit zufrieden, mochtest du wohl entgegentreten der ewigen Liebe, da du in dir heimlich dachtest, nun müsse schon jedes deiner Worte aus der Höhe kommen. Allein darum aber ließ es der Herr zu, dass du fielst, auf dass du nun

wohl begreifen sollst, dass es ein Schwereres ist, sich des allerhöchsten Gutes der ewigen Liebe Jehovas zu bemächtigen, als in dreimal sieben Tagen all die Erdfrüchte ins Trockene zu bringen!

11. Siehe, du irrtest dich, da du mir das Wort des Herrn verwiesen hattest! Warum irrtest du aber? Darum, weil du meintest, auch die Anforderung deines Herzens sei schon ganz rein von oben und gebe dir das Recht unbestreitbar, dich zurechtweisend über die Weisheit Gottes Selbst herzumachen, weil sie deinem lebenbeschatteten Herzen nicht einleuchten wollte und daher unrechtlich und tötend vorkam.

12. Nun fehltest du aber wieder, da du fürs Erste dem Adam und mir mehr Versöhnlichkeit zutrautest denn der ewigen Liebe Jehovas Selbst, dessen allereigentlichste Kinder wir doch alle ohne Ausnahme sind, ob gut oder voll Ungehorsams, und fürs Zweite dir nur an meinem Wort hauptsächlich zu liegen scheint, ohne zu bedenken, dass das Wort des Herrn, auch aus einem Stein gesprochen, dasselbe heilige, lebendige Wort ist.

13. Daher bitte nicht um meine Zunge, sondern um das lebendige Wort; achte nicht des Werkzeuges, sondern der Gnade, die da kommt durch was immer für ein Werkzeug vom Herrn, ob vom Henoch oder Asmahael; dann wirst du wandeln vollkommen gerechtfertigt vor der ewigen Liebe Jehovas, der allzeit am allerbesten weiß und sieht, welches Werkzeug für diesen oder jenen am allertauglichsten ist. So es aber dem Herrn wohlgefällig ist, auch durch Asmahael zu reden, sagt, werden darum die Worte des Herrn weniger Worte des Herrn sein?!

14. O Vater Seth, siehe, das aber ist des Herrn Wille, dass jeder sollte trachten nach dem ewigen Leben der Seele und des Geistes im eigenen Herzen unablässig; aber dabei soll sich ja niemand verleiten lassen und der Meinung sein, dass man von einer Schattenwende zur anderen auch schon alles erreicht habe!

15. Hat aber jemand etwas erreicht schon vom Herrn, der tue damit den Kindern gleich, so sie einen verborgenen Schatz finden und denselben dann verbergen vor den Augen ihrer Alten sogar in der Furcht, er möchte ihnen wieder abgenommen werden.

16. Es habe niemand eine zu große begierliche Freude daran, ein Werkzeug des Herrn zu werden, sondern jeder verharre in aller heiligen Stille und großen Demut und heimlichen Liebe! Denn es liegt keine Dankbarkeit und durchaus kein Verdienst darinnen, so jemand berufen wird vom Herrn, als ein Werkzeug zu dienen, denn der Herr vermag auch ohne Werkzeuge Seine großen Werke zu verrichten. Aber es liegt alles darinnen, dass wir nicht einen Herrn suchen, um ihm unsere eitlen Dinge aufzudrängen, um dadurch zu zeigen, als wenn wir auch etwas wären und vermöchten, sondern dass wir alle einen und denselben heiligen Vater suchen, auf dass Er uns gnädigst zu Kindern des ewigen Lebens aufnehmen möchte durch die gnädigste und liebevollste Erweckung unseres schlafenden Geistes und durch die Erleuchtung unserer weltfinsteren Seele.

17. Wen der Herr aber berufen hat, vor den Brüdern von Seiner unendlichen Liebe zu zeugen, der zeuge immerhin, aber stets in der allerhöchsten Demut seines eigenen Herzens, stets eingedenk, dass man nur ein allernutzlosester Diener sei, den der Herr nur gar zu leicht rathalten kann!

18. Wehe aber dem, der darob glauben würde, er sei mehr denn seine Brüder, oder der Herr habe seiner nötig; wahrlich, ein solcher Frevler wird seinem eigenen Gericht nicht entrinnen!

19. Wenn wir aber dienen, so dienen wir in aller Liebe uns gegenseitig als Brüder und Kinder eines und desselben Vaters, und unsere allerhöchste Weisheit sei, den heiligen Vater über alles zu lieben. Keiner dränge dem anderen eine Lehre auf, als wäre er dazu berufen wie ein Hund zum Bellen und ein Hahn zum Krähen! Wenn aber jemanden der Vater dazu berufen hat, der tue es, – aber in der allergrößten Liebe und Demut; denn erst dadurch wird er zeugen, dass seine Lehre wahrhaft aus Gott als dem ewigen Urborne aller Liebe und alles Lebens ist.

20. Wer da predigt, der sei geringer denn alle seine Brüder, so wird er zeugen, dass er wahrhaft ein Diener der Liebe sei!

21. Wer das Wort des Herrn aus dem Munde eines Bruders vernimmt, der danke dem Herrn für die unaussprechliche Gnade; der Prediger aber bedenke bei sich, dass er der Allerunwürdigste ist, und halte jeden seiner Brüder für besser denn sich, so wird er sein Herz bewahren vor dem Hochmut, welcher ist des Todes Vater, und wird sein dem Herrn ein stilles Haus, das Ihm allein nur wohlgefällt!

22. O Vater Seth, siehe, das ist es, was der Vater von uns will und verlangt! Daher trachten wir in aller Liebe und Demut, Ihm wohlzugefallen, so werden wir leben und uns nimmer von dem Schatten des Lebens trügen lassen! Amen."

Kapitel 84

Adams Rede über den Fluch des Gesetzes und die Freiheit der Liebe

1. Als nun der Seth und all die anderen diese Rede Henochs vernommen hatten, richtete sich eben Seth wieder auf und begann folgende Rede von sich zu geben, sagend:

2. „O wahr, ja nur zu wahr ist es, was der Herr durch dich, lieber Henoch, hat verkünden lassen vorzugsweise mir, der ich eines solchen Verweises am allernötigsten habe!

3. O Vater Adam, o Kinder alle, dankt an meiner statt dem Herrn, denn ich bin nicht wert und bin zu schlecht, als dass ich es mir zu wagen getrauen könnte, mit der Zunge, die des Herrn heiliges Wort vor kurzem erst verunglimpfte, dem Herrn alles Lebens und aller Liebe ein unlauteres Lob darzubringen!

4. Nun lasst den Asmahael mir predigen; denn nicht mehr wert bin ich, Henochs Wort zu vernehmen!

5. Ja selbst Asmahaels Wort ist zu heilig für einen Toten! Lasst das Tier mir predigen, damit ich durch dessen Schauderstimme möchte erweckt werden vom Tode zum Leben!

6. O Vater Adam, heiße mich nimmer deinen Sohn; denn du bist aus Gott, ich aber aus der Fülle aller Widerspenstigkeit! Siehe, ich will nur ein Knecht sein, ja euer aller Knecht will ich sein, euch dienen wie ein Sklave der Tiefe und stumm sein wie ein Stein, um dadurch dem Herrn genugzutun dafür, dass ich mich in die Finsternis gestürzt habe, während der Herr so viel Licht in Wort und Tat um mich her ausgegossen hat!

7. Dankt, ihr Würdigen, dem Herrn für mich, den armen, schwachen und toten Seth! Amen."

8. Adam aber erhob sich und sagte ein kurzes, weises Wort zum Seth, und dieses Wort heilte den Kranken, dass er dann wieder ward voll Liebe und Vertrauen gegen Mich und pries über und über Meinen Namen.

9. Die Worte Adams aber lauteten also: „Seth, Seth, du nimmst dir zu viel vor, was der Herr dir nicht gebeut! Siehe zu, wenn der Herr dich versucht und du dann noch schwächer wirst denn jetzt und fällst dann in deiner Schwäche, – sage, wer wird dir dann aufhelfen?

10. Etwa Gott, dem du törichterweise genugtun wolltest, da Er doch unendlich und überheilig ist und du nur ein endlicher Staub der Erde vor Ihm?!

11. Wer mag Gott genugtun?! Wer will rein und ohne Fehl zu Ihm beten und Ihm danken, Ihn loben und preisen ohne Sünde und zu Ihm ohne Makel der Seele als Kind den Vaterruf erheben?!

12. Was haben wir denn, das wir nicht empfangen hätten zuvor von Ihm?! Was können wir Ihm geben, das Er nicht zuvor uns gegeben hätte, und was tun, das Er uns nicht schon lange früher getan hätte?!

13. Darum mache dir kein unnötiges Gebot, sondern beobachte das eine nur, dass du Ihn mehr und mehr liebst in aller Demut deines Geistes und alle Brüder und mich zehnmal mehr denn dich! Alles andere lasse nur dem Herrn über; Er weiß es am allerbesten, welche Last du zu ertragen vermagst!

14. Wenn es dir aber schon schwer wird, in der Tat das eine Gebot zu erfüllen, wie möchtest du dann wohl mit so vielen zurechtkommen?!

15. Weißt du denn nicht, dass an jedem Gesetz der Fluch, die Sünde, das Gericht und der Tod hängen?!

16. Fürchte dich daher vor jeglichem Gebot, – willst du leben! Leichter ist es, Gesetze zu geben, als denselben zu gehorchen.

17. Was aber ist wohl mehr: Frei sein in der Liebe durch die Liebe, oder schmachten unter des Gehorsams hartem Joch nach der Freiheit der Liebe, welche da hart zu erringen ist und ewig sein wird, wo das vergeblich sich sehnende Herz unter den harten Schlägen der Versuchungen lange wird bluten müssen?

18. Siehe, die Kinder des Abends, wie sind sie zugrunde gerichtet auch nur durch ein leichtes Gebot; wie schwer wird ihnen zu helfen sein, so etwa ihr Herz durch den zu langen Druck verhärtet ist!

19. Wir aber wollen dem Herrn allzeit danken und Seinen Namen lobpreisen, dieweil Er uns ein freies Herz für freie Liebe gab, und wollen Ihn auch allzeit bitten, dass Er uns vor jeglichem Gebot bewahren möchte, auf dass wir allein Seiner ewigen Liebe leben möchten als freie Kinder.

20. O Seth, es werden einst Zeiten kommen, da unsere späteren Kinder unter Bergen von Gesetzen leben werden und werden vergeblich schmachten nach der Freiheit gleich einem erhitzten Stein in der Tiefe der Erde! Und ihre Brüder werden die schwer Gehorchenden in steinerne Löcher stecken und sie aller Freiheit berauben. Da wird der Sünden sein wie des Sandes im Meer und des Grases auf der Erde!

21. Daher stehe du ab von deiner Torheit und tue, was du kannst, und was dem Herrn wohlgefällig ist; alles andere lasse dem Herrn über, so wirst du leben! Amen.

22. Nimm meinen Segen, und wandle wieder frei und gerecht vor Gott, vor mir und allen unseren Kindern! Amen."

Kapitel 85

Asmahaels berühmte Rede vom Gesetz

1. Als der Seth solche Rede vernommen hatte, sah er alsbald die kleine Torheit seiner Vornahme vollends ein und ward wieder ein freier Mensch und lobte und pries Mich über die Maßen in seinem nun neu belebten Herzen und freute sich sehr auf Asmahaels Rede, welcher nun nach dem Geheiße Henochs auch alsobald zu reden begann, und zwar über die Stummheit der Kinder des Abends. Das er aber sprach, sprach er aus Mir durch den Geist Ahbels in einer bündigen und gleich einem Bächlein fließenden Rede, welches also ruhig forträuschelt und -sprudelt über kleine Kiesel und Sandbänkchen und sich dann lächelnd ergießt in einen Strom, der mit offenen Armen den Liebling aufnimmt und ihn dann auf seinen breiten Schultern trägt in das Meer der Ruhe.

2. Das aber war die so sehr berühmt gewordene Rede Asmahaels und lautete also:

3. „O Väter der Väter der Erde! Mein Auge schaut weinend die schmachtende Menge der herrlichen Kinder der Väter der Erde; sie liegen so stumm und so tot wie die Steine im Grund der Meere und anderer großer Gewässer.

4. Gebote, – o harte und schwere Gebote! O Menschen, ihr harten und lieblosen Menschen, wohin werd't die Brüder ihr bringen und machen zu was die unschuldigen Kinder durch all die nutzlosen Gebote,

5. von denen ein jedes ein endloses Heer von ganz neuen Geboten notwendig nach sich ziehen muss!

6. O fragt euch, ihr Väter der Väter der Erde, wie viele Gebote der ewige Herr allerbarmend euch allen zu halten hat weise beschieden!

7. Ich weiß es und muss es euch sagen: Gar keines – als nur zu erkennen die ewige Freiheit in aller der endlosen Liebe des ewigen, heiligen Vaters!

8. Sind wir denn erschaffen, um weltschwere Lasten von all den Geboten zu tragen?! Ist Gott denn ein schwächlicher Gott, dass darob Er den Menschen Gebote muss geben, um sie in der Ordnung gehärtetem Zaune zu halten?!

9. O Väter, wie töricht wär' solches zu denken von einem allmächtigen, ewigen, endlosen, heiligen Gott, dessen leisester Hauch all die zahllosen Welten und endlose Heere von mächtigen Geistern zunichte möcht' machen!

10. Ein so übermächtiger Gott sollte drücken die Menschen durch nicht zu ertragende Lasten von toten Geboten, von steinfesten Sätzen, die Er Selbst am Ende zu lindern durch all' Seine Kräfte nicht möchte, wie auch nimmer dürfte; denn löst Er einen dieser geistigen Zwinger des Lebens, müsst' da Er nicht fürchten, am Ende von Seinen Geschöpfen gefangen zu werden und dann an Sich Selbst zu erfahren, ein Sklave zu sein den Geschöpfen, die all' doch gen Ihn nicht ein Stäubchen der Sonne ausmachen?!

11. O Väter der Väter der Erde, ihr könnt euch nichts Tolleres denken! Der Vater, der ewige, heilige Vater voll Liebe, der mächtige, freie, unendliche Gott sollte

Wesen erschaffen, um sie dann zu töten gar grausam im härtesten Druck der überweltschweren Gebote?!

12. O wahrlich, mir wär' es viel leichter zu fassen, dass ich und mein grausamer Träger ein einziges Wesen voll Nacht und voll Lichtes inmitten der Erde ausmachten, als dass unser Gott, unser mächtiger, ewiger, freier und heiliger Gott nur ein Wesen entstehen könnt' lassen, um es durch Gebote zu drücken und zwingen, sich frei zu bewegen, was rein doch unmöglicher wäre, als wenn Sich der freieste heilige Vater und Schöpfer durch eherne Ketten gar Selbsten zum Sklaven der Sklaven der Lamechschen Tiefe möcht' machen!

13. O Väter der Väter der Erde, wie ist's denn, dass ihr als die einzigsten Kinder des ewigen, heiligen Vaters voll Liebe von Seiner allweisesten, herrlichsten, freiesten Ordnung nichts wisst? Ihr predigt von Liebe zum Vater euch untereinander – und kennt dies ewige, heilige Grundelement, wie ich deutlich nun sehe, nicht weiter, nicht mehr, als dass selbes ihr mögt mit leer schallenden Worten zu nennen!

14. O höret, die Liebe, die mächtige, heilige Liebe des ewigen Vaters ist ja nur die ewige, freieste Ordnung in Gott! Dieser ewigen, heiligen Ordnung gemäß und vollkommen gemäß sind ja alle die endlosen Heere der Geister, der Welten und ihr, Seine einzigsten Kinder, so frei wie Er Selbst von Ihm hervorgegangen.

15. Doch um euch zu lehren, dass ihr so wie Er vollends frei euch sollt fühlen, gab Er aus der innersten Tiefe der Liebe als Vater euch Kindern – ich mag es Gebot nimmer nennen – nur einen höchst weisen, wohlwollenden Rat, euch an nichts anzulehnen und nichts zu berühren, das euerer Freiheit könnt' hinderlich werden; ihr aber,

im vollsten Bewusstsein der göttlichen Freiheit und Fülle der Kraft, wollt't nicht achten des Rates des liebenden Vaters und griffet nach allem, was eurer noch ganz ungefesteten Freiheit und Leben musst' hinderlich werden. Die Tat war der ewigen Ordnung der Liebe zuwider; nun musste der heilige Vater die endlose Schöpfung umgestalten, um euch in die Freiheit des Lebens von neuem zu setzen.

16. Nun seid ihr in dieser so liebvollsten Stellung als Kinder des heiligen Vaters, seid frei und voll Lebens und Gnade von oben; wie könnt ihr so blind doch die Kinder desselbigen heiligen Vaters zu nichts und für nichts in verschiedene Gegenden bannen durch Zwang eines finsteren Gebotes, das sie nicht belebt noch erfreut, sondern tötet am Leibe und Geiste?!

17. Daher löst die lange verrosteten Bande des toten Gesetzes von ihren gemarterten Füßen, und lasst sie bauen die Erde nach ihrem Gefallen – nur dass sie die finsteren Tiefen vermeiden –, so werden sie leben, Gott loben und preisen und lieben und euch anerkennen als redliche Väter und mächtige Kinder des Herrn, hört amen, hört amen, hört amen!"

Kapitel 86

Die Gedanken der Urväter über Asmahaels Rede

Am 15. Mai 1841

1. Nach der Vollendung der Rede Asmahaels trat eine ziemlich lange stillschweigende Pause unter die Väter; selbst Henoch hatte sich in eine lange Rechnung der Liebe verloren und dachte bei sich

nach, ob es denn noch irgend möglich sein könnte, sich in der Liebe zu irren.

2. „Denn", sagte er bei sich selbst, „Asmahael hat nur zu sehr recht in allem, was er ausgesprochen! Doch die ergreifende Liebe, die mächtige Liebe, die das Herz mit süßer, unüberwindbarer Gewalt nach aufwärts zum ewigen, heiligen Vater zieht, dass da kein Vollergriffener mehr umhin kann und mag, von ihr los zu werden, – sollte – nein, nein, mir ist es nicht möglich zu fühlen und zu denken! –, sollte diese allmächtige Liebe nicht etwa ein ewiges Gesetz im Herzen selbst sein, aus welchem, nach welchem und durch welches Er alles erschafft, ordnet und fortwährend erhält?!

3. Und doch sagte gar so einleuchtend Asmahael, dass eben die Liebe die höchste Freiheit ist, wie in Gott, also auch in allen Seinen Kindern!

4. Wahr und gewiss ist es übrigens auf jeden Fall, dass jedes Leben durch einen entsprechenden Grad der Freiheit bedingt ist, und dass diese Freiheit mit der Liebe stets gleichen Schritt hält; wo also die höchste Liebe waltet, ist auch das höchste Leben und somit auch die höchste Freiheit!

5. Aber wie ist es hernach mit der Festsetzung der Ordnung, vermöge welcher jedes Wesen seine ihm gegebene Form beibehalten muss und kann sie nicht ändern nach freier Willkür? Der Schöpfer, unser heiliger Gott und Vater, hat es also eingerichtet – das ist und wird sein ewig wahr! –; aber sollte das, was bei den Wesen und Kindern die unabänderliche Form bedingt, bei dem Herrn nicht ein aus Sich Selbst gestelltes Gesetz sein, welches Er so lange bis auf den unendlich kleinsten Punkt beobachten muss, als Seiner unendlichen Liebe die Wesen das bleiben sollen, als was Er sie aus Seiner ewigen Ordnung gestellt hat?

6. Hier ist Gesetz! Wer kann es nun wieder leugnen und dagegen behaupten, als wäre es kein Gesetz, sondern die entbundenste, loseste Freiheit?

7. O Asmahael, Asmahael! Wer kann deine Rede fassen und leben?!

8. O Väter, arme Väter, ihr habt mich zum Lehrer erwählt! Solange ich lieben konnte, konnte ich reden durch die unbegreifliche Gnade des Herrn; allein die Rede Asmahaels zeigte mir nun nur zu deutlich, dass ich meine Worte, die mir die ewige Liebe für mich und für die Väter einhauchte, noch nie auch nur im Geringsten verstanden habe. Die freie, süße Liebe ist nun ein Doppelding geworden; sie ist die höchste Freiheit und zugleich aber auch das unabänderlichste, festeste Gesetz aller Gesetze, durch welches allem das Leben bedingt ist. In der Freiheit kann ich lieben und leben, – im Gesetz muss ich lieben oder sterben des ewigen Todes! Wie aber ist Freiheit, die vollste, loseste Freiheit, und anderseits das unabänderlichste Gesetz unter ein Dach zu bringen?

9. Wer kann mir nun überzeugend sagen, ob meine Liebe Freiheit oder Gesetz ist? Da ich liebe und lebe, ist sie Freiheit; da mich aber die Liebe zieht und mir unaussprechlich behagt, ist sie ein ewig richtendes Gesetz, durch welches ich, der lieben muss durch den unwiderstehlichen Reiz im Herzen zu Gott, tot, ja ewig tot bin und notwendig sein muss!

10. O heiliger Vater, siehe, ich liege zugrunde gerichtet durch die Rede Asmahaels und kann mir nimmer helfen; so Du mir und den Vätern nicht hilfst und uns wieder aufrichtest, sind wir alle für ewig verloren!

11. Nun sehe ich es erst ein, wie gar nichts der Mensch aus sich vermag; so Du, o heiliger Vater, ihn nicht beständig leitest, da hört er auf zu sein und ist, als wenn er nie gewesen wäre, voll ewiger Vernichtung. O Vater, lieber, heiliger Vater, errette uns von diesem Verderben, in welches uns alle die unmöglich zu fassende Rede Asmahaels gestürzt hat! Amen."

12. Seth aber, als sich sein größtes Erstaunen gelegt hatte über die Rede Asmahaels, erhob sich und fragte den Vater Adam, sagend: „Höre, geliebter Vater, Henochs Vorrede hat mir helle geleuchtet auf dem Wege so manchen Irrtums! Auf dem Wege schlief ich ein im Geiste. Du wecktest mich aus einem unnatürlichen Traum, und gar wohl bekam es mir, da du mich segnetest; aber was kann, was soll ich nun tun, o Vater! Was soll aus uns werden?

13. Asmahael hat Worte ausgesprochen, deren Sinn ein natürlicher Mensch unmöglich je erfassen wird! Hat er ihn aber nicht vollends erfasst, so ist er gleich einem Stein, der in sich voll Tod und Finsternis ist.

14. Henoch getraue ich mich kaum zu fragen! Wenn es dir nicht geht wie mir und hast du Licht in dieser Rede, so teile es mir treulich mit, auf dass nicht Himmel und Erde ob meines großen Unverstandes zugrunde gehen, ehe wir noch unsere Heimat werden betreten haben! Amen."

15. Adam aber blickte den Seth ganz verdutzt an und wusste nicht, was er als Vater, seine Ehre rettend, dem Sohn hätte sollen darüber sagen. Nach einigem Sinnen erst brachte er es dahin, dass er ihm bedeutete, zu harren bis zu einer schicklichen Zeit; denn für jetzt hätte er an anderes zu denken.

16. Enos aber zupfte den Jared und sagte ihm ins Ohr, ohne dass sich darob beide erhoben hätten: „Höre, Jared, du bist ein weiser Lehrer deines Sohnes und hast ihm wohl gezeigt, Gott zu lieben im Herzen, dass die Liebe zu Gott gleichkommt der Liebe eines Menschen zu einem Menschen und heftiger, denn des Mannes Liebe gegen sein Weib und seine Kinder. Siehe, er sieht nun unser aller große Verlegenheit; warum lässt er uns denn nun stecken?

17. Mir kommt es geradeso vor, als wenn ihm der Asmahael vollends den Mut benommen hätte! Gehe hin zu ihm, und sage ihm, dass er uns jetzt nicht möchte stecken lassen; denn nun ist es ja hauptsächlich nötig, uns, seine Väter, aus der größten aller Verlegenheiten zu heben durch seinen gesegneten Mund. Gehe, und bedeute ihm das, so du willst! Amen."

18. Jared aber kratzte sich hinter dem Ohr und bemerkte endlich: „Siehe, Vater Enos, wenn mich ein Strahl der Sonne sticht, da verlasse ich die Stelle und fliehe unter einen kühlenden Schatten! Mag nun der heftige Strahl ein Loch in die Erde brennen, wahrlich, es kümmert mich wenig; denn ich habe ja einen guten Schatten gefunden! Ich müsste aber von allen Sinnen sein, so ich meinen Schatten eher verlassen sollte, bevor die Sonne untergegangen ist!

19. Daher auch lassen wir das die ausmachen und lassen sie über das ganze Firmament ein Zelt spannen, wenn sie die Sonne zu heiß dünkt; wird doch der Lehrer mit seinem Schüler zurechtkommen, so er ein rechter Lehrer ist! Und wird der Lehrling sein über seinen Meister?

20. Wenn aber der Schüler Dinge spricht, welche das Herz des Lehrers nicht fasst, so ist es ja ungeschickt, dass man den zum Schüler macht, der den Meister und alle Väter an der inneren Weisheit so sehr

übertrifft, dass diese darauf nicht einmal ein Wörtchen zu entgegnen wissen! Daher bleibe ich getrost unter meinem Schatten und begnüge mich mit den Lichtspritzern, welche durch die raschelnden Blätter blinzeln, und lasse den der Sonne ins Angesicht starren, der eine ganz besondere Lust hat, vollends blind zu werden!

21. Siehe, Vater Enos, daher will ich nicht, was du willst; denn meine Augen sind mir lieber als alles Verständnis in Dingen, die man eigentlich doch nie ganz verstehen kann, und ich sage daher unverrichteter Dinge in aller Namen Amen."

22. Auch zwischen Kenan und Mahalaleel entspann sich ein leises Gespräch folgenden Inhalts:

23. Mahalaleel: „Was meinst du, Kenan, werden wir heute wohl noch nach Hause kommen? Die Kinder des Abends liegen alle stumm wie die Steine auf der lieben Erde, und uns geht es nach der wirklich außerordentlichen Rede Asmahaels um kein Haar besser; selbst der liebe, gute Henoch kommt wenigstens mir vor, als wenn er sich in einer eben nicht gar zu geringen Verlegenheit befinden möchte!"

24. Kenan: „Weißt du was, so rede; und weißt du nichts, so tue wie ich, der ich auch nichts weiß! So viel ist gewiss, dass der Asmahael mehr weiß als ich und du! Was nützt es aber auch, den Tauben zu predigen und Blinden zu zeigen?! Du kennst ja meinen Traum; der war gewiss wie nicht leichtlich einer! Ich habe ihn erzählt so gewissenhaft getreu, wie ich ihn geträumt habe. Seth und alle anderen wussten mir am Ende geradeso viel zu sagen wie ich mir selbst, nämlich nichts! Da dachte ich dann: Vorher wusste ich nichts, jetzt weiß ich auch nichts und werde auch fortan nichts wissen. Und siehe, ich bin damit zufrieden!"

25. Mahalaleel: „Wenn du als feiner Redner das von dir sagst, da doch deine Sprache ganz der des Asmahael gleicht, was soll hernach erst ich sagen, der ich, wie du es am besten weißt, eine harte Zunge habe?! Aber meine Gleichgültigkeit fängt mich nun bei dieser allgemeinen Stummheit ein wenig zu verlassen an; denn wenn da nicht bald eine Lösung von oben kommt, Vater, ich sage dir, so werden wir hier im Abend sicher den Abend erleben und wahrscheinlich auch die Mitternacht, welche uns wenigstens geistig nicht gar zu ferne zu sein scheint!"

26. Kenan: „Lassen wir die Sache gut sein! Sollte es hier wirklich zum Übernachten kommen, so wird deswegen die Erde nicht wurmstichig werden und der feste Boden nicht zu Wasser. Der Herr weiß es am besten, warum Er unseren geschäftigen Zungen einen kleinen Rasttag bereitet hat. Ich sage aber allzeit, es ist besser handeln, als immer reden und lehren. Ich höre zwar sehr gerne schöne Reden und Lehren, – aber wahrhaftig wahr: auf dieser Reise geschieht des Guten zu viel; man kann's nicht mehr verdauen, und die Rede Asmahaels ist gar ein Stein, höre, der möchte noch einige Ruhe nötig haben bis zur Verdauung! Daher lassen wir es nur gut sein und schweigen! Amen."

Kapitel 87

Eva weist ihren Sohn Seth zurecht

1. Der Seth bemerkte aber, dass die Kinder heimlich miteinander Worte wechselten und dachte bei sich nach: „Wahrlich,

es hat sie alle ein Zweifel ergriffen, und sie können sich nicht raten und nicht helfen! O wie gerne möchte ich euch helfen, wenn es mir gegeben wäre! Dass aber der Henoch über diese Sache so lange stumm ist!

2. Die arme Mutter Eva leidet im Stillen gewiss wieder gewaltig mit und muss vielleicht heimlich im Herzen unsere sämtliche Torheit beweinen!

3. Wie wär's denn, wenn auch ich mich ganz heimlich mit einer Frage um ihr Befinden an sie wendete?!

4. Wer weiß es, ob die stille Dulderin etwa nicht ein helles Fünkchen im Herzen birgt, welches, wenn es in unsere Finsternis käme, einen entschieden herrlichen Dienst leisten möchte?!

5. Daher nur frisch gewagt; denn gefehlter kann es gewiss nicht sein denn jetzt, wo wir meines Dafürhaltens alle in der Finsternis sitzen und schwitzen und auch nicht ein kühlendes Tautröpfchen weder aus der Erde noch vom glühenden Himmel auf unsere schmachtende Seele fällt!

6. Und siehe, der Seth redete die Mutter Eva also an, sagend: „Geliebte Mutter, du scheinst traurig zu sein! O sage mir, ob nicht heimlicher Kummer nagt an deiner Seele!

7. Siehe, Asmahaels Mund hat uns alle geschlagen mit dreifacher Finsternis, und wir können uns nicht helfen, wie du es siehst! Allein was der Herr krumm macht, das wird Er wohl wieder ausgleichen zur Ihm wohlgefälligen Zeit! Daher, sollte dich ein Kummer drücken, so beruhige in der Liebe des Herrn dein Herz! Hast du aber irgendein Lichtchen in der Sache, die uns alle drückt, so verschließe es nicht zu tief in deinem Herzen; denn in einer wolkendurchwirkten, schwarzfinsteren Nacht erquickt auch ein winzigstes Fünkchen das lichtdurstige Auge des irrenden Wanderers!

8. O Mutter, ich, dein geliebter Sohn Seth, bin es, der mit dir spricht; öffne dein Auge und Herz, und lass ihn in Kürze vernehmen den Kummer und, wo möglich es wäre, vielleicht auch ein leuchtendes Fünkchen von oben! Amen."

9. Die Eva aber entgegnete etwas ernst alsogleich dem Seth: „Lieber Sohn, von Gott mir gegeben an der Stelle Ahbels, siehe, an der Stille meines Wesens magst du wohl immer merken, dass die in sich gekehrte Mutter aller lebenden Menschen der Erde eben nicht die meiste Ursache haben möchte, ihr Herz vor Freude hüpfen zu lassen, besonders wenn sie merken muss, dass selbst ihr Liebling sich mehr schlauen als aufrichtigen Herzens ihr naht!

10. Seth, mein geliebter Sohn, warum fragtest du mich um mein Befinden, da dir doch nur das Fünkchen am Herzen lag?

11. Meinst du denn, eine gutmütige Schlauheit ist eine Tugend der Weisheit?

12. O Seth, da irrst du dich stark! Siehe, gerade Offenheit – das Herz im Munde, und die Zunge im Herzen –, das ist aller Weisheit Grund! Was du möchtest, das verlange; das dir zuwider ist, das fliehe, auf dass du aufrichtigen Herzens Gott lieben kannst heimlich wie vor aller Welt, so wird nie Abend und Mitternacht in deinem Herzen werden!

13. Siehe, dir ist Weisheit gegeben worden; warum gingst du nicht stets geraden Weges?

14. Künstliche Wendungen, hochklingende Worte sind allzeit starke Verkünder der eigenen Schwäche, wodurch man gerne dem anderen zeigen möchte, dass

man noch außerordentlich stark ist, während es der Gerade schon von weitem sieht, dass der Starkseinwollende Krümmungen macht; daher, lieber Seth, weiche von deinen Krümmungen ab und wandle geraden Weges vor Gott und den Kindern, so wird dich nie ein Lichtmangel drücken!

15. Denke, wenn du einen Kreis machst, dass der entfernteste Punkt der Kreislinie auch derjenige ist, der dem Ausgang und Anfang am allernächsten kommt; höre, aber ja keine Schnecke musst du dir zur Lehrerin des Kreises machen, – da würdest du nimmer dahin gelangen, da du ausgegangen bist!

16. Verstehe deine alte Mutter wohl, und sei ruhig im Herzen und in Gott! Amen."

17. Als aber der Seth solches von der Eva vernommen hatte, ward es ihm angst und bange, da er dann bei sich dachte: „Wie sonderbar hier im Abend! Jedes Wort ist ein Irrtum, jedes Mitleid unzeitig und am uneigentlichsten Platz; jeder besser scheinende Gedanke, der sich im Herzen noch deutlich ausspricht, ist nichts als der ordnungslose Flug eines Nachtfalters, der so lange um die Flamme kreist, bis endlich die lichtvolle Flamme ihn seiner leichten Schwingen beraubt hat!

18. Mein Wille ist ein totes Wollen und gleicht vollkommen dem im Traum, durch den auch gerade das nur bewirkt wird, dass man das unbedingt wollen muss, was einem eine fremde, unerforschliche Macht heimlich zu wollen und zu handeln zwingt. Meine Liebe zu Gott kommt mir vor, als liebte ich die Luft und das Wasser. Ich vernehme das Rauschen des Windes, aber es fächelt kein auch noch so leiser Hauch um meine Locken. Ich habe Hunger und Durst, mag aber weder essen noch trinken. Ich bin schläfrig – und kann nicht einschlafen. Ich bin müde, und meine Glieder scheuen jegliche Ruhe. Ich bete zu Gott, aber mein Herz liegt gleich einem Stein unbeweglich auf der Erde. Ich blicke auf zu den lichterfüllten Höhen, – sie sind überdeckt mit schwersten Wolkenmassen. Ja, es kommt mir nun in mir und außer mir alles so ganz sonderbar vor! Ich bin, als wäre ich nicht; und alles, was ich ansehe, scheint nur ein halbes Dasein zu haben, oder es ist, als wenn es nicht wäre, oder als wenn es alsbald vergehen wollte.

19. O Herr und Vater, lasse uns nicht aus Deinen Händen, und erwecke uns wieder, und lasse nicht zu, dass wir einschlafen möchten auf dem Wege des Lebens unter der lichten Zeit des Tages! Treibe uns hinweg, aus dieser Gegend treibe uns, und hebe auf die törichten von uns gemachten Unterschiede der Gegenden! Wahr ist es, dass im natürlichen Abend ebenso gut wie im Morgen die besten Menschen wohnen können und auch sollen!

20. Wir selbst haben mit Schmutz besudelt diese Gegend – und mehr noch die der Mitternacht. Nun haben wir selbst diese Gegend betreten, und der Schmutz fällt nun auf unsere eigene Brust und erstickt uns beinahe ganz und gar. O Gott, Herr und Vater, wir vermögen nun nichts mehr; helfe uns allen aus dieser großen Not, und lasse uns nicht zugrunde gehen ob unserer großen Torheit! Amen."

Kapitel 88

Henochs Wunderrede über das Gesetz und die Freiheit

1. Bald darauf aber wurde wieder Henoch erweckt und begann folgende Wunderrede aus Mir an all die Väter zu richten, sagend nämlich:

2. „Hört, liebe Väter! Der Herr, Gott Jehova, unser aller liebevollster, heiligster Vater hat in Seiner großen Erbarmung die Trübsal unserer gedemütigten Herzen angesehen und ist gnädig geworden unserer Torheit, in welcher wir schon bei dreihundert Jahre hartnäckig verharrten, und will uns wieder erheben aus dem Schlamm unserer Not; aber es ist zuvor nötig, dass ein jeder aus seinem Herzen den törichten Unterschied der Gegenden verbannt, hernach aber werktätig!

3. Hört, dem Herrn, Gott Jehova, unserem allerliebevollsten, heiligsten Vater hat es gefallen, den Asmahael zu erwecken, auf dass er uns allen zeige die Torheit des Gesetzes, wenn dasselbe nicht mit der göttlichen Ordnung im engsten Zusammenhang steht! Wir waren sämtlich außer der Ordnung und konnten daher auch nichts von allem dem erfassen; denn auf der einen Seite haben wir uns umstrickt mit des Gesetzes eherner Notwendigkeit und waren tot in jeglichem Wort, Gedanken, Willen und somit auch in jeglicher Verrichtung, – auf der anderen Seite aber hatten wir das größte Bedürfnis stark fühlbar in unserem Herzen nach der wahren Freiheit des Lebens, ohne welche das Leben kein Leben wäre und auch ewig nie werden könnte.

4. Wir waren ein Doppelding; wir waren tot und lebendig. Wir waren der Wahrheit auf der einen Seite unbegreiflich nahe, auf der anderen Seite wieder unbegreiflich ferne; denn das Gesetz und die Freiheit haben für das Verständnis unseres Herzens eine unübersteigliche Kluft gebildet, über welche wir weder vom Gesetz zur Freiheit noch umgekehrt springen konnten und waren daher durch die eigene Not genötigt, Gott Selbst entweder von eigenem Gesetz gebunden oder in eine zunichte machende, absoluteste Freiheit zerfließen zu sehen, und waren daher tot links und rechts!

Am 21. Mai 1841

5. Ich selbst habe es in mir empfunden und konnte trotz aller meiner stillen Herzensmühe Wasser und Feuer unmöglich in ein Gefäß bringen und vereinen! ‚Denn‘, dachte ich mir, ‚das Gesetz der Ordnung ist doch ein Gesetz, welches Gott so lange beobachten muss, solange Er beständige Wesen um und in Sich erschauen und haben will; wer aber Gesetze beobachten muss, wie ist er dann frei?‘

6. Wieder dachte ich mir: ‚Wer aber mag Gott zu etwas nötigen? Tut Er es, so tut Er es ja nach Seinem höchst freien, heiligsten Willen und kann es alsogleich wieder zerstören und jegliches Werk vollkommen zunichte machen!‘

7. Wieder dachte ich mir: ‚Woher rührt denn hernach die beständige Erhaltung?‘

8. Da meldete sich die Liebe und sagte: ‚Ich bin der Grund aller Erhaltung!‘, und weiter sagte sie nichts!

9. Da dachte ich wieder: ‚Wenn Du der Grund aller Erhaltung bist, für hochwahr, da bist Du Dir ja Selbst ein ewiges Gesetz, – wie hernach frei?‘

10. Und wie ich dachte, so auch dachte der Vater Adam. Und der Vater Seth dachte also zwar nicht, aber er empfand

291

die unübersteigliche leere Kluft tief in seiner Brust und suchte und fand; aber in Ermanglung der tauglichen Werkzeuge konnte er mit dem Gefundenen keine Brücke bauen über die große Kluft. Und es dachten auch die anderen Väter in mehr oder weniger großer Lauheit darüber nach unter sich und brachten nichts denn eine geduldige Abwartung der Dinge unter sich hervor und mochten leise die Schuld hin und her schieben; allein es wollte darob doch nicht lichter und wärmer werden in der verwirrten Brust.

11. Die Mutter Eva zeigte dem Vater Seth wohl ein großes Licht, – allein der starke Schein in der Nacht erblindet das schwache Auge noch mehr denn vorher die Nacht selbst; und so ward eines jeden Unternehmung gerügt durch die darauffolgende dreifache Finsternis.

12. Es ist aber kein weiser Lehrer denn die Not selbst. In der Not wendeten wir uns alle an den heiligen, liebevollsten Vater, und Er hat die Not der Kinder angesehen, kam zu ihnen herab mit Seiner Gnade. Wir sind die Kinder; Er aber ist unter uns und lehrt uns Selbst!

13. Und Seine Worte sind ein lauter Ruf voll Liebe und Weisheit; denn also spricht der heilige, liebevollste Vater:

14. ‚Hört, Kinder Meiner Liebe, und begreift es wohl in euren Herzen! Ich bin ein einiger, ewiger Gott, Schöpfer aller Dinge aus Mir und Vater Meiner Liebe und aller derer, die aus ihr sind.

15. Ich bin ewig frei und ungebunden, und Meine Liebe ist die Seligkeit Meiner ewigen Freiheit selbst.

16. Alle Geschöpfe sind keine Notwendigkeit, sondern nur den Geschöpfen sichtbare Zeichen Meiner allerhöchsten, vollkommen freien Macht und der daraus

hervorgehenden Seligkeit aller Seligkeiten. Was sollte oder könnte Mich nötigen, also oder anders zu handeln?

17. Was ihr Gesetz nennt, ist bei Mir die höchste Freiheit in aller Seligkeit Meiner Liebe; was ihr aber Freiheit nennt, ist nur Meine freie Macht. Daher lebt der Liebe, lebt der ewigen Liebe in Mir, so lebt ihr wahrhaft frei! Und die Freiheit des Lebens wird euch erst vollständig belehren, dass das Gesetz der Liebe die allereigentlichste und allerhöchste Freiheit ist, und dass das Gesetz und die Freiheit gleicht einem Kreis, der überall sich selbst begegnet und sich frei macht durch die Ordnung, in welcher er sich ewig baut in der unendlichen Vollkommenheit!

18. Daher liebt, so ist das Gesetz euch untertan und ihr seid vollkommen frei wie Ich, euer Vater! Amen.‘“

Kapitel 89

Adams Rede über Werke der Weisheit und Werke der Liebe

1. Und der Adam erhob sich, faltete die Hände, erhob die Augen gen Himmel, das Herz zu Mir und sagte in hoher Rührung und vollster Erhebung des Herzens zu Mir: „O Vater, großer, heiliger Vater, o Du ewige Liebe! Wie kann, wie soll ich Dir denn danken?

2. Wir waren nicht, – Du ließest uns werden, auf dass wir uns hoch erfreuen über unser so überseliges Dasein in Deiner unendlichen Liebe, Erbarmung und Gnade! Du hast uns also erschaffen, dass wir gleich Dir schon leiblich fast jedes erdenklichen Genusses fähig sind, da wir hören, sehen, riechen, schmecken, empfinden,

wahrnehmen und fühlen, ja sogar mit großer Kraft lieben können Dich über alles und unsere Kinder wie unser eigenes Leben.

3. Wir können gehen, stehen, liegen, sitzen und können uns wenden nach Belieben und beugen alle unsere Glieder tausendfach und drehen nach allen Seiten den Kopf und die Augen; und unsere Zunge hast Du gesegnet, auf dass sie führe eine lebendige Sprache der Liebe aus Dir zum gegenseitigen Verständnis! Oh, wer könnte Dir danken nach Würde und Billigkeit; denn unermesslich sind die großen Liebetaten an uns unendlich kleinen Empfängern!

4. Oh, wie gar nichts wären wir aus uns; dass wir aber etwas sind, sind wir ja nur aus Deinen Liebetaten, und unser Leben ist Deine Liebe und all unser Wissen Deine Gnade!

5. O Vater, überguter, großer, heiliger Vater! Unser gedemütigtes Herz, nun voll kindlicher Liebe zu Dir, sehe gnädigst an und nehme es an als den besten Dank, den wir Dir darzubringen vermögen; denn unsere Zunge hängt zu sehr ab von Deinem Segen, wenn sie etwas vollkommen Deiner Würdiges hervorbringen soll. Und bringt sie dann etwas zum Vorschein, dann ist es nicht mehr unser, sondern allzeit nur Dein Werk; Dein Wort und Werk aber ist Dir ja ohnehin ewig das allergrößte Lob, ob an sich selbst, oder ob an unserer Zunge!

6. Daher haben wir nichts, das Du uns vollkommen zu eigen ließest, als die Liebe und die Sünde.

7. O Vater! Hätte ich die Liebe nicht, was hätte ich dann, denn die Sünde und den Tod? Könnte ich Dich auch in der Sünde loben und im Tode preisen?

8. Darum gabst Du mir die Liebe, dass nicht die Sünde und der Tod mein Werk seien allein, sondern auch die Liebe und ihre lebendigen Werke, damit sie seien aus der Liebe pur mein und aus Deiner Gnade und Erbarmung aber ganz allein nur Dein!

9. O heiliger Vater, da ich allein die Weisheit hatte, konnte ich kein Werk verrichten denn das der Sünde und war genötigt, Dich zu loben und zu preisen mit meinen Sünden! Du nahmst damals das unreine Lob auf, als wäre es ein reines aus Deiner und dadurch auch meiner Liebe, während es doch nur ein unreines Werk der Sünde war!

10. Ich schied die Kinder durch das gerecht scheinende Urteil meiner von Dir mir eingehauchten Weisheit. Und da ich des Glaubens war, als wäre die Weisheit mir zu eigen, so war mein Werk eine Sünde; und so lobte ich Dich in meiner Sünde und wäre daran zugrunde gegangen. Nun aber gabst Du mir die Liebe und nicht mehr Weisheit, denn soviel derselben die Liebe fassen kann, auf dass ich nicht mehr zerstreuen, sondern sammeln soll. Da in der Zerstreuung der Tod, in der Sammlung aber nur das Leben wohnt, so lass mich nun alle wieder sammeln in und durch die Liebe, die ich zerstreut habe durch die übel angewandte Weisheit.

11. Ich danke Dir, lobe und preise Dich, heiliger Vater, dass Du den Henoch und den Fremdling uns gegeben hast, auf dass sie uns zuvor blind machten in der Weisheit, damit wir dann erst in der versammelnden Finsternis fähig wurden, das Feuer der Liebe aus Dir, darinnen allein das Leben waltet in aller Sammlung – wie in der Weisheit der Tod der Sünde durch die Zerstreuung –, aufzunehmen! O lasse aber nun dieses Feuer zu einem gewaltigen Brand in uns werden, auf dass es verzehren

möchte alle unsere Torheit und verschlingen alle unsere argen Werke!

12. Lasse uns alle in Deiner Liebe und Erbarmung sich wiederfinden und versammeln in Deiner Erbarmung und Gnade, und lasse uns morgen an Deinem heiligen Sabbat eine neue Feier der Liebe begehen, in welcher wir Dir, o heiliger Vater, einen wohlgefälligen Dank-, Lob- und Preisdienst darzubringen glauben und in aller Liebe hoffen – denn früher in aller unserer vermeintlichen Weisheit und ungerechten Gerechtigkeit.

13. O überguter, heiliger Vater, lasse unsere Einladung den ersten Schritt sein, der uns alle wieder zu Dir führen soll jetzt und ewig! Amen.

14. Und ihr, Henoch, Asmahael, Seth und Kenan, geht hin zu den Kindern und erweckt sie in der Liebe und wahren Freiung und ladet sie zur Sammlung des Lebens für morgen und tut mit ihnen, was euch die Liebe gebeut; das ihr aber tut, das tut im Namen Jehovas jetzt und allzeit ewig! Amen."

Kapitel 90

Henochs Rede über die Freiheit in der Liebe zu Gott

1. Und alsbald erhoben sich die Benannten und verfügten sich zu den noch immer auf den Angesichtern ruhenden Kindern und richteten an dieselben das liebreiche Gebot Adams aus, das da war ein Gebot der Freiheit oder eines, das das Gefangene wieder frei macht, weil es ein Gebot der Liebe ist.

2. Nachdem sie ihren Auftrag beendet hatten, erhoben sich alsbald die Kinder, lobten und priesen Mich, da Ich Adams Herz erweicht hätte, ohne welche Erweichung sie Adam nicht mehr angesehen haben würden und sie offenbar hätten verschmachten müssen, wenn sie noch länger wären vom Abend gedrückt worden.

3. Als aber Henoch wahrgenommen hatte ihre im Ernst und in aller Wahrheit frommen Herzens dankbare Stimmung gegen Mich wie auch gegen die Erzväter, sammelte er sich alsbald im Geiste Meiner getreuesten Liebe und richtete folgende Worte aus Mir an die nun erwachten Kinder des Abends, sagend nämlich:

4. „Hört, liebe Brüder und Schwestern in Gott, unserem Gott, der da ist ein mächtiger Herr über alle Dinge und unser aller liebevollster, heiliger Vater, wie auch in Adam, der da ist ein geschaffener Erstling aus der allmächtigen, ewigen Liebe Gottes und ist unser aller Leibesvater!

5. Das Gebot, das euch mit ehernen Banden hart geschieden hielt im lichtschwachen und liebekalten Abend, ist nun, als wäre es nie ein Gebot gewesen. Die große Wärme der ewigen Liebe Gottes hat die ehernen Bande zerfließen gemacht, wie der hohe Sommer das starre Eis auf den hohen Bergen, und gab euch nun ein anderes Gebot, ein Gesetz, dass ihr frei sein sollt, vollkommen frei, also wie ich und all die Väter vollkommen frei sind in der lebendigen Liebe zu Gott, der da Selbst die allerhöchste und allerreinste Liebe ist ewig, durchaus in und für Sich das Leben alles Lebens Selbst.

6. So ihr Ihn mehr lieben werdet denn euch selbst, eure Alten und eure Kinder und alles, was die Erde trägt und gibt, da erst werdet ihr in euch erkennen, was das heißt: Frei sein in der Liebe zu Gott!

7. Dann wird euch Gott erwecken. Und wie ihr bis jetzt wart voll Angst und Kummer unter des Gebotes der Weisheit hartschwerem Druck und seid nun geworden voll Freude ob der Freiheit, da wir euch erweckten aus der blinden Ehrfurcht langem Schlaf auf das Geheiß Adams, – also, und zwar in einem unaussprechlich höheren Verhältnis erst, werdet ihr jubeln, wenn Gott zufolge eurer großen Liebe zu Ihm euch selbst im Geiste und aller Anschauung der höchsten Wahrheit aus Sich zum ewigen Leben der Seele wie des Geistes vereint erwecken wird!

8. Wahrlich, wer von euch heute beginnen wird, der soll morgen schon sich eines hochgesegneten Herzens erfreuen! Wer aber zögern wird in der Liebe und wird vielmehr beschäftigen seinen Verstand, bei dem wird auch Gott zögern und wird statt des Segens geben dem Verstand harte Steine zu kauen, die bei weitem eher Meister der schwachen Zähne werden als diese der unzerkaulichen, überharten Weisheitssteine!

9. Frage sich aber ein jeder selbst, was da leichter sei: Gott zu lieben, wie Er ist unser aller liebevollster, heiliger Vater, oder Gott zu erkennen, wie Er ist Gott von Ewigkeit in Seines unendlichen Geistes ewiger Macht, Kraft, Herrlichkeit, Weisheit, Heiligkeit, Ordnung und Liebe!

10. So du aber deinen Bruder zwingst, auf dass er dir enthülle seines Herzens Geheimnisse, siehe, da verbirgt dein Bruder vor dir Forschendem sein Herz, und du erfährst nichts von ihm denn eine Rüge, die dich zurechtweisend ermahnt, deine törichte Begierde im Zaume zu halten und dich nicht zu kümmern um die Geheimnisse deines Bruders Herzens, sondern um dessen Liebe nur, ob es dich liebt, wie du es liebst; wenn du dich aber nicht kümmerst um das, das allein deines Bruders ist, sondern liebst ihn dafür zehnfach mehr denn dich selbst, – siehe, wenn aber dein Bruder solches merken wird aus deinem Herzen, da wird er auftun seines Herzens Türe vor dir, und wird dich in selbem selbst herumführen in allen geheimen Schatzkammern, und wird dich über alles belehren, das dir entweder nützen und dich höchst erfreuen oder dich doch zuallermindest voll Vertrauen zu deinem Bruder machen kann!

11. Sehet, liebe Brüder, eben also ist es auch bei Gott! Wer vermöchte je Gott zu zwingen, dass Er Sich einem zeigen und enthüllen solle?! Und täte Er's, wer möchte es fassen und bleiben am Leben?! So ihr aber Gott liebt über alles, da wird Er euch nehmen in sein Herz, und wird euch führen und leiten in alle Weisheit und allerhöchste Erkenntnis von Ewigkeit zu Ewigkeit mehr und mehr – je nach der Fähigkeit und Größe der Liebe, die ihr zu Ihm in eurem Herzen hegt!

12. O liebe Brüder, daher forscht nicht und sorgt nicht für den Verstand, sondern liebt Gott, unsern aller liebevollsten, heiligen Vater aus allen euren Kräften über alles, so werdet ihr in einem Augenblick mehr empfangen, als was euer Verstand in seiner größten Schärfe höchst unvollkommen in Jahrtausenden enträtseln möchte!

13. Liebe ist die Wurzel aller Weisheit; daher liebt, wollt ihr wahrhaft weise werden! So ihr aber liebt, da liebt der Liebe und nie der Weisheit wegen, so werdet ihr wahrhaft weise sein!

14. Ihr seid nun frei im Abend; aber die Liebe wird euch erst vollkommen frei machen im Herzen. Kommt morgen, kommt alle in der Liebe zur neuen Feier des

Sabbats in der wahren, freien Liebe zu Gott! Amen!"

Kapitel 91

Seth erkennt Asmahael

1. Nachdem Henoch beendet hatte seine Rede, verneigte er sich gegen seine Begleiter und grüßte noch einmal die Kinder des Abends; Seth, Kenan und Asmahael aber sprachen ‚Amen'. Und der Seth führte noch ein kleines Wort an die frei gemachten Kinder des Abends, welches also lautete:

2. „Kinder, ihr wisst es, dass ich es war, der euch vor dreihundert Jahren das Gebot vom Adam überbrachte! Ihr seid darüber traurig geworden, und in eurer Traurigkeit habt ihr keinen Trost gefunden und habt daher den Schlaf gemacht zu eurem Freund.

3. Das Gebot war drückend, und ihr ertrugt den Druck schlafend durch eine lange Nacht eures Herzens. Nun denn aber bin ich wieder zu euch gekommen in der Mitte solcher, die Gott geweckt im Geiste, auf dass sie empfangen können Seine höchste Gnade, welche ist die Liebe im Vollmaße, um zu reden Sein heiliges und lebendiges Wort voll Kraft und Macht. Daher haben weder der Adam, noch ich euch frei gemacht, sondern allein des großen Gottes heiliges Wort aus dem Munde Henochs und Asmahaels, den da trägt vor euch das starke Tier, und den Gott zu uns gesendet hat auf eine wunderbare Art dem eigenen Bekennen nach aus der Tiefe, davon ihr gehört habt, dass sie voll fluchbaren Argens ist. Ich aber halte dafür, dass er aus der Höhe ist; denn solche Rede wie er kann niemand führen, so er ist wahrhaftig aus der Tiefe.

4. Weisheit ist in der stummen Tiefe sicher nicht zu Hause, und noch viel weniger die Liebe.

5. Er aber erklärte uns das Gesetz und zeigte uns unsere große Torheit vor Gott, als wäre er ein Herr des Gesetzes. Er kam, um zu erlernen die Weisheit, und machte uns aber schon in einer Stunde alle zuschanden, dass darob sogar Henoch sich gewaltig betroffen fand.

Am 27. Mai 1841

6. Habt ihr nicht ehedem vernommen sein Wort oder doch zum wenigsten seine überstarke Stimme? Sagt, kann jemand aus der Tiefe mit solcher Stimme reden, oder hat je jemand, solange die Erde trägt ein Menschengeschlecht, aus irgendeines Menschen Munde eine solche Rede vernommen?!

7. Hört, nicht um auch etwas zu reden oder mir durch Plaudern zu verkürzen die Zeit, sondern um euch eure Freiheit in der Liebe Gottes voll zu zeigen, rede ich, wohin und wozu mir ein mächtiges Gefühl meine Zunge kehrt! Dieser anscheinende Fremdling, der da sitzt kleinlaut in seinem Benehmen und übergroßlaut im Wort, wird ein andermal sich von einem anderen Tier tragen lassen, und ein Volk der Erde wird dem auf dem Tier Sitzenden mit aller Zerknirschung des Herzens zurufen: ‚Hosianna Gott in der Höhe; gelobt sei, der da kommt im Namen des Herrn, sitzend auf dem Rücken eines Füllens einer lastbaren Eselin!'

8. Kinder, und auch du, lieber Henoch, und du, Kenan, könnt ihr mir widersprechen, so tut es; seid ihr aber belebt vom selben Gefühl, so dürfte es sich der Mühe lohnen, auf den so überaus wortmächtigen

Fremdling das alleraufmerksamste Auge und ein allerdemütigstes Herz zu richten! Denn der also erstaunlich wie er von Gott spricht, muss entweder aus der höchsten Höhe Gottes abstammen, oder aber er ist – – –

9. Kurz, ich mag, kann und darf nicht weiter mich aussprechen!

10. Ja, ja, wahrlich, wahrlich, das Heil ist uns näher gekommen in der Fülle alles Lebens, als wir es zu ahnen vermögen!

11. So jemand will und glaubt, der wende sich zu dem Asmahael! Mein Gefühl sagt es mir: Der nicht durch Ihn frei wird, wie wir alle durch Sein mächtig Wort frei geworden sind nach einem kurzen Kampf mit unserer einheimischen Finsternis, der wird ewig nie zur Freiheit gelangen!

12. O Asmahael, Du teurer, erhabener Fremdling, der Du so mutig auf dem Tier sitzt und in aller Sanftmut und Demut uns Würmer im Staub anhörst, als möchtest Du lernen von uns, während jedes bessere Wort unseres Mundes schon lange eher in Dir gewachsen ist in höchster Reinheit, bevor es erst von unseren Zungen verunreinigt wurde, mache uns frei und ewig lebendig in Dir!

13. O verlasse uns nicht, und sei ewig unser Führer und wahrer Freimacher unserer Herzen! Amen, amen, amen."

14. Nachdem aber Seth seine Rede beendet hatte, so bewegte sich alsbald Asmahael in die Mitte der drei und sagte folgendes zu ihnen:

15. „Höre, du, Seth, und du, Kenan, und du auch, Mein lieblicher, wertester Henoch! Das, was du, o Seth, hast empfunden und hast ausgegossen vor Kenan und Henoch und allen den Kindern des Abends, die es nicht erfasst noch haben, davon sollt ihr vor dem Adam und allen den übrigen Vätern noch schweigen; sie sollen nicht wissen und ahnen, wer unter der Hülle Asmahaels haust!

16. Daher müsst ihr schweigen, wollt länger ihr Mich zum Begleiter noch haben; auch müsst ihr Mich äußerlich anders nie kennen und nennen, als nur aus der Tiefe den Fremdling, den Adam ‚Asmahael' nannte, nicht ahnend, dass Jehova Selbst es ist, der an der Stelle, die ‚Morgen' ihr nennt, zu euch ist unkenntlich gekommen, um euch auf den Wegen, die Mir nur bekannt, Selbst werktätig zur Liebe und ewigem Leben zu führen!

17. Hätt' Ich es gewollt, hätte Henoch schon lang' Mich erkannt, und der Seth wär' zuvor ihm wohl nimmer gekommen; doch wer, wie der Seth, eine schwerere Prob' muss bestehen und denkt sich in seiner Liebsorge, Ich sei ihm gar fremd noch und ferne – fürwahr, dem steh' Ich wohl am nächsten, und denen auch, die gleich dem Henoch Mich lieben.

18. Ich bin –, wie der Seth es verkündet; doch jetzt müsst ihr schweigen von Mir! Insgeheim doch könnt ihr zu Mir kommen und nehmen den höchsten der Segen von Mir! So ihr zähmt der Zunge Begierde, will lang' Ich als sichtbarer Führer noch unter euch weilen; verratet Mich aber nur durch ein kleinwinziges Wort, ja dann werd' Ich gezwungen, euch alle sogleich zu verlassen! Hört amen, hört amen, hört amen, das sagt der Asmahael, amen, hört amen, hört amen!"

Kapitel 92

Die Bedenken nach dem Zeugnis Asmahaels

1. Als aber die drei aus Asmahaels Munde solches Zeugnis über Sich Selbst empfangen hatten, ward es ihnen angst und bange, und sie wussten nicht, was sie nun anfangen sollten. Sollten sie alsogleich vor Asmahael niederfallen und Ihn anbeten? Aber dann würde Er ja verraten sein, da die anderen Väter solches merken möchten!

2. Oder sollten sie wohl glauben dem Zeugnis? Denn also dachten sie sich: „Glauben wir dem Zeugnis, da sind wir gefangen vor Adam und den übrigen; denn unsere Ehrfurcht und übermäßige Liebe zu Asmahael wird den Vätern sicher auch verraten, dass hinter dem Asmahael auch sicher etwas Ungewöhnliches stecken muss, da wir Ihm so überaus hochachtend und über alles liebend zugetan sind und notwendigerweise auch sein müssen. Glauben wir aber dem Zeugnis nicht, was sind wir dann im Angesichte Asmahaels? Nichts als öffentliche und offenbare Lügner und Betrüger unserer Väter, Brüder und Kinder, – oder wir sind unvermögend, auch nur ein Wort mehr über unsere Zunge zu bringen, so wir in der Wahrheit verharren wollen! Denn reden wir ein Wort nur über Gott, der unter uns ist, den wir aber ungläubig in unserem Herzen verleugnen, so sind wir – wie gesagt – Lügner und Betrüger, da wir den anderen möchten glauben machen ungezweifelt, es sei da etwas, wo unsere Augen auch nicht einen Schatten entdecken!

3. Tun wir aber so ganz gewöhnlich, als wäre Asmahael noch ein Schüler Henochs, wie wird's uns da gehen? Auf der einen Seite werden wir uns allzeit vorwerfen müssen und sagen: ‚Der Herr, unser großer Gott, unser liebevollster Vater, ist bei uns in der Schule!

4. Was wird Er wohl lernen von uns Würmern des Staubes, da doch jedes bessere Wort unseres Mundes zuvor von Ihm in uns kommen muss, bis wir es erst dann auszusprechen vermögen?' Auf der anderen Seite aber, so wir solches unter dem Deckmantel der Verschwiegenheit doch tun, sind unsere Eltern, Brüder und Kinder dreifach geprellt: einmal durch jegliches unserer Worte, da wir notwendig anders handeln und anders denken müssen im Herzen; zum zweiten Mal, dass wir einen anderen Gott, der nicht und nirgends ist, vor ihnen zum Schein predigen und anbeten müssen und sie auch nach ihrem Willen dazu ermuntern, den wahren, lebendigen Gott unter und mit uns aber offenbar verleugnen;

5. und zum dritten Mal, dass sie durch eine falsche Liebe zu einem Gott, der nirgends ist, auch von allem dem Verheißenen unmöglich je etwas empfangen werden und können, weil der geistige Empfang ja doch allzeit abhängt von der Liebe im Geiste und in der Wahrheit.

6. Oder wird unsere Verheißung nicht sein gleich also, als wenn wir zu einem in stockfinster Nacht sagten: ‚Höre, Bruder, so es dich hungert, gehe hundert Schritte nur vorwärts; da wirst du alsbald einen übervollen Feigenstrauch antreffen, der dich mit seiner Frucht sättigen wird zur Übergenüge!', da wir doch nur zu bestimmt wüssten, dass an der angeratenen Stelle nie ein Feigenstrauch gestanden ist, noch jetzt steht und je stehen wird, da die Stelle in nichts denn in einem weitgähnenden Abgrund von einer unermesslichen Tiefe besteht, während wir aber den

wahren Feigenbaum in unaussprechlicher Fülle hinter unserm Rücken bürgen!"

7. Nach solchen Gedanken wurden sie aus- und inwendig stumm und wussten nicht hin und nicht her, nicht aus und nicht ein und nicht auf und nicht ab.

8. Alsbald aber tat Asmahael Seinen Mund auf und sagte zu den dreien: „Was zweifelt ihr in eurem Herzen? Soll es unrecht sein, zu tun Meinen Willen? Wie mögt ihr denken, Ich hätte euch solches zu tun befohlen? Warum fragt ihr aber nun euer Herz und nicht Mich, da Ich unter euch bin, so ihr einen Zweifel habt?! Oder meint ihr, nur derjenige Weg sei der rechte, den euer blödes Auge als solchen erkennt?

9. Sagt ihr nicht selbst, Meine Wege seien unergründlich und Mein Rat unerforschlich; wie könnt ihr dann noch zweifeln und denken lauter Irres in eurem Herzen?

10. Oder ist eure Liebe zu euren Vätern, Brüdern und Kindern denn größer denn die Meinige, die alle Dinge, sie und euch werden hieß zur ewigen Vollendung des Lebens in Mir und aus Mir?

11. So ihr aber glaubt, dass Ich, euer aller Schöpfer und heiliger Vater, es bin in der Hülle Asmahaels, wie mögt ihr da noch fragen, ob das wohl gut und recht sein wird, was Ich euch zu tun rate?!

12. Bin Ich denn nicht mehr denn Adam, den Ich gemacht habe, und alle seine Kinder, die Ich aus ihm erweckt habe?

13. Daher seid unbesorgt, und folgt Meinem unerforschlichen Rat, so werdet ihr recht tun; denn eure Rede wird sein aus Mir, und eure Lehre an Mich wird sein eine Lehre für euch und eure Kinder, und eure

Väter werden sich daran ergötzen und lauten Jubel schlagen.

14. Nun aber muss auch Ich noch Adams Willen erfüllen! Amen."

Kapitel 93

Adams Neugierde und Ärger

1. Nachdem der Asmahael ausgeredet hatte Sein zurechtweisendes Wort an die drei, da ermahnte Er den Seth, dass er die Kinder des Abends herbeirufen solle, und zwar besonders die Ältesten, damit sie nach dem Willen Adams auch von Ihm ein Wort der Freilassung empfangen und vernehmen sollen.

2. Als solches der Seth kaum vernommen, so war er schon einem Winde gleich unter den Kindern und tat ihnen mit großer Lebhaftigkeit kund das überaus segnende Vorhaben Asmahaels und bedeutete ihnen, dass sie ja voll Aufmerksamkeit sein sollten, da sie solche Worte noch nie haben reden gehört, wie sie Der reden wird alsbald, der da sitzt auf dem Tier.

3. „Denn Der ist – – – hört – Der ist – kurz, Kinder, – Er übertrifft an Liebe und Weisheit uns alle bei weitem, – und jedes Wort von Ihm – ist größer denn die gan – – – das heißt – denn alle Worte von uns!"

4. Und alsbald kamen die Ältesten dem Asmahael näher und waren voll Aufmerksamkeit und sehnsüchtigsten Harrens auf Asmahaels Rede.

5. Als aber die bei hundert Schritte im Hintergrund, das heißt hinter den Rücken dieser vier stehenden Hauptstammkinder mit dem Adam merkten, dass hier etwas Außerordentliches im Anzuge sein müsse,

weil die Kinder des Abends sich also um die vier zu drängen anfingen, sagte Adam:

6. „Hört, wie wäre es denn, so auch wir uns dahin begäben, um desto leichter zu sehen und zu vernehmen, was etwa der Asmahael alles zusammenreden wird; denn haben wir auch seine letzte Rede nicht so ganz aus der Wurzel erfasst, so war sie aber doch voll Weisheit.

7. Es ist nur wahrhaftig zum Verwundern, wie weit dieser junge Mensch aus der Tiefe es in der kurzen Zeit von kaum drei Schattenwenden bloß durch das Anhören unserer liebweisen Reden gebracht hat; wie weit wird er es erst bringen, wenn er längere Zeit um Henoch und uns sein wird und auch Zeuge sein wird und Mitgenosse der heiligen Feier des Sabbats Jehovas!

8. Und so wollen wir uns denn auch hinzumachen; lasst uns alsonach gehen! Amen."

9. Als aber die Kinder des Abends sahen, dass der Erzvater mit der Eva und den übrigen herbeigekommen war, machten sie ihm alsogleich Platz, dass er leicht zum Asmahael gelangen könnte und zum Seth, Kenan und Henoch.

10. Als Adam nun vollends in der Mitte bei den Seinigen sich befand, fragte er alsogleich, was nun vor sich gehen werde, und ob der Asmahael auch schon etwas gesprochen habe.

11. Seth aber grüßte ihn und sagte: „Höre, lieber Vater! Zu den Kindern hat Asmahael noch nicht gesprochen, sondern nur zu uns hat Er vorher geredet; jetzt aber tut Er deinem Willen gemäß auch ein Wort an die Kinder richten. Denn da Er mit uns [gehen] musste, so muss Er ja deinem Willen nach tun, das wir schon alle getan haben, – nicht wahr, lieber Vater?"

12. Adam, voll frommer Neugierde, aber konnte nicht umhin, den Seth zu fragen, was denn der Asmahael vorher zu ihnen geredet hätte.

13. Diese Frage setzte den armen Seth in eine gänzlich sprachlose Verlegenheit. „Denn", dachte er, „sag' ich es, so werde ich zum Verräter; sage ich etwas anderes, so werde ich zum Lügner; und sage ich nichts, so werde ich zu einem ungehorsamen Sohn und muss dastehen wie einer, der muckt oder den fragenden Vater einer Antwort nicht für würdig hält.

14. Ich will aber Adam ein anderes Mal zur Anhörung der Antwort bescheiden, da die Zeit sehr kostbar ist, um den Asmahael nun nicht aufzuhalten in Seiner folgenden, gewiss unübertrefflichen Rede an die Kinder."

15. Solches sagte Seth auch in aller Sanftmut dem Adam; aber dieser wollte sich nicht damit begnügen und bemerkte dem Seth:

16. „Höre, mein geliebter Ahbel-Seth, ich merke, dass du dich vor mir verbergen möchtest! In deinem Herzen steht es anders! Warum errötetest du auf meine fromme Frage und wurdest verlegen und bei zehn Zahlen lang stumm?

17. Ich, Adam, dein Vater, aber sage dir: Nicht eher soll Asmahael den Mund öffnen, bis du mir eine getreue Antwort gegeben hast!

18. Höre, Gott und mir bist du Treue schuldig; daher rede ohne Verschub und Entschuldigung! Amen."

19. Seth aber war außer sich vor Angst und konnte kein Wort hervorbringen.

20. Es trat aber alsbald Henoch hinzu und sagte zu Adam: „Vater, lieber Vater, hast du uns nicht selbst gelehrt, dass der gerade Weg der kürzeste ist? Ist nicht

Asmahael unter uns? Warum soll Seth für Ihn antworten, da er doch leichter vielleicht etwas vergessen hätte, was Asmahael zu uns geredet, – denn der hei – – – Redner, das heißt, denn Asmahael Selbst?! Wende dich daher an den Urheber all – – – das heißt an Asmahael Selbst, und sei überaus versichert, dass wir jedes Seiner Worte getreuest als vollkommen wahr bestätigen werden! Amen."

21. Adam aber fragte auch den Henoch, sagend: „Auch du gefällst mir nicht; denn deine Rede ist nicht frei wie sonst! Sage du mir, was dem Seth die Zunge lähmt! Sage mir, was Asmahael zu euch gesprochen hat; denn dein Gedächtnis ist offenbar stärker denn das des Seth. Rede also du an seiner statt, und ich bin damit zufrieden! Amen."

22. Henoch aber entgegnete: „Vater, höre und verstehe mich wohl! Jedes Recht auf dieser Erde hat seine Grenzen wie die Erde selbst, und somit auch das Vaterrecht über seine Kinder.

23. So du aber vom Seth und mir eine Antwort verlangst, hast du wohl in der Tiefe bedacht, ob das Gebot, das Seths und meine Zunge für den Augenblick vor dir bindet, nicht höher steht denn die etwas unzeitige Forderung von dir?

24. Und also auch verhält sich die Sache! Wir haben von Gott ein Gebot erhalten, darob zu schweigen vor dir bis zur Zeit Seines Wohlgefallens; daher wirst du uns nicht fernerhin zwingen, Gottes Gebot vor dir und Gott zu übertreten!

25. Von allem aber genüge deiner frommen Neugierde so viel, dass du, o Vater, wissen mögest und auch sollst, dass uns Jehova näher ist, als du es nur zu ahnen vermagst! Daher zwinge uns nicht, in Gottes Angesichte zu sündigen, sondern höre selbst – das heißt: So du wissen willst, was Asmahael zu uns geredet hat, so wende dich, wie schon gesagt, nur an Ihn; denn Er hat – das heißt, Er hat von Gott meines Wissens kein Gebot erhalten, vor dir zu schweigen.

26. Er ist ganz frei, – aber nicht also steht es mit uns; daher verschone uns vor der Zeit mit der Frage! Amen."

27. Adam aber wurde bei dieser Rede ganz sonderbar zumute, und es kam ihm vor wie zur Zeit seiner Nacktheit, da er sich nach der Sünde in der Höhle verbarg und Meine Stimme vernahm, die da fragte: „Adam! Wo bist du?"

28. Er war auf eine solche Veränderung nicht gefasst; daher ward er auch ganz traurig und wusste sich nicht zu raten und zu helfen. Er ließ sich daher ganz stumm zur Erde nieder und weinte und trauerte bei sich im Herzen:

29. „Mein großer Gott und Herr, Schöpfer aller Dinge und heiliger Vater aller Geister und Menschen! Hast Du mich denn erschaffen, um mich zu quälen vom Anfang bis zur Stunde?

30. Oh, wie sehr müsste ich mich dann in Deiner Liebe irren! Warum musste ich selbstbewusst lebendig werden, um Dir zur ewigen Kühlung Deines großen Mutwillens zu werden? Wären tote Steine dazu denn nicht gut genug?!

31. Du belebtest mich mit allen Sinnen und hauchtest mir allerlei Begierden ein und gabst mir gegen dieselben Gebote, auf dass sie mich vor Dir verderben möchten und Du mich dann mögest verdammen!

32. O Herr, so Dir irgend Liebe und Erbarmung eigen ist, so tue mit mir nun, was Du tun wolltest nach meiner Sünde, und vernichte mich auf ewig! Mache mich, als wäre ich nie gewesen; denn es ist ja

unnennbar besser, ewig nicht zu sein, denn zu sein als ein sich frei bewusstes Wesen unter dem ewigen Druck Deiner unbesiegbaren Macht und zu dienen Dir zum Spielzeug, ja zum schnöden Spielzeug Deines ewig unermesslichen, Dich allein nur vergnügenden Mutwillens.

33. Ein Gott bist Du und ein übermächtiger Herr; aber ein Vater bist Du nimmer!

34. Sage, so Du willst und magst, ob ich als Vater mit meinen Kindern je solchen Mutwillen getrieben habe! Habe ich sie je gelehrt, vor Dir stumm zu sein? Warum bindest Du ihre Zungen und Herzen vor mir?

35. Wer oder was bin ich denn, dass Du mich quälst? Vernichte mich, und treibe Deine Lust mit Steinen und anderen Dingen!

36. Bist Du ein heiliger Gott, wie magst Du mir unheilige Begierde gegen Deine Heiligkeit einhauchen?!

37. Bin ich Dein Werk, so vernichte mich; und bin ich's nicht, so lasse mich, wie ich bin! Amen, amen, amen."

Kapitel 94

Der sich irrende Adam richtet eine Bitte an Henoch

Am 1. Juni 1841

1. Nachdem Adam mit seinen ärgerlichen Gedanken zu Ende war und sich sein Neugiersturm mehr und mehr gelegt hatte, erhob er sich wieder von der Erde und hieß den Henoch zu sich treten und fragte ihn wie folgt:

2. „Henoch, sage mir bis in die innerste Tiefe des Herzens gekränktem Vater doch wenigstens so viel, ob das an euch gerichtete Wort Asmahaels von großer Wichtigkeit war oder nicht! War es ein Wort des Lichtes und der Liebe, oder war es ein Wort aus der Tiefe aller Finsternis und alles Gräuels?

3. Und so es euch wahrhaft der Herr verboten hatte, solches mir kund zu geben, so sage mir aus dem Herrn, warum solches vor mir der Herr verborgen und vor euch aber enthüllt hat!

4. Lieber Henoch, enthalte mir solches nicht vor; sei aufrichtig gegen mich, der ich doch gegen euch alle nur zu offen, gut und gerecht war und habe euch nie etwas vorenthalten!

5. Der Herr weiß es und muss es auch wissen, wie offen mein Benehmen allzeit gegen euch alle war! Alles, das euch nur immer frommen mochte, teilte ich euch mit, obschon ich als Vater vor euch eher das Recht hätte gehabt, Geheimnisse zu machen, denn ihr vor mir, eurem Vater!

6. Ihr seid nun gegen mich verschlossenen Herzens geworden. Es kann immer sein, dass der Herr euch also gegen mich zu sein geboten hatte und auch, dass Er uns näher ist, als ich es zu ahnen vermag, – und dass der Asmahael vom Herrn kein Gebot hat, vor mir zu schweigen, will ich ja recht gerne zugeben; aber ist es wohl in der Ordnung, dass die Kinder den Vater von sich weisen hin zum Fremdling, wo er das erfahren soll, das zu sagen seinen Kindern vorenthalten sein soll?

7. Siehe, lieber Henoch, und denke recht tief bei dir nach, so wirst du es finden, wie schwer sich auf den ersten Blick ein solches törichtes Gebot mit der Liebe und Weisheit Gottes vereinen lässt! Denn wenn ein und dasselbe Wort von einer Zunge verboten, von der Asmahaels aber gestattet sein soll, so kann ja an dem Wort

ohnehin nichts oder doch nicht viel gelegen sein, und es liegt da weniger am Wort selbst, für welches eigentlich kein Verbot da ist, weil es Asmahael frei aussprechen darf, sondern alles liegt an der gebundenen Zunge.

8. Warum ist für dasselbe Wort eure Zunge gebunden – und die des Asmahael frei?

9. Wer kann solches vom Herrn denken, dass Er die Herzen der Kinder vor ihren Vätern verschließen sollte und öffnen die der Fremdlinge, damit dadurch zwischen Vater und Kind ein unheilbares Misstrauen geweckt und genährt werden sollte?!

10. Siehe, so Gott solches täte, wäre Er ja ein Urheber der Bosheit, aber keineswegs ein Urheber aller Gerechtigkeit, Gnade, Liebe und aller Erbarmung.

11. Daher sei auf deiner Hut, und erforsche wohl, ob dieses Gebot eines guten oder argen Geistes Sprössling ist!

12. Ist es von Gott, dann wehe uns allen; denn dann sind wir allesamt nichts denn ein eitles Spielzeug einer irgend frei waltenden, unerforschlichen Macht, welche zum Zeitvertreib Wesen aus sich ruft, um sie eine Zeit lang ergötzlich zu quälen, die diese des Lebens Süßigkeit kosten lässt zwischen zwei Unendlichkeiten, nämlich von der Geburt bis zum uns alle noch erwartenden Tode, da dann wieder die endlose Linie der ewigen Vernichtung beginnt und wir dann alle gewaltig durchgequält wieder das werden, was wir waren vor der Geburt, nämlich ein unendliches Nichts!

13. Ist solches Gebot aber von einem argen Geist, dann wehe uns zweifach; denn fürs Erste müssten wir schrecklich weit von Gott entfernt sein durch was immer für eine uns unbewusste Schuld, darum Er uns dann in Seinem Zorn überließe

zum Preise eines ewigen Rachefeuers, – oder die arge Macht hätte dem Vater den Arm der Liebe gelähmt, so dass Er dann nicht mehr vermöchte, uns zu helfen und zu retten entweder vom Tode oder vielleicht von noch etwas Ärgerem!

14. Lieber Henoch, bedenke wohl, was ich dir jetzt sagte, und gebe mir die verlangte Antwort! Ja, gebe mir den Frieden wieder, so es dir möglich ist; denn siehe, ich bin betrübt bis in den innersten Grund meines Lebens! Um meine Seele ist es Nacht geworden; auch nicht ein Sternchen ist irgend zu erschauen aus dem Dickicht des Todes!

15. Henoch, da ich satt war, durftest du mir Speise reichen vom Himmel; so tue es jetzt umso mehr, da ich danach hungere und dürste über und über! Hör' und tue! Amen."

Kapitel 95

Henoch weist Adam zurecht

1. Als nun Henoch vernommen hatte die Frage und Rede Adams, erhob er sich alsbald und richtete folgende Worte aus Mir an den Adam, sagend:

2. „Im Namen des großen Gottes, der da mit uns ist auf allen Wegen sichtbar und unsichtbar – sichtbar allen Ihn wahrhaft Liebenden und unsichtbar den Weisen und allen, welche mehr nach der Weisheit denn nach der wahren Liebe trachten –, also im Namen dieses unseres großen, allmächtigen Gottes und über alles liebevollsten Vaters von uns allen sage ich dir, geliebter und hochgeachteter Vater, dass du gar gewaltig von dem Wege des Herrn abgewichen bist!

3. ‚Siehe, ich will, kann und muss es dir nun sagen, dass du dich gewaltig in deiner erzväterlichen Weisheit geirrt hast, da du den Herrn beschuldigt hast in deinem Herzen, als triebe Er einen Mutwillen mit uns und erschaffe uns bloß zu einem Ihn allein vergnügenden Spielzeug!

4. O Vater, könntest du ahnen, wie groß, ja wie unendlich groß dein Irrtum ist, dann möchtest du nicht im Ärger, sondern in deiner Reue den Herrn bitten um deine ewige Vernichtung; denn du würdest dich vermöge solcher gröblichen Anschuldigung selbst verdammen müssen und wünschen müssen, dass alle Berge über dich herfallen sollen, um dich zu verbergen vor dem Antlitze Dessen, der dir und uns allen noch nie so ernstlich nahe und überaus unaussprechlich liebetätig war denn gerade jetzt, da du Ihn dir am entferntesten denkst, und daher über Ihn losziehst, als wärest du ein Herr über Ihn.

5. Meinst du denn, Vater, der Herr ist uns gleich unbeständig und wetterwendisch wie ein an einem Spinnfaden hängendes Wetterblatt, dass Er mit Seinen Werken täte, was die kleinsten Kinder mit ihren Spielereien zu tun pflegen, so sie ihrer satt geworden sind?! O Vater, welche Gedanken über Gott hast du in deinem Herzen aufsteigen lassen?!

6. Siehe, wäre der Herr also, wie du Ihn zu sein beschuldigst, hätte Er deinetwegen nicht schon lange ein gar elendvolles Garaus mit uns allen gemacht?! Allein, weil Er aber durchaus nicht also ist, wie du in deinem Herzen argfälschlich über Ihn zeugtest, sondern ist dafür nur voll der unendlichsten Liebe, Langmut, Sanftmut, ja sogar von Seinem ganzen allerheiligsten Gottwesen überaus demütig und eben dadurch voll Gnade und Barmherzigkeit gegen uns, die Er gemacht hat aus Sich zu lebendigen Gefäßen, in denen durch Seine beständige Liebsorge sich ein Ihm vollkommen ähnliches, ewig unsterbliches, freies Wesen geistig ausbilden und reif machen soll, so sind wir noch alle am Leben, werden auf dieser Erde selbst noch eine längere Zeit fortleben und in Seiner Liebe und Erbarmung das Leben ewig erhalten und behalten!

7. Siehe, lieber Vater, du hast es in deiner Weisheit fein angelegt, von mir die verbotene Frucht zu pflücken; aber glaube mir, es ist die feinste Weisheit gegen die bescheidene Liebe ein grober Strick, der zwar auch aus den feinen Fäden der Liebe zusammengedreht ist, aber die Fäden sind nicht mehr frei und daher nicht so innigst enge bindsam und auch nicht mehr so schmiegsam und fähig, sich auch in den kleinsten Räumchen zu bewegen.

8. Der Strick der Weisheit ist nur tauglich, schwere, rohe Klumpen unordentlich für eine kurze Zeit aneinander zu festen; aber die zarten Fäden der Liebe umwinden das innerste, zarteste Leben und nehmen so dienend gar leichtlich der schauenden Seele allerleisesten Schwebungen wahr!

9. Da sitzt Er auf dem grimmigen Tier; Der hat es geredet zu mir und zu Kenan und Seth! Ob an all dem Gesagten etwas Wichtiges haftet, nicht ich, sondern Er auf dem Tier wird's treu dir künden, wie noch hinzu, aus welchem Grund die Zunge vor dir mir von Gott ist gebunden gar worden.

10. Beruhige dich, und fasse Geduld und Ergebung des Herzens, so wirst du alsbald der Wunder Gottes größtes erschauen! Amen, hör' amen.‘

11. Als der Adam die unerwartete Antwort aus Henochs Munde vernommen hatte, schrie er laut auf und sagte:

12. „Mein Gott, mein Gott, warum hast Du mich erschaffen und nun so gänzlich verlassen?

13. Damals, als ich, von Dir verworfen, Ewigkeiten hindurch gefallen bin, holtest Du, ewige Liebe, mich Armen ein, bautest für mich aus Deinem Wort die Erde und setztest mich, wie ich noch zum Teil bin, auf dieselbe; jetzt aber schreie ich in meinem Herzen zu Dir, dass Du mich vernichten oder retten möchtest, – allein Du willst meine Stimme nicht hören und lässt mich verschmachten vor Hunger und Durst und verbietest sogar meinen Kindern, zu reichen mir, danach mich so sehr hungert und dürstet!

14. O mein Gott, mein Gott! Warum bist Du so hart geworden gegen mich?!

15. Hört, Kinder, ich sage es euch: Tut, was euch gut dünkt, und der Asmahael möge seine Rede an die Kinder ergehen lassen, wie es ihm wohlgefällt; jedoch meinen von meinen Kindern ungestillten Hunger und Durst soll er mir nicht stillen! Denn von nun an soll der Magen meines Geistes Hunger und Durst leiden mein Leben lang; und ich will keinen Brosamen und keinen Tropfen aus fremder Hand mehr hinunterlassen, sondern was mir mein innerer, eigener Grund tragen wird, will ich zehren, aber niemanden mehr daran mitzehren lassen! Meine Neugier soll ersticken im Sumpfe meiner Schuld vor Gott, und späte Reuetränen sollen tränken das verdorrte Leben am Feuer meines blinden Eifers! Und wenn ich lange nicht mehr sein werde, möge Gott in der Nacht der Welt mein Kleid anziehen, um mich zu retten und mir zu heilen die gifttriefende Wunde, welche mir meines Herzens eigene Schlange zum Tode aller Menschen, die diese Erde betreten werden, in mein Fleisch gemacht hat mit ihren scharfen Zähnen!

16. Kinder, behaltet dieses; denn fürder werdet ihr von mir wenig mehr zu behalten bekommen! Doch des Herrn Wille sei mit mir und mit euch ewig, amen; auch ich sage euch: Hört es! Amen."

Kapitel 96

Asmahaels Rede über das Wort Gottes

1. Als der Adam solches ausgeredet hatte und nichts mehr hatte und auch nichts mehr fand, was er reden möchte oder könnte, da dankten ihm die Kinder für diese letzte Mitteilung; denn bis auf Henoch dachten alle, Adam werde nun nichts mehr reden. Nach dem aber machte Henoch alsbald aufmerksam die Kinder auf die Rede Asmahaels, und alle richteten alle ihre Sinne auf den Mund Asmahaels, und der Seth sagte:

2. „O Herr, verleihe mir jetzt hundert Herzen und siebenhundert Ohren, auf dass nichts verlorengehe, was nun Dei – ja so! – dem Munde Asmahaels aus Dir wie ganz aus Deinem Munde entströmen wird! O Herr und Gott und Vater voll der höchsten Liebe und aller Erbarmung, blicke mich während Dei – ja so! – der Rede Asmahaels nur manchmal an, auf dass Deines Auges ernstmilder Blick erleuchte das Irrsal meines unreinen Herzens! Amen."

3. Bei dieser Anrufung Seths öffnete Adam doch wieder seinen Mund und sagte: „Lieber Seth, wie ich merke und aus deinem etwas verlegenen Ausruf gar wohl ersehe, ist dir an der folgenden Rede Asmahaels viel mehr gelegen als an allen Reden Henochs, die doch auch aus Gott

waren, und an allen meinen Worten, durch die du doch zuerst das Wesen Gottes erkanntest, wie Er ist als Schöpfer aller Dinge und auch als Vater voll Liebe denen meiner Nachkommen, die Ihn über alles lieben; denn noch nie habe ich, wie jetzt, dich um hundert Herzen und um siebenhundert Ohren zur Aufnahme unserer Worte gehört den Herrn anrufen!

4. Doch ich will dich nicht mehr fragen, worin der Grund liegt; daher möge der Asmahael beginnen und machen, dass wir bald zu denen in Mitternacht gelangen! Amen."

5. Und alsbald richtete sich Asmahael auf und begann Seine durch große Geduld und Langmut geprüfte Rede an alle zu richten, sagend nämlich:

6. „Hört alle und versteht es wohl, ihr Kinder im Abend und ihr Väter und du, Adam, nicht minder: Wenn das Weizenkorn in die Erde gelegt wird, da verfault es, und aus dessen Verwesung wird ein neues Gewächs und bringt hundertfach das verfaulte Korn wieder. Also ist es auch mit jeglichem Wort aus dem Munde Gottes.

7. Das Herz ist das Erdreich, die Liebe ist der Dünger, und die Liebe Gottes ist der fruchtbare Regen; das darauf folgende Licht der Gnade ist der warme Sonnenschein. Alle diese vier Dinge bewirken zuerst, dass das Korn verfault. Dieser Zustand ist gleich der Nacht oder dem fruchtlosen Winter. In dem Zustand weiß der Mensch nichts und versteht nichts und sieht nichts, und das Gefühl der Vernichtung ist sein Begleiter; wenn aber dann das Frühjahr oder der Morgen kommt, alsdann fangen aus der Verwesung Wurzeln ins Erdreich zu schlagen an, und da sie in der Liebe in einem Bündel zusammenlaufen, erhebt sich ein neuer Stamm voll Leben und baut sich kühn eine neue Wohnung zu künftiger Reife für ein hundertfaches Leben.

8. Seht an den Halm, an dem die frucht- und lebensschwere Ähre sich jubelnd wiegt, aus wie viel tausend und tausend Röhrchen er besteht, durch die die Ähre lauter Nahrung aus dem Schoße der Erde saugt! Seht an die langen hängenden Blätter am Halm, wie schön und überaus zweckmäßig sie gebildet und versehen sind mit zahllosen kleinspitzigen Ausläufern, um durch dieselben aufzunehmen die Kost des Himmels, auf dass dadurch die aus der Erde selbst lebendig werden möchte! Seht an die bräunlichen Ringe am Halm, die da gemacht sind, dass, je nachdem das Leben der neuen Frucht sich mehr und mehr erhoben hatte und sich frei gemacht aus dem Schlamm des Todes der Erde, sich fürs Erste das reine Leben verwahre vor unreinen Nachstellungen aus der Schlammtiefe und fürs Zweite es sich die der Erde entnommene Nahrung verfeinere und veredle und vollkommen vermische zum Leben mit der allein belebenden Kost aus den Himmeln! Seht an die vielen langen, spitzenübersäten sogenannten Gräten, wie sie sich alle sorgsam dem Licht zuwenden, um die reine Gnadenkost von Gottes Sonne lüstern in sich zu saugen, auf dass die in neuen Hülschen eingeschlossene Frucht des Lebens von keiner anderen Kost mehr genährt werden möchte denn allein aus der der Gnade aus der Sonne! Seht an die bald darauf folgende fleißig sich schwingelnde Blüte, die da reichlich versehen ist mit der aus den höchsten Himmeln gereichten Mannakost, die da ist wie ein feiner Tau anzusehen und der Frucht das eigentlichste sich fortpflanzende ewige Leben gibt. Seht, wenn solches alles ist vor sich gegangen, wie

alsdann alles der Erde Entnommene des Halmes zu welken anfängt und gewisserart stirbt; aber je mehr das Irdische abstirbt, desto mehr festet sich und freit sich das Leben in der ebenfalls sterbenden Ähre und deren sterbenden Hülschen.

9. So aber dann die Frucht reif geworden ist, da geht ihr hin oder schickt eure Kinder aus, auf dass sie sammeln und bringen sollen in eure Wohnungen und Vorratskammern die lebendige Frucht.

10. Seht, also auch tut es der Herr! Ihr auch seid das Getreide; euer Leib ist der Halm, eure Seele ist die gereinigte Kost aus der Erde, euer Geist ist die Kost des Himmels, und Mein lebendiges Wort ist das Manna des allerhöchsten Himmels, das euch erst das wahre, ewige Leben bringt, so ihr es annehmt wie die Ähre und die Blüte derselben am welkenden Stamm der Welt. Doch, wie gesagt, es wird das Wort aber in euch zweimal gesät, und zwar zuerst lebendig ins Erdreich eures Herzens zur prüfenden und euch läuternden Verwesung. Dieses Wort findet schon ein jeder zum Teil in sich und zum Teil aber mündlich durch erweckte Lehrer und Sprecher. Wenn dieser Same aber verwest ist und die Verwesung neue Wurzeln getrieben hat zur Nahrung eines neuen Lebens, dann kommt das andere, lebendige Wort wie jetzt von oben über die Ähre eures neuen Lebens und macht dasselbe vollends reif und frei zum ewigen Leben. Daher werdet gleich dem Weizen, so werdet ihr gar bald erkennen, dass Der allein das hat und gibt, der unter euch wandelt! Hört Ihn zum Leben! Amen."

Kapitel 97

Adam erkennt Asmahael

Am 4. Juni 1841

1. Nach dieser Rede Asmahaels aber erhob sich alsbald wieder der Adam und konnte sich nicht halten an sein lebenslang ausgesprochenes Schweigegelübde, welches er ohnehin vorher schon mit Seth hinterging, sondern begann alsbald folgende Rede gleich einem Selbstbekenntnis von sich zu geben, sagend:

2. „Höret ihr alle, Kinder der Linie wie der Seitenlinie: Ich habe schon neunhundertundzwanzig Steine niedergelegt, jährlich einen, sooft nach dem Winter die ersten Blümchen die nackte Erde zu schmücken angefangen hatten.

3. Bis jetzt war es beständig mehr oder weniger Nacht in mir, und all mein vermeintliches Licht war kein Tageslicht, sondern nur des Mondes trüglicher, flüchtiger Schimmer, der kaum hinreicht, um durch ihn einen Gegenstand der äußeren Form nach zu erschauen; aber was die Farbe betrifft, die da ist ein erquickender Abglanz der göttlichen Wahrheiten und tiefsten Geheimnisse des inneren Lebens, so ist und bleibt nur eine getreu, nämlich die alleinige gelbe Farbe des Todes, – alle anderen sind vernichtet und umgewandelt, dass sie dann sind, als wären sie gar nicht.

4. Wer möchte es zählen, was alles mir in meiner mit geringem Erfolg lange durchlebten Nacht aufgefallen ist, über wie vieles ich nachgedacht und oft auch fruchtlos geweint habe, wie oft ich zu meinem Gott und eurem Gott gebetet und geseufzt habe?! Euch gab ich Licht; ich selbst aber blieb beständig in dem betrüglichen Schimmer der unverweisbaren Nacht

meines eigenen Herzens begraben. Nichts vermochte mich dauernd im Licht zu erhalten. Die Reden Henochs und aller anderen, von gutem und wahrem Geschmack, waren gleich den nächtlichen Blitzen, deren grelles Licht wohl auf Augenblicke die Fluren der Erde erleuchtet, aber gleich darauf das erstaunte Auge des Forschers mit der dicksten, undurchdringlichsten Finsternis straft. Und wahrlich, liebe Kinder, mir ging es nach jeder Rede um kein Haar besser! Denn ich verstand gerade das, was da gesagt wurde; so ich aber daraus vor- und rückwärts zu denken und zu forschen begann, so wollte der schwache Schimmer nicht mehr ausreichen, und mir ward der ferne Baum zu allem, was meine Einbildung aus ihm machen wollte, – nur zur bleibenden Wahrheit ward er mir nicht! Und um nichts besser war das Licht der nächtlichen Blitze. Ich glaubte oft, die Sache anfassen zu müssen; allein ehe ich mich noch selbst fassen konnte ob des plötzlich starken Glanzes, musste ich denn alsbald wieder gewahren, dass nicht nur der Gegenstand, nach dem meine Hand greifen wollte, sondern auch die fruchtlos ausgestreckte Hand meiner Sehe in der undurchdringlichsten Nacht entschwunden war.

5. Wahrlich, selbst die gestrige höchst unerwartete, allergnädigste Erscheinung des Herrn war, obschon sie begleitet war von dem unerhörtesten Liebe- und Gnadenlicht, für mich nicht viel besser als ein überaus starker Blitz in der finsteren Nacht!

6. Solange der Herr unter uns verweilt hatte, glaubte ich alles zu verstehen; allein als Er uns aber sichtbar verließ, war ich auch alsbald genötigt, mir vom Henoch

eine Erläuterung der unergründlich tiefen Rede Jehovas zu erbitten.

7. Henoch hat es getan, und zwar aus dem Herrn Selbst; allein für meine Nacht war sein Fünklein zu schwach, und ich verstand – in aller Wahrheit zu reden – nachwie vorher nichts als nur die Worte, daraus die schöne, herrliche Rede bestand.

8. O Kinder, hört und freut euch mit mir; diese lange Nacht hat bei mir nun ihr Ende erreicht!

9. Kein Mondesschimmer, kein Blitzlicht mehr ist es, das mich nun für ewige Zeiten überhell durchleuchtet, nein, – sondern Jehovas Sonne, des ewigen Lebens ewiger Tag ist in mir aufgegangen!

10. O Asmahael! Asmahael! Wer Worte redet wie Du, die lebendig sind wie Gott Selbst, wahrlich, der ist kein Fremdling, sondern ist gar wohl zu Hause in eines jeden Menschen Herzen!

11. Asmahael, vergebe mir Schwachem vor Dir, dass ich es noch wagen mag, vor Dir meine Stimme ertönen zu lassen!

12. Dein Wort ist kein eingegebenes Wort, sondern es ist Dein eigenes! Nun ist mir alles klar, warum die Kinder vor mir schweigen mussten!

13. Mein Gott und mein Herr! Lasse auch mich schweigen, auf dass Du uns nicht verlassen möchtest! Dein heiliger Wille! Amen."

Kapitel 98

Über das Schweigen der Liebe und das Reden der Weisheit

1. Nach dieser Bekenntnisrede Adams aber erhob sich auch alsbald der Seth und wollte zu reden anfangen; aber der

Asmahael gab ihm ein Zeichen, dass er schweige, und setzte hinzu:

2. „Seth, weißt du denn nicht, dass die wahre Liebe stumm ist und die Weisheit nur dann das Wort führt, wenn sie zum Frommen anderer zu reden aufgefordert wird?

3. Hast du Liebe, so schweige mit dem Mund und rede allein im Herzen; und hast du Weisheit, da lasse dich eher von jemandem begehren, und so solches geschehen, dann rede wenig Worte, und rede aus dem Herzen und nicht aus dem Verstand, das da frommt dem Begehrenden!

4. Es ist aber unvergleichlich vielmal besser, zu schweigen und das Ohr zu verhalten wie auch das Auge zu schließen, als beständig zu mundwetzen und zu brodeln gleich einem Wasserfall und das Ohr zu legen an alle Straßenecken und das Auge einer Schwalbe gleich herumschießen zu lassen.

5. ‚Dem Mund drei Dinge, dem Ohr sieben und dem Auge zehn!' ist ja eure Regel der Weisheit; warum demnach überflüssige Reden, – statt sieben dem Ohr tausend, und dem Auge eine Unzahl?!

6. Ich weiß aber, Seth, was du hast reden wollen; behalte es bei dir, und du wirst sehen, dass morgen die Sonne wie gewöhnlich um die bestimmte Zeit aufgehen wird!

7. Und ihr alle übrigen tut desgleichen! Keiner dränge dem anderen ein Wort auf, sondern der etwas erfahren möchte, der wende sich an einen, der da ist wohlverständigen Herzens, das heißt eines Herzens, das da allzeit in sich vernimmt die Stimme der ewigen Liebe und wohl versteht das Wort des Lebens aus Gott zur Zeit der nötigen Mitteilung. Wenn aber dann ein solches Wort sparsam gleich dem Gold der Erde gesprochen wird, so ist es an der Zeit, Ohr und Auge vom Herzen aus zu öffnen; hört und versteht es wohl!

8. Und nun, ihr Kinder, die ihr da wohnt, dahin der Adam von seiner Hütte schaut den Untergang der Sonne, erhebt euch, seid freien, treuen und aufrichtigen Herzens gegen Gott, gegen eure Väter, gegen alle eure Brüder! Empfangt vom Adam den Segen; tut heute und morgen, das euch geboten ist um Gottes Willen, und werdet Kinder des Aufganges und der Liebe, aber nicht Kinder des Unterganges und der Nacht des Todes!

9. Die Gegend, die ihr bewohnt, sei künftighin gleich der im Morgen, Mittag und Mitternacht; denn in der Zukunft werden nur die Gegenden des Herzens angesehen werden, und es werden gänzlich außer Betracht sein die Gegenden der Erde! Amen."

10. Als aber der Adam solches vom Asmahael vernommen hatte, näherte er sich in der allerhöchsten inneren Ehrfurcht dem Asmahael und fragte Ihn:

11. „O Asmahael, wird es nicht mir zum Frevel gerechnet werden, so ich über Dein übersegenvollstes Wort noch meinen nichtssagenden Segen aussprechen möchte über die Kinder, die Du mit Deinem lebendigen Wort heimgesucht hast?

12. Wahrlich, jetzt kommt mir mein zu gebender Segen gerade so vor, als so ich möchte ins Meer Wasser tragen, um dadurch dasselbe zu vergrößern und zu vermehren!

13. O Asmahael, sei mir gnädig und barmherzig! Amen."

14. Der Asmahael aber erwiderte dem Adam: „Höre, Adam, wenn es dir also vorkommt, so tue in Meinem Namen, wie es dir vorkommt, und sei dessen gewiss, dass

darob dem Meer kein Leid zugefügt wird; aber wisse, dass jede Gabe mehr dem Geber frommt denn dem Empfänger!

15. Hast du aus deinem Herzen das Meer vermehrt um einen Tropfen, so hast du dein Herz erquickend erleichtert, und das Meer wird dir dankbar sein auch für den einzigen Tropfen! Denn Ich sage dir, du kennst weder den Tropfen noch das Meer; aber so es der gute Gebrauch erheischt, da tue du in deinem Herzen, das dir obliegt, und kümmere dich nicht des Meeres! Der aber die Tropfen des Meeres gezählt hat, wird deinen Tropfen nicht außer Rechnung lassen!

16. Daher segne du nur immerhin deine Kinder, und Ich werde darob Meinen Segen nicht zurücknehmen! Amen."

17. Und Adam vollzog alsbald den heiligen Willen Asmahaels und ward voll Freude.

Kapitel 99

Asmahaels Rede wider die menschlichen Gelübde

1. Nach dem aber brachten die Kinder alsbald Erfrischungen und körperliche Stärkungen, die da bestanden in allerlei Obst und altem und neuem Brot. Adam aber mochte nichts genießen, da das Gelübde vom Mittag her ihm noch seinen Gaumen band, und rührte daher alles das segnend bloß nur an; desgleichen taten auch alle übrigen.

2. Da aber doch alle schon der Hunger ziemlich stark angefasst hatte, so zwar, dass sie alle – selbst Henoch nicht ausgeschlossen – mit sichtbarer Begierde und heimlicher Esslust die Früchte und Brote

anblickten und es sie einige Überwindung kostete, sich zu verleugnen und das Gelübde nicht zu brechen. Asmahael aber fragte den Adam, sagend:

3. „Höre, Adam! Wer hat dir und deinen Kindern die Fasten auferlegt? Warum isst du nichts von der Frucht, so es dich hungert, und deine Kinder nicht, so es sie hungert?

4. Hat Jehova solches euch anbefohlen? Oder welchen Dienst glaubst du Gott dadurch zu erweisen, so du, dich selbst strafend, fastest und ankämpfst gegen deine eigene Natur? Sage Mir und frage dich selbst zuvor, ob es Gott wohlgefällig sein kann, so ein Mensch, der es noch nie so weit mit seiner Selbstverleugnung gebracht hatte, auch nur ein Gebot Gottes sicher und allzeit zu beobachten, sich endlich darum, da er zu schwach war, ein leichtes göttliches Gebot zu halten, noch dazu ein eigenes, viel schwereres Gebot auferlegt, welches zu halten ihm am Ende unmöglicher wird denn hundert göttliche, die aber doch allzeit mit der Natur des Geschöpfes im engsten Zusammenhang stehen, da Gott dem Geschöpf nie mehr zu tragen geben wird und auch je geben kann, als es seiner Natur nach zu tragen imstande ist, weil Er es am allerbesten einsieht, wozu Er ein Geschöpf aus Sich frei entstehen hieß und ließ! Höre, darum sicher nicht, dass es aus leichtsinniger Vernachlässigung der göttlichen Ordnung zur Wiedergutmachung derselben sich selbst Gesetze vorschreiben soll, die es schon lange eher bereut aus Eigenliebe, als bis noch die zur Übertretung nötige Versuchung hinzugekommen ist, – sondern dass es leben soll der göttlichen Ordnung gemäß und soll essen und trinken nach nötigem Bedarf des Leibes und soll Gott

erkennen und Ihn über alles lieben und seine Nebenmenschen als Kinder und Brüder aber wie sich selbst und der Liebe wegen, sage Ich, die fremderen zehnfach mehr denn sich und die eigenen Fleischeskinder.

5. Siehe, das ist alles, was Gott von dir und euch allen verlangt, und Er gibt euch kein anderes Gebot denn das der Liebe, in welcher alles Lob, aller Preis und alle Dankbarkeit zugrunde liegt, welcher Grund aber an und für sich ist die alleinig wahre Erkenntnis Gottes selbst, und ist somit auch das ewige Leben selbst.

6. So du dich aber bindest, da Gott dich löst zur ewigen Freiheit, bist du nicht ein Tor, dass du dich bemühst, der ewigen Liebe Ihr Werk der Löse zu erschweren, und verkrüppelst dich durch deine eigene Torheit, statt dich wahrhaft frei zu machen in Meiner Liebe, Erbarmung und Gnade?! Daher löse dir selbst das Band deiner Torheit, und esse und trinke, auf dass Gott dir helfen kann in dem, was in dir ist wider Seine Ordnung!

7. Darum sage Ich: Wehe in der Zukunft den Gelübdemachern! Sie sollen ein doppeltes Gericht erleiden: das eine aus Mir und das andere aus sich um Meines Gebotes willen, das sie nicht gehalten haben und wollten dann durch eine noch größere Torheit Mir wohlgefälligermaßen die frühere Torheit wieder gutmachen, da sie widerstrebten Meiner Ordnung. Höre, also spricht der Herr, und also spreche Ich mit des Herrn Mund und Zunge:

8. So du Mir tun willst ein wohlgefälliges Gelübde, da mache ein Gelübde in deinem Herzen, dass du nicht sündigst und kein anderes Gelübde mehr machst denn das: fürder nicht mehr zu sündigen.

9. Wer aber ist unter euch, dass er sagen möchte: ‚Höre, mein Gott und Herr, ich werde nicht mehr sündigen vor Dir!‘

10. Siehe, solches magst du nicht von dir zu geben, da du frei bist; wie willst du es aber erst dann anfangen, so du dir wider Meinen Willen ein unerträgliches Joch auf den Nacken bindest, das dich erdrückt und stumm macht gegen das göttliche Gesetz der Liebe und aller Lebensfreiheit in ihr und aus ihr?!

11. Höre, darum esse und trinke, und denke in deinem Herzen, dass Gott keine Freude hat an deiner törichten Knechtschaft, sondern nur an deiner Liebe und Freiheit! Höre, Adam, solches spricht der Herr aus Seinem Munde mit eigener Zunge; darum achte es, und sei frei! Amen.“

12. Nach dieser Gnadenrede aber griff Adam alsbald unter lautem Dank, Lob und Preis nach den Früchten und Broten und aß und trank und hieß auch die anderen dasselbe tun. Und sie aßen und tranken alle und wurden gestärkt am Leibe, wie dann auch dankbar am Geiste.

13. Und als sie sich nun gestärkt hatten unter Meinem Segen, erhoben sie sich und dankten Mir im Herzen und waren voll Freude. Und Adam sagte:

14. „O mein großer Gott und Herr, und wenn ich Dich ‚Vater‘ nennen dürfte! Das einstige große, schöne Paradies war reich an allen Freuden des Lebens; allein sie wollten mir nicht frommen. Da ich reich war, habe ich mich von Dir entfernt; Du nahmst mir den Reichtum und belehntest mich dafür mit allerlei Armut. O Herr, jetzt erst danke ich Dir dafür und sage es laut:

15. Wenn Du, mein Gott, mir tausend Paradiese gegeben hättest, wahrlich, ich wäre elender denn ein Wurm im Staub;

denn jedes Wort von Dir ist ja mehr wert als tausend Erden und jede mit zehntausend Paradiesen!

16. O Herr, Dein Wort und Dein heiliger Wille ist das wahre Paradies des Lebens! O Herr, lasse mich ewig in diesem Paradies sein! Amen."

17. Es fingen aber Enos, Mahalaleel, Jared und auch die Mutter Eva bei sich zu denken an nach der Danksagung Adams, wie es denn doch komme, dass Adam fürs Erste sein Gelübde brach und aß und trank. Und wenn er nun redet, da redet er, als stünde Gott leibhaftig vor ihm!

18. Adam aber bekam Licht und sagte: „Wundert euch das, so fragt euch selbst: ‚Warum wundert uns denn das eigene Leben nicht?' Und die Antwort wird sein: ‚Weil uns nun Gott näher ist und allzeit sein soll als unser eigenes Leben; denn nun leben wir alle in Ihm!' Hört es! Amen, amen, amen."

Kapitel 100

Jared ersucht Henoch um Aufklärung über Asmahael

Am 11. Juni 1841

1. Nach dem nahte sich Seth dem Adam und fragte ihn, ob nun hier noch etwas zu geschehen habe, oder ob man sich zur Abreise anschicken solle.

2. Adam aber erwiderte: „Seth, weißt du ja doch, wer unter uns ist! Wenn es Ihm wird gefällig sein, alsdann werden wir gehen; bis dahin harren wir in aller Liebe und Geduld! Amen."

3. Es kam aber auch der Jared hin zum Henoch und fragte ihn insgeheim: „Höre, du mein geliebter Sohn, mir kommt es nun so sonderbar vor! Dieser Asmahael, der dein Schüler sein soll, und soll wohnen in meiner Hütte, hat nach meinem Verständnis so viel Weisheit und Kenntnisse in allen Dingen, dass seine Rede die deinige ja bei weitem übertrifft! Ich will dir dessentwegen keinen Vorwurf machen – denn deine Reden sind ja Reden aus der Höhe, und da ist kein Wort umsonst, und jedes Wort bezeichnet den Sinn vollkommen gleich leiblich wie geistlich, und es finden sich von allem, was du sagtest, lebendig entsprechende Formen in eines jeden Menschen Herzen –; aber dessen alles Guten und Wahren ungeachtet, wie auch vollkommen unbeschadet, ist doch ein großer Unterschied zwischen deiner und Asmahaels Sprache!

4. Also aber merkte ich den Unterschied gewaltig: Bei deiner Rede entdeckte ich allzeit deutlich in mir, dass dein Wort ein rechtes Licht ist. Wer danach tut, kann und muss zum Leben gelangen. Auch gleicht dein allzeit mildes Wort der Morgendämmerung, die doch auch die sicherste Verkünderin des werdenden Tages ist, wie dein Wort der Verkünder des sicher folgenden Lebens.

5. Aber bei der Rede Asmahaels merkte ich, dass sie schon Leben in aller Fülle gibt; und so ist und wirkt seine Rede soviel wie eine vollbrachte Tat!

6. Er spricht Dinge von höchster Weisheit; wer möchte sie auf dem gewöhnlichen Wege begreiflich auffassen? Aber aus seinem Munde werden sie einem, als wäre man schon von Ewigkeit her als Mitgespiele mit ihnen aufgewachsen.

7. Es könnte einem aber auch gar nicht in den Sinn kommen, sich darüber noch um irgendeine Erklärung zu bewerben; kurz,

man wird auf der Stelle mit dem Wort eins und somit ein Leben.

8. Nur das einzige Seltene und Unbegreifliche ist dabei, und das zwar, dass gerade dieser dein Schüler aus der Tiefe solches vermag, da er doch noch von dir keinen eigentlichen Unterricht erhielt!

9. Nach seiner Angabe ist er ein Sklavenkind und durfte nicht reden je ein Wort daselbst bei der schauderhaftesten Strafe des Todes.

10. Seine Alten wurden ihm getötet auf die grausamste Weise von der Welt. Er flüchtete sich zu uns und betrat heute morgen vor unser aller Augen den gesegneten Boden der geheiligten Höhen namenlos und voll argen Verdachtes. Du richtetest ihn auf vor Adam, Adam erkannte ihn, segnete ihn und gab ihm einen Namen, übergab ihn mir und dir, dieweil er sagte aus der lebendigsten Sehnsucht seines Herzens, dass er möchte suchen und finden Gott.

11. Aber kaum durfte er nur den Mund öffnen, so war schon jedes Wort also abgemessen gut und wahr, dass uns allen am Ende nichts übrigblieb, als nur zu staunen über jegliches seiner Worte!

12. Dem Adam, Seth und fast allen mochtest du so manche Worte berichtigen; allein des Asmahael Worte waren noch allzeit über alle Berichtigung erhaben.

13. Henoch, die Sache kommt mir nicht ganz richtig vor!

14. Es ist in allem Ernst ganz merkwürdig mit dem Menschen, wie überzeugend schnell er nur mit unserem Gelübde fertig war!

15. Wir aßen und tranken darauf, ohne dass sich unser Gewissen dabei auch nur im Geringsten, wie sonst, gerührt hätte;

und nun hat er's schon so weit gebracht, dass selbst Adam ganz von ihm abzuhängen scheint, wie auch du, der Seth und der Kenan!

16. Das Merkwürdigste dabei aber ist, dass er fürs Erste – meines Wissens wenigstens – noch gar nichts gegessen hat, und fürs Zweite aber, dass er alle die früheren so unantastbaren Gesetze Adams gewisserart mit einem Hieb vernichtet hat, und das noch ohne die geringste Widerrede Adams!

17. Hätte solches ich getan, fürwahr, ich hätte ein Jahr lang Adams Hütte nicht anschauen dürfen!

18. Allein Asmahael darf nur den Mund auftun, so ist schon jedes Wort, wie gesagt, so viel als eine vollbrachte Tat!

19. Henoch, ich sage dir, wer sich das zusammenreimen kann, der muss mehr verstehen als wir beide und auch sicher mehr als wir alle zusammen.

20. Hast du aber irgendein verborgenes Licht in der Sache, so lasse deinen Vater nicht blind sein neben dir: Geht es dir aber nicht besser als mir in diesem Punkt, da wird es schier etwas schwerhalten, darüber je irgendwann ins Klare zu kommen!

21. Jedoch, so du mir etwas zu sagen weißt, sage es mit drei Worten, also aber, dass es Asmahael und die anderen nicht merken! Amen."

Kapitel 101

Henoch und Jared besprechen sich über Asmahael

1. Henoch aber entgegnete dem Vater Jared: „Höre, Vater! Deine Bemerkungen sind nicht ohne; du hast recht in allem! Als

Asmahael heute morgen vor uns im Staube lag, hätte ich auch eher geahnt, dass die Mittagssonne alle Steine zu Wasser schmelzen werde, als dass dieser Mensch aus der Tiefe solche Wunder unter uns ausführen würde; aber es gefällt denn schon ein- und für allemal dem Herrn also, das Geringe auszuzeichnen, und das Große aber dafür untergehen zu lassen!

2. Also lässt Er die Sonne untergehen und an ihrer Stelle den Himmel von tausend und abermal tausend Sternchen erglänzen; wie viel erhabener aber ist doch und unendlichmal herrlicher der gestirnte als der besonnte Himmel! Wie zucken die herrlichen Sterne ein heiteres Leben in ihrem bebenden Schimmer, und wie mannigfaltig ist ihr Licht!

3. Siehe dagegen den Himmel am Tag! Ist da der heiterste Tag nicht zugleich auch der einförmigste? Wer mag ihn nach oben anschauen? Überall straft ihn der Sonne brennend grelles Licht.

4. Wenn nicht flüchtige, wenigsagende Neugebilde aus den Wolken am Tag den Himmel belebten und so manche gefiederten Bewohner der Luft denselben munter durchkreuzten, – fürwahr, wir würden die Augen gar selten zum Himmel der Erde erheben!

5. Siehe, also wirkt der Herr beständig! Das Große achtet Er nicht und erhebt das Kleine und Geringe zu Seiner Liebe. Das große Mamelhud hat ein fast ewig dauern wollendes Leben. Es wandelt träge herum, als wäre es selbst eine kleine, totscheinende Erdmasse. Aber sehe dafür einen Ameisenhaufen an, wie bunt wirbelt da das Leben nicht durcheinander!

6. Und aus tausend solchen kleinlichen Erscheinungen lässt sich ja doch schon natürlich klar erschauen, wo der Herr am tätigsten ist und vorzüglich lebendig waltet. Gerade also ist es auch bei den Menschen. Die Geringsten und Unansehnlichsten richtet Er auf und zeigt durch die Schwachen den Großen und Starken der Erde Seine unendlich große Macht und ewig unbesiegbare Stärke.

7. War es nicht also mit mir, dass ich jetzt schon fast zwei Tage lang den Vätern von Ihm nach Seiner Liebe predigen musste, da ich doch der Geringste und Schwächste aus allen bin?! Geringer und schwächer jedoch kam Asmahael aus der Tiefe zu uns, denn ich je war und auch je werde sein und werden können.

8. Sein Eifer war übergroß, Seine Liebe unbegrenzt; das Er suchte bei uns, hat Er schon in Seinem unendlichen Eifer in der höchsten Fülle mit Sich gebracht, dass es nun füglich ist, dass wir von Seiner Überfülle eher etwas empfangen können, als dass wir vermöchten, Ihn mit unserer Eiferarmut zu bereichern.

9. Daher sei nun, lieber Vater Jared, nur unbesorgt und vollkommen ruhig; die Folge wird uns noch so manches Rätsel am und durch Asmahael enthüllen, wenn Er zu Hause erst in unserer Hütte sein wird! Freue dich darauf, lieber Vater Jared; höre, das werden Tage des Lebens und der höchsten Wonne werden! Amen."

10. Jared aber entgegnete in aller Zufriedenheit: „Du hast recht in aller deiner Antwort; es muss ja also sein! Denn wenn es nicht also wäre, wie könnte der Asmahael solche Tatkraftworte von sich geben?

11. Aber höre, wenn er bei mir einziehen wird und wohnen in meiner Hütte, und wahrscheinlich du auch wieder, da werden wir wohl so manches von ihm erfahren!

12. Ich freue mich sehr darauf. Ich muss dir offenbar sagen, ist es recht oder nicht,

aber mein Gefühl umfasst schon jetzt Asmahael offenbar stärker denn dich! Was aber erst mit der Zeit aus meiner Vorliebe zu Asmahael wird, kann ich dir jetzt noch nicht ganz bestimmt voraussagen; denn es hängt noch sehr viel davon ab, ob er sich fürder also getreu bleiben wird. Aber du darfst dir deswegen nichts daraus machen; denn deshalb wirst du bei mir, deinem Vater, dennoch nicht zu kurz kommen!

13. Jedoch nun stille; denn er scheint unser Gewispel zu bemerken! Siehe, er bedeutet dem Tier, und es trägt ihn gerade auf uns zu; daher nun stille, mein lieber Henoch, stille! Amen."

Kapitel 102

Wenn sich Menschen größer vorkommen als Gott

1. Kaum hatte Jared sein letztes Wörtlein ausgesprochen, so war Asmahael auch schon zwischen beide getreten; denn vorher unterhielt Er sich mit manchen Kindern des Abends, da Er sie über manches befragte und auch wieder belehrte.

2. Die beiden waren nun anfangs ein wenig verblüfft, fassten sich jedoch bald, und der Henoch fragte den Asmahael: „Allergeliebtester Asmahael, was soll nun geschehen, sollen wir noch verweilen oder uns zur Weiterreise anschicken?"

3. Asmahael aber sagte: „Darum kam Ich nicht zu euch, dass Ich dir nun diese deine Notfrage lösen soll, sondern darum kam Ich hierher, dieweil Ich unter euch beiden eine große Liebe zu Mir entdeckt habe!

4. Jared, freue dich, dass Ich bei dir einziehe, und du, Henoch, auch, dass du Meine Liebe so hoch achtest! Denn da Ich einziehe, wird der Tod nie ein Erntefest halten; da ch aber nicht einziehe, wehe der Wohnung! Denn da wird des Jammers kein Ende werden, und der Tod wird hausen in all den Gemächern eines solchen Hauses, da Ich nicht einziehen möchte.

5. Wahrlich, Ich sage dir, Jared, der Mich zum Gast hat, der hat alles; der Mich aber von sich gewiesen hat, der hat alles verloren.

6. Wenn dir der am Morgen aus der Tiefe demütigst zu euch gekommene Mensch etwas sonderbar auch vorkommt und du dir sein Wesen auch nicht ganz klar zusammenreimen kannst, so denke, dass auch Gott Sich das nicht recht zusammenreimen kann und will, wie die Menschen als Seine Geschöpfe sich mögen größer dünken, denn Gott Selbst Sich von Ewigkeit her über und über lebendig empfindet!

7. Siehe, die Menschen richten eins das andere, während Gott doch tagtäglich über alles Seine Sonne aufgehen und über die ganze Erde Seinen Regen fallen lässt!

8. Die Menschen machen Unterschiede und halten nicht alle ihrer Weisheit würdig; Gott aber, der große Lehrer aller Sonnen, Geister, Erden und aller Menschen, verabscheut es nicht und hält es nicht unter Seiner Würde, dem Wurm im Staub und der Schmeißfliege wie allem anderen Getier, und möchte es noch so klein und unansehnlich sein, ein allerweisester Lehrer zu sein! Die Menschen halten ihre Wohnhütten für heilig und lassen ihre eigenen Kinder und Brüder auf ihre Angesichter vor denselben fallen, während Gott sogar das gemeinste Tier auf der Erde frei und ohne alles Aufs-Angesicht-Niederfallen herumwandeln lässt.

9. Die Menschen fluchen denjenigen und strafen sie hart, die sich je gegen ihren Willen in etwas versündigt haben; Gott aber segnet sogar die Steine und hat die größte Erbarmung gegen jeden Irrenden und flucht nicht und ist von größter Geduld, Sanftmut und überaus zurückhaltend in Seinen Gerichten.

10. Wenn Menschen sich zu Gott wenden, da tun sie, als wenn sie selbst Götter wären. Wehe dem, der sie da beirren möchte oder nicht die allerhöchste Achtung hätte vor ihnen, wenn sie Gottes sogenannte Dienste verrichten! Besonders wenn sie ihr Opfer verrichten, sind sie auch zugleich am allerbösesten, so zwar, dass, so da jemand käme und fiele nicht alsogleich auf sein Angesicht vor ihnen und dem Brandopfer nieder, er dann alsbald für alle Zeiten verbannt, wo nicht gar halb getötet werden möchte; verflucht würde er auf jeden Fall werden.

11. So aber Gott zu den Menschen kommt, da kommt Er als ein Diener in aller demütigen Niedrigkeit und zeigt dann, dass Er an all solchen sogenannten Gottesdiensten kein Wohlgefallen hat!

12. Siehe, wenn Menschen gewisser Art göttlich dienstliche Werke verrichten, da soll alles niederfallen und vor lauter Ehrfurcht zittern; aber wenn sie tagtäglich sehen, wie Gott vor ihnen und für sie die größten Wunderwerke verrichtet, da fällt vor dem wahren, großen Gottesdienst, den Gott Selbst verrichtet, kein Mensch auf sein Angesicht nieder, was Gott auch nicht verlangt und ewig nie verlangen wird!

13. Siehe also, Jared, nicht allein dir kommt manches ungereimt vor, sondern auch für Gott gibt es eine Menge solcher Tatungereimtheiten von Seiten der Menschen. Daher kümmere dich nicht um Mich, sondern sei froh und guten Mutes; denn du hast das Leben bei dir aufgenommen! Amen."

Kapitel 103

Asmahael fordert Adam zur Weiterreise auf

Am 14. Juni 1841

1. Nachdem aber Asmahael ausgeredet hatte Worte des Lebens zu Jared und Henoch, entfernte Er Sich wieder und bewegte Sich hin zu Adam und sagte zu ihm:

2. „Adam, so du nichts mehr als nötig erachtest für hier, so sind wir fertig; heiße die Kinder nach Hause ziehen, – wir aber mögen uns weiter gen Mitternacht bewegen! Amen."

3. Adam aber erschrak – denn der Anruf ‚Adam' klang wie damals, als sich Adam nach der Sünde vor Mir zu verbergen suchte – und konnte sich nicht fassen und getraute sich auch nichts zu entgegnen als nur nach einer kleinen Pause die wenigen Worte: „Herr, Dein heiliger Wille geschehe!"

4. „Adam", aber sagte Asmahael ferner, „warum bist du zaghaft? Warum fürchtest du Den, den du über alles lieben sollst? Hast du etwas verloren? Sollte es sich denn nicht wiederfinden lassen?!

5. Oder glaubst du etwa, noch etwas zu verlieren? Was solltest denn du noch verlieren, was du nicht schon ohnehin gar lange verloren hättest?

6. Siehe, Ich sage dir aber: So jemand aber alles verloren hat, da ist er fertig mit all dem, das er empfangen hatte, und kann nun nichts mehr verlieren; der aber nichts

mehr hat, das er verlieren könnte, und lebt doch noch bei dem Verlust, der lebt ja doch offenbar, auf dass er wieder gewinne, da er kahl geworden ist an allem, was er ehedem hatte.

7. Noch sage Ich dir: In der fernen Zukunft werden deine Nachkommen nicht nur alles der Welt, sondern auch das Leben verlieren müssen, die da werden wollen das ewige Leben gewinnen!

8. Du lebst schon über neunhundert Jahre; es wird aber deinen Nachkommen kaum gestattet sein, den zwanzigsten Teil deines Lebens zu leben leiblich. Siehe, was alles die späten Menschen werden deinetwegen verlieren müssen, auf dass ihr ewiges Leben möchte gerettet werden, und sie werden nicht erschrecken dürfen vor ihrem Namen, so sie ihn werden von Mir aussprechen hören! Du aber hast dich erschreckt durch und durch, da du jetzt doch im beständigen Gewinn bist und nichts mehr zu verlieren hast, sondern nur zu gewinnen, und hast schon unendlich gewonnen; denn der höchste Gewinn steht nun vor dir!

9. Erkenne Ihn, dann wirst du ewig ohne Furcht hier und einst ewig im Frieden der ewigen Liebe sein! Amen."

10. Adam aber ermannte sich nun und fasste dieser Rede Sinn und sagte: „Höre, o Du mein über alles nun geliebter Asmahael, Du siehst mein Herz und kennst meine Furcht! Es ist ja mein Schrecken ein Liebeschrecken! Deine Liebe hat mich schwach gemacht, dass ich Dir darob nicht zu antworten pflegte und mochte; Du weißt es ja ohnehin, wie es kommt, dass der Überglückliche seines Wortes nicht mehr mächtig ist!

11. O Asmahael, daher allzeit nur Dein Wille! So Du willst, so können und wollen wir ja gerne gehen, und also geschehe es!"

12. Asmahael aber sagte: „Also lasse Mich unerkannt sein und mache, dass jene, die Mich nicht kennen, sich alsbald zur Weiterreise anschicken sollen! Doch bei der Reise lasst Mich euch folgen allein, dann du mit der Eva, und voran Henoch mit Jared; und also soll der Zug gehen durch den dichten Wald bis hin zur niederen Gegend gen Mitternacht! Amen."

Kapitel 104

Asmahael beruft Abedam zum Gefährten

1. Alsbald berief Adam den Henoch und Kenan zu sich und machte sie bekannt mit dem Willen Asmahaels. Und sie gingen und grüßten die Kinder und luden sie noch einmal, zu erscheinen am Sabbat, bedeuteten ihnen dann, dass sie sich nun wieder nach Hause begeben können und allda fröhlich nachgehen ihrer Beschäftigung.

2. Und alsbald auch erhoben sich die Kinder und die Ältesten, die früher die Väter umgaben und vernommen hatten jegliches laute Wort.

3. Einer aber aus der Mitte der Ältesten fragte den Henoch: „Lieber junger Sohn deines Vaters Jared, der da ist ein Enkel dessen, der mit dir ist, und dieser ein Sohn meines Bruders, sage mir, so du es magst und darfst, wer denn eigentlich der Jüngling, auf dem Tiger fest sitzend, ist, und woher er gekommen!

4. Denn sonderbar ist sein Benehmen und übermächtig sein helles, wohlklingendes Wort, und überdies liegt im Ton jegliches seiner Worte eine solche

zuversichtliche Bestimmtheit, dass man gerade nicht, ja unmöglich umhinkann und mag zu glauben, er müsste damit Berge zerbrechen können, und es müsste sein Hauch das Meer in eine Bewegung versetzen können wie tausend gleichzeitige allerheftigste[10] Weltstürme.

5. Siehe, darum möchte ich wohl erfahren dieses Jünglings Herkunft und wesentliche Beschaffenheit, – aber, wie gesagt, so du es magst und darfst, und also danach nur! Amen."

6. Henoch aber entgegnete: „Höre, lieber Vater Abedam, ich möchte es wohl, so ich es dürfte; aber verharre nur noch eine kleine Zeit, und dir wird in der stets zunehmenden Liebe zu Gott gar bald klar werden, was es mit dem Jüngling auf dem Tiger für eine Bewandtnis hat!

7. Sein Name ist dir bekannt, und mehr forsche vorderhand nicht! In der allergerechtesten Zeit wird dir deine eigene Liebe zu Gott alles kundgeben; daher und nun und allzeit Gott mit euch allen! Amen."

8. Abedam aber dankte mit sehr gerührtem Herzen dem Henoch, sagend: „Lieber Henoch, ich danke dir! Ich bin vollkommen zufrieden; denn das ich wissen mochte, hast du mir nun zur Genüge kundgegeben; denn mehr zu wissen als nur, wo der Schatz liegt, und wo und wie er zu finden ist, wäre nur eine träge Lust. Das Suchen ist ja Sache des eigenen Lebens. Daher danke ich dir; denn du hast nun mein Herz also erquickt, wie es noch nie war! Daher dir noch einmal den herzlichsten Dank dafür und Gott all mein Leben! Amen."

9. Nach dem aber grüßten sie die Kinder und Ältesten noch einmal und kehrten zurück, da die Väter schon ihrer harrten.

10. Als sie da anlangten, segnete Adam noch einmal die Kinder, und sie ordneten sich dann zur Reise. Als sie nun vollends geordnet waren, da trat noch einmal Asmahael hervor zu Adam und sagte:

11. „Adam, ist es dir recht und lieb, so lasse Mich hier aus den Kindern einen Mir zur Gesellschaft mitnehmen! Amen."

12. Adam aber sprach gerührt: „O Asmahael, wie magst Du mich fragen?! Bin nicht ich und alles Deinem Willen freudig untertan?

13. Daher geschehe allzeit Dein Wille zu unser aller allerhöchsten Freude! Daher auch nur Dein Wille! Amen."

14. Und Asmahael rief laut: „Abedam! Abedam! Abedam! So du willst, magst du uns folgen und dienen Mir zu einem Gefährten, denn Ich habe geprüft dein Herz und deine Nieren und habe gefunden, dass in dir kein Falsch ist. Daher sollst du uns folgen, aber ohne alle Sorge, und Ich will dir dann den Schatz suchen helfen und dir ihn auch sicher finden machen – und höre, bald, recht bald, recht sehr bald!

15. Denn Ich will dich heute töten, auf dass Ich dich morgen erwecke zum ewigen Leben! Amen."

16. Als aber Abedam solchen Ruf vernommen hatte, kam er eilends herbei und sagte: „Wohin Du willst, will ich Dir folgen! Töte mich tausendmal; denn je öfter Du mich töten wirst, desto mehr Leben wirst Du mir auch sicher wiedergeben!

17. O Du, der Du sitzt auf dem starken Tier, vergebe mir, so ich Dir sage, wie ich

---

[10] Dem Manuskript nach „allerheiligster" statt „allerheftigste". Dem Kontext nach passt „allerheftigste" besser, weswegen wir von einem Schreib- oder Übertragungsfehler ausgehen und daher der Erstauflage folgen.

fühle! Ich glaube, an Deiner Seite wird sich der große Schatz nicht schwer finden lassen!

18. Es kommt mir vor, als dass, wenn man Dich hat, man jedes anderen Schatzes leichtlich entbehren könnte! Und mir kommt es auch vor, dass, wer Dich gefunden hat, er leicht das fernere Suchen entbehren kann, da er den eigentlichen Schatz schon gefunden hat, und den Tod und die Erweckung zum ewigen Leben!

19. O Asmahael, nicht nur jetzt, sondern allzeit lasse den armen Abedam bei dir sein; aber nicht, dass er Dein Gefährte wäre, sondern Du der seinige zum ewigen Leben! Amen.

20. O lasse mich Dir stets folgen! Dein Wille, amen!"

21. Und alsbald reihte Abedam sich überheiter an den Asmahael und folgte übergestärkt dem Zug der Väter an der mächtigen Seite Asmahaels.

Kapitel 105

Jared befragt Henoch über Asmahael

1. Der Zug ging nun waldeinwärts und alles war still; nur der Jared konnte nicht schweigen und fragte den Henoch: „Höre, mein Sohn, haben wir ein Gebot, auf dem Weg zu schweigen?"

2. Henoch aber entgegnete: „Ich entsinne mich keines, als nur eines Rates, dass man allzeit still wandeln soll; allein ich nehme aber den Wandel als Leben, aber nicht das Gehen mit den Füßen!"

3. Und Jared erwiderte: „Wenn es also ist, da hat auf dem Weg unsere Zunge, wie die Füße, kein hindernd Band, und wir können ja reden nach Lust; und so gestehe mir, deinem Vater, was an dem Asmahael ist! Ist er ein verkörperter Engel, ausgerüstet mit aller Macht, oder ist er – halt, nicht weiter! – kurz, was du nun meinst, das sage mir! Amen."

4. Henoch aber entgegnete kurz: „Lieber Vater, ich sage dir: Er ist – halt, nicht weiter! – und so ist Er vorderhand ein Mensch wie wir, aber voll göttlicher Kraft und Macht – halt, auch da nicht weiter! Amen; verstehe es! Amen."

5. Und wieder begann Jared: „Mein lieber Sohn Henoch, gut wäre es, wenn ich es verstünde! Aber das ist es ja eben, darum ich dich frage, weil ich es nicht verstehe und doch über alles gerne verstehen möchte, was denn so ganz eigentlich an dem Asmahael gelegen ist! Denn siehe, ich war nach deiner früheren Rede ganz beruhigt und war zufrieden mit allem; aber nachdem Asmahael zu uns kam und zu Ende seiner Rede gewisserart herausbrachte, dass, wenn jemand ihn in der eigenen Wohnung aufgenommen habe, oder so er in jemandes Wohnung einziehe, der Ursache habe, sich überglücklich zu fühlen – denn da er einziehe, da auch sei das ewige Leben eingezogen?!

6. Siehe, also in diesem Sinne hat er Worte besonders – wie ich es gemerkt habe – an mich gerichtet! Nun sage mir aber, lieber Henoch, oder begreife es selbst, ob ein aufrecht stehender Mensch nicht mit dem Kopf auf der Erde herumhüpfen müsste, um solcher Worte Sinn nicht auf ein höher daseiendes Wesen auf der Stelle zu beziehen?!

7. Welcher Mensch vermöchte solches auch nur gleichnisweise von sich, ja unabgesehen gerade von sich aussagen, gerade als wäre er unmittelbar Gott Selbst?

8. Asmahael aber tut solches, ohne dass er es bezöge auf Gott, sondern gerade nur auf sich! Mag solches auch ein Mensch tun, ohne sich zu fürchten, die Erde müsste aus Zorn und höchster Verachtung den Frevler auf ewige Zeiten übel rächend verschlingen hinab in ihren großen Feuerbauch?!

9. Siehe, du bist gewiss erleuchtet wie sonst keiner aus uns allen; aber getraust du dich, etwas solches gerade von dir auszusagen?

10. Sicher, du würdest eher den Mund mit Kot dir verstopfen, als dass du mit deiner Zunge möchtest solchen Frevel treiben!

11. Wer also ist der, der von sich aussagen kann: ‚Ich bin das Leben!', oder: ‚Wo Ich einziehe, da ist das Leben, ja das ewige Leben eingezogen!'?

12. Henoch, ich sage dir, wer solches von sich aussagt, und die Erde zürnt ihm nicht, und der mächtige Tiger wird unter ihm zum Lamme, der ist und muss ja so gut, wie ich in meiner Furchtsamkeit ein Mensch nur bin, in seiner sich selbst wohl bewussten Kraft und Macht Gott sein; sonst wäre die ganze Erde selbst nichts als eine zusammengesetzte Lüge, so sie einen Menschen tragen möchte, der sich also für Gott ausgäbe und wäre doch sonst nur ein schwacher Mensch gleich uns — was des Gegenteils gleichwohl Asmahaels lebendig machendes Wort schon zur Übergenüge gezeigt hat.

13. Nun, so du kannst und magst, widerlege mir meine Aussage; ich aber glaube, solches wirst du gar fein bleibenlassen! Aber um des Wortes willen möchte ich nun von dir eine kurze Meinung vernehmen, und somit rede! Amen."

14. Henoch aber entgegnete: „Lieber Vater, wenn es also ist, wie du es glaubst, und auch nicht anders sein kann vermöge deiner Erklärung, die auf bestem Grunde gebaut ist, alsdann ist ja jedes meiner Nachworte rein überflüssig! Oder soll ich aus Asmahael machen, das Er nicht ist, oder machen, dass Er sei, das Er ohnedem ist? Siehe, solches wäre rein unnütz!

15. Ich meine aber, wer Gott liebt im Herzen geistig und wahr, wie mag der sich kümmern, ob Asmahael Gott oder Gott mit Ihm ist?!

16. Aber jeder kümmere sich, dass Gott mit ihm selbst sei durch die wahre, reine Liebe zu Ihm!

17. So du aber Gott liebst, – des sei versichert, dass dir Asmahael nicht gram wird! Und liebst du aber den Asmahael Gott gleich, so wird Gott darob in Seiner Liebe auf dich nicht vergessen; des sei auch vollends versichert, amen. Du verstehst es doch? Amen."

Kapitel 106

Das Verhältnis zwischen Mahalaleel und seinem Vater Kenan

Am 15. Juni 1841

1. Es hatten aber die beiden Folgenden, Kenan und Mahalaleel, vernommen von der Unterredung Jareds und Henochs; und also fing auch Mahalaleel den Kenan zu fragen an, sagend:

2. „Hörend Großes, staunend über Wunderbares, also bin ich am Ohr und an dem Auge; aber woher das Große, woher das Wunderbare unter uns?

3. Höre, Vater Kenan, was ist es denn, darum mir so wundersam zumute wird?

Dieser einförmige, wenig betretene Waldweg ist es gewiss nicht! Wäre es noch eine Adamsgrotte oder der weiße, dampfende Berg im Morgen, oder die sieben Wasserspritzer von Mittag gen Abend, oder sonst etwas Naturaußerordentliches; allein, von allem dem ist hier keine Spur!

4. Unsere verkehrte Ordnung ist es auch nicht; denn es ist doch einerlei, ob ich bei dir oder du bei mir gehst, ob der Henoch rückwärts oder vorne, ob mit Jared oder Adam, oder ob – nein, das scheint mir nicht alles eins zu sein! – ob Asmahael hinten oder vorne, und mit wem er geht!

5. Denn hier scheint eine gewisse väterliche Rangordnung zugrunde zu liegen. Dass Adam und die Mutter Eva hinter uns allen einherwandeln, begreife ich wohl; aber was der Asmahael mit dem Abedam ganz rückwärts noch hinter dem Adam bedeutet, siehe, Vater Kenan, das bringe ich nicht so ganz recht heraus.

6. Jared und Henoch vor uns haben Wunderbares über Asmahael miteinander gesprochen, soviel habe ich entnommen; was sie aber eigentlich miteinander geredet haben, habe ich fürs Erste nicht vernommen in klarer Deutlichkeit, und was ich noch vernommen habe, konnte ich nicht begreifen! Aber so viel ist gewiss, dass ich Großes vernommen und geschaut in mir selbst Wunderbares nach den sparsam vernommenen Worten aus dem Munde unserer behänden Vorschreiter!

7. Ich bitte dich darum, mir, so es dir möglich ist, ein wenig aufzuhelfen in meiner Unkunde in dieser mir so ganz außerordentlich wunderbar scheinenden Sache; doch so du es gerne willst, lieber Vater Kenan. Amen.“

8. Kenan aber erwiderte seinem Sohn Mahalaleel, sagend nämlich: „Höre, mein lieber Sohn, bei dem großartigen Beginn deiner Rede an mich habe ich geglaubt, weiß der Himmel, was da alles für lauter Unerhörtes herauskommen wird!

9. Aber ich sehe, dass du immer noch der alte Mahalaleel bist, der da allzeit anfangs den Mund öffnet, als wollte er Sonnen gleich Erbsen ausspeien; allein am Ende kommen nicht einmal Erbsen zum Vorschein, sondern ein ganz gewöhnlicher Mundspeichel! Was soll's da mit der verkehrten Ordnung, so sie dir eins ist? Warum darob Worte? Wenn Asmahael nun vorne wäre, was würde Er denn nachher sein? Nicht wahr, dann möchte es dir vielleicht großartig vorkommen, dieweil Er nicht rückwärts ist?!

10. Nun begleitet Ihn Abedam; ist denn das mehr, denn dass du neben mir gehst?! Sagtest du doch selbst, dich hochschwingend, dass es dir einerlei ist, ob du neben mir oder ob ich neben dir einhergehe! Siehe, wie du etwas willst und weißt am Ende nicht, was es sei, das du willst!

11. Was hat dir denn Adams Grotte getan und der weiße Berg und die sieben abendlichen Wasserspritzer, dass du dadurch nichtssagend deine Rede zieren mochtest?

12. Du sagst, es komme dir so wunderbar vor, nachdem du die beiden Vorschreiter ungehört und somit auch unverstanden miteinander hast – sage – bloß nur reden sehen; was ist es denn, das dir so außerordentlich wundersam während der bloß nur angeschauten Rede der Vorschreiter vorkam?

13. Siehe, mein lieber Sohn, wenn du etwas möchtest, so berate dich zuerst genau, was es sei, das du möchtest, und nach deinem klaren Bedürfnis erst frage dann danach, was du wissen möchtest!

14. Wenn dir aber am Asmahael nun vielleicht etwas auffällt, so frage ich dich: Hast du denn zur Zeit Seiner Wunderreden aus Gott deine Ohren jemand anderem geliehen, dass du nun dem Anschein nach von der Hauptsache nichts zu wissen scheinst und mir nun dafür lauter Nichtssagendes von Ihm als Stoff deiner Hauptverwunderung anführst?

15. O Sohn, du bist weit vom Ziel! Daher berate dich zuerst mit der Hauptsache, und werde mit dir eins, – dann komme und öffne vor mir dein Herz durch deinen Mund! Amen."

16. Mahalaleel aber merkte recht genau, dass der Rede Kenans der Kern mangelte, und dass diese gewisse Strafrede nichts als eine väterlich kluge Ausrede war, und sagte ganz ehrerbietig dawider zum Kenan:

17. „Höre, lieber Vater! Mir scheint es, dass wir uns in unserer Rede aneinander um nichts überboten haben! Wer von uns beiden aber nun mehr ins Blaue gestochen hatte, ist eine bedeutungsvolle Frage!

18. Siehe, ich habe kein Wort aus dem Munde Asmahaels verloren, mochte es dir aber darum nicht erwähnen, da ich es doch voraussetzte, dass solches eine unnütze Zeitzersplitterung wäre, und du solches bei mir doch auch, als dem Vater Jareds und Henochs sicher ungezweifelt voraussetzen wirst.

19. Du sagtest nun, ich hätte meine Kinder bloß reden gesehen; siehe, da hast du vor mir nur etwas verbergen wollen, was du selbst so gut wie ich mit beiden unausgeliehenen Ohren Wort für Wort vernommen hast! Wie möchte ich dir sagen, solche Reden machten in mir Wunderbares erschauen, wenn es nicht also wäre, ansonst ich ja vor dir und Gott als ein schändlicher Lügner dastehen müsste?!

20. Aber siehe, deine Rede sagte mir doch etwas, das du mir sicher nicht zu sagen gedachtest, und dieses ist, dass du vor mir eine gebundene Zunge hast und darfst mir nicht sagen vorderhand, was ich wissen möchte! Darum es auch unnötig war, dass du mir eine so lange Verneinung sagtest, die kernloser ist denn meine Frage; sondern hättest du mir kurz gezeigt das göttliche Band deiner Zunge, so hättest du dir ja bei weitem nicht so viele Mühe gemacht denn durch so viele vergebliche Worte. Siehe, ich war ja stets dir ein überaus gehorsamer Sohn; warum hast du mich denn jetzt verkannt?

21. Lieber Vater, behalte es sorglos, was du behalten musst bis zur Zeit der Löse; aber nur halte mich für keinen Lügner und somit überblinden Forscher nach göttlichen Dingen! Denn nur meinen Leib hast du gezeugt; mein Geist aber ist dem deinen gleich aus Gott. Daher glaube ich, auch ein Vater soll sich an dem Göttlichen seiner Kinder nicht vergreifen. Denn es ist ja schon genug, dass der Geist ohnehin durch die Last des Leibes gezüchtigt ist und muss teilnehmen an dessen Gebrechen; so aber der Vater den Leib seiner Kinder züchtigt, so hat der Geist das Seine aus der Hand des Zeugers schon empfangen. Mehr bedarf es nicht. Wenn aber dann der göttliche Geist des Kindes sich da wendet an den göttlichen Geist des Zeugers, dann sollen sich die zwei göttlichen Brüder nicht mehr züchtigen, sondern sich nur in aller Liebe als Brüder in Gott wiedererkennen und einander, sich freundlichst unterstützend, Hand in Hand und Herz an Herz führen hin zur Pforte, durch welche das ewige

Licht aller Gnade, Erbarmung und Liebe ewig unversiegbar strömt.

22. O lieber Vater, glaube ja nicht, als habe ich dir jetzt dadurch eine dir noch unbekannte Lehre beibringen wollen! O nein, sondern ich musste mich nur insoweit rechtfertigen vor dir, auf dass wir nun wieder beide uns gegenüber und vor Gott [gerecht] fürder wandeln möchten; und also tat ich es mehr deinetwegen denn meinetwegen.

23. Ich kenne dein Herz. Es ist rein wie die Sonne vor mir; aber deinen Mund und deine Zunge sah ich jetzt bestaubt und konnte unmöglich umhin, es zu unterlassen, als ein wahrer Sohn in aller Liebe dir einen Dienst zu erweisen und zu reinigen deinen Mund und deine Zunge von einem verderblichen Staub.

24. Denn siehe, so dachte ich bei mir: ,Vater, deine Zunge schmückt ein erhabenes Band aus der großen, ewigen Hand der Liebe Gottes! Was soll der Staub dabei? Weg damit, was des Todes ist!'

25. Nicht wahr, Vater, jetzt wirst du deinem Sohn nicht gram sein und seine Rede nicht ansehen, als wäre sie eine Halblüge, sondern du wirst erkennen, dass der Mahalaleel dir nicht törichterweise wird ein Band lösen wollen, höre, mit dem Gott deine Zunge geschmückt hat.

26. Daher wirst du mir nicht zürnen, sondern mein lieber Vater sein in Gott fürder! Amen."

27. Kenan aber ward durch diese Rede zu Tränen gerührt und sagte endlich zum Sohn: „Mahalaleel, mein geliebter Sohn, ich habe dir unrecht getan, da ich dir deine erste Rede verstreute und äußerlich gar zunichte machen wollte, während ich innerlich nur zu sehr von ihrer wahren Tiefe überzeugt war.

28. Du aber hast ein rechtes Licht, das größer ist denn das meinige. Was ich vor dir verbergen soll, wirst du noch eher finden, als ich es selbst ganz erfassen werde; daher sei mein lieber Sohn und mein geliebtester Bruder ewig, amen, höre als Bruder in Gott ewig! Amen."

Kapitel 107

Das Wesen der Schlauheit

1. Es wurden aber nach dem Zwiegespräch zwischen Kenan und Mahalaleel, und wie vorher auch nach dem zwischen Jared und Henoch, nun auch Seth und Enos heimlich schon stark begierlich, miteinander ein paar Worte zu wechseln; und diese Begierde erwachte hier zuerst im Seth und machte erst dann die des Enos locker, und zwar also und darum:

2. Seth hätte gar überaus gerne gewusst, was alles der Enos für Mutmaßungen über Asmahael hegt; aber auch einen anderen Grund noch hatte Seth, den Enos über Asmahael zu befragen anzufangen, und dieser Grund war kein anderer als eine Art Furcht, um nicht umgekehrt vor der Zeit vom Enos befragt zu werden.

3. Denn also dachte er bei sich: „Lasse ich es darauf ankommen, dass mein Sohn mich zu fragen anfängt, was will ich ihm dann für eine Antwort geben?

4. Frage ich ihn aber zuerst, so muss er mir ja antworten, da ich dann lange gut und sorglos zuhören mag all den sicher nicht bedeutungslosen Mutmaßungen meines Sohnes, und es wird ihm dann sicher nicht einfallen, mich darüber noch mit einer Frage zu belästigen, – und auf diese ganz unschuldige und einfachste Art von

der Welt bin ich jeder verratenden Gelegenheit enthoben; und daher gerade also amen bei und aus mir selbst!"

5. Und alsomit fragte nun der Seth den Enos, sagend nämlich: „Höre, mein lieber Sohn Enos, wenn unsere Vorgeher und gleichsam Führer miteinander über Asmahael Worte tauschen, warum sollen wir uns dessen enthalten, dagegen die anderen meines Wissens kein Gebot haben?! Und so möchte ich von dir gar überaus gerne über den Asmahael etwas vernehmen!

6. Was hältst denn du von Ihm, und zwar schon seit Seinem ersten Auftreten unter uns? Denn so gering scheinend auch Sein erstes Auftreten in unserer Mitte war, so außerordentlich ist nun aber auch die Wirkung eines jeglichen Seiner Worte, – was deinem ruhigen Geist sicher nicht wird entgangen sein.

7. Siehe, darum ich denn nun auch dein Urteil über Ihn von dir vernehmen möchte; und somit kannst du reden! Amen."

8. Siehe, Seths Schlauheit war zwar gerecht, da ihn nur die große Liebe zu Mir schlau gemacht hatte, – aber es ist die Schlauheit selbst an und für sich ein Ding, das nicht gut ist, dieweil es ist ein Doppelwesen und ist gegen die Ordnung der Liebe, wenn auch nicht geradezu gegen die Liebe selbst. Als Doppelwesen aber ist es in Leibeshinsicht gleich einer Doppelnatur in einem Menschen, den die Natur verschnitten hat, auf dass er ist zum Teil Mann und zum Teil Weib. Wer kann aber ein solches Mannweib ehelich pflegen, oder welche Jungfrau möchte empfangen von einem solchen Weibmann, dessen Organe weder zum Zeugen noch zum Empfangen taugen?!

9. Wie aber ein solcher Mensch doch auch liebt seine vollkommenen Nebenmenschen und diese ihn wieder, also ist er nicht gegen die Liebe; aber in der Ordnung der Liebe, die allein fruchtbringend ist, ist er nicht, – und so auch dessen geistige Schwester, die Schlauheit, nicht. Denn durch sie wird weder jemand zum Leben befruchtet, noch kann eben sie selbst etwas für sich Befruchtendes fürs Leben bewirken, indem sie immer, wenn auch gewisserart schadlos und unschuldig, doch nur ein Betrug ist, durch welchen dann der Enttäuschte doch stets mehr oder weniger geärgert wird, da er dann alsbald sich und den Schlaumgeben fragt: „Warum musste ich denn, wenn auch zum Guten, durch List gefangen werden, und warum ward mein Bruder listig gegen mich fürs Gute? Ist denn das Gute nicht gut, dass es nötig war, darum durch List gut zu werden? Oder bin oder war ich denn selbst böse, darum ich erst durch List musste fürs Gute gewonnen werden?"

10. So aber die List dem Bösen zugänglich ist, so muss sie ja notwendig selbst böse sein; denn wäre sie gut, so wäre der Böse vor ihr geflohen!

11. Siehe, also war auch die Art des Seth gegen den Enos, da er gedachte, die Sache recht gut zu machen, aber sich dadurch nur selbst also gefangen hatte, dass, so da Asmahael nicht ins Mittel getreten wäre, Seth vor seinem eigenen Sohn in einem ganz sonderbar verderblichen Licht hätte erscheinen müssen, – was aus der ganz unschuldigen Antwort des Enos sogleich ganz klar hervorgehen wird, welche also lautete:

12. „Lieber Vater, wie fragst du mich, darum wohl ich füglicherweise dich hätte

fragen mögen und sollen?! Wahrlich, lange schon hatte ich darum einen wässrigen Mund und eine kaum im Zaum zu haltende Zunge und war schon vollends bereit, dir mit einer Frage über Asmahael zur Last zu fallen; allein du kamst mir zuvor.

13. Jedoch aber, da die Nacht in dieser Hinsicht auf meiner Seite nun ist, aus welcher ich nicht einem Stern gleich dir vorleuchten kann, der du doch meines Wissens und Empfindens über Asmahael im Tage oder doch wenigstens in der Morgendämmerung bist, so möchtest wohl du aus deinem Tage mir leuchten!

14. Du sagst es ja selbst: Alles Licht kommt von oben. Wie soll denn ich nun von unten dir nach oben leuchten?

15. Oder soll ich mit dir ein leeres, wertloses Geschwätz führen über etwas, das mir zum größten Teil nach noch völlig fremd und unerklärlich ist?

16. Siehe, Vater, daher, da es der Mühe würdig ist, sich über Asmahael zu besprechen, bin ich so frei, die Frage umzukehren; und demnach sei du so gut, mir, deinem Sohn, der vor dir arm und bedürftig ist, dasselbe mitzuteilen, was du erwarten mochtest von mir!

17. War es ja doch von jeher die Sitte, dass in außerordentlichen Dingen die Kinder von ihren Alten Belehrung erhielten, und so bin ich nun bei einer kleinen väterlichen Versuchung von dir gar nicht gesonnen, die heilige, alte Ordnung zu brechen, und bin darob in freudiger Erwartung, von dir, lieber Vater, in dieser Hinsicht die allergenügendste Aufhellung in aller kindlichen Dankbarkeit zu erhalten.

18. O lieber Vater, enthalte sie mir nicht vor, und gebe mir ein sicheres Licht! Amen."

Kapitel 108

Sets Verlegenheit

1. Als aber der Seth statt der sehnlichst erwarteten Antwort eine Gegenfrage erhielt, ward er über die Maßen verlegen und vermochte lange Zeit kein Wort über seine Lippen zu bringen.

2. Es fiel aber dem Enos auf, dass er dann fragte: „Lieber Vater Seth, der du vollkommen bist ein Ebenbild Adams, wie Adam ein Ebenbild Gottes, sage mir doch wenigstens, dieweil du nun schweigst, darum ich dich gefragt habe! War es denn nicht recht, dass ich solches tat, da ich doch nichts wusste, das ich dir hätte mögen zu einer Antwort geben?

3. Es war ja aber schon von allen Zeiten her gesagt worden, dass eine Frage an und für sich frei und die Antwort dann nur eine beliebige Erklärung der Frage ist!

4. Wer aber sollte zu antworten gebunden sein oder der Frage ihr Verlangtes bieten, so er durchaus nichts hat, damit er erleuchten möchte der Frage Mitternacht?!

5. Hast du mich gefragt um das, was mir noch lange nicht gegeben war, dir zu antworten, und ich musste dir darum ein Lichtschuldner werden; wenn ich dich aus meiner Nacht nun fragte, darüber ich dir hätte in einer guten Antwort dienen sollen, so habe ich dadurch ja dir, lieber Vater, auch keine Notwendigkeit auferlegt, dass du mir darum eine Antwort bringen sollst, sondern nur zu zeigen mir, ob es unrecht war, dass ich deinem Beispiel folgte!

6. Es ist aber ja lange schon unter uns [Sitte], dass des Vaters Rechte übergehen sollen an seine Söhne und die der Mutter an ihre Töchter, dieweil der große, heilige Schöpfer solches schon in die Natur aller Dinge gelegt hatte; so ich demnach nun

mich in diesem nötigen Falle solches gerechten Rechtes bedient habe, sage, lieber Vater, kannst du darob mir wohl gram sein?!

7. Oder ist es wider die Ordnung, so dem Sohn gerade darin das Licht mangelt, worüber ihn der Vater fragt? Kann ich wohl etwas dafür, dass ich deiner Frage nicht leuchtend Folge leisten kann? Und fehle ich, so ich als Sohn mir von dir, meinem Vater, einen Rat erbitte?

8. Siehe, ich glaube, dass hierin kein Fehler verborgen ist, wohl aber eine rechtmäßige Handlung vor dir, vor Adam und vor Gott, sage, nicht verborgen, sondern offenkundig; und daher kannst du mich, so du willst, wohl irgendeiner zurechtweisenden, wennschon nicht einer erklärenden Antwort für wert und gerecht halten! Amen."

9. Seth aber sagte: „Lieber Enos, so warte doch nur ein wenig; habe ich ja doch nicht Henochs oder Kenans Zunge, auf dass ich also schnell könnte mit einer guten Antwort fertig werden! Geduld dich nur ein wenig, – es wird dann wohl etwas herauskommen; ob Nacht, ob Licht, wirst du's wohl sehen.

10. Brauchst darum mir ja nicht deine Rechte vorzusagen, die ich so gut kenne wie du, – auch nicht all die Sitten, die allzeit gerecht, gang und gäbe waren und bis ans Ende aller Zeiten bei den Vollkommenen also bleiben werden; denn alles dieses habe ja ich dich zuvor gelehrt! Aber was hier die Antwort auf deine meinem Munde entnommene Frage betrifft, so ist das nicht so leicht, als du es vielleicht meinst, sondern es gehört da wohl einiges Nachdenken dazu, bis man das Rechte kurz zusammengefasst hat. Daher geduld dich nur noch eine kurze Zeit, und, wie gesagt, es wird dann wohl etwas herauskommen, ob Nacht, ob Licht, wirst du's wohl sehen! Amen."

11. Bei sich aber dachte nun Seth: Oh, welche Torheit habe ich nun wieder begangen! Warum fragte ich denn, schlau sein wollend, meinen eigenen Sohn und weckte dadurch eine Begierde in ihm, die an und für sich überaus gut ist; aber was nützt das alles, wenn ich sie an ihm nicht befriedigen darf.

12. Was kann, was werde ich ihm für eine Antwort geben nach kurz und nur zu bald abgelaufener Wartefrist?!

13. Nichts zu sagen, ist nun rein unmöglich; denn solches wäre ja gegen alles göttliche Recht der sehnsüchtigen Erwartung auf eine Verheißung.

14. Die Wahrheit darf ich nicht reden – und eine Unwahrheit noch viel weniger!

15. O Asmahael, Asmahael, nun erst begreife ich es ganz, wie unheilbringend schon selbst ein so leichtes Gesetz ist, – wie erst dann ein größeres oder gar mehrere!

16. O Asmahael, so du mir nun nicht wieder hilfst, so gehe ich abermals zugrunde! O lasse mich nicht sinken in die dickste Nacht alles Verderbens! Amen!

Kapitel 109

Asmahael hilft Seth aus der Klemme

1. Unter solchen Gesprächen hatten die Väter nun auch den halben Weg zurückgelegt, und der Adam wünschte hier ein wenig auszuruhen; denn es war nach eurer Rechnung elf Uhr geworden, um welche Zeit die Sonne schon heiße Strahlen zur Erde zu senden begann.

2. Und so war unter dem sehr kühlenden Schatten eines großen, schon vielstämmigen Bahaniabaumes eine kleine Rast für den alten Adam in leiblicher Hinsicht gar wohl erwünscht und am rechten Platze, und das fürs Erste der Stärkung wegen und fürs Zweite der Kühle wegen und fürs Dritte wegen einer hier all den Vätern wohlbekannten, überaus frischen und reichlichen Wasserquelle, welcher Adam schon von jeher eine besonders stärkende Kraft zuschrieb.

3. Hier also ließen sich die Väter nieder und lobten und priesen Mich aus ganzem Herzen, und es freuten sich, die Mich schon erkannt hatten, über all die Maßen, – nur den Seth etwas ausgenommen; denn sein Versprechen an den Enos ließ ihm keinen freien Pulsschlag zu und drückte ihm gewaltig das Herz zusammen!

4. Es merkte aber bald der Adam, dass dem Seth etwas nicht gar fein zusammengehe, und fragte ihn: „Höre, mein geliebter Sohn, und sage mir, was dich beirrt.

5. Denn siehe, du atmest wie einer, der da rechnet, wo es keine Zahlen gibt oder nichts, das er zählen möchte! Was ist es? Tue deinen Mund auf vor mir und dein Herz vor Dem, der unter uns wandelt! Amen."

6. Seth aber wurde noch verlegener, da Enos ihm zur Seite war, und konnte auch nicht ein Wort herausbringen.

7. Und nun erst trat der Asmahael in die Mitte und half also dem armen Seth aus seiner harten Klemme durch folgende Rede, da Er sagte:

8. „So jemand gefangen wird, entweder so oder so, durch Wort oder Tat, da er nicht also geläufig ist wie ein anderer, der ihn gefangen, da liegt die Schuld der Gefangennehmung nicht an dem Gefangenen, sondern an dem, der ihn gefangen.

9. Denn so ein Wolf behände fängt einen saumseligen Esel, dessen Beine von Natur aus langsamer sind denn die des leicht springenden Wolfes, wer möchte es da dem Esel zur Schuld halten, dass er sich habe vom Wolf fangen und verletzen lassen, da doch offenbar allein der viel schneller laufende Wolf der allein Fangschuldige ist, dieweil er am unrechten Platze seine Fang- und Schnellläufigkeit ausgeübt hatte, während er sich nur mit Hirschen, Rehen und Gämsen messen sollte und anderen Schnellfüßlern der Wälder!

10. Wenn aber ein Wolf sich eigenbelustigend fangen lässt von einem Esel und dieser dann in seiner Dummheit dem Wolf mit seinem harten Huf den Kopf zerschmettert, wahrlich, da ist der durch die sich selbst belustigen wollende Gefangengebung verletzte Wolf ja selbst schuld, dass ihn des Esels Dummheit zugrunde gerichtet hatte! Seth, kennst du dieses Bild?

11. Wie gefällt dir der Wolf und wie der Esel? Hast du aber Weisheit vor dir und für dich, was hat denn deine Füße umstrickt, dass du nicht in deiner schlauen Vorlustberechnung nicht auch berechnen mochtest, was der Esel tun wird, so er den Wolf, der sich saumselig zeigt, erreicht?

12. Siehe, nicht das Gesetz, wie du kläglich dachtest, sondern nur die Torheit straft sich also!

13. Wer hieß dich den noch blinden Enos fragen danach, das zu sagen dir vorderhand von Gott verboten wurde?

14. Siehe, in der List liegt kein Funke Weisheit; denn es ist etwas anderes an der bescheidenen Klugheit – und etwas ganz anderes an der Schlauheit. Die Klugheit geht ihren Weg sicher, während die List

nicht selten sich der Dummheit ergeben muss.

15. Für diesmal sei dir geholfen darum du solches tatest aus Liebe; aber fürs Künftige sehe zu, dass dir dein Esel nicht mit dem Huf zu nahe an den Kopf kommt, – sonst möchte es dir ergehen wie dem Wolf!

16. Und du, Enos, harre auf die Antwort bis morgen, und du sollst zuletzt es erfahren, darum du dich rechtfertigtest vor deinem Vater und machtest bange seinem Herzen; darum harre bis morgen! Amen."

Kapitel 110

Asmahael demonstriert Seine Wundermacht

Am 18. Juni 1841

1. Nach dieser Rede aber stieg Asmahael vom Tier und sprach zum selben: „Hähära, entferne dich; denn dein Dienst ist zu Ende und du mit ihm!" (Solches nämlich besagt das fremde Wort.) Und das Tier verschwand im Augenblick!

2. Es entsetzten sich aber darob alle Väter; selbst Henoch blieb nicht gleichgültig, und Abedam wusste nicht, ob er wache oder träume, da sie das Tier nicht davonspringen, sondern rein nur zunichtewerden sahen.

3. Asmahael aber trat nun zurück und überließ die Väter ihrer nachdenkenden Ruhe – und ganz besonders jene, die noch nicht wussten, wer eigentlich hinter dem Asmahael verborgen war.

4. Alsbald aber zupfte Jared den Henoch und sagte leise zu ihm: „Henoch, was sagst du nun dazu?! Wohin ist das Tier?

5. In die Erde ist es nicht, seitwärts auch nicht und in die Luft auch nicht! Es war schneller denn ein Augenblick unseren Augen entrückt und hat aber auch nicht eine allerleiseste Spur von seinem Dasein zurückgelassen, – und das alles durch ein Wort aus dem Munde Asmahaels!

6. Nein, lieber Sohn, wer sich da nun noch auskennt, der – ja gewiss und dreimal wahr! – der kennt mehr denn du und ich!

7. Siehe, so etwas solches dein Sohn Mathusalah und dessen kaum etwas über vierzig Jahre alter Sohn Lamech mit gesehen hätten, da wäre Mathusalah sicher aus seiner Gleichgültigkeit geweckt und dessen Lamech in seiner Überlebhaftigkeit gesänftet worden!

8. Ich habe sie noch mitnehmen wollen! Freilich war mir Adams Wille dafür nicht wohl bekannt, auch hätte dein Weib ihren lieblichen Versorger vermisst, da du ohnehin zum Adam verlangt wurdest und mochtest darum nicht unserer allgemeinen Hütte vorstehen.

9. Lamech hätte wohl mitgehen mögen; aber der Vater Adam mag ihn nicht wegen seiner beständigen Unruhe und allerlei albernen Geschwätzes, welches mir zwar nicht gar so sinnlos vorkommt.

10. Kurz und gut, ich meine, es wäre gut, so sie hier nun auch zugegen wären!

11. Ja, das ist etwas! Ich weiß gar nicht, wie es mir ist; auch rede ich nun, wie es mir vorkommt, schon alles durcheinander!

12. Was meinst du denn, wird es recht sein, dass ich heimlich die zwei bestellt habe, uns zu Mitternacht entgegenzukommen?

13. Oh, wenn ich sie doch lieber hierher bestellt hätte mit irgendeiner Erfrischung für Adam! O Henoch, mir kommt nun alles

so sonderbar vor! Ich bitte dich, sage mir doch etwas zu meiner Beruhigung! Amen."

14. Henoch aber liebkoste seinen Vater darüber und sagte: „Mein lieber Vater, welch ein gutes Herz hast du! Glaube mir, solche Herzen lässt der große, heilige Vater nie lange hungern; und wie es mir vorkommt, hat Er uns schon eine Freude gemacht!

15. Siehe, dahin der Weg sich zieht weiter gen Mitternacht, eilen schon unsere zwei Kinder daher, und sehe, sehe! Asmahael geht allein ihnen munter entgegen!

16. O Vater Jared, nun ist alles erfüllt; meine Liebe zu Gott und dir ist aus ihren Schranken getreten, und so lasse mich nun lieben den Herrn und meine Zunge schweigen vor Ihm und dir! Amen."

Kapitel 111

Eltern sollen ihre Kinder nicht gemäß ihrer Eigenliebe richten

1. Und also staunten auch alle anderen und wussten sich nicht zu raten und zu helfen. Als aber Adam sah die beiden Nachkommen Henochs, vom Asmahael geleitet, zur Gesellschaft kommen, fragte er den Henoch:

2. „Wer hieß denn die zwei daher kommen, da ich nicht wollte, dass sie mit uns [gehen] sollen, dieweil der eine ist zu lau und der andere zu windig und kennt keinen Ernst?"

3. Henoch aber antwortete: „Siehe, Vater Adam, das eine tat die Vaterliebe Jareds an meiner Stelle, und die Hauptsache aber Der, der, in ihrer Mitte wandelnd, sie gen uns geleitet!

4. So du Ihn aber kennst, wie magst du fragen, was es sei, das der Herr tut?!

5. O freue dich mit mir darum, dass der große Gott solche große Freude hat an dem, was niedrig ist vor der Welt, und wohlgefällig ansieht das Kleine und also behände zu Hilfe eilt dem, das schwach ist vor unseren Augen!

6. O gelobt sei darum ewig unser großer, überheiliger Gott und Vater! Amen!"

7. Adam aber wurde zu Tränen gerührt und dankte, lobte und pries Mich in der Tiefe seines nun sehr gesänfteten Herzens.

8. Asmahael aber brachte unterdessen seine Schützlinge zu den Vätern und begann folgende Worte an alle zu richten, sagend:

9. „Hört ihr alle, die ihr hier zugegen seid körperlich und geistig und in der Liebe und im Glauben, und ganz besonders aber hört es ihr, die ihr da Unterschiede macht zwischen diesen und jenen und sagt: ‚Das ist mir ein Liebling; denn er gehorcht allzeit meinem Herzen. Sein Leben ist wahrhaft aus mir, da es vollkommen sich verhält zu meinem Willen!' Aber wieder sagt ihr: ‚Dieses Kind oder diesen Menschen mag und kann ich nicht lieben, da es oder er sich nicht gemacht hat nach dem Verlangen meines Herzens und mein Wille ihm wie fremd ist und achtet nicht vollkommen auf das, was mir wohlgefällt! Will ich Ruhe, da springt er; will ich wandern, da läuft er mir über den Pfad; so er aber reden soll, da schreit [schweigt] er, und wo er schweigen soll, da redet er; wenn er aber wandeln soll, da legt er sich nieder; und da er wachen soll, da schläft er ein und bringt dann aus seinen Träumen lauter Faseleien zum Vorschein!' Und also nach diesem Maßstab richtet ihr diejenigen, die euch nicht zu Gesichte stehen, und verbannt sie

darum aus eurem Herzen, dieweil sie nicht entsprechen eurer Eigenliebe. Seht doch, wie ungerecht eure Urteile sind!

10. So aber Gott einen Menschen werden ließ, ließ Er ihn werden zum Fluch oder zum Segen?

11. Hat Gott je einen Unterschied zwischen Menschen und Menschen außer dem natürlich geschlechtlichen geoffenbart? Oder hat Er euch je darüber irgendein Gebot verkündigen lassen, dadurch besagt worden wäre: Die Kinder und Menschen, die sich nicht also gestalten, wie es eurer Eigenliebe zusagt, müsst ihr verachten und nur diejenigen lieben und achten, denen kein anderer Wille denn nur der eures Herzens eigen ist?!

12. O seht, da ihr also tut und habt doch kein Gebot dafür, wie mögt ihr denn fluchen der Sklaverei in der Tiefe, die da ist eine Unordnung der Nacht, entstanden aus euch, und macht aber zu Sklaven eure eigenen Kinder?!

13. ‚Bin Ich', also spricht der Herr, ‚denn nicht auch ein Vater eurer Kinder, so gut wie Ich bin der eurige?

14. Habe Ich demnach denn gar kein eigen Recht, auch den Kindern einen eigenen freien Willen zu geben? Und habe Ich solches getan, darüber ihr euch ärgert, bin Ich schuldig, euch etwa gar noch Rechenschaft ablegen zu müssen?!

15. So ihr Alten aber schon euren Kindern keine Rechnung eures Willens ablegt, wie mögt ihr solches in der Tat verlangen von Mir, der Ich euch doch alle mit gleicher Liebe umfasse, nicht aber also wie ihr einen mehr und den anderen weniger oder auch wohl gar nicht?!

16. Zeigt Mir eine Stelle der Erde auf ihrer Fläche, dahin noch nie ein Tropfen des Regens oder ein Sonnenstrahl gefallen wäre, und da ein Tropfen weniger feucht gewesen wäre denn ein anderer!

17. Wahrlich aber sage Ich euch: Es gibt keine härtere Knechtschaft als die des steifen Eigenwillens, wobei auf nichts als auf die Eigenliebe Rücksicht genommen wird, da alle also sein sollen, dass sie frönten dem Willen eines Einzigen!'

18. So aber der heilige, ewige, allerweiseste, liebevollste Vater jedem gegeben hat einen eigenen, freien Willen wie ein eigenes Herz, ist es demnach nicht unbillig, so der Alte nicht und nimmer ansehen will die freie Lebenstätigkeit seines erwachsenen Sohnes?

19. Ich sage aber, obschon es dem Sohn besser ist, sein Leben lang zu gehorchen seinem Vater und demselben niemals in etwas zu widerstreben, so aber ist es doch dem Vater überaus angemessener, dem Sohn eine solche Richtung von der Geburt an zu geben, durch welche er fürder selbsttätig frei zu handeln vermag und als freier Mensch dann aus eigenem Liebestrieb zurückkehrt zum Vater und sagt zu ihm:

20. ‚O Vater, siehe, dein Sohn ist gekommen und möchte dich tragen auf seinen Händen!'

21. Sagt, ist solches nicht mehr wert, denn so ihr sagen müsst zu euren Kindern: ‚Komme her und führe mich!', und der Sohn kommt alsdann und tut deinen Willen, hätte sich aber nicht zu kommen getraut, so du ihn nicht geheißen hättest?!

22. O seht, wie sehr ihr euch noch unterscheidet, und wie wenig ihr noch Dem ähnlich seid, der euch zu Seinen ewigen Kindern machen möchte!

23. Seht die Blätter dieses großen Baumes an, die euch nun allesamt schützen vor den spitzen Strahlen der Sonne, und

beratet es in euch, welches Blatt das andere an Wert überbietet!

24. Ihr werdet sagen: ‚Ob zuunterst oder zuoberst, das entscheidet nichts; so aber die Blätter wären eine wohlschmeckende Speise, da wären die größeren mehr wert denn die kleinen!'

25. Also habt ihr geschätzt; aber was in euch war der Schätzmeister? Könnt ihr es anders berichten, als dass ihr von euch selbst treu gesteht und sagt: ‚Unsere viel genießen wollende Eigenliebe!', ohne auch nur im Geringsten auf den Schöpfer Rücksicht zu nehmen, ob Dieser vielleicht in die kleinsten Blätter nicht eine noch größere Bestimmung gelegt hat als in die eurem Bauch mehr zusagenden?!

26. So ihr aber eine Leiter macht, warum macht ihr da die unteren Sprossen stärker denn die oberen?

27. Ich sage euch aber – das euch schon bekannt ist –, dass die unteren Sprossen darum nicht zweckdienlicher sind denn die oberen, obschon diese schwächer sind denn die untersten und sind weit entfernt von diesen nach oben; so ihr aber dann eure Leiter an den Baum lehnt, berühren da nicht gerade die schwächsten die Frucht?

28. O wahrlich sage Ich euch, also werde auch Ich Mir eine Leiter bauen aus Menschen, und zwar eine Leiter, die Ich aufstellen werde zum Baum des Lebens, der da reicht bis in den Himmel alles Lebens vom Grunde der Erde aus! Glücklich werden die Sprossen sein, die Ich zuoberst nehmen werde; denn die nur werden das Leben erreichen, während die starken werden warten unter aller Last, was da des Lebens hinabgeworfen wird in die Tiefe!

29. Versteht es wohl und richtet darum eure Kinder nimmer nach eurer Eigenliebe, sondern nach der göttlichen Freiheit und Liebe! Amen."

Kapitel 112

Lamech und Mathusala unterhalten sich über den Fremdling

1. Als aber solche Rede der Adam vernommen hatte und neben ihm aber auch all die anderen Väter, ergriff sie fast alle ein Schauder, so zwar, dass sich dagegen niemand ein Wort zu reden getraute und darum unter ihnen eine länger anhaltende Stummheit eintrat.

2. Es verstanden aber die zwei neu Angekommenen nichts von allem dem, was da der Asmahael zu den Vätern geredet hatte, und dachten bei sich selbst,

3. die Väter seien gewiss ärgerlich geworden, und zwar fürs Erste ob ihres unzeitigen Erscheinens, und fürs Zweite ob ihres unbekannten Vorführers Rede, daraus ihnen ungefähr so viel klar ward, dass Er sie zu ihren Gunsten an die Väter gerichtet hatte.

4. Und alsbald fragte Lamech ganz leise den Mathusalah: „Vater, was sollen wir nun machen? Sollen wir uns wieder heimlich davonmachen und verlassen die Väter, die da unseretwegen heimlich zu zürnen scheinen, oder sollen wir bleiben und geduldig die Vorwürfe ertragen?

5. Und wer etwa doch der junge Mensch ist, der uns gar so liebevoll entgegenkam und uns dann gar so mutig hierher zu den Vätern geleitete?

6. Sein Wort muss von großer Bedeutung sein, weil die Väter ihm mit einer gar so großen Aufmerksamkeit zugehört

haben und sich jetzt nichts zu entgegnen getrauen, wie es mir vorkommt!

7. O Vater, berate dich und teile es mir dann mit, so du es willst! Amen."

8. Mathusalah aber fertigte seinen Sohn ganz kurz ab, sagend nämlich: „Lieber Sohn, bedenke, ob wir nun durch was immer für eine neue Wendung die Sache besser machen können und mögen!

9. Bleiben wir, da uns niemand fortschafft, so werden die Väter bleiben, was sie sind, nämlich unsere Väter – und wir beide ihre Kinder! Verlassen wir sie aber, ohne dass sie solches uns geböten, so werden wir dadurch das nicht aufheben, dass sie seien unsere Väter, und wir werden ihnen dadurch weder unseren Gehorsam, noch unsere Liebachtung an den Tag legen, da sie uns dann gram sein könnten so oder so, da sie unsere Väter sind, die uns bei dem allem doch mehr lieben denn verachten.

10. Ich gehe stets von dem Grunde aus, der ein Grund meines Vaters Henoch ist, und also lautet: ‚Liebe den, der dir gram wird, so wirst du ihn bald zu deinem Freund haben!'

11. Siehe, desgleichen tun auch wir, und die Väter werden mit uns sicher nicht unzufrieden sein; des sei du versichert!

12. Doch, was den jungen, überfreundlichen Menschen betrifft, so ist es mir selbst rätselhaft, woher er ist, wer er ist, wie er in die Gesellschaft der Väter aufgenommen wurde, und was er eigentlich bei ihnen macht!

13. Dass er weiser ist als ich und du, das hat er nun schon durch seine Rede gezeigt; und dass in seinem Wort eine ganz sonderbare Kraft liegen muss, das zeigen uns ja zur Genüge die entweder scheinbar oder wirklich stumm gemachten Väter. Und

mehr zu wissen brauchen wir auch vorderhand nicht; und also können wir schon ruhig sein und geduldig abwarten und sehen und hören, was da kommen wird! Amen."

14. Es trat aber alsbald Asmahael zu den beiden und sagte zu ihnen: „Hört, da Ich bin, ist gut sein, und es hat niemand etwas zu besorgen, noch zu fürchten; daher bleibt, dieweil Ich bleibe! Denn wer da bleibt, da Ich bleibe, der ist wohl geborgen und hat eine bleibende Stätte gefunden bei Dem, dem jeder recht ist, der da ist eines gerechten Herzens!

15. Was ihr noch nicht fasst, das werdet ihr ins Leben fassen, wenn ihr Mich erkennen werdet!

16. Doch freut euch, da ihr Mir nicht ferne seid; hört und versteht es! Amen."

Kapitel 113

Henochs rätselhafte Rede an Mathusalah und Lamech

Am 25. Juni 1841

1. Als die beiden ein solches Wort vom Asmahael vernommen hatten, fingen sie sich gar gewaltig zu wundern an. Und nachdem sich Asmahael von ihnen ein wenig entfernt hatte, sagte Lamech zum Mathusalah:

2. „Vater, was hältst du von dieser kurzen Rede dieses Jünglings? Wie es mir vorkommt, so scheint er heimlich große Stücke auf sich zu halten; dass es also ist, zeigt ja zur Genüge, da er sagt: ‚Da ich bin, ist gut sein!' Warum sagte er denn nicht: ‚Da Adam und die Kinder Gottes sind, ist gut sein?'

3. Siehe, das, wie noch manches, ist mir rein unerklärlich! Sage mir daher doch, so

du kannst und magst, wie dir dieses alles vorkommt, und was du von diesem jungen Menschen hältst, und wie er dir vorkommt! Amen."

4. Es kam aber alsbald Henoch herbei und berichtigte die beiden, sagend nämlich: „Hört, ihr meine Kinder, und seht: So ich hier einen Stein in die Hand nehme und ihn festhalte, einer aber kommt und fragt mich, sagend: ‚Freund, was hältst du hier in der Hand?', ich aber zeige ihm, dass es ein Stein ist, er aber fragt mich wieder: ‚Was soll es denn mit dem Stein?', und ich antwortete ihm: ‚Was fragst du mich? So ich den Stein halte über der Erde, wie mag er dir zu einem Stein des Anstoßes werden?

5. Was kümmert dich aber dessen, das dir nicht zur Last ist?! So mir aber meine Bürde behagt, so hast du nichts, darum du ängstlich fragen möchtest!'

6. Kann aber jemand in der Hand einen harten Stein zu Staub machen? Gewiss, solches wird wohl jeder bleibenlassen!

7. Ist es aber nicht füglicher, den Stein in der Hand zu tragen, als auf der Straße über denselben zu fallen und sich zu verletzen?! Wer aber ist der, der da fliehen möchte vor dem eigenen Leben?!

8. So er aber das Leben hat, warum tut er denn, als hätte er es nie empfangen, und handelt dann blind in allen Dingen?!

9. Was weiß denn der Mensch? Ist denn nicht, was er weiß, aus Gott? Wie denkt er denn hernach, als wollte er denken neben Gott als einer, der sich selbst genügt und nicht benötigt eines Rates aus Gott? Da er aber dann zu raten anfängt, da ratet er dann so lange, bis er sich zugrunde geraten hatte!

10. Also fragt und ratet auch ihr! Wenn aber ich euch sagen möchte: ‚Ich, Henoch,

bin euer Vater!', – was möchtet ihr von dieser Aussage halten?

11. Könntet ihr mir vorwerfen, dass ich, da ich solches vor euch von mir bekenne, dann große Stücke auf mich halte? Bin ich denn nicht, was meine Zunge über mich aussagt?

12. Was wird aber erst dann herauskommen, wenn Blinde zu urteilen anfangen? Wer am Tag nichts sieht, wie will der aber, dass ihm die Nacht zur Leuchte werden soll?

13. So ihr aber schon Asmahaels Worte nicht fassen mögt, wohin erst soll denn euer Urteil über Asmahael den wankenden Fuß setzen?

14. So ich euch aber fragen würde: ‚Was ist denn das Wachstum einer Rose, und was die Rose selbst?' Ihr würdet verstummen!

15. Wie fragt ihr euch denn, was da mit Asmahael?! Ich aber sage euch: Verharrt bis morgen, und es soll alles erklärt werden. Jetzt aber hanget am Asmahael und achtet überaus hoch jegliches Seiner Worte! Amen. Versteht und hört es! Amen."

Kapitel 114

Mathusalah rät Lamech geduldig zu sein und selbst nachzudenken

1. Und nachdem den beiden der Henoch noch obendrauf ganz besondere Aufmerksamkeit empfahl für jegliches Wort aus dem Munde Asmahaels, entfernte er sich wieder und ging hin zum Vater Jared und harrte dort bis zum Zeichen des Aufbruchs zur Weiterreise gen Mitternacht, welches aber jedoch noch nicht gar

zu bald gegeben wurde; denn der Tag war heiß, und den alten Vätern schmeckte zu sehr die kühlende Ruhe unter den breiten und dichten Bahahania- (auch wohl Bahania-)blättern.

2. Die beiden aber hatten unter sich doch keine Ruhe, – und ganz besonders war der Lamech ein Ruhestörer, der alsbald wieder zu reden begann, sagend nämlich:

3. „Höre du, Vater Mathusalah, was war denn nun wieder das?! Was hat denn nun der Vater Henoch, den wir doch um keine Erklärung gebeten haben, mit dieser seiner Rede sagen wollen?

4. Es geht nun alles so gespannt her; jedes Wort ist eine Predigt, und es redet der Vater mit dem Sohn, als wäre der Sohn seiner Rede nicht wert, und der Sohn scheint des Vaters Wort oft ganz zu überhören oder doch wenigstens nicht zu verstehen. Siehe, bei uns zweien ist's jetzt schon der Fall: Der Vater Henoch hat gesprochen und wenigstens ich habe ganz entsetzlich wenig davon verstanden, außer dass wir uns recht fest an den Asmahael halten sollen, und dass uns morgen alles klar wird.

5. Was er aber da vom Stein geredet hatte und vom Leben und vom Rat und Urteil, das alles, lieber Vater, ist für mich so gut, als hätte ich nichts vernommen.

6. Hast du, lieber Vater, aber etwas verstanden, so teile es mir mit; jedoch, sollte es dir etwa gehen wie mir, da bleibt uns freilich wohl nichts anderes übrig, als schön ruhig dem Beispiel der Großväter zu folgen und im Namen des großen Gottes ganz geduldig zu harren bis zum morgigen Tag, allda sich dann wohl zeigen wird, was alles für Lichtfrüchte für uns zum Vorschein kommen werden. Also, so du etwas weißt, lieber Vater! Amen."

7. Und der Mathusalah erwiderte dem Sohn: „Mein geliebter Sohn, der dir auf jegliche deiner Fragen eine Antwort geben müsste, der müsste dazu mit zehn Zungen und ebenso viel Lungen versehen sein; denn dein Leben ist nichts als eine große, langgedehnte Frage, – und auf der Erde wächst nun noch kein Baum, der da groß und stark genug wäre, dass auf ihm zur Reife gelangen möchte eine solche Frucht, die für deine Frage eine hinreichend große Antwort enthielte!

8. Was soll ich reden? Hast du denn nicht vernommen fürs Erste das Wort Asmahaels selbst und hernach an meiner statt das des Vaters Henoch?

9. Denke nur im Stillen bei dir darüber nach, und so es des großen Herrn Wille ist, wird es dir schon nach und nach heller und stets heller darüber werden! Was ist alle unsere Hilfe, was unser Licht, wenn alles dieses nicht von oben gegeben wird?

10. Es ist aber alle Menschenhilfe zu nichts nütze, und der Menschen Licht ist nichts denn die allerbarste Finsternis. Wenn sich daher Menschen helfen, da beschädigt einer den anderen nur; und wenn einer den anderen erleuchten will, da verfinstert er den anderen nur!

11. Siehe, daher reinige nur im Stillen emsig das heilige Liebeflämmchen in deinem Herzen, sodann wirst du bald aller fremden Erleuchtung leicht rathalten können; denn ein göttlich Fünkchen ist mehr wert als ein ganzer Himmel voll Sonnen, Monde und Sterne von schönster, hellster Art!

12. Daher sei ruhig und stille nun und geduldig bis auf den vielverheißenden Morgen! Amen; höre, amen."

Kapitel 115

Die Schlange auf dem Baum

1. Nach dieser Rede aber verstummte jegliche Zunge, und jeder aber dachte mehr oder weniger über die Ereignisse dieses Tages nach und lobte und pries Gott im Herzen für solche großen Gnadenerzeigungen. Und die aber schon erkannt hatten den Asmahael, hatten ohne Unterbrechung Herz, Aug' und Ohren auf Ihn gerichtet. Asmahael aber besprach sich im Stillen unterdessen mit Abedam; es konnte aber niemand etwas vernehmen, was da gesprochen worden ist.

2. Nach einer ziemlichen Weile aber schrie die Eva laut auf und wollte fliehen; denn sie entdeckte bei längerer Betrachtung der schön verschlungenen Äste und Zweige des Baumes gerade über ihrem Haupt eine außerordentlich große Riesenschlange.

3. Als die Väter alle solches auch alsbald ansichtig wurden, sprangen sie auch eilends auf und wollten fliehen mit der Eva vor dem Untier.

4. Asmahael aber vertrat ihnen den Weg und gebot allen, zu bleiben und ihre Stellen ja nicht eher zu verlassen, als bis Er ihnen solches andeuten werde.

5. Und alle begaben sich wieder auf ihre früheren Plätze und harrten ruhig und mit wenig Furcht mehr vor dem Untier auf das, was da folgen werde.

6. Asmahael aber trat hinzu, da die Schlange sich hin und her und auf und ab wogte und ringte, und redete sie also an: „Tier des Zornes und der Nacht! Was suchst du Verfluchte hier?"

7. Die Schlange aber zischte antwortend: „Den, der mich ewig verfolgt, auf dass ich Ihn verderbe!"

8. Und Asmahael fragte weiter: „Wer ist Der, den du der ewigen Verfolgung anschuldest und verderben willst?"

9. Und die Schlange: „Er ist Gott von Ewigkeit und Schöpfer aller Dinge, die Er mir gegeben hat, und wurde schwach, da Er sah meine Herrlichkeit, die größer war denn die Seinige, darob Er dann entbrannte in dem heftigsten Feuer Seines Zornes, mich verfluchte, mir die Herrlichkeit nahm und damit der Erde schändlich Gewürm schmückte, dass sie Ihm ähnliche Bilder wurden; mich aber belehnte Er dafür mit ewigem Fluch und gab mir diese allerschändlichste Wurmgestalt!"

10. Und Asmahael wurde sichtbar ergrimmt und donnerte der Schlange folgende Worte zu: „O Satan! Wie unermesslich groß ist deine Lüge und unbegrenzt deine Bosheit?!

11. Wann habe Ich dich verflucht und verfolgt? Da du eigenmächtig und eigenböswillig Mich flohst Ewigkeiten hindurch und kamst in das unantastbare Gebiet der unendlichen Heiligkeit Gottes, darinnen du für alle Ewigkeiten vernichtet worden wärest, wer streckte da Seinen langen und mächtigsten Arm aus, ergriff dich mit aller Liebe und setzte dich hierher und wollte dich Sich vollends gleichmachen?!

12. Aber deine Hoffart konnte auch da verschmähen des ewigen, allmächtigen, unendlich heiligen, großen Gottes allerhöchste Liebe! Du verließt schändlich das von Mir dir geschaffene Haus und wolltest Mein Werk vernichten, du elender Lügner, und Mich, deinen Gott und Schöpfer, zuschanden machen, du böser Satan!

13. Da sehe hin, Adam, ein Haus für dich, lebt noch ohne dich und wird ewig leben und alle seine Nachkommen; aber verflucht von nun an sei dein Same! Ich will

von nun an zwischen deinem und des Weibes Samen eine unversöhnliche Feindschaft setzen, und diese soll dich verderben in den Abgrund; ein Weib wird dir deinen Kopf zertreten, und dein Biss in ihre Ferse wird sie nicht verderben!

14. Und nun weiche und verschwinde! Amen."

15. Und alsbald verschwand das böse Untier.

Kapitel 116

Asmahaels Rede über die Kraft Gottes im Menschen

1. Jetzt aber war es aus bei all den Vätern, und sie wussten sich weder zu raten noch zu helfen. Die, welche da wussten, wer sich da hinter dem Asmahael verborgen hatte, waren voll Lob, Dank, Preis und wahrer Liebe und höchster Achtung Gebet in ihren Herzen; welchen es aber bisher vorenthalten wurde, denen gingen jetzt ganz gewaltig die Augen auf, und sie wussten nicht, was sie nun tun sollten. Sollten sie vor lauter Ehrfurcht vergehen, oder sollen sie beten oder ihren Augen trauen, die Sache für möglich halten oder zweifeln? Sollten sie die Väter darüber fragen oder den Asmahael selbst und sagen: ,Wer bist du, dass du also mächtig in deinem Wort bist und sprichst aus dir, was da geschehen soll, – und so du es ausgesprochen hast, ist auch schon die Tat vollbracht?'

2. Oder was sollten sie tun? – Und als sie also dachten, ergriff sie alle heimlich eine bange Furcht; denn dies zweite Beispiel so plötzlicher Vernichtung hatte in ihnen ganz sonderbare Gedanken hervorgerufen.

3. Als aber solches Hinundherdenken eine Zeit lang ohne Frucht dauerte, trat der Asmahael in die Mitte derer, welche noch nicht wussten, wie sie mit Asmahael daran wären, und sprach folgendes, sagend nämlich: „Hört, die ihr da seid wüsten Rates über Mich; was habt ihr für Gedanken?

4. Haben euch nicht Adam, Seth und Henoch oft genug gezeigt durch kräftige Worte, was alles der Mensch im Namen Gottes zu wirken vermag? Ihr aber, allzeit taub am Geist, am Ohr und blind am Auge, mochtet nicht merken, was das heißen solle, und welche Kraft jedem Menschen im Namen des einigen Gottes Jehova zuteilwerden mag, wenn er ungezweifelt handelt und unerschütterlich ist in der Liebe und [voll] alles Vertrauens daraus.

5. Statt solches zu beachten, fragt ihr euch untereinander: ,Wer ist der Asmahael, und was ist mit ihm, dass er solches wirkt?'

6. O ihr Blinden und Tauben! Warum wurde euch denn gegeben ein Gehör und ein Gesicht geistig und leiblich? Etwa, dass ihr bloß schauen sollt das Gras und anderes Gedinge der Erde und des Firmamentes?! Und das Gehör, dass ihr nur hören möchtet den Gesang der Vögel und anderes Gesumse, Gebrülle, Getöse aus allen Weltgebieten? Oder wurde euch alles dieses nicht vielmehr gegeben, dass ihr es allzeit richten sollt nach innen, das heißt, dass ihr allzeit zuerst auf das merken sollt, was in euch vorgeht, und was ihr außerhalb seht und hört, zu führen in euch zurück bis zur Wurzel alles Seins?!

7. Liegt nicht der Grund aller Dinge lebendig in euch? So aber jemand einem Ding auf den Grund oder an die Grundwurzel gekommen ist und erfasst da das Ding mit der in Gott durch Liebe und Glauben

sich stützenden Kraft, wie oder was des Hindernisses sollte da noch eintreten, dass da etwas nicht also geschehen sollte, wie der rechte Mensch es sich in seiner Tiefe gedacht und in Gott fest gewollt hat?!

8. Wer aber vermag etwas zu vollbringen? Wenn es er aber vermag, so vermag er es nur durch Gott; denn außer und ohne Gott ist keine Tat möglich!

9. Tuet also, und fragt nicht zuvor, wer und was Asmahael ist, so werdet ihr den Asmahael, jeglicher für sich und für alle, in euch finden, da ihr wisst, was Asmahael entsprechend besagt! Amen."

Kapitel 117

Wirklichkeit, Wahrheit und Leben sind nur
inwendig im Menschen

Am 1. Juli 1841

1. Nach dieser Rede erhob sich Adam und berief den Asmahael zu sich. Als der Asmahael alsbald Sich bei Adam einfand, fragte dieser Ihn:

2. „O Du, dessen Name meine Zunge nicht wagt auszusprechen, o Asmahael, wirst Du mir Schwachem doch nicht zürnen, so ich Dir nun kommen möchte mit einer Frage, deren Beantwortung eines ganzen Berges Last von meinem Herzen hinwegwälzen würde?"

3. Und Asmahael entgegnete: „Adam, so du kennst den Asmahael, warum willst du Ihn denn das fragen, was dich drückt? Weißt du denn nicht, dass Derjenige, welcher den Mittelpunkt der Erde gemacht hat und das große Gewölbe des unendlichen Himmels ausgespannt hat wie eine Spinne ihr Netz, auch der Schöpfer deines Herzens ist und allzeit gar wohl weiß, was im selben vorgeht?

4. Darum frage nicht, so du Mich kennst; kennst du Mich aber noch nicht, wie magst du dann gedenken, Ich werde imstande sein, dir deinen Stein vom Herzen zu wälzen oder gar einen Berg, wo nicht die ganze Erde selbst?

5. Was du aber hast, das bringe nur in deinem Herzen trauliebgläubig dem Asmahael in dir dar, und der Asmahael, der nun vor dir steht, wird dir durch den inneren die allergetreueste, lebendige Antwort geben, die dich wahrhaft beleben wird, während jede äußere Antwort dich töten statt beleben möchte. Denn was immer äußerlich gelangt in den Menschen von wo immer her, ist für ihn tödlicher Art und Natur; das Leben aber geht allzeit aus von innen, also gleichwie Gott Selbst alles da wirkt von Seiner eigenen Liebemitte aus ewig und unendlich!

6. Und so tue, wie Ich dir nun angezeigt habe, und dir wird werden, danach dein Herz dürstet! Amen."

7. Und Adam tat, wie es ihm geraten wurde. Und alsbald erglänzte sein Antlitz in der höchsten Freude, denn nun ward ihm über Asmahael jeder Zweifel benommen; und also frohlockte und pries er Gott in seinem Herzen, dass um ihn darob alles verklärt wurde!

8. Es merkten dies aber alle Kinder um ihn und kamen herbei und fragten den Erzvater, was da denn schon wieder geschehen sei, darum um ihn nun alles so verklärt sei.

9. Adam aber zeigte auf den Asmahael und sagte: „O Kinder, fragt nicht mich; da steht der große Lehrer und unerforschliche Meister in allen Dingen! Sucht es nicht

draußen, sondern in euch; denn also lehrt es Der, der das ewige Leben Selbst ist ewig!

10. Wirklichkeit, Wahrheit und Leben sind inwendig im Menschen nur, allda sie auch nur allein zu suchen und also auch zu finden sind; alles aber, was von außen eingeht in den Menschen, ist Schein nur, aber kein Sein, und ist tödlicher Natur.

11. So aber jemand empfängt eine Lehre von außen und will einen Nutzen fürs Leben daraus gewinnen, muss er sich da nicht vorher töten lassen in seinem Willen und dann erwarten stummen Willens, was da aus dem Samen der Lehre für eine Frucht herauswachsen wird?!

12. Wer sich aber wendet an das Leben des Lebens in sich und dadurch an Den, der heilig, heilig, heilig ist, ewig wahrhaftig und getreu und voll Liebe, Erbarmung und Gnade, der wird es empfangen, wie ich es nun empfangen habe, und wird keinem Zweifel mehr unterliegen in irgendeiner Sache, deren frühere Ungewissheit ihm das Herz mit schweren Steinen belastete. Also fragt nicht, sondern tut, wie ich es getan habe, so werdet ihr alles finden lebendig in euch, das euch nottut! Amen."

13. Und nach dieser Rede aber wandten sich alle an den Asmahael, sahen Ihn an und redeten aber kein Wort, sondern jeder dachte sich seine Zweifelsfrage und den Asmahael hinzu mit Ausnahme Henochs, Abedams und des Mathusalah und dessen Sohnes Lamech. Denn die ersten zwei wussten nur zu gut, was Adams Rede besagte, da sie es aus Mir wussten; und die zwei Jüngsten aber wussten eigentlich noch gar nichts, sondern alles von ihrer Seite war Verwunderung über Verwunderung. Es wäre ihnen auch eben gar nicht unerwünscht gewesen, noch mehr dergleichen Spektakel zu schauen; ja, also war

ihre lustige Verwunderung, dass sie darüber sich ferner nach Mir zu erkunden fast gänzlich vergaßen, was vorderhand auch für sie recht gut war.

14. Aber der Seth, Enos, Kenan, Mahalaleel und Jared dachten sich noch immer mehr und mehr in ihre Frage neben dem Asmahael hinein; und siehe, es wollte ihnen keine belebende Antwort erscheinen, und da sie daraus die Unfruchtbarkeit ihrer Unternehmung gewahrten, kehrte sich einer nach dem anderen zum Adam wieder, sagend und fragend:

15. „Vater! Sieh, es will in mir nicht werden nach deinem Rat! Wie steht es hernach um denselben und um uns?

16. Ist entweder der Rat nicht voll, oder haben wir ihn unvollkommen aufgefasst?

17. Denn früher hatten wir doch wenigstens eine Dämmerung, jetzt aber vollends stockfinstere Nacht! Was ist nun zu tun? Bescheide uns, lieber Vater! Amen."

18. Adam aber bedeutete ihnen liebeernst: „Sagte ich euch denn nicht, wie ihr es hättet anstellen sollen?! Wo war euer Geist während meiner Rede?

19. Da vor euch steht Asmahael! Ist denn das alleinige Denken schon hinreichend? Was ist der Gedanke ohne die Vollliebe, ohne das Volltrauen und ohne den Vollglauben? Nichts als ein wesenleeres Scheinen, an dem ebenso viel Leben hängt wie an einer geträumten hundert Jahre alten Schneeflocke auf einem glühenden Stein!

20. Darum tut, was ihr tut, ganz, wollt ihr zur Frucht gelangen! Da aber, wie gesagt, steht Asmahael; versteht es wohl, ihr Kinder, Asmahael ist in eurer Mitte! Amen."

21. Und die fünf wandten sich alsbald an den Asmahael. Dieser aber sagte: „Soll

Ich euch anders lehren denn der Adam, der es von Mir empfangen hatte? Das sei ferne von Mir, sondern tut danach, so werdet auch ihr dahin gelangen, dahin der Adam gelangt ist; denn jeder von euch ist zum Leben berufen.

22. Aber wenn ihr nicht tut des Rechtens, da ist alle Frage vergeblich zum Leben; denn der Lebendige antwortet nicht den Toten, sondern nur denen, die da sind lebendigen Herzens! Amen. Versteht es, amen."

Kapitel 118

Die Erweckung der ewig lebendigen Liebe

1. Als die fünf aber solches aus dem Munde Asmahaels vernommen hatten, erhob sich Seth unter ihnen und sagte: „Kinder, das ist die Wurzel des Lebens wie das einzige sichere Kennzeichen desselben in uns, dass wir dasselbe wahrhaft in uns besitzen und somit nicht mehr dem Geiste nach tot sind, so wir nach dem heiligen Wort Asmahaels den Lebendigen in uns lehrend und tröstend gar deutlich vernehmen.

2. Wahrlich, ein Stein oder ein anderer toter Klotz vermag solches ewig nicht! Oder kann der Tote sich dem Toten offenbaren?

3. Wie wird da der eine lehren mit verständlichen Worten und der andere Tote dieselben vernehmen und verstehen und sich endlich danach kehren?

4. So aber auch möchte der Lebendige Worte an einen Toten verschwenden, was werden sie ihm wohl nützen, da er sie unmöglich je vernehmen kann?

5. Wir haben zwar ein leibliches Leben. Allein dieses Leben ist uns nur gegeben als ein Weckhahn, auf dass durch denselben die ewig lebendige Liebe in unserem Herzen zu Gott erweckt werden möchte; denn obschon uns allen solche Liebe gegeben ist, so ist sie uns aber doch nur gegeben gleich einer schlafenden Braut, die wir zuvor in uns durch die unschätzbare Gnade des äußeren Lebens erwecken müssen, damit sie dann als das eigentliche Leben in uns erst vom Leben alles Lebens lerne, zu leben in aller Freiheit, Macht und Kraft, unser äußeres Leben in sich aufnehme und wir somit dann mit und in ihr, wie sie in Gott, ein und dasselbe ewige Leben werden.

6. Im äußeren Leben können wir nach den bestehenden Formen denken, und zwar von Bild zu Bild und von einer Sache und Handlung hin zur anderen. Aber all dieses Denken ist nicht unser Werk; denn also hat ja der Herr unser Wohnhaus eingerichtet, dass im selben allerlei anzutreffen ist. Was aber da ist, empfinden wir ja deutlich durch unsere Gedanken! Aber ist solches fürs Haus allein oder fürs Leben des Geistes uns gegeben?

7. Seht, das ist eine ganz andere Frage! Ich halte aber die Gedanken gleich den Suchern, die da beständig suchen und gewöhnlich nichts finden, wenn sie sich zu weit entfernen von dem Ort, da das Leben verborgen ruht.

8. Die rechten Gedanken sollen nicht auffliegen gleich einem Geier, sondern sollen einer Grasmücke gleich das leuchtende Würmchen suchen unter den grünen Blättern der Pflanzen; und wo des Grases grüner Schatten am dichtesten wird oder das Vertrauen am festesten, da wird das

Würmchen sicher weilen und allda auch zu finden sein.

9. O Asmahael, siehe, also habe ich es aufgefasst! Wenn ich also glaube, werde ich wohl das Leben finden und die Kinder mit mir? So es Dein Wille ist, magst Du es mir ja bescheiden! Amen."

10. Asmahael aber fragte darauf also-gleich den Seth, sagend: „Höre, Seth! So du aber nun recht gesprochen hast, sage Mir, woher dir solche Rede kam! Glaubst du dich dabei aber in der Irre, wozu quältest du deine Lunge und Zunge so lange verge-bens?"

11. Seth aber entgegnete: „O Asma-hael! Wer mag wohl ohne Dich auch nur ein Wort über seine Lippen bringen?!

12. Du magst auch aus Steinen und aus reißenden Tieren Worte des Lebens ver-künden; wie solltest Du dann solches nicht durch meinen Mund, den Du dazu erschaf-fen hast?!

13. Aber ich meine, es ist nicht eines und dasselbe, zu reden und, was man ge-redet hat, auch schon vollkommen zu ver-stehen, da Du auf dem Weg vom Mittag gen Abend uns doch allen hinreichend lieb-reichst zu verstehen gabst, wie wenig wir alle von dem verstanden haben, was wir uns gegenseitig schon die längste Zeit vor-gepredigt haben.

14. Daher glaube ich auch jetzt die vollste Wahrheit aus Dir ausgesprochen zu haben; ob ich sie aber auch also vollkom-men verstehe, o Asmahael, das wirst Du si-cher am allerbesten wissen! Daher sei gnä-dig und bescheide mich in Deiner Liebe und Erbarmung! Amen."

15. Und Asmahael beschied den Seth also: „Höre, Seth! Dein Wort ist ein wahres Wort; denn es ist ein Wort aus Mir. Jeder aber, der da ist demütigen Herzens und redet um Meines Namens Willen und tut solches nicht aus was immer für zeitlichem Beweggrund oder eigennützigem Inte-resse, sondern allein aus Liebe zu Mir und daraus zum Bruder, – wahrlich, nicht ein Laut wird da über seine Lippen fallen, der da nicht wäre von Mir! Wer aber zwar auch redet in Meinem Namen, aber sein Auge dabei erhebt über das des Bruders und sein Herz aber versenkt in die Furchen der Erde habsüchtig, – wahrlich, der ist gleich einer Giftstaude, da er dieser gleich das göttliche Liebelicht und dessen allbele-bende Wärme in sich verkehrt in Verderb-liches und Tödliches statt in Ersprießliches und ewig Belebendes!

16. So du aber schon deine schlafende Braut geweckt hast, darum du solches re-den mochtest, so geht dir ja ohnehin nichts mehr ab denn allein die Handlung danach. Tue also danach, so wirst du eins werden mit dir und so auch mit Mir, und so auch alle, die also wie du tun werden! Amen. Verstehe es, amen!"

Kapitel 119

Jareds Fragen zu Asmahael

Am 6. Juli 1841

1. Als aber der Seth solche Rede ver-nommen hatte, fing er alsbald an, in sich zu gehen und sich dadurch auch mehr und mehr zu erkennen. Und alles, das er auf diese Rede entgegnete, war ein stiller Dank in seinem Herzen, den er aber nicht laut werden ließ, wohl wissend, dass Ich auch das stille Herz belauschen kann und keiner Fiber Regung im selben Mir unbe-kannt bleibt.

2. Es wollten aber auch noch einige andere über so manches zu fragen anfangen; allein es erhob sich alsbald der Adam und sagte: „Kinder, hört es im Namen Jehovas! Der da noch irgendetwas anliegen hat in seinem Herzen, der behalte es bei sich und nehme es schweigend mit nach Hause; denn es wird zur rechten Zeit jeder von oben ein helles Licht fürs lichtlose Kämmerlein seines Herzens empfangen! Für jetzt aber bedenkt, dass wir noch nicht in der Mitternacht sind und noch viel weniger daheim, – daher es also auch nun vor allem nötig ist, dass wir uns wieder auf den Weg in der neubestimmten Ordnung machen, um die größte Anzahl der mitternächtlichen Kinder des morgigen Sabbat zu erinnern und sie auch einzuladen zu der höchsten, lebendigen Feier dieses geheiligten Tages, den Gott Selbst zu einem Ruhetag gemacht hat, und hat ihn gesetzt zu einem Gedächtnistag, auf dass wir uns am selben erinnern sollen, dass der Herr, unser großer, heiliger Gott Jehova, ist unser aller Schöpfer, Erhalter, Führer und allerliebevollster Vater und ist uns überaus gnädig und barmherzig!

3. Daher, wie schon gesagt, lasst uns alle nun erheben durch den Namen Dessen, der da unter uns wandelt! Amen."

4. Und alle erhoben sich von der Erde, verließen den schattenreichen Baum und richteten in der vom Asmahael bestimmten Ordnung ihre Schritte durch einen dicht belaubten Waldweg gen Mitternacht.

5. Auf dem Weg dahin aber konnte sich Jared an der Seite seines Sohnes Henoch nicht halten, selben um so manches zu fragen. Die ersten Fragen waren vorzugsweise dahin nur gerichtet, auf was für eine Art der Asmahael daheim aufs Allerbeste möchte bewirtet werden,

6. welche Früchte Er etwa am liebsten esse und was für Brot und welches Getränk, – ob alleinige Milch oder ob Milch mit reinem Honig oder ob Saft, aus süßen Beeren gepresst; oder wie Er etwa am liebsten schlafe, auf was Er am liebsten liege, und wie früh Er etwa gerne aufstehe.

7. Jedoch alle diese Fragen beantwortete der Henoch ganz kurz, sagend: „Lieber Vater, du sorgst dich vergeblich! Asmahael wird uns nicht verhehlen, was Er von uns will; gewiss aber kannst du dessen sein, dass wir alle schon, bis jetzt nur gerechnet, von Ihm mehr empfangen haben, als wir durch alle ewigen Zeiten von unserer Seite Ihm je auch nur ein Sonnenstäubchen groß werden zurückzuerstatten imstande sein!

8. Daher, lieber Vater, sorge dich nicht um vergebliche Dinge; denn nur eines tut not, und das ist die wahre Liebe zu Gott, unser aller unaussprechlich liebevollstem Vater!

9. Siehe, lieber Vater! Ich glaube, mit dieser Kost unter unseres Hauses Dache wird Asmahael vorderhand gewiss am allerzufriedensten sein, – sagte Er ja anfangs schon, bevor Ihm Adam noch einen Namen hat gegeben, was Ihn aus Seiner Tiefe zu unserer Höhe bewogen hatte!

10. Der getreue Fremdling (für uns), suchend Gott (das heißt: unsere Liebe zu Gott)! Wenn solches besagt Sein Name, siehe, lieber Vater, da ist deine Kost-, Trank-, Schlaf- und Dachsorge wohl eine ganz außerordentlich vergebliche! Tun wir daher etwas Besseres und loben Gott in unserem Herzen und lassen Ihn da gnädigst einziehen; denn unser Herz bedarf des Asmahael mehr denn unsere Hütte! Amen."

11. Jared aber entgegnete dem Henoch, sagend: „Lieber Sohn, du hast recht in allem, und ich mag dir dagegen nichts einwenden; aber du sprichst nun vom Asmahael gerade also, wie sonst von Gott Selbst, so zwar, dass ich nun gar nicht mehr weiß, von wem du eigentlich sprichst, ob von Gott oder ob vom Asmahael. Daher bitte ich dich: Erkläre dich darüber doch ein wenig deutlicher und sage mir, warum du solches tust!

12. Denn siehe, so du sagst, dass wir lieber sollen Gott in unsere Herzen einziehen lassen, so ist das wohl verständlich; aber so du hernach sagst: ‚Denn unser Herz bedarf des Asmahael mehr denn unsere Hütte!', siehe, das ist hernach unverständlich! Denn was soll denn Asmahael in unserem Herzen, so er kein Gott ist und auch begreiflicherweise unmöglich je sein kann, da er nur als Mensch und das vollkommen als Mensch unter uns wandelt?!

13. Ist seine Lehre auch groß und alles übertreffend und überaus tatmächtig, so kann sie aber ja auch aus jegliches Menschen Munde also sein, der von Gott dazu berufen würde; daher, so du magst, kannst du mich wohl berichtigen, damit ich nicht an deiner Seite in der Irre wandle, anstoße, falle und dadurch gänzlich zugrunde gehe! Amen."

14. Henoch aber sagte dem Jared darauf bloß nur, was zuvor der Adam hatte befohlen, und der Jared verstummte zufrieden.

Kapitel 120

Ist Asmahael ein Mensch oder Gott?

1. Aber auch der Enos gab dem Seth keine Ruhe und fragte ihn, sagend: „Vater Seth! Ich habe es gar wohl bemerkt und auch so manches vernommen, dass und was du zuvor mit dem höchst merkwürdigen jungen Menschen Asmahael gesprochen hast; allein so außerordentlich hoch und überaus vielsagend seine Worte auch immer sind, so muss ich aber doch gestehen, dass er sich manchmal doch zu vergessen scheint und hält da große Stücke auf sich, und das zwar auf eine Art neben einer Tat, wie zum Beispiel neben der Vernichtung der großen Lügenschlange, dass er da alsbald zu sprechen anfängt, als wäre er durchaus kein Mensch, sondern unmittelbar Gott Selbst. Und nun spricht er schon allzeit von sich selbst aus und bezieht sein Wort nur höchst selten auf Gott; und wenn er es schon manchmal bezieht, da schmelzen und fließen aber dann er und Gott so eng zusammen, dass man am Ende nicht mehr wissen kann, von wem oder in welcher Beziehung da etwas gesprochen wird.

2. Ob da spricht ein Mensch im Namen Gottes und ist darum überfüllt mit dem Geist Gottes und aller Macht und Kraft daraus, oder ob – sonst – fürwahr – ich wenigstens könnte mir es unmöglich anders denken – Gott und Asmahael müssten gerade eines und dasselbe sein!

3. Siehe, von solchen gewiss keineswegs gleichgültigen Sachen finde ich mich sehr bewegt und daher aus obigem Grunde genötigt, durch diese Frage dich, lieber Vater, zu verständigen, woran ich leide, und woran es mir nun am allermeisten gebricht! Beantworte es mir, was da ist

mit dem Asmahael, soweit du magst und kannst, und auch insoweit dir's für mich nötig und ersprießlich und mit dem heiligsten Willen Gottes vereinbarlich dünkt! Amen."

4. Und der Seth entgegnete seinem Sohn: „Lieber Enos, gerecht bist du und deine Frage, und es kann auf der ganzen Erde keine gerechtere Frage und keine, die da nötiger wäre denn diese, geben wie auch keinen gerechteren Menschen als einen, der ernstlich nach Gott fragt, und vor dessen Augen Gottes Taten nicht unbemerkt vorüberziehen; aber jedoch größer als alles dieses ist: zu beachten jedes Gesetz aus reinster Liebe, das an jemanden aus der ewigen Ordnung Gottes ergangen ist!

5. Siehe, ein solches Gesetz hindert meine Zunge über Asmahael vor dir; daher begnüge dich vorderhand mit dieser Entschuldigung, und glaube aber fest, dass du noch eher, als die Sonne den Morgen wieder besuchen wird, den Asmahael von Angesicht zu Angesicht wirst kennenlernen!

6. Freue dich dessen; denn Asmahael ist groß! Amen."

7. Und also begnügte sich auch der Enos und schwieg in sich gekehrt.

8. Aber auch der Mahalaleel konnte nicht ruhen, sondern wandte sich an den Kenan und fragte denselben: „Höre, Vater! Du weißt es, dass wir doch schon so manches erlebt und durchlebt haben durch unsere ziemlich lange schon andauernde Lebensbahn; aber kannst du dich wohl von irgendwann erinnern, dass aufs Wort eines Menschen ohne nur irgendeine Zutat mit Händen etwas alsogleich geschehen ist?

9. Du wirst mir vielleicht sagen: ‚Sohn, siehe, du faselst! Hat nicht heute erst eben unser Henoch für Asmahael den Tiger gebändigt und Adam seinem Rachen durch die Anrührung des Zunge Worte entlockt?

10. Oder seit wann sind all die Tiere nicht unserem festen Willen untertan gewesen, und alles Gras, alle Pflanzen, Gesträuche und Bäume, ja im Notfall sogar alle Elemente?' Und ich sage darauf: O Vater! Alles dieses ist wohl alles ganz gewiss und wahr, und es kann weder dem einen noch dem anderen Teil nach auch nur im Geringsten widersprochen werden, – aber nicht ohne die Zutat unserer Hände oder manchmal auch der Füße mochte je von uns etwas bewirkt worden sein; und wenn dann schon etwas bewirkt wurde, so brauchte es immer doch einige Zeit, bis von der stummen Natur unser Wille, nicht selten von uns mit Händen und Füßen unterstützt, vollzogen wurde. Ist es nicht also bis auf ein Sonnenstäubchen wahr?

11. Nun aber, wie verhält sich dieses alles beim Asmahael! Was ist in einem Augenblick durch sein Wort aus dem mächtigen Tiger geworden, und wohin hat sein Wort in mehr denn in der Schnelle eines Gedankens die Schlange, sie ganz zunichte machend, geschleudert?

12. Wer hatte je dem Adam gepredigt, dass er sich dann gerichtet hätte vollends nach der Predigt? Wer zu ihm nicht bittend kam, der mochte wohl allzeit unverrichteter Dinge wieder heimkehren; selbst Henochs Wort schien ihm mehr zu gefallen der Tiefe und Weiche wegen, aber dabei weniger als ein weiser Maßstab des wahren Lebens zu dienen. Wenn aber nun der Asmahael irgendetwas redet, anordnet und befiehlt, so weicht Adam auch nicht mehr um ein Haarbreit davon ab und gehorcht ihm in allem blindlings samt all den übrigen Kindern und der Mutter Eva!

13. Nach allem dem sage mir doch, lieber Vater, was du denn bei dir selbst von diesem Asmahael hältst!

14. Ich halte ihn unfehlbar für mehr denn bloß einen Menschen, da seine Leistung alle menschliche bei weitem übertrifft; es kommt jetzt nur darauf an, für wen und was du ihn hältst! Amen."

15. Und der Kenan erwiderte seinem Sohn kurz also: „Mein Sohn, du hast in allem recht! Dass es also ist, hat wohl ein jeder gesehen; doch bleibe nach dem Willen Adams bis längstens morgen bei deiner eigenen Meinung, da du doch sicher nicht wollen wirst, samt mir dem Adam ungehorsam zu sein!

16. Beschäftige dich im Herzen nur stets mit Asmahael, und du wirst Ihn bald enthüllt vor dir erblicken; denn fürwahr, Er ist dir nähergekommen, als du's glauben möchtest!

17. Daher glaube, vertraue fest und liebe! Amen."

Kapitel 121

Die Gefahren unreifer Redner und Lehre

Am 22. Juli 1841

1. Es fragte aber auch der sehr gerne redende Lamech seinen Vater Mathusalah, sagend nämlich: „Höre, Vater, so unsere Väter gar wohl miteinander heimlich Worte tauschen, während der Erzvater Adam solches doch gewisserart allen untersagt hatte, was meinst du denn, – sollen allein wir dieses Gebot unverbrüchlich halten, oder auch die Väter?

2. Wenn ich aber übrigens nur einigermaßen recht verstanden habe, so deucht es mich, dass der Adam darinnen keinen Unterschied gemacht hatte. So aber dessen ungeachtet die Väter dennoch miteinander reden und verstehen jegliches Gebot doch besser denn wir, so bin ich der Meinung, dass darob auch wir unbeschadetermaßen miteinander so ganz stille könnten ein paar Worte wechseln, und zwar namentlich wegen Asmahael.

3. Denn siehe, es fängt mich nun gar gewaltig im Herzen zu jucken an, über diesen Asmahael sich zu besprechen; ja fürwahr, es kommt mir wohl gar vor, als müsste ich ohne Unterlass von ihm zu reden anfangen.

4. Ich sage dir, lieber Vater, dieser junge Mensch fängt an, mich ganz außerordentlich zu herzdrängen! Ja, er kommt mir immer unerforschlicher vor! Man sieht ihm so vom Gesicht gar nichts an, als wäre er so etwas Außerordentliches; aber wenn er zu reden anfängt und sein Wort dann schneller denn ein Blitz tatkräftig zu wirken anfängt, alsdann muss gewiss jedem ganz sonderbar zumute werden!

5. Ich muss dir sagen, dass ich ihn schon so liebgewonnen habe, dass es mir nun auch schon gerade also vorkommt, als wäre mein Herz geradezu an das seine angewachsen!

6. Siehe, also möchte ich denn stets plaudern von diesem lieben, jungen Asmahael!

7. Siehe, wie anspruchslos und wie überaus demütig bescheiden er doch hinter uns mit dem alten, aber doch noch sehr munter scheinenden Abedam daherschreitet! Und siehe, wie wunderbar leicht er nur geht; ja manchmal kommt es mir wahrhaftig vor, als berührte er den Boden mit Seinen Füssen oft gar nicht!

8. O Asmahael, du überholder, lieber Fremdling, wie unaussprechlich lieb bist du mir geworden!

9. Möchtest du doch auch an meiner wie an Abedams Seite wandeln; wie unaussprechlich glücklich wäre dann ich!

10. O Vater, vergebe mir, so ich dir etwa schon lästig geworden bin mit meiner Zunge! Aber was kann da ich darum?! Sagst du doch allzeit selbst: ‚Wo's im Herzen brennt, da siedet es im Gefäß der Liebe, und im Mund fängt es dann an überzulaufen!' Siehe, also auch ist es nun bei mir!

11. So du aber auch etwas reden möchtest, da rede nur zu, ich will dir gar gerne mein Ohr leihen; aber nur von Asmahael musst du reden! Amen."

12. Und der Mathusalah ermannte sich und sagte seinem Sohn folgendes: „Mein geliebter Sohn Lamech, höre, obschon es zwar wohl in der Ordnung ist, dass ein Vater belehrt seinen Sohn, entweder so er sieht, dass der unerfahrene Sohn Unkluges und vollends Unbescheidenes tut, oder der Sohn kommt bittend zum Vater, um sich aus dessen Erfahrungsvorratskammer etwas ihm Dienliches zu holen, –

13. aber sage und begreife es wohl selbst, was etwa dann zu machen sein möchte, so der Sohn kommt zum Vater und bittet ihn, dass er ihm etwas geben möchte aus der Erfahrungsvorratskammer, der Vater aber alsdann zum Sohn sagen muss: ‚Lieber Sohn, siehe, in diesem Punkt sind unsere Kammern gleich alt, und es hat keine vor der anderen auch nur irgendeinen allergeringsten Vorzug, da unsere Augen zugleich an diesem heutigen Tag einen und denselben Asmahael zum ersten Mal auch ganz zu gleicher Zeit erschaut haben!

14. Siehe, was du über diesen höchst merkwürdigen jungen Menschen zu reden weißt, ebendasselbe weiß auch ich; nur ist meine Zunge nicht also beugsam wie die deinige, um die inneren Gefühle über Asmahael dir gleich in wohlverständliche Worte zu wandeln und sie dann stromweise über die Lippen fließen zu lassen.'

15. Damit du aber deinen Vater doch nicht ganz umsonst über Asmahael zu reden sollst aufgefordert haben, siehe, darum ist mir gerade jetzt ein guter Gedanke in den Sinn gekommen, und dieser lautet also:

16. Gott hat dem Menschen zwar wohl zwei Augen gemacht und zum Schauen der Außendinge gestellt, aber dessen ungeachtet sieht er mit zwei Augen nicht mehr als mit einem; beide aber doch erleichtern sich gegenseitig den Schaudienst. Also hat Er ihm auch gemacht zwei Ohren, zu vernehmen die Stimme der Außenwelt, und doch mag niemand mit diesen zwei Ohren mehr zu vernehmen als mit dem einen; nur unterstützt da auch das eine das andere. Also auch steht es mit dem Geruchssinn. Eines hilft dem anderen. Aber nur einen Geschmackssinn und nur einen Gefühlssinn hat Gott dem Menschen gegeben, damit er jedes für sich wohl unterscheidend schmecke und empfinde. Siehe, von diesen zwei letzten Sinnen steht jeder für sich unabhängig da! Also steht es auch mit dem Menschen. Das Schauen haben wir gemein wie das Hören und also auch die feinere Wahrnehmung oder den beschaffenheitlichen Eindruck, welchen die Dinge auf uns machen; aber was dann die Beurteilung eines Dinges anbelangt und die Empfindung, da hat ein jeder sein eigenes Feld, danach sich dann auch die Beurteilung und die

daraus entstehende Empfindung bildet und artet.

17. Siehe, gerade also auch steht es mit uns zweien! Wir haben beide dasselbe gesehen, beide dasselbe gehört und auch sicher beide ganz dasselbe am Asmahael wahrgenommen und gleichen in dem Punkt den Pflanzen und dem Gras, den Gesträuchen und den Bäumen, da alle auch dasselbe Licht, dieselbe Wärme und denselben Regen einsaugen. Aber wie sieht es hernach mit der inneren Verarbeitung und mit dem Produkt aus?

18. Siehe, lieber Sohn, da waltet hernach ein gewaltiger Unterschied! Desgleichen auch steht es mit unserer inneren Auffassung, Beurteilung und Empfindung; sie kann gerecht, aber auch ungerecht sein, oder zeitig, oder aber auch zum Öftesten unzeitig. Warum aber sollen wir uns vor der Zeit verderben, so wir uns anstopfen möchten mit unseren unzeitigen Urteilen und unähnlichen Gefühlen daraus?

19. Daher ist es vorhand ja allzeit besser, dass wir diese neuen Pflanzungen in uns eher lassen zur vollen Reife gelangen und dann erst sehen, so wir in uns eine Vollreife gewahren, ob die Früchte den anderen auch werden wohlschmeckend und dann gedeihlich werden!

20. Wer da redet über ein Ding, das in ihm noch zu keiner Reife gekommen ist, ist ein Tor; denn jede Rede ist eine Lehre, bald über dies und bald wieder über jenes. Welchen Nutzen aber wird ein unreifer Lehrer oder Redner stiften, oder wen wird er nähren wohl mit seinen unreifsten Früchten?! Oder welchen Segen wird er verbreiten mit seinen unzeitigen Pflanzen, von denen er noch selbst durchaus nicht weiß und auch nicht wissen kann, ob es reine oder unreine sind, vielleicht gar voll tödlichen Giftes?!

21. Siehe, wieder also steht es mit uns! Der Same Asmahael hat in uns erst kaum einige schwache Würzlein getrieben; noch kennen wir weder das Blatt noch die Blüte und am allerwenigsten die Frucht – und doch möchten wir uns schon gegenseitig belehren!

22. O Sohn, bedenke, was da für eine Lehre herauskommen möchte! Daher lehre ein jeder, das er sieht und hört und irgend wahrnimmt, dass da oder dort etwas ist oder nicht ist, und er hat da genug getan; alles andere lasse er stehen bis zur Reifezeit, da Gott ihn dann schon berufen wird, so in seinem Herzen eine edle Frucht zur Reife gediehen ist, dieselbe auszuteilen an die Brüder. Und ist die Frucht unedel, so wird es auch Gott am besten wissen, wozu sie tauglich ist; denn von Gott aus sind alle Dinge gut. Und darum wollen auch wir eher die Reife abwarten und dann erst reden! Amen.“

Kapitel 122

Die Wurzel aller Weisheit ist Liebe und Demut

1. Nach solcher Rede Mathusalahs an seinen Sohn Lamech aber befand sich alsbald Asmahael in ihrer Mitte und begann folgende Worte an sie zu richten, sagend nämlich:

2. „Liebe Freunde, hört und versteht es wohl, was Ich euch nun mitteilen werde über eure Tauschreden: Seht und nehmt es an, es wäre irgendein Mensch, der sich da wohl verstünde in mancherlei Weisheit und vielfacher Wirkung daraus. In seiner

Umgebung aber wären Menschen, die zwar alle beständig nach der Weisheit trachteten und dadurch nach all den Wirkungen aus derselben, könnten oder möchten aber zu nichts Tüchtigem gelangen, dieweil ihnen noch ganz fremd ist die Wurzel aller Weisheit darum, da sie sich verhängen lassen mit allerlei Weltbäumeästen die Augen und verstopfen ihre Ohren mit glatten Steinen, auf dass sie dann weder sehen noch hören möchten.

3. Wenn denn nun dieser Mensch unter ihnen wirkte wunderliche Dinge aus seiner wahren Weisheit heraus, werden da die, die den Weisen umgeben, sich nicht alsbald untereinander zu fragen anfangen: ‚Aber wie mag er solches leisten, was uns Menschen rein unmöglich ist auch nur im Geringsten zu begreifen – von etwas Gleichem tun kann ohnehin nie eine Rede sein! – ? Wer ist dieser Mensch? Ist er von unten oder von oben? Woher hat er solche Macht? Kein Wort ist leer, sondern jedes eine vollbrachte Tat. Er redet wie aus eigener Macht und scheint bei alledem große Stücke auf sich zu halten. Was ist also an dem Menschen, da er zwar nur ist wie ein jeder aus uns, aber so er handelt, da handelt er ja rein, als wäre ihm vollkommen untertan alle Kraft und Macht Gottes?!'

4. Und nach solchen Fragen weiß dann keiner, was er aus sich und was er aus dem Weisen machen soll; soll er ihn fürchten oder lieben, oder soll er ihn fliehen oder ihm nachfolgen?

5. Darunter sind dann einige voll Furcht, andere voll Liebe, andere wieder voll Neugierde und noch andere bei sich voll Zweifel und wieder andere voll Wunsch und Begierde, ähnliches zu tun, – aber ja nicht, ihm ähnlich zu werden in der Liebe und wahren Demut, was allein die wahre Wurzel aller Weisheit ist.

6. Was meint ihr denn aber wohl? So dieser Weise sich dann aus seiner unweisen Umgebung welche auswählen möchte, welche werden es wohl sein, die da sein mächtig Wahlwort für seine Schule begehren möchte?

7. Ich sage es euch, die sicher nicht, denen es an Mut gebricht; die Spektakelfreunde auch nicht; und auch nicht, die da fragen: ‚Was, wer und woher ist der, dem solche Dinge aufs Wort gelingen?'; und nicht auch, die da sind voll Zweifel und haben nirgends eine Festigkeit, weder in den Füßen, noch in den Händen, noch im Kopf, noch im Herzen und noch in all den Eingeweiden und Gelenken; und wieder noch die Blinden und Tauben im Geiste; sondern lediglich jene nur, die da sind voll Liebe und Demut gegen Gott und sogar gegen ihre Brüder!

8. Sehet, das alles ist vor euren Augen, und ihr erkennt es nicht!

9. Ich aber sage euch, der Ich bin, der vor euch steht – glücklich seid ihr, da Ich unter euch wandle als allein Weiser vor aller Welt!

10. Du, Mathusalah, ziehe an die Liebe deines Sohnes, und du, Lamech, ziehe an die Geduld deines Vaters, so werdet ihr den Fremdling bald mit ganz anderen Augen erschauen! Amen. Versteht es wohl, amen."

Kapitel 123

Die ‚Verdorrte Hand der Erde' wird zum Pfad

Am 28. Juli 1841

1. Während der Rede Asmahaels gelangten die Väter an eine große steinerne Wand, welche durch die verschiedenartigsten Einriffungen die wunderlichsten Formen darstellte, also, dass darob die Väter ihr schon seit langen Zeiten her den Namen ‚Verdorrte Hand der Erde' beilegten. Diese Wand schied die Kinder der Mitternacht von den Vätern, und man konnte von dieser Wandseite auf natürlichem Weg unmöglich in die mittnächtliche Gegend gelangen. Wer hernach dahin gelangen wollte, musste sich einen großen Umweg gefallen lassen; denn da musste er die ganze abendliche Gegend durchwandern und von da einen kreisförmigen, langen Gebirgsrücken durchziehen, der sich dann nach einem weitbeschriebenen Bogen mit der mitternächtlichen Gegend von Nordosten her verband.

2. Allein dieser Weg war für die Väter fürs Erste zu weit, und da sie jetzt schon an die Wand gelangt waren, war solches für diesen Moment so gut wie unmöglich; denn da hätten sie sich wieder zuerst müssen gen Abend begeben und von da erst über den weitgedehnten Gebirgsrücken.

3. Allein die Väter waren nun einmal an die Wand gelangt und konnten nun keinen Schritt mehr weitermachen; daher fing nun, von Adam angefangen, einer den anderen zu fragen an, was da wohl zu machen sein werde, um die Kinder der Mitternacht fürs Erste über den nächst bevorstehenden Sabbat zu benachrichtigen, und fürs Zweite ihnen die schon im Abend bewirkte Freiheit wieder zurückzugeben und sie auf diese Art wieder loszumachen vom harten Joch eines sie überstark drückenden Gesetzes.

4. Hier war nun ein guter Rat unter den Vätern etwas teuer; denn für diesmal half auch das Hinabschreien und Steinewerfen nichts. Denn es fing soeben ein heftiger Wind an zu toben, wie es gewöhnlich auf hohen Bergen um die nahe Mitte des Tages zu geschehen pflegt zufolge der Sonnenstrahlenwende und der dadurch bewirkten Erdüberatmung, und da half also kein Schreien etwas. Und das Steinewerfen musste als Signal der Gegenwart der Väter aus demselben Grunde unterbleiben; denn wozu wäre solches gut gewesen, wenn darauf an die dadurch aufmerksam gemachten Kinder kein vernehmbares Wort gerichtet werden konnte?

5. Und also standen die Väter da, nicht viel besser wie die sogenannte ‚Verdorrte Hand der Erde' selbst, und keiner wusste dem anderen weder zu raten noch zu helfen, und keiner konnte sich in dieser Verlegenheit auch leichtlich erinnern, wie nahe ihnen Der war, dem alle Dinge gar überaus leicht möglich sind; nicht einmal der Henoch konnte sich zeitlich genug finden.

6. Abedam aber fragte nach einer kleinen Weile den Asmahael in der Stille, sagend: „Herr, der Du über jeden Namen, von einer menschlichen Zunge gebildet und ausgesprochen, zu unendlich erhaben bist und heilig, über alles heilig, kann ich allerschwächster Wurm vor Dir im Staube des Staubes nach Deiner allergnädigsten Zulassung etwas tun, o so gebiete es mir gnädigst; denn ich bin vollkommen bereit, auf Dein Wort über diese bei fünfhundert Mannshöhen hohe Wand zu den Kindern der Mitternacht hinabzuspringen und

ihnen dann alles mündlich zu sagen, was immer die Väter an sie zu benachrichtigen und ihnen zu verkündigen haben.

7. Denn siehe, Du unaussprechliche, ewige Liebe, Du mein Gott und Du mein Alles, Dein Wort trägt die ganze unendliche Schöpfung in all ihrer Größe und unendlichen Schwere; wie soll es mich zugrunde gehen lassen können, der ich doch nur ein allerwinzigstes Stäubchen gegen die Erde selbst bin?!

8. Daher nur ein Wort von Dir, und ich bin vollkommen bereit, es zu erfüllen! Und sollte es mich auch des Leibes Leben kosten, so bin ich in meinem Herzen zu sehr überzeugt, dass es unendlichmal besser ist, in Deinem Wort am Leibe zu sterben, ja einen tausendfachen Tod zu erleiden, als ohne dasselbe eben tausendfältig zu leben!

9. Doch, Herr, nicht mein, sondern allzeit und ewig geschehe nur Dein allerheiligster Wille! Amen."

10. Nachdem aber Asmahael solchen hohen Liebesantrag von Seiten Abedams vernommen hatte, sah Er ihn gar liebevoll an und richtete laut folgende Worte an ihn, sagend nämlich:

11. „Abedam, wahrlich, wahrlich sage Ich dir, auf der Erde gibt es keinen zweiten mehr, der dir gliche im Glauben und in der Liebe! Henoch ist groß in der Liebe und Demut und hat darin gefunden schon hier die Unsterblichkeit; doch größer ist der, der durch den Tod das Leben erwirbt, als wer dasselbe gewinnt durch das Leben selbst, – größer der, der sein Leben lässt zum Wohle seiner Brüder und Väter, als wer dieselben nur durch lebendige Worte aus Mir zu beleben strebt. Denn es ist leichter, andere zu unterweisen, als für andere sein Leben zu lassen!

12. Wahrlich, wahrlich aber sage Ich dir, Abedam: Wer da je des Leibes Tod finden wird in Meinem Namen und in Meinem Wort, der hat das ewige Leben mit großer Heldengewalt an sich gerissen und ist vollkommen eins mit Mir geworden!

13. Allein du, Mein lieber, starker Abedam, siehe, die Zeit, in Meinem Namen oder Wort des Leibes Leben zu lassen, ist noch nicht herbeigekommen, und so sei dir dein unerschütterlicher Wille als ein vollkommen vollbrachtes Werk angerechnet; denn du selbst hast es in deinem Herzen wie aus dir selbst im Glauben, Vertrauen und in aller Liebe zu Mir so gut wie vollends vollbracht. Und darum hast du Mich auch schon ganz gefunden und wirst von nun an ewig nimmerdar von Meiner Seite weichen!

14. Aber nun siehe auch, lieber Abedam, Ich habe ja noch andere Mittel, um die schwachen Väter aus dieser Not zu befreien, und kann daher deines Opfers in der Tat leichtlich entbehren! Wohl aber dir, Abedam, dass du Mir treu in deinem Herzen ein solches Opfer gebracht hast! Ich sage dir, du hast Ahbel übertroffen, der nur einmal ist getötet worden, während du den tausendfachen Tod in Meinem Namen nicht verschmähen wolltest; daher sei dir ein tausendfaches Leben in Mir!

15. Damit du aber auch ein Wort von Mir empfängst, nach deinem Willen etwas zu tun in Meinem Namen, so gehe hin zum Henoch und heiße ihn zu Mir kommen; denn Ich habe ihm etwas Notwendiges vor all den Vätern zu sagen. Denn so er Mich liebt, muss er ja doch eher zu Mir kommen, auf dass Ich ihn erst dann vollends aufnehmen kann und er dann eins werde in der Liebe zu Mir und allem Leben daraus, da er dadurch erst werde ein Held gleich dir und

vollziehe dann im Angesichte der Väter Meinen Willen. Amen."

16. Und der Abedam ging hin zum Henoch und verkündigte ihm Asmahaels Willen.

17. Henoch aber begab sich alsogleich hin zum Asmahael und sagte: „O Herr! Sehe mich Schwächsten gnädigst an, und jede Fiber meines ohnmächtigen Wesens sei Dir, mein Gott und mein Herr und mein überheiliger, ewiger Vater, ewig willensuntertan! Amen."

18. Und der Asmahael ergriff die rechte Hand Henochs und sagte dann laut zu ihm: „Henoch! Der dir diese Hand geschaffen hat aus nichts, der stärke sie jetzt dir im Angesichte der Väter. Gehe nun hin an die ‚Verdorrte Hand' und belebe die tote, auf dass sie uns zur weichen Brücke werde und zu einem ebenen Pfad zu denen, die da unserer Hilfe am meisten bedürfen; denn nicht der Gesunden, sondern der Kranken willen bin Ich unter euch! Amen."

19. Und der Henoch ging alsbald hin an die Wand und gebot ihr, zu weichen und zu werden zu einem ebenen Pfad zu denen, die da unten schmachten und der Hilfe am meisten bedürfen.

20. Und siehe, alsbald stürzte die Wand zusammen, und der ebene Pfad war fertig!

21. Es ergriff aber all die Väter ein tiefer Schauer vor des Asmahael unendlicher Macht. Jedoch Asmahael belebte sie von neuem, und alsbald fingen sie in ihrem Herzen an, Gott zu preisen, und lobten dessen Namen ob solcher großen Wundertat, und reisten dann getrost weiter.

Kapitel 124

Adam fragt nach den Kindern der Mitternacht

Am 29. Juli 1841

1. Die Väter gelangten nun gar bald zur mitternächtlichen weit ausgedehnten Wohngegend. Adam segnete nach der Sitte dieselbe und dann all die Hauptstammkinder, worauf sich dann alle zu einer kurzen Ruhe niederließen.

2. Als sie aber darauf schon bei einer halben Stunde gerastet hatten, siehe, da fing es sie alle überaus hoch zu wundern an, dass sich während dieser Zeit auch nicht eines der Mitternachtkinder irgend erschauen ließ. Und alsbald beschied Adam den Henoch zu sich und fragte ihn um den Grund, sagend nämlich:

3. „Henoch, indem dich der Asmahael also gekräftigt hat in unser aller Angesicht, dass sich die ‚Verdorrte Erdhand' vor deines Wortes Hauch beugen musste, siehe, es sind keine Kinder hier! Wo sind sie hin?

4. Hat sie vielleicht die zusammenstürzende Wand begraben und also alle samt und sämtlich getötet? Oder sage, so es dir möglich ist, wohin sind sie gezogen, oder was da mag geschehen sein mit ihnen allen?

5. Denn siehe, die Gegend sieht wahrlich aus, als hätte erst vor kurzem der schmähliche Tod unter ihnen ein allgemeines Erntefest gehalten!

6. Ich möchte darüber wohl den Asmahael (Herrn) fragen; allein wahrlich, dazu fehlt mit manchen anderen mir der Mut ganz und gar. Denn wenn ich bedenke, wer hinter dem Asmahael verborgen ist, und wieder, was und wer ich bin, da versagen mir alsbald die Zunge und Lunge ihren

Dienst, und ich vermag dann beinahe kein Wort mehr herauszubringen. Überdies sagt mir aber auch noch mein Herz: ‚Was willst du denn den allwissenden Gott fragen, als wenn Ihm etwa irgendetwas fremd sein sollte, das da insgeheim vorgeht in dir?! Hat Er nicht von Ewigkeit her deine Gedanken geordnet, lange zuvor schon, als Er dich noch zu einem gedankenfähigen Wesen aus Seiner unendlichen Liebe und Erbarmung bildete?!'

7. Siehe, lieber Henoch, darum vermag ich nicht, was ich nun gar überaus gerne möchte! Tue daher du, was ich nicht mehr kann! Weißt du aus dir vom Asmahael aus etwas, so beruhige mich und all die übrigen damit; sieht es aber auch in deinem Herzen aus wie in meinem, da wende dich nur alsbald an den Asmahael, – Der wird uns alle sicher auch aus dieser großen Verlegenheit und Angst allergnädigst und überbarmherzig erlösen! Amen."

8. Und als der Henoch solches vom Adam vernommen hatte, verneigte er sich vor ihm und wollte hineilen zum Asmahael und Selben von des Adam Anliegen benachrichtigen, da ihn die menschenlose Gegend selbst ganz gewaltig wundernahm. Allein er hatte noch kaum den ersten Fuß gehoben, so war den beiden auch schon der Asmahael zuvorgekommen und stand schon ganz wortfertig in ihrer Mitte und begann folgende Worte an sie zu richten, sagend:

9. „O Adam! Meinst du denn in deinem Herzen, darin dein sehr geschwächter Geist wohnt, der Herr sei wie ein König der Tiefe oder sei dir gleich, darum es dann viel Wesens bedürfe, um zu Ihm zu gelangen?! Siehe, Ich habe keine Wachen vonnöten und keine Türwärter und auch nicht rangmäßig geordnete, erstgeborene Hauptstammkinder, durch welche erst jemand bei Mir sollte eingeführt werden; auch verlange Ich nicht, dass jemand vorher bei einer Stunde lang vor Mir auf seinem Angesicht liegen soll, auf dass er dadurch würdig werden möchte, sich alsdann aufzurichten vor Mir, seinem Gott und Schöpfer, sondern alles, was Ich liebend verlange, ist ein treues, zu Mir gewendetes, liebevolles und demütiges, durch Reue geläutertes Herz, und mit einem solchen hat vor Mir kein Mensch einen Umweg vonnöten, da Ich ihm doch sicher allzeit noch dazu der ohnehin Allernächste bin und sein muss! Und wäre es nicht also, wer möchte da wohl auch nur einen allerschnellsten Augenblick lang sein Leben zu erhalten, dieweil ja doch alles Leben zuallermeist und am allerknappsten aus Mir ist und auch ewig nimmer von irgendwo anders her sein kann!

10. So du dich aber fürchtest, den allwissenden Gott um etwas zu fragen, wie ist's denn hernach, dass der Allwissende Sich nicht scheut, euch um so manches zu fragen eurer selbst wegen, auf dass ihr erwachen möchtet?

11. Ich meine aber, dass im Falle einer Unkunde der Unwissende mehr Ursache hat, sich fragend an den Allwissenden zu wenden, als der Allwissende an den Unwissenden.

12. Wenn also Ich euch frage, die ihr Antwortlose seid, so wird es wohl auch nicht gefehlt sein, so ihr Mich fragt um das, was ihr nicht wisst, aber doch überaus gerne wissen möchtet!

13. Siehe, Adam, Mir ist gar wohl bekannt deine Not! Du fragst nach den Kindern der Mitternacht und möchtest gar wohl gerne erfahren, wohin diese gekommen; allein für diesen Augenblick sage Ich

es dir nicht, sondern du musst sie suchen und suchen lassen. Und hast du dann niemanden gefunden, sodann erst komme zu Mir und frage Mich, und Ich werde dich dann zu den Kindern führen; denn das Verlorene muss zuvor gesucht werden! Amen."

Kapitel 125

Adam lässt die Kinder der Mitternacht suchen

1. Adam aber erwog diese mächtigen Worte gar wohl in seinem Herzen, dankte Mir dann voll Reue und Inbrunst in seinem Herzen und berief dann alsbald mit Ausnahme des Seth, des Henoch und natürlicherweise des Asmahael alle anderen Anwesenden zusammen und sagte zu ihnen:

2. „Hört ihr alle, meine Kinder, mir gegeben von Gott dem Leibe und der Seele nach, doch jegliches mit einem freien Geist aus Gott! Wir sind hierher gelangt sehnsüchtig, um ein neues, freies Leben zu bringen diesen Kindern, die da durch die hohe, tiefe und schauderhaft zerklüftete, weithin ausgedehnte ‚Verdorrte Erdhand' von uns schroff geschieden waren, so dass wir darüber nicht zu ihnen und sie aber auch nicht zu uns gelangen konnten. Wenn wir dann und wann durch die Felsenriffe hinabblickten in die tiefen Ebenen, so entdeckten wir dieselben nicht selten wimmelnd von Kindern und Kindern; und so es windstille war, konnte Kenans starke Stimme ihnen meinen Willen sogar bekanntmachen, dass dann die Ältesten den weiten Umweg nicht scheuten und kamen mit ihren Opferfrüchten noch vor dem Sabbat und seufzten dann vor meiner Hütte, dass sie mich nur

einen Augenblick möchten zu Gesicht bekommen.

3. Allein jetzt bin ich und noch Jemand Anderer selbst auf eine wunderbare Art zu ihnen herabgekommen, und seht, – auch nicht eine menschlich allerleiseste Spur ist irgendwo zu entdecken!

4. Daher ist es nun an euch alle von Gott aus mein Wille, dass ihr alsogleich nach allen Richtungen von hier wegeilt und sie sucht bei einer Stunde lang. Und habt ihr da jemanden gefunden, so bringt ihn alsbald hierher, damit er uns Kundschaft gebe von all den übrigen! Und habt ihr niemanden gefunden, alsdann kehrt eben nach der zum Suchen bestimmten Stunde alsbald zurück hierher, auf dass wir alle dann eine höhere Weisung erhalten möchten von dem Einen, was da zu tun und fernerhin zu unternehmen sein wird!

5. Und nun eilt und vollzieht, das euch nun bedeutet ward! Jehovas und mein Segen mit euch allen! Amen."

6. Und alsbald eilten die Beorderten flugs hinweg nach allen Richtungen und fanden überall eine Menge leerer Wohnstätten mit allerlei hinterlassenen Gerätschaften, auch eine Menge freier Haustiere und allerlei schon geerntete und gesammelte Früchte, – aber neben allem dem auch nicht ein menschliches Auge, geschweige erst irgendeinen Menschen! Und als die Suchenden nach einem gut halbstündigen Suchen niemanden zu finden vermochten, fingen sie an, nach allen Richtungen überlaut zu schreien und zu rufen einen und den anderen Namensbekannten bei dessen Namen. Allein es war alles eine vergebliche Mühe; denn sie vernahmen nichts als den fernen, sich an den Felswänden brechenden Widerhall ihres eigenen Rufes, und das Hinabrauschen und -sausen

desselben in die tiefen, finsteren Gebirgsgräben.

7. Einige von ihnen bestiegen sogar einige näher liegende Hügel, um von da vielleicht irgendwo einen säumenden Flüchtling zu erspähen. Allein auch da war ihre Mühe rein vergeblich; denn an ihr emsig spähendes Auge gelangte kein Strahl irgendeines säumend flüchtigen Bruders, und auch ihre Ohren konnten bei allergespanntester Aufmerksamkeit nichts anderes erlauschen als nur das einförmige, dumpfe Getöse der durch die tiefen Gräben stürzenden Gebirgsbäche.

8. Und also verfloss die kurze Suchstunde, und die Kinder kehrten traurig unverrichteter Dinge nach Hause oder vielmehr dahin zurück, da Adam sehnsüchtigst ihrer harrte.

9. Als sie sich der Ruhestelle näherten, musterte Adam sorgfältig die Nahenden, um etwa in ihrer Mitte jemand Gefundenen zu erschauen; allein die immer näher und näher Kommenden konnten nur auch deutlicher und deutlicher also erkannt werden, dass sie die allein Zurückkehrenden waren.

10. Da wurde Adam traurig und fing an, laut zu weinen und zu klagen.

Kapitel 126

Asmahael sendet Henoch aus

Am 5. August 1841

1. Und als die ausgesandten Suchenden unverrichteter Dinge nun vollends wieder zurückgekehrt waren und allda erzählten, wie sie überall nichts als nur leere Hütten mit einigem Hausgerät, Haustieren und fast allen Fruchtvorräten angetroffen hätten, aber nirgends eine Spur von einem Menschen, da schlug Adam über dem Haupt seine Hände zusammen und sprach mit lauter Stimme:

2. „Gerechter, großer, erhabener Gott! Wohin hast Du sie geführt? Oder hat sie die Erde verschlungen, oder was ist mit diesen meinen Kindern geschehen?

3. Sind sie noch irgendwo? Oder sind sie gänzlich vernichtet? O Gott, Du Gott voll Liebe und Erbarmen, habe Mitleid mit mir, dem schwachen Urgeist der Erde!

4. Hast Du sie getötet, da kannst Du ja auch wohl mein Herz töten, damit es nicht verschmachtend diese unerträgliche Trauerlast tragen müsse, unter welcher es ohnehin erliegen muss, wenn da nicht Licht mir gegeben wird über die, welche meine große Torheit geschieden hat, und hat sie getrieben hierher in diese mitternächtliche Gegend, in der sie offenbar zugrunde gegangen sind!

5. O Asmahael, Asmahael! Wo bist Du, Mächtiger? Komme, o komme; denn noch nie, wie jetzt, hat sich mein Geist, der ich selbst es bin von Dir aus, nach Dir, Du Heiliger, gesehnt!

6. O säume nicht, sondern komme alsbald zu mir schwachem Urgeist dieser Deiner weiten Erde und helfe mir in meiner großen Angst und übergroßen Traurigkeit! Amen."

7. Und siehe, alsbald stand Asmahael vor Adam und fragte ihn ernst: „Adam, du Blinder, was willst du, dass Ich dir tun soll?"

8. Und der Adam erwiderte: „O Herr, so ich blind bin, dass ich sehen möchte und sehen die, welche da verlorengegangen sind entweder auf die eine oder auf die andere Art und Weise!"

9. Und der Asmahael erwiderte dem Adam: „Siehe, du hast ausgesandt deine Kinder, zu suchen ihre Brüder, und sie fanden niemanden! Nun will Ich den Henoch aussenden, und wir wollen sehen, ob auch er leer zurückkehren wird; und sollte er das, alsdann will Ich Selbst als der letzte Bote ausgehen und rufen alle die Schaffe zusammen, und du kannst versichert sein, dass die Schafe des rechten Hirten Stimme erkennen werden, zu Ihm eilen und dann freudig um Ihn einherhüpfen!

10. Und du, Henoch, eile nun hinaus mit starker Stimme, und rufe: ‚Brüder, hört! Euer Vater Adam ist zu euch herabgekommen, auf dass er euch mir gleich frei mache von jeglichem Joch und euch auch zeige eine neue, mächtige Brücke, über die ihr auf dem kürzesten Weg zu dessen geheiligten Vaterheimat gelangen könnt, um da schon morgen mitzufeiern den heiligen, freien Sabbat des Herrn!'

11. Solchen Ruf lasse dreimal ergehen! Wer darauf erscheinen wird, den führe hierher, und wer da nicht erscheinen wird, an dem werde erst dann Ich Meine Stimme versuchen, und wir werden dann zählen und sehen, ob noch jemand fehlen wird; und es wird dann sein dieses zu einem Zeichen, durch wen die Verspäteten sollten eingeladen werden in der letzten Zeit der da kommenden großen Trübsal ins heimatliche, große Vaterhaus!

12. Und jetzt eile und tue, wie Ich dir geraten habe! Amen."

Kapitel 127

Drei alte Söhne Adams folgen dem Ruf des Henoch

1. Und der Henoch eilte hinaus und tat, wie es ihm geraten ward vom Asmahael.

2. Als er zum ersten Mal rief, da erschien alsbald ein alter Sohn Adams, aus irgendeinem Erdwinkel hervorkriechend, und fragte: „Henoch, du Sohn Jareds, habe ich dich recht verstanden, so will ich dir auch folgen!"

3. Und der Henoch entgegnete ihm: „Also will es, der deiner und aller deiner Kinder harrt, und so ist dein Verständnis ohne Irre!

4. Ich muss aber noch zweimal rufen, und du wirst dich dabei gar wohl von des ersten Rufes Klarheit überzeugen!"

5. Und also rief der Henoch zum zweiten Mal. Auch auf diesen Ruf erschien nur ein alter Sohn Adams und fragte den Henoch gleich dem ersten und bekam aber auch gleich diesem eine gleichlautende Antwort.

6. Und bald darauf tat Henoch den dritten Ruf. Aber auch auf diesen letzten, stärksten erschien eben auch nur ein alter Sohn Adams und fragte den Henoch gleich den beiden ersten.

7. Henoch aber entgegnete ihm: „Folge meinem Ruf, und du wirst dich bald überzeugen, woher der Ruf und woher die Stimme zu deinen Ohren gedrungen ist!

8. Die Stimme zwar ist die Stimme des Henoch; aber der Ruf ist von oben!

9. Und nun forsch nicht weiter, sondern folgt mir behände und sagt es mir auch nicht, wo eure Kinder und Weiber sind; denn es wird sogleich nach mir ein anderer Rufer folgen, dessen Stimme alle

eure Kinder und Weiber als die alleinig rechte erkennen werden.

10. War auch mein Ruf ein rechter Ruf von oben, so war es aber doch eine fremde Stimme, die ihn rief; daher haben auch nur wenige sich danach gerichtet. Wenn aber da erschallen wird ein Ruf und eine und dieselbe Stimme des großen Rufenden, dieses rechten Rufes Stimme wird dringen in die Tiefen der Erde; und da wird es keinen Toten oder Lebendigen irgend mehr geben, der da nicht alsbald die wahre Stimme des alleinig wahren Rufers als vollends wahr erkennen möchte, und es wird Ihn auch keiner fragen, wie ihr mich, sondern jeder wird folgen Seiner Stimme entweder so oder so.

11. Und nun lasst uns eilen, da euer der Vater harrt! Amen."

Kapitel 128

Adams Freude über seine drei ältesten Kinder

1. Und also eilten die vier behände zur bekannten Stelle. Und als der Adam den Henoch mit den drei alten Kindern herannahen sah, da fing sich sein Angesicht an etwas aufzuheitern; und also fing er auch an, Mich zu lobpreisen und Mir überaus zu danken darum sein Auge doch noch einmal von Mir gewürdigt worden war, zu schauen seine nach Kahin und Ahbel ältesten Kinder: den Jura, den Bhusin und Ohorion.

2. Und während der Adam also dankbar seufzte in seinem Herzen, waren die vier auch schon vollends bei Adam angelangt. Und der Henoch verneigte sich vor Adam, und die anderen drei aber fielen auf ihre Angesichter vor Adam, wie sie es schon von uralters her gewohnt waren. Allein der Adam beschied alsbald den Seth, sagend nämlich:

3. „Seth, mein Sohn, siehe deine ältesten Brüder und nun meine ältesten Kinder! Helfe ihnen von der Erde, und führe sie her an mein Herz, und sage ihnen auch zugleich: ‚Der alte Vater Adam ist kein Gebieter mehr, sondern er ist nunmehr ein Vater, dessen Arme sogar imstande wären, liebend den Kahin ans Herz zu ziehen, geschweige erst seine alten Kinder und Mitgenossen arger Zeiten!'

4. Sage ihnen auch, dass nicht nur das verlorene Paradies wiedergefunden ist, sondern unendlichmal mehreres, Größeres und unaussprechlich erhabener Herrlicheres! Und nun gehe und handle! Amen."

5. Und der Seth begab sich alsogleich hin und richtete sie liebend auf und richtete ihnen das Wort Adams aus, darüber die drei alten Kinder vor Freude zu weinen anfingen. Und der Jura sagte zu Seth: „O du mein geliebter Bruder! Wie unaussprechlich glücklich bin ich, und also auch wir alle drei, dass wir dich noch einmal sehen dürfen, und unseren so hoch geliebtesten Vater!

6. Siehe, lieber Bruder, wie alt und mühselig wir geworden sind seit der langen Zeit unserer schuldigen Verbannung!

7. O Du großer Jehova, Dank, ja ewiger Dank sei Dir allein; denn Du allein hast es sicher also gemacht und unseres hochgeliebten Vaters Herz erweicht, auf dass wir wieder zu dessen Gnade aufgenommen nun allhier werden.

8. Daher ewiger Dank und Preis Dir, o Jehova! Und so auch Dank dir, du lieber Bruder! Führe uns nun hin zum alten Vater!"

9. Und der Seth führte sie hin, und der Adam segnete sie und drückte sie dann an sein Herz und sagte ganz gerührt: „O meine Kinder, wie glücklich ist nun euer Vater Adam!

10. O Asmahael! Wo ist der, der Dich zu preisen vermöchte; denn Deine Güte ist unendlich, und Deine große Liebe währt ewiglich!"

11. Als aber der Adam sich ein wenig von seiner Liebe erholt hatte, da trat alsbald Asmahael zu ihm, sagend: „Adam! Gewahrst du es nun, was mehr wert ist: das Gesetz oder die Liebe?"

12. Adam aber konnte vor Rührung nichts sagen als: „O Du, dessen Namen meine Zunge nicht mehr wagt auszusprechen, Du bist mehr, ja unendlichmal mehr, als alle Ewigkeiten erfassen mögen! Dir allein sei Dank, Lob, Ruhm, Preis, und alle meine Dich ewig anbetende Liebe dafür! Amen."

Kapitel 129

Asmahaels Rede über die Liebe Gottes

Am 7. August 1841

1. Nach diesen Worten Adams aber trat alsbald der Asmahael vor die drei neu Angekommenen hin und redete folgendes mit ihnen: „Hört, ihr drei, – du, Jura, du, Bhusin, und du, Ohorion!

2. Wer ist wie eine Fliege voll Kleinmut und voll Furcht wie eine Taube und ängstlich wie eine Erdmaus, darum er dann bei der leisesten Annäherung auf- und davonfliegt und bei dem geringsten Geräusch ins Dickicht der Wälder flieht und, so irgend ein paar Steinsplitter herabfallen ins Tal, sich ängstlich verkriecht in die Löcher der Erde?!

3. Meint ihr denn, Jehova sei so schnell mit dem Tode Seiner Kinder zur Hand, so Er irgend ein paar Steine übereinander fallen lässt?

4. Hätte Er Freude am Töten, so hätte Er schon von Ewigkeit her solche gehabt; und wäre Er auf diese Art ein Freund des Todes, wahrlich, ihr könnt versichert sein, da hätte Er auch ganz sicher nicht nur keine Erde, keinen Mond, keine Sonne und keine Sterne mit all ihren großen Schöpfungswundern, sondern auch nicht einmal ein Sonnenstäubchen erschaffen!

5. Da aber Jehova, wie ihr seht aus all dem, das euch umgibt, das nicht ist, sondern gerade nur das allerblankste Gegenteil, somit der größte Freund des Lebens – ja das also zwar, dass Er ganz allein das ewigste und allereigentlichste Leben Selbst ist, alles aber, was da lebt durch Seinen Odem, lebt aus Ihm –, darum auch ist die ewige Liebe Selbst und zieht daher ewig alle Seine Werke nur zu Sich, und alle Geschöpfe haben ihre weise gerichtete Ordnung, die Kinder aber sind frei in ihrem Wollen und Tun und sind in nichts gebunden, außer dass sie leben müssen, und das darum, dieweil Jehova ein Freund des Lebens, aber nicht des Todes ist, so ist es auch besonders von der Seite Seiner Kinder hinsichtlich der schnellen Tötung nicht eben gar zu viel zu besorgen, besonders für jene, die den überaus guten, großen, heiligen Jehova treu lieben wie ihr und alle ihre Hoffnung auf Ihn gelenkt haben!

6. Seid daher nun guten Mutes und habt keine törichte Furcht mehr; denn hätte euch Jehova töten wollen, wie wärt ihr so alt geworden, als ihr schon seid?!

7. Allein es wird dereinst noch eine Zeit kommen auf der Erde, da eure Nachkommen auf der Erde nimmerdar so viele Jahre zählen werden wie ihr, bis zum Ende ihres Probeleibeslebens, und es werden doch viele sein aus ihnen, die den Jehova noch viel mehr lieben werden denn ihr jetzt. Ja, in jenen Zeiten werden den Eltern sogar Kindlein von der Mutterbrust genommen vom Jehova, und der Eltern werden darob viele trauern und in ihrer Traurigkeit doch dem Jehova lobsingen und Ihm alles aufopfern und dabei nicht denken gleich euch, Jehova sei einer, der da Freude hat am Töten!

8. Seht, solches war ein grober Fehler von euch; für die Zukunft aber schärft euer Vertrauen und lasst wachsen eure Liebe zu Jehova, dann werdet ihr über brennende Weltentrümmer sicheren Fußes wandeln! Denn mächtig ist der Arm Jehovas, und die Er ergreift und führt, denen werden zugrunde gehende Welten nichts zuleide zu tun vermögen wie auch keine Macht, die Er preisgab bis zur bestimmten Zeit ihrer eigenen prüfenden Freiheit, welche ist die wohlbekannte Macht der Schlange.

9. Nun aber verharrt über ein Kurzes hier im Frieden, bis Ich wiederkomme; denn nun gehe Ich als letzter Bote, zu holen eure Kinder, um sie zu bringen hierher allesamt, damit auch sie erfahren und erkennen sollen, wie überaus gut und voll Liebe der von euch töricht gefürchtete Jehova ist!

10. Ja, es ist fürchterlich der Zorngrimm Gottes! Dieser ist ein ewiges Feuer, das nimmer erlöscht; aber Gott hatte dessen ungeachtet doch alle Seine Macht gelegt in die Liebe, aber keineswegs in Seinen Zorngrimm, der da ewig untertan ist der ewigen Liebe, welche allein auch ist das ewige, freieste Leben in Ihm!

11. Solches überdenkt derzeit, bis Ich wiederkomme! Amen."

Kapitel 130

Asmahael führt eine große Menschenmenge zu Adam

1. Und alsbald verließ Asmahael die ganze Gesellschaft und eilte wie ein feuriger Blitz davon.

2. Und als er entschwunden war ihren Augen, da fing ein jeder bei sich an, den großen Gott zu preisen. Die drei aber richteten ein Wort fragend an den Adam und sagten:

3. „O lieber, hoher Vater! Siehe, die Rede dieses soeben weggeeilten jungen Menschen hat uns einerseits überaus wohlgetan; andererseits aber war doch wieder deren unbegreifliche Erhabenheit gleich einem Feuerbrand, welcher imstande wäre, die ganze Erde in Brand zu stecken! O sage uns, wer und woher ist dieser Mensch; denn solche Worte sind noch nie zu unseren Ohren gedrungen! Wahrlich wahr, dieser Mensch kann unmöglich von dieser Erde sein!

4. Kann es sein, o Vater, lasse uns nicht in der Ungewissheit! Dein Wille! Amen."

5. Und der Adam entgegnete: „O Kinder, denkt nach; Er hat es euch schon soviel wie Selbst gesagt! Auf weiteres harrt Seiner! Amen."

6. Und die drei dankten dem Adam und fingen nachher an, bei sich nachzudenken, konnten aber nichts Schickliches finden, damit sie ihr Herz befriedigen könnten. Der eine riet auf den Engel, der da dem Ahbel

im Lande Euehip nach der Flucht das flammende Schwert übergab, der andere auf den Geist Ahbels selbst, und der dritte war unschlüssig, welcher Meinung er selbst beispringen solle. Und so war unter der Zeit eine große Stille unter allen hier Versammelten eingetreten, – teils, weil ein jeder in sich hinreichende Beschäftigung fand, teils aber im Erwarten, vielleicht etwa sehr aufmerksamen Ohres den Ruf Asmahaels zu vernehmen. Allein es war ein solches Erwarten eitel und vollends vergebens; denn der Asmahael wusste wohl, was Er tat und wie, und hatte nicht nötig, zu schreien gleich einem Plärresel, sondern Sein mächtiges Wort nur erschallen zu lassen in den Herzen der furchtsam Verborgenen. Und die Verborgenen vernahmen gar wohl diesen herrlichen Ruf in sich, dass da nicht einer zurückblieb, sondern alles, Groß und Klein, Alt und Jung, eilte hin zum großen inneren Rufer, und jeder erkannte Ihn für Den, der da zuvor heimlich gerufen hatte in ihren Herzen.

7. Asmahael war in drei Minuten umringt von siebenmal hunderttausend Menschen, die Er da alsbald mit Seiner Hand sichtbar segnete und sie dann alle alsbald hinführte vor Adam.

8. Als aber der Adam samt den übrigen Kindern sah herannahen die großen unübersehbaren Völkerschaaren, und an ihrer Spitze den Asmahael, da ward er völlig stumm und konnte kein Wort mehr über seine Lippen bringen.

Am 9. August 1841

9. Sogar dem Henoch erschien diese außerordentliche Expedition also zurückschlagend wunderbar, dass er sich gar nicht fassen konnte. Dann sagte er bei sich selbst: „Aber so viele Kinder in der Mitternacht?!

10. Wenn da nicht mehr denn der dreivierte Teil darunter neu erschaffen worden ist, so weiß ich am Ende doch in allem Ernst nicht, wie ich daran bin; denn entweder träume ich, oder ich muss hundert für eins sehen! Denn wie des Sandes im Meer und des Grases auf der Oberfläche der Erde gibt es hier Menschen!

11. O Asmahael, wer kann Dich ewig je begreifen? Du bist unendlich in jeglichem Deiner Worte, und Dein Hauch bewegt die Welten wie der meinige eine unaussprechlich kleine Menge Sonnenstaubes über die Fläche meiner ohnmächtigen Hand. Du blickst die Sonne und all die leuchtenden Sterne an, und sie zittern vor zu unbegreiflich erhabener Ehrfurcht, dankbar leuchtend den hehren, obschon nur matten Abglanz Deiner unendlichen Augenmilde zur kleinen Erde herab. Und Deine Ohren vernehmen – wie die meinen einen nahen Donner – schon jener Hauchwesen Begierden und allerleiseste Wünsche, welche vielleicht erst unter künftigen neuen Schöpfungen aus Dir hervorgehen werden. Und der Hauch eines allerunsichtbarst kleinsten Strahlentierchens in einem allerentferntesten Weltenraum wird von Dir also wahrgenommen, wie mein Ohr kaum vernimmt das Toben eines Orkans. Doch welch ein Unterschied in dem Vernehmen selbst! Dir ist alles die reinste Harmonie, – mir alles ein verwirrtes Chaos!

12. Für Dich ist jeder plätschernde Laut irgendeiner hervorrieselnden Quelle ein tiefverständliches Wort. Du verstehst das Fächeln des Grases, und die Klage eines fallenden Blattes geht nicht unverstanden an Deinem Ohr vorüber.

13. Das große Loblied der rauschenden Winde vernimmst Du, und das des tobenden Meeres bleibt Dir nicht fremd; und doch achtest Du des Würmchens im Staube, als vernähmst Du nichts denn allein das schwächste Gewimmer des bestaubten Würmchens!

14. O Asmahael, Du großer, Du erhabener, Du heiliger, Du liebevollster, über alles mächtigster Gott und Herr! Dich begreifen wird nimmerdar ein endlicher Geist, und es wird sich jeder verlieren in die ewige Nacht Deiner Macht, der Dich wird erforschen wollen! Ja, schon ein Tautropfen Wassers wird ihn verschlingen in seine zahllosen, bodenlosen Tiefen, und der Verschlungene wird sich ewig aus sich nimmerdar finden im endlosen Ozean eines Tautröpfchens und dessen zahllosen Wundern!

15. Daher will ich mein Leben lang nach nichts mehr forschen, sondern Dich, o mein Gott, allein nur lieben und bei jedem Weisheitstritt in aller Liebe und Demut bekennen meine Nichtigkeit und sagen: ‚Bis daher, und um nichts mehr weiter!' Denn jeder Herzschlag soll untertan sein Deinem Willen; denn wer ist lebendig gegen Dich, da Du allein das Leben bist?!

16. Ich lebe nur, insoweit ich Dich liebend lebe; daher ist für mich auch nichts lebendig denn allein Du! Oder sind nicht alle Dinge für mich wie tot?! Oder lebt für Dich der toteste Stein nicht mehr denn für mich der regsamste Vogel?! Denn der Stein ist nicht sprachlos für Dich; doch was ist für mich das Gezirpe der munteren Grille?

17. Daher ist dem Lebendigen alles lebendig und dem Toten alles tot! Und nun auch bis daher, und um nichts mehr weiter! Amen."

Kapitel 131

Asmahael speist mit Adam und seinen Kindern

1. Und nachdem der Henoch solches beachtenswerte Selbstgespräch in sich beendet hatte, war Asmahael mit Seinem gewaltigen Fang auch bei der allgemein bis zur Stummheit verwunderten Gesellschaft angelangt.

2. Als Er nun vollends, bei dreißig Schritte noch entfernt vom Adam, vor die Harrenden gekommen war, so hieß Er die große Schar sich niederlassen und ging dann hin zu Adam, der sich von seiner Stummheit noch nicht erholt hatte, und sagte ihm:

3. „Adam, erwache und sehe, was die Stimme des wahren Rufers vermag, und dann zähle und beurteile, ob da keines abgehe, – und zuvor aber segne sie alle, amen!"

4. Adam aber erhob sich und sagte ganz zerknirscht im Herzen: „Asmahael, lasse mich nur das Letzte in Deinem Namen tun! Denn was Du, o Herr, gezählt hast, da ist die Zahl sicher allzeit übervoll; denn Du bist ja allzeit ewig und unendlich, und was Du tust, ist ja auch allzeit am besten getan!

5. Ich und alle meine von Dir mir geschenkten Kinder aber können nun nichts tun, als Dich loben und preisen! O Herr nehme unsere Herzen als warme Worte voll Dank und Liebe zu Dir allergnädigst auf, und tue alles mit uns allen nach Deinem Wohlgefallen! Amen."

6. Und der Asmahael rief zu sich den Jura, den Bhusin und den Ohorion und sagte zu ihnen: „Hört! Euer Vater ist schon nahezu zwei Stunden bei euch in der Gegend, und es hat ihm noch niemand eine Stärkung gebracht; daher sendet Boten

nach Hause und lasst holen allerlei Früchte, Brot, Milch und Honig in hinreichender Menge, damit das alles wohl auslange für alle, die wir hier zugegen sind! Und nun gehet und tuet! Amen."

7. Der Jura ließ sogleich die zwei Brüder gehen; er aber verweilte noch eine kurze Zeit beim Asmahael und fragte Ihn, sagend:

8. „Mächtiger Jüngling! Möchtest du mir denn nicht gestehen, wer und woher du bist? Ist Adam auch dein Vater? Oder gibt es auf dieser weiten Erde vielleicht noch irgendeinen mächtigeren Hauptstammvater, denn da ist unser Vater Adam, dessen Worten dereinst auch die Sonne und der Mond gehorchten?

9. Dieweil er aber einmal fiel vor Jehova, so ist auch gefallen seine Macht, und wir alle sind nun Diener der Schwäche und mögen uns nimmer erheben aus unserer Ohnmacht.

10. Du bist aber einer in der Macht gleich dem Adam vor dem Fall vor Jehova; daher könntest du mir wohl sagen, was ich dich fragte, – doch, so du es willst! Amen."

11. Und der Asmahael erwiderte: „Jura, gerecht bist du und gerecht deine Frage; aber denke bei dir selbst nach, welcher Nutzen für dich daraus erwachsen wird, ob du solches weißt, oder ob du es vorderhand nicht weißt!

12. Eine Unwahrheit ist Meinem Munde unmöglich, und für die Wahrheit bist du in deinem Herzen noch nicht reif, – vor der Reife aber würde sie dich töten; daher gedulde dich bis zur Reife, und liebe und fürchte Gott, so wird dir im Herzen eine Antwort kommen über Den, der dir nun solches rät!

13. So viel aber wisse, dass Ich in keiner deiner Fragen Platz habe, und es ist daher jede deiner Vermutungen irrig; aber werde reif, so wirst du ein großes Licht erschauen, welches ist ein Licht alles Lichtes!

14. Und jetzt aber gehe auch du, und tue gleich deinen Brüdern! Amen."

15. Und der Jura ging und ließ mit den übrigen reichlich bringen [Speise und Trank] nach dem Geheiß Asmahaels.

16. Als nun die Kinder der Mitternacht mit all dem reichlich beladen daherkamen und solches niederlegten vor Adam und den übrigen Kindern, da trat Asmahael hinzu und segnete alles und gebot allen, davon zu essen, und setzte Sich Selbst zuunterst an die Körbe und aß zum ersten Mal mit ihnen.

17. Adam aber bemerkte: „O Asmahael! Wie magst Du zuunterst an den Körben sitzen, gebührt Dir doch der erste Platz vor allen!"

18. Asmahael aber entgegnete: „Adam! Wo ist oben, und wo ist unten?! Der erste Platz aber ist der der Demut! Doch weißt du denn nicht, dass, wo der Erste Sich hat gesetzt, auch Sein Platz ist gleich Ihm?! Daher sorge dich nicht um Meinen Platz, sondern genieße nun ohne Sorge! Amen."

Kapitel 132

Henochs Liebe zu Asmahael. Das wahre Gebet

Am 27. Oktober 1841

1. Und der Adam stellte sich zufrieden mit diesem Bescheid, und alle Kinder mit ihm. Und also fing nach gemachter innerer, geistig wahrer Danksagung ein jeder nach Bedarf und Geschmack an zu essen und zu trinken.

2. Es war aber der Fall, dass der Abedam, der Jura, der Bhusin und der Ohorion sich nicht getrauten, an der Mahlzeit teilzunehmen, also auch der Mathusalah mit seinem Sohn Lamech, und sie auch weder der Adam noch irgendjemand anderer von den Hauptstammkindern dazu einlud. Da wendete Sich Asmahael alsbald zu ihnen und fragte sie:

3. „Warum esst und trinkt denn ihr nicht mit uns?"

4. Sie aber erwiderten: „O mächtigster Asmahael, wie sollten wir uns getrauen, daran teilzunehmen?! Siehe, da der Erzstammvater speist, welche Vermessenheit wäre das für uns, mit ihm in den Korb zu greifen und mitzuessen und aus dem Gefäß zu trinken, das da berührt hatte des hohen Vaters erhabener Mund!

5. Es ist ja aber schon ohnehin die größte Wonne, Freude und Sättigung für uns, dass wir nur zusehen dürfen, da die erhabenen Väter sich fröhlich stärken. Daher, o Asmahael, sei nicht bekümmert für uns; denn wir haben ja in großer Menge nun, das uns über alle Maßen stärkt! Doch aber sei dir für deine wohltuende Sorge für uns alle Liebe und Dank! Amen."

6. Abedam aber setzte endlich noch hinzu: „Und, o großer, übermächtiger Asmahael, unter uns in meiner ahnungsvollen und allerhöchsten Achtung und Liebe vor Dir gesagt: In Deiner Nähe und nun in Deiner unbegreiflichen Gegenwart, wen sollte, wen könnte da hungern?! Bist Du doch die ewige Sättigung aller Dinge Selbst!

7. O Asmahael, Du hast mich schon gesättigt für die ganze Ewigkeit; und der sich an Dir fürder sättigen wird, den wird's wohl in alle Ewigkeit nimmerdar hungern und dürsten! Daher Dir allein Dank und Liebe! Amen."

8. Als nun der Asmahael solche Entschuldigung vernommen hatte, sprach Er zu den vieren: „Ihr habt also wohl geredet und eurer Rede Sinn hat wohlgeschmeckt Meinem Herzen; gerecht war jegliches eurer Worte, und deine Rede, du Abedam, für die ganze Ewigkeit wahr. Allein, Meine lieben Freunde, jetzt seid ihr noch auf der Erde und habt einen Leib, der der Erde angehört; also ist es auch nötig, denselben zu stärken nach Maß und Ziel mit Speise und Trank!

9. Ob Adam auch hier speist und trinkt, welch ein Unterschied ist denn zwischen Adam und Mir?!

10. So Ich euch aber nun sage: ‚Kommt her und esst!', wer wird euch da ausschließen von der Mahlzeit, so Ich euch dazu lade?

11. Daher kommt her und setzt euch zu Mir, und esst und trinkt ohne Scheu; denn sofort werden die Ersten die Letzten und die Letzten die Ersten sein! Amen."

12. Und als die vier diese Rede vernommen hatten, verneigten sie sich vor den Vätern, priesen Gott und ließen sich endlich voll Freude und Wonne zur Erde an Asmahaels Seite nieder und aßen und tranken.

13. Es freuten sich aber auch alle die Väter samt Adam; nur der Jared, Mahalaleel und Enos, diese waren zu ergriffen von der Großtat Asmahaels, als dass sie vermögend wären, sich annun zu freuen. Ob sie etwas aßen und tranken, wussten sie nicht; wer da geredet hatte und was, vernahmen sie auch nicht; und dass die vier mitaßen, sahen sie nicht; denn sie hatte die große Tat Asmahaels, wie noch keine frühere, sozusagen wunderstumm

gemacht, – in welcher Stummheit sie lange verharrten.

14. Der Henoch aber weinte vor Freude und übergroßer Liebe zum Asmahael und konnte sich endlich nicht mehr enthalten, aufzustehen und hinzueilen an Asmahaels Seite, um da seine vollste Herzladung über Asmahael auszuschütten.

15. Als aber der Asmahael merkte, was für Ihn gerade eben nichts Schweres war, was den lieben Henoch trieb, stand Er auf und ging dem Liebeerfüllten entgegen, sagend folgendes:

16. Wahrlich, Mein geliebter Henoch, wer wie du zu Mir kommen wird, der auch wird es erleben, dass Ich Mich sogleich aufrichten werde und werde ihm entgegenkommen mehr denn auf dem halben Weg.

17. Wahrlich sage Ich dir, jetzt hast du das Leben gefunden, und aller Tod ist aus dir gewichen! Deine Augen werden nie schauen den Tag des Todes; ja deine Liebe hat sogar dein Fleisch besiegt und hat es mit Unsterblichkeit erfüllt, und wie du jetzt bist und lebst, wirst du auch sein und leben ewig!

18. Siehe, die von dir ausgehen werden, diese werden es sein, die Ich erhalten will bis ans Ende aller Zeiten, und an deinem Stamm soll einst dafür die große Verheißung in die vollste Erfüllung gehen! Amen."

19. Und als nun der Henoch diese Worte vernommen hatte, da ward sein Herz also gebrochen, dass er nicht vermögend war, auch nur einen Laut über seine Lippen zu bringen.

20. Asmahael aber stärkte ihn und sprach: „Geliebter Henoch, sei ruhig, und aller Friede sei mit deinem Geiste! Ich weiß, was du Mir nun sagen möchtest.

21. Wahrlich aber sage Ich dir, wer so betet und dankt wie du nun in gänzlicher Zerknirschung deines Herzens, der ist es, der da betet im Geiste und in aller Wahrheit.

22. Wer da noch beten und danken kann mit dem Mund, in dessen Leib schlägt noch ein Herz, dessen Fasern noch vielseitig an den Ästen der Weltbäume hängen, und wenn da ein Wind kommt und zerrt an den Ästen der Bäume der Welt, da wird auch das Herz mitgezerrt.

23. Ein Herz aber wie das deine ist gänzlich daheim, und wenn die Winde kommen, ist es ruhig und unbekümmert der Welt; aber es ist eben darum auch frei, um den Herrn über alles zu lieben und alles andere nur aus dem Herrn!

24. Wer also liebt, der liebt recht, und der Herr wird mit ihm sein ewig! Amen."

Kapitel 133

Errichtung eines Altars für Asmahael

1. Nach diesen Worten wurde die Zunge Henochs locker, dass er da gar wohl also an alle folgende Worte zu richten begann, sagend nämlich:

2. „O liebe Väter und ihr auch, meine geliebten Kinder, seht mich an, und erstaunt überhoch über mich Schwachen, der ich nun stark geworden bin in dem Herrn, der da ist mein Gott und euer Gott, mein allerliebevollster Vater und euer liebevollster Vater, mein Alles und euer Alles, ja mein freies, ewiges Leben wie das eurige! Seht mich an und erstaunt über mich; denn also habe ich Gnade vor Gott, der da ist meine alleinige, höchste Liebe, gefunden, dass Er gesegnet hat meinen Stamm

für die große Verheißung bis ans Ende aller Zeiten! Ja noch einmal rufe ich, seht mich an, und erstaunt über alles hoch über mich, der ich gemacht nun wurde dauerhaft und angetan mit einem unsterblichen Leib, dass selbst mein Fleisch nimmerdar verwesen soll ewiglich!

3. O Väter und Kinder! Solches hat der Herr nun an mir getan in euer aller Angesicht. Ihr wisst alle, dass wir den Tagen Steine legten wie den Vollmonden; und so ein Jahr verflossen war, da trugen wir die Tages- und Mondessteine auf einen Haufen zusammen und errichteten dadurch jedem Jahr ein bleibendes Denkmal. Seht, hier ist mehr denn ein Tag, ein Mond, ein Jahr; daher erlaubt mir, dahier an dieser Stelle, an der ich jetzt stehe, am allerwürdigsten ein großes Denkmal zu errichten dem Herrn, der uns im Asmahael so herrlich, wunderbar und liebevollst heimgesucht hat, der nun unter uns ist und unter uns bleiben will bis ans Ende aller Zeiten, ja in alle Ewigkeit! Schon nahe des Tages dritten Teil wandelt Er, uns so überaus liebevollst führend, mit und unter uns, und noch ist keinem eingefallen, Ihm ein größeres Lob darzubringen als sich selbst gegenseitig. O Väter und Kinder, wir laden auf den morgigen Sabbat all die Kinder zum Opfer, das wir dem Herrn darbringen wollen! Seht, seht, der Herr ließ uns auf Sich nicht warten und kam heute zu uns und war gestern bei uns und ist jetzt unter uns! Was aber ist denn mehr, der Herr oder der Sabbat?

4. Wo der Herr ist, da ist auch der Sabbat mit Ihm! O Väter und Kinder, daher will ich hier jetzt Dem, der unter uns ist, einen Altar aufbauen und Ihm ein Opfer anzünden auf demselben; denn Ihm allein gebührt alle Liebe, aller Dank, aller Preis, alles Lob, alles Opfer und alle unsere Anbetung!

5. Kinder, geht und bringt mir flache und reine Steine, und helft mir hier einen Altar erbauen, und dann holt mir Brandopfer; es sei ein sieben Monde altes Lamm und reines Zedernholz zum Brand! Gehet und tuet alles eilends!

6. Du aber, mein über alles geliebter, heiliger Asmahael, wirst dieses Opfer ja gnädig als ein Dir wohlgefälliges annehmen und es mir in Deiner unendlichen Liebe nachsehen, dass ich, von meiner Liebe zu Dir getrieben, solches nun tue!

7. Was sind Himmel und Erde gegen Dich und was der armselige Sabbat? Da Du wohnst und gegenwärtig bist, da ist ja die ganze Ewigkeit und die ganze Unendlichkeit, ja die unendlichste Herrlichkeit, Heiligkeit aller Himmel, Sonnen und Welten gegenwärtig!

8. Du hast uns zwar untersagt, Dich eher offenbarlich zu bekennen, als es Dir wohlgefällig sein möchte, allein meine zu große, mächtige Liebe zu Dir, die aus Dir in mein Herz kam, hieß mich nun unaussprechlich [unausbleiblich] solches tun. Denn es lautete:

9. ‚Siehe, Henoch, der Herr prüfte durch dieses leichte Gebot nur die Stärke deiner Liebe! Solange die Liebe sich noch in gemäßigten Kreisen dreht, magst du ein solches Gebot wohl halten; ist sie aber einmal im höchsten Grade entbrannt, da reißt sie alle Schranken nieder, bekennt und läuft mit aller Hast dem geliebten Gegenstand in die Arme.' Und der so hoch und nun von mir und uns allen über alles Geliebte, der Du Selbst es bist, wirst mir ja einen Fehler vergeben, nämlich den, für den ich nicht kann, dass mich nun die Liebe so mächtig ergriff, dass ich nicht umhin

konnte, Dir meine Liebe vor dem Volk laut zu bekennen.

10. O Asmahael! Nehme es von mir und uns allen gnädig auf, was wir Dir darbringen wollen, und weihe und segne Du den Altar, so wird er gesegnet und geweiht sein für alle Zeiten der Zeiten! Amen."

11. Nach dieser Rede erhob sich abermals der Asmahael und sagte folgende Worte an alle die Väter und Kinder:

12. „Hört, also ist es; der Henoch wandelt rechten Weges! Wer also wandelt, der sucht sich den kürzesten Weg, um zu gelangen zu dem geliebten Gegenstand. Wahrlich, wer nicht also wandelt, der wird schwerlich zu Mir gelangen, und Ich werde ihm nicht entgegenkommen! Wenn aber jemand die Liebe hat, dass sie mächtig ist in seinem Herzen, wird der wohl die Tage zählen, um zu gelangen zum geliebten Gegenstand, oder wird er nicht jeden Augenblick für den geheiligten halten, um im selben zu ereilen, was seine Liebe erfasst hat?

13. Seht, wo ist der Sabbat der Bäche und Flüsse? Ist er nicht im Meer selbst? Und zuvor ist keine Ruhe und kein Sabbat! Hat ein Bach aber das Meer erreicht, oder hat sich das Meer bis zu ihm ausgedehnt, wird da der Bach nicht sobald Ruhe halten, als er erreicht hat das Meer?! Oder wird er da auf morgen warten, so ihm das Meer entgegenkam?!

14. Also sage Ich hier: Ich kam zu euch; niemand kam Mir entgegen denn allein der Henoch. Ich gab euch ein Gebot; ihr habt es gehalten aus Furcht, Mich zu verlieren, ohne zu bedenken, dass die wahre, reine Liebe nie etwas zu verlieren hat, und am allerwenigsten bei Mir.

15. Ihr habt den Unterschied zwischen Mir und euch nur matt erkannt; Henoch aber hat Mich erkannt. Darum segne Ich das Opfer deines Herzens und weihe den Altar, den du Mir errichtest, geliebter Henoch. Siehe, auf dieser Stelle wird dein Geschlecht einst errettet werden von den Fluten der Sünde, und ein Enkel aus dir wird diesen Altar wieder aufrichten und Mir darauf ein Dankopfer bringen! Und so sei du gesegnet für alle Zeiten! Amen."

Kapitel 134

Das ewige Leben wird durch dir reine Liebe zu Gott erlangt

Am 29. Oktober 1841

1. Nach diesen Worten Asmahaels, welche auch Enos, Mahalaleel und Jared gar wohl vernommen hatten, erhob sich auch der Adam und mit ihm alle übrigen und wollten hineilen zum Asmahael, teils von großer Ehrfurcht, welche vorherrschend war, teils aber von der mit der Ehrfurcht stets vereinten Liebe, welche besonders in Gegenwart des zu Achtenden selten abwesend ist, ergriffen. Allein der Asmahael hieß sie bleiben an Ort und Stelle und sagte folgendes zu ihnen:

2. „Hört, Ich will euch ein Gleichnis sagen; dieses sollt ihr beurteilen! Also aber lautet es:

3. So die Sonne scheint auf ein gutes Erdreich, dann springt das Erdreich in tiefe und weite Spalten auseinander, um den Strahl der Sonne tiefer und inniger in sich aufzunehmen, und um erwärmt zu werden vom selben durch und durch; der Sand aber springt niemals auseinander und lässt sich nur an der Oberfläche erwärmen. Und ist der Strahl von seiner Fläche gewichen, so ist auch die sparsam eingesogene Wärme dahin. Also ist es auch mit dem

Stein: er lässt sich zwar sehr heftig erwärmen; allein kommen dann kalte Winde, so lässt er alsbald alle Wärme und wird kälter denn die Winde selbst.

4. Also auch ist es, wenn da der Regen fällt vom Himmel: Solange es regnet, solange auch ist alles voll Feuchtigkeit; hat aber der Regen aufgehört und kommen wieder die reinigenden und trocknenden Winde, so werden Sand und Steine alsbald wieder trocken, und nur das gute Erdreich behält die belebende Feuchtigkeit des Regens und tränkt damit seine Pflanzenwelt.

5. O seht in euch, ob es nicht etwa auch also steht mit euren Herzen, wie mit dem Sand und mit den Steinen!

6. Dieweil ihr Mich nun an Meinen Taten und Worten und aus Henochs Zeugnis erkannt habt, so seid ihr auch erwärmt und darum voll Achtung und Liebe zu Mir; allein wenn Ich euch wieder unsichtbar werde, sagt, wird es da mit euch wohl sein wie mit der guten Erde?

7. Ich bin nun schon so viele Stunden unter euch; wer aber aus euch hat Mir das getan, was Mir der Henoch tat?

8. Ja, ihr achtet Mich hoch, aber auch der Berge steinige Spitzen saugen zwar der Sonne ersten und letzten Strahl in sich, da sie lichtdurstig sind; kommt dann aber auch die Wärme hinzu, so hüllen sie sich alsbald in dichte und düstere Nebel und Wolken, damit ihr ewiger Schnee und ihr ewiges Eis ja nicht schmelze und vergehe. Also auch ist eure Liebe gleich der Liebe der Kälber zum vollen Euter der Mutterkuh, da sie hinzuspringen und stoßen mit dem Kopf so lange darauf herum, das ist auf dem Euter, solange eine Milch im selben gewahrt wird; wollen aber die Zitzen durchaus keine Milch mehr geben, so verlässt das Kalb alsbald die Kuh, und dann ist nichts mehr zu erblicken am Kalb, das der Liebe gliche.

9. Ihr habt nun gesehen, wie von Mir der Henoch aufgenommen wurde; desgleichen möchtet auch ihr aufgenommen sein. Ich frage aber euch, habt ihr Mich also aufgenommen wie der Henoch? Seht, der Henoch hat Mich aufgenommen aus reiner Liebe schon im Anfang; habt solches auch ihr getan?

10. Ja, als ihr gesehen habt Meine Werke, da erst habt ihr Mich aufgenommen! Meint ihr etwa aus Liebe?! O seht, das tut die wahre Liebe nicht, wohl aber der inwendig verborgene Eigennutz! Weil Ich unter euch bin, so seht ihr den großen Vorteil, was durch Mich sich alles bewerkstelligen ließe, und also flößt euch Meine unendliche Macht die hohe Achtung und der damit verbundene Vorteil die Liebe zu Mir ein.

11. Als Ich aber aus der Tiefe und der Niedrigkeit als Mensch zu euch kam, da ließet ihr Mich im Staub vor euch liegen!

12. Sagt, wer hat Mich da in aller Liebe aufgenommen und hatte keinen Vorteil vor den Augen?

13. Ihr habt zwar in Jehovas Namen die Vorladung der Kinder zur morgigen Sabbatfeier vorgenommen; meint ihr etwa, solches getan zu haben aus Liebe zum Jehova? Oh, da irrt ihr euch gewaltig; solches habt ihr nur getan aus sklavischer Furcht und daraus aus Hochachtung vor der unendlichen Macht Jehovas, und dann auch noch dazu aus furchtlicher und daher auch aus pflichtgenötigter Dankbarkeit, welche zumeist die Größe Gottes euch abzwang!

14. Wo aber ist da die reine Liebe, die über alles dieses hinaus frei, durch nichts als durch die Liebe selbst genötigt, Gott über alles in sich selbst und so auch in

jedem Gotteswerk treulich und unbestochen liebt?!

15. Ihr möchtet Mir zwar sagen: ‚Herr, wir glauben ja, dass Du es bist, der alleinig wahre, heilige, große, ewige, mächtige Gott voll Liebe und Erbarmung und Liebe und Gnade!'

16. Ich aber sage euch, wer da nicht glaubt in der reinen Liebe seines Herzens, dessen Glaube ist soviel als nichts und hat vor Mir keinen Wert! Ihr mögt zahllose Male ‚Jehova!' rufen und sagen: ‚Großer, erhabener, mächtiger, heiliger, barmherziger usw. Gott, Herr, Schöpfer aller Dinge, lieber Vater!' und so weiter, – allein wahrlich, sage Ich euch, es ist euch viel besser, in dieser Hinsicht zu schonen eure Lippen, Zähne, Zunge, Gaumen, Kehle und Lungen; denn alles solche leere Glaubensgeplärr wird nie zu Meinem Ohr gelangen!

17. Wer nicht dem Henoch gleich zu Mir kommt und spricht, da ist alles umsonst; Ich werde ihn nicht ansehen ewig! Und so er beten wird, da wird sein Gebet an eherne Ohren gelangen, und alle Himmel werden vor ihm mit metallenen Riegeln verschlossen bleiben so lange, bis nicht der letzte eigennützige Tropfen in was immer für einer Hinsicht aus seinem Herzen entschwunden sein wird.

18. Wer Mich also liebt, der muss Mich lieben wie eine reine Braut ihren reinen Bräutigam, da sich nichts denn allein die Herzen anziehen; alles, was darunter oder darüber, ist eine Last der freien Liebe, darum sie sich dann auch nimmer erheben kann bis zu Meinem Herzen hinan. Denn was da ist unter der Liebe, das zieht das Herz in die schlammige Tiefe hinab; was aber da ist über der Liebe, das drückt sie zum Boden und beschwert das Herz so

sehr, dass es dann zu schwach und kraftlos wird, um sich je wieder zu erheben.

19. Also muss die Liebe aber rein sein, dass sie, durch nichts genötigt, sich frei erhebt und mit vereinter Kraft aus sich den frei gewählten Gegenstand erwählt, ihn umschlingt und ewig nimmer auslässt.

20. Gott erkennen ist Wachwerden der Liebe, aber nicht Gott lieben selbst; Gott lieben aber heißt vollends leben in Ihm.

21. Die Erkenntnis aber wird niemanden je beleben und ihm öffnen die heiligen Pforten der ewigen Liebe und somit des ewigen Lebens, sondern – wohlgemerkt und -begriffen! – allein die reine Liebe zu Gott und in Gott ohne oben und unten und somit ohne den allergeringsten Eigennutz als allein den der reinen Liebe selbst.

22. Prüft nach dem nun eure Herzen, und dann erst erhebt euch und kommt zu Mir! Amen."

Kapitel 135

Adams verzweifelte und Gott anklagende Rede

1. Als der Asmahael solche Rede mit großem Eifer an die Anwesenden gerichtet hatte, siehe, da ergriff sie alle eine große Angst, und keiner vermochte dem anderen mit irgendeinem Trostwort erheiternd beizukommen; denn die nur zu ersichtliche Wahrheit an jedem machte hier jeden tröstenden Ausflug so gut wie ganz rein unmöglich, daher dann auch eine große Stille eintrat, in welcher ein jeder mit seinem Herzen rechtete und mitunter emsig einen entschuldigenden Trostgrund suchte. Allein das verarmte Herz konnte da kein

Vermögen schaffen, woran es selbst an der größten Armut litt.

2. Nach einer ziemlich langen Weile erhob sich endlich Adam und sagte in einem zwar sanft klingenden, aber dabei doch höchst ernstlichen Sinne:

3. „Asmahael! Wer Du auch immer sein magst – sei es ein Mensch oder der allerhöchste, heilige Gott, siehe, wahrlich wahr, das gilt mir nun wie allzeit gleich! – siehe, ich bin einmal gefallen auf der schweren Bahn des göttlichen Willens und kann mich nun nicht mehr erheben! Ich wollte doch stets den rechten Weg wandeln, und soviel es mir nur immer möglich war, suchte ich auch jeden Stein des Anstoßes zu vermeiden; allein nicht ich habe die unebene, besteinte Erde gemacht, sondern sie ist ein Werk Gottes. Wenn ich nun bei aller Aufmerksamkeit hie und da als Erstling angestoßen bin, sage mir, wird oder kann jeder Anstoß mir allein zur tötenden Last gelegt werden?! Und so mein Herz entweder zum Sand oder Stein geworden ist, gibt es denn kein bleibendes Mittel, dasselbe wieder in gutes Erdreich umzugestalten?

4. Und bin ich denn schon ein so ausgemachter Verbrecher, – sage, gibt's für solche im Gottesherzen keine Erbarmung mehr?

5. Denn nach Deiner Mahnrede ist es außer Henoch wohl niemandem mehr möglich, mit dem Leben vor Gott davonzukommen!

6. Wie soll man denn Gott lieben und keine Idee fassen zuvor von Ihm, wie Er allzeit überaus groß, ja unendlich groß unterschieden auch von Seinen vollkommensten Geschöpfen ist?!

7. Siehe, Du verlangst Unmögliches von uns! Siehst Du in Deiner Vollkommenheit auch diese Unmöglichkeit nicht ein, so kannst Du ja aber doch nicht umhin, um mir das zu widersprechen, was ich an mir selbst nur zu klar und überdeutlich wahrnehme!

8. Wenn Du denn jetzt eine so große Forderung entweder im Namen Gottes oder als Gott der Allerhöchste Selbst an mich und alle meine Nachkommen machst, sage, ist es unbillig, Dich zu bitten, uns mit der Forderung auch die Mittel in die Hand und ins Herz zu legen, durch welche uns allen ersichtlich möglich wird, Deinen Anforderungen unumstößliche Gewähr zu leisten?!

9. Dass es uns allen nicht an dem guten Willen fehlt, wirst Du hoffentlich aus diesen meinen Worten wie aus meinem Herzen deutlich abnehmen können! Nehme, o mächtiger Asmahael, mir diesen notgedrungenen Ausbruch meines Herzens nicht ungnädig auf; der allzeit Mächtige kann sich helfen, so ihn etwas drückt, – doch dem ohnmächtigen Wurm im Staub bleibt nichts übrig, als sich sterbend zu krümmen, wenn er vom Huf des mächtigen Pferdes getreten und halb zerquetscht wird!

10. O erwäge diese Worte und bedenke wohl, was das heißt: ein ohnmächtiges Geschöpf sein, sich selbst fühlend an der unsichtbaren Seite eines unendlich und ewig über alles mächtigen Schöpfers!

11. Siehe, ein undenkbares, ein unaussprechliches Verhältnis: eine frei sein solende Ohnmacht unter einer freien, unendlich ewigen Macht!

12. Daher helfe uns, wenn uns überhaupt je möglich zu helfen ist, anstatt uns ohnehin überstark Getretene noch mehr zu treten! Besser wäre es, uns gänzlich zu vernichten, als stets mehr und mehr zu quälen! Amen."

Kapitel 136

Asmahael weist Adam zurecht

1. Nach diesen Worten erregte Sich ein wenig der Asmahael und richtete folgende ernsten und doch auch über alles liebevollen Worte an den Adam, wie auch zugleich an alle, sagend nämlich:

2. „O Adam, Adam! Deine Torheit ist groß und mächtig geworden! Vor allem frage Ich dein Herz, da du Vater bist aller dieser Kinder und vieler anderer, die diese Erde bewohnen, – sage es Mir in deinem Herzen, was würdest denn du mit einem deiner Kinder tun, das dir bei einer großen und allerwichtigsten Belehrung über begangene gewaltige, freiwillige Fehltritte gegen deine weisen Anordnungen entgegnen möchte – wenn auch in einer an Wahrscheinlichkeit grenzenden, kühn gebauten Rede –:

3. ,Was forderst du von mir, was ich nicht tun kann! Ist es unrecht, das ich tue? Was kann ich dafür?! Bin ich nicht aus dir, und hast nicht du mir ein elendes, fehlervolles Leben gegeben?!

4. Wenn ich nun fehle, so ist das ja nur dein Fehler, weil ich so und nicht anders und vollkommener aus dir hervorgegangen bin! Daher stelle dich zufrieden mit mir also, wie ich bin, und fordere nicht von mir, das nicht sein kann! Willst du mich aber durchaus anders, als ich bin, so magst du mich ja vernichten und dann anders und besser zeugen – oder aber eine zweite Zeugung, wenn eine solche dir etwa unmöglich sein sollte, auch ganz stehen lassen; denn ich werde dir für ein so elendes gegebenes Dasein ewig nie danken!

5. Lasse das nichts war, ewig nichts sein; denn es ist besser, ewig nie zu sein, als neben dir ein elendes, beschränktes Dasein zu fristen. Was willst du mich nun bessern, da ich schon einmal bin, wie ich bin?! Hättest du mich besser gezeugt, so wäre ich auch besser! Da ich aber nun einmal also bin, – ist es nicht deine Schuld, dass ich also bin? Darum bessere dich zuvor und dann sehe zu, wie du mit meiner Besserung zurechtkommen magst und kannst!'

6. Adam, sage Mir nun, wie es dir ums liebende Vaterherz sein möchte bei einer solchen Einrede eines deiner Kinder, und das dazu noch eines deiner allerersten Hauptkinder!

7. Du hast verflucht den reumütigen Kahin. Sage, was würdest denn du mit einem solchen [Kind] tun, das da nicht nur eines Bruders Fleisch tötet, sondern dich selbst verflucht und dir ertöten will deinen Geist?! Sage, sage Adam, was du tun möchtest mit einem solchen unverbesserlichen Kind?

8. Siehe, nun bist du still wie eine Maus, wenn sie eine Katze wittert, und mochtest Mir vorher als erstes Hauptstammkind doch auf ein Haar dieselbe Einrede tun!

9. Gleich ist dir Gott und Mensch! Was soll dich auch das kümmern, wer nun mit dir spricht, ob ein Gott, dein Vater, oder ob ein Mensch deinesgleichen; denn du hast dich ja nicht selbst erschaffen, sondern ein dir unsichtbarer, völlig unbekannter Gott! Hat Er dich so elend und sündefähig zuwege gebracht, so soll Er Sich mit dir nun auch begnügen, wie du bist, weil Er dich nicht vollkommener gemacht hat, und soll von dem verpfuschten Werk nicht verlangen, vollkommener zu sein, als es sündhaft genug aus der Hand des übelgelaunten Schöpfers hervorgegangen ist!

10. Siehe und gebe Acht auf dein Herz, ob es nicht also hadert!

11. Du rücktest Mir die schwer zu wandelnde Bahn des göttlichen Willens auf uneben gemachter Erde vor und stelltest deinen guten Willen auf, treu zu wandeln, so es nur möglich wäre. Du hast damit alle Schuld auf Meine Schulter geladen, dass du fielst, und Ich muss gefehlt haben, und gewisserart nicht im Geringsten auch du, da Ich dich also und nicht anders geschaffen habe! Solltest du nun anders werden, so sollte es ein Mittel geben, durch welches es dir möglich wird, dem göttlichen Willen gemäß zu handeln!

12. Siehe, wieder eine Äußerung, über die der überaus liebbesorgte, heilige Vater sicher keine Freude haben kann!

13. Um Erbarmung rufst du. Was könnte Ich denn noch tun, als dass Ich als Mensch und Vater zu euch komme und euch mit eigenem Munde lehre die wahre Liebe und die wahre Weisheit und führe euch mit eigener Hand über die euch zur und für die einstige höchste Vollendung unterlegte prüfende Erde? Bin denn nicht Ich Selbst die größte Erbarmung, die größte Liebe und das alleruntrüglichste Mittel?

14. Oder soll Ich deinem Verlangen nach aus euch etwa belebte, das heißt bewegliche Maschinen machen?

15. O du blinder Tor! So du nur einigermaßen sehen wolltest, so müsste dir ja schon auffallen die große Vollkommenheit an dir, durch welche du so hoch über allen anderen Wesen stehst, dass du freiwillig fehlen kannst, aber auch freiwillig fehllos wandeln und handeln gleich dem Henoch! Und du wirfst Mir vor, als Pfuschwerk aus Mir hervorgegangen zu sein!

16. Siehe, siehe, Adam, wie weit du dich wieder verstiegen hast!

17. Unmögliches, sagst du, fordere Ich von euch. Siehe hierher denn, siehe den Henoch, siehe die sechs an Meiner Seite, ja siehe diese ganze große Volksmasse, und frage sie alle, ob es sich so verhalte!

18. Ich sage aber dir, du selbst bist es, der nach eigenem Sinne irgendeinen unendlichen Gott sucht, ehrt und erfassen will, und will das gänzlich Unmögliche bei sich möglich machen, die ganze Ewigkeit auf den eigenen Nacken bürden, einen Gott suchen, der für dich so gut wie nirgends ist; den Vater aber, der nun voll der allerhöchsten Liebe mit dir redet, [willst du] verkennen, verachten und fliehen!

19. Wahrlich, neben einem Gott, wie du dir Ihn vorstellst und sabbatlich anbetend verehrst, wäre allerdings eine geschöpfliche Bestehung nicht nur das elendste Sein, elender unendlich als das eines zertretenen Wurmes im Glühsande, – sondern, Ich sage dir, sie wäre auch von deinem geträumten Gott aus rein unmöglich; denn ein so unvollkommener Gott wäre nicht nur nicht imstande, ein Pfuschwerk hervorzubringen, sondern es ginge ihm wahrlich noch schlechter denn dir, der du aus dir auch nicht einmal ein Atom zu erschaffen imstande bist!

20. Wenn Ich in euch rügte euer törichtes Forschen und unsinniges Streben nach einem Gott, der nirgends ist, und auf die alleinige Liebe des Vaters, der Ich Selbst von Ewigkeit zu Ewigkeit es war, bin und ewig sein werde, euch hinwies, sage, habe Ich da eine unbillige und unmögliche Forderung an euch Kinder als Vater gestellt?

21. Siehe, die kleinsten Kinder schon erfüllen auf das Genaueste diese unaussprechlich leichte Forderung, da sie ihren Vater über alles lieben, ohne eine Rechnung von des Vaters Herzen scharfsinnig

zu verlangen, warum sie ihn lieben, sondern sie lieben ihn, weil er ihr Vater ist! Sage Mir, Adam, Mein Sohn, hast du je mehr für dich von deinen Kindern verlangt?!

22. Wenn Ich nun nichts mehr von dir und von euch allen als einzig wahrer, liebevollster Vater verlange und euch abhalte von allem, was euch nur im Geringsten das Leben erschwert und nach und nach den unvermeidlichen Tod – der da ist eine stets auf eigenem Willen beruhende zunehmende Blindheit, die, weil sie unmöglich bei allen unendlichen Ideen je zu einem Ziel gelangen kann, sich endlich zornmütig entzündet und den Schöpfer einen gemeinen, launischen Pfuscher schilt und so sich noch stets mehr verfinstert und ertötet – nach sich zieht, bin Ich dann wohl also, wie du Mich in dir gefunden hast?

23. Daher lerne den Vater besser kennen und erkenne, wie Weniges und Überleichtes Er von dir verlangt; alsdann stehe auf und komme zu Mir und sage Mir, ob Ich ein unbilliger Gott und Vater bin! Für jetzt aber ordne dein Herz, und besinne dich eines Besseren; denn Ich bin kein Vater, der da dem Kahin flucht! Verstehe es wohl! Amen."

Kapitel 137

Adams Bekenntnis zu Emanuel

Am 2. November 1841

1. Nach dieser Rede, die da nicht anders war für den Adam, als hätte man die Erde in das unermessliche Feuermeer der Sonne getaucht, ward nicht nur – wie ihr zu sagen pflegt – zu Wachs geworden der Adam, sondern zum feinen,

wohlgeläuterten Öl, das da ist ein köstlicher Balsam für Wunden jeglicher Art, daher er sich auch alsbald beim Asmahael die Erlaubnis erbat, nun vor all den Kindern ein neues Bekenntnis ablegen zu dürfen, – was alles ihm als leiblichem Urstammvater auch ohne alles Verziehen alsogleich vom Asmahael wie von all den Kindern von ganzem Herzen aus gerne bewilligt wurde. Und also stand er auch alsbald auf und fing an, folgendes Bekenntnis in einer wohlgeordneten Rede von sich zu geben, sagend nämlich:

2. „O hoher, erhabener, über alles mächtigster, heiliger, liebevollster Herr, Vater, Gott Jehova, der Du im Menschen Asmahael uns nun sichtbar gegenwärtig bist, siehe, ich war es, der Dir den Namen ,Asmahael' gab, und Du warst fröhlich darob als weise vorgeblich Namenloser, dass Dir ward zuteil ein Name aus meinem Munde, ein Name der Kinder Gottes, die zu sein allein wir uns lange törichterweise träumten! Damals warst Du uns mehr oder weniger ein Fremdling, da uns an Dir fast nichts auffiel als allein Deine allzeit unbegreiflich wohlgeordnete Rede, welche zu erlernen Du freilich uns Blinden vom Geiste Ahbels, meines Sohnes, vorgabst; allein also sehe ich es jetzt:

3. Aus der Nacht wird der Tag, und die Nacht sehnt sich nach dem Tag wie der Tag nach der Nacht. Wer aber vermag in der Nacht am Tag zu wandeln?! Wohl aber vermag jedweder am hellsten Tag seine Augen zu schließen, und dann ist die Nacht am Tag für ihn größer denn die wirkliche Nacht in ihrer dichtesten Mitte selbst!

4. Solches war bei mir und nahe bei uns allen der Fall, darum wir auch nichts sahen, nichts hörten, nichts merkten und also auch von allem nichts verstanden. In

solcher unserer allgemeinen Blindheit gaben wir Dir fürs Erste einen Namen, der wohl für uns alle am allerbesten getaugt hätte, wenn wir nicht blind und taub gewesen wären; denn wie möchtest Du für Dich Den suchen, der Du doch Selbst von Ewigkeit es warst, bist und ewig sein wirst?!

5. Da Du von Dir aussagtest, dass Du aus der Tiefe kamst, siehe, wir alle verstanden es nicht, was da gesagt ward mit der Tiefe Lamechs!

6. Jetzt erst habe ich und hoffentlich wir alle die schauerliche Nacht und Schlammtiefe in uns durch Deine Gnade – Dir ewig Dank dafür! – gar wohl erkannt! Da Du von Dir aussagtest, Ahbel habe Dich zu uns geführt und habe Dir gelöst die Zunge, – wie hätten die Tauben solche Weissagung verstehen sollen?

7. Jetzt erst, da Du in uns auch das Ohr unseres Herzens aufgetan hast, verstehen wir und sehen es ein, wie entsetzlich blind und taub wir damals, das heißt am heutigen schönen Morgen noch waren, darum das Wort Deiner so unermesslichen Vaterliebe unverstanden an unsere Herzen schlug und klang als eines Fremdlings Wort, während es von Dir aus an uns doch mehr denn sonnenhell gerichtet war.

8. Aber was ist dem Blinden des Tages hellstes Morgenlicht und dem Tauben der allerstärkste Donner?! Wahrlich, jetzt erst erkenne ich – und, wie gesagt, auch hoffentlich wir alle –, dass der zugleich Blinde und Taube so gut wie ganz arg tot ist! Hätte er das Gefühl der Haut nicht, da gliche er vollends einem Stein, an dessen harte Stirne die Winde unempfunden stoßen, und der, so er fällt entweder wieder auf seinesgleichen oder auf weiche Erde oder ins Wasser, nicht empfindet und unterscheidet, darauf er gefallen ist, und es

vermag auch nichts ihn umzugestalten, denn allein des Feuers unerbittliche, unermessliche Gewalt!

9. Also waren auch wir nichts denn tote Steine, gefallen auf allerlei Grund und Ungrund. Du hast nun aus all den unempfundenen Truggründen uns gesammelt und hast uns gelegt ins große Feuer Deiner unermesslichen Vaterliebe. Und siehe, wir Steine wurden auf diesem heiligen Grunde umgewandelt, wurden wieder voll Lebens, wurden sehend und hörend und wohlverstehend! Und also erkennen wir nun, dass der Ahbel, das heißt die geringe Gottesfurcht und Liebe bei uns nach der Art Ahbels zu Dir, Dich geführt hat aus unserer eigenen sprachlosen Tiefe zu uns Toten und dem in uns die Zunge gelöst, das da nicht mehr vermochte, Dich im Geiste der Wahrheit und ewiger Liebe ,Vater' zu nennen!

10. O wie unendlich blind, taub, gefühllos und tot mussten wir doch alle sein, dass keiner auch nur ahnend zu gewahren imstande war, dass da die Sonne aller Sonnen, das Feuer alles Feuers, die Liebe aller Liebe, ja das Leben alles Lebens und die Macht und Kraft aller Mächte und Kräfte zu uns in unsere Mitte kam!

11. O Kinder, hört nun, Der, den wir noch immer blinderweise ,Asmahael' nannten, ist und heißt ,Jehova, Gott der Ewige von Ewigkeit', und für uns aber von jetzt angefangen ,Emanuel' und für jene, deren Herzen voll Liebe sind, ,Abba, lieber heiliger Vater'!

12. O Du Emanuel, siehe, ich bin nicht wert, dass da mir geschehe gleich dem Henoch, der da ist erfüllt vom Grunde aus mit aller Liebe zu Dir! Jedoch eines gewähre mir gnädigst, und dieses eine ist: dass auch ich und wir alle Dich bis an das

Ende unseres irdischen Lebens aus allen unseren Kräften stets mehr und unendlich mehr zu lieben vermöchten und Dir dann ewig allesamt, lebendig durch solche Deine Liebe in uns zu Dir, zurufen dürften und könnten: Abba, Abba, Abba!

13. O Emanuel! Nehme gnädig auf dieses mein Bekenntnis und sei uns und bleibe Abba uns jetzt und in alle Ewigkeiten der Ewigkeiten! Amen."

Kapitel 138

Die Offenbarung des Emanuel. Eine Erklärung der Zeichen

1. Und der Emanuel entgegnete dem Adam und somit auch allen seinen Kindern, sagend nämlich: „Siehe, Adam, jetzt hast du wohl geredet, und das, was du geredet hast, ist lebendig wahr! Denke, da ich heute am Morgen zu euch kam und Mich, wie du es weißt und ihr alle an der Seite Adams, ausgab für einen stummen Sklaven aus der Tiefe Lamechs, der da entflohen ist mit der Hilfe Ahbels; verhielte sich die Sache nicht anders im Geiste der Wahrheit und aller Liebe, wäre Ich anjetzt nicht ein barer Lügner gleich dem Wurm der Erde, der da ist ein Vater und Fürst alles Lugs und Trugs?

2. Doch du warst, wie du nun treulich selbst bekanntest, blind, taub und gefühlsstumm; daher auch gewahrst du nichts von den Dingen der ewigen göttlichen Ordnung. Siehe, wäre Ich gekommen als Emanuel zu euch, wo wäre nun euer Leben?!

3. Darum aber kam Ich in der Gestalt zu euch, in der ihr innerlich selbst es wart, damit ihr als kalte Asmahaele, an Mir erwärmt, den Abba Emanuel habt finden können!

4. Zwar war Ich gestern am Abend bei dir und habe dir eine große Verheißung gegeben. Du erkanntest Mich aber nur wie im Traum; denn Sand und trockenes Gestein war um dein Herz gelagert. Und am Morgen schon blieb von Mir in dir nichts mehr zurück als kaum die nackte, kalte Erinnerung. Ich bereitete euch zum Dolmetsch den Henoch. Doch seine Worte bewundertet ihr nur, aber euer totes Herz verstand sie nicht. Ihr suchtet zwar alle, und doch wollte ein jeder dem anderen ein weiser Führer sein, um ihm zeigen zu können, welche hohe Weisheit in jegliches eigenem Herzen wohne.

5. Als ihr nun am Morgen alles zu vollenden wähntet, kam Ich als ein heller Stern zu euch, um euch anzuzeigen, im Staub vor euch kriechend, dass euer Herz auch also war im Sand tief begraben; allein der helle Stern wandelte von Morgen gen Mittag, vom Mittag bis gen Abend und vom Abend bis hierher, – und euer Herz hielt Mich heimlich noch stets für einen Lügner, und es mochten wenige nur des Sternes hellsten Strahl vollends erschauen.

6. Ein Tiger musste Mich vor euch hertragen und euch dadurch sich selbst eurem Herzen entreißen!

7. Seht, wie hell der Stern leuchtete, und ihr mochtet nicht bemerken sein sanfthelles Strahlen!

8. In der Gegend der sieben Steine, deren Spitzen Wasserbäche herab zur Erde gießen, lehrte euch der Sanfte die Demut. Ihr wart noch taub und blind, und das Leuchten des Sternes war ein vergebliches.

9. Im Abend ließ der Stern hellere Strahlen von sich schießen. Es blitzte und donnerte gewaltig, und nur wenige Tote

erstanden und lösten sich von den faulen Knoten los. Allein die vermisste faule Modergärungswärme tat den übrigen wehe, darum da ein hartes Gezänk entstand. Und ein Weisheitsvorrecht kämpfte dann gegen das andere, darum noch viele nicht mochten erschauen das hellste Licht des Sternes.

10. Der Stern führte euch weiter. Seine Macht trieb euren Tiger von euch und machte verstummen euren Hochmutswurm, die alte Schlange!

11. Da riebt ihr euch die Augen; denn das Licht des Sternes war euch zu stark und zu mächtig die Wärme seines Feuers, darum ihr Mathusalah und Lamech, die der Stern aufnahm, scheel ansaht.

12. Wir kamen endlich an die steinerne Wand eures Herzens. Des Sternes Blitz und Donner machte sie einstürzen, und ihr kamt und saht die große Verlassenheit eures inneren Lebens. Ihr rieft das Leben; es wollte sich nur wenig desselben wieder einfinden. Ich sah eure große Not, ging, rief und brachte euch des Lebens in großer Menge!

13. Adam! Und noch war dir der Stern fremd; ‚Asmahael‘ nanntest du noch immer Mich – und hast doch solche Zeichen gesehen!

14. Siehe nun und merke wohl, da du Mir nun einen anderen Namen gabst: Dieses letzte Zeichen wird das erste werden, und das erste das letzte; und es soll in der Zukunft deinen Nachkommen nicht gehen wie dir, wenn Ich wiederkommen werde.

15. Wahrlich, die Blitz- und Donnergewohnten werden im Ärger den Tod finden, wenn Ich dann zuletzt kommen werde, wie Ich jetzt kam am Morgen! Versteht es! Und nun tut alle, was da gebührt dem Emanuel Abba, amen; in euch aber, amen!"

Kapitel 139

Die reine Liebe Lamechs zu Emanuel

Am 3. November 1841

1. Nach dieser Erklärung Emanuels dankten, von der höchsten Liebe ergriffen, alle die Kinder samt dem überzerknirschten Adam dem Abba im Emanuel, und alle richteten ihre Blicke auf den Emanuel nun und konnten sich an Ihm nicht satt sehen, obschon Er Seine vorige Asmahaelsgestalt nicht um ein Haar geändert hatte. Und ein jeder sagte bei sich selbst in größter Freude, selbst Henoch nicht ausgenommen: „Da ist also nun Der, über den so oft schon geredet wurde, dass Er ist Gott der Ewige, der unendlich Mächtige, der Schöpfer Himmels und der Erde und aller Dinge auf ihr, und dass Er allein der wahre Vater aller Menschen und voll der höchsten Liebe und Erbarmung zu ihnen und übervoll der höchsten, unendlichen Weisheit ist!

2. Wenn Er nur wollte, vergingen da nicht augenblicklich wir und alle Dinge, als wenn sie nie gewesen wären?!

3. Und dieser Gott, allmächtig, ist jetzt unter uns, der unendliche, der ewige Gott! Also wahrhaft nun Emanuel!"

4. „Ja, ja," sagte laut der junge Lamech zum Mathusalah: „Er ist es ganz bestimmt; ich möchte grad vergehen vor Liebe! Wie doch so überaus unbegreiflich lieb, mild, sanft, gut und dabei doch so voll hohen Ernstes Er aussieht!

5. O Vater! Wenn ich mich getraute, so möchte ich nur hinfallen zu Ihm und Ihn dann vor lauter Liebe so drücken an mich und Ihn aber auch nie mehr auslassen mein ganzes Leben lang, dass ich darob sterben könnte und möchte!

6. Meinst du, Vater, so ich solches täte, wäre das eine Sünde oder doch wenigstens eine grobe Unart?

7. Ach siehe, wie Er Sich nun bald mit dem einen, bald mit dem anderen so mächtig liebevoll bespricht! O wie unendlich lieb Er doch ist!

8. Nein, Vater Mathusalah, jetzt halte ich es nicht mehr aus; ich muss, muss zu Ihm!

9. Siehe, sogar die Steine, die wir jetzt hierhergebracht haben, hilft Er dem Henoch auf das Herrlichste ordnen.

10. O Vater, sehe, sehe, Der, der einst Himmel und Erde und alle Dinge auf ihr durch Sein mächtiges Wort erschaffen hatte, Der – o welch ein Anblick! – Der hilft nun dem Henoch diesen kleinen Opferaltar erbauen!

11. O Gott, mein Gott, mein lieber Vater, wie überaus gut bist Du; was für ein guter Vater bist Du!

12. O wenn ich mich doch getraute! Aber Er kommt mir doch zu heilig vor! Ja, heilig ist Er, überheilig! Aber meine Liebe ist zu mächtig, als dass mich Seine Heiligkeit von Ihm nun mehr abhalten könnte!

13. Wer weiß es, wie lange Er noch bei uns verweilen wird; darum nur mutig darauf los!"

14. Bei diesen Worten wollte der Lamech auch davonspringen hin zum Emanuel; allein der Mathusalah hielt ihn, ihn beim Kleide fassend, zurück und sagte zu ihm in einer halblauten Sprache:

15. „Was tust du, unbändiger Junge! Bedenke doch nur, wer der Emanuel ist! Mein Herz ist ja eben auch brennvoll von Liebe zu Ihm! Aber man muss Gott nicht so lieben, wie man seinesgleichen liebt, sondern mit der allerhöchsten Hochachtung, allein stille im Herzen anbetend, muss man Gott lieben, – aber nicht auf eine so unbändige Weise!

16. Hast du denn nicht vorhin gehört, wie Er Selbst es gesagt hatte, dass Er auf nichts denn allein auf das Herz sehe und auf nichts anderes?! Daher tue das, was da recht ist nach Seinem eigenen Willen und vergesse nicht der hohen, heiligen Achtung, die wir alle nebst der höchsten, innersten Liebe Gott schuldig, ja ewig schuldig sind! Amen!"

17. Und Lamech entgegnete dem Mathusalah: „Vater, du magst das Amen noch tausend Male hintereinander aussprechen, so nützt es zur Liebestillung in mir zum Emanuel für diesmal soviel wie gar nichts! Lamech, dein Sohn, ist dir noch nie ungehorsam gewesen, aber diesmal wird er den Gehorsam brechen und wird seine Liebe nimmer mäßigen, sondern tun nach seinem Herzen; denn wahrlich, tausend Väter wie du sind mir nun um einen Liebesblick Emanuels feil.

18. Daher lasse mich tun, und halte mich nicht auf auf dem Weg zu meinem Gott und deinem Gott und zu meinem Vater und deinem Vater! Und nun sage ich Amen!"

19. Und alsbald riss sich Lamech los und sprang mit großer Hast davon und hin zum Emanuel.

20. Als er aber vollends an den Emanuel kam, da stellte sich Emanuel, als wenn Er den Lamech nicht bemerkte. Und den Lamech ergriff ein Bangen, von der höchsten Liebe untermengt, so dass er sich doch nicht getraute, den Emanuel anzurühren, und fing bei sich an zu denken, ob es etwa doch gefehlt war, dass er nicht gehorchte dem Vater Mathusalah.

21. Doch aber wieder dachte er: „Die Liebe, die reine, unbestochene, ohne allen

Eigennutz im Herzen zu Gott emporgewachsene und gewaltig erstarkte Liebe, ist sie nicht frei und höher und heiliger und mehr, viel mehr, als alle menschlichen Ansichten und danach gestellten Forderungen?

22. Ja, sie muss mehr sein, ja unendlich mehr, weil der Gegenstand, den sie erfasst hat, auch unendlichmal mehr ist als alle Menschen und menschlichen Väter auf dieser ganzen Erde! Daher –"

23. Bei diesen Worten sah Sich Emanuel um, und der Lamech verstummte, vor Liebe weinend.

24. Emanuel aber fragte den Lamech mit der höchsten Sanftmut: „Mein geliebter Lamech, was fehlt dir, dass du nun dastehst und weinst?"

25. Und der Lamech entgegnete überrascht: „O Emanuel Abba, wie magst Du mich fragen? Du, dem der verborgenste Gedanke schon um eine Ewigkeit früher bekannt ist, als er noch von jemand Erschaffenem gedacht wurde!

26. O Emanuel Abba! Der Du die Not jedes Grases, jedes Sonnenstäubchens kennst, wirst ja auch die große, süße Not meines Herzens sicher nicht übersehen! O Emanuel Abba! Vergebe mir, wenn Dir etwa meine unbändige Liebe zu Dir missfallen sollte!"

27. Und der Emanuel bemerkte darauf dem Lamech: „Mein geliebter Lamech, siehe, dein Vater aber ist traurig deines Ungehorsams willen! Sage Mir, ist es recht, den Vater zu kränken?"

28. Und der Lamech entgegnete: „O Emanuel, ich möchte sagen: Fluch dem Kind, das da zuleide tut seinem Vater! Und wie Du es weißt, habe ich diesen Fluch niemals verdient; jedoch jetzt, da Du, unser wahrer, ewiger, heiliger Vater, unter uns

bist, ließ sich mein Herz aus zu mächtiger freier Liebe zu Dir nicht mehr bändigen, und so wurde ich aus dieser mir über alles heiligen Liebe zu Dir, meinem Vater, zum ersten Mal ungehorsam, und das zwar in der sichersten Hoffnung, dass Du mir diesen Fehler ja nicht zu hoch anrechnen und ihn bei meinem Vater schon wieder gutmachen wirst."

29. Und der Emanuel sagte wieder zum Lamech: „Lamech! Was würdest denn du nun tun, wenn Ich dir diesen Fehler denn doch sehr hoch anrechnen möchte, also zwar, dass Ich dich darum von Mir und Meiner Liebe und Gnade weisen möchte?"

30. Und der Lamech, darauf etwas traurig gemacht, erwiderte in einem wehmütigen Ton, sagend: „O Emanuel! Du allein nur siehst und kannst gerecht und richtig beurteilen, wie da beschaffen ist unser Herz! Ich kann gefehlt haben; allein ich bin blind und sehe den Fehler nicht, denn nur, dass ich aus Liebe zu Dir, wie ich's nun überklar empfinde, nicht nur meinen irdischen Vater Mathusalah, sondern, wie gesagt, tausend Väter mit der ganzen Welt verlassen möchte!

31. Du kannst mich auch strafen, so wird meine Liebe zu Dir doch in ihrer Stärke von mir aus nicht eher vergehen, als bis ich selbst vergehen werde vor Dir, Du heiliger Vater!

32. O Emanuel, siehe, ich verlange ja nichts von Dir als nur, dass Du Dich von mir möchtest lieben lassen! Du hast den Henoch für seine Liebe unsterblich gemacht. Siehe, ich verlange solche Gnade nicht von Dir und bin derselben auch nicht wert; so lasse mich sterben, aber doch also, dass ich noch sterbend Dich lieben dürfte.

33. O Emanuel, vergebe mir meine Worte, darum ich nichts dafürkann, dass mein noch lebendes Herz solches zu sagen meine Zunge nötigt! Dein heiliger Wille! Amen."

34. Hier bewegte Sich Emanuel, und Sein Antlitz wurde strahlend gleich der Sonne, dass alle darob zur Erde niederfielen; und also blickte Er auf zum Himmel und sagte:

35. „O Liebe, du reine, heilige, ewige Liebe, du hast gesiegt und wirst Siegerin bleiben ewig! Du Himmel, du Sonne, du Erde, ihr werdet vergehen, und es wird von euch keine Spur mehr übrigbleiben, ja es wird vergehen alle Majestät, Pracht und Herrlichkeit; allein du, heilige Liebe, du wirst bestehen und nimmer vergehen!

36. Stehe auf, Lamech! Du hast gesiegt; ja Ich sage dir, du hast einen großen Sieg erfochten! Siehe, Mich, deinen Gott und Vater, hast du überwunden! Jetzt erst hast du Mich, jetzt darfst und kannst du Mich lieben aus allen deinen Kräften; denn du hast mit deinem Vater und mit Mir um Mich gerungen und wolltest sterben und vergehen um Meine Liebe. Siehe, jetzt bin Ich dein Siegespfand; nun erfasse Mich nach deiner Lust!"

37. Hier umklammerte Lamech Emanuels Füße und sprach: „O Emanuel Abba! Jetzt lasse mich sterben, denn meine Liebe ist belohnt; denn nichts denn das verlangte mein Herz. Dein heiliger Wille! Amen."

38. Und der Emanuel hob den Lamech empor und drückte ihn an das heilige Vaterherz, sagend: „Lamech, meinst du, du könntest sterben in solcher Liebe zu Mir? Wahrlich, Himmel und Erde werden vergehen, aber solche Liebe ewig nimmer; denn das ist das ewige, unvergängliche Leben, so jemand Mich liebt wie du!

39. Dich aber segne Ich nun, auf dass der Henoch und alle sehen mögen, wie getreu Ich in allen Meinen Verheißungen bin.

40. Einen Sohn werde Ich dir geben dereinst; dieser wird ein Retter des Volkes werden, und Tiere sollen verschont werden von Meinem Zorn, die er ansehen wird; und er wird Mir diesen Altar wieder errichten, den Mir jetzt der Henoch erbaut hat.

41. Dafür, dass du aber nun für Mich aus Liebe sterben wolltest, siehe, solches werde Ich aus Liebe dereinst tun für dein Geschlecht und für alles Fleisch, damit sie alle gewonnen werden fürs ewige Leben!

42. O du Mein Lamech du, du bleibst nun bei Mir und Ich bei dir ewig! Amen."

Kapitel 140

Mathusalahs Läuterung und die Vorbereitung des Opferaltars

Am 4. November 1841

1. Es sah aber Mathusalah, wie sein Sohn Lamech aufgenommen wurde, und freute sich dessen ungemein und ging darob hin zum Emanuel und dankte Ihm für eine so große Gnade, die da widerfahren ist seinem Sohn.

2. Emanuel aber entgegnete ihm: „Warum bedankst du dich, daran du keinen Anteil hast? Warte, bis an dich die Reihe kommen wird; dann erst komme und danke!

3. Hieltest du nicht am Rock deinen Sohn zurück, da er zu Mir wollte?! Und es hätte dir Freude gemacht, so Ich ihn von Mir gewiesen hätte! Allein da Ich solches nicht tat, sondern behielt den Lamech, so kommst du nun und dankst Mir wider dein Herz!

4. Siehe, ein solcher Dank ist nicht frei, sondern notgedrungen! Der aber Mir ein Dankopfer bringen will, des Herz muss frei sein also wie die Liebe, da er eine Blüte und Frucht der Liebe ist.

5. Wer sonst aber andersartig dankt, als er liebt, dessen Dank ist gleich einer hohlen Frucht, darinnen kein Kern des Lebens wohnt!

6. Daher gehe zuvor hin, ordne dein Herz, dann erst komme und opfere deine Gabe, dass Ich sie ansehen und, wenn sie ohne Makel sein wird, auch annehmen werde! Amen."

7. Es wurde aber darüber der Mathusalah traurig und sagte bei sich: „O Emanuel, mit Dir ist hart und überschwer auskommen; denn Du verlangst eine Reinheit des Herzens von mir, die da übersteigt alles, was je die höchste menschliche Weisheit ersinnen möchte!"

8. Und der Emanuel sprach zu ihm: „Mathusalah, jetzt hat dein Herz wahr gesprochen, und solches ist mehr wert denn deine unzeitige und wurmstichige Dankesfrucht!

9. Wahrlich, die Weisen und Verständigen der Welt werden an Mir allzeit die größte Not finden und werden sich gewaltig stoßen an Mir! Aber die Kinder werden mit ihrem Vater spielen, und es wird das Spielzeug dem Vater angenehmer sein allzeit und ewig denn alle wenn auch noch so abgemessene Weisheit der sonst überaus trockenen Weisen der Welt!

10. Verstehe es wohl, und gehe und tue, wie dir geraten! Amen."

11. Und der Mathusalah ging und fing an, sein Herz zu durchsuchen, und fand es voll Unrat, dass er sich darob entsetzte, und wollte davonfliehen und sich verbergen in irgendeinem Winkel der weiten Erde.

12. Da trat ihm aber alsbald der Emanuel in den Weg und sagte: „Mathusalah, du willst fliehen vor Mir und dich verbergen vor Meinem Angesicht; Ich sage dir aber, du wirst keinen Ort finden in der ganzen Unendlichkeit, der da fremd wäre Meinem Auge! Gehst du ans Ende aller Welt, — wahrlich, du wirst Mich finden!

13. Möchtest du dich versenken in die Tiefe des Meeres, meinst du etwa, dass Ich da nicht sein werde? Oh, du irrst dich gewaltig; siehe, auch die Kreatur des Meeres empfängt die Kost aus Meiner Hand!

14. Oder wohin möchtest du fliehen, dass Ich auf deiner Flucht dich nicht verfolgen möchte auf Schritt und Tritt?

15. Siehe, daher ist alles umsonst; und also bleibe, wo du bist, und läutere dein Herz, damit Ich dir dann helfen kann! Amen."

16. Und der Mathusalah blieb und beweinte seine Torheit.

17. Im Verlaufe dieser Reden, welche bei all den Kindern eine große Änderung in ihren Herzen bewirkt hatten, wurde auch der Opferaltar fertig errichtet; und das Holz war auch schon übers Kreuz daraufgelegt, und ein Lamm als Brandopfer war bereitet.

18. Und so näherte sich voll der inbrünstigsten Liebe der Henoch dem Emanuel und sagte: „Herr, unser aller liebevollster Vater, siehe, es ist alles bereitet! Wie willst Du, dass zum sichtbaren Zeichen fürs sündige Fleisch Dir dies Opfer soll dargebracht werden?"

19. Und der Emanuel sagte: „Das Holz ist gelegt, wie es sich geziemt, und das Opferlamm, wie es sich geziemt; aber Ich sehe, noch etwas geht ab! Daher, lieber

Henoch, gehe hin und hole Mir das Abgängige; denn daran liegt es am meisten! Ich sage dir, ohne dem hätte das Opfer keinen Wert; darum gehe, und hole es behände! Amen."

Kapitel 141

Henoch ermuntert die Väter zur Liebe zu Emanuel

1. Und der Henoch verstand gar wohl, was da noch abging. Und so ging er auch alsogleich hin zu den Vätern und richtete folgende Worte im Namen Emanuels an sie, sagend nämlich:

2. „O Väter, vernehmt ein Wort aus meinem Munde im Namen Emanuels! Es ist nun bereitet der Altar, der da ist heilig und rein vor Gott, da ihn Gott Selbst erbauen half meinen schwachen Händen.

3. Es liegt auf ihm wohlbereitet und in gerechter Ordnung des Zederbaumes fettes Holz, und das Opferlamm ist bereitet und wartet auf die erhabene Bestimmung; und somit ist alles bereitet bis auf eines, und dieses eine seid ihr, Väter!

4. Adam, du bist bereitet, und die Mutter Eva ist es mit dir, denn ihr seid ein Fleisch. Aber wo sind der Seth, Enos, Kenan, Mahalaleel, Jared und du, mein Sohn Mathusalah?

5. Zwar seid ihr wohl gegenwärtig dem Fleische nach; aber es schlägt im selben noch ein abwesendes Herz. Dieses Herz sollte in der wahren, reinsten Liebe gegenwärtig sein, da die höchste Liebe des Vaters Selbst sichtbar gegenwärtig ist.

6. O Seth, siehe, so ich je meinen Mund geöffnet habe, so warst du der Erste, der da jegliches meiner Worte wie erwärmende Sonnenstrahlen im Winter überaus freudig aufnahm und auch jegliches derselben gar wohl und fest im Herzen behielt und dann sogleich auch sein Leben danach einrichtete; jetzt aber, wo der Herr Selbst unter uns wandelt und Worte lehrt und mit solcher Liebe redet, dass darob die härtesten Steine zum Öl werden könnten und jedes Gräschen, jedes Gesträuch und jeder Baum zittert vor übergroßer Wonne und Seligkeit vor Dem, der da nun unter uns wandelt und solche erhabenen Dinge lehrt, siehe, jetzt bist du also stille, als ginge dich die ganze Sache mitnichten auch nur im Geringsten etwas an, sondern gaffst nur voll Neugierde nach stets neuen, größeren Wundern, um dich dabei zu unterhalten! Dass du aber dem Herrn in deinem Herzen ein reines Liebeopfer darbrächtest, siehe, dazu bist du zu träge geworden; aber dessen wird Sich der Herr nicht rühmen mit dir. Daher stehe auf, bereite dein Herz, und dann eile hin zum Herrn, auf dass Er dich wieder aufnehme, also wie Er aufgenommen hat den Adam, den Lamech, den Abedam, den Jura, den Bhusin und den Ohorion und gar viele andere und – Ihm ewig Dank dafür! – zuletzt auch mich!

7. Stehe auf, eile und versäume das Leben nicht; denn siehe, du bist tot! Darum eile, eile dem Leben der Liebe nach, solange es wandelt unter uns sichtbar! Wer es jetzt nicht ergreifen wird mit aller Hast gleich dem Lamech, wahrlich, der wird es verlieren auf ewig!

8. Also des Herrn Wille, amen; Amen für dich, Vater Seth!"

9. Und der Seth erschrak gewaltig, dass er aufsprang und hineilte zum Emanuel und leerte sein Herz vor Ihm aus, und bat Ihn um Erbarmung und Gnade.

10. Und der Emanuel sagte zu ihm: „Seth, da Ich dich rufen ließ, so kamst du und magst auch bleiben. In der Zukunft aber werden nur diejenigen bleiben, die da ungerufen kommen werden und werden im Geiste und in der Wahrheit und Liebe zu Mir rufen: ‚Abba, Abba, Abba! Dein heiliger Wille, amen!' Verstehe es wohl, und sei rein! Amen."

11. Und als der Henoch noch seinen Ruf an die übrigen richten wollte, siehe, da sprangen diese eilends auf und sprachen einstimmig: „O Henoch, rufe uns nicht, denn dein Rufen ist schrecklicher denn aller Tod!

12. Siehe, wir sehen die ganze Masse unserer Schuld vor uns und sind unwürdig deines Rufes; aber gehe hin zum Heiligen, dessen Namen wir nicht wert sind auszusprechen, und bitte Ihn für uns, deine armen, toten Väter und deinen toten Sohn Mathusalah, dass Er uns möchte gnädig und barmherzig sein! Amen."

13. Und der Henoch entgegnete ihnen: „Was des Unsinns redet euer Mund! Glaubt ihr denn, so bei mir etwas zu vergeben wäre, dass ich euch eher denn der Emanuel erhören möchte?!

14. O wie blind und taub ihr doch seid! Ich, die Unvollkommenheit selbst, ich, der nichts hat, nichts vermag, – ich, der erst kaum durch die unendliche Erbarmung des Herrn in der Liebe erstanden bin, und an dem alles Gute selbst noch dazu rein des Herrn, also ein freies, im höchsten Grad unverdientes Geschenk ist, – also ich, meint ihr, ich werde barmherziger sein denn der Emanuel, Er, die allerhöchste Liebe, die allerhöchste Erbarmung Selbst, der da ist voll Sanftmut, Langmut und voll der höchsten Geduld mit jeglicher Schwäche?!

15. O bedenkt euch eines Besseren, und macht mich nicht zu einem neuen Sünder vor Ihm!

16. Wahrlich, so es auf mich ankäme, so würde ich euch nur fluchen mit meiner größten Wohltat gegen dem, so euch der Emanuel nur mit einem Auge ansieht!

17. Daher eröffnet euer Herz, und eilt hin zum Vater! Denn nicht ich, sondern Er, der endlos besorgte, heilige Vater, Er, die höchste Liebe, lässt euch durch meine schlechte und matte Zunge rufen!

18. Also geht dorthin, wo Liebe, Leben und Erbarmung zu finden ist und ewig zu finden sein wird, und wendet euch nimmerdar an meine Vorbitte, sondern an Den, dessen unendliche Liebe euch rufen ließ! Amen."

19. Und alle gingen voll Reue über ihre Torheit hin vor den Emanuel und bekannten ihre Schuld vor Ihm und schütteten ihr Herz vor Seinem Angesicht aus.

20. Emanuel aber sah sie an und sprach: „Kinder! Warum fürchtet ihr denn den allerbesten, liebevollsten Vater und habt doch keine Furcht vor Menschen, an denen alles Gute doch nur von Mir ist, und deren Eigenes eitel verderblich Böses und Falsches ist?

21. Glaubt ihr denn, Ich werde Mich von Menschen zu etwas bewegen lassen und dadurch zeigen, dass die Menschen barmherziger sind denn Ich?!

22. Oder meint ihr, dass der Henoch mehr Liebe hat denn Ich, durch die er Mich erst bewegen hätte sollen, euch zu erlassen eure Schuld?! O ihr Toren, die ihr doch selbst Väter seid und liebt eure Kinder, da ihr voll Arges seid! Sagt, wann hat ein Fremder je mehr geliebt eure Kinder denn ihr selbst, oder wessen Stimme möchtet ihr eher erhören – die des Kindes selbst,

oder die eines unberufenen und unvollkommenen Vorbitters?!

23. So aber ihr also handelt als Menschen voll Arges vor Mir, wie denkt ihr denn also ungeraten von Mir?!

24. Daher ändert eure Gesinnungen und denkt in euch, dass nur Ich euer aller Vater bin, und ihr aber alle Kinder eines Vaters seid und habt alle ein Recht durch die Liebe auf Ihn. Amen."

Kapitel 142

Die Bitte des Adam und die Lehre von der Freiheit der Liebe

Am 5. November 1841

1. Nach dieser kurzen Mahnrede Emanuels erhob sich der Seth und brachte, durch und durch mächtig von der Liebe ergriffen, folgendes hervor, sagend nämlich:

2. „O Emanuel Abba, vergebe uns allen unsere entsetzliche Lauheit! Denn siehe, ich und also wir alle sind durch Deine außerordentlichen Großwundertaten ganz gefühlsstumm geworden, und die Reden Adams, Henochs, dessen Begünstigung, Deine schnell aufeinanderfolgenden Feuerreden und liebeglühenden Lehren haben unseren von Natur aus etwas langsamen Geist überladen, und wir konnten nimmer folgen all den unaussprechlichen Herrlichkeiten aus Deinem heiligen Munde; daher erlagen wir unserer großen Ohnmacht und verließen uns heimlich auf den Henoch, dass er uns solches nachträglich schon wieder beibringen werde und wir es dann nach Zeit und Muße ganz bequem und leicht begreifen werden können.

3. Doch ein ganz anderes heiliges Licht aus Dir zeigte uns allen nun, dass all diese eben angeführten Gründe nicht also wirkten, sondern unser eigener träger Wille war es, der da alles solches ärgerlich Laues in uns bewirkte; daher, o Emanuel, erwecke unseren noch immer toten Willen und stärke mit Deiner Gnade unsere schwachen Herzen, auf dass wir das Gesagte aus Deinem heiligen Munde lebendig erfassen und danach unser Leben Dir wohlgefällig einrichten möchten! Amen."

4. Und der Emanuel erwiderte dem Seth und also auch allen folgendes: „Seth, siehe, Ich reinige euch der Wahrheit deines Bekenntnisses willen! Allein eure Wahrheit ist nackt wie ihr selbst vor Mir; darum bekleidet euer Herz mit freier Liebe zu Mir, damit ihr lebendig werdet! Denn alles kann Ich euch geben, nur alleinig die freie Liebe eures Herzens zu Mir, diese kann Ich niemandem geben! Und so Ich solches täte, was wäre da eure Liebe?

5. Ich sage euch, sie wäre nichts als ein fremder Trieb in euch, der euch nötigen möchte, wider euren Willen Mich zu lieben und somit auch anzubeten!

6. Ich aber habe euch zu freien Menschen und Kindern erschaffen und habe einem jeden gegeben einen eigenen guten Anteil der Liebe, die da bewirkt das Leben in euch. Mit dieser freien eigenen Liebe müsst ihr Mich erfassen, so werdet ihr das Leben in euch erfassen!

7. Ich habe jedem so viel gegeben, dass da sein Anteil ein ganz gerecht wohlgemessener ist, also wie da gelegt ist in jegliches Samenkorn ein der Liebe entstammender lebendiger Keim. Wenn der Same in die Erde gelegt wird, so sammelt sich der Liebe Tau um ihn. Dieser Tau zerstört das den lebendigen Keim einschließende Fleisch und macht frei den lebendigen Keim. Ist er nun frei, so fängt er an, begierig den ihn

umgebenden Liebes- und Lebenstau in sich aufzunehmen und wächst allmählich größer und größer heran, bricht bald dann selbstkräftig über das Erdreich empor und erhebt sich frei, hinauf zum Licht der Sonne strebend. In solcher Freiheit erstarkt er, und so wird endlich aus dem fast unsichtbar kleinen Keim ein mächtig starker Baum, über und über voll Lebens und somit voll von tausendfacher Frucht; und alles Leben ist da ein dem Baume eigentümliches Leben, aus welchem es seinesgleichen tausendfach hervorbringt.

8. Seht nun, und fragt euch selbst, ob es nicht also auch sich verhalte mit der eigenen freien Liebe in euch, die da ist ein wahrer Keim des ewigen Lebens in eurem Fleische, welches da gleich ist der Materie des Samenkornes.

9. Mein Wort und Meine Liebe zu euch ist der Liebestau und tut mit euch wie mit dem Samenkorn in der Erde. Also nehmt auf Mein Wort in euch, damit es zerstöre euer Weltliches und dann wahrhaft frei mache eure Liebe, welche da ist das wahre ewige Leben! Erst in diesem freien Leben werdet ihr dann nützliche Fruchtbäume werden und tun können, das des Lebens fürs Leben ist; jetzt aber ist eure Aufgabe keine andere, als euch lebendig und frei zu machen in der wahren Liebe zu Mir, damit ihr dadurch dann erst wahrhaft lebendig werdet in Mir und durch Mich, euren wahren, ewigen, heiligen Vater! Amen.

10. Und nun geht an die rechte Seite des Altars, und beachtet in euch das Opfer Henochs, und lasst an der geheiligten Opferflamme erwärmen eure noch liebeschwachen Herzen! Amen."

11. Und alle taten nach dem Wort Emanuels und stellten sich an des Altars rechte Seite, die da war gewendet nach Mittag.

An der Seite von Morgen her standen Emanuel, der opfernde Henoch, Lamech und die anderen Erweckten. Und die abendliche und mitternächtliche Seite aber war frei für alles Volk.

12. Und als nun also alles wohl bereitet und geordnet war fürs Opfer, da trat noch einmal der Adam hin zum Emanuel und fragte Ihn voll der innersten, reinsten Liebe und allerhöchsten Achtung:

13. „Emanuel, Du wirst uns etwa nach diesem Opfer doch nicht alsbald verlassen, sondern noch gnädigst auch am morgigen Sabbat das Opfer auf der Höhe heiligen und es auch allergnädigst annehmen?! Denn siehe, die im Morgen, Mittag und Abend wohnenden Kinder haben Dich noch nicht erkannt! Oh, wie glücklich würden sie sein, so sie Dich in unserer Mitte auch ansehen und ein Wort des Lebens aus Deinem heiligen Munde vernehmen könnten!

14. Allein, o Emanuel, nicht mein oder unser Wille, sondern nur allzeit Dein allerheiligster Wille geschehe jetzt und ewig! Amen."

15. Und der Emanuel sagte darauf dem Adam: „Siehe, du bist besorgt, und deine Sorge ist nicht eitel, da du ein Vater bist alles freien Blutes der Erde; aber eines bei deiner Sorge ist, das da grenzt an des äußeren Lebens Eitelkeit, und das ist das Sichtbare Meines Wesens in einer euch ähnlichen Person! Meinst du denn, Ich bin euch als unsichtbar weniger gegenwärtig und also ein weniger hilfreicher Vater denn in Meiner Sichtbarkeit?

16. Siehe, das ist noch eitel; dir sage Ich aber, es ist jedem besser, Mich wesentlich nicht zu schauen, als nur durch die Liebe im eigenen Herzen! Denn Meine Sichtbarkeit ist euch eine Nötigung, Meine

Unsichtbarkeit aber eures Lebens Freiheit; es kann aber durch die Nötigung niemand zum ewigen Leben gelangen, sondern allein durch die Freiheit, welche da ist die reine Liebe zu Mir!

17. Zu dem Ich käme und bliebe bei ihm, der würde von Mir verschlungen; denn das Feuer Meiner Liebe ist zu unendlich, als dass es zu ertragen imstande wäre ein sterbliches, nur für die Unsterblichkeit erschaffenes Wesen. So aber jemand zu Mir kommt frei, nachdem er Mich zuvor gesucht in seinem Herzen, siehe, der hat sich gefestet und ist auch stark geworden, darum Ich ihn nicht mehr verschlingen werde, sondern aufnehmen zur ewigen Anschauung Meiner Unendlichkeit und zum ewigen freien Genuss der Ausflüsse Meiner unendlichen Liebe und Gnade.

18. Jedoch aber werde Ich deiner Bitte zufolge auch morgen auf einen Augenblick allen deinen Kindern sichtbar und vernehmbar werden; verstehe es wohl! Amen."

Kapitel 143

Die Opferung des Lammes am Altar

1. Und der Adam dankte mit vollster Inbrunst seines Herzens dem Emanuel für die verheißene große Gnade und stellte sich wieder rückwärts auf den schon früher eingenommenen Platz.

2. Und nach dem aber trat der Henoch vor und sagte zum Emanuel: „Siehe, Emanuel Abba, der Du bist heilig, überheilig! Also wäre alles bereitet; so es Dir wohlgefällig wäre, möchte ich Feuer legen nun auf den Altar und für uns alle Dir opfern das Lamm und die Früchte."

3. Emanuel aber entgegnete: „Henoch! Siehe, Ich bin weder hungrig, noch durstig, und du magst Mir mit dem Opfer keine Sättigung bereiten; das Mir angenehmste Opfer aber ist ein reumütiges, zerknirschtes, Mich suchendes und über alles liebendes Herz!

4. Allein, da du schon den Altar erbaut, auf ihn das Holz gelegt und das Opfer bereitet hast, so kannst du ja legen dasselbe darauf und es Mir opfern! Amen."

5. Und der Henoch tat alles nach den Worten Emanuels und legte zuerst das Lamm lebendig über das Holz, welches noch nicht brannte, und schlachtete es auf dem Altar.

6. Es bemerkte aber der Adam, dass sich solches nicht zieme, am Altar das Blut des Lammes zu vergießen.

7. Und der Emanuel entgegnete dem Adam, sagend: „Adam! Kümmere dich dessen nicht, was der Henoch tut; denn nicht dir, sondern Mir bringt er das Opfer! Und siehe, Mir ist es recht! Warum sollte es dann dich ärgern?

8. Ich sage dir aber zum Zeichen Meines Wohlgefallens an der Opferungsweise Henochs, dass eben also der Allerhöchste dereinst dem Allerhöchsten das allerhöchste Opfer darbringen wird! Verstehe es wohl! Amen."

9. Und der Adam entgegnete etwas verblüfft gewisserart fragend: „O Emanuel! Gibt es denn außer Dir Allerhöchstem noch einen Allerhöchsten, oder wie ist das zu verstehen?"

10. Und der Emanuel sagte: „Ich sagte, und nun sage Ich dir: Jenseits des Fleisches gibt es noch vieles Verborgene; doch in deinem Fleische wirst du solches nimmer erschauen! Denn des Fleisches Lehrerin ist die Zeit; der Geist aber wird es erkennen,

wenn er wieder dahin gelangen wird, da er hervorgegangen ist. Amen."

Am 6. November 1841

11. Nun war das Lamm geschlachtet, und der Henoch nahm Steine und rieb sie gewaltig aneinander über untergelegtem, mit trockenem Harz bestäubtem, dürrem Stroh; allein ihm, dem sonst besonders geschickten Feuermacher, wollte diesmal seine Kunst nicht gelingen, darum er alsbald hinging zu Emanuel und sagte:

12. „Herr, Abba Emanuel! Siehe, ich bringe diesmal kein Feuer zuwege; o lasse mich doch ein Feuer machen!"

13. Und der Emanuel erwiderte dem Henoch: „Siehe, Mein geliebter Henoch, so dir das Feuer nicht gehorcht, magst du ja zufrieden sein; denn es ist besser, ein Herr seines Herzens zu sein denn ein geschickter Feuerwerker! Also ist Mir auch angenehmer einer, der sein eigenes Herz zu Mir erhebt, als einer, der durch sein Wort und durch seine Feuerreden Tausende zu Mir gewendet hätte, bei sich selbst aber bliebe er ein kaltes Opfer, darunter kein Feuer der Liebe lodert, sondern allein kalte Weisheit.

14. So du aber kein Feuer zuwege bringst, siehe, dem soll bald abgeholfen sein! Gebe das Feuerzeug dem jungen, kräftigen Lamech! Unter seinen kräftigeren Händen werden die Steine schon geben, was sie dir versagten; du aber bleibe bei Mir, und lasse das Handwerk dem Lamech! Amen."

15. Und alsbald übergab Henoch überfreudig dem Lamech die Feuersteine, und dieser rieb sie also gewaltig aneinander, dass daraus alsbald eine so große Menge Feuers entstand, dass sich nicht nur davon alsogleich das Feuerstroh entzündete, sondern das Feuer ergriff auch alsbald das Holz und das Opfer, das da plötzlich in hellen Flammen aufloderte.

16. Es wunderten sich aber alle über die Geschicklichkeit des Lamech. Da aber der Lamech sah solches Wunderlob der Väter und des Volkes, wandte er sich hastig zu ihnen und sprach mit großem Eifer:

17. „O Väter und Brüder, seid ihr schon wieder von Sinnen und bringt mir ein Lob?! Wer ist denn der Emanuel? Wer hat und wer gibt da das Feuer?

18. Wäret ihr nicht meine Väter und Brüder, wahrlich, ich möchte euch blinde Toren schelten! Gebt Dem Lob und Ehre, dem solches gebührt! Wem aber gebührt alles Lob und alle Ehre? So ihr es noch nicht wissen solltet, so sage ich es euch, dass solches nur Gott allein gebührt, da allein Er heilig ist und war und sein wird ewig! Amen. Versteht es wohl, amen!"

19. Und alsbald wendete sich Emanuel zum Lamech und sagte zu ihm: „Höre, Lamech, fast zu viel des Feuers hast du gerieben!

20. Dir wäre nicht gut Blitz und Donner anzuvertrauen, denn unter deinem Regiment möchte die Erde bald ganz verglast aussehen oder also, allda der Sonne hellster Strahl der tieferen Bäche Sand zerschmilzt und dann ihre Ufer überzieht mit einem zwar äußerlich durchsichtigen Glas, – aber eben darum, dieweil es äußerlich dann das Licht aufnimmt und durchlässt, wird es unter dem Glas dann finsterer und kälter denn da, wo noch der blanke Sand seine trockene Stirne den Strahlen der Sonne darbietet. Und höre: Auf dem Glas wächst ewig keine Frucht mehr!

21. Daher nur sanft und gelassen und geduldig in allen Dingen und jeglichem Wort und in jeglicher Tat; denn Sanftmut,

383

Gelassenheit und Geduld sind der beste Dünger des Erdreichs! So dann jemand sät einen guten Samen darein, da wird er dann aufgehen und dir und Mir eine reichliche Ernte geben!

22. Wer aber mit Schwert und Knitteln dreinschlägt, und blitzt und donnert, der verwundet und tötet nicht selten, und es wird auf seinem Acker wenig Frucht zum Vorschein kommen.

23. Wer aber da ist allzeit voll Sanftmut, Gelassenheit und Geduld, der begießt die Pflanzen seines Ackers, so der Sonne mächtige Strahlen das Erdreich trocken machen.

24. Nun, lieber Lamech, urteile selbst, auf welchem Acker da des Segens Fülle sichtbar wird schon in kurzer Zeit!

25. Daher sei auch du allzeit sanftmütig, gelassen und geduldig gegen jedermann, so wirst du die Herzen um dich versammeln und des Lebens Segen streuen über sie! Verstehe es wohl! Amen."

Kapitel 144

Emanuels Rede über die Freiheit der Liebe und das Opfer am Altar

1. Und der Lamech erkannte seinen Fehler und ging hin zum Emanuel und danach auch zu den übrigen Vätern und bat sie alle mit dem gerührtesten Herzen um Vergebung. Und all die Väter freuten sich dessen und ließen bei sich nicht unbeachtet die frühere feurige Mahnung.

2. Nach diesem aber sah Emanuel Henochs Opfer an und segnete es, sagend: „Ich, Emanuel Abba, habe zwar kein Wohlgefallen an diesem Brandopfer, sondern nur an dem, der es reinen Herzens Mir bereitete, – so segne Ich es aber doch zum frühen Gedächtnis an ein Opfer, das dereinst zur Belebung aller Toten und Lebendigen dargebracht wird. Und so soll es denn auch fürder bis ans Ende aller Zeiten der Zeiten beim Lamm und Brot verbleiben! Amen.

3. Wehe aber denen, die daran eine Abänderung treffen werden; wahrlich, Ich sage euch, sie werden nicht Mir, sondern dem Unrat der Welt ihr Opfer bringen und werden durch ihr Opfer werden gleich dem, dem sie ihr Opfer dargebracht haben!

4. Und du, Henoch, siehe, also habe Ich dein Opfer gesegnet, dass es geworden ist zu einem lebendigen Opfer, darum dereinst erstehen wird aus diesem verbrannten Lamm ein großes, lebendiges, starkes Lamm der Welt, welches auf seine Schulter nehmen wird alle Schwäche der Erde und wird allem Fleisch eröffnen des ewigen Lebens nimmerdar sich schließende Pforten! Amen.

5. Ich gebe euch nun kein Gebot mehr, sondern frei mache Ich euch von jeglichem Gebot. Gebote taugen nur für faule Knechte, und wer da nach den Geboten lebt, ist ein toter Sklave, der da gerichtet sein will in all seinem Tun, und hat keine Freiheit im Herzen. Da er arbeitet, da arbeitet er, weil ihm die Arbeit geboten war, denn ohne Gebot hätte er nie eine Tätigkeit für nötig befunden. Da er liebt, da liebt er, weil ihm die Liebe geboten ward, aber sein Herz empfindet nicht die Notwendigkeit und Heiligkeit der Liebe und das ewige Leben aus ihr, sondern nur ihren, das heißt der Liebe Druck. Warum denn also? Dieweil er ist ein Sklave aus der Schlammtiefe in allen Dingen.

6. Des freien Menschen Herz aber schlägt frei, und seine Lunge atmet frei, und kein lebenshemmendes Gesetz stört den munteren Kreislauf seines Blutes; denn die freie Liebe zu Gott macht ihn zum Kind des Allerhöchsten.

7. Wer aber da ist ein Kind des allerhöchsten Gottes, ist der noch ein Kind der Menschen?

8. Da er aber ist ein Kind Gottes, hat er da nicht in sich, was da ist allzeit heilig und ähnlich vollends Dem, der sein Vater ist, – also Göttliches und vollends Freies?

9. Darum sage Ich nun euch allen, die ihr ein freies Herz habt und liebt Mich mit euren freien Herzen, dass auch ihr Götter seid, wie euer heiliger Vater es ist von Ewigkeit frei aus Sich, aus eigener, ewiger, heiliger Kraft heraus!

10. Seht, darum also gebe Ich auch kein Gebot, sondern zeigte und zeige euch nur noch die wahre, freie, lebendige und allein lebendig machende Liebe zu Mir als die Urquelle alles Lebens und Seins, damit ihr sie im Geiste und aller Wahrheit zu eurer vollkommenen Belebung als das einzige Bindungsmittel gebrauchen möchtet zwischen Mir und euch.

11. Ich sage nicht einmal, dass ihr solches tun sollt, sondern frei mögt ihr es tun, so es euch gefällt! Ja nicht einmal aus Liebe zum Leben sollt ihr solche Lehre befolgen, sondern lediglich aus freier Liebe zu Mir, alleinig der Liebe allein wegen und somit Meinetwegen, der Ich allein euer liebevollster Vater bin!

12. Seht, darum Ich euch liebe, da ihr Meine Kinder seid, so sollt auch ihr Mich lieben, da Ich euer Vater bin!

13. Wie ihr aber Mich liebt, eben also sollt ihr euch auch lieben als lauter Brüder und Schwestern untereinander! Es soll euch ja nie ein Mittel was immer für einer Art bestechen, sondern Bruder, Schwester, Vater, Mutter sei alles zur Erweckung der freien Liebe in euch!

14. Was ihr Mir geben könnt für Meine ewige Vaterliebe zu euch, der Ich von niemandem etwas benötige, also auch sollt ihr sein in euren Herzen gegen Mich und gegen alle; dann werdet ihr sein gleich Mir lebendig aus euch durch den freien, gerechten Gebrauch Meiner freien Liebe in euch und werdet dadurch leben gleich Mir ewig und unvergänglich.

15. So ihr also bleiben werdet, da wird fern bleiben der Schlange Macht, und kein Makel wird je bekleben und verunreinigen eure Herzen. Wer aber da will ein Sklave der Welt sein, der sei es immerhin, Ich habe kein Gebot für ihn!

16. Aber nur das soll er wenigstens als Mensch wissen, dass Ich seinetwegen Meine ewige Ordnung nicht umstoßen werde! Das Leben allein nur ist in der freien Liebe zu Mir, sonst aber überall der ewige Tod.

17. Und du, Mein geliebter Henoch, du sei nun Mein erster Priester, und deine Liebe sei die Gründung der ersten und reinsten Kirche dieser Erde!

18. So du morgen also opfern wirst, werde Ich zu dir kommen und dir Worte auf die Zunge legen, die du sprechen wirst vor all den Kindern. Meine Liebe, Meine Gnade und Mein Segen mit euch! Amen." – Und Emanuel verschwand vor aller Augen.

Kapitel 145

Abschied von Emanuel und die weiteren Wege der Väter und Kinder

Am 8. November 1841

1. Als nun bereits alle die Väter und alles umstehende Volk bemerkt hatten, dass der Emanuel nicht mehr unter ihnen war, sondern dass Er also ganz verschwand dem Wesen nach, als so von Ihm nie etwas dagewesen wäre, da wurden bis auf den Henoch alle traurig und wechselten wenige Worte untereinander. Erst als sich die Sonne schon stark geneigt hatte, besann sich Adam und sagte:

2. „Kinder, da Der nicht mehr sichtbar unter uns wandelt, der da ist Jehova Emanuel Abba heilig, überheilig, was sollen wir nun noch hier machen?

3. Darum geht hin zu den Kindern, und ladet sie auf den morgigen Sabbat, und kommt alsbald wieder zurück, auf dass wir dann behände aufbrechen und eilen dann auf die Höhe, unserer Heimat zu.

4. Ihr aber, du Jura, Bhusin und Ohorion, und du auch, Abedam, sollt fürderhin bleiben in unserer Mitte, so es euch gefällt bei uns! Allein, wie nun ihr selber es aus dem Munde des Allerhöchsten deutlich vernommen habt, wie da jeder vollends frei ist, also seid es ihr auch von mir aus, der ich bin euer aller irdischer Vater. Wie es also euch gefällt, also mögt ihr es auch tun und dürft nicht etwa fürchten, entweder durch eines oder durch anderes etwas zu gewinnen oder zu verlieren, sondern allein euer freier Wille leite euch in allen Dingen, und des Herrn Wort und dessen ewige Liebe aber sei auf allen Wegen und Stegen euer aller Führerin und sei alles eures Lebens! Amen."

5. Und alsbald gingen Enos, Kenan, Mahalaleel und Jared und luden für den morgigen Sabbat die Kinder der Mitternacht, auf der Höhe zum Opfer zu erscheinen.

6. Der Jura aber entgegnete dem Adam, sagend: „Vater, siehe, eine unaussprechlich große Freude ist es uns allen, dass du uns geladen hast, wieder bei dir auf der Höhe bleiben zu dürfen; nur ist hier eine Frage nötig, und zwar diese: zu was nütze wir auf der geheiligten Höhe nun wären, und was da geschehen soll mit unseren Kindern.

7. Es ist unter euch der Henoch ein lebendiger Priester nun des Herrn. Siehe, unsere Kinder haben niemanden, der da geweckt worden wäre, denn allein uns; also wollen wir auch ihnen sein – wenn auch nicht in einem so vollkommenen Sinne –, was vom Emanuel aus euch und auch nach euch uns allen nun ist der Henoch.

8. Solches aber werden wir benützen die Zeit unseres Lebens hindurch, darum wir nicht selten auf die Höhe kommen werden und allda fassen für uns und unsere Kinder aus eurer Mitte neue Wärme und neues Licht. Und sonach werden wir hier verbleiben; aber morgen noch viel vor dem Aufgang wollen wir vor deiner Hütte dem Herrn einen Lobgesang anstimmen! Amen."

9. Und der Adam erwiderte ihnen: „Also ist es, und wie des Herrn so auch begleite euch und stärke euch mein und unser aller Segen! Amen."

10. Nach dem aber wandte er sich zu Abedam und fragte ihn, was denn er zu tun gesonnen sei.

11. Und der Abedam gab ihm überaus sanftmütig ganz denselben Bescheid. Und der Adam und alle lobten ihn seiner Treue

wegen, und der Henoch trat zu ihm und sagte zu ihm folgende Worte:

12. „Höre, Abedam, der Weg ist dir bekannt! Des Herrn Wille ist dein, Seine Liebe dir untertan. Deine Kinder sind noch alle blind. Siehe, nicht umsonst hat dich der Herr geweckt; daher eile zu den Deinen und bringe ihnen allen die frohe Botschaft und verschweige nichts, und allen sage laut und liebekräftig, was alles der Herr an uns allen getan hat!

13. Sei gegrüßt, lieber Bruder im Herrn und in Adam, jetzt und ewig! Amen."

Kapitel 146

Abedams Begegnung mit dem merkwürdigen Fremdling

1. Und alsbald verließ Abedam unter vielen Segnungen die heilige Stätte und eilte zu den Seinen, voll beladen mit den herrlichsten Schätzen aus den Himmeln. Und als er ging voll hoher Gedanken und voll Liebe zum Herrn denselben Weg zurück, den sie früher alle vom Abend her so überaus wunderbar gezogen waren, siehe, da kam ihm auf einmal gerade an der Stelle, da sie alle gerastet hatten und er als alleiniger Gefährte dem Asmahael zur Seite sich befand, ein junger, rüstiger Mann unter und fragte ihn:

2. „Wohin ziehst du so späten Tages? Siehe, schon berührt die Sonne des Berges Saum, und der Mond ist ferne noch mit seinem Licht; holperig ist der Weg und voll Steine der Pfad. Höre, [Abedam,][11] ich habe gehört, dass sich bei den Kindern der Mitternacht große Dinge sollen zugetragen

haben im Angesicht aller Väter! Ich möchte nun hin, um da auch etwas davon zu sehen, und besonders aber die gestärkten Väter; möchtest du darum denn nicht umkehren und mich geleiten dahin?

3. Und der Abedam besann sich nicht lange und fragte den Fremdling: „Ja, was du verlangst, will ich mit aller Freude gerne tun; aber so du irgendeinen Namen hast, damit ich dich dann bei den Vätern aufführen könnte, möchtest du mir ihn nicht kundgeben?

4. Und der Fremdling fragte entgegen um dasselbe und sagte zu ihm: „So du mir sagst deinen Namen, will ich dir auch sagen den meinigen und will dir noch sagen etwas ganz anderes; aber deinen Namen sage mir zuvor!"

5. Und der Abedam fing an zu stutzen und sagte zum Fremdling: „Wie kannst du mich denn um meinen Namen fragen? Hast ihn doch eben zuvor genannt, da du mich aufhieltest und mich ersuchtest, dich nun wieder zurück dahin zu geleiten, da soeben unerhörte große Dinge geschehen sind! Siehe, wie soll ich das verstehen?"

6. Und der Fremdling entgegnete ihm: „Siehe, Abedam, du kommst soeben von dem Ort, von der heiligen Stätte, da so große Dinge geschehen sind und du sicher auch geweckt wurdest! Wie magst du als Geweckter diese leichte Frage denn nicht verstehen?"

7. Und der Abedam wurde ganz verblüfft und wusste nicht, was er dem Fremdling hierauf erwidern sollte.

8. Und der Fremdling fragte ihn wieder, wie sein Name sei. Und der Abedam, ganz außer sich vor Verwunderung, dass der

---

[11] Nach dem Manuskript nennt der Fremdling den Namen anfangs nicht oder

spricht ihn nicht laut aus, obwohl das Abedam in der Folge behauptet.

Fremde ihn doch stets beim Namen rufe und nun darauf bestehe, zu erfahren Abedams Namen, entgegnete endlich dem Fremdling:

9. „Höre, also, wie du mich nanntest, also heiße ich und habe keinen anderen Namen denn gerade den, welchen du mir gabst, und den da mir gab Adam und Emanuel!"

10. Und der Fremdling sagte zu ihm, ihn scharf anschauend: „Siehe, Abedam, jetzt bin ich zufrieden, da du es mir sagtest, wie dein Name ist! Denn siehe, ich habe dir zuvor gleich anfangs den Namen gegeben; allein, als ein von mir dir gegebener Name war das ja nicht dein Name, sondern der meine in dir, ob du also auch heißen mochtest oder nicht. Nun ist der Name dein und mein, und somit hast du deinen und meinen Namen zugleich erfahren und kannst mich nun ruhig geleiten, dahin mein Verlangen."

11. Es verwunderte sich aber Abedam nicht wenig, dass der Fremdling gerade auch seinen Namen hatte, und fing sogleich an, mit dem Fremdling den Rückweg anzutreten.

12. Unterwegs aber fragte Abedam den anderen Abedam: „Sage mir, so du willst, aus welcher Gegend bist du nun hierher gekommen, und durch wen hast du erfahren, was sich zutrug in der Mitternachtgegend?"

13. Und der Fremdling erwiderte: „Deiner ersten Frage zufolge komme ich schnurgerade vom Morgen her; was aber deine zweite Frage betrifft, da will ich dir eine ganz kurze Geschichte erzählen:

14. Siehe, ein Vater in der Morgengegend – wohl der reichste an Kindern und an der Liebe zu ihnen – hatte lange zugesehen, wie sich seine Kinder mit allerlei nützlichen und mehr noch schädlichen Dingen unterhielten. Also aber hatte der weise Vater sich gestellt, dass ihn keines der Kinder bemerken konnte. Allein nach nicht gar langer Spielzeit fingen an die Kinder auszuarten, so zwar, dass da kaum einer übrigblieb, der sein Herz aus Liebe zum unbemerkten Vater rein erhielt. Dieser ermahnte zwar sorgsam all die älteren Brüder beständig; sie hörten zwar recht gerne sein Wort, aber danach kehren mochte sich keiner so ganz von Herzen.

15. Da beschloss der Vater, sich unkenntlich zu gestalten und also sich den Kindern zu nahen, also zwar, als käme er als ein Fremdling aus der Tiefe.

16. Die Kinder nahmen ihn zwar auf, aber nicht mit Liebe, sondern auf die Vermittlung des einen nur wie einen Fremdling; denn da ihr Herz sich verkehrt hatte in Törichtes und Weltliches, so waren auch ihre Augen blind geworden und taub ihre Ohren, dass sie darob nicht mochten erkennen den Vater.

17. Als aber nach und nach sich der Vater mehr und mehr zu erkennen gab durch Taten und Worte, da ward es den Kindern angst und bange, und wenige ertrugen seine Nähe.

18. Da der Vater aber sah, wie unreif noch seine Kinder waren, erwärmte er sie alle mit seiner Liebe, dass sie sich zu ihm wendeten und ihn lobten und priesen. Und der Vater stärkte sie alle und segnete sie und verließ sie dann zur Probe auf eine kurze Zeit.

19. Dieser Vater kam auf dem Rückweg von seinen Kindern zu mir und gab mir alles kund, darum ich nun hier bin, um nachzusehen, wie die Kinder aussehen, und was sie machen in der Abwesenheit ihres Vaters.

20. Darum also führe mich zur heiligen Stätte! Amen."

Kapitel 147

Abedams Gespräch mit dem fremden Abedam

Am 9. November 1841

1. Als aber der Abedam solches aus dem Munde des Fremden vernommen hatte, fing er an, sich ganz gewaltig zu verwundern, und sagte:

2. „Aber mein hochschätzbarer Abedam, das ist ja eben die Geschichte der Kinder der Höhe, die da sind unsere Hauptstammväter!

3. Der Vater heißt Emanuel Abba und Jehova Gott der Allerhöchste, heilig, überheilig!

4. Sage mir doch, so du willst: Wo ist dir dieser heilige Vater begegnet, und wie sah Er aus, und wohin zog Er von dir weg?

5. O sage es, ich bitte dich darum! Denn siehe, ich war vom Abend her Augen- und Ohrenzeuge von allem, was da geschehen ist, und hatte noch dazu die unaussprechliche, höchste Gnade, als der Allerunwürdigste beständig an Seiner heiligen Seite zu wandeln.

6. O Freund Abedam, welche Seligkeit ich armer Sünder da empfunden habe, könnte dir der höchste Engel auch mit der allerglühendsten Zunge nicht im Geringsten beschreiben!

7. Ja, ich kann dir nur so viel sagen, dass ich in dieser kurzen Zeitperiode vielleicht mehr der allererhabensten Seligkeit empfand als der höchste Engelsgeist in einer Ewigkeit!"

8. Und der Fremde fragte ihn: „Was machte dich denn eigentlich gar so selig, dass du darob die Seligkeit der hohen, freien Engel als fast gar nichts dagegen betrachtest?"

9. Und der Abedam entgegnete: „O mein geliebter Namensgefährte, siehe, da bin ich ein ganz eigener Mensch schon von jeher gewesen, und dieser Sonderbarkeit wegen macht mich gerade das am allerseligsten, was vielleicht viele Tausende betrüben möchte! Und diese sonderbare Eigenschaft besteht darin, dass ich mich dann am allerseligsten fühle, so ich neben jemandem bin, bei dem ich stets mehr und mehr mein vollkommenes Nichts und sein Alles so recht vom Grunde meines Herzens aus empfinde, daher ich auch keinen Menschen unter mir, sondern allzeit so viel nur möglich über mir erblicken will. Und so ist mein Wahlspruch: ‚Selig ist die Niedrigkeit des Herzens, und die ohnmächtige Schwäche ist des Wurmes größter Reichtum!‘

10. Denn wäre der Wurm stark in voller Lebensfülle, wie müsste es ihn schmerzen, so er getreten wird! Aber seine Schwäche und beständige Ohnmacht seines Lebens macht ihm das uns schmerzlich vorkommt, vielleicht zur höchsten Wonne seines Lebens.

11. Zwar bin ich keiner, der die Natur der Würmer kennt gleich Dem, der sie erschuf; allein mir kommt es also vor, dieweil ich gerade im Druck von allen Seiten am allerglücklichsten bin.

12. Aber nun, mein geliebter Namensgefährte, bitte ich dich um gefällige Beantwortung meiner vorigen drei Fragen, so du es willst! Amen."

13. Und der fremde Abedam entgegnete ihm: „Siehe, mein geliebter Abedam, die Sache so recht beim Licht betrachtet,

sage mir, was können dir nun die drei gelösten Fragen mehr nützen?

14. Siehe, mein Grundsatz und Wahlspruch aber ist der: ‚Kannst du mit einem Wort deinem Bruder keinen Nutzen schaffen, da lasse bleiben die Zunge in ihrer Ruhe, und rühre sie erst dann, wenn du dadurch nützlich werden kannst deinem Bruder!'

15. Siehe, zufolge dieses meines Grundsatzes möchte ich dir die Antwort wohl schuldig bleiben! Bist du damit zufrieden?"

16. Und der Abedam entgegnete Ihm: „Ja, mein geliebter Freund Abedam, einerseits bin ich es, dieweil ich daraus erkenne, dass dein Wille den meinigen unterjocht, und solches tut mir wohl; aber auf der anderen Seite, da ich diesen also dir und mir wohlbekannten heiligen Vater nun über alles liebe, so ist mein Herz mit größter Sehnsucht erfüllt, beständig bei Ihm zu sein oder doch wenigstens beständig von Ihm zu sprechen, Ihn zu lieben, zu loben und über alles zu preisen und als den Allerheiligsten anzubeten und also auch, wie bei der jetzigen Gelegenheit, sich von jemand allerlei von Ihm berichten zu lassen. Und siehe, dieser meiner höchsten und allerlebendigsten Herzenssehnsucht zufolge bin ich wieder nicht zufrieden, dass du mir keine Antwort geben willst über das, was ich dich fragte! Deinem Grundsatz zufolge kannst du solches schon ohn' alles Bedenken tun; denn unmöglich wirst du dadurch schaden meinem Herzen, sondern nur unendlich nützen. Oder ist nicht jede Handlung und jedes Wort an unsere Brüder dann nur von größtem Nutzen, so wir gearbeitet haben für ihre Herzen und geredet zu ihren Herzen?

17. Siehe, ist solches nicht auch richtig und ist gleichlautend mit deinem wahrhaft erhaben schönsten Grundsatz?

18. Daher, so du es willst, kannst du mir ja wohl lösen meine Fragen!"

19. Und Abedam, der fremde, sagte darauf zum Abedam, dem bekannten: „Höre, Abedam, deiner Rede Sinn gefällt mir also wohl, dass ich nun nicht umhin kann, fürs Erste dir zu lösen deine Frage und dann dir noch etwas und noch wieder etwas kundzugeben. Und so höre denn:

20. Dieser also dir wohlbekannte Vater ist mir gerade dort begegnet, wo wir beide früher uns begegneten. Dann, was Sein Aussehen betrifft, kannst du mir glauben, sah Er mir fast so, wie unsere Namen gegenseitig sich gleichen, auf ein Haar ähnlich; und aus dem Grunde hatte Er auch mit dir große Ähnlichkeit.

21. Wohin Er aber ging, kann ich dir jetzt nicht genau sagen; nur so viel ist gewiss, dass Er nicht von Seinen Kindern, sondern auf einem kleinen Umweg nur wieder zu Seinen Kindern ging.

22. Siehe, jetzt hast du alles zur Löse deiner Frage; aber jetzt kommt das ‚Noch etwas', und dieses ‚Noch etwas' liegt wieder in meiner Gegenfrage.

23. Siehe, da du ein Geweckter bist und hast den Vater so lange geschaut, so wundert es mich, wie du diese Ähnlichkeit zwischen mir, dir und Ihm nicht auf den ersten Blick ersehen mochtest!

24. Und jetzt aber kommt das ‚Noch wieder etwas', – und dieses wieder in einer Frage. Siehe, dein Grundsatz ist auch sonderbarerweise der meinige, und der Vergleich mit dem Wurm ist schon lange auf meinem Grunde gewachsen! Sage mir nun, ob wir füreinander taugen?

25. Aber eines bedenke! Ist es, so jemand will der eigenen Seligkeit zuliebe der Geringste sein, nicht eben dasselbe im Geheimen, als wenn jemand aus demselben Grunde sein möchte der Höchste unter allen seinen Brüdern?

26. Siehe, diese Sache kümmert mich bei dir! So du also willst, kannst du mir ja wohl lösen diesen Knoten!"

27. Und der bekannte Abedam wusste nicht, was er da seinem Namensgefährten für eine Antwort geben sollte, und bat Ihn, sagend:

28. „Geliebter Freund Abedam, dass du ein Sohn bist des Morgens, siehe, das verrät deine wahrhaft unbegreiflich hohe Weisheit! Gerne möchte ich dir deine Fragen lösen, wenn es mir möglich wäre; aber ich kann nicht einmal deine sonderbaren Antworten auf meine Fragen begreifen und sie so recht in mein Herz bringen.

29. Was nun vollends deine Fragen betrifft, da wirst du schon müssen auf die Antwort Verzicht leisten; denn ich sehe jetzt erst so ganz recht ein, wie ganz abscheulich dumm ich noch bin.

30. Ja, lieber Freund, du hast wohlgetan, dass du mich aufhieltest und nötigtest zum Rückzug; denn wäre ich mit dieser meiner jetzt erst erkannten Dummheit zu den Meinen gelangt, – oh, wie hätte da eine Dummheit die andere geweckt und endlich ganz niedergeschlagen!

31. Daher nenne mich ja keinen Geweckten mehr, sondern einen schlafenden Toren nenne mich; denn je mehr ich jetzt über mich nachdenke, desto dümmer komme ich mir vor.

32. Wahrlich wahr, weil es mir vermöge meines Grundsatzes selig erging bei diesem heiligen Vater, hielt ich mich auch schon für geweckt – und sehe es erst jetzt so ganz recht ein, wie wenig mein Herz all die herrlichen Worte aus des Vaters Munde verstand und lebendig in sich begrub als eine herrliche Aussaat der ewigen Liebe und so des ewigen Lebens!

33. O Freund Abedam, vergebe mir, dass ich dir darum nicht zu antworten vermag! Amen."

34. Und der unbekannte Abedam entgegnete ihm: „Höre, mein getreuer Namensgefährte, ich bin mit deiner Antwort ja ganz vollkommen zufrieden; denn du hast mir jeden Punkt meiner Frage vollkommen erörtert, und also passen wir nun vollkommen füreinander.

35. Du siehst nun ein, was dir noch abgeht, und hast dich gerecht gedemütigt in deinem Herzen. Siehe deinen Grundsatz im gerechten Licht, – ich aber will jedermann nützlich sein mit Wort und Tat!

36. Sage, urteile: Sind wir nicht wie füreinander gemacht, – nicht, als wäre ich schon von Ewigkeit her für dich und hätte dich geschaffen nur für mich?"

37. Und der Abedam voll Freude: „Ja, ja, also kommt es mir jetzt schon fast sonnenklar selber vor, wie ein Vater für den Sohn, und der Sohn für den Vater.

38. Mein geliebtester Freund Abedam, es kommt mir auch noch also vor, als könnten wir uns in Ewigkeit nimmer trennen, und als wenn ich deiner Hilfe nimmerdar entbehren könnte! Und so will ich auch, dass wir beisammenbleiben nicht nur zeitlich, sondern auch ewig!"

39. Und der fremde Abedam: „Siehe, du bist mir zuvorgekommen! Seit ich dich kenne, ist das auch mein einziger Wunsch und Wille!

40. Doch siehe, ich höre Lobstimmen! Wir sind nahe am Ziel; daher fasse dich und

führe mich auf beim Adam und den übrigen! Amen."

Kapitel 148

Der fremde Abedam bei den Vätern

Am 10. November 1841

1. „Ja wahrhaft", sagte Abedam, der bekannte, „da ist schon die eingestürzte Wand! Und siehe, wie es mir vorkommt, dort sind sie noch alle versammelt! Und wie es mir noch vorkommt, so hält eben der Henoch eine Abschiedsrede an die Mitternachtskinder; ja, ja, an den Jura, Ohorion und Bhusin hält er sie!

2. Gehen wir nur recht hurtig darauf los! Vielleicht vernehmen wir auch noch ein paar Wörtlein, die auf uns passen können; daher nur hurtig!"

3. Und der fremde Abedam entgegnete dem bekannten: „Hörst du, mein geliebter Freund, sage mir, wozu die Eile nötig ist, wenn man sich schon an Ort und Stelle befindet?

4. Was des Henochs Worte betrifft, so werden uns die letzten nicht viel mehr nützen, so wir die ersten versäumt haben; oder was nützen einem Altar die Obersteine, wenn nicht zuvor die unteren Grundsteine gelegt wurden?

5. Oder hast du je gesehen, dass der Tag im Abend beginnt, oder dass ein Baum zu wachsen anfängt bei den Wipfeln in der Luft und diese dann abwärts treiben möchten den Stamm und aus demselben erst dann die Wurzeln in die Erde?!

6. Oder was wird es jemandem nützen, sich das Haupt zu bedecken mit einem Lappen, hat aber nichts, damit er auch bedecken möchte den übrigen Leib?!

7. Siehe, daher meine ich, lassen wir den Henoch seine Rede zu Ende bringen und warten hier ein wenig, damit wir niemanden stören in der Aufmerksamkeit seines Herzens."

8. Und der Abedam, der bekannte, stellte sich vollkommen zufrieden und sagte zum Abedam, dem fremden: „Mein geliebtester Freund, ich glaube, mit deiner Weisheitsrede Macht, die dazu noch ist voll des lieblichsten Klanges, könntest du mich ins Feuer führen, und ich würde dir folgen in alle Tiefen der Meere und all der Gewässer der Erde!

9. Wahrlich, mein geliebtester Freund, nicht nur allein deine Gestalt, sondern auch deine Rede hat eine außerordentlich starke Ähnlichkeit mit der des Vaters – du weißt schon, wen ich meine –; nur kommst du mir bedeutend stärker im Leibe vor, als da war der Vater. Denn die Gestalt des Vaters war doch bedeutend schwächer und kleiner aussehend, das heißt – du musst mich recht verstehen – der Person nach; aber natürlich kann hier nicht die Rede sein von der geistigen Gestalt des Vaters, welche da ist von unendlicher Macht und Stärke ewig."

10. Und der fremde Abedam erwiderte ihm: „Also solche Ähnlichkeit und Unähnlichkeit merkst du nun zwischen mir und dem Vater?!

11. Ja, ja, du hast recht; also war es auch! Aber was meinst du, mein geliebter Freund, was die kleinere und schwächere Gestalt betrifft? Siehe, ich meinesteils bin der Meinung: Wenn, wie du es auch wissen wirst, dieser Vater Seinen Kindern etwas fremdgestaltig erschien, um ihnen dadurch anzuzeigen, wie ihr Herz beschaffen war, da könnte ja sehr leicht auch Seine

damalige schwächlichere Gestalt mitbedeutend in Anspruch genommen werden?

12. Und so Er etwa wiederkäme unerwartet zu Seinen Kindern, und ihre Herzen wären freier und liebestärker, was meinst du, möchte Sich etwa da der Vater nicht auch stärker zeigen denn jüngst, und könnte sich's ja dann treffen, dass Er mir dann auf ein Haar gliche?

13. Denn ich meine, dass des Vaters Gestalt hinsichtlich der Kinder sich allzeit richtet nach ihrer Herzen weniger oder mehr freien Liebe zu Ihm! Was meinst denn du in dieser Hinsicht?"

14. Und der bekannte Abedam erwiderte, ganz außer sich vor lauter Verwunderung, dem Abedam, sagend: „O Freund! Ich muss dir offen gestehen, so geheimnisvoll auch früher deine Worte immer klangen, ebenso klar tönen sie jetzt!

15. Siehe, um wie vieles weiser du schon wieder bist denn ich! Wahrlich dieser von dir höchst wichtig berührte Umstand wäre meinem Herzen so gut wie ganz rein durchgegangen!

16. Ich muss dir schon im Voraus sagen, wie ich es so bei mir jetzt erwäge, so glaube ich, wenn dich der Adam, der Henoch und alle übrigen werden über irgendetwas reden hören, wahrlich, sie werden alle große Augen machen und ihre Ohren sehr stark spitzen! Denn nach meiner Beurteilung, wahrhaftig, wenn man dich reden hört, sollte man gerade glauben, dass du entweder von dem dir begegneten Vater durch und durch lebendig geweckt worden bist oder aber – du musst mich verstehen! – der Vater Selbst bist; verstehe, lieber Freund, dass ich solches nur vergleichsweise sage.

17. Ja, wahrhaft, mit dir werde ich bei den Vätern sicher keine Schande aufheben!

18. Ich für meinen Teil bin überglücklich und muss dir nun offen gestehen, wenn ich nun meine Liebe frage: ‚Wen liebst du mehr, – den Vater oder diesen Freund?', so antwortet sie mir: ‚Ich habe alles, was ich habe, vom Vater zwar, – aber das, was ich gebe dem Vater und diesem Freund, ist vollends gleich, und es ist dazwischen kein Unterschied!'

19. O Adam, o Henoch, o ihr alle übrigen Lebendigen, ihr werdet euch gar sonderbar wundern über diese Weisheit!

20. Nun, mein allergeliebtester Freund, siehe, der Henoch hat sich gegen den Altar und gegen die Väter geneigt; seine Rede ist zu Ende! So du willst, möchte ich dich wohl aufführen!"

21. Und Abedam, der fremde, entgegnete: „Höre, Abedam, gehe zuvor hin und sage mich an; dann erst komme zurück, bringe mir gute Botschaft, und dann führe mich auf bei all den Vätern! Amen."

22. Und der Abedam ging sogleich hin zu den Vätern und berichtete ihnen alles, was ihm in dieser kurzen Zeit, seit er die Stätte verließ, begegnet war, worüber alle sehr überrascht waren, selbst der Henoch nicht ausgenommen, so zwar, dass er ihn sogleich fragte: „Geliebter Abedam, Bruder in Gott Emanuel Abba! Sage mir kurz nur, wie wirkten seine Worte auf dein Herz?"

23. Und der Abedam erwiderte ihm: „Bruder Henoch, wahrlich wahr, wie ich schon bekannt hatte, ich für mich fand nicht den allergeringsten Unterschied zwischen ihm und Emanuel!

24. Kurz, ich sage dir, der du mich doch vorher bei meinem Abschied von hier als

einen Geweckten begrüßtest, meine Gewecktheit war gegen seine unbegreiflich klare und hohe, ja höchste Weisheit die barste Blindheit, Dummheit und alles Nichtige, was du nur immer nutzloses Törichtes aus ihr hervorbringen könntest!

25. Darum sage ich dir, geliebter Bruder Henoch, freue dich von ganzem Herzen auf ihn; denn sicher wird er auch dir sehr viel Freude machen!

26. Jetzt aber ist es Zeit, ihn zu holen und ihn euch aufzuführen!" Der Henoch aber fragte den Abedam noch, ob er nicht auch dem Fremden entgegengehen dürfe.

27. Und der Abedam gestattete ihm solches von ganzem Herzen gerne. Und so waren beide bald bei dem fremden Abedam willkommen angelangt.

28. Und Abedam, der fremde, fragte alsbald den Henoch: „Geliebtester Henoch, siehe es ist Abend geworden! Ihr seid von der so überaus geheiligten Stätte auf dem Rückweg begriffen; dürfte ich und mein Namensgefährte denn nicht mit euch auf die Höhe ziehen, bei euch übernachten und dann morgen mit euch den Sabbat des Herrn feiern? Denn siehe, wie ich erfahren habe, was alles sich hier zugetragen hat, so ist in mir eine große Sehnsucht erwacht, die gewonnenen, lebendigen Kinder des großen, heiligen Vaters zu sehen und dann aus ihren lebendigen Herzen auch zu vernehmen lebendige Worte!"

29. Und der Henoch erwiderte: „O Freund und mein neuer, noch unbekannter Bruder! Für Gäste deiner Art haben wir in der Höhe Wohnungen in großer Menge. Nicht nur für heute und morgen, sondern für alle Zeiten der Zeiten und Ewigkeiten der Ewigkeiten sollst du in unserer Mitte wohnen!

30. Freunde des Vaters sind auch die unsrigen; und die Er zu uns beschieden, sollen bei uns wohnen ewig. So es euch aber wohlgefällig wäre – es ist an der Zeit! – da folgt mir! Euer Wille! Amen."

31. Und sie gingen von dannen. Als sie nun vollends zu den übrigen Vätern gelangten, so bewillkommten sie diese, und alle drängten sich um die zwei Abedame. Der Adam aber kehrte sich um, da der Abedam hinter ihm herging, und fragte den fremden Abedam:

32. „Lieber, willkommener Freund und Gast unserer Liebe! Da du, wie uns dein Namensgefährte früher kundgab, gerade vom Morgen herkommst, sage mir doch, so es dir gefällt, was dort die Kinder machen, und, so du es willst, wer dein gewiss würdiger Vater ist und in welcher Linie von mir abstammend!"

33. Bei dieser Frage Adams winkte der bekannte Abedam alsbald dem Henoch, sagend: „Geliebtester Bruder Henoch, jetzt spitze dein Ohr und Herz!"

34. Und der Henoch dankte ihm für diese Erinnerung. Der Fremde aber entgegnete dem Adam: „Höre, Adam, was deine erste Frage betrifft, so hast du sie schon in deiner Frage selbst beantwortet; und so du auch zu den Geweckten gehörst, muss es dir ja mehr denn sonnenhell sein, darum du Mich fragtest! Oder sollte dir etwa nicht klar sein, welche Kinder da Kinder des Morgens genannt werden?

35. Wenn das der Fall ist, dann freilich entschuldigt das deine – erlaube mir, Vater Adam, – deine außerordentlich seicht gefasste Frage, und es kann dir darauf nur eine gleich seichte Antwort gegeben werden, und zwar die, dass deine Morgenkinder allesamt frisch sind und gesund und viele freuen sich auf den morgigen Tag.

36. Was aber deine zweite Frage betrifft, so gleicht sie einem Fangstrick. Aber siehe, mich wirst du nicht so leichtlich fangen; ich sage dir, eher fängst du einen fliegenden Aar in hoher Luft denn mich! Wohl aber dir, dieweil die Liebe solche Frage gab; ohne die hätte dich nun eine harte Antwort getroffen!

37. So ich dich aber um solches fragen möchte, was würdest du mir darauf für eine Antwort geben?

38. Siehe aber, als Geweckter sollte dir ja doch klar sein, ob ich einen Vater habe oder nicht; oder schläfst du noch?"

39. Und der Adam verwunderte sich überhoch über diese Antwort bei sich und getraute sich den Fremden nicht mehr zu fragen um irgendetwas.

40. Der Henoch aber sagte zum bekannten Abedam: „Aber lieber Bruder! Hast du denn wirklich deinen Namensträger noch nicht erkannt?"

41. Und der Abedam antwortete mit einem verblüfften Nein. – Der Henoch aber sagte: „Wahrlich, nichts im Menschen bleibt so lange unverständig wie das Herz. O Herr, habe Geduld mit uns Schwachen! Amen. Abedam, ich meine, die Geweckten schlafen noch alle! Verstehst du es?"

Kapitel 149

Die Unterschiede zwischen Vornacht, Mitternacht und Frühnacht

Am 11. November 1841

1. Und Abedam, der bekannte, erwiderte dem Henoch: „Geliebtester Bruder im Abba Emanuel! Dass ich noch keineswegs zu den Geweckten zu zählen bin, solches verspüre ich nur zu deutlich in mir, –

und, so ganz offen gesprochen, diese Deutlichkeit scheint und ist vielmehr das Deutlichste an meinem ganzen Leben.

2. Wie es mit den übrigen steht, Bruder Henoch, das wird einer mit meiner selbstverschuldeten Lebensdeutlichkeit eben nicht gar zu geschwind merken!

3. Aber, wie es vorkommt der großen Dummheit meines Lebens – unter uns stille gesagt –, so hat er auch unseren geliebten Vater Adam schon?"

4. Und der Henoch erwiderte ihm: „Höre, deine Rede klingt zwar etwas albern, – aber sei versichert, so du die Nacht in dir merkst, da bist du schon wach! Denn schliefst du, so würdest du wenig merken von der Nacht in dir, sondern würdest dir vielmehr einen blindesten Tag träumen; der Träumer aber weiß es nicht, dass er schläft und träumt.

5. Siehe, dieser Meinung aber bin ich: Vor der Erscheinung des heiligen, allerliebevollsten Vaters im Emanuel Abba schliefen und träumten wir alle; da Er aber kam, hat Er uns alle geweckt. Und siehe, wir wurden wach, – aber am Tag nicht, sondern in der Nacht unserer Herzen; und hätte der Emanuel solches nicht getan an uns, wir schliefen noch in des Traumes totem Tage!

6. Es ist aber ja bei uns schon eine alte Regel, zu wecken die Kinder wenigstens eine gute Stunde vor dem Aufgang, damit ihre schwachen Augen sich an den nach und nach werdenden Tag gewöhnen und leicht und ohne Nachteil dann ertragen des Tages starkes Licht. Meinst du denn, dass wir darum etwa weiser handeln denn Emanuel?

7. O siehe, solches auch lehrte Er uns der Natur des Fleisches wegen! Ist das

Auge des Geistes nicht mehr wert denn das des Fleisches?

8. So aber wir solches tun für die Wohlfahrt der Augen des Fleisches, meinst du, der Herr wird weniger barmherzig mit des Geistes Augen umgehen?

9. O mein geliebter Bruder Abedam, siehe, was der Herr tut, ist allzeit weise und wohlgetan!

10. Wir sind geweckt, und es wäre ein großer Undank gegen den so überaus heilig-guten Vater, solches nicht zu erkennen, was Er an uns getan hat! Aber wir alle sind erweckt in der Mitternacht, und das aus der allerhöchsten Liebe Abbas; aber einschlafen dürfen wir nimmer! Des Geistes Tag ist heller denn der des Fleisches. Darum auch ist zur Wohlfahrt des geistigen Auges nötig, um die Mitternacht geweckt zu werden; denn die da bis in den Tag schlafen werden, diese wird das starke Licht des Tages dann sicher töten! Verstehst du mich, lieber Bruder?"

11. Nach dieser Rede Henochs an den Abedam kehrte sich der fremde Abedam zu den zweien zurück und richtete folgende Worte an sie, welche sehr zu beachten sind und also lauteten:

12. „Meine geliebtesten Freunde! Wahrlich, nicht ein Wort eurer Unterredung ist meinem Ohr entgangen! Und du, Abedam, bist wach, dieweil du die Nacht in dir merktest und noch merkst; und du, Henoch, bist lebendig wach, darum du gewahrest die Zeit, in der euch der Vater geweckt hat und warum, – und ahnst mit großer Gewissheit den großen werdenden Tag!

13. Wohl hast du geredet zu deinem Bruder, und jegliches deiner Worte ist schon mit der Sterne flammender Schrift eingetragen in das Buch des ewigen Lebens. Aber nun gebe ich euch eine Frage, die ihr mir gefälligst beantworten mögt; denn ohne die Lösung dieser Frage bleibt jeder Mensch, wenn auch noch in der Nacht so stark aufgerüttelt, mehr oder weniger schlaftrunken, und dieser Zustand des Geweckten ist ärgerlicher denn der Schlaf selbst!

14. Diese wichtige Frage selbst aber lautet also: Was für ein sichtbarer Unterschied ist wohl zwischen der Vornacht, Mitternacht und Frühnacht?

15. Seht, solches ist in der ewigen Ordnung Gottes begründet! Der Schlafende aber erkennt keinen Unterschied der Nacht, dieweil er schläft; und wenn der große Wecker kommt, ein brausender Wind der Mitternacht, da tut er zwar die Augen auf, kehrt sich aber um und schläft wieder ein, um zu träumen bis zur aufgehenden Sonne. Steht er da auf, so ist er lichtscheu und sucht sich bald unter einem dichten Schatten zu verbergen.

16. Ein anderer aber steht zwar auf, reibt sich die Augen und streckt alle seine Glieder; aber er bleibt schlaftrunken bis zum Aufgang und wankt darum ständig hin und her und ist voll Ärger und weiß nicht, um welche Zeit es sei, und denkt nur stets an den süßen Schlaf, – aber an den kommenden Tag denkt er nicht. Und wenn er schon gemahnt wird, sich anzukleiden, so bleibt er aber doch träge und ohne Kleid bis zum Aufgang, und es wäre ihm die zurückkehrende Vornacht lieber um vieles denn der kommende Lebensmorgen.

17. Wahrlich, für ihn wird der Tag nicht Erfreuliches bieten!

18. Der vollends Wachgewordene aber freut sich schon beim ersten Wachwerden des wachen Lebens und preist in der Mitternacht seinen großen, heiligen Wecker;

der ist es, der da alsbald erkennt, um welche Zeit es ist, und erkennt den Unterschied der Vornacht, Mitternacht und Frühnacht!

19. Mit jedem Atemzug erwartet er den kommenden Tag, und des Tages erstes Grauen schon füllt seinen Geist mit einer Freude, die größer ist denn alle sichtbaren Himmel!

20. Seht also, meine geliebten Freunde, wie wichtig die Beantwortung der gegebenen Frage ist! Darum auch gab ich euch diese Erklärung hinzu, auf dass ihr desto leichter eine passende Antwort auf diese so überaus wichtige Frage finden sollt; und so antwortet mir, einer nach dem anderen, doch, so ihr wollt! Amen."

21. Und der bekannte Abedam sagte sogleich zum Henoch: „Bruder, deine früher an meine Dummheit gerichteten Worte haben mir die Augen geläutert, dass ich jetzt recht gut zwar sehe, um welche Zeit in der Nacht ich vom Schlaf – ewig Dank dem heiligen, großen Wecker! – geweckt worden bin, und weiß nun, dass ich wahrhaft wach bin, und warum ich es bin; aber, Bruder, diese Frage! – O mein allergeliebtester Namensgefährte, deine Frage ist nicht auf unserer mageren Erde gewachsen! Ich für mich empfinde nun schon wieder sehr deutlich, dass nicht ich ihr Löser werde!

22. Wach bin ich wohl – dem Herrn alles Lob, allen Dank und alle Ehre und alle Liebe dafür! –, doch inwieweit sich bei meinem nachtwachen Zustand auch eine lästige Schlaftrunkenheit befindet, siehe, solches mag ich kaum zu erschauen! Darum wirst schon du, lieber Bruder Henoch, dich müssen an die Beantwortung dieser Hauptfrage machen, so du willst! Amen."

23. Und der Henoch sagte zum Abedam, dem bekannten: „Höre, lieber Bruder, mir kommt es aber vor, unser allergeliebtester Freund hat die Frage schon als beantwortet gegeben, und es liegt also nur an uns, nicht so sehr die Frage zu beantworten, sondern vielmehr die in der Frage gelegene Antwort zu erkennen und sie dann in unser Leben aufzunehmen!

24. Denn siehe, also meine ich, aus dessen Munde solche Frage, aus dessen Herzen auch strömt mit der Frage ein unaussprechliches Wohlwollen! Und sei versichert, der Fragesteller hat nicht not, uns entweder zu prüfen oder zu Gefallen der eigenen unergründlichen Weisheit unser glimmendes Sonnenstäubchen zu erforschen, sondern seine Freude ist nur, im Verborgenen verhüllte, unerhört große Gaben zu spenden! Verstehst du mich, Abedam?"

25. Und Abedam, der fremde, griff beiden unter die Arme und hob sie ein wenig von der Erde und stellte sie dann wieder sanft nieder und begann folgendes ihnen zu erklären:

26. „Meine vollst Geliebten, in euren Herzen herrscht eine große Treue; in dir, Henoch, Licht aus Liebe – und in dir, Abedam, Liebe aus Licht![12] Beides ist gut und erfasst der göttlichen Ordnung Sinn, und des Lebens Born strömt unaufhaltsam freudig zum großen, ewigen Tag hinan.

27. Aber die Vornacht, die Mitternacht und die Frühnacht fließen nicht mit in den Tag hinüber, sondern bleiben zurück und vergehen eine nach der anderen.

---

[12] Im Manuskript steht hier „Licht aus Licht" statt „Liebe aus Licht" wie in der Erstausgabe. Wir gehen von einem Schreibfehler aus und folgen der Erstausgabe.

28. Aber doch sind sie nötig aus derselben Ordnung heraus, wie das Erdreich dem Samenkorn, also auch sie dem Leben! Und so ist die Vornacht die Zeit des Säens und des Erdliegens, die Mitternacht die Zeit des Keimauf- und –durchbruchs und die Frühnacht aber die Zeit des Abfalls der Materie und des Emporwachsens durch das Einsaugen des Morgentaues.

29. Es fällt aber der Tau schon oft sehr früh vor dem Aufgang; und solches ist auch eben der Fall jetzt bei uns.

30. Seht, der Tag des Herrn ist nicht ein Tag gleich einem Tag der Erde, sondern wenn er kommt, dann kommt er allein und ihm folgt ewig keine Nacht mehr; darum ist ja die vorhergehende Nachtzeit gerecht in der göttlichen Ordnung, da sie eine notwendige Vorläuferin des großen Tages ist!

31. Aber welcher Lebendige wird in der Nacht verbleiben wollen? So er sich nicht wird wecken lassen, wird er nicht vergehen mit ihr, wenn der Tag kommen wird?!

32. Seht, das sind die großen Unterschiede; darum aber hob Ich euch beide empor, auf dass ihr solches fassen mögt ins Leben! Versteht es wohl, und bleibt bei Mir wie Ich bei euch; aber schweigt bis morgen! Amen."

Kapitel 150

Es tötet jede Liebe, auch die Liebe zu Gott

Am 12. November 1841

1. Und der Henoch erwiderte darauf noch folgendes: „Ja, also ist es! Also empfand es tief mein Geist; nur hätte es meine Zunge nicht gewagt auszusprechen. Denn auch sagte mir hier mein Geist: ‚Lasse ruhen deine matte Zunge, denn solches auszusprechen, auf dass es segenwirkend werde, hatte sich eines Mächtigeren Zunge vorbehalten!'

2. O großer Abedam, höre mich in der Stille meines Herzens; denn hier ruft es: ‚Jehova, wie groß und heilig muss Deine Liebe sein! So Du jemandem bescheidest eine Gnade auf den morgigen Tag, dann gibst Du, guter, heiliger Vater, ohne dass es der blinde Beschiedene merkt, die beschiedene Gnade schon mit dem Bescheid selbst!

3. Daher auch, o bester, heiliger Vater, je mehr ich in meinem Herzen Deiner unendlichen Güte nachforsche, findet mein Herz fast keine Worte mehr, Dich, o Vater, gebührend zu loben, zu preisen und anzubeten; und mein Herz wird für die mächtige Liebe zu Dir zu eng, und so muss Dich endlich die im Herzen nicht mehr Platz habende Liebe in allen Teilen und Gliedern, in welche sie übergeströmt ist, heiß erfassen und über alles lieben!'

4. Aber wenn ich wieder meinen Geist frage: ‚Kann ich denn nicht heftiger noch, nicht unendlich mehr noch lieben den guten, heiligen Vater?', da tönt's im Geiste mir wieder: ‚Wer, dessen Herz mit Liebe erfüllt ist, kann lieben, wie er möchte?! Siehe, die Liebe ist ein Nimmersatt und kann daher auch nimmer irgend Sättigung finden denn allein in der unendlichen Liebe des heiligen Vaters!'

5. Und so, o Vater, liebe ich Dich mit der Liebe stets größerem Heißhunger; und wäre es möglich, o wie sehnsüchtigst möchte ich mich an Dir, o Vater, zu Tode lieben!

6. O Vater, mein heiliger, lieber Vater, nehme den Tautropfen meiner Liebe also an, als wäre er etwas vor Dir! Amen."

7. Und du, mein geliebter Bruder Abedam, sage mir, wie ist dir jetzt ums Herz, ja ums liebende Herz, nachdem du jetzt doch sicher erkannt haben wirst, um welche Stunde der Nacht es ist?"

8. Und der bekannte Abedam entgegnete dem Henoch: „Geliebtester Bruder, siehe, du bist in deiner Liebe eher noch glücklicher denn ich, da du doch noch reden kannst im Feuer deines Herzens! Siehe, da bin ich schon wieder ganz entsetzlich dumm! Wenn mich, wie jetzt, die Liebe so recht fest packt, da bringe ich nur mit der genauesten Not von der Welt so viel Worte zuwege, als du sie eben jetzt von mir vernimmst, darf aber den Gegenstand meiner Liebe nicht nennen, sonst ist's plötzlich gar mit der spottschlechten Kunst meiner Zunge!

9. Doch so viel kann ich dir jetzt noch sagen, dass meine unendliche Dummheit endlich doch erkannt hat, dass sie früher nicht erkannt hat, wie spät oder um welche Zeit der Nacht es sei, wenn sie es auch zu erkennen wähnte. Jetzt aber erkenne ich es wohl auf ein Haar, sage ich dir, um die wievielte Stunde es nun ist! Aber nun weißt du's auch, dass wir schweigen müssen bis morgen! Siehe, ich bin schon still."

10. Abedam, der andere, aber gab beiden Sein Wohlgefallen zu erkennen und sagte darauf: „Hört, also ist es: Die rechte Liebe muss sich auch zu Tode lieben, entweder im Geiste oder in der Tat des Fleisches, und dieser Tod ist erst die wahre Auferstehung zum wahren ewigen Leben, in welchem dann diese Liebe ganz allein leben wird in der allerhöchsten, sich stets und ewig steigernden Wonne und in wahrer, allermächtigster Wollust des eigenen Lebens. Es harrt aber einer jeden Liebe ein gleiches Lösungslos. Wer da liebt die Welt, der wird sterben in der stets wachsenden Weltliebe; weil aber die Welt kein Leben hat, sondern nur den Tod, so wird der in der Weltliebe Gestorbene auch nimmerdar erstehen zu einem neuen Leben, sondern zum neuen Tode nur.

11. Wer da liebt das Fleisch, der wird durch diese Liebe auch dem Fleische sterben; da aber auch das Fleisch tot ist, so wird er auch nimmerdar erstehen zum neuen Leben, sondern gleich den Weltliebenden zum neuen Tode des Fleisches.

12. Wer da liebt sich selbst, der wird auch sterben in seiner eigenen Liebe; und da jeder Mensch bei und für sich tot ist, so wird der sich selbst Sterbende auch nimmerdar erstehen zum neuen Leben, sondern eben auch in sich zum neuen Tode. Wer aber da ist ohne alle Liebe und ist erfüllt mit Hass aller Dinge, bei dem hat schon der zweite Tod seine Wohnung aufgerichtet; wer aber da hat ein zornmütiges Herz, an dessen Herz pocht schon der zweite Tod; und wer da ist geizig und voll Neides, den hat der zweite Tod schon mit beiden Armen umfangen.

13. Und wer endlich sich wird Schätze und Reichtümer der Welt sammeln, der ist es, der da dem zweiten Tod erbaut eine bleibende Stätte; und wer da liebt dieser Erde Leben, welches da ist ein vorübergehender Tod oder ein teilweises fortwährendes Sterben, der wird zu sterben nimmerdar aufhören.

14. Es tötet zwar jede Liebe, auch die Liebe zu Gott; aber in keiner getöteten Liebe wird sich das Leben je wiederfinden denn allein in der Liebe zu Gott, weil Er allein das ewige Leben Selbst ist.

15. Es wird sich zwar jede Liebe wiederfinden ihrer selbst bewusst; allein, Freunde, es wird in dem Wiederfinden ein

unendlicher Unterschied sein, nämlich: ob im Leben, oder ob im Tode!

16. Also aber, Henoch, ist deine Liebe schon gestorben allem und hat sich wiedergefunden in Gott; daher auch bist du schon neu lebend für alle Ewigkeiten der Ewigkeiten. Doch wie du das zweite Leben gefunden, werden fürder es nur wenige finden; denn nur der inneren Liebe zu Gott mächtiges Feuer mag solche Gnade bewirken. Versteht dieses Gesagte wohl, und schweigt bis morgen!"

17. Nach dieser Rede aber waren auch alle glücklich bei der Hütte Adams angelangt, allwo sie sich ein wenig zur Erde niederließen und alle vom Adam den altgebräuchlichen guten Vatersegen empfingen.

18. Nach dem aber erhoben sie sich alle, verneigten sich ehrerbietigst gen Adam und dankten ihm für den Segen und wurden nach dem entlassen zur Ruhe. Den Henoch, die beiden Abedame und den Lamech aber bat der Adam, bei ihm einzukehren und dazubleiben; und den Seth aber erinnerte er, zu sorgen für ein Abendmahl. Und alsbald ging der Seth in seine Hütte, allwo ihn sein Weib und viele seiner Kinder sehnsüchtigst erwarteten, welche er alle sogleich zur Hütte Adams beschied, um da den Segen zu empfangen also wie all die vielen anderen Weiber und Kinder, die schon lange auf die Ankunft Adams und der anderen Väter mit großer Sehnsucht harrten.

19. Und nachdem sie alle den Segen vom Adam empfangen hatten und wieder ehrerbietig und dankbar verließen die Hütte Adams, kam auch schon der Seth und bald nach ihm sein Weib, reichlich mit Speise und Trank beladen, in die Hütte.

20. Es war aber schon sehr dunkel geworden, und zugleich auch kam ein starkes Ungewitter herangezogen, darum der Abend noch finsterer wurde.

21. Und der Adam erbat sich denn darum auch einen tüchtigen Pechstock beim Seth, dessen Fabrikant der Henoch war, um damit die finstere Hütte zu erleuchten.

22. Abedam, der fremde, aber sprach zum Adam und Seth: „Hört, Freunde, lasst das gut sein! Seht, wozu zu viele überflüssige Mühe für den müden Seth, der auch kein Jüngling mehr ist?

23. Was die Erleuchtung der Hütte betrifft, da überlasst nur Mir die Sorge, es soll sogleich Licht werden herinnen, denn Ich verstehe Mich aufs Lichtmachen noch besser denn Henoch mit seinen Pechstöcken!

24. Und Ich brauche nur zu sagen: ‚Es werde Licht!', und wie ihr alle seht, wir alle haben des Lichtes in gerechter Menge in der Hütte!"

25. Und es ward auch augenblicklich — niemand wusste woher, denn es war nirgends ein leuchtender Körper zu erspähen — tageshell in der Hütte.

26. Henoch und der Abedam wussten zwar wohl, woher das Licht kam, und kannten den Urheber des Lichtes; aber wie, das wurde ihnen verborgen. Und so dankten alle dem Herrn nach der langen Verwunderung und ließen sich endlich nieder und aßen und tranken alle wohlgemut. Und selbst der andere Abedam ließ nichts merken von Sich und aß und trank mit allen heiter mit.

Kapitel 151

Seths Suche nach dem Licht im Lichte

Am 13. November 1841

1. Dem Seth aber ging dieses sonderbare Lichtmachen Abedams nicht aus dem Kopf. Er getraute sich zwar niemanden darüber zu befragen, aber er spähte doch hin und her. Seine Augen durchsuchten alle Winkel der Hütte, und seine Gedanken ließen keine deutliche Art des Lichtmachens vom Grunde aus unbeachtet.

2. Allein Licht bloß durch ein ‚Es werde Licht!' hervorzubringen, und das noch ein Licht, welches alle Winkel gleich stark erleuchtet und nirgends einen Schatten macht, solches war dem Seth noch nie vorgekommen; doch zu fragen getraute er sich niemanden.

3. Es merkte aber bald solches Suchen Seths der Adam und fragte den Seth: „Mein Sohn Ahbel-Seth, was suchst du, oder was bemerkst du? Oder findest du etwas hier in der Hütte, das dich befremdet?"

4. Und der Seth entgegnete voll Ehrerbietung: „Geliebter Vater, siehe, es ist zwar etwas sonderbar zu sagen, aber es ist bei mir nun einmal also: Ich suche Licht im Lichte und kann es nicht finden! Es blitzt zwar draußen ein starkes Ungewitter, sich aus der Morgengegend erhebend und gegen uns herziehend; aber fürs Erste ist es noch etwas zu ferne, als dass seiner beständigen Blitze Leuchten also erhellen möchte die Hütte, und fürs Zweite ist das Dach der Hütte so gut, dass, so das Gewitter auch schon über uns stünde, doch nicht zu leicht eines hellen Blitzes Strahl durch dasselbe zu dringen vermöchte.

5. Und vermöchte er auch solches, müsste aber damit seinem Leuchten nicht auch zugleich der Schatten der erleuchteten Gegenstände mit entstehen?

6. Siehe, geliebter Vater, das ist alles, was ich suche; sonderbar zwar, aber wahr, Licht im Lichte!"

7. Und der Adam erwiderte dem Seth: „Ja, wahrlich sonderbar! Aber siehe, sonderbarer noch kommt es mir vor, dass du vergeblich suchst, und siehst doch den Künstler unter uns! Suche den, und du wirst das Licht im Lichte bald haben!

8. Wenn du siehst einen leuchtenden Stein, so simulierst du und fragst dich: ‚Woher sein Licht?' Aber du kannst da niemanden fragen, woher dessen Leuchten, und wie es bewirkt wird; denn der große, mächtige Künstler ist heilig und antwortet dem nicht, das unrein ist vor Ihm, und es ist da schwer, über des Steines Leuchten ins Klare zu kommen.

9. Du siehst in der Nacht wie am Tag der Lichter mannigfachste Arten; wen aber kannst du über ihr Wesen fragen, so sie dich wundernehmen sollten?

10. Hier aber ist Licht und Künstler zugleich gegenwärtig, und du suchst, was uns allen so nahe ist, das Licht im Lichte?! Möchtest du nicht auch einmal versuchen, den Tag im Tage zu suchen?"

11. Die Worte Adams an den Seth waren hier voll der glänzendsten Wahrheit; allein wie der Seth suchte, was sein Herz nicht verstand, also auch redete hier Adam Worte, die er auch nicht im Geringsten verstand.

12. Nach der Rede Adams aber trieb es den Seth doch zum Abedam hin, um sich bei Ihm zu erkundigen, wie Er denn dieses herrliche Licht zuwege gebracht habe.

13. Der Abedam aber hieß den Seth willkommen und antwortete ihm eher noch, als der nun etwas furchtsame Seth mit einer passenden Frage herauskam, wie da folgt:

14. „Seth, möchtest du nicht auch also Licht machen können? Ja, ja, solches möchtest du wohl, und Ich sage dir, es ist solches nicht einmal so schwer, als du es dir vorstellst, und das Mittel dazu ist ein ganz einfaches! Und wie du es an Mir bemerkt haben wirst, besteht es in lediglich nichts anderem als allein in einem ernstgläubigen ‚Es werde Licht‘, und es wird Licht werden, da sonst die Finsternis waltete!

15. Siehe, nun hast du alles, das ganze Geheimnis, und damit dein Licht im Lichte, und die Folge wird dich lehren, dass du jetzt ganz gewiss das Licht, ja das wahrste Licht im wahrsten Lichte ganz sicher gefunden hast!

16. Aber du hast noch immer ein fragendes Gesicht! Ist es denn nicht genug, so Ich dir das Ganze Meiner Kunst mitgeteilt habe?

17. Gehe hin in deine finstere Hütte, und tue ernstgläubig, desgleichen du Mich tun sahst, und du wirst dich dann ja wohl überzeugen, ob es sich nicht also verhalte mit dieser Kunst!"

18. Und der Seth ging alsbald aus der Hütte Adams in die seinige, allwo die Seinigen in der Finsternis versammelt waren und sich vor dem stets näher heranziehenden Ungewitter, das da überaus furchtbar drohend aussah, fürchteten. Als er hineintrat, sprach er alsbald: „Es werde Licht!" – und siehe, es ward augenblicklich Licht!

19. Aber jetzt erst nach diesem wunderbaren Gelingen, worüber auch alle seine Kinder sich entsetzten und vor Verwunderung fast ganz starr wurden, war es aus bei Seth!

20. Er wurde nun beherzter, beruhigte zuerst die Seinigen und ging aber dann alsogleich wieder zurück in die Hütte Adams, dankend zuerst dem fremden Abedam für die Mitteilung solcher wunderbaren Kunst, und fing dann an, nach und nach alles auszukramen, was ihn beim wunderbaren Gelingen dieses sonderbaren Lichtmachens alles von neuem gefangen nahm.

21. Und der Abedam erwiderte, ihn sanft belehrend, folgendes: „Seth, siehe, siehe, wie sehr du noch bloß ein äußerer Mensch bist, nachdem du doch auch im Abend unter denen warst, deren inneres Licht den Asmahael zuerst erkannt hat, und warst hernach Zeuge von all dessen Wundertaten!

22. Wahrlich, damals stiegen in dir nicht so viele Zweifelfragen auf als jetzt! Hast du denn die an Adam gerichteten Worte Emanuels überhört, die Er zum Adam gesprochen, als dieser Ihn bat, Er möchte Sich nach der Opferung Henochs doch nicht so bald entfernen von euch allen?

23. Meinst du denn, Emanuels Kraft ist in Seiner Sichtbarkeit mehr gegenwärtig denn in dessen Unsichtbarkeit?

24. Siehe, darinnen liegt alles, das dich noch gefangen hält! Kannst du irgendeine wirkende Kraft je mit dem Auge der Materie erschauen, oder hast du je gesehen, was da bewegen macht nach deiner Willkür deine Glieder und treibt ohne dein Hinzutun dein Blut durch all die Adern und macht dein Haar wachsen und deine Nägel und deine Haut und verteilt die Speisen im Magen und tut noch zahllos anderes mehr?

25. Oder hast du je gesehen den Wind, und wie da ist seine Gestalt, oder die den Keim treibende Kraft, oder die, welche die Sonne führt vom Aufgang bis zum Untergang, und so die Sterne und den Mond? Oder mit welchem Auge hast du je gesehen die Kraft, welche all die Bäche, Flüsse und Ströme dem Meer zutreibt?

26. Siehe also, wie töricht du noch geblieben bist! Höre denn und merke dir's wohl: Jede Kraft, die da in was immer oder wo immer oder wie immer wirkt, ist aus Gott als dem Urquell aller Mächte und Kräfte. Gott aber als Gott kann in Seinem Urwesen ewig nie von einem von Ihm geschaffenen Wesen geschaut und begriffen werden; denn wer da Gott sehen möchte, der könnte nicht leben, da Gott unendlich, jedes Wesen aber endlich ist. Wie aber könnte je das Endliche schauen und begreifen das Unendliche?

27. Oder meinst du wohl, es wäre dir möglich, ausgedehnt zu werden bis ins Unendliche und dabei zu erhalten dein Fünklein Lebens?

28. Siehe, so du Mir aber im Herzen auch fragend erwiderst: ‚Was und wer war denn hernach der gesehene Emanuel?'

29. so sage Ich aber dir, Gott kann Sich überall als liebender Vater einen scheinbaren Leib erschaffen und wirken durch denselben; aber dann ist das, was du siehst, nicht der Vater, sondern das da wirkt durch das von dir Gesehene!

30. Solches aber sollst du verstehen, damit deine Liebe nicht an etwas hängenbleibt, das da nicht ist das eigentlich Wahre!

31. Und so wisse denn auch vom Licht im Lichte: Wäre nicht licht und sonnenhaft dein Auge, möchte es wohl je gewahren die Sonne und ihr Licht? Also auch, wenn in dir nicht wäre Gotteskraft, möchtest du je etwas Göttliches begreifen? Da du aber solches kannst, so ist ja Gotteskraft auch in dir; kann diese Kraft aber nur sich begreifen, oder kann sie nicht etwa noch mehr?

32. Siehe, wie finster es in dir noch ist; darum heiße auch einmal bei dir Licht werden! Amen."

Kapitel 152

Das Wunder der Liebe Gottes

Am 15. November 1841

1. Und der Seth, an den diese Rede Abedams so ganz eigens gerichtet war, machte überaus große Augen, wie fast auch alle übrigen, obschon diese Rede nur im Vorübergehen auch sie berührte. Aber weder der Seth, noch irgendjemand anderer getraute sich, den Abedam um etwas Ferneres zu fragen, denn sie alle hatte die hohe Weisheit Abedams sozusagen fast zugrunde gerichtet. Nur allein dem Abedam, dem bekannten, dem allein noch blieb die Zunge am rechten Fleck und in Ruhe sein Herz, darum seine redselige Zunge auch alsbald sich bei den Vätern und beim Abedam, dem anderen, die Erlaubnis ausbat, hier, nachdem alles da schweige, etwas reden zu dürfen aus seinen freien Stücken; denn bis jetzt hätte er ohnedies nur entweder gefragt oder geantwortet auf die Fragen anderer.

2. Und sein Verlangen wurde ihm gerne gestattet; und so fing er denn auch sogleich an, wie da folgt, seiner Zunge Luft zu machen, sagend nämlich:

3. „Meine geliebten Väter und Brüder, und Du auch, mein über alles hoch geachteter und innigst geliebter

Namensgefährte! Es ist schon ein altes Sprichwort unter uns, dass recht dumme Menschen und Kinder zumeist die Wahrheit reden; da ich aber gewiss mit allem Recht zu den ersten vorzugsweise gehöre und von jeher schon gehört habe, so bin ich ja gemacht für einen Prediger! Aus diesem Grunde sage ich euch allen und gestehe es ganz offenherzig, dass ich unter euch allen der Glücklichste bin, das heißt den lieben Namensgefährten ausgenommen.

4. Ihr wundert euch über das Lichtmachen, – ich wieder gar nicht; denn wollte man sich über alles wundern, was des Herrn unendliche Macht, Kraft und höchste Weisheit alles hervorzubringen und überaus leicht zu bewirken vermag, wahrlich, da dürfte man das Leben mit nichts denn mit lauter Verwundern und Überverwundern zubringen!

5. Ist denn nicht jeder Schlag unseres Herzens ein gleich großes Wunder, – wer aber wird sich beständig darüber wundern?

6. Oder dass wir sehen, hören, riechen, schmecken, fühlen, uns willkürlich bewegen, stehen, gehen, laufen, springen, dann wieder liegen, schlafen, träumen, denken, lieben, verständig reden, essen, trinken, scheißen, brunzen, ja unseresgleichen in der Liebe zeugen können, und kurz und gut, alles, was wir dann mit all unseren Sinnen wahrnehmen, – sagt, sind das nicht lauter unbegreifliche Wunder über Wunder?

7. Wo aber lebt wohl ein Mensch, der sich über alles dieses beständig wundern möchte und, wenn er nur eine Spanne weit über die Erde hinaus zu denken vermag, auch könnte?

8. Wer sieht es nicht ein, dass ein Starker eine größere Last zu heben vermag denn ein Schwacher? Wen soll es wundernehmen, dass der Starke stärker ist als der Schwache?

9. So ich einen Stein in die Hand nehme und ihn dreißig Mannslängen weit von mir schleudere, ein Stärkerer und Geschickterer aber schleudert ihn hundert Mannslängen von sich – sagt, wer wird sich dessen wundern? Und doch ist solches ein ebenso großes Wunder, als so der Abedam eine zweite Sonne statt dieses einfachen Lichtes durch ein mächtiges ‚Es werde!‘ zur Erleuchtung der Nacht erschaffen hätte.

10. Wahrlich, wenn man die Sache so recht beim Licht betrachtet, so soll sich der Mensch entweder immer wundern, oder er soll sich ganz und gar nicht wundern! Denn wenn ich mich über eine Tat des Herrn wundere und über eine andere wieder gar nicht, bin ich dann nicht entweder ein Klassenschätzer der Werke Gottes, da keines ist minder als das andere in seiner Art, oder ich müsste wenigstens noch um hundertmal dümmer sein, als ich es von Natur aus bin, so ich das nicht auf den ersten Blick einsehen möchte, dass Gott in jedem Seiner Werke unergründlich, unerfassbar und unendlich ist! Erkenne ich aber solches, wie sollte es mich hernach wundernehmen, wenn der allmächtige, höchstweiseste Gott solche Werke hervorbringt, die Seiner unendlichen Vollkommenheit in jeder auch nur möglich denkbaren Hinsicht entsprechen müssen?!

11. Ja, vermöchte jemand mit der bloß menschlichen Schwäche einen gestirnten Himmel auf ein Wort zuwege zu bringen, wahrlich, darüber könnte ich mich hoch verwundern; aber da solches nur die Kraft

Gottes vermag, seht, das nimmt mich wieder gar nicht wunder!

12. Oder sollte das wohl ein Wunder sein, wenn der allmächtige Gott aus Seiner ewigen, höchst weisen Ordnung alles solches gar leicht und wohl vermag?

13. Seht, solches wundert mich nicht und wird mich auch ewig nie wundern; wohl aber nimmt es mich hoch wunder, dass nach dem, was wir jetzt wissen, dieser allmächtige Gott auch zugleich unser aller liebevollster, heiliger Vater ist! Und so erkenne ich nur ein Wunder der Wunder an, und dieses ist die Liebe, und zwar die unendliche Liebe in Gott zu uns Nichtigen vor Ihm, und dann die Liebe auch in uns zu Ihm, welche ist ein endliches Erfassen des Unendlichen!

14. Seht, das ist das Einzige, worüber ich mich stets mehr und mehr wundere, weil hier zwei undenkliche Verhältnisse − ein unaussprechliches Nichts und ein unaussprechliches Alles − sich ergreifen und sich gewisserart auszugleichen auf das Tätigste bemühen!

15. Seht, das wundert mich, und das nenne ich ein Wunder. Alles andere aber − da Gott Seiner ewigen Macht und Stärke zufolge tut, was alles Ihm nur immer möglich ist, und wir auch tun, was uns möglich ist −, wie sollte oder wie könnte mich das wundern?!

16. So ich mich aber schon nicht wundern kann, der ich mich da gerade nicht beklagen kann, als hätte ich zu viel der Weisheit; ihr aber habt alle Weisheit in großer Menge, und seid stumm ob der Beleuchtung der Hütte, und könnt aber doch sonst den ganzen Tag unter dem oft brennenden Wunder der Sonne ungehindert plaudern, − ist denn das Licht der Sonne schwächer denn dieses, oder ist ihr Licht weniger

durch die Macht des göttlichen Wortes entstanden denn dieses?!

17. Seht, solches fällt einem Narren vor euch auf; und wahrlich, das ist auch ein Wunder, dass solches nicht schon lange euch Weisen aufgefallen ist!

18. Dankbar freuen können wir uns ja jeglicher Tat Gottes, weil Er sie sicher aus rein und allein wunderbarer Liebe zu uns Nichtsen tut; aber vor einem Werk der göttlichen Kraft wunderstumm werden, über ein anderes aber wieder ganz gleichgültigen Schrittes hinwegtraben, − wahrlich, das heißt doch nichts anderes, beim Licht betrachtet, als die Werke und Taten Gottes mit unserer Dummheit taxieren!

19. Haltet es zugute, liebe Väter und Brüder; aber ich konnte wahrlich nun nicht mehr umhin, euch mit einer Rüge darüber zu belästigen, was einem Blinden schon auch nur bei einem geringen Nachdenken als töricht und vollends Gottes unwürdig hätte auffallen müssen!

20. Daher sei nur das eine Wunder der Liebe uns allen ewig ein erstaunliches, nämlich, dass der allmächtige Gott unser Vater ist, uns liebt und macht, dass wir Ihn wiederlieben können und dürfen! Für alles andere aber danken wir Ihm mit über alles gleich freudigem Herzen, so werden wir darum schon gewiss uns würdiger Seine Kinder nennen dürfen, als so wir Tag und Nacht wunderstumm die Sonnenstäubchen angaffen möchten und vergäßen aber darüber der Liebe, der Dankbarkeit und alles dessen, was allein nur wahren Kindern geziemt.

21. Freuen wir uns all der Werke Gottes und achten ihrer, darum sie Werke des Vaters sind, die Er gemacht hat aus Liebe zu uns; aber das Taxieren derselben

überlassen wir bescheiden Dem allein, der sie gemacht hat! Amen."

Kapitel 153

Brüderliche Liebe und Demut

1. Nach dieser Rede Abedams, des bekannten, aber machten alle noch größere Augen, und keiner wusste ihm etwas zu erwidern.

2. Nach einer Zeit erst stand der Henoch auf und reichte die Hand dem Abedam und sagte:

3. „Wahrlich, geliebtester Bruder Abedam, es wäre sicher nicht wider die göttliche Ordnung, so manchmal die Kinder vor den Weisen als wahre Weisheitsprediger aufstehen möchten und berichtigen die mannigfachen Torheiten der sich so oft hochweise dünkenden Lehrer! Du hast mir jetzt eine große Last vom Herzen gewälzt!

4. Wie froh und heiter in Gott hätte ich schon gar oft sein können, wenn deine Worte früher an meine Ohren geschlagen hätten!

5. Daher wird es ewig wahr bleiben: Was der Herr, unser aller liebevollster Vater den Weisen vorenthalten hat, das gibt Er den Schwachen und Kindern im reichsten Maße!

6. Ja wahrlich wahr, der Gottesforscher ist ein eitler Frevler, ein großer Tor und kümmert sich zu Tode, während die Kindlein fröhlich aus der Hand des heiligen Vaters das köstliche Brot des wahren, ewigen Lebens sorglos, freudig, dankbar empfangen!

7. O wie groß ist doch die Torheit der Menschen!"

8. Und der bekannte Abedam, dazu setzend: „Und, lieber Bruder Henoch, meine Dummheit nicht aus der Rechnung gelassen; denn du weißt es ja, wie es mit mir vor noch nicht gar langer Zeit gestanden ist!

9. Jedoch, solches von mir jetzt Gesagte ist zu auffallend, Bruder, als dass es selbst ein Blinder nicht hätte alsogleich merken sollen!

10. Jedoch darum nach bin ich dir lange noch kein Lehrer, sondern nur du im Herrn der meinige! Amen."

Am 16. November 1841

11. Und der Henoch entgegnete dem Abedam: „Bruder Abedam, was möchtest denn du noch von mir lernen? Vielleicht ein wenig Torheit zu deiner Freiheit hinzu?

12. Siehe, ich für mich bin zwar wie du und möchte darum auch um eine ganze Erde voll Weisheit nicht ein kleines Steinchen schwer Liebe hergeben, und ich habe darum auch noch nie ein Wort aus meinem eigenen eitlen Antrieb zu jemandem gesprochen, sondern, wenn ich geredet habe, da redete ich nur gezwungen vom inneren, göttlichen Geist und wusste oft nach vollendeter Rede nicht, was ich geredet hatte, dieweil nicht ich, sondern nur der göttliche Geist aus meinem spottschlechten Mund sprach.

13. Siehe, Bruder, in dieser Hinsicht hätten wir also voreinander nichts voraus; aber jetzt kommt etwas, das mich vor dir zum Toren macht, und das ist, dass ich denn doch nicht selten bei mir selbst über die Werke Gottes nachdachte und sie gehörig – nach deiner Aussage – taxierte!

14. Sage nun und urteile unter uns selbst, wer von uns beiden mehr oder weniger vor dem anderen hat, und wer somit

eher berechtigt ist, dem anderen ein Lehrer und ein wahres Vorbild zu sein!

15. Ich habe dir zwar auf dem Weg hierher früher eine Lehre gegeben, allein damals habe ich dich noch nicht also gekannt wie jetzt, und es war meine Lehre somit auch ein kleiner Vorgriff in das Recht der göttlichen Liebe; allein, was ich dir damals sagte, sagte ich dir ja nicht, um dir etwa dadurch anzuzeigen zu wollen, als sei ich ein mehr Geweckter denn du, sondern was ich tat, tat ich rein nur aus Liebe zu dir. Aber nun reut es mich doch, dass ich den lehrte, der mir ein großer Meister der Demut ist."

16. Und der bekannte Abedam erwiderte dem Henoch: „Bruder, mache mich nicht traurig; ich bin nur heiter auf der untersten Stufe! Wenn du mich nur ein wenig zu erheben anfängst, so ist's auf einmal mit meiner Seligkeit gar; denn siehe, ich bin schon von der Natur aus so, dass mir nur die größte Niedrigkeit beseligend zusagt!

17. Warum aber soll ein Bruder den anderen über sich für nichts und wieder nichts erheben?

18. Sondern Brüder sollen sich Brüder bleiben! Fehlt dem einen etwas, so soll der andere mit seinem Vorrat ihm zu Hilfe eilen, und also auch umgekehrt, damit da keiner etwas vor dem anderen habe. Was soll aber hernach das, so einem Bruder – sicher aus Zulassung des Herrn zum Wohle des Bruders – aus gutem Herzen ein vielleicht etwas besseres Wort entfällt, dass darum der andere ihn hernach zur Hälfte zu vergöttern anfängt?!

19. Daher bleibe du mein lieber Bruder Henoch, und gebe mir von deinem Überfluss allzeit als Bruder gerne, so du siehst, da mir irgendetwas fehlt, und habe dann aber ja keine Reue darüber, was du deinem

Bruder gegeben, – und ich werde desgleichen tun! Und wenn es dann alle so machen werden, wahrlich, Bruder, da wird es wohl schwerlich je zu einem Zank zwischen den Brüdern kommen; und ich glaube auch fest, dass solche Lebensweise der Brüder untereinander tief in der göttlichen Ordnung schon von Ewigkeit her gegründet ist. Und also wollen wir auch fürder bleiben ewig! Amen."

20. Der Henoch wurde bis zu Tränen gerührt, umarmte den Abedam und gab ihm einen wahren Bruderkuss und entgegnete:

21. „Ja, Bruder im Herrn und aller Liebe aus Ihm, du hast mit einem Hieb einen Baum zu Fall gebracht! Wie einfach und doch so göttlich wahr sind deine Worte und werden wahr bleiben in Ewigkeit!

22. Und also wollen wir auch alle verbleiben nicht nur zeitlich, sondern ewig! Amen."

Kapitel 154

Die Lehre von brüderlicher Liebe und Großzügigkeit

1. Abedam, der andere, aber, der die ganze Zeit ruhig und wohlgefällig zugehöhrt hatte dem Zwiegespräch Henochs und Abedams, stand nun auf einmal hastig auf und sprang völlig hin unter die zwei Brüder, umfasste sie mit Seinen Händen und sprach dann:

2. „Ja, also ist es wahr und recht und billig der göttlichen Ordnung gemäß; und so Brüder untereinander also leben, da wird der Vater, wie jetzt, auch in alle Zukunft nicht ferne sein als Vater jenen Kindern, die über Gott in ihren liebeerfüllten Herzen

also denken und als Brüder also untereinander handeln!

3. Wahrlich, Ich sage euch: Wer da sagt: ‚Ich liebe Gott und meine Brüder!', hat aber etwas vor seinen Brüdern und teilt es nicht mit ihnen also, dass nur der kleinste Teil für ihn zurückbleibt, der ist noch voll Eigenliebe und ist des Vaters nicht wert! So jemand hätte zehn Brüder und wäre aber im Besitz von zwölf Äpfeln, der soll geben die elf Äpfel den Brüdern und soll für sich nur die Hälfte des zwölften behalten, die andere Hälfte aber soll er noch aufheben für die Brüder, dann wird er sein ein wahres Kind des heiligen Vaters im Himmel und Seiner würdig!

4. So ein Vater seine Kinder mehr liebt denn die seiner Brüder, der ist auch in der Eigenliebe und ist des Vaters nicht wert. Da sage Ich: Wahrhaft selig wird der sein, dessen wahres Bruderherz über die Not des Bruders die eigene vergaß und also auch zur Stillung der Not des Bruders Kinder die der eigenen Gott, seinem wahren Vater, in aller dankbaren und liebevollen Ergebung aufopferte!

5. Es ist dir besser, so du aus Liebe zu deinen Brüdern der Ärmste bist unter ihnen als der reichste; denn so du geteilt hast mit ihnen deine Gaben, und es ist dir noch geblieben ein Teil, so hast du noch gesorgt für dich und achtetest nicht der Sorge deines Vaters im Himmel. Hast du aber aus wahrer Brudernächstenliebe alles hergegeben deinen Brüdern und behieltest nichts für dich zurück, so hast du dich ganz frei gemacht und hast für dich alle Sorge dem Vater im Himmel überlassen; wird aber dieser mächtige, übergute, heilige Vater ein solches Kind wohl darben lassen?!

6. Ich sage euch aber: Wahrlich, wahrlich, der soll für eins hundert und hundertmal hundert für zehn und Unendliches haben für alles.

7. Urteilt aber selbst: Wird wohl je Not und Elend unter Brüdern herrschen, so da alle sind voll Liebe gegeneinander und ist einer wie alle und alle wie einer?

8. O wahrlich, da wird ein jeder haben in der Fülle des Segens aus der heiligen Sorge des heiligen Vaters!

9. Wollt ihr also würdige, wohlversorgte Kinder des einen heiligen Vaters sein im Himmel, so lebt also als Brüder und Schwestern untereinander! So ihr also leben werdet untereinander, da wird auch leben und wohnen der heilige Vater unter euch und wird sorgen für euch alle, – wo aber nicht, da wird bald ein jeder in den alten Fluch zurückfallen und sein sehr hartes Stück Brotes im Schweiße seines Angesichtes unter Dornen und Disteln suchen müssen!

10. Also aber verhaltet euch gegenseitig: So dir dein Bruder etwas getan hat, da entlasse ihn ja nicht ohne guten Lohn; hast du aber deinem Bruder einen Dienst erwiesen, so soll es dir auch nicht einmal träumen, als wäre dir dein Bruder etwas schuldig, sondern deine eigene Bruderliebe sei dein größter Lohn. Dieser wird deinem Vater im Himmel wohlgefällig sein. So aber die Liebe deines Bruders ihn nötigt, dir zu geben einen Sold, da nehme ihn ja nicht als solchen an, sondern als einen der Liebe deines Bruders, und danke ihm und küsse ihn dafür; denn als ein reines Geschenk musst du jede Gabe betrachten, so wirst du ein rechter Bruder sein deinen Brüdern, und der heilige Vater wird ein großes Wohlgefallen haben an solchen Kindern ewig! Amen.“

Kapitel 155

Lamech erkundigt sich nach dem rätselhaften Licht

Am 17. November 1841

1. Nach dieser Rede Abedams, des anderen, trat auch Lamech, der getreue Liebhaber Emanuels an die Seite Abedams und betrachtete Ihn vom Kopf bis zum Fuß; denn diese letzte Rede hatte auch ihn aus seinem Trauerliebestaumel geweckt und machte sein Herz stutzen. Da er von den früheren Worten, in seine Trauerliebe um den entschwundenen Emanuel begraben, soviel als fast nichts vernahm, so war es nun ganz gewiss, dass diese plötzlich nun vernommenen Licht- und Liebesworte aus dem göttlichen Munde Abedams auf sein neu wachgewordenes Herz eine erstaunliche Wirkung hervorbringen mussten, und somit auch umso mehr noch auf die kranke Liebe Lamechs, da Der, aus dessen Munde und Herzen sie kamen, der neu verborgene Emanuel Selbst war!

2. Und nachdem er sich am Abedam sozusagen satt gesehen hatte und mit seinem Schauen dessen ungeachtet nichts vom Abedam heraustüpfeln konnte, so nahm er sich endlich die Freiheit und fragte Ihn, sagend nämlich:

3. „Höre, Abedam, du mir noch ganz fremder Mann, der du aus einem menschlichen Mund rein göttliche Worte sprichst, also zwar, dass, so mein allergeliebtester Emanuel Abba hier stünde und möchte reden über diesen Hauptpunkt alles menschlichen Lebens, Er unmöglich anders sprechen könnte, wie du nun gesprochen hast! Sei doch so gut und sage mir, woher dir solche unbegreiflich hohe Liebeweisheit geworden ist!

4. Denn siehe, Emanuels Verschwinden hat mich bis jetzt für alles taub und blind gemacht, und so sehe ich nun mit meinen Augen dich jetzt sicher zum ersten Mal unter uns und kann nun nicht genug staunen über dich! Sage mir daher etwas über dich; denn mein Herz sehnt sich sehr nach deiner näheren Bekanntschaft!"

5. Und der Abedam entgegnete dem Lamech: „Mein geliebter Lamech! Nun höre du: Weißt du Mir zu sagen, um welche Zeit es nun ist, und wo wir uns nun, wie wir hier sind, befinden?"

6. Und der Lamech antwortete: „Soviel ich nun merke und mich auch von früher ganz dumpf erinnere, so ist das die Hütte Adams, in die er uns alle, wie wir nun hier sind, nachdem wir die heimatliche Höhe erreicht hatten, aufnahm; doch solches weiß ich nur wie aus einem Traum heraus! Aber um welche Zeit es nun ist, könnte ich dir nicht genau sagen; jedoch nach dem noch ziemlich starken Licht in der Hütte zu urteilen, dürfte es noch nicht gar zu spät des Abends sein."

7. Und der Abedam sagte wieder zum Lamech: „Siehe, Mein geliebter Lamech, es liegt aber nun ganz besonders für dich sehr viel daran, dass du genauer weißt, um welche Zeit des Abends es nun ist; daher begebe dich ein wenig aus der Hütte und beurteile die abendliche Frühe oder Späte nach der Stärke der Abendröte!"

8. Und der Lamech befolgte sogleich den Rat; aber wie erschrak er, als er statt der gehofften Abendröte schon überall die dichteste Finsternis über die ganze Erde gelagert sah, die nur durch die beständigen Blitze des schon sehr nahe stehenden großen Ungewitters schauerlich auf Augenblicke zerrissen wurde!

9. Nicht lange säumte er vor der Hütte draußen, sondern eilenden Fußes kam er wieder zurück, fast zurückfallend; denn er hatte eine große Nacht- und Wetterscheu in sich. Und also nahte er sich nun furchtsam dem Abedam und sagte zu Ihm:

10. „O lieber, guter Mann, da du sicher gewusst haben wirst, wie spät der Nachtzeit es nun schon ist, warum hast du mich denn hinausbeschieden, zu schauen diese schreckliche, grauenerregende Nacht, in der schon lange alle Abenddämmerung untergegangen ist und statt derselben nur gewaltige Blitze und dumpf rollende Donner mit der dichtesten, hartnäckigsten Nacht einen fürchterlichen Kampf zu beginnen scheinen?

11. Siehe, ich bebe noch am ganzen Leibe vor großer Angst! O Emanuel, wärst Du jetzt hier! Mit Dir möchte ich mir's wohl recht gerne getrauen, diese fürchterliche Nacht anzuschauen; denn Dir hätte auch dieses hart und schrecklich drohende, verheerenden Kampfes gierige Feuerwetter weichend gehorchen müssen!

12. Es ist nur gut, dass doch noch der Henoch bei uns ist; sonst wäre es sicher aus mit uns! Du scheinst dir freilich auch nicht gar viel aus dem heranziehenden Wetter zu machen?! Aber solches ist dir auch zu verzeihen, da du hier ein Fremdling noch bist und hast wahrscheinlich das Schreckliche eines solchen Wetters in der Nacht auf der Höhe noch nie erlebt; aber wirst du nur einmal eines erleben, wie es heute Nacht sicher der schreckliche Fall sein wird, so wirst du bei einem nächsten heranziehenden Wetter, o glaube es mir, sicher noch ängstlicher sein, als ich es jetzt schon überaus stark bin!

13. O Du mein Emanuel Abba, wenn Du doch nur noch diese Nacht sichtbar unter uns geblieben wärest!"

14. Und der Abedam sah den Lamech überaus freundlich an, ergriff seine Hand und fragte ihn: „Lieber Lamech, siehe, da du draußen eine so überaus dichte Nacht angetroffen hast, möchtest du Mir denn nicht kundgeben, woher denn das Licht in dieser Hütte rührt?"

15. Auf diese Frage erst fiel dem Lamech das Licht auf; und da er nirgends etwas Leuchtendes entdecken konnte, so wandte er sich sogleich wieder an den Abedam zurück und sagte:

16. „Siehe, lieber, guter Mann, ich finde es wunderbar! Es ist Licht ohne Licht, ja vollends Tageshelle ist es herinnen, und doch mag ich nirgends ein Licht entdecken! Wie ist das? Woher rührt das? Und wie ist solches möglich?

17. Hast etwa du es also gemacht, oder soll etwa das große Ungewitter daran schuld sein?! Denn solches habe ich bei sehr starken Feuerwettern wohl schon auch gesehen, dass da in der dichtesten Nacht oft die Bäume, das Gras und die Steine von einer bläulich leuchtenden Materie umgeben waren; aber ihr Leuchten war doch nur höchst schwach an und für sich, – im Vergleich aber mit dieser Helle wäre es doch nur eine bare Finsternis!

18. Daher könntest wohl du mir sagen, darum du mich fragtest?!"

19. Der Abedam aber beschied ihn mit den Worten an den Seth: „Lamech, gehe hin zum Seth, und er wird es dir sagen, wie dieses Licht entstand; dann wirst du bald im Lichte ein Licht finden, wie du bis jetzt im Lichte kein Licht fandest."

20. Und der Lamech trat sogleich hin zum Seth und bat ihn: „Lieber Vater Seth,

möchtest du mir nicht tun, darum mich dein Bruder oder Sohn – oder was er zu dir auch sein mag – zu dir beschied?!"

21. Und der Seth entgegnete ihm: „Warum schliefst im Herzen du denn früher?! Wärest du wach gewesen, so wäre dir zum Überfluss nun solche Frage; jedoch da dich deine große Liebe zum Emanuel Abba blind und taub für alles andere machte, so hast du schon den gültigsten Entschuldigungsgrund in dir und magst darum wohl erfahren, dass der unbegreiflich mächtige Urheber dieser wunderbaren Erleuchtung derjenige selbst ist, der dich zu mir beschied, und hat es durch nichts als bloß nur durch sein Wort ‚Es werde Licht!' hervorgebracht, und das zwar aus der göttlichen Kraft in ihm. Gehe nun hin, jetzt weißt du schon alles, was ich weiß; ein Weiteres aber erwarte vom Urheber selbst! Amen."

22. Und der Lamech begab sich sogleich wieder zum Abedam in der Absicht, welche ihm der Seth kundgab.

23. Und der Abedam sagte darauf zu ihm: „Geliebter Lamech, suche ein wenig in der Liebe deines Herzens, und du wirst den Urheber des Lichtes bald haben; denn siehe, Der, den du so überaus liebhast, ist dir nicht so ferne, als du meinst! Hast du Ihn aber gefunden, dann schweige bis morgen!

24. Diese Nacht aber sollst du große Dinge sehen! Amen."

Kapitel 156

Das Gleichnis von dem das Herz seiner Gewählten erforschenden Bräutigam

Am 19. November 1841

1. Der Lamech aber, da er solches vom Abedam vernommen hatte, fing an, in sich zu gehen; und es brauchte gar nicht lange Zeit, da Lamech zu gewahren anfing, wie er dran ist, und was da verborgen ist hinter dem Abedam!

2. Und da der Abedam alsogleich sah, dass Lamech Ihn gefunden und erkannt hatte, fragte Er den Lamech: „Höre, Mein geliebter, getreuer Lamech! Wie ist's nun mit dir? Hast du noch eine Furcht vor dem großen, gar bald über uns ausbrechenden Ungewitter?

3. Oder soll Ich Mich im Ernst noch mit dir vor demselben zu fürchten anfangen?"

4. Und der Lamech aber fing vor lauter Freude zu weinen an und konnte nicht antworten. Erst nach einer ziemlich langen Pause, da sich sein Herz durch die reichlichen Liebefreudentränen Luft gemacht hatte und dadurch sich für einen so plötzlich übergroßen Anblick gehörig erweiterte, fing er an, folgende Worte an den Abedam in der allerhöchsten Entzückung zu richten, sagend nämlich:

5. „O Abedam! – O Emanuel! – O Abba! – Ich habe Dich wiedergefunden, – Dich, Dich, o mein Abba, – wiedergefunden!

6. Wie könnte es, wie sollte es mir nun bangen vor dem, das nichts ist vor Gott?!

7. So Du willst, lasse von zahllosen Blitzen die Erde zu Staub zerschlagen und das Meer wie einen Tautropfen auf glühenden Erzen verdampfen; ja lasse flammende Orkane mit solcher Gewalt wehen, dass ihre Kraft mit Bergen spielen möchte wie sonst

ein brausender Sturm mit dem Laub der Bäume; und Schloßen [Hagelkörner], wie Welten so groß, lasse sie zur Erde stürzen, – und Du wirst nimmer in mir eine Furcht entdecken! Denn wo Du bist, da ist überall gut sein; ohne Dich ist's aber auch beim allerschönsten und ruhigsten Wetter fürchterlich auf der Erde wie überall, und es ist alles öde und leer, – und alles, was man nur immer ansieht, grinst einen schauderhaft drohend und todbringend an. Der Wind schreit und heult: Tod! Das Gras stirbt. Das Wasser rauscht: Tod! Und die Ufer beben und vergehen. Und das Wasser verdampft in den Tod, in das finstere Nichts. Der Strahl der Sonne, der sonst belebende, tötet des Grabes Gewürm.

8. Des sterblichen Leibes fleischliche Kräfte, sie sterben ab, und die todträge Masse sinkt erschöpft zur sparsam belebten Erde nieder, und der Dahingesunkene sinkt dann vom Tode zum Tode. Und die sonst munteren Sterne werden düster, blass, und kein freundliches Zittern stört mehr ihre tote, düster schauerliche Ruhe. Und kurz und gut, wo Du bist, da werden selbst Steine lebendig und überaus freundlich, dass es eine große Lust ist, sie anzuschauen! Ja, ich glaube, wenn man mit Dir also auch im Feuer stünde, dass einem die sonst alles verzehrenden Flammen hoch über dem Haupt zusammenschlügen, so würde, ja so müsste man statt des schmerzlichsten Brennens nur eine lieblich sanfte Kühlung empfinden; denn Du bist überall und allzeit Liebe!

9. Siehe, also bin ich jetzt ganz ohne Furcht, da ich nur Dich wieder habe! Aber also verschwinden darfst Du mir ja nicht mehr, dass ich dann nicht mehr wüsste, wohin Du Dich verborgen hättest!"

10. Und der Abedam entgegnete kurz dem Lamech: „Ja, ja, du sollst Mich nimmerdar verlieren, jetzt wie auch in alle Ewigkeiten! Amen.

11. Für jetzt aber schweige davon vor Adam und Seth und der Eva und dem Weib Seths, wie auch vor all den übrigen Kindern; denn Ich will, dass Mich ein jeder also finden soll, wie du Mich gefunden hast. Und es soll Mich niemand eher finden, als bis er Mich gefunden hat, wie du Mich gefunden und erkannt hast in deinem Herzen!

12. Ich sage dir aber, diese Nacht wird sie noch alle vor unser Angesicht führen! Wenn sie aber kommen, so soll Mich von euch dreien keiner offenbaren, sondern, wenn sie die große Angst treiben wird in ihr Innerstes und dadurch vor ihren Augen ihr eigenes Herz offenbar wird und wird ihnen selbst kundgeben, wie viel Liebe darinnen waltet und was für eine Liebe, dann erst wird sich auch zeigen, wie viel Liebe zu Mir in ihren Herzen haust, danach sie Mich dann auch entweder erkennen oder nicht erkennen werden.

13. Siehe, Ich mache es wie ein Bräutigam, der da erforscht das Herz derjenigen, die er gesonnen ist zum Weib zu nehmen! Dieser geht zur Nachtzeit, ja in stürmischer Nacht um die Hütte, darinnen da haust seines Herzens Gewählte. Da horcht er dann beklommenen Herzens und spitzt gewaltig seine Ohren, darum er vernehmen möchte geheime Seufzer der Liebe aus dem Munde seiner Gewählten. Wohl ihr, so ihr Herz voll ist ihres Bräutigams; denn wovon das Herz voll ist, geht der Mund über! Sie wird ihn rufen und nennen ihn beim Namen. Ich sage dir, ihr Seufzen und ihr Rufen wird des Bräutigams Herz brechen, und er wird eintreten in ihr Gemach und wird sie

bei der Nacht noch führen in seine Hütte und machen, dass sie werde sein Weib!

14. Glaubst du aber, so der Bräutigam also seine Gewählte zur Nachtzeit belauschen wird, wird sie aber treffen entweder schlafend oder im Seufzen eines anderen Namen nennend, wird er auch dann in ihr Gemach treten und sie führen in sein Haus?

15. O siehe, das wird er nimmer tun, sondern er wird von nun an fliehen ihre Nähe und verachten ihr Angesicht!

16. Siehe, also bin Ich jetzt auch in stürmischer Nacht vor der Türe aller Meiner Gewählten! Da Ich im Herzen nach Mir werde seufzen hören, da auch werde Ich alsbald eintreten und tun gleich dem erwähnten Bräutigam; wo Ich aber die Gewählten entweder werde schlafend antreffen oder seufzend nach fremden Namen, da werde Ich auch tun, was da tun würde seiner Gewählten der Mir ähnlich erwähnte Bräutigam.

17. Doch aber ist ein Unterschied zwischen Mir und dem Bräutigam: Ich komme mit Liebe, bringe Liebe, gebe Liebe, suche Liebe und verlange Liebe, und wen Ich schlafend antreffe, der wird erweckt zum siebenundsiebzigmal siebenundsiebzigtausendsten Male! Erst wenn er nicht erwacht, dann erst ziehe Ich Mich zurück! Wehe aber dem, von dem Ich Mich zurückgezogen habe, wahrlich, der wird fürder lange, lange, lange vergeblich seufzen und rufen Meinen Namen; aber Ich werde ihm nicht antworten!"

Kapitel 157

Der Gewittersturm

Am 20. November 1841

1. Kaum aber hatte Abedam diese wohl zu beachtende Rede an den Lamech beendet, so kamen auch schon, von großer Angst getrieben, Enos, Kenan, Mahalaleel, Jared, Mathusalah; und um die Hütte aber lagen voll Verzweiflung Hunderte und Hunderte von Kindern und Kindeskindern und schrien zum Jehova um Hilfe und gnädigst barmherzige Abwendung solcher schrecklich werdenden Verheerungen und solch unerhörter Schrecknisse der Nacht.

2. Von den fünf in die Hütte Getretenen aber nahm der Redner Kenan das Wort und fing an, vor Adam also zu sprechen:

3. „O Vater Adam, höre, wenn uns der entschwundene Emanuel und durch Seiner Liebe Macht dein Vatersegen nicht sogleich tätigst zu Hilfe kommt, da sind wir alle ohne Rettung, ohne Gnade und ohne Erbarmung verloren!

4. Siehe und höre, wie es nun aussieht draußen: Der ganze Morgen ist ein Feuermeer! Nicht nur zahllose flammende Donnerkeile entstürzen einer unabsehbar dichten, feurigen, so glühenden Wolkenmasse, sondern auch aus der Erde brechen allenthalben Blitze und Flammen hervor!

5. Deine herrliche Grotte ist schon von tausend und abermals tausend mächtigen Blitzen also zertrümmert, dass da von ihr keine Spur mehr zu entdecken ist!

6. Wie ich dir sage, schrecklicher und schauerlicher hat Jehova Seine Kinder noch nie heimgesucht als diesmal! Doch dieses bis jetzt dir Mitgeteilte und Beschriebene ist nur das Unbedeutendste; aber höre, was da noch geschieht:

7. Unter großem Sausen, Brausen, Toben und Krachen steigt das Meer aus der Tiefe! Alles Ungetüm flüchtet sich zu uns: Tiger, Löwen, Hyänen, Wölfe, Bären, Schlangen dringen zu Hunderten in unsere verlassenen Hütten, anderen Geschmeißes und Getieres nicht zu gedenken!

8. Ich sage, in welches Elend uns wenige Minuten gesetzt haben, wäre keines Menschen Zunge imstande zu schildern! Wir fünf sind noch die Einzigen, welche von der Verzweiflung noch nicht ergriffen worden sind. Außer uns liegt alles, den sicheren Untergang aller Dinge erwartend, wie zur Hälfte tot mit den Gesichtern auf der Erde. Einige klagen; einige heulen; einige beben am ganzen Leibe; einige schreien und weinen überlaut; andere sind stumm und starr, von zu großer Furcht und Angst ergriffen!

9. O Vater, es ist ein grauenhafter Anblick! Und siehe, die Schreckensszenen vermehren sich stets von allen Seiten! Fürwahr, anders kann es nicht ausgesehen haben, als du noch im Paradies sahst in dem Zorn Gottes die brennenden Weltentrümmer durcheinanderfliegen und die Erde zerstört unter deinen Füßen!

10. Daher, o Vater, säume nicht und eile uns allen zu Hilfe, wenn noch irgend Hilfe denkbar möglich ist!

11. Höre, höre nur das beständige Gekrache! Höre den alles erschütternden Donner! Vernimm das beständige Beben der Erde, und höre das schon nahe Toben des Meeres! Höre, wie aus tausend Bestienrachen ein grauenhaftes Geheul sich, schrecklich widerhallend, mischt unter der flammenden Orkane Toben, Sausen und Brausen!

12. O Vater, so dir noch Hilfe denkbar möglich ist, da säume nicht, sondern komme uns eilends mit deinem Segen zu Hilfe!

13. Da, da, o Vater, o ihr alle, seht zur Türe: O des Unglücks unerhörte Größe! Da seht alle hin zur Türe! Zur Türe seht hin! Auch hier wandern schon fremde, schreckliche Gäste ein! Gäste, vor denen wir flohen aus unseren Hütten!

14. Adam, Vater, Henoch, Lamech, ihr beiden Abedame, ihr Lieblinge Emanuels, helft uns und euch!

15. Seht, auch eine mächtige Schlange züngelt und schielt schon zur Türe herein!"

16. Und der Adam, voll Entsetzens, und der Seth, halbtot vor Furcht, und so auch die Eva und das Weib Seths entgegneten gemeinschaftlich: „Dass es also schrecklich aussieht, hören und sehen wir jetzt alle nur zu klar und deutlich!"

17. Und der Adam allein sagte weiter: „Kinder, da reicht mein Segen nicht mehr aus; wenn uns nun Gott nicht hilft, so sind wir alle verloren!

18. Mein Gott und mein Herr! Warum musste ich denn das erleben? Und heute in der Sabbatnacht noch dazu!

19. O Herr und Vater und Schöpfer aller Dinge, ist Dir etwa die morgige Opferung im Voraus schon zuwider, dass Du selbe durch diese Schrecken vielleicht hintertreiben willst? O dann nehme diese Schrecken von uns und gebe uns im Herzen zu erkennen Deinen heiligen Willen, und wir alle werden es ja gerne liebwillig tun, wie es Dir wohlgefällig ist; aber nur nehme diese schreckliche Versuchung von uns, und lasse uns alle wieder dankbar und freudigen Herzens zu Dir emporblicken!

20. O Vater, heiliger Vater, richte uns nicht samt und sämtlich in dieser Nacht zugrunde! Amen."

21. Als aber der Lamech sah ein Ungetüm um das andere in die Hütte kommen und hörte das alles übertäubende Gekrache der zahllosen Blitze und die erschütternden Donner, das Geheul des Meeres, der Winde, dass darob nun auch die in die Hütte Adams sogar sich flüchtenden Bestien gewaltig zu heulen und zu brüllen anfingen, so fing auch ihm an, gewaltig unheimlich zu werden, dass er sich darum immer fester und fester anfing an den Abedam festhaltend anzuschließen; und also fing es auch an dem Henoch und dem bekannten Abedam zu gehen.

22. Und der Abedam fragte sie: „Wie Ich sehe, so überkommt auch euch die Furcht?"

23. Und der bekannte Abedam entgegnete ihm: „Herr und Vater, bei derlei Spektakel, glaube ich, ist die Furcht sogar einem Engel verzeihlich; denn der Anblick, diese heulenden und stark brüllenden fremden Gäste in einer so schauerlichen Nacht bei uns zu sehen, möchte sicher jeden noch so unerschreckbaren Geist stutzen machen!

24. Ich aber will lieber sehen Werke Deiner Liebe denn die Deiner Macht; darum bin ich nun mit Furcht erfüllt, weil ich nun schauen muss Werke Deiner Macht! O gestalte sie um in Werke Deiner Liebe! Amen."

Kapitel 158

Gottesfurcht und Gottesliebe

Am 22. November 1841

1. Und der hohe Abedam entgegnete dem bekannten Abedam auf dessen kurze Furchtentschuldigung:

2. „Du hast zwar wahr gesprochen, allein unter uns muss Ich dir denn doch eine kleine Einwendung machen. Siehe, wäre dieses leichte Ungewitter ein Werk Meiner Macht, wo wäre nun schon die Erde? Ja, Ich sage dir und auch euch, wie wäre die ganze Schöpfung?

3. Willst du aber ein Werk Meiner Macht sehen, da siehe die ganze, unendliche Schöpfung, wie da alles ist gefestet und bestehend als ein Ganzes in seiner Art und als Ganzes doch nur wieder ein Teil des unendlichen Ganzen, – und wie sich nichts von der Erde, nichts von der Sonne, nichts vom Mond, ja nichts von allen den Sternen entfernen kann als allein das Allerunwägbarste, nämlich ein gerecht sparsames Licht. Siehe, das sind Werke Meiner Macht.

4. Meinst du aber etwa, Meine Macht ist eine Macht des Verderbens oder eine Macht der Vernichtung?

5. Wahrlich, bei solcher Meinung von Meiner Macht wäre eben durch solche Meine Macht sogar nie etwas erschaffen worden!

6. Da aber Meine Macht nicht ist eine Macht der Vernichtung und des Verderbens, sondern eine Macht des beständigen Hervorbringens und Erhaltens des Hervorgebrachten, so ist sie ja darum auch eine Macht der Liebe, und also auch eine Macht der ewigen Ordnung.

7. Sage Mir nun aber, da es sich mit Meiner Macht also nur und unmöglich anders verhält, wo dann das von dir so Gefürchtete in ihr steckt?

8. Oder meinst du etwa, dieses Ungewitter sei weniger ein Werk Meiner Liebe denn ein ruhiger, heiterer Tag?

9. Ich sage euch aber: Ein ruhiger, heiterer Tag gleicht einem Liebhaber, der mit

415

seinem Weib ruhig in der Hütte sitzt. Er liebt zwar sein Weib in einer gewissen geraden Linie fort, ja er liebt sie getreu; aber welch ein Unterschied ist zwischen seiner Liebe und der Liebe eines jungen Werbers!

10. So das Weib zu seinem Mann sagt: ‚Möchtest du nicht hinausgehen und mir vom nächsten Baum holen einige Birnen, oder irgendein sonstiges reifes Obst? Denn siehe, es hungert mich ein wenig und gelüstet mich auch recht danach!'

11. Der Mann wird sich hinter dem Ohr kratzen und endlich etwas unwillig sagen: ‚Aber mein liebes Weib, siehe, es sind nur drei Schritte hinaus; lass mich doch ein wenig ruhen! Wenn es dich also gelüstet, magst du dir ja doch selbst hohlen, danach dich gelüstet!' – Siehe, und sage Mir, ist es nicht also?

12. Wenn aber eine zarte Jungfrau zu ihrem glühenden Werber sagen möchte: ‚Dir soll meine Hand und mein Herz werden; aber zum wahren Zeichen deiner Liebe sollst du von hier hundert Tage weit reisen und mir bringen von dorther ein teures, hochschätzbares, seltenes Angebinde!'

13. wird der Werber nach solchem Verlangen seiner glühend heiß geliebten Jungfrau tun, was der Ehemann in der Hütte tat seinem Weib?!

14. O nein, sage Ich euch, – sondern er wird ihr entgegnen: ‚O Jungfrau, nicht nur hundert Tage weit, sondern so du es willst, möchte ich dir zu Gefallen wohl bis ans Ende der Welt ziehen und da sammeln alle Schätze der Welt und sie dann legen in deinen zarten Schoß!' – Sagt, ist es nicht also?

15. Seht den ruhigen, heiteren Tag in der Hütte und dann diesem entgegen die liebestürmische Nacht in der Brust des jungen Werbers! Welch ein Unterschied zwischen diesen zwei Liebesarten!

16. Wenn nun diese stürmische Nacht von Mir aus zu euch Kindern gliche der Liebe des jungen Werbers, – möchtest du, Abedam, hernach noch behaupten, solches sei ein furchtbares Werk Meiner dir so schrecklich vorkommenden Macht?"

17. Und der bekannte Abedam erwiderte: „O Herr, mein hoher, überaus liebevollster Namensgefährte, siehe, nun ist wieder ein großer Teil meiner Dummheit zunichte geworden! Dir ewig Dank dafür!

18. Ich glaube aber, es muss dessen ungeachtet doch noch bei mir etwas Bedeutendes von der Narrheit im Hinterhalt verborgen sein, da ich mich noch immer der Furcht nicht ganz erwehren kann.

19. Da Du, hoher Namensgefährte, schon so vieles eingesteckt hast, was Du mir gnädigst abgenommen, so nehme auch noch diese meine Dummheit von mir, und stecke sie irgendwohin, wohin es Dir nur immer wohlgefällig ist!"

20. Und der Abedam, der hohe, entgegnete ihm: „Siehe, jetzt hast du den rechten Ausdruck getroffen! Ja wahrlich, einstecken muss Ich von euch gar vieles, und der Sack, wohin eure zahllosen Torheiten eingesteckt werden, heißt Meine Langmut und große Geduld!

21. Doch sage Ich euch, es soll diesem Sack niemand zu viel trauen, denn es könnte sonst doch geschehen, dass er einmal reißen möchte! Und so solches geschähe, dann wehe der Erde und ihren Bewohnern!

22. Fürchtet auch ihr beiden euch noch, du, Henoch, und du, Lamech?" Und der Henoch entgegnete: „O Abba, leider muss ich Deine Frage für mich bejahen; aber ich denke: Wie alle Kinder voll Furcht und

Angst sind, also bin es auch ich! Doch ich finde es gerecht; denn hätte Deine Vatergüte der Schwäche des Kindes nicht den liebweisegerechten Anteil von Furcht und Angst hinzugesellt, was möchte da wohl werden aus dem schwachen, aber doch fälschlich stark sich wähnenden Kind?! Wer könnte es leiten und wer erziehen?!

23. So aber ist die Furcht schon des Kindes größte Lehrerin! Sie war anfänglich bei mir und soll auch bleiben fürder; denn ich weiß es nur zu gut, dass eben in der Furcht der Schwachen Deine höchste Liebe waltet.

24. Sie ist der getreueste Wächter der Kleinen, daher soll sie auch der meinige verbleiben also, wie sie war als die große Liebesgabe von Dir, dem guten, heiligen Vater, gleich anfangs bei mir, fürder ewig!

25. Ich weiß und fühle es durch Deine Erbarmung gar lebendig in mir, dass mir durch Deine hilfreiche Fürsorge und Liebegnade nichts zuleide geschehen kann und geschehen darf; aber doch fürchte ich derlei außerordentliche Begebnisse, und zwar darum, weil ich Dich über alles liebe.

26. Siehe, da Liebe ist, da ist auch Furcht; wo aber keine Furcht, da auch keine Liebe."

27. Und der Abedam entgegnete ihm: „Henoch, du hast wahr gesprochen! Wer aber lehrte dich also sprechen?

28. Ja, wahr ist es, in der Furcht der Schwachen bin Ich zugegen! Wer den Vater liebt, der fürchtet Gott; es kann aber ohne die Gottesfurcht niemand den Vater lieben.

29. Daher ist auch Gottesfurcht und Liebe gleich, und es kann nicht eine sein ohne die andere; aber doch ist solches zu merken, dass die Liebe höher stehe denn die Furcht. Und also ist nur in der Liebe Leben, aber nicht in der Furcht. In der Furcht liegt der Tod, aber kein Leben. Daher soll da jeder endlich seine Furcht von der Liebe gefangen nehmen lassen, so wird er leben im Vater, der allein ist ein Herr alles Leben. Verstehe es wohl!"

Am 23. November 1841

30. Der Lamech aber fragte den Abedam: „Möchtest Du mir denn in der Geschwindigkeit nicht sagen, ob ich mich denn wohl im Ernst fürchte?

31. Siehe, es sieht sonst wohl alles ganz entsetzlich fürchterlich aus, und all das beständig zunehmende Heulen und Krachen und Donnern, das unheimliche Sausen, Brausen und Toben erfüllt einem das Herz so ganz unwillkürlich mit großer, ja mit steigender Angst, – und obschon solches alles in mir vorgeht, so weiß ich aber doch nicht bestimmt, ob das wohl die läppische Furcht oder vielleicht einen anderen mir bis jetzt noch ganz fremden Gemütszustand bezeichnet! O Abba, erkläre mir solches, so Dein heiliger Wille! Amen."

32. Und der Abedam, ihn höchst freundlich ansehend, erwiderte ihm: „Lamech, Ich meine, du siehst den Wald vor lauter Bäumen nicht! Wie aber kann man jemanden fragen, ob Furcht sich des eigenen Herzens bemächtigt hat, wenn man vor lauter Angst bebt am ganzen Leib?!

33. Siehe, welche furchtlosen Worte sind erst vor kurzem deinem Munde entfallen! Wo ist nun dein großer Mut und dein unerschütterliches Vertrauen? Und doch ist noch keines von allen deinen ausgesprochenen Schrecknissen eingetroffen! Wir stehen noch alle auf der noch hinreichend festen Erde. Sie ist noch nicht zerstört; das Meer noch nicht verdampft; es ist noch kein weltengroßer Hagel auf die

Erde gefallen; auch keinen einzigen Berg noch haben flammende Orkane davongetragen, und über unseren Häuptern sind noch keine Flammen zusammengeschlagen. Und doch zitterst du neben mir, als hätten dich alle Fieber auf einmal ergriffen!

34. Was möchte dann erst aus dir werden, so Ich solches, dich zu prüfen, geschehen ließe, was du Mir vorher so unerschrocken mutig bezeigtest?

35. Also merke dir auch das: Es ist, dem Henoch gleich, besser, in der Furcht zu verbleiben, als zu viel im Brand der Liebe zu versprechen. Es ist einerlei, was jemand da verheißt entweder im alleinigen Brand der Liebe oder in der von Taub- und Blindheit erfüllten alleinigen Furcht; denn all solches Versprechen wird nicht gehalten, da ein solcher überspannter Zustand eben auch nie ein bleibender sein kann.

36. Wie der Liebe Brand sich ändert für sich, kannst du ja sehen an der Gattenliebe, die da ist ein abgekühltes Feuer, das nimmerdar kochen macht das Blut im Herzen, sondern nur sanft und leise erwärmt und eben also belebt!

37. Und wie lange die Furcht anhält und das Versprechen in ihr, kannst du ja auch sehen an den schwachen Kindern schon, welche in der Furcht auch ihre versprochene Besserung so lange halten, solange der Vater mit finsterer Miene um sie herumdonnert; hat sich aber seine Miene wieder aufgeheitert, dann ist auch die Furcht hinweg, aber mit der Furcht all die Versprechungen aus ihr!

38. Willst du nun vollkommen sein, so müssen in dir stets drei Teile Furcht und sieben Teile Liebe sein; und dann wirst du zu all deinen Bitten auch endlich diese hinzufügen: ‚Vater, lasse nicht Versuchungen über meine Schwäche kommen, sondern befreie mich von allem Übel sowohl geistig, als auch leiblich!' Und also wirst du rechtlich bitten; denn die Versuchung ist dem freien Menschen nicht gut, da sie fürs Erste den Leib tötet und den Geist erlahmt.

39. Glücklich zwar bist du, da du die Furcht mit der Liebe besiegtest, wenn auch nur bis zur Zeit der Versuchung, und ließest dann aber die Liebe nicht fahren, als die Versuchung kam, sondern ließest durch deine Furcht treiben deine mächtigere Liebe zu Mir, – aber in der Zukunft werden nur diejenigen glücklich sein, welche mit stets gerechter Furcht vor Gott in der Liebe zum Vater erwachen werden! Und so wird sein der Menschen erste Pflicht gegen Gott ein freiwilliger Gehorsam, welcher aber ist eine Frucht der gerechten Gottesfurcht. Erst in diesem Gehorsam werden dann die Menschen von neuem ausgeboren werden zu Kindern Gottes und werden in Ihm erkennen und dann erschauen den liebevollsten, heiligen Vater.

40. Die Furcht ist der Same der Liebe; wie aber ohne Samen keine Frucht zum Vorschein kommen wird, so wenig wird auch ohne die gerechte Gottesfurcht je eine wahre Liebe zum Vorschein kommen.

41. Wie aber der Same in der Erde verfault und der lebendige Keim der Liebe hervorbricht und dann großwächst und lebendige Früchte bringt, also wird auch die Liebe, dieser heilige Keim des ewigen Lebens, aus der Frucht hervorbrechen. Die Frucht, die alte, wird verwesen; aber eben aus dieser Verwesung in der guten Erde Meiner Liebe zu euch wird sich eine erstaunliche Frucht erheben, ein Baum des Lebens, unter dessen Ästen dann selbst des Himmels Bewohner ihre Wohnungen errichten werden. Das merkt euch wohl!

42. Doch jetzt nichts mehr weiter! Denn seht, der Adam hat sich erhoben und fängt an, seine Schritte furchtsam genug zu uns zu richten; denn auch er fängt an, Hilfe bei Mir zu wittern. Darum schweigt nun vor ihm! Amen."

Kapitel 159

Adam und Seth inmitten von Prüfungen und Gefahren

1. Und der Adam, vom Seth geleitet, während die anderen fünf die Eva umgaben und sie schützten vor der Annäherung der wildfremden Gäste – und ganz besonders vor den Schlangen, vor welchen die Eva sich gewöhnlich am meisten entsetzte –, kam endlich, ziemlich mühsam sich durch die schon zahlreich gewordenen allerlei fremden Gäste windend, auf den alleinig noch freien Platz, allwo sich die vier befanden.

2. Als er nun beim Abedam anlangte, wollte er reden, brachte aber fast kein Wort vor lauter Angst über seine Lippen. Der hohe Abedam aber kam ihm zuvor, sah ihn überaus freundlich an und sagte: „Adam, du suchst unsichere Hilfe! Siehe in dein Herz, und du wirst statt der unsicheren wohl gar bald die sichere finden!

3. Hat denn Emanuel euch nicht alle gesegnet und hat euch allen den sicheren Ort angezeigt, wo Er allzeit zu finden sein wird?

4. Siehe, hättest du Ihn da gesucht, so hättest du Ihn auch schon lange gefunden, und Er hätte dir schon lange Seine hilfreiche, mächtige Hand gereicht und hätte also durch dich auch schon allen geholfen; allein du hast Ihn als Erstling aller Menschheit noch nicht gesucht am bestimmten Ort. Daher tue jetzt, was du versäumt hast, in aller Liebe und vollstem Vertrauen, und auch du wirst dich dann gar bald überzeugen, wie euch allen Emanuel und mit Ihm alle Hilfe überaus nahe ist!"

5. Und der Adam tat, wie ihm der hohe Abedam geraten hatte, und fand aber auch alsbald, was er schon lange hätte finden können.

6. Er blickte voll Reue- und Freudentränen empor zum Abedam und wollte zu reden und zu bitten anfangen. Allein der Abedam sagte zu ihm: „Schweige bis morgen! Sei heiter und habe keine Furcht; denn es wird niemandem auch nur ein Haar gekrümmt werden, – denn Ich bin ja darum mitten unter euch! Verstehe es! Amen."

Am 24. November 1841

7. Nach solchen Worten Abedams, des hohen, wurde der Adam vollends ruhig in seinem Herzen, dankte inbrünstig in sich dem Neuerkannten und kehrte dann wieder, vom Seth geleitet, alsbald auf seinen vorigen Platz zurück.

8. Dieser Rücktritt auf seinen vorigen Platz war aber jedoch nicht also unbeschwerlich, als sich's etwa jemand vorstellen möchte, sondern da wurde Adams Beharrlichkeit, dessen Mut und Vertrauen, wie man zu sagen pflegt, auf eine wahrhafte Feuerprobe gestellt, und seine Liebe und sein Glaube mussten hier eine ganz sonderbare Versuchung bestehen, welches alles in folgendem bestand:

9. Als er kaum drei Schritte auf dem Rückweg vom Abedam sich befand, siehe, da brachen auf einmal lichterlohe Flammen aus der Erde hervor, also zwar, dass sie ihm den Rückweg gänzlich absperrten.

Er erschrak darob zwar heftig, dachte aber auch sogleich an die letzten Worte Abedams, der da sprach: ‚Ich bin darum unter euch!'

10. Und so sprach er zu der Flamme: „Im Namen Dessen, der unter uns ist, sage ich dir, dass du erlöschst und mir nicht den Weg versperren sollst dahin, wohin ich zu gehen habe!"

11. Und die Flamme war ungehorsam und schlug nur noch desto heftiger empor. Da entsetzte sich Adam und ergrimmte über den Ungehorsam der Flamme vor dem Namen des Herrn und sprach alsbald in einem sehr heftigen Ton zur Flamme:

12. „Hört, Wässer der ganzen Erde und ihr auch aller Himmel! Stürzt jählings über dieses Scheusal, das da ist stumm und voll Ungehorsam gegen des Herrn Namen, und vernichtet es wohl erstickend auf ewig!"

13. Aber es wollten auch keine Wässer kommen, auf dass sie erfüllten den Willen Adams.

14. Da nun der Adam sah, dass da mit der ungehorsamen Flamme nichts zu machen war, so sagte er zum Seth: „Versuchen wir einen anderen Weg, und die Flamme soll brennen, solange es dem Herrn gefällt."

15. Und sie wendeten sich rechts, da keine Flamme noch aus dem Boden loderte und auch keine zu lodern begann. Dafür aber züngelten dem wandernden Adam wenigstens dreißig vollkommen ausgewachsene, riesige Schlangen entgegen, und er musste nun schon wieder Halt machen und konnte unter gar keiner Bedingung weiterschreiten. Er wendete zwar auch hier die Kraftworte an; allein sie blieben, wie beim Feuer, also auch hier ohne Erfolg. Und als er heftig ergrimmte über dieses Geschmeiß, siehe, da fing eine Schlange ihren Rachen weit aufzusperren an und tat eine Bewegung gegen ihn, aus der der Adam alsobald die schlimme Absicht des Ungeheuers merkte, sich darob abermals entsetzte und eilends zurückwich.

16. Darauf aber sagte er zum Seth: „Siehe, auch hier ist uns der Weg auf das Scheußlichste versperrt; aber den Mut, das Vertrauen und den Glauben nur nicht aufgeben, und in der Liebe zu dem Herrn recht festhalten Sein heiliges Wort!

17. Und also muss es doch wenigstens auf der linken Seite gehen, denn dort bemerke ich noch kein Hindernis. Und darum in des Herrn Namen nur frisch darauf los, ehe noch ein Hindernis uns auch dieses Pförtchen stopfen möchte!"

18. Als sie nach wenigen Schritten auch da angelangt waren, siehe, da fanden sie den Weg von allerlei Ungeheuern verrammelt, und also zwar, dass da an die Möglichkeit eines Durchganges ganz und gar nicht mehr zu denken war!

19. Da blieb der Adam stehen und fragte den Seth: „Was tun wir jetzt? Aufs Wort gehorcht uns kein Ding mehr, und also mit Gewalt durchzubrechen, ist eine reinste Unmöglichkeit; und doch hat der Abedam mir befohlen, mich wieder zurückzugeben auf meinen Platz!

20. O du meine alte Hütte du, zu was für einem Wohnplatz für das verschiedenartigste Allerlei bist du in einer so kurzen Zeit geworden!

21. Seth, was meinst denn du, da wir unmöglich irgend durchbrechen können, wie wär's denn, so wir uns wieder zurückmachten zum großen und heilig-mächtigen Abedam, dessen wunderliches Licht noch immer diese Hütte erleuchtet? Ich glaube, Er wird uns nicht von Sich weisen."

22. Der Seth aber entgegnete dem Adam, sagend: „Ich glaube, da wir schon einmal bei Ihm waren, so hätten wir uns nicht alsogleich abspeisen lassen sollen, sondern bleiben bei Ihm oder Ihn doch wenigstens bitten, dass Er mit uns gegangen wäre, so hätten wir uns alle diese Mühe erspart! Darum ist's jetzt auch freilich wohl die höchste Zeit, zu Ihm zurückzukehren; denn sonst könnte etwa gar leicht uns der Weg zu Ihm zurück auch abgeschnitten werden, – und dann wäre das zweite Übel größer denn das erste!"

23. Und der Adam sagte wieder dem Seth entgegen: „Ja, ja, lieber Ahbel-Seth, du hast schon ganz vollkommen recht, solches könnte wohl sehr leicht geschehen! Daher ist eine schnelle Umkehr das Beste!"

24. Und also gesagt und getan; sie kehrten um. Aber was dem Seth ahnte, das war auch schon vorhanden, und sie konnten nun weder einen Schritt vorwärts noch rückwärts machen. Zu rufen war nun auch unmöglich mehr; denn das Getöse der Flammen, das beständige Geheul der Tiere, das Toben, Sausen und Brausen der Orkane, die mächtigen Donner und dergleichen tausenderlei mehr machten endlich, dass da niemand mehr sein eigenes Wort verstand.

25. Und so waren Adam und Seth nun ganz umringt vom doppelten Feuer und links und rechts von Bestien aller Art. Sie sahen sich für einige Augenblicke für verloren an; jedoch ermannte sich Adam und sprach im Herzen:

26. „O Emanuel, o Abba, o Abedam, sehe gnädigst an unsere große Not! Führe uns nicht in größere Versuchungen mehr, sondern erlöse und befreie uns von diesen und allen anderen Übeln, welche uns auf was immer für eine Art durch Deine gnädigste Zulassung jetzt schon heimgesucht haben und jetzt über unseren Häuptern stehen und uns auch noch fürder heimsuchen möchten und verwirren unsere Herzen!

27. O Jehova, Du heiliger, liebevollster Vater, erhöre mich und lasse mich dann in Frieden ziehen, leben und sterben, wie es immer Dir wohlgefällig ist! Amen."

Kapitel 160

Der Schutz Gottes und die Hingabe des Herzens

1. Und siehe, alsbald erloschen all die Flammen, und all die Tiere wichen zurück. Und der Adam mit dem Seth ward befreit von der starken Versuchung und hatte einen freien Weg nunmehr schon durch die ganze Hütte, dass er hinwandeln konnte, wohin er wollte.

2. Er sprach aber bei sich selbst: „Die Eva bedarf nun meines ohnehin ohnmächtigen Schutzes nicht mehr; denn wie sollte ich jemand anderem helfen können, der ich mir doch selbst zu helfen so ganz unvermögend war?! Da nun also jetzt dieser meiner alten Hütte Raum von allen Schrecknissen frei geworden ist durch die große Erbarmung des Herrn, so will ich auch frei mich dahin wenden und nun meine freien Füße gehen lassen, woher uns diese heilige Rettung kam!"

3. Und sogleich setzten beide, sowohl der Adam wie mit ihm auch der Seth, ihre nun frei gewordenen Füße gegen den Abedam in Bewegung.

4. Dieser aber kam ihnen entgegen. Und da beider Herzen vor großer Dankbarkeit übergingen und darum auch keiner

vermochte, nur ein Wort über seine Lippen zu bringen, so kam ihnen auch hier der Abedam zuvor und sagte zu ihnen:

5. „So du dich aber dem Herrn in deiner Not genähert hast und der Herr hat erhört dein Flehen, so sollst du Ihm dann nicht mehr deinen Rücken zuwenden, sondern bleiben mit dem Angesicht und dem ganzen Herzen bei Ihm; denn so Er dich beschützen kann, wird Er nicht auch die beschützen können, welche deine Sorge töricht erfasst hat?

6. Siehe, die Eva und alle leben noch ganz unversehrt! Was hat ihnen deine albern-törichte Sorge genützt? Hätte Ich sie nicht beschützt und vollkommen sicher erhalten, was wäre nun aus ihnen geworden? Oder hättest du ihnen helfen können, so sie entweder von der Wut der starken, blutdurstigen Tiere zerrissen oder von des Feuers vernichtender Macht ergriffen wären worden?

7. Siehe, darum tut dem Menschen nur eine Sorge not, und diese besteht darinnen, Gott, den heiligen Vater, zu suchen allzeit, nicht nur in der Not, auf den liebegerechten Wegen! Und wer da Ihn als das allerhöchste Gut gefunden hat, der soll Ihm nicht sobald wieder den Rücken zukehren, sondern bei Ihm verbleiben, – sonst wird er allzeit seiner Ohnmacht gewahr werden schon auf dem halben Rückweg und erst durch bittere Erfahrungen erkennen müssen, wie gar nichts er ohne Mich vermag.

8. Denn so da jemand ruft Meinen Namen, hat aber seinen Rücken zu Mir gewendet, wahrlich, der wird nicht erhört so lange, bis er nicht gewendet hat Herz und Angesicht zu Mir!

9. Doch merkt euch, es wird aber eine solche zweite Umkehr allzeit auf eine

heiße Probe gestellt werden, und es wird sich dann erst zeigen, wie viel des Ernstes im Herzen waltet; denn da wird die Welt gewaltig toben um ihn, und es wird kein anderes Wort erhört denn allein das des Herzens!

10. Verstehe es wohl, und kehre Mir nimmer den Rücken, sondern lasse dich überallhin von Mir geleiten und führen! Amen."

Kapitel 161

Sets Dankrede

Am 25. November 1841

1. Als nun beide solche Rede vom Abedam vernommen hatten, so dankten sie Ihm von Herzen, und der Boden ihres Herzens sprang und fing an, helle Flammen der wahren Liebe auflodern zu lassen. Und also erkannte auch der Seth den Abedam und sagte darauf voll der innigsten Rührung:

2. „O heiliger Vater! Jetzt erst bin ich von einem nahe über achthundert Jahre langen Schlaf erwacht und sehe nun in den allerklarsten Abrissen, was alles Deine unendliche Vaterliebe tut, um wahrhaft zu beleben und als selbständig frei zu machen Deine Geschöpfe und sie dann zu erziehen und zu erheben zu Deinen wahren Kindern, damit sie dann als solche auch neben Dir, Du guter Vater, etwas sein möchten und sollen!

3. Aus Liebe zerstörtest Du Welten vor ihren Augen, damit sie ihre Nichtigkeit und Deiner heiligen Liebe Alles erkennen sollen!

4. Du verbargst Dich wieder vor ihnen, damit sie Dich suchen und über diesem

heiligen Suchen der Welt und ihrer vergänglichen Reize vergessen möchten!

5. Wer je unreif sich Dir näherte, den wiesest Du sanft zurück und setztest ihn auf ein gutes Erdreich, damit er desto schneller reif würde und dann mit vielfacher Frucht beladen zu Dir heimkehren könnte und Du ihn dazu noch belohntest darum, dass er sich von Dir unendlich lieben und mit des Lebens zahllosen Liebetaten nur geduldig überhäufen ließ!

6. Du gewahrtest und sahst schon lange die große Lauigkeit unseres Herzens. Statt uns alle wohlverdientermaßen aber zu strafen, suchtest Du uns Selbst sichtbar heim und lehrtest uns und lehrst uns noch durch heilige Worte und heilige Taten Dich Selbst und also auch das ewige Leben in uns erkennen!

7. Himmel und Erde und also auch alle Elemente setzt Du unsertwegen sichtbar in die erstaunlichste Bewegung und lässt selbst durch den erschütternden Donner unseren tauben Ohren predigen Deine große Liebe und Erbarmung; und durch die hellsten, krachenden Blitze weckst Du unsere in des Todes tiefsten Schlaf versunkenen Augen, damit sie schauen sollen die Werke Deiner unendlichen Vaterliebe, ja damit sie erschauen sollen Dich, Dich Selbst, Du heiliger Vater!

8. O Vater! Wer kann Dich je genug lieben, wer Dir auch im tausendsten Teil kaum halbwegs danken nach einem unendlich kleinsten Teil der kindlichen Gebühr, der kindlichen Pflicht?!

9. O Du guter Vater Du! Mein Herz, nun dehne dich weit aus, ja über alle sichtbaren Himmel hinaus dehne dich aus! Und du, der wahren Liebe neuerwachte, heilige Flamme, fülle mein weitgedehntes Herz von unterst bis oberst aus, damit ich doch einmal Dich, o heiliger Vater, aus allen meinen Kräften, ja über alle meine Kräfte zu lieben vermöchte!

10. Jetzt erst tauchen alle die Worte, die du, Henoch, im Namen des Vaters oft zu mir geredet hast, wie hellst glänzende Sterne auf; ja, jetzt erst wird mir alles klar! Vom ersten Kindermorgen her fühle ich jetzt, dass in jedem Lüftchen, das mit meinen Haaren spielte, in jedem Tautröpfchen, das je meine Füße benetzte, ja in allem, was immer mich je berührte, ja sogar jeder Traum ein Werk Deiner unendlichen Liebe, o Du heiliger Vater, war!

11. Nehme nun für alles den Dank, den aufrichtigen Dank, den ich Dir nur immer und von jetzt an ewig beständig in aller Liebe meines Herzens darzubringen vermag und mit Deiner Gnade wohl auch sicher stets mehr und mehr vermögen werde!

12. Oh, wenn ich jetzt schreien dürfte, wenn ich Dich nun offenbaren dürfte! Wahrlich, wie erst vor kurzer Zeit die lärmenden Elemente meine Stimme übertäubten, so möchte, o Vater, ich sie jetzt mit Deinem Lob übertäuben!

13. Doch, o Vater, vergebe mir, wenn ich vielleicht schon zu viel rede! Aber wer kann sich mäßigen in der Liebe, der Dich, o Vater, erkannt hat, und wer kann hier zu viel tun? Wer Dir zu viel Lobes geben, wer zu viel des Dankes?

14. Wessen Herz kann sich zu viel erweitern, um aufzunehmen die unaussprechliche Größe Deiner Erbarmung, Deiner Geduld, Deiner Langmut, ja die unendliche Größe Deiner Vaterliebe?!

15. O Vater, heiliger, guter, bester Vater! Ganz, ganz sei Dir ewig mein Herz zum Dank aufgeopfert; nehme es gnädigst auf, Du unser aller lieber, heiliger Vater Du! O

nehme es auf von uns allen! Dein Wille, amen!"

Kapitel 162

Der hohe Abedam bei Seinen seligen Kindern. Ende des Unwetters

1. Nach dieser warmen Dankrede aber wendete sich gar liebefreundlichen Angesichts der hohe Abedam zum Seth und sprach zu ihm: „Seth, Mein Sohn, hierher komme, da her, an diese Brust, die dich schon eher geliebt hat, als noch irgendeine Sonne einer Erde ihre Bahn erleuchtete!

2. Liebe Mich, liebe aus vollem Herzen den Vater, der aus ewiger Liebe zu dir den weiten Himmel über die Erde, Sonne, Mond und alle Sterne ausspannte, um dir zeigen zu können, ein wie überaus guter, heiliger Vater Er dir ist, ewig war und ewig bleiben will und wird!

3. Nicht wahr, Mein geliebter Seth, an des ewigen, heiligen Vaters Herzen ruht sich's sanft und wohl?!

4. Auch du, Adam, komme her, und ihr alle drei, und empfindet es und verkostet es, wie süß die Liebe des heiligen Vaters schmeckt, und wie wohl sie tut dem müden Herzen der Kinder!"

5. Sie fielen aber alle vor Ihm nieder und riefen in der höchsten Entzückung: „O Du überguter, heiliger Vater!!!" – und mehr vermochte keiner zu sprechen.

6. Der Abedam aber richtete sie auf und sagte ferner zu ihnen: „Meine geliebten Kinder! Ihr habt Mich oft gesucht, habt Mich lange mühsam gesucht, ja über allen Sternen habt ihr Mich gesucht, während Ich doch beständig unter euch wandelte; allein ihr habt Mich nicht finden und nicht erkennen können, weil eure Augen und so auch eure Herzen stets weithin gerichtet waren, um Den zu suchen und zu lieben, der euch allen doch stets so nahe war, ja näher als jeder sich selbst!

7. Doch ihr habt Mich jetzt gefunden und seid überglücklich, dass ihr Mich gefunden habt; so lasst uns denn nun auch aus der Hütte treten und sehen, wer alles unserer Hilfe harrt!

8. Dir, Seth, aber gebe Ich nun die Macht, zu stillen den noch stark tobenden Sturm, – und es wird sich dann bald zeigen, wer alles noch den nahen Vater erkennen wird! Amen."

Am 26. November 1841

9. Und also gingen sie nun aus der Hütte ins Freie, allwo das Wetter, obschon scheinbar ein wenig nachlassend, mit noch großer Kraft wütete. Im Vorübergehen aber bei der Eva sagte Abedam, der hohe, den fünfen, welche die Eva umgaben und sie trösteten:

10. „Da ihr seid, da bleibt auch derzeit solange, bis wir wiederkommen! Wer da übt Nächstenliebe, der wird wieder Nächstenliebe finden; wer aber wartet der schwachen Mutter, der wird auf der Erde mit Liebe belohnt sein; wer aber Liebe hat zum Lohn, der hat ein teures Pfand in seiner Hand, mit welchem er sich leicht das Allerkostbarste wird verschaffen können.

11. Ich sage euch aber, wenn der Mensch wüsste, wie nahe er oft dem höchsten Glück ist, so würde er alles verlassen und diesem nachgehen! Allein auch solches ist gut, dass er es nicht weiß; denn wüsste er es, so würde er dann träge und ließe unbearbeitet den eigenen Grund und Boden.

12. Darum bleibt auch ihr dahier und bearbeitet euer Erdreich; denn es hängt da nicht ab von einer langen Zeit, sondern manchmal kommt es auch auf eine Minute an. Wenn in derselben der Same fällt ins Erdreich, so geht er alsbald auf, und der schnell getriebene Keim wird dann bald seine neuen Zweiglein im Licht des Tages ausbreiten!

13. Ich aber bin ein wohlerfahrener Sämann und kenne die rechte Zeit des Samenstreuens in das Erdreich. Lasst daher diesen Samen frühzeitig aufgehen, und treibt ihn mit der Wärme eures Herzens! Wahrlich, es soll auf seinen schnell wachsenden Ästen keine gewöhnliche Alltagsfrucht zum Vorschein kommen!

14. Daher bleibt, und beachtet wohl diese Worte!"

15. Nach diesen Worten aber traten sie alsbald aus der Hütte. Die fünf aber, nachdem die sechs aus der Hütte getreten waren, fingen an, sich untereinander zu befragen: „Wer ist denn dieser Fremdling? Woher ist er?

16. Ist das nicht derjenige, der am Abend mit dem Abedam, der da zurückkam, sich uns anschloss?

17. Er sieht doch sonst einem ganz gewöhnlichen Menschen gleich! Woher ist ihm denn solche Weisheit gekommen, da wir ihn doch früher nie unter uns gesehen haben?

18. Seine Rede war ja eine der merkwürdigsten, die wir je vernommen haben! Er sagte von sich aus, dass er ein wohlerfahrener Sämann sei. Er habe jetzt einen Samen in uns gestreut; der solle alsbald aufgehen und, wie wir es verstehen, schon am nächsten, das ist somit am morgigen Sabbat Zweige, Blätter und gar ungewöhnliche vollreife Früchte tragen!? Was sollen denn das für Früchte sein?

19. Das verstehe, wer es kann und mag; allein wir, die wir doch alle den Emanuel Abba gesehen und gehört haben und waren Zeugen von all Seinen Wundertaten und sind von ihm geweckt und gesegnet worden, können dieser Worte Sinn nicht fassen!

20. Es ist zwar sonderbar, dass wir als Gesegnete solches nicht vermögen, – aber es ist denn schon einmal so!"

21. Dem Enos aber fiel endlich das Licht in der Hütte auf, dass er alsbald solches auch den übrigen zu erkennen gab.

22. Und der Kenan sagte dann zu dem Enos und auch zu den anderen: „Hört, das ist wahrhaft sonderbar, – erst jetzt fällt es auch mir auf! Es ist nirgends etwas Leuchtendes zu ersehen, und doch herrscht volle Tageshelle hierinnen?!

23. Wie ist das möglich? Wer von uns allen begreift dieses?"

24. Die Eva aber richtete sich auf und bemerkte den fünfen, sagend: „Kinder, wie fragt ihr euch untereinander um Dinge, die keiner von euch versteht!

25. Hört, aller Sturm ist verstummt. Ruhe haucht nun wieder sanft über die hart geprüften Fluren der Erde, den Blättern der Bäume entfallen die letzten Tropfen großer ausgestandener Angst, und ein kühlender Tau heilt schon so manche Wunde, welche die Blitze den gesunden Stämmen sicher geschlagen haben; und über die Augen der kleinen, furchtsamen Kinderchen möchte sich schon vielleicht ein erquickender Schlaf ergossen haben; und alle, welche diese lange Schreckensstunde vielleicht zur Verzweiflung trieb, werden auf ihren Angesichtern,

zerknirschten Herzens und in Reuetränen zerfließend, Gott für die Rettung danken.

26. Wie könnt ihr denn euch die Köpfe zerbrechen über eine gefundene Schafwolllocke, – dabei aber unbeachtet lassen das lebendige Schaf?!

27. Der wohlerfahrene Sämann hat einen herrlichen Samen in euch gestreut; wenn ihr ihn aber zertretet, da werden wenige Zweige das Tageslicht erblicken!

28. Solches aber wisst ihr ja alle, dass der Same in der Erde Ruhe haben muss, so er fruchtbringend erkeimen und also gesegnet gedeihen soll! Warum wollt ihr denn eurem Samenkorn keine Ruhe gönnen und zerstampft es dafür mit eures Verstandes matter Schärfe?

29. Nicht nur allein für diejenigen, die da draußen sind, hat der Sturm aufgehört, sondern auch für euch! Ja wir alle sind gerettet! Denkt daher statt eures Kopfzerbrechens lieber in euren Herzen, wer uns gerettet hat, und dankt Ihm für solche große Erbarmung, so wird sicher eher Licht werden in euch denn durch euer Kopfsinnen!

30. Fragt euch nicht, wer der Fremde ist, da Ihn von euch keiner noch kennt, sondern beachtet dafür lieber dessen herrliches Wort im Herzen, damit es bald keime und aufgehe! Und so ihr dann am Tag die Frucht ersehen werdet, wird es euch sicher leichter sein, den fremden herrlichen Sämann zu erkennen aus der Frucht, als also, da ihr mit der Finsternis eurer Köpfe schon des Tages Licht schauen wollt oder vielleicht gar schon zu schauen wähnt!

31. Wenn auch das Weib nicht lehren soll, so steht aber doch der Mutter zu, ihre törichten Kinder zurechtzuweisen, wenn sie Torheiten sieht bei ihren Kindern. Versteht solches wohl! Geht in eure Herzen, und sucht da Licht für eure Finsternis, und schweigt! Amen."

32. Diese Worte Evas gingen den fünfen gewaltig zu Herzen, dass sie darum auch dankbar alsogleich taten, was hochrechtens Eva von ihnen mutterliebweise verlangte.

33. Was machten aber derzeit die sechs draußen? Wie fanden sie die Erde bei ihrem Austritt aus der Hütte und die Kinder auf der Erde?

34. Noch zerkreuzten tausend Blitze die glühenden Wolken, hundert Berge ringsherum standen noch in vollster vulkanischer Tätigkeit, das Meer war meilen- und meilenweit zurückgewichen, hie und da brannten noch von den Blitzen entzündete Wälder, dumpf noch rollten die Donner, nicht selten schlug noch ein Blitz gewaltig krachend in die noch stark bebende Erde, und der schon fernen Waldbewohner Geheul widerhallte noch schaurig aus den Tiefen.

35. So also war es noch draußen. Und tausend und abermals tausend Kinder lagen dabei in weiten Kreisen um die Hütte Adams und priesen Gott für die Errettung; und bebende Mütter lockten weinend ihre Kindlein, die nicht selten mitweinten, einige aber auch schon schreckensmüde auf den Schößen der schluchzenden Mütter einschliefen.

36. Und die sechs gingen herum und besichtigten alles und trösteten die niedergedrückten Herzen der Väter und Mütter.

Kapitel 163

Die Rückkehr des Friedens. Kaeams Forschen und seine Liebe zum hohen Abedam

Am 29. November 1841

1. Nachdem die sechs Wandelnden außerhalb der Hütte die Herzen vieler Betrübten aufgerichtet hatten, sprach Abedam, der hohe, zum Seth:

2. „Lieber Seth! Die Zeit der Versuchung ist abgelaufen. Zur ordnungsmäßigen Befestung der Erde hat dieser Feuersturm ausgetobt, und so kannst du jetzt durch die dir verliehene Macht demselben gebieten, dass er sich ganz lege und schweige und sich also auch sobald aufheitere der Himmel. Nur die fernen umliegenden Berge, die da noch brennen, diese lasse in ihrer notwendigen und ganz unschädlichen Tätigkeit! Amen."

3. Und der Seth fiel vor Abedam nieder und pries Ihn und dankte Ihm; dann aber erhob er sich wieder und sagte mit dem gerührtesten Herzen, die Hände weit ausstreckend:

4. „O heiliger Vater, Herr und Schöpfer aller Dinge, wie es war von Ewigkeit her und es sein wird ewig, also auch jetzt geschehe Dein heiliger Wille; und so geschehe auch hier alles in Deinem Namen jetzt, wie allzeit! Amen."

5. Und als der Seth noch kaum das Amen ausgesprochen hatte, so war schon am ganzen Himmel kein Wölkchen mehr zu entdecken, außer nur an des fernen Horizontes weitem Rande noch fortbrennender Berge kaum erschauliche Rauchsäulen. Der Himmel sah wie neu erschaffen und wohl geziert mit den schönsten Sterngruppen aus, und alles, was da Leben hatte und atmete, freute sich der wiederhergestellten Ruhe und Ordnung.

6. Und als solches alles nun also bestellt ward und schon ein kühlender und jegliche Naturwunde heilender Tau dem Himmel entfiel und sanft fächelnde Winde das zerknickte Gras aufrichteten, sagte Abedam zu den Gefährten:

7. „Die Ruhe ist hergestellt, die Erde hat wieder ihren Frieden. So lasst uns denn all das Volk bescheiden in seine Hütten, damit es dort der erforderlichen natürlichen Ruhe pflegen kann; und sodann lasst auch uns wieder zurückkehren in unsere Wohnung und erheben dieselben, die dort unserer harren."

8. Darauf begaben sie sich zu den verschiedenen Orts und Stelle um die Hütte Adams gelagerten Kindern und gaben ihnen kund, dass es nun an der guten Zeit sei, nach Hause zurückzukehren und sich nicht zu fürchten, da alles Ungetüm schon lange wieder seinen Waldtiefen zugeeilt sei. Und zudem werde jeder in seiner Hütte so viel Licht antreffen, durch dessen Hilfe es jedem leicht werde, zu durchsuchen jeden Winkel der Hütte und sich dadurch auch zu überzeugen, dass der mächtige, große Vater Seinen Kindern niemals so ferne ist, als sie törichterweise nicht selten der Meinung und des überaus blinden Glaubens sind.

9. Und so sie sich von aller Ruhe und Befreiung würden überzeugt haben, mögen sie dann Gott den gebührenden Dank abstatten und sich unbekümmert zur Ruhe der Natur begeben.

10. Als solches überall verkündet wurde, so erhob sich auch alsbald alles Volk und eilte seinen Hütten zu. Einige Älteste aber gingen hin zu den sechsen, fielen zuerst auf ihr Angesicht und dankten

den Vätern und durch diese auch Gott mit zerknirschtem Herzen. Nachdem sie sich aber wieder erhoben hatten, ermutigte sich einer, der da war ein zehnter Sohn des Seth, und fragte den Seth:

11. „O Vater, wie vermochtest du solches, darum alle die Elemente deinem Wort so schnell gehorchen mussten? Solche Macht habe ich noch nie an dir wahrgenommen!

12. Wahrlich, da muss mehr denn du allein vorhanden sein! So sage mir, auf dass auch wir es erkennen, wie solches einem Menschen möglich ist!"

13. Und der Seth sagte zum Fragenden: „Lieber Sohn Kaeam, solches siehst du wohl ein, was einem Menschen möglich oder unmöglich ist; aber wie alles dessen ungeachtet einem Menschen in Gott und durch Gott doch viele Dinge möglich sind, solches wirst du heute noch nicht begreifen. Aber freut euch auf den morgigen Tag, da wird sich euch allen ein großes Licht zeigen! In diesem Licht werden alle Winkel eures Herzens voll erleuchtet werden, und ihr werdet dann die Möglichkeit solcher Begebnisse überklar und deutlich erschauen.

14. Für heute aber kehrt ruhigen und dankbaren Herzens zurück in eure gereinigten und gut erleuchteten Hütten und pflegt zur Wohlfahrt eures Naturlebens im Namen des Herrn eurer gesunden, sorglosen Ruhe! Amen."

15. Und der hohe Abedam, auch Amen dazu sagend, setzte aber noch folgendes hinzu: „So ihr die Schwellen eurer Hütten betreten werdet, und werdet sie, die Hütten nämlich, finden wohl erleuchtet und gereinigt von aller Ungemächlichkeit, so denkt euch den Unterschied, was Gott und was dem Menschen möglich ist!

16. Und habt ihr solches ersehen, sodann vergleicht euer Herz mit der Hütte, wie sie noch vor kurzem war, und wie sie jetzt ist, so wird euch eine große Blende von den Augen fallen, und daraus werdet ihr bald erkennen und gewahren, wer alles heute bei diesem Ungewitterstillen mitgewirkt hat! Amen."

17. Der Kaeam dankte für diese hohe Lehre und sagte darauf: „O du, dessen Worte nun wie ein lebensvoller Hauch mein ganzes Wesen erfüllten, möchtest du mir denn nicht gestatten, so ich die Meinigen zur Hütte, die mir dient schon lange zu einer Ruhestätte, geleitet haben werde, wieder alsbald hierher zurückzukehren und nur in deiner mir so überaus wohltuenden Nähe, wenn auch außerhalb der Hütte Adams, die Nacht zuzubringen?"

18. Und der hohe Abedam entgegnete ihm, sagend: „Kaeam, tue, wie es verlangt die Liebe deines Herzens! Hast du aber ein volles Vertrauen und erkennst in dir, dass hier mehr ist, als was deine Hütte fasst, so lege alle deine Sorge zur Erde und folge uns sogleich in die Hütte Adams; es ist genug des Raumes in ihr!"

19. Und der Kaeam entgegnete hoch erfreut: „O du Herrlicher! Wie süß ist dein Wort! Wer kann ihm widerstreben, so er es vernimmt?!

20. Siehe, alle meine Sorge ist schon unter meinen Füßen am Boden der Erde! Wahrlich, so ich hundert Hütten und tausend Kinder mit eben hundert Weibern besäße, so würde ich sie aus Liebe zu euch, und besonders zu dir, du herrlicher Lehrer, ebensoleicht und -sobald verlassen und dir folgen wie jetzt zumal die eine!

21. Denn siehe, ich glaube, Der, dem die Elemente gehorchen, und der da sorgt für die ganze Erde, dessen heilige Sorge

wird wohl meiner armen Hütte nicht vergessen! Und so folge ich, so du's willst, dir unbesorgt bis ans Ende der Welt. Amen."

Kapitel 164

Kaeams Lied. Kuramechs humorvolle Rede

Am 1. Dezember 1841

1. Als aber die noch übrigen vier es nicht recht erfassen konnten – dieweil sie in einiger Entfernung zufolge des Geräusches des nach Hause ziehenden Volkes von der gegenseitigen Unterredung nicht viel verstanden hatten –, was da der Kaeam zu tun im Sinne haben möchte, so traten sie näher und fragten ihn darum.

2. Kaeam aber entgegnete ihnen, sagend: „Darum ihr mich fragt, da antworte ich euch, dass ich bleibe bei dem, der uns errettet hat; desgleichen auch ihr es tun könnt, so ihr es wollt!"

3. Die anderen aber fragten den Kaeam wieder, was da aber geschehen solle mit Weib und Kindern und noch anderen Dingen.

4. Und der Kaeam entgegnete ihnen abermals:

Darum ich bleibe, hab' ich schon alles getan!
Der da heut' die Erde nicht zerfallen ließ
und des Himmels Bande nicht zerriss,
sicher wird Er auch bis morgen
für mein armes Hüttchen sorgen!

5. Sollt auch ihr euch nicht so kümmern,
liegt die Erd' doch nicht in Trümmern;
besser folgen Schritt zu Schritte
Einem aus der heil'gen Mitte,
als zu ruh'n in seiner Hütte
nach gewohnter Trägheitssitte!

6. Meine Hütte möcht' mir wenig nützen,
würd' sie Einer nicht beschützen!
Was Er tut, wird unterlassen,
Der uns liebt ohn' alle Maßen,
so ich Ihm aus bess'rem Triebe
folge, – folgt auch ihr der Liebe!

7. Die anderen aber verstanden nicht, was der Kaeam ihnen entdeckte und fragten ihn nochmals, was er denn sagen wolle mit solchen Worten.

8. Er aber entgegnete ihnen:

Wer im Herzen nicht entbrennet,
so den Vater er gefunden,
der auch schwerlich da erkennet,
wer das Leben ihm gebunden!
Darum mögt nach Haus ihr ziehen,

um zu ruh'n in euren Hütten,
und für heute euch nicht mühen,
zu erforschen unsre Mitten! Amen.

9. Bald aber wandte sich Abedam, der hohe, zu den vieren und sagte zu ihnen: „Wer fasst, was er nicht sieht, und wer versteht, was er nicht hört?

10. So der Blinde oder einer mit verschlossenen Augen schon am hellen Tag nichts sieht, wie wird es ihm ergehen in der Nacht? Und dessen Ohr taub ist für den Donner, wie möchte er verstehen wohl der Liebe sanftes Wehen?

11. Ich sage euch, wer die aufgehende Sonne auf den ersten Blick nicht erkennt, der hat einen gewaltigen Fehler im Auge! Und wen der laute Donner nicht weckt, der hat sicher einen festen Schlaf!

12. Darum zieht auch ihr nur ruhig und wohlgemut in eure Hütten und schlaft euch allda so recht fest aus; nur vergesst morgen nicht, zu rechter Zeit zu erwachen! Amen."

13. Als aber die vier die Worte Abedams vernommen hatten, da ward es ihnen bange, und einer aus ihnen fragte den Abedam entgegen: „Wer bist du denn, da unser Herz also gewaltig erbebte bei der Stimme deiner Worte? Was haben wir denn mit dir zu tun?"

14. „Wer Ich bin? – Ich bin, wer Ich bin; ihr aber habt mit Mir noch sehr wenig zu tun gehabt!

15. Hätte Ich von jeher mit euch so wenig zu tun gehabt, als ihr es gehabt habt mit Mir, wahrlich, ihr hättet da noch wenig Brot verzehrt!

16. Versteht es, und geht zu eurer Ruhe! Amen."

17. Da sie damit Abedam so kurz abgespeist hatte, so wendeten sie sich noch an den Seth und fragten ihn, was es da mit dem Fremden für eine Bewandtnis habe; denn Seine Worte klängen gar so sonderbar und machten eine ihnen bis jetzt ganz fremde Wirkung in der Brust.

18. Der Seth aber entgegnete ihnen: „Habt ihr vorhin nicht vernommen, was der Fremde zu euch gesagt hat: So der Blinde oder einer mit verschlossenen Augen schon am hellen Tag nichts sieht, wie wird es ihm ergehen in der Nacht?

19. Das innere Auge eures Herzens aber ist noch überaus blind, darum ihr nicht gewahrt der hellsten Sonne am Horizont alles Lebens; daher geht nach Hause, schlaft dort eure Torheit aus, und kommt morgen nüchternen Geistes zu uns! Amen."

20. Da diese vier nun sahen, dass sie mit allen ihren Fragen auch nicht um ein Haar weiterkamen, dankten sie den Vätern und gingen, in allerlei Gedanken vertieft, ihren Hütten zu, welche nach jetziger Messung bei einer halben Stunde Weges gen Mittag von hier entfernt waren.

21. Unterwegs aber fragte einer den anderen, was er hielte von dem Fremden unter den Hauptstammvätern.

22. Einer unter ihnen, namens Kuramech, aber antwortete ihnen, sagend: „Möcht ihr's hören, könnt ihr's hören und wollt ihr's hören?! – Aber dumm, weil dumm; wir sind, wie wir nicht sein sollen, denken ohne Gedanken, schauen ohne Licht. Fragen ohne Mund, haben keinen Grund!

23. Ich fand einmal einen hohlen Baum und kroch in seine weite Höhlung. Da war es öde. Ich sah nichts denn faulen, übelriechenden Moder; aber des Baumes Leben fand ich nicht, und doch war er von außen wie lebend! Er war voll Blätter; ob er Frucht auch hatte, solches weiß ich nicht,

denn dergleichen konnte ich seiner Höhe wegen nicht wohl merken.

24. So sah ich einst einen großen Vogel durch die Lüfte ziehen. Es war ein Aar. Er ahmte Stimmen kleiner Vöglein nach. Die Vöglein flogen auf, sie wähnten ihresgleichen zu erblicken; doch wie schossen sie erschreckt zurück, als sie angesichts wurden des mächtigen Aars! Der Gesang glich zwar dem der Vöglein, doch klang er mächtiger und weiter hallend der schaurigen Höh' entlang. Mir ward es angst und bang, als des Stimm' zu meinen Ohren drang!

25. Einmal in der Nacht hab' ich's vernommen wie ein mächtiges Sturmesrauschen; doch der Bäume Blätter blieben ungerührt, und ich dachte: ‚Was ist's, das da rauscht, ein Getös' in vollster Ruhe?!

26. Bald verstummte es, und es kam kein Wind. Ein mächtig's Rauschen – und kein Wind; was das doch für sonderbare Dinge sind!

27. Und also sah ich einstens auch von einer hohen Felswand, wie grau dem Meer sich ein gar schwer's Gewölk entwand. Es stieg und stieg herauf zum hohen Felsenrand. Ich wollt' nun schauen, was darinnen; bald doch fing mir an zu grauen. Denn je näher sich's da düster wälzte, desto finstrer ward die Tiefe. Darum floh ich, euch bekannt, so schnell als möglich von der Wand gerade meiner Hütte zu, und fand in ihr die alte Ruh'.

28. Soll's weiter etwas geben, wird die Zeit den Nebel heben; und so lasst die Köpf' uns nicht zerbrechen, nicht in Wespennester ärg'lich stechen! Berg' sind krumm, wir sind dumm; was kann eines dem anderen sagen auf die Dummheit dummer Fragen? Höchstens ihm die eigne Not beklagen, solch's die Narrheit muss ertragen! Darum will ich nunmehr schweigen, still in meine Hütte steigen, dort in stiller Hoffnung Freuden mich der süßen Ruh' bescheiden!

29. Wollt ihr weiter euch noch fragen, bis der Morgen euch wird sagen: ‚Meine Strahlen euch verkünden, ihr seid alle noch voll Sünden! Warum wolltet ihr nicht ruhen, sondern unnütz' Zeug nur tuen?' Sehet nun, ob eure Augen werden für die Sonne taugen?

30. Doch ihr tuet, was ihr wollet, meine Zunge euch nicht grollet; morgen wird sich's wohl finden, was der Nacht ihr mocht entwinden!

31. Sonnen werd't ihr kein' erschaffen, mögt die Nacht ihr auch begaffen; morgen wird sich's ja wohl finden, was der Nacht ihr mocht entwinden! Amen."

32. Und nach diesen Worten verließ sie Kuramech und eilte in seine Hütte zur Ruhe, während die anderen drei sich zur Erde niederließen und sich mit allerlei Fragen den Schlaf vertrieben.

33. Als der Kuramech aber in seine Hütte trat und fand sein Weib und seine Kinder voll Verwunderung, da ihrer Hütte Inneres so hehr erleuchtet war, da fielen ihm des Fremden Worte ein, und er fing an, in sich zu gehen, und erkannte nach und nach stets mehr und mehr, dass der Fremde kein Fremder ist, sondern Einer, der da überall zu Haus ist!

34. Und so fing er an, Ihn zu loben, und lobte Ihn, bis der nötige Schlaf ihm die lobdürstige Zunge lähmte.

Kapitel 165

Die Lichtsucher. Forschen allein führt nicht zum Leben

Am 2. Dezember 1841

1. Gleichzeitig mit den vier Besprochenen gelangten die nunmaligen sieben zur und in die Hütte Adams und fanden dort wohlgemut die fünf bei der Mutter Eva.

2. In der Hütte also angelangt, trat alsbald Abedam zu den fünfen hin und sagte zu den fünfen: „Sagt Mir nun, was ihr gefunden habt in der Zeit, während wir abwesend waren! Und wie hat euch Mein Wort gestaltet? Hat es euch erneut oder veraltet? Solches gebt aus euren Herzen nun Mir kund!"

3. Und der Enos als der Erste sagte also von sich aus: „Ich habe in mir ein Licht erschaut, das war stark und leuchtete gewaltig. Ich wollte wissen, woher es kam, und siehe, das Licht erlosch, und ich sah nicht mehr das Eingeweide in meinem Leib!

4. Darauf fragte ich mein Herz, wohin das Licht sich barg. Und das Herz blieb stumm, und ich fragte es zum zweiten und zum dritten Mal, und wieder blieb es stumm und ist stumm geblieben bis jetzt!

5. Siehe, das ist alles, was ich gefunden habe! Eine stumme Gestaltung meines Herzens ist alles – und das verlosch'ne Licht mit ihm!"

6. Und der Abedam entgegnete ihm: „Hättest du statt des Forschens geliebt Den, der dich ewig schon geliebt hat, so wäre dein Herz nicht stumm geworden, sondern du hättest Licht und Wort in ihm! Allein du wolltest wissen nur, – und siehe, das Wissen ist fürs Leben das, was da ist der Moderdampf fürs Licht! Mit diesem Dampf erlöschtest du das Leben, und mit

ihm auch dessen Licht im Herzen, darum's dann finster ward in dir und stumm dein Herz!

7. Also wird's noch gar vielen ergehen auf der Erde! Wer da aber sein wird dir gleich, bei dem wird es schwer sein, wieder das Leben und dessen Licht zu gewinnen!

8. Willst du aber leben, da lasse dein wissliches Forschen, und erfülle dafür dein Herz mit Liebe, so wirst du mit der Wiedergewinnung des Lebens auch des Lichtes im gerechten Maße hinzubekommen!

9. So aber alle Menschen ihr Wissen zusammentrügen, möchten sie dadurch Gott auch nur um ein Haar näher erkennen?

10. Welch ein Unterschied aber ist zwischen einem, der die Gesetze studiert, und einem, der dieselben beobachtet?

11. Ist da nicht der Studierende totgeschlagen durch der Gesetze Wust, und der Gesetzesbeobachtende durch eben die Gesetze lebendig?

12. Du möchtest Mir sagen: ,Muss man aber das Gesetz nicht zuvor in seine Wissenschaft aufnehmen, bevor es möglich wird, selbes zu beobachten?'

13. Ich sage dir, du hast einesteils recht; jedoch, um dich aufs wahre Licht zu führen, will Ich dir ein Gleichnis kundgeben, und du selbst sollst als solches dir dienen und dann beurteilen dasselbe.

14. Siehe, so du zwei Diener hättest, die dir dienten: Der eine, so du ihm zur Arbeit eine Heißung tätest, würde sich über dein ausgesprochenes Gebot wissenschaftlich den Kopf zerbrechen und würde den ganzen Tag nichts als studieren, was alles dein Gebot besagt, und was Verborgenes es enthält.

15. Der andere aber möchte nicht viel darüber nachdenken, sondern gehen und

aus Liebe zu dir alsbald in der Tat erfüllen deinen Willen.

16. Sage Mir, welchen von den beiden Dienern wirst du behalten und ihn einweihen in viele deiner Geheimnisse und Wünsche deines Herzens?

17. Den wissenschaftlichen Erörterer deines Willens sicher nicht, sondern den, der da allzeit täte deinen Willen!

18. Meinst du, bei Gott ist es anders? O nein, sage Ich dir, sondern gerade also ist es auch bei Gott, der da auch nicht achtet einen forschenden, sondern nur allzeit einen liebetätigen Geist.

19. Also tue desgleichen auch du, so wirst du leben und wirst in einer Minute mehr erfahren vom großen Herrn und Vater als mit deiner Wissbegierde in Jahrtausenden!

20. Dieses lasse in dein Herz und tue danach! Amen."

21. Weiters sagte Abedam zum Kenan: „Zeige auch du Mir dein Herz! Was hast du gefunden?"

22. Und der Kenan erwiderte: „Wahrlich, auch mir ging es um nichts besser als dem Vater Enos! Auch vor meinen Augen flohen Dinge vorüber, die da aussahen wie gewaltig leuchtende Blitze; allein ich konnte ihnen nicht folgen. Zu schnell sanken sie hinter den fernen Horizont, und bald deckte die dichteste Finsternis den Erdball. Ich musste darauf mit großem Bangen gewahr werden, wie unzulänglich menschliche Kräfte sind und wie entsetzlich langsam, um einzuholen ein vorüberziehendes Licht!

23. Mein Herz fragen aber heißt, einen Stein fragen! Was etwa darinnen verborgen, wer kann es wissen? Mir gibt es keine Antwort!

24. Ich war ja wohl zugegen, da Emanuel Abba uns gesegnet hatte; allein Des Segen muss bei mir wie mein früher geschautes Licht vorübergezogen sein, ohne von mir mehr denn allein die Augen berührt zu haben."

25. Und der Abedam erwiderte ihm: „Wie es dir geht, also wird es einst gar vielen und diesen vielen gar lange also ergehen, da auch sie in der Weltweisheit den Tod erleiden werden. Ihre Herzen werden zum Stein werden. Habsucht wird die Folge sein. Diese aber wird mit sich bringen Neid, Geiz, Totschlägerei, und den Kargen wird man einen Helden der Tugend in der stets eigennützigen Sparsamkeit nennen. Dann wird große Armut vieler Los sein und der Tod noch mehrerer.

26. Willst du aber leben, da tue, wie Ich dem Enos geraten! Amen."

27. Und ferner fragte Abedam den Mahalaleel: „Was hast du denn gefunden in dir? Gebe es Mir kund!"

28. Und der Mahalaleel erwiderte: „Wahrlich, mir erging es noch schlechter denn meinen Vätern! Sie hatten doch wenigstens ein Licht erblickt, ich aber nichts als überall Nacht, ja nichts als eine kalte Nacht!

29. Ich bin durch und durch öde und wüste. Wo ich mich auch immer beklopfte, da klang es hohl und leer. Und als ich aufblickte zum Himmel, da gewahrte ich, dass er von Erz ist und keinen Strahl auch nur der allergeringsten Hoffnung für ein helleres Leben durchließ.

30. Ich weinte in der großen Armut meines eigenen Herzens; allein auch die Tränen verschlang der heiße Sand meiner Wüste, und nun kann ich auch nicht mehr weinen und gleiche nun vollends einem Stein.

31. Siehe, solches hab' ich gefunden und finde es gegenwärtig noch bis auf eine kleine Erleichterung, die ich jetzt in deiner Nähe verspüre!"

32. Und der Abedam entgegnete ihm: „Wie es dir nun ergeht, also wird es einst in der allerletzten Zeit gar überaus vielen ergehen!

33. Du aber bist glücklich, da du die große Not in dir erkennst; denn solche Erkenntnis ist auch ein großes Licht. Jene aber werden ihren Tod nicht erkennen. Wie einen toten Baumstamm, der da abgestanden ist im Wald, wird sie ihr innerer Wurm zernagen, und sie werden nicht gewahr werden dessen, der sie zum ewig vernichteten[13] Staub zernagt!

34. Erze werden sie aus den Bergen graben so viel, dass sie metallene Wege machen werden; aber über diese festen und geraden Wege werden wenige, ja überaus wenige wandeln, welche da sein möchten wie du jetzt. So aber auch noch irgendein Lebendiger aus vielen Tausenden erstehen wird, der wird selbst die kurze Zeit hart zu stehen haben unter den Toten!

35. Die aber sein werden wie du jetzt, diese werden die Lebendigen nur insoweit erkennen, insoweit Mich du jetzt erkennst. Und es werden dann viele Worte des Lebens nicht so viel vermögen über sie als jetzt eines über dich.

36. Aus den dreien aber bist der Glücklichere du in deiner Lichtarmut; denn dir soll bald eine gute Botschaft werden.

37. Handle aber auch du, wie Ich es geraten habe dem Enos, so wirst du leben und Licht haben in der Fülle! Amen."

Kapitel 166

Die Beschaffenheit der wahren Liebe. Die Nähe des Herrn zu Jared und seinen Nachkommen

Am 3. Dezember 1841

1. Und weiteres fragte Abedam den Jared: „Jared, möchtest auch du Mir kundgeben, was du derzeit gefunden hast in dir gleich den Vätern, während wir abwesend waren?"

2. Und der Jared antwortete: „Sieh, ich wusste, dass da wenig oder nichts zu finden sein wird; daher suchte ich auch nichts, sondern tat mir vor und nach dieser ausgestandenen Wetterangst allerlei träumend gütlich. So träumte ich den höchst angenehmen Zustand, so der Asmahael geblieben wäre und hätte bei mir gewohnt. Oh, wie selig wär' ich da gewesen!

3. Wieder träumte ich: Wenn Er hernach als Emanuel Abba nur wenigstens bis zu diesem Sturm bei uns geblieben wäre, wie hätten wir alle dann demselben entgegengejubelt!

4. Wieder träumte es mir, als hätte Emanuel Abba diesen Sturm uns geflissentlich zukommen lassen, um unsere Liebe und unser Vertrauen zu Ihm unseretwegen selbst zu prüfen. Und wieder träumte ich: Wer weiß es, vielleicht ist eben in diesem Sturm unter uns der Emanuel und gar im Sturm selbst?!

5. Und also baute und baute ich Träume auf Träume. Licht wollte mir zwar nirgends werden; allein mir war es leichter und traulicher ums Herz.

---

[13] Im Manuskript steht „vernichtenden" statt „vernichteten", wie in der Erstausgabe.

Wir gehen von einem Schreib- oder Übertragungsfehler aus und folgen der Erstausgabe.

6. Denn ich dachte mir: Wenn ich von Dem, den mein Herz so heiß liebend erfasst hat, nur träumen kann, wie ein junger Werber von seiner neuerwählten Braut träumt, so ist das ja schon ohnehin eine große Gnade, der ich nicht im Geringsten würdig bin!

7. Und siehe, also schuf ich mir eine Seligkeit um die andere und träumte mich von einem überglücklichen Zustand in den anderen! Und das auch ist alles, was ich gefunden habe! Was hätte ich auch anderes suchen und finden sollen als nur das, was meiner Liebe Geliebter mir gab, und ich setze noch hinzu, dass ich auch wahrlich nichts anderes suchen und finden möchte. Und ich glaube aber auch fest, dass mich der Emanuel mit diesem mich allzeit überaus beseligenden Fund, so nach Seiner Lehre ich diese Erde werde verlassen müssen, einst nicht ungnädig ansehen wird!

8. Also will ich mich aber stets freuen meines Gottes, meines Emanuels, meines liebevollsten Abbas!

9. Siehe also, du lieber, fremder Mann, wie schon gesagt, solches ist mein unvergänglicher Fund!"

10. Der Abedam aber hielt bei diesem Bekenntnis Jareds Sich die Hand vor die Augen und barg eine Träne vor ihm. Erst nach einer längeren Pause tat er die Hand von Seinen Augen und sagte endlich zum Jared:

11. „Jared, stehe auf und komme zu Mir! Denn von nun an sollst du nicht mehr nötig haben, zu träumen vom Emanuel, den du so liebhast, und hast Ihn allzeit geliebt, darum sich auch schon Asmahael in deiner Hütte zu wohnen durch der Väter Mund bestimmte. Ja, nicht mehr träumen sollst du von Ihm, sondern du sollst Ihn

allzeit haben lebendig unter dem Dach deines Hauses!

12. Jared, hierher komme, und scheue dich nicht; denn siehe, dein Emanuel, dein Abba, dein Vater streckt hier Seine Arme nach dir aus!

13. Siehe, Ich will einen Himmel bauen, – er soll der höchste sein unter allen Himmeln; aber darein wird niemand gelassen werden, der da nicht kommen wird mit dem Fund Mir entgegen, mit dem du Mir im Stillen allzeit entgegenkamst wie jetzt!

14. O du Mein Jared du! Siehe den Henoch, den Mathusalah und den Lamech, ihr alle wohnt unter einem Dach! Die Liebe ließ euch nicht trennen und also Mich auch nicht von euch. Und also will Ich auch bei euch und allen euren Nachkommen verbleiben. Darum aber werden bis ans Ende aller Zeiten deine Stammesnachkommen wohl erkennbar sein, dass Ich bei ihnen allzeit einkehren werde!

15. Seht ihr alle, also ist die rechte Liebe beschaffen: Stille duldend und nichts suchend denn allein den Gegenstand, den das Herz liebt. Und hat das Herz den gefunden, dann ist es glücklich und überglücklich, – wenn es den Geliebten auch nicht vor den Augen hat, aber desto mehr im Herzen!

16. Wenn aber der Geliebte sieht die stille, duldende Sehnsucht des Liebenden, da er ist voll Demut und getraut sich kaum, aufzublicken zu dem Geliebten, – wahrlich, der ist es, dessen Liebe gleichkommt der Liebe Dessen, den er liebt, und der ihn schon liebte, ehe er noch war!

17. Wer also tun wird, wie Ich dem Enos geraten, der wird leben; aber wohnen werde Ich nur in Jareds Häusern! Amen."

18. Und endlich wandte sich Abedam noch zum Mathusalah und fragte auch ihn,

sagend: „Mathusalah, du weißt es nun, wer mit dir spricht; aber darum sollst du dich nicht scheuen, Mir auch deinen Fund zu weisen. Und also tue, so du es willst!"

19. Und der Mathusalah, von zu hoher Ehrfurcht ergriffen, sagte endlich mit zitternder Stimme: „O Herr und Vater, der Du alle Herzen durchschaust und prüfst alle unsere Eingeweide, wie magst Du mich fragen, mich Nichts vor Dir?

20. Siehe, ich kenne mich nicht; Du aber kennst mich durch und durch! So ich nun reden möchte vor Dir, wie leicht könnte es geschehen, dass mir Unkundigem eine Unwahrheit über die Lippen käme!

21. Wie stünde ich dann vor Dir, Du heiliger Vater?! Daher richte mich, wie Du mich gefunden; aber gnädig und barmherzig bleibe mir!"

22. Und der Abedam erwiderte ihm: „Mathusalah, was du gesprochen, hast du auch gefunden; dein Fund steht vor dir! Ich sage dir, du wohnst auch in der Hütte Jareds, und in derselben wohnst du mit Mir also unter einem Dach!

23. Also sollen alle suchen; unter dem Dach sollen alle wohnen! Die also suchen werden, werden auch finden dir gleich!

24. Dass du Mich aber auch einen Richter nanntest, dafür sollst du am längsten auf der Erde leben; denn siehe, Ich bin zwar ein Richter den Geschöpfen allen, – allein die Kinder sollen den Vater nicht Richter heißen! Fürder aber sollen alle die gerichtet werden, die den Vater als Richter rufen werden. Das lange Erdenleben sei dir somit eine kleine Gabe des Richters, damit du hinreichend Zeit haben möchtest, deinen Richter wieder als Vater anzuerkennen! Amen.

25. Und nun, ihr Kinder, die Mitternacht ist nicht mehr ferne; euer Leib bedarf der Ruhe, und so lasst uns zur Ruhe gehen.

26. Dir, Mein geliebter Jared, aber steht die Wahl frei, ob du hier bei Mir verbleiben willst, oder dass Ich mit dir in deine Hütte ziehe und bei dir verbleibe!"

27. Und der Jared erwiderte: „O Vater, Du lieber Vater, jetzt wie allzeit geschehe Dein heiliger Wille!

28. Bei Dir ist überall gut sein, und meine Hütte ist überall, wo Du bist; doch soll durch mich niemand verkürzt werden. Dein heiliger Wille! Amen."

29. Und der Abedam erwiderte ihm: „Ja, du hast recht gesprochen; und so bleibe du bei Mir! Amen."

30. Und also begaben sie sich alle zur Ruhe mit dank- und liebeerfüllten Herzen.

Kapitel 167

Die vernichtende Gottheit und der beschützende Vater

Am 4. Dezember 1841

1. Und also ruhten sie alle bis eine Stunde vor dem Aufgang. Nur der Eine ruhte nicht, da Er keiner Ruhe bedarf, indem Er Selbst die höchste Ruhe wie die höchste Tätigkeit selbst ist.

2. Dieser Eine – hier Abedam, der hohe, benamst – war somit auch der Erste auf den Füßen und weckte hier auch körperlich alle die Kinder vom Schlaf. Es genügte ein einziger Ruf: „Erwacht und richtet euch auf!", und alle erwachten mit einem Mal und richteten sich auf, gingen dann alsbald alle aus der Hütte und wuschen sich die Füße, die Hände, dann die Geschlechtsteile, dann die Brust und dann endlich erst das Gesicht; denn solche Waschung war

täglich Sitte schon von jeher bei den Kindern.

3. Als sie sich nun gewaschen hatten mit Ausnahme der Eva – denn die Weiber wuschen sich erst nach den Männern und bei einer anderen Quelle –, da nahmen sie Öl und salbten sich damit das Haupt. Und nach der Salbung erst stimmten sie den Morgendank an den nun gegenwärtigen hohen Abedam an, welcher also lautete:

4. „O liebevollster, heiliger Vater, Dir danken wir, Dich lieben wir, Dich loben wir! Wie unaussprechlich gut bist Du, o heiliger Vater! Dir sei alle Ehre, alles Lob, aller Preis, aller Dank, alle Liebe, aller Ruhm und alle Anbetung!

5. Entziehe uns, die wir uns Deine Kinder nennen, aber eigentlich nur lauter Sünder sind, Deine Erbarmung, Deine heilige Liebe und Deine heilige Gnade nicht! Segne uns, rühre uns und führe uns, schärfe unsere Sinne, und unsere harten Herzen erweiche, dass sie lieblich sein möchten wie Honig und Wachs, und erweitere unsere enge Brust, dass sie stets mehr und mehr aufnehmen könnte der wahren Liebe aus Dir, o heiliger Vater!

6. Gebe uns auch den Segen, dass wir dadurch vermöchten, Dir allein wohlgefällig Deinen heutigen heiligen Sabbat zu feiern! Und so Du, heiliger Vater, in uns noch sehr viele und große Makel entdecken wirst und schon sicher jetzt entdeckst, wie Du es schon entdeckt hast von Ewigkeit her, dann züchtige in Deiner Liebe, Erbarmung und Gnade uns und mache, dass wir Dich würdiger möchten ‚Vater' heißen und Dich dann auch mit reinerem Herzen lieben und mit reinerer Zunge preisen!

7. O Du guter, lieber Vater, sei und bleibe uns ewig derselbe heilige, liebe, gute Vater, der Du es uns warst schon von Ewigkeit her; aber nicht nur uns, die wir hier zugegen sind, sondern allen unseren Kindern und auch spätesten Nachkommen sei und bleibe es ewig! Amen. Dein heiliger Wille, amen; Deine Liebe, Erbarmung und Gnade, amen!"

8. Und der hohe Abedam fügte bei: „Amen sage auch Ich; amen nach der Liebe eurer Herzen, – amen nach aller Tat daraus! Und Ich sage ewig nirgends amen denn allein in der reinen Liebe!

9. Ihr aber sollt nicht beten zu Gott, der da heilig, heilig, heilig ist, denn allein in des Vaters Liebe; denn Gott sind alle Menschen ein Gräuel, – nur dem Vater sind sie Kinder.

10. Gottes Heiligkeit ist unantastbar; aber des Vaters Liebe steigt zu den Kindern herab.

11. Gottes Zorn richtet alle Dinge der ewigen Vernichtung zu; aber des Vaters Erbarmung lässt auch sogar jeglichen Traum nimmerdar zugrunde gehen.

12. Von Gott aus muss alles sterben; aber dann kommt das Leben des Vaters über die Toten. Wer da sucht Gott, der wird Ihn verlieren, sich und sein Leben; denn Gott lässt Sich nicht anrühren. Und der Menschen Weisheit, die Ihn sucht, ist Ihm eine gräulich anekelnde Torheit und den Suchenden aber unvermeidlich tötend. Denn mit der Weisheit rührt er Gott an; diesen aber kann kein geschaffenes Wesen mit was immer für einem Sinn anrühren und behalten das Leben.

13. Denn Gott ist ein ewiges, allerreinstes, aber auch allerunendlichst heftigstes Feuer, welches nimmerdar erlischt; und wo es der Vater nicht mildern möchte, da würde es alsbald alles auf ewig zerstören. Daher soll jeder Gott fürchten über alles und den Vater aber lieben über alles; denn

der Vater ist das allerblankste Gegenteil von Gott.

14. Und doch wäre Gott nicht Gott ohne den Vater, welcher ist die ewige Liebe in Gott; und der Vater aber wäre nicht Vater ohne Gott.

15. Wie aber der Vater ist alles Leben in Gott, so auch ist Gott alle Kraft und Macht im Vater. Ohne den Vater wäre Gott Sich Selbst unaussprechlich; denn alles Wort in Ihm ist der Vater. Der Vater aber wäre nie Vater ohne Gott; und so sind Gott und der Vater eins!

16. Wer also den Vater rührt mit der Liebe, der rührt auch Gott. Wer aber des Vaters vergisst und will mit seiner Weisheit nur die Gottheit rühren, den wird der Vater nicht ansehen; der Gottheit Feuer aber wird ihn ergreifen und ihn zerreißen und vernichten ins Unendliche, dass er sich dann ewig nimmerdar finden wird. Und es wird dann auch nicht leicht mehr geschehen, dass ihn der Vater wieder aus aller Unendlichkeit zusammensuchen und sodann wieder von neuem bilden wird.

17. Wo aber der Vater ist, da ist Gott auch. Aber allein der Vater offenbart Sich den Kindern; Gott aber kann Sich niemandem offenbaren, außer allein durch den Vater, und da offenbart, wie jetzt, der Vater die Gottheit. Wer also Mich hört, sieht und liebt, der hört, sieht und liebt auch Gott. Wer aufgenommen wird vom Vater, der wird auch aufgenommen werden von Gott.

18. Wenn jemand Unwürdigen der Vater nicht annehmen wird, der wird fallen in die Hände der richtenden und vernichtenden Gottheit allein, und da wird kein Erbarmen sein, noch irgendeine Liebe und Gnade!

19. Daher fürchtet die Gottheit; denn es ist schrecklich, in Ihre Hände zu fallen!

20. Aber den Vater liebt! Haltet fest an Seiner Liebe und lasst euch allzeit rühren und führen von der Liebe des Vaters, so werdet ihr den Tod nimmerdar schmecken ewig, außer die Trennung vom Leib, der da ist ein Fluch der Gottheit, in welchem das Leben aus dem Vater vor dem Zorn der Gottheit verschützt wird durch die schirmende Liebe des Vaters.

21. Aus der Hand Gottes empfängst du den Fluch, aus der Hand des Vaters aber den Segen der Liebe und alles Lebens aus ihr. Daher halte an die Liebe dich ewig, so wirst du bestehen in der Liebe! Wo du dich aber hältst an die Weisheit, da wirst du vergehen und wirst zunichte verweht werden auf ewig vom Geist der Gottheit!

22. Dieses Gesagte sei euch als eine große Sabbatmorgengabe vom Vater, dessen Kinder ihr seid, und der euch darum liebt mehr als alles in der reichen Unendlichkeit! Bedenkt es in eurem Herzen, und tuet danach, so werdet ihr leben und nie in der Gottheit Hände fallen.

23. Und nun, du Seth, gehe hinaus, da die Sonne schon aufgegangen ist, und lasse ein reichliches Morgenmahl bereiten; denn siehe, so der Geist das Seine empfing, dann soll er auch gerecht sorgen für den Leib! Rufe aber auch die schon lange draußen singenden drei herein, die da sind aus der Mitternacht und heißen Jura, Bhusin und Ohorion. Gehe, und mache gut deine Sache! Amen."

Kapitel 168

Ein Bericht über die Sturmnacht. Liebe, Vertrauen und Furcht

Am 6. Dezember 1841

1. Und der Seth dankte in höchster Liebesfreude seines Herzens dem hohen Abedam für solchen Auftrag und ging eilends, um zu vollziehen des Herrn Willen.

2. Kaum aus der Hütte getreten, sah er alsbald unfern die drei aus der Mitternachtgegend stehen. Er rief sie beim Namen, und sie folgten sogleich dem Ruf.

3. Als sie zu ihm gelangten, da sagte er zu ihnen: „Hört, Einer in der Hütte will es, dass auch ihr eintreten möchtet; denn Er hat schon lange von ferne her, wie vor meinem Austritt auch schon nahe an der Hütte, euer Loblied vernommen.

4. Daher tretet in die Hütte, denn auch euer harrt ein hoher, unberechenbarer Segen!"

5. Und der Jura fragte entgegen den Seth: „Bruder Seth, wie sollen wir das verstehen? Ist etwa gar in dieser Schreckensnacht der erhabenste, über alles mächtigste Emanuel zu euch gekommen? Denn siehe, also dachten wir es alle, als der unerhörteste – man kann es sagen – Weltenfeuersturm plötzlich ein Ende nahm!

6. Wir alle baten und riefen zum Emanuel um die Erlösung. Und als sie kam, und das so wunderplötzlich, so war auch unser Erstes, dem Emanuel dafür zu danken.

7. Sage uns daher, ob es nicht also ist und war!" – Und der Seth antwortete ihnen: „Wie und ob also, liebe Brüder, ihr werdet es alsbald in der Hütte erfahren! Ich aber habe Eile, zu sorgen für ein gutes Morgenmahl, darum ich mich jetzt nicht länger mit euch abgeben kann und darf."

8. Und die drei waren zufrieden mit diesem Bescheid und traten dann voll der höchsten Ehrfurcht in die Hütte, allwo sie sich alsbald auf ihre Angesichter vor Adam und all denen übrigen warfen.

9. Der Adam aber hieß sie alsbald aufstehen und sagte zu ihnen: „Meine geliebten Kinder, ich bin hoch erfreut, euch so wohlbehalten bei mir zu sehen!

10. Groß war in dieser Nacht meine Sorge um euch alle; denn solches bewirkten die schrecklich kämpfenden Elemente. Aber viel größer noch war mein Vertrauen auf des Herrn, unser aller geliebtesten Vaters, der da allzeit heilig, heilig, heilig ist, voll der höchsten Macht und Kraft, Hilfe und Errettung; denn wir alle waren nicht minder der höchsten Versuchung preisgegeben und mussten eine wahre Feuerprobe aushalten. Diese meine alte Hütte ist zur Wohnung der wildesten Tiere geworden. Schlangen, Hyänen, Tiger, Löwen, Wölfe, Bären und noch allerlei anderes Getier füllten diese Wohnung, und helle Flammen brachen blank aus dem Boden hervor. Und doch durfte unser Vertrauen nicht wanken, und wir alle empfanden dann gar bald die herrliche Wirkung des schützenden Segens Emanuels!

11. Geht aber hin zu jenem euch noch fremden Mann, der da auch Abedam heißt; der wird euch über alles den gehörigen Aufschluss geben! Amen."

12. Und die drei verneigten sich vor Adam und gingen dann hin zu dem ihnen noch fremden Mann.

13. Der Jura als der älteste führte das Wort und redete Ihn also an: „Sei von unseren Herzen vielmals gegrüßt, Abedam! Der Erzvater Adam hat uns zu dir beschieden, dass du uns näheren Aufschluss geben möchtest über diese – dem Herrn

Emanuel alles Lob und allen Dank! – vergangene unerhörte Sturmnacht. Denn siehe, wir drei sind Söhne Adams und wandeln schon über achthundert Jahre auf dem Boden der Erde herum, waren zugegen bei der Flucht aus dem Paradies, haben nach der Zeit viel Trauriges und Schreckliches erlebt, – doch etwas dieser Nacht Ähnliches ist uns noch nicht vorgekommen! Solche Schrecknisse sind noch nie über die Erde gekommen, solange wenigstens wir sie betreten, wahrlich nicht!

14. Ich will von all den Feuerszenen nichts reden, nichts von den ringsum noch in vollsten Flammen und Rauch stehenden Bergen, nichts von dem beständigen Beben der Erde, nichts von den zahllosen Blitzen, nichts von den brennenden und dampfenden Wäldern, feurigen Winden und dergleichen mehreren Dingen; denn der Donner bleibt sich gleich von Jahr zu Jahr und so auch andere Erscheinungen, welche im Kampf der Elemente uns zu Gesicht kommen und nicht minder furchterregend auch die anderen Sinne berühren. Aber höre, guter Mann, wenn das Meer, das endlos große Meer unerhört furchtbar tobend aus seinen Schranken tritt, höher und stets schrecklich höher herauf schäumend und sausend steigt und in diesem fürchterlichen Steigen anfängt, einen Berg um den anderen zu verschlingen und endlich sogar uns Mitternachtbewohner zwingt, eilends zu verlassen alle unsere Hütten durch die zahllosen vor den Wogen sich flüchtenden Tiere, ja sogar die Wogen am Ende so weit zu treiben beginnt, dass dieselben unsere Hütten verschlangen, die Tiere der Wälder uns nachtrieben und dazu noch nie gesehene furchtbar große Ungeheuer, welche wahrscheinlich gleich vielen anderen Tieren im Wasser leben,

uns furchtbar untereinander kämpfend und sich hin und her wälzend schauderhaften Anblickes zuführte, – siehe, das ist etwas, was uns allen nicht aus dem Sinne vielleicht je kommen wird!

15. Wobei dann als im Gegensatz freilich wohl ganz hauptsächlich das zu beachten ist, dass eben diese Schauderszenen, als sie sicher ihren höchsten Punkt erreicht hatten, dann auf einmal also verstummten, als wären sie nie dagewesen, und also auch das Meer plötzlich und so stark zurückwich, dass es nicht nur alsbald in seine vorigen Grenzen trat, sondern es verlor sich also ganz und gar, dass nun von ihm nirgends mehr eine Spur zu entdecken ist außer der unabsehbar weit sich nach allen Seiten ausbreitende Schlammboden, der vorher dem Meer zum Bett gedient hatte.

16. So du es nun willst und kannst, da gebe uns den Aufschluss über all diese unerhörten Dinge!"

17. Und der Abedam entgegnete ihnen: „Meine lieben Freunde, bei derlei Ereignissen geht es den im Geiste Schlafenden freilich wohl schlecht, – aber desto besser den Geisteswachen!

18. Sagt Mir, welcher wahrhaft wache, mit der Liebe des ewigen, heiligen Vaters vereinte Geist wird oder kann noch mit Angst befangen werden, wenn selbst die ganze Erde unter seinen Füßen zertrümmert werden möchte und ein glühendes Meer verschlänge all die Staubtrümmer der Erde?

19. Wird der mächtige Vater, dessen Wille Milliarden und zahllos viele Milliarden von noch unvergleichbar größeren Weltkörpern und Geistern trägt und wohlsorglich ordnet, nicht auch imstande sein, ein Ihn über alles liebendes und darum auch von Ihm [über] alles geliebtes Kind

bei einem zerplatzenden Atom, das ihr ‚Erde' und ‚Welt' nennet, in den allersichersten Schutz zu nehmen?

20. Seht, solches müsst ihr Mir ja doch zugeben! Es fragt sich demnach nur, wessen Frucht eure verzweifelte Angst und Furcht war! Oder warum fürchten die Kinder die Nacht?

21. Seht, solcher Grund liegt in der Schwäche der Liebe zum heiligen Vater! Wie aber die Liebe beschaffen ist, also auch das Vertrauen; das schwache Vertrauen aber ist der Vater aller Angst!

22. Es liegt wenig an all dem von euch Erzählten; aber es liegt alles daran, wie euer Herz beschaffen ist.

23. So Ich euch auch alles aufschließen möchte, so würden höchstens eure Ohren befriedigt werden; aber zur Erkenntnis des Herzens möchte es euch nimmer bringen. Und also wird es besser sein, ihr geht so recht fest in euer eigenes Herz, wendet euch da an die Liebe desselben zu Gott, und Ich sage euch, ihr werdet da in einer Minute mehr erfahren, als was euch sonst erzählende Jahrtausende geben könnten!

24. Bleibt aber hier, und nehmt mit uns das Morgenmahl, welches soeben der Seth mit den Seinen hereinbringt!

25. Seid ruhig in eurer Wissbegierde, aber desto nach oben bewegter im Herzen, so wird sich eure Sturmnacht bald in den hellsten, ruhigen Sabbat umwandeln! Versteht es wohl! Amen.‟

Kapitel 169

Das Sabbatmorgenmahl. Gründunge der ersten ordnungsmäßigen Kirche

Am 9. Dezember 1841

1. Und als der hohe Abedam solches zu den dreien gesprochen hatte, hieß Er sie Ihm folgen. Er aber ging voraus und ließ neben Sich hergehen den Henoch und den Lamech. Ihm auf dem Fuße folgte der bekannte Abedam, an dessen rechter Seite der Jared und an dessen linker Seite der Mathusalah. Hinter diesen dreien folgten Enos, Kenan und Mahalaleel, und diesen dreien schlossen sich dann erst der Kaeam und der Jura, Bhusin und Ohorion an.

2. Und nach wenigen Schritten beim Adam angelangt, lagerten sich alle um den Abedam also, dass sie einen bis zum Adam hin geöffneten Kreis bildeten, welcher sich mit Adam und Eva schloss.

3. Da aber der Seth nicht im Kreis war, da beschied der Abedam die Ihn Umgebenden, Platz zu machen für den Seth.

4. Und alsbald wurde auch an der Seite Adams Platz gemacht für ihn. Und also nahmen nun sechzehn Personen, den hohen Abedam mitgerechnet, teil an dem Morgenmahl, welches in Brot, Honig und Milch bestand, davon man zuerst von alters her stets das Brot nahm mit Honig und, nachdem solches verzehrt war, dann erst Milch von frischer Melke darauf trank.

5. Und also auch nach dieser Sitte wurde diesmal gefrühmahlt.

6. Doch warum wird hier dieses Sabbatmorgenmahles erwähnt? Die Ursache liegt nicht ferne, so jemand bedenkt, dass an diesem Morgenmahl der höchste, heilige Vater Selbst sichtbar teilnahm unter den ersten Menschen dieser Erde und dabei

den Grund gelegt hat für die erste ordnungsmäßige Kirche der Erde. Und wie vorher Adam und Eva nur als das erste Menschenpaar haben angesehen werden können, so kann es nun auch als die erste Gründung der Kirche Jehovas angesehen werden; denn knapp dann an diese Kirche ist das Judentum fest angeschlossen und besteht in vielen Stücken noch daraus. Und in der Mitte von Asien, in einer hohen Gebirgsgegend unfern des Himalaya, lebt noch ein kleines, abgeschlossenes Völkchen ganz streng nach dieser später von den Kindern Noahs auf steinerne Platten mittels gewisser entsprechender Sachbilder eingegrabenen Schrift, wovon die späteren ägyptischen Hieroglyphen nur eine verfälschte Abart sind.

7. Doch soll das sogenannte Sanskrit der Gebern, Parsen und Hindus nicht als eine und dieselbe Schrift angesehen werden; denn auch diese ist fürs Erste viel jünger und gleich den ägyptischen Hieroglyphen eine ganz finstere Abart, voll von großen Irrtümern, darum auch ihr Gottesdienst danach ein gräuelhaftes Heidentum ist.

8. Seht, darum also wird hier auch dieses Morgenmahl erwähnt, welches fast also für die Gründung der Urkirche damals gehalten wurde wie nach der Vollendung des großen Völkertages, welcher nahe viertausend Jahre angedauert hatte, das letzte große Abendmahl zur Gründung eines neuen Testamentes, welches da ist eine neue Gnaden- und Erbarmungskirche, erfüllt mit dem ewigen Leben und somit erfüllt durch Gott und mit Gott!

9. Doch nun genug von dieser historischen Beleuchtung; und sonach gehen wir wieder in die Hütte Adams und sehen und hören da zu, was da alles geschah nach dem Morgenmahl!

10. Nachdem das Morgenmahl verzehrt war und alle in ihren liebeerfülltesten Herzen dem Abedam Emanuel Abba gedankt hatten, da erhob sich alsbald der Hohe und richtete folgende Rede an alle, sagend nämlich:

11. „Hört alle, die ihr hier zugegen seid und wart Zeugen dieser Nacht und, mit Ausnahme des alleinigen Kaeam, auch fast des ganzen gestrigen Tages! Damit sollt ihr euch allzeit erinnern, wer Der war, ist und sein wird ewig, der zu euch kam und hat euch Selbst gelehrt den gerechten Weg der Liebe und also auch die wahre, unendliche Weisheit aus ihr, – nicht eine Weisheit der Welt zur großen Beschwerde des Hauptes und noch größerer des Herzens, sondern eine wahre Weisheit im Geiste der Liebe und aller Wahrheit aus ihr, welches alles ist das wahre, freie, ewige Leben.

12. Dieses Mahl sollt ihr also auch fürder begehen, bevor ihr dem Vater wollt ein Sabbatopfer darbringen; denn wahrlich sage Ich euch, nicht eher soll das Opfer angesehen werden, als bis ihr euch beim Morgenmahl als wahre Brüder und Schwestern in Meiner Liebe und also auch als Kinder eines und desselben Vaters wohl im Herzen erkannt habt!

13. Sooft ihr in der wahren, lebendigen Liebe eures Herzens zu Mir solches unter euch begehen werdet, werde Ich auch sein unter euch, – entweder manchen, die da zu Mir werden sein brennenden Herzens, sichtbar, oder den Laueren stets unsichtbar.

14. Ja, in Meiner Liebe werdet ihr alles vermögen, ohne Meine Liebe aber nichts! Denn Meine Liebe ist ein fetter, guter Acker, auf welchen ihr gesät seid. Wer sich

da nicht wird ausreißen lassen vom Feind, der wird üppig emporwachsen und wird viele herrliche Früchte bringen. Wer aber da die Wurzeln seines Liebelebens nicht tief und fest genug in den Grund dieses besagten Ackerbodens wird getrieben haben, wahrlich, es wird ihm übel ergehen zur Zeit der wiederkehrenden Versuchung, da der Feind der Liebe kommen wird und wird versuchen, aus dem Boden des Ackers zu ziehen die Bäumchen! Er wird nicht eines unversucht lassen; da er aber ein schwaches antreffen wird, wird er es wohl verschonen?

15. O nein, er wird es samt den schwachen Wurzeln aus dem Boden des guten Ackers reißen und es dann verderben lassen, darum die Wurzeln keine Feuchtigkeit des Lebens mehr haben werden und so das Bäumchen dann verdorren und endlich bald ganz und gar in den Tod übergehen wird! Denn wer von euch hat noch je gesehen in der Luft allein Pflanzen entstehen und gedeihen?

16. ‚Aber jedes Pflänzchen bedarf auch der Luft zum Leben!', also würdet ihr sagen. Ich auch sage solches mit euch; aber das Erdreich ist das erste Notwendige, ohne das ist die Luft zu nichts nütze!

17. Es ist aber die Luft gleich dem göttlichen Wort und die Liebe eures Herzens das Erdreich, in welches gesät ist ein lebendiger Geist, umgeben mit einer lebendigen Seele.

18. Dieser Same des ewigen Lebens in euch kann nur dann sich die heilige Luft der göttlichen Lehre fruchtbringend zunutze machen, so er aufgegangen ist und feste und tiefe Wurzeln getrieben hat im Erdreich der Liebe eures Herzens zu Mir. Wenn solches nicht geschehen ist zuvor, sagt es und urteilt selbst, wird da ihm das,

nämlich die Luft, was ihn sonst hätte fruchtbringend gestalten sollen, nicht zum Tode gereichen?

19. Seht, sonach nützt euch Mein Wort wenig, so eure Herzen nicht voll Liebe sind zu Mir und daraus zu euren Brüdern, und die bodenlose, luftige Weisheit eures Verstandes ist dann der Tod eurer Liebe!

20. So aber eure Liebe, die dem Geist zur Nahrung dienen soll, tot ist gleich dem aus dem Erdreich Meiner Liebe zu euch ausgerissenen Bäumchen, dessen Wurzeln nur noch mit dem vertrockneten Erdreich eurer Liebe zu Mir beklebt sind, woher soll da euer Same oder als noch schwaches ausgerissenes Bäumchen des Lebens Nahrung noch bekommen?

21. Darum also sei euch dieses Morgenmahl ein sichtbares Mahnzeichen, dass ihr euch allzeit an die Liebe halten sollt! Und so ihr und solange ihr solches tun werdet, werdet ihr auch das Leben haben bei und in euch und also auch Mich als den Urborn aller Liebe, alles Lebens und aller Weisheit aus Mir!

22. Diese Worte grabt euch tief ins Herz und tut alle unabänderlich danach, so werdet ihr leben durch und durch und nicht fragen: ‚Wo ist der Vater?' und auch zu Ihm nicht rufen: ‚Komme!'; denn da wird Er sein bei euch und in euch wie jetzt, also auch ewig! Amen.

23. Und du, Henoch, gehe nun, und bereite dein Opfer; denn die Zeit desselben ist da! Amen."

Kapitel 170

Ein Opferevangelium

Am 10. Dezember 1841

1. Nach dieser Rede erhob sich alsbald der Henoch mit der innersten Liebe und dankerfülltestem Herzen und fragte den hohen Abedam:

2. „Herr und unser aller liebevollster Vater, der Du heilig, überheilig bist, wäre es Dein heiligster Wille, so auch hier auf der Höhe am Sabbat Dir ein solches Opfer dargebracht werden möchte, wiegestaltet wir es Dir gestern in der Niederung dargebracht haben? Oder soll es Dir zum Wohlgefallen verbleiben bei der Art Ahbels, Seths und Enos'? O Abba, gebe mir kund Deinen heiligen Willen!"

3. Abedam aber erwiderte dem Henoch: „Henoch, wie aber magst du Mich um solches fragen, da du es doch am allerbesten weißt, worin das Mir allein wohlgefällige Opfer besteht!

4. Wo Mir zuerst das innere Opfer eines reumütigen, zerknirschten, liebeerfüllten Herzens dargebracht wird, da wird ja auch dadurch jedes Opfer geheiligt, ob es entweder ist nach der Art Ahbels, Seths und Enos', oder ob es ist wie gestern in der Tiefe gestaltet!

5. Doch, Ich sehe in euer aller Herzen einen leeren Ort! Diesen Ort habt ihr geweiht dem Opfer zu Gott, seht aber wegen der Leere nicht ein, wem ihr ein Opfer darbringt, und warum ihr es darbringt! So fasst es denn: Der Vater will kein Opfer denn allein das des Herzens. Der Vater aber ist auch der alleinige, ewige, überheilige, mächtige Gott; Dem aber allein gebührt ein Opfer, wie dem Vater die reine Liebe.

6. Das Opfer verzehrt, zerstört und tötet jegliche Gabe im Feuer, welches da lodert auf dem Altar. Seht, solches ist ein Zeugnis des Menschen vor Gott, welches besagt, dass er Gott erkannt hat, entweder offenbar oder allein dunkel ahnend im Herzen, wie Gott ist und tut gleich dem Opfer!

7. Doch wer da hinge allein am Opfer und wäre nicht gebunden von der Liebe zum Vater, den würde endlich das Gott ähnliche Opfer selbst ergreifen, ihn verzehren, zerstören und töten, darum er sich nicht befeuchtet hat zuvor mit dem Wasser des Lebens, welches da ist die reine Liebe zum Vater!

8. Ich sage euch aber, wer dem Vater opfert im Herzen, der hat auch Gott ein wohlgefälliges Opfer dargebracht. Wer aber auf dem Altar nur Gott ein Opfer darbringt und glaubt dadurch auch dem Vater wohlzugefallen, der ist in einer großen Irre; denn wahrlich, der Vater hat kein Wohlgefallen an dem Brandopfer, sondern allein am lebendigen Opfer des Herzens!

9. Oder sollte der lebendige Vater, von dem alles Leben stammt, wohl ein Wohlgefallen haben am toten Brandopfer oder an einem Opfer, das jede Gabe verzehrt, zerstört und endlich gar tötet?

10. Ja, wie schon bemerkt wurde, wenn zuvor ein lebendiges Opfer der Liebe im Herzen zum Vater dargebracht wird, so soll dann auch das Brandopfer angesehen werden, wodurch der Mensch zu erkennen gibt, was er im Herzen gefunden hat, nämlich, dass der Vater heilig, heilig, heilig ist und Gott der Allmächtige von Ewigkeit. Ohne dieses Vor-, Mit- und Nachopfer ist jegliches Brandopfer ein Gräuel vor Mir!

11. Seht zurück auf Kahin und Ahbel! Kahin opferte ohne Liebe, Ahbel aber mit

Liebe. Wessen Opfer stieg empor, und wessen wurde zurückgeschlagen zur Erde?

12. Da aber Kahins Opfer dem Vater ein Gräuel war, was war darum die Folge solcher Opferung? Das Opfer ergriff den Kahin selbst und machte aus ihm einen Brudermörder!

13. Also wird dereinst das alleinige blinde Opfer noch gar viele ergreifen, darum sie dann tun werden gleich dem Kahin und werden darum zahllose Brüder umbringen geistlich und leiblich.

14. So ihr aber schon ein Opfer darbringen wollt, da bringt Mir ein gerechtes Opfer dar, wie Ich es euch zur Genüge bezeichnet habe!

15. Wie es aber verrichtet ward gestern in der Niederung, also soll es auch verrichtet werden heute; doch nicht mehr am Abend sollt ihr das Opfer am Altar anzünden, sondern am Vormittag, damit darum die ferne wohnenden Kinder bis zum Abend hin ihre Heimat erreichen können.

16. Bei der Opferung sollen dann auch fürder nicht alle kleinen Kinder mitgenommen werden, sondern es ist genug, so von jeglicher Hütte zwei Männer und ein Weib erscheinen. Doch es soll niemandem zu einer Lebenspflicht gemacht werden, als müsse er zum Opfer erscheinen; denn das Opfer wird niemanden heiligen, sondern allein die Liebe zum Vater!

17. Wen die Liebe zum Vater herbeiführen wird, durch den wird das Opfer geheiligt, und er wird dann durch dasselbe erbaut im Geiste. Den aber nicht die Liebe, sondern ein nötigender Zuchtmeister von irgendeinem Gesetz hertreiben wird, dass er darob haben wird ein widerwärtiges Herz, durch den wird das Opfer entheiligt werden, und es wird ihn zerstören, und er wird vertrocknen im Herzen. Und was er dann Mir darbringen wird, das wird gleich sein seinem vertrockneten Herzen, ein Werk ohne Leben, eine tote Gabe.

18. Also bei dem nun Ausgesprochenen soll es verbleiben.

19. Und nun, geliebter Henoch, kannst du dich schon an dein Werk machen; ihr übrigen aber geht auch hinaus und berichtet den von allen Gegenden vielen Opferharrenden, welch eine Bewandtnis es mit dem Opfer habe, – doch von Mir schweigend, wie Ich wesentlich gegenwärtig bin.

20. Nur allein du, Jared, du, Abedam, und du auch, Adam, folgt Mir bis zur Zeit der Opferung in die Hütte Jareds; Seths Kinder aber sollen die Eva uns nachgeleiten!

21. Und also geschehe nun alles gerecht in und durch die alleinige Liebe! Amen."

Kapitel 171

Henoch bereitet das Opfer

1. Und alsbald ging der Henoch an sein Werk, legte das reinste Zedernholz quer übereinander auf den Altar und betete beständig bei dieser Arbeit.

2. Da er aber also arbeitete, siehe, da traten bald einige vom Mittag her Anwesende zu ihm hin und fragten ihn, was denn das bedeuten solle, dass jetzt schon das Holz auf den Altar gelegt werde, während solches doch nur abends gebräuchlich war.

3. Und der Henoch aber entgegnete, ebenfalls fragend: „Was beirrt euch das? Tue ich, was ich tue, denn eigenmächtig?

4. Oder ist darum meine Handlung euch eine Lüge geworden, dieweil ihr sie nicht begreift?

5. Ja, ja, es ist für Blinde gar vieles eine Lüge; denn alles, was man ihnen sagt, ist wenigstens für sie so gut wie eine Lüge, darum sie blind sind.

6. Was nützt dem Blinden der Sonne strahlend Licht? Wozu dem das Licht der Sonne begreiflich machen wollen, wozu ihn anlügen? Denn des Blinden Sonne ist ja schwarz; an diese hält er sich. Aus dem Grunde ist für ihn eine strahlende Sonne ja eine Lüge; denn so Fremdes zu jemandes Schatz hinzugelegt wird, was ist dieses Fremde dem eigenen Schatz? Nichts als eine Lüge, da es nicht ist gleich dem eigenen Schatz, obschon beim selben liegend, sondern Fremdes oder als etwas, was für den so gut wie gar nicht vorhanden ist, für den es nicht die sichtbaren Zeichen der ihm eigenen Eigentümlichkeit in sich trägt.

7. Daher auch fragt ihr mich vergeblich, denn heute bin ich am wenigsten geneigt, euch anzulügen! Denn wer der Wahrheit voll ist, für den ist alle Lüge ins ewige Nichts gesunken. Wer aber noch der Lüge voll ist in seinem Herzen und hält sie für wahr, was sollte dem die eigentliche heilige Wahrheit sein? Nichts als eine Lüge!

8. Wer der Welt Licht sucht, was ist dem das innere Licht des Geistes? Nichts als Lüge, eine barste Finsternis! Denn wie sollte jemandem das ein Licht sein, bei dem er weiter greift als sieht?

9. Daher auch lasst ihr mich in Ruhe! Denn des Herrn Wege könnt ihr noch nicht fassen; denn diese Nacht hat eure Herzen mit Finsternis geschlagen, darum ihr auch nicht mehr wisst, dass die wahre Liebe zu Gott an keine Regel gebunden ist, sondern ganz vollkommen frei ist, und also auch das Opfer, das Ihm die Liebe darbringt. Liebt aber ihr schon eure Weiber frei und bindet euch nicht an Zeit und Stunde, – warum sollte denn die Liebe zu Gott gemessen sein?!

10. Daher geht, und bedenkt euch eines Besseren! Amen."

Am 11. Dezember 1841

11. Als die neugierigen Mittägler vom Henoch auf diese ganz für sie passende Art abgefertigt wurden, fingen sie unter sich an zu murren; denn es verdross sie gewaltig, dass ihnen der Henoch auf ihre Frage eine so sonderbare Antwort gab, nachdem, wie sie sich im Herzen gestanden, sie ja mit der Frage es nicht so übel gemeint hätten.

12. Einer aus ihnen sagte zu den übrigen: „Hört, ihr Brüder, ich kenne den Henoch gar wohl, und soviel ich gestern von ferne bemerkt habe, so glaube ich, die Väter haben ihm das Opfergeschäft übertragen; und wie er aber schon allzeit ein Sonderling war in allen seinen Reden und Handlungen, also wird er es auch sein bei diesem Geschäft!

13. Ich bin aber der Meinung, man sollte die altsittliche fromme Opferungsweise nach der Art Ahbels, die Gott wohlgefällig war, nicht so leicht der Willkür eines einzigen überlassen, sondern, wenn da irgendeine Abänderung hätte getroffen werden sollen, so hätte solche beim versammelten Rat aller Kinder geschehen sollen. Oder wenn es nicht also ist, was sind dann wir als Menschen gleichen Ranges?!

14. So das Opfer auch für uns und von uns aus als ein gültiges soll angesehen werden, so soll es ja auch von unserem Rat etwas an sich und in sich bergend tragen; so aber trägt es nichts in sich denn allein

unseren Widerwillen und hat somit für uns auch keine Wirkung.

15. Wie können, wie sollen wir das billigen, zudem noch, da wir doch vorher allzeit in rein göttlichen Dingen sind zu Rate gezogen worden?!

16. Daher glaube ich, der Sethlahem als der Älteste und Erfahrenste aus uns sollte noch einmal hingehen zum Henoch und sollte ihn ganz strenge ernstlich fragen, was es da mit dem frühen Holzauflegen für eine Bewandtnis hat!"

17. Der Sethlahem, der auch unter diesen Fragenden sich befand, aber entgegnete dem Geärgerten: „Höre, dazu habe ich keine große Lust; denn ich habe den Henoch gestern kennengelernt auf eine Art, – ich sage euch, auf eine ganz außerordentlich sonderbare Art!

18. Ich sah ihn mit einer Macht ausgerüstet, vor der es mich noch heute, so ich daran denke, noch durch und durch erschauert!

19. Die heutige Nacht war grauenvoll! Schrecklich wüteten die Elemente, wie ihr es alle wisst, dass wir uns darob flüchteten auf die Höhe und lagen da in großer Angst auf der Erde bebendem Boden, solange der Sturm angedauert hatte; allein so groß auch diese Angst war, so mochte sie aber doch nicht den Anblick und das Gehörte aus meinem Herzen verdrängen, was ich gestern am Henoch entdeckt habe!

20. Ihr wisst es alle, als da einige von uns sich gelüsten ließen, hinab in die Tiefe zu gehen, wie da ihnen ein mächtiger Tiger den Weg vertrat und sie durch seine Kraftäußerung an einem zerrissenen Riesenstier zum eiligen Rückzug zwang.

21. Hört, derselbe Tiger, den ich gar wohl erkannte, war gestern dem Henoch gleich einem Lamme untertänig und gehorchte jeglichem seiner Winke! Aber nicht genug, dass dieses Ungetüm dem Henoch den größten Gehorsam bewies, sondern – was zu den allerunerhörtesten Dingen gehört – es musste sogar reden und reden jedem von uns wohlverständliche Worte voll weisen Sinnes!

22. Solches habt ihr freilich wohl nicht bemerken können, da ihr im tiefen Hintergrund bei euren Hütten auf der Erde lagt; aber ich, der da ganz vorne war, habe solches unvergesslich gesehen und gehört.

23. Dass mich dadurch der Henoch sehr anzog, könnt ihr euch wohl vorstellen, darum ich dann auch, sobald sich nur die erste Gelegenheit darbot, vor allem trachtete, mit ihm wortgemein zu werden.

24. Als ich aber mit ihm zu reden anfing und wollte ihm sogar ein Jünger werden, seht, da gab er mir ein Gleichnis über die Anschauung eines fernen Gebirges und machte mir den Unterschied zwischen der erzählten und eigenen Anschauung also erschaulich, dass ich mir bei seiner Erklärung mit aller meiner Weisheit nicht anders gegen ihn vorkam, als wäre ich erst kaum dem Mutterleib entstiegen!

25. Und wie es mir vorkam, so waren alle Väter – sogar der Adam nicht ausgenommen – ihm im Wort untertan und er ganz allein wortleitig für sie alle.

26. Darum sage ich euch, wer von euch da noch Lust hat, nach dieser seiner Abfertigung unserer unzeitigen Neugierde ihm noch mit einer neuen und noch unzeitigeren Frage zu kommen, der mag ja immerhin den Versuch machen; allein mich lasst dabei ungeschoren!

27. Ich glaube aber auch für euch, es wird sich ganz entsetzlich lächerlich ausnehmen euer Kampf mit ihm, – nicht viel anders als der zwischen einer Maus und

einem Löwen! Wer bei derart Kämpfen den Sieg davontragen wird, – ich glaube, um das im Voraus zu bestimmen, gehört gerade nicht ein großer Prophet dazu!

28. Habt ihr aber noch dessen ungeachtet Lust, eure ernst-strenge Frage an ihn zu richten, so wünsche ich euch viel Glück und eine heitere Sonne obendrauf! Nur so viel bemerke ich euch noch zu allem dem schon Gesagten hinzu, dass mit jenen, die mit Gott in irgendeiner sicheren Verbindung stehen, nie zu spaßen ist. Was sie tun, sollen wir lieber ernstlich beachten, als ernst darum fragen; denn des großen Gottes Wege sind unergründlich und Seine Ratschlüsse unerforschlich!

29. Solches führt euch eher wohl zu Gemüte, bevor ihr einen Schritt wagt!"

30. Als die Ärgerlichen aber solches vom Sethlahem vernommen hatten, standen sie von ihrem Vorhaben alsbald ab und ergaben sich in den weisen Rat Sethlahems.

31. Der Henoch aber rief seiner inneren Aufforderung gemäß den Sethlahem zurück zu sich und sagte folgendes zu ihm:

32. „Sethlahem, ich lobe dich! Siehe, nun hast du wahrhaft weise gehandelt, da du diesen Schwachen aufgeholfen hast, die ohne deine Hilfe unfehlbar in einen tiefen Abgrund gestürzt wären, da sie blind sind und darum nicht sehen, wie der Boden unter ihren Füßen beschaffen ist!

33. Du aber sollst von nun an nicht von meiner Seite weichen, bis auch du sehen wirst, was deine sterblichen Augen noch nicht gesehen haben, und hören, was deine sterblichen Ohren noch nicht gehört haben!

34. Ist dir denn der heutige so überaus heitere und angenehme Tag mitnichten aufgefallen, der da gefolgt ist dieser Nacht des Schreckens?

35. Und so du den Gang des Sturmes und dessen plötzlichen Verlauf beachtet hast, sage mir, ist dir dabei nichts aufgefallen?"

36. Und der Sethlahem erwiderte ihm: „O Henoch, wem sollte das nicht auffallen? Aber was nützt unsereinem auch all das Auffallen? Denn ich verstehe mit und ohne Auffallen nichts von allem dem und denke mir bloß dabei zu meiner Beruhigung:

37. Der Herr Jehova wird es schon gar wohl und überaus sicher wissen, warum dieses und warum jenes! Mehr herauszubringen werden wohl jene verstehen, denen Jehova näher ist denn mir; doch Ihm allen Dank dafür, da Er mir nur den Frieden beschied! Ich bin ja auch damit hinreichend zufrieden!

38. Was meinst denn du, lieber Henoch, ist es nicht recht also?"

39. Und der Henoch entgegnete ihm: „O Sethlahem, du hast einen guten Boden! So der Same in dein Erdreich fallen wird, wird er dir tausendfältige Früchte bringen!

40. Höre, heute wirst du einen Fremden in unserer Mitte erschauen; zu diesem Fremden gehe hin, Der wird dir mit einem Wort mehr sagen als ich in Jahrtausenden! Ja ich sage dir, Er wird dich lebendig machen durch und durch!

41. Doch nun nichts mehr weiter; denn ich sehe Ihn schon kommen!"

Kapitel 172

Des hohen Abedams Lehre über die Fürbitte

Am 13. Dezember 1841

1. Und also schwieg Henoch und ihm gleich auch der Sethlahem, stille erwartend den großen Kommenden.

2. Doch sie durften gar nicht lange warten; denn ehe sie sich's versahen, war Er an der Seite Jareds und Abedams auch schon da. Der Adam aber musste mit der Eva und den Kindern Seths unterdessen sich auf die schon bekannte Morgenhöhe begeben und dort Seiner wie all der übrigen, welche uns sämtlich von der Hütte Adams aus bekannt sind, fröhlich harren.

3. Beim Henoch am Opferaltar kaum angelangt, fragte der hohe Abedam ihn sogleich: „Lieber Henoch, höre, Ich habe ein Gemurre vernommen aus dem Herzen einiger, die vom Mittag sind! Der Sethlahem hat ihnen zwar wohl den Mund gestopft, aber nun schreit desto erbärmlicher ihr Herz und ist voll Argens!

4. Was meinst du, das wir ihnen tun sollen?"

5. Und der Henoch erwiderte dem hohen Fragenden: „O Abba, Du sagst es in meinem Herzen! Ihnen geschehe nach Deinem Willen, und es wird alsdann am besten geschehen mit ihnen!"

6. Und der Abedam sagte darauf wieder zum Henoch: „Siehe Henoch, dieser alleinig willen war der nächtliche Sturm zugelassen, damit er ihre hochmütigen Herzen hätte demütigen sollen; allein welche geringe Wirkung er bei ihnen machte, hast du mit eigenen Augen nun gesehen und gehört mit eigenen Ohren!

7. Wäre es denn nicht besser, dass solche Ärgerer nicht wären, als dass sie sind?!

8. Darum sollte man sie ja wohl von der Erde verschlingen lassen, damit ihr Odem nicht ferner verpeste diese heilige Stätte.

9. Nun, was meinst du, wird es wohl recht sein, so ihnen geschieht nach dem Wert ihrer Herzen?"

10. Und der Henoch entgegnete dem Abedam: „Herr, der Du voll Liebe und Erbarmung bist, Dein Wille ist allzeit heilig und Deine Erbarmung unendlich, und Du bedarfst es nicht, dass Dich jemand um Erbarmung anflehen soll; aber doch verschaffst Du uns Gelegenheiten, in denen wir unsere eigenen Herzen prüfen sollen, wie viel der Nächsten- und Bruderliebe darinnen wohnt, und inwieweit Dir ähnlich wir in der Barmherzigkeit es gebracht haben.

11. Siehe, da ich durch Deine unendliche Gnade und Erbarmung solches erkenne, dass in mir die Erbarmung und Liebe gegen meine Brüder nichts als nur pur Deine Erbarmung und Liebe ist, ein Fünklein von Deinem endlosen, überheiligen Liebesfeuer, so komme auch ich hier in meiner nur scheinbaren Erbarmung zu Dir und bekenne, dass nichts mein, sondern alles Dein ist, – meine Liebe Deine Liebe in mir, meine Erbarmung Deine Erbarmung in mir! Darum Dir, o Abba, ewig Dank, Lob und Preis dafür!

12. O Abba, so ich über jemanden Erbarmung in mir empfinde, da empfinde ich aber auch zugleich, wie unendlich spät gegen Dich ich mit meiner Erbarmung herauskomme!

13. Wo wäre ein armer, schwacher Blinder schon in der Zeit, wann ich zufolge meiner Erbarmung ihm zu Hilfe kommen

möchte, so Du Dich seiner nicht schon unendlich früher erbarmt hättest?!

14. Doch kann ich Dich bitten, dass Du Dich der Schwachen und Blinden erbarmen möchtest! So ich Dich aber darum bitte, o Abba, da bitte ich nicht, um Dich zu etwas zu bewegen, sondern dass Du gnädigst mein Herz ansehen möchtest, wenn es Dir [aus] Deinem Schatz für die Brüder ein kleines Opfer bringt.

15. Darum denn sage ich auch hier wie überall und allzeit: O Abba, Dein heiliger Wille geschehe! Und was Dir mein Herz an Liebe und Erbarmung für die Brüder darbringt – ein geringes Opfer gegen Deine unendliche Liebe und Erbarmung –, nehme es gnädigst auf, als wäre es vor Dir etwas, damit dann auch ich, so Du Dich jemandes vollends erbarmt hast in schon für uns Blinde sichtbarer Tat, mich mit denen freuen könnte und dürfte, an die Deine sichtbare Erbarmung erging!

16. O Abba, nehme dieses mein Bekenntnis gnädigst auf, und habe Geduld mit meiner Torheit; Dein heiliger Wille jetzt und ewig! Amen."

17. Und der Abedam sah den Henoch überfreundlich an und erwiderte ihm folgendes:

18. „Lieber Henoch, vollkommen war deine Rede, da sie zeigte, wie dein Herz beschaffen ist, und wie viel Weisheit aus der Liebe im selben waltet! Damit du aber ganz vollkommen auch innewerden möchtest, wie alle Fürbitte geartet sein soll aus der ewigen Ordnung heraus, so höre:

19. Wenn du siehst, dass da irgendein wie immer geartet armer Bruder oder auch Schwester wandelt, das heißt, da er ist entweder arm am Leib durch die Schwäche oder gar gänzliche Unbrauchbarkeit eines und des anderen Sinnes, oder er ist arm im Herzen, arm an der Liebe, arm in der Kraft zur Tat, arm am Willen, arm in der Einsicht, arm am Verstand oder ganz verarmt am Geist und an allem, was des Geistes ist, und du erbarmst dich seiner aus der Liebe deines Herzens zu Mir und daraus erst zum Bruder oder zur Schwester, siehe, dann ist dein Erbarmen ein vollkommenes, da es dann schon eine Aufnahme Meiner großen Erbarmung auf gleiche Art ist, als so der Wind zieht durch den Wald und bewegt da die Bäume und rührt jegliches Blättchen am Baum, darum dann jegliches Blättchen fächelt und durch das Fächeln auch einen eigenen kleinen Wind zuwege bringt, welcher vom allgemeinen großen Wind aufgenommen wird also, als wäre er im Verhältnis zu ihm wirklich etwas.

20. Du wirst aber auch schon öfter bemerkt haben, wenn der Wind geht, dass er da auch die dürren Blätter rührt; allein, da sie dürre sind und darum steif und tot, so halten sie den Zug des Windes nicht aus, brechen bald vom Zweig und flattern dann tot zur toten Erde nieder. Und führt sie der große Wind auch eine Zeit lang mit, nach und nach aber senken sie sich doch dahin, wo die Vernichtung ihrer harrt!

21. Das Blatt des Baumes hat solche Bestimmung, aber nicht also der Mensch! Wehe ihm aber, so er am Baum des Lebens ist dürre geworden; wahrlich, er wird seiner Vernichtung nicht entgehen!

22. Solches aber ist zu entnehmen dem Gleichnis, dass nur der Lebendige zur lebendigen Erbarmung gerührt werden kann durch Meine große Erbarmung; seine Erbarmung wird somit von Meiner aufgenommen, als wäre sie etwas. Gleichwie aber der Wind aufnimmt das gefächelte Lüftchen des Blattes und, es alsdann mit sich führend, seine Mitblätter bespielen

lässt, also auch verhält es sich mit der Erbarmung des Menschen gegen seine Mitmenschen, darum da ein Bruder dem anderen so viel tun soll, als er kann aus der lebendigen, ja von Mir aus und durch Mich lebendigen Liebe heraus, und Ich werde dann seine Tat und seine Fürbitte also ansehen, als wäre sie etwas vor Mir!

23. Siehe, wenn also der Wind geht, so nimmt er deinen Hauch mit, als wäre er etwas! Aber meinst du wohl, dein Hauch wird entweder den Wind verstärken oder ihm wohl gar eine andere Richtung geben?

24. O siehe, solches vermag wohl der Hauch aller lebenden Menschen zusammengenommen nicht! Denn der mächtige Wind kommt, niemand der Menschen weiß es, woher; und dahin er zieht, weiß auch niemand, sondern allein seine ordnungsmäßige Richtung lässt er aus seinem Zuge dich gewahren. So du hauchst mit der Richtung, da wird dein Hauch aufgenommen und mitgeführt werden; hauchst du aber eigenmächtig dem Zuge entgegen, da wird dein Hauch zurückgestoßen werden und wird sich brechen an deinem eigenen Mund und also ersticken helfen dein eigenes Leben!

25. So du an einem Strom weinst und Tränen des Mitleids entfallen deinem Auge, wahrlich, sie werden auch dem Meer der Erbarmung zugeführt werden, hast du deine Tränen fallen lassen ins Wasser des Stromes, dass sie darum eins geworden sind mit des Stromes Wasser! Wenn aber jemand auch weinen möchte am Strom, hätte aber nicht beachtet des Stromes Wasser und ließe seine Tränen fallen auf des Stromes Ufersand, werden solche Tränen wohl auch gelangen in das Meer?

26. Siehe, wer da Mich zu einer Miterbarmung durch seine Fürbitte zu bewegen wähnt, ist der nicht noch dümmer als einer, der da der Meinung wäre, wo er immer eine Träne geweint hat, müsse das Meer hinkommen und da seine Träne aufnehmen, ohne nur im Geringsten zu beachten, was das Meer ist, und wohin ohnedies sogar jegliches Bächlein seine Richtung nimmt?

27. Wer aber sich durch Mich bewegen lässt, der ist mit seiner Erbarmung in der Ordnung, und seine Tränen fallen schon sogleich ins Meer.

28. Wer hat denn dann bei Mir vorgebeten oder Mich bewogen, euch zu erschaffen, da außer Mir noch nichts war? Oder bin Ich etwa seitdem härter geworden und liebloser, darum Ich Mich durch Meine Geschöpfe sollte zu etwas bewegen lassen?

29. O siehe, dessen hat es wahrlich nicht vonnöten, wohl aber, dass Meine Kinder sich von Mir bewegen lassen in ihren Herzen und Mich aufnehmen in der reinen Liebe, dann des Zuges Meiner großen Erbarmung achten und sodann lebendig mitbarmherzig werden! Siehe, das ist Mein Wille!

30. Da Ich dich also früher fragte, was da geschehen solle mit den Widerspenstigen, da war deine Antwort ja recht, da du dich von Mir hast ergreifen und rühren lassen, und es soll also auch in der Zukunft bei jeglichen sein gerechtes Mitleid mit jeglichem Armen, denn ein jeder ist dem anderen ein Bruder in Meiner Liebe; doch wenn Ich Tote erwecken will, wer wird Mich da wohl bitten, dass Ich solches nicht tun möchte?!

31. Und siehe, Henoch, der du Meine frühere Frage nicht voll begriffen hast,

auch diese Murrer müssen zuvor von der Erde der wahren Demut verschlungen werden, bis sie mögen[14] lebend werden!

32. Darum also auch gab Ich dir nun solche Lehre. Jetzt aber lasse Mir die Murrer näher kommen! Amen."

Kapitel 173

Sethlahem wird verspottet und gedemütigt

Am 15. Dezember 1841

1. Als aber der Sethlahem solches vernommen hatte von dem hohen Abedam als natürlicher Augen- und Ohrenzeuge, da fing er an, Großes zu ahnen. Sein Herz brannte, und ein inneres Urteil sagte ihm: „Also, wie dieser Fremde spricht, wahrlich, also kann ja doch wohl kein Mensch sprechen! Hinter diesem Fremden muss etwas Außerordentliches stecken!"

2. Nach diesem inneren Urteil und von diesem inneren Urteil geleitet und stark bestochen, trat der Sethlahem in der allerhöchsten Demut zum hohen Abedam hin und fragte Ihn:

3. „Hoher Fremdling, der du voll bist von aller göttlichen Weisheit und scheinst auch nicht minder voll zu sein von göttlicher Kraft, so ich dich bitte, möchtest du von mir den kleinen Dienst annehmen, dass ich hinginge und zöge die hierher vor dein Angesicht, die da murren über die Einrichtungen Jehovas, ohne zu bedenken oder sich doch wenigstens aus dem Grunde belehren zu lassen, dass Jehova,

der ewige, heilige Gott, solches alles, was da schon geschehen ist, jetzt geschieht und noch für ewig geschehen wird, schon sicher von Ewigkeit her vorgesehen und in einer Hinsicht, wenn es auch den freien Menschen betrifft, auch also bestimmt hatte?!

4. Nach dem zu urteilen, was fürs Erste schon der Henoch mit treuem Wort mir von dir berichtet hatte, und was fürs Zweite ich jetzt selbst im Gespräch mit dem Henoch von dir vernommen habe, so wird ein Wort von dir bei diesen Murrern sicher mehr zu ihrer Besserung beitragen als tausend von mir.

5. Denn eben diese sieben sind in allem genommen auch die Unbeugsamsten von der ganzen mittägigen Gegend.

6. Wahrlich, Arges soll ihnen ja nicht geschehen; aber gebessert sollen sie vollends werden, ja gebessert müssen sie werden!

7. So du also willst, will ich sogleich gehen." – Und der hohe Abedam erwiderte ihm:

8. „Sethlahem, Ich sage dir, verstündest du Mein Wort, so würdest du auch verstehen, dass Ich deines Dienstes entbehren kann!

9. Allein, da Ich dir ein Fremdling bin noch durch und durch, so magst du ja hingehen und tun, danach es dich gelüstet!

10. Sollten dir aber etwa deine sieben Murrer nicht folgen wollen, dann magst du alsbald wieder allein umkehren und dich unverrichteter Dinge hierher begeben! Amen."

11. Und sogleich begab sich der Sethlahem zu den Murrern hin, die einige fünfzig Schritte von hier entfernt standen. Als er

---

[14] Im Manuskript findet sich hier „müssen" statt „mögen", wie in der Erstausgabe. Wir folgen der Erstausgabe, da früher die Bedeutung von „müssen" weniger stark mit Zwang verbunden war wie heute.

bei ihnen angelangt war, fragte ihn alsbald einer aus ihnen, etwas sich lustig machend:

12. „Nu, um wie viel Hand Steine schwer bist du nun weiser geworden?

13. Hat der Henoch dir etwa gar die gestrige versäuerte Parabel von den fernen Bergen gelichtet? Oder hat er dir vielleicht gar wieder einen neuen redenden Tiger vorgeführt?

14. Ja, ja, bei Menschen deiner Art muss schon immer ein redendes Vieh zum Weisheitsprediger werden, denn Worte von unsereinem werden ohnedies für nichts mehr geachtet.

15. Sethlahem, siehe, es ist wahrhaft jammerschade, dass diese Sturmnacht hindurch der große Sonderling Henoch nicht um dich war, da uns wenigstens einige Hunderte von den schönsten Tigern und noch viele andere Bestien die Ehre des Besuches gaben! Was hättest du von diesen langgeschweiften Waldweisen nicht alles lernen können, so sie der Henoch alle redend gemacht hätte!

16. Wahrlich, das heißt in der Narrheit doch ein bisschen zu weit getrieben! Ein redender Tiger!

17. Wenn das Ding so fortgeht, so werden längstens im nächsten Jahr auch Bäume und das Gras zu reden anfangen, wo nicht gar die Steine selbst und die Bäche, endlich gar das Meer!

18. Und im dritten Jahr – glaube es nur fest, denn das ist dein Wahlspruch! – wird ein jeder vom Himmel fallende Regentropfen zu dir sagen: ,Guten Morgen, weiser Sethlahem! Wie hast du geschlafen?!' Und solcher großer Weisheitsbrocken mehreres.

19. Da erst wirst du schauen und deine Ohren stark in die Länge ziehen und deinen Mund noch weiter aufreißen als ein Tiger seinen Rachen, so er ganz sanft auf einen Biss einen Stier in seinen Magen spazieren lässt, und mit einer unendlichen Weisheitswundermiene sagen: ,Was – ist – das?'

20. Sethlahem, siehst du denn die Torheit deiner Weisheitsträumereien noch nicht ein?

21. Siehe, so von alters her nach der Aussage Adams, der noch lebt und allen Glauben als unser aller Vater verdient – vorausgesetzt, dass er der Erde erster Mensch ist; denn die Erde scheint größer zu sein, als dass sie anfänglich nur für einen Menschen hätte bestimmt sein sollen! –, alte, fromme Gebräuche üblich waren, warum soll daran etwas geändert werden, da noch dazu ohnehin für die wahrhaft verständig Weisen an dieser alten Zeremonie nichts gelegen ist als allein das Altersehrwürdiggeschichtliche? Wenn nun das wegfällt, sage, welchen anderen Wert kann wohl dieses wahre Kinderspiel für denkende Menschen haben?

22. Oder möchtest oder könntest du wohl etwa als Weiser gar behaupten, Gott der Unendliche wird etwa gar eine Lust und Freude daran haben, so wir Ihm zu Ehren ein paar Holzprügel anzünden und dann die matte Flamme, welche ein geschlachtetes Schaf verzehrt, angaffen – dümmer noch vielleicht als das geschlachtete Schaf selbst?

23. Wahrhaft, solche überdummen Begriffe von der Gottheit, von der zu zeugen zahllose Sterne und Sonnen als ein ewiges Opfer brennen, machen dem menschlichen Geist eine spottschlechte Ehre!

24. Sage nun, Sethlahem, wenn du übrigens ein kleines Fünklein gesunden Verstandes besitzt, ob es nicht also ist, und ob

du es nicht auch notwendig also findest, – vorausgesetzt, dass du etwa von irgendeinem gestreiften Waldweisen nicht eines Besseren belehrt worden bist! Denn was ein so auf einen Druck einen ganzen Stier fressender Beweis alles vermag, begreifen wir alle!

25. Rede, rede nun, so du magst und kannst! Oder hast du vielleicht die blaufernen Berge nicht hinreichend verdaut? Oder kannst du etwa den Mund nicht weit genug öffnen?

26. Siehe, wir haben ja keine solchen Ohren, die erst durch ein tigerartiges Gebrüll müssten gekitzelt werden, um deine neue henochische feine Weisheit zu vernehmen, sondern unseren menschlichen Ohren genügt noch eine gewöhnliche, menschliche Stimme; daher öffne nur wohlgemut deinen weisen Mund! Amen."

27. Wie es dem armen Sethlahem bei dieser spitzfindigen Rede zumute war, wird nicht schwer zu erraten sein, wenn man dazu noch bedenkt, dass er sich hier, ein wenig großtuend, etwas zugute hat wollen geschehen lassen; auf der anderen Seite er aber von der Rede des Fremden und auch der vom Henoch also durchdrungen war, dass er darob schon immer seine Blicke auf die Erde richtete, ob diese nicht etwa sich schon irgend zu öffnen beginne, um die so gewaltigen Lästerer zu verschlingen.

28. Daher er aber auch kein Wort über seine Lippen zu bringen vermochte, sondern sich alsbald, wieder stark gedemütigt, umwandte und zum Henoch und dem Fremden eilte.

Kapitel 174

Des hohen Abedams Lehre über Liebe, Vergebung und wahre Weisheit

Am 16. Dezember 1841

1. Und als der Sethlahem sich nun wieder beim Opferaltar befand in der Mitte des Abedam, Henoch, Jared und Abedam, des bekannten, da holte er einen tiefen Atemzug und wollte sich über die angetanen Beleidigungen von Seiten der sieben durch eine auseinandergesetzte Anklage gehörig Luft machen.

2. Der hohe Abedam aber kam ihm zuvor und sagte ihm, ihn gleichsam fragend: „Sethlahem, wo sind denn die sieben?

3. Ich sehe nur dich allein. Wie hast du denn deinen dir vorgenommenen Dienst gar so unvollbracht geschehen lassen mögen?

4. Und statt die sieben hierherzuführen, kommst du nun ganz allein und noch dazu mit einem beleidigten Herzen voll bitterer Klage!

5. Was soll Ich nun aus dir machen? Ich sage dir aber, so du dich an deinen sieben Brüdern rächen willst, da zeichne ihre Schuld in den Sand! So dir aber jemand Arges will im Herzen, den segne, als wäre er dein erstgeborener Sohn, so wirst du sein ein wahres unsterbliches Kind der ewigen Liebe, sein voll der Gnade und sein voll der Liebe und aller Weisheit aus ihr!

6. Siehe, was nützt dir ein denkender Geist, so du die Liebe nicht hast? Ich sage dir, du wirst ewig im Finstern herumtappen! Denn so du auch tausend Jahre hindurch angaffen möchtest jenes ferne Gebirge und darüber nachdenken so viel, dass du mit deinen Gedanken ein Loch in einen Stein wetzen möchtest, – sage, wird

dir dadurch wohl klarer werden die Beschaffenheit der blauen Ferne?

7. Ich meine, mitnichten! So du aber statt des langen, kalten Denkens dein Herz erbrennen lässt für die blaue Ferne, wirst du da dich nicht sobald als möglich auf die Füße machen, dir wählen einige gleich sehnsüchtig gestimmte Begleiter und sodann eine Reise hinmachen nach der dir unbekannten Ferne? Und so du dort anlangen wirst, wirst du sie wohl also finden, wie sie dir hunderttausende deiner blinden Gedanken ehedem vorgelogen haben?

8. Wird dir dort nicht jeder noch so gedankenlose Blick mehr enthüllen als hier in tausend Jahren zahllose sogenannte allerschärfste Gedanken?

9. Also sehe nun, einen wie großen Vorzug die Liebe vor aller Gedankenweisheit hat!

10. Wer die Liebe hat, das heißt die reine Liebe zu Gott dem Vater aller Menschen und dem Schöpfer aller Dinge und aus dieser Liebe heraus zu allen seinen Brüdern und im gerechten, reinen Maße auch zu den Schwestern, der hat alles; ja er hat das ewige Leben und alle anschaulich klare, heilige Weisheit, – nicht eine finstere Gedankenweisheit der Welt, die zu gar nichts taugt denn allein, den lebendigen Menschen nach und nach zum Tode zu reifen und endlich gar zu ertöten!

11. So du aber eben durch die Liebe zur wahren, lebendigen Weisheit gelangen willst, wahrlich, da muss zuvor alle Anklage aus deinem Herzen über deine Brüder weichen, und mit ihr alle Gedankenweisheit! So das nicht erfolgen wird, wirst du immer also im Finstern herumtraben, dass du nicht einmal wirst zu unterscheiden vermögen, wen du vor dir hast, ob einen Menschen oder einen ewigen, allmächtigen Gott, was schon jetzt bei dir sehr stark der Fall ist.

12. Daher berate dich zuvor in deinem Herzen! Vergebe deinen Brüdern, wenn sie auch noch so arg an dir gehandelt hätten, so werde auch Ich dir deine Torheit vergeben und dich heilen zum ewigen Leben.

13. So dich aber ärgert, dass deine Brüder anders denken und reden denn du, warum berücksichtigst du denn dabei nicht auch zugleich, dass deine anderen Gedanken dort sieben Herzen erbittern, während die sieben mit dir alleinigen zu tun haben?!

14. Siehe, ein Schlag her und ein Schlag hin, wann wird draus je ein Gewinn? [Habt] ihr aber einen Sinn, wo die Liebe ist darin, dann habt ihr schon den Gewinn! Ist auch Wahres nicht viel drin, Ich euch dennoch näher bin; so Ich aber näher bin, ist denn das nicht ein Gewinn?

15. Darum gehe denn nun noch einmal hin zu deinen Brüdern, bitte sie um Vergebung und gewinne sie im Herzen, so werden sie dann auch leicht hierher zu bewegen sein und zu gewinnen fürs wahre, ewige Leben.

16. Den Trotzigen wirst du nimmer mit Gegentrotz gewinnen, nicht einmal dein eigenes Kind! Denn du sagst in deiner Weisheit ja selbst und hast gefunden, dass zwei Kräfte gleicher Art nimmer können eines werden, sondern eine strebt der anderen entgegen und sucht sie zu vernichten; darum können zwei Steine nicht den Platz des alleinig einen Steines einnehmen.

17. Siehe, ist das nicht deine Lehre? Und Ich sage dir noch hinzu, dass die Lehre richtig ist und vollkommen wahr.

18. Hast du aber nie beobachtet, wenn der schwächere Stein dem stärkeren nachgibt? Welcher folgt nun dem anderen, und

wer wird des anderen Führer hernach und endlich der Grund selbst?

19. Wahrlich, der Stärkere sicher nicht, der den Schwächeren aus seiner Lage schob, sondern der Schwächere, der dem Stärkeren wich! Siehe, solches ist auch Weisheit.

20. Darum gehe nun hin zu deinen Brüdern und tue desgleichen, so wirst du auch ihr Führer und Meister werden nach der besseren Lust deines Herzens! Amen."

Kapitel 175

Sethlahems Rede über das Alte und das Neue

1. Und der Sethlahem machte Miene zu einer neuen Frage; aber auch da kam ihm Abedam zuvor und sagte zu ihm:

2. „Sethlahem, du bist noch nicht rein, denn eine große Zweifelsfrage drückt dein Herz und macht dich blind, darum du nicht verstehen magst und kannst Meine Worte.

3. Was liegt denn daran, ob das, was deine Brüder wähnen, wahr oder falsch ist? Denn du hast ja auch noch nichts, wodurch du die Echtheit deines Schatzes der Weisheit verbürgen könntest!

4. Was aber ist nun besser: ein Falsches mit dem anderen Falschen schlagen wollen, oder die Wertlosigkeit des eigenen Falschen in sich anerkennen und dann sich dem Falschen des Bruders der Eintracht und Liebe wegen nicht widersetzen, dadurch dann der Bruder, der dich liebt, so du ein wahres Licht erhalten wirst, dir gerne folgen wird, dieweil er dich liebt?

5. So du aber als Bruder mit dem eigenen Falschen hartnäckig der Falschheit des anderen widerstrebst, darum er dann

erbost wird, wie wird er dir dann auch folgen, so dir ein wahres Licht geworden ist?

6. Siehe, die Liebe ist der Anfang aller Weisheit; die Demut aber ist ein mächtiger Hebel der Liebe sowohl als auch der Weisheit. So du demütig bist, wahrlich, es wird dir kein Mensch etwas hinaufreden wollen; denn da der Kampflustige keine Gegenwehr sieht, da legt er bald selbst seine Streitkeule zur Seite, – und was du hast in dir, wird dir niemand streitig machen. Und also ist die Demut die größte Beschützerin aller Weisheit und dazu auch die beste Schule zu aller Weisheit, deren Same die Liebe ist.

7. Der Hochmut aber ist in allem schnurgerade das allerblankste Gegenteil, wie dich schon lange die eigene Erfahrung hinreichend belehrt hat.

8. Daher gehe nun hin, und versöhne dich zuerst mit deinen Brüdern, und führe sie sodann erst zu Mir, und wir werden dann ja sehen, deswelchen Teiles Falsches am allergewichtigsten ist! Verstehe es! Amen."

9. Nach dieser Rede fing dem Sethlahem ein gewaltiges Licht an aufzugehen, darum er sich auch nicht mehr getraute, um etwas Weiteres zu fragen, sondern er verneigte sich vor dem Abedam bis zur Erde und ging dann sogleich zu den sieben Brüdern.

10. Er war überaus bewegt, als er bei ihnen anlangte. Er hätte überaus gerne sogleich zu reden angefangen; allein er war es völlig außerstande. Denn die nahe Erkenntnis Dessen, der ihm solche Lehren gab, hatte ihn so sehr ergriffen, dass er darob lange zu tun hatte, um wieder etwas über seine Lippen bringen zu können.

11. Da er fast stumm eine Zeit lang unter den sieben zubrachte, so fing diesen für

ihn an zu bangen; denn sie schätzten ihn sonst seiner Weisheit wegen alle hoch. Nur Neues durfte er nichts vorbringen, sondern mit ihnen steinfest beim Alten bleiben und darüber weissagen, soviel er wollte; so durfte er darauf rechnen, an ihnen die aufmerksamsten Zuhörer zu haben. Aber sowie er ihnen auch etwas Neues auftischen wollte, da wandten sie alsbald ihre Ohren von seinem Munde ab oder hießen ihn am Ende gar zu schweigen, so er nichts Besseres wissen sollte.

12. Doch diesmal nach seinem längeren Schweigen gestatteten sie ihm zum ersten Mal, auch etwas Neues hervorzubringen, so er sich schon durchaus nicht mehr mit dem ehrbaren Alten abgeben wolle; auch gestand ihm der frühere Spitzredner, dass es ihn gereut habe, darum er ihm, dem Sethlahem nämlich, also sper [bitter] zugeredet hatte.

13. Und des Sethlahem Herz erleichterte sich. Seine Lungen fingen an, freier den Atem zu schöpfen, er fühlte sich wortfähig und fing also an, zu ihnen zu reden:

14. „Liebe Brüder, nur dies einzige Mal lasst mich reden! Ich will euch nichts aufdringen, es kann jeder über meine Rede bei dem Seinigen verbleiben; allein diesmal bitte ich euch, mit mir Geduld zu haben und mich von Anfang bis zu Ende anzuhören. Habt ihr es einmal vernommen, dann mögt ihr immer urteilen, wie ihr wollt! Und so hört:

15. Wir hängen am Alten zwar, darum es Altes ist, bedenken aber nicht, dass es im Grunde doch nichts Altes gibt. Ja, wenn wir eine Sache betrachten, wie sie neben uns her bestanden und gealtert ist, dann freilich können wir sagen: Die Sache ist alt, da sie mit uns alt geworden ist!

16. Aber selbst, wenn wir also urteilen, sind wir in einer gewaltigen Irre; denn wären wir wirklich alt, so müssten wir ja noch eben also aussehen, wie wir ausgesehen haben vor fünfhundert Jahren!

17. Aber wie hat sich unsere Gestalt seit der Zeit verändert! Wie kann man aber das alt nennen, was von dem wahrhaft Alten keine Spur mehr in sich trägt?!

18. Ja, wir haben uns ganz in allem verändert! Wo sind unsere Haare? Wo die meisten unserer Zähne? Wie oft hat sich unsere Haut schon abgeschält? Ja, ich möchte fragen: Wo ist unser ganzer rüstiger, so kräftig voller Leib denn hingekommen?

19. Wo sind die Bäume nun, von denen wir als Kinder die Früchte aßen? Wo die Schafe und Ziegen und die Kühe, die unsere Kindheit mit Milch versahen?

20. Wir essen nun die Früchte von ganz neuen Bäumen und trinken die Milch von neuen Tieren, und uns ist es also alles recht, da es Gottes Ordnung also eingerichtet hat.

21. Stellen wir uns zu einer Quelle hin, – und wer von uns allen kann behaupten, dass da nicht jeder hervorquellende Tropfen ein neuer oder wenigstens erneuter ist? Und doch schmeckt uns gar überaus wohl diese stete Erneuerung!

22. Hat schon jemand von uns einmal einen alten Regentropfen entdeckt?

23. Und wenn der stets neue Regen kommt, so sind wir froh unserer Äcker wegen!

24. Das neue Korn ist uns lieber denn das alte schon schal gewordene. Wir sehnen uns nach neuen Früchten. Neuere und jüngere Menschen, sowohl männlich als weiblich, sind uns noch allzeit angenehmer gewesen als die alten.

25. Wen erfreut die neu aufgehende Sonne nicht mehr denn die tagalte untergehende, da sie doch stets dieselbe ist?! Wem ist das neue Frühjahr nicht angenehmer denn der alte kalte Winter?!

26. Seht, liebe Brüder, da uns also in allem, was wir nur immer ansehen, das Neue oder wenigstens Verjüngte mehr anspricht und uns auch mehr nützt denn das alte lange schon Vergangene, und wir alle eine unleugbare Sehnsucht nach dem Neuen haben, und zudem noch der Herr Jehova Zebaoth oder Gott, der ewige Neuerschaffer, vor unseren Augen stets alles erneut, – wie können wir unbilligend murren, so am Sabbatopfer nach dem Willen Jehova Zebaoths eine kleine Änderung geschieht?!

27. Ich will dadurch aber eurer Ansicht gar nicht zu nahetreten, sondern euch nur beruhigen; denn auch ihr könnt ganz löbliche Ansichten entgegengesetzter Art haben, was ich euch nie in eine Abrede stellen möchte, da ihr mir schon oft bewiesen habt, wie scharf euer Geist in manchen Urteilen ist!

28. Aber nur eine Bitte füge ich noch schließlich hinzu, dass ihr nämlich noch einmal mit mir hin zum Altar geht und mir dort den euer harrenden Fremden scharf beurteilen und ebenso erkennen helft. Denn seht, also gewaltig ist seine Rede und also überaus durchdringend, dass ich schnurgerade auf dem Sprunge bin, ihn für den Jehova Selbst zu halten!

29. Ich sehe, diese meine Aussage will euch zwar zu einer Lache zwingen, – allein ich sage euch, lacht nicht zu früh, sondern prüft zuvor, darüber ihr lachen möchtet, und mein altes Sprichwort wird euch dann sicher einleuchtender noch werden, dass der am Ende Lachende den besten Teil lacht!

30. Was möchtet ihr von einem Menschen denken, der euch eure verborgensten Gedanken vorhalten möchte und reden möchte von göttlichen Dingen also wie von sich aus?!

31. Ihr habt es euren Kindern und allen deren Nachkommen auf ein Haar wie oft schon bewiesen, dass des Menschen innerste Gedanken nur allein Gott kennt; jedem Menschen aber sei solches ganz rein unmöglich.

32. Ich habe euch in diesem Punkt nie widersprochen; denn ich sah die vollste Richtigkeit eures Beweises allzeit ein.

33. Geht aber nun mit mir und überzeugt euch! Und so ihr ihn nicht mir gleich finden werdet, dann könnt ihr mich vor allem Volk weidlichst auslachen, und ich werde euch nicht gram werden darum!

34. So ihr also wollt, da gehen wir hin! Amen."

35. Die sieben sahen sich untereinander groß an und wussten nicht, was sie aus dieser Rede machen sollten.

36. Der frühere Spitzredner aber bemerkte allen, sagend: „Was ist's denn?! Der Sethlahem hat uns ja schon öfter zu allerlei angeführt! Darunter war oft viel Dummes, aber auch oft nicht minder recht viel Weises! Da wir solches von ihm schon gewohnt sind, so können wir ihm ja auch diesmal die Freude machen!

37. Aber, Sethlahem, freue dich, so du uns etwa wieder eine neue Torheit zeigst! O wie schön wirst du dann wieder von mir verarbeitet werden!"

38. Und der Sethlahem erwiderte ihm: „Bruder Kisehel, siehe, das tut nichts zur Sache; aber ich glaube, du wirst noch größer werden in dem Glauben denn ich und alle anderen!

39. Daher gehen wir nur frisch darauf los! Amen."

Kapitel 176

Kisehels Zweifel und Abedams Offenbarung

Am 20. Dezember 1841

1. Und also gingen die sieben und kamen natürlicherweise auch alsbald beim Altar an. Als sie dort nun anlangten, so trat alsogleich der sehr beherzte Kisehel vor den hohen Abedam hin und betrachtete Ihn zuerst vom Kopf bis zur Fußsohle haarklein und fand nichts an Ihm, das ihm hätte auffallen können, außer einem ernstfreundlichen Charakter, darum er dann auch alsbald Mut genug besaß, um fürs Zweite sich mit dem für ihn noch Fremden in ein prüfend-fragendes Gespräch einzulassen, welches also lautete:

2. „Lieber Fremdling, siehe, wir alle haben unseren Bruder Sethlahem lieb; denn es liegt viel Weisheit in ihm, und schon gar oft hat er uns allen genützt mit seines Herzens Güte, und seine Weisheit – abgerechnet mancher gar zu feinen Wahrnehmungen – hat uns zu allen Zeiten zu einem Vorlicht gedient. Nur diesmal scheint er zu unser aller Bedauern auf einem gewaltigen Sprung zu stehen, wobei es zu besorgen ist, dass er bei seiner angestammten Leichtgläubigkeit, welche ein Fehler seiner zu lebhaften Einbildung zu sein scheint, dich selbst, da er an dir, was ich ihm auch in gar keine Abrede stellen möchte und könnte, hohe Weisheit bemerkt hatte, für Jehova hält!

3. Siehe, so du wahrhaft weise bist, so etwas ist denn doch ein wenig zu viel!

4. So du bei deiner unbezweifelten Weisheit auch nur ein wenig Liebe besitzt, so rede dem armen Sethlahem solche Torheit seines Herzens und Verstandes doch wieder aus!

5. Denn Jehova und du werden doch etwa so ziemlich voneinander unterscheidbar sein, also ungefähr wie ein Punkt sich unterscheiden dürfte von der ewigen Unendlichkeit?

6. Ich bitte dich somit im Namen aller meiner Brüder, tue uns allen aus Bruderliebe, daran zufolge deines Aussehens dein Herz sicher keinen Mangel haben wird, den guten Gefallen und setze unserem Bruder Sethlahem den Kopf und das Herz wieder zurecht! Amen."

7. Und der hohe Abedam, dem Kisehel erwidernd, sagte: „Kisehel, Ich habe dein Herz haarklein durchschaut und habe gefunden, dass dasselbe nur zur Hälfte mit Bruderliebe, zur anderen Hälfte aber mit sich selbst liebender Schadenfreude angefüllt ist!

8. Du hast neben deiner halbfertigen guten Meinung für den Bruder dir anderseits aber ja auch vorgenommen, falls sich seine Aussage nicht bestätigen sollte, ihn mit deiner spitzigen Zunge so recht durchzuarbeiten und ihn allerweidlichst auszulachen!

9. Da du nun Meine Bruderliebe in Anspruch nahmst, so möchte Ich denn von dir aus doch erfahren, vor welchem Nachteil – für sein Herz oder für seinen Kopf – Ich ihn zuerst verwahren soll!

10. Ich Meines Teils bin mehr fürs Herz eingenommen, – du deines Teiles wieder mehr für den Kopf! So Ich ihn aber retten soll, da möchte Ich ihn lieber ganz retten, nicht nur bis zur Hälfte; daher gebe Mir kund, wie solches anzustellen sein wird!"

11. Und der Kisehel besann sich nicht lange und antwortete dem Abedam: „O Freund, deine Weisheit ist wahrhaft groß und übersteigt alle meine Begriffe von ihr! Aber dass du mich bei aller deiner Weisheit noch fragen kannst, siehe, das ist mir neu; denn Weise deiner Art, vor denen sogar die Herzen der Brüder nicht sicher sind, pflegen gewöhnlich nicht mehr zu fragen, sondern allein zu lehren!

12. Und so wirst du dich für diesmal schon auch begnügen müssen, so ich dir die Antwort schuldig bleibe!

13. Was wird's denn sein, so du ihm den Kopf wieder zurechtgebracht hast? Die Welt wird darum etwa doch nicht zugrunde gehen, so ich mit meiner leichten, ihm nur gutgemeinten Drohung zurückbleibe?

14. Es liegt ja ohnehin nicht mehr daran als nur ein leichter Scherz!

15. Ich habe es dir aber ja im Voraus doch deutlich genug zu verstehen gegeben, dass wir alle den Bruder Sethlahem liebhaben; wie fragst du denn hernach um solches, das deiner die Herzen selbst durchschauenden Weisheit keine große Ehre macht? Oder muss sich der Weise nicht folgerecht bleiben?

16. Eine Weisheit mit Blößen ist von der wahren, folgerechten Weisheit noch ferne!

17. Daher wetze dir zuvor diese Scharte aus, und ich werde dir antworten!

18. (Sich zum Sethlahem kehrend:) „Bruder Sethlahem, siehe, da schaut noch lange kein Jehova heraus! Ich hoffe, wir werden bald ins Klare kommen."

19. Und der hohe Abedam blickte den Kisehel ernst an und sagte zu ihm: „Wahrlich, wenn du so fortfährst, so wird wohl Jehova müssen zu dir in die Schule gehen und ungeblößte Weisheit von dir lernen!

20. Damit du aber siehst – und im Geiste auf lange stirbst –, dass Jehovas Weisheit keine Blößen hat, so sehe dahin gegen Morgen! Siehst du genau den großen, zerstreuten Steinhaufen daselbst, den diese Nacht dir zum Zeugnis der blößenlosen Weisheit Jehovas durch die Zerstörung der Grotte Adams bereitet hat?

21. Begreifst du solche Weisheit? Kannst du mit deiner folgerechten Weisheit diese Grotte wieder aufbauen auf ein Haar also, wie sie ehedem war?

22. Siehe, du verneinst solches von dir und fragst im Herzen Mich darum, ob Ich solches imstande wäre!

23. Aber auch Ich bleibe dir die Antwort schuldig und sage allein zur Grotte: ‚Erstehe!'

24. Siehe, die Grotte steht schon fertig da!

25. Willst du hingehen, so dein Glaube etwa zu schwach ist, um dich handgreiflich von außen und von innen zu überzeugen, dass die Grotte ganz vollkommen in allem bis auf das kleinste Sandkörnchen in ihrem vorigen, alten Zustand sich befindet?

26. Allein du antwortest Mir gläubig im Herzen, solches sei unnötig; wem das Äußere möglich, wird das Innere doch auch gleich leicht möglich sein.

27. Da du folgerechterweise solches bestätigst, so sage Mir nun, wie viel Blößen deine Weisheit an der Meinigen nun noch entdeckt!"

28. Und der Kisehel samt all den übrigen mit der Ausnahme Henochs, der wohl die Macht des Herrn kannte und Ihn lobte und preise, standen da, als wenn sie zu Stein geworden wären. Eine große Furcht

ergriff sie alle, und keiner wagte sich, auch nur ein Wort über seine Lippen zu bringen.

29. Und der Abedam fragte nun wieder den Kisehel: „Kisehel, warum bleibst denn du Mir jetzt die Antwort schuldig?

30. Siehe, Ich habe dich schon wieder gefragt und dir vielleicht eine neue Blöße Meiner Weisheit enthüllt! So Ich Mich aber dir zum Schüler verdingte, was schweigst du nun und verweist Mir Meine Blöße nicht?"

31. Und der Kisehel fiel vor dem Abedam auf sein Angesicht nieder und sagte weinend: „O Herr Himmels und der Erde, strafe den Wurm im Staube vor Dir nicht zu hart! Ich erkenne nun meine ewige Schuld vor Dir. Der Du aber die zerstörte Grotte Adams so leicht wieder zu erbauen vermochtest, wirst ja auch dereinst des Wurmes im Staube Dich erbarmen und wirst nicht zu gewaltig zürnen meiner Blindheit, die die Sonne verkannte! Dein ewig heiliger Wille! Amen."

32. Und der Abedam sprach zu ihnen: „Steht auf und geht auf euren vorigen Platz, und sucht Mich in euren Herzen zu erkennen! Denn diese Erkenntnis ist euch nur ein Gericht zum Tode; wenn ihr Mich aber werdet in der Liebe eures Herzens erkannt haben, dann erst wird euch Meine Erkenntnis zum Leben gereichen!

33. Wenn euch aber euer Herz Meinen Namen nennen wird, dann kommt wieder zu Mir, damit Ich euch dann vollends erstehen mache aus der Erde, die euch mit Ausnahme des Sethlahem nun verschlungen hat!

34. Und nun geht und tut, wie euch geboten! Du, Sethlahem, aber bleibe hier! Amen."

Kapitel 177

Kisehel erbrennt in Liebe zu Gott

Am 21. Dezember 1841

1. Als solches die sieben vom Abedam vernommen hatten, dankten sie Ihm voll Reue und Ergebung in Seinen Willen und begaben sich dann auf ihren angewiesenen Platz.

2. Als sie nach kurzem dort anlangten, kamen ihre Weiber und Kinder zu ihnen, das heißt ihre Söhne, welche keine Jünglinge mehr waren, sondern ebenfalls Greise von etlichen hundert Jahren, und deren Mütter.

3. Da diese bemerkten, dass ihre sonst heiteren Väter trauerten, so fragten sie dieselben, was ihnen doch fehlen möchte, darum sie also trauerten.

4. Und der Kisehel antwortete ihnen mit folgenden Worten, sagend nämlich: „Kinder, fragt nicht, darum wir das erste Mal gerecht trauern, sondern seht hin gen Morgen und betrachtet, wie herrlich dort nun wieder die Grotte Adams strahlt! Und doch wisst ihr alle und habt alle euer erstaunliches Leid bezeigt darum, dass ihr heute früh bei unserem Herzug an ihrer Stelle einen zerstreuten, großen Steinhaufen bemerkt habt!

5. Wie kommt euch nun die Sache vor? Denkt in euch darüber nach!

6. Ich sage euch, es ist Einer am Altar beim Henoch dort! Kehrt in eure Herzen, ja in Gott Jehova Zebaoth kehrt, und sucht in der Liebe eurer Herzen den heiligen Vater! Und also bereitet, zieht ehrfurchtsvoll hin zum Altar, und ihr werdet dort finden – hört! –, was ihr suchtet!

7. Und nun verlasst uns wieder, und befolgt meinen Rat, so werdet ihr glücklich

sein, ja glücklich, glücklich, unaussprechlich überglücklich!"

8. Und alle Kinder und Weiber, als sie solches vernommen hatten, kehrten zurück auf ihren vorigen Platz und getrauten sich die so herrlich strahlende Grotte vor übergroßer Ehrfurcht nicht anzublicken, sondern alle warfen sich auf ihr Angesicht nieder und lobten und priesen die große Güte, Macht und Herrlichkeit Gottes. Und ihre Herzen wurden voller und voller von der Liebe zu Jehova.

9. Der Kisehel aber wandte sich zu seinen Brüdern, sagend folgendes zu ihnen: „Brüder, wie ist euch denn ums Herz, was fühlt ihr?

10. Seht, ich möchte schier zerspringen vor Liebe! Es zieht mich übermächtig hin zum Altar! Wahrlich, wäre ich nicht gar so vermessentlich tief gefallen, so könnte mich kein Feuer abhalten! Mitten durch himmelan lodernde Flammen möchte ich dringen zu Ihm, ach zu Ihm, zu Ihm!

11. Aber meine Schuld, meine größte Schuld vor Ihm, dem Allerheiligsten, hält lahm meine Füße! Meine Seele bebt, und da ich stehe, wankt die Erde, und ich vermag noch nicht zu Ihm, zu Ihm!

12. Den ich nun über alles liebe, Den fürchte ich nun auch über alles! Ich fürchte nicht Seine unendliche Macht, die mich ewig verderben kann, auch nicht Seinen Zorn, der mich auf ewig vernichten kann, und nicht Seinen Grimm, der mich auf ewig verfluchen und töten kann, sondern ich fürchte, Ihn zu wenig zu lieben!

13. O warum bin ich denn nicht ganz Liebe? Warum sind meine Knochen nicht Liebe? Warum nicht mein ganzer Leib?

14. Ja, Brüder, das Feuer des Herzens soll mir eher alle Knochen durchdringen, verzehren in Liebe den ganzen Leib, eher

kann ich mich Ihm nicht nähern und ihr alle nicht! Der Gerechte ist rein, da er die Sünde nicht kennt, darum, da er sie schon geflohen hatte von der Mutterbrust her; wir aber taten uns so lange gütlich in der Sünde, dass sie uns am Ende schon vorkam, als wäre sie ein blankes Recht vor Gott!

15. Die Sünde aber hat uns dadurch auch durch und durch verhärtet, dass wir darum nicht fähig sind, uns ganz in Liebe umzugestalten; aber dennoch muss es geschehen, und das neu vom Herzen aus!

16. Die Flamme der Liebe in unserem Herzen muss so heftig werden, dass sie unseren sündhaften Leib verzehren wird und aus der Asche des verzehrten Leibes ein neuer Leib, ganz durchaus liebefähig, erstehen wird, mit welchem Leib angetan wir uns erst Ihm nähern können!

17. Ja, Brüder, eher könnte ich mich Ihm unmöglich nahen; denn aus allen Sündenfreveln halte ich nun den für den größten, Ihn – den heiligsten, liebevollsten Vater, den ewigen, unendlichen Gott! – zu wenig zu lieben und in einer so unvollkommensten Liebe sich Ihm nahen!

18. O Brüder, versteht es wohl; denn ihr habt es mit mir empfunden, was das sagen will: sich unwürdig Ihm nahen!

19. Darum beachtet wohl diese Worte! Wahrlich, Ewigkeiten werden diesen schrecklichen Eindruck nie aus meinem Geist verwischen, als ich dastand, ein Sünder vor Gott!

20. O Brüder, bedenkt es! Bedenke es, du ganze Erde! Denn Gott ist es, den du nun trägst!

21. Meine matte Zunge stammelt, die Erde bebt, die Sonnen donnern, nie erfassend ganz den Gott! Ein Gott ist es, ein heiliger Vater, den ihr preist!

22. O wie heilig bist du nun, o Erde, da deines allmächtigen Schöpfers Fuß dich berührt!

23. Wie heilig nun auch du, schöner Glanz der Sonne! O Sonne, achte, achte samt meiner Nichtigkeit darauf, wer Der ist, der Sich heute von dir bescheinen lässt!

24. O Vater, Du heiliger Vater! Du kamst zu uns, zu uns unwürdigen Sündern, nicht Kindern, wie wir uns oft genug frevelnd Deine Kinder nannten!

25. Wer kann Deine unendliche Erbarmung fassen, wer die Größe Deiner Liebe?!

26. O helft mir Ihn loben und preisen, Ihn, der zu uns Sündern kam, ihr alle meine Brüder, ihr Kinder alle, du Erde, du Sonne, und du, mein ganzer sündiger, harter Leib! Helft mir Ihn loben, ihr Geschöpfe alle und ihr Engel alle; denn Er allein ist gut, Er allein ist heilig und Er allein voll der allerhöchsten Liebe, Macht und Kraft!

27. Ihm allein gebührt alle Ehre, alles Lob, alle unsere Liebe jetzt und ewig! Amen."

28. Nach diesen Worten verstummte er und fiel weinend zur Erde nieder, – desgleichen auch alle seine Brüder.

29. Abedam aber sagte zum Henoch: „Siehe, so wie der hat Mich noch keiner gefunden! Er hat zwar gesündigt in seiner Blindheit; da er Mich aber erkannt hatte, ist er größer geworden denn alle, die hier sind! Denn siehe, er hält sich für den Allergeringsten und Allerunwürdigsten! Darum lasst uns zu ihm und seinen Brüdern ziehen und ihnen aufhelfen! Wahrlich, Kisehel hat Mir heute das herrlichste Opferfeuer angezündet; denn er hat sich selbst ganz vom Feuer seiner Liebe verzehren lassen, darum er wollte ganz zu Liebe werden. Und Ich sage euch, er ist es geworden!

30. Darum gehen wir hin zu ihm und richten ihn auf! Was ihr da sehen und hören werdet, ist euch noch in keinen Sinn gekommen. Und so lasst uns gehen! Amen."

Kapitel 178

Kisehels Reuegebet

Am 22. Dezember 1841

1. Und also gingen sie hin, da die sieben auf ihren Angesichtern lagen. Als sie nun gar bald dort ankamen, da harrten sie nach dem Willen Abedams eine Zeit lang und behorchten den Kisehel, der da, auf der Erde liegend, folgendes betendes Selbstgespräch hielt, welches also lautete:

2. „O ich überarmer, allerniedrigster Sünder! Was habe ich getan? Vor Gott habe ich mich gebrüstet mit meiner unendlich großen Torheit, die ich als eine folgerechte Weisheit anerkannte und förmlich an mir selbst anbetete!

3. Seine Erbarmung zeigte mir nur ein Fünklein Seiner unendlichen Weisheit, welche einst Himmel und Erde geordnet hatte und mir elendestem Wurm voll Undankes und voll Ungehorsams selbst das so wunderbare Dasein gab, – und ich liege schon ohnmächtig im Staube!

4. Was wäre aus mir wohl geworden, so Er mir noch mehr als ein Fünklein Seiner unendlichen, ewigen, unerforschlichen Weisheit gezeigt hätte?!

5. Oh, wie wäre ich da so plötzlich zunichte geworden, als wäre von mir nie etwas dagewesen!

6. Aber Seine unermessliche Güte, Seine unendliche Liebe, Seine unbegrenzte Erbarmung schonte meiner

unaussprechlichen Frechheit. Statt mich nur zu würdigermaßen alsogleich mit der ewigen Vernichtung zu strafen, welche ich durch mein ganzes Leben für jeden Augenblick meines unwürdigsten Daseins hundertfach verdient habe, vergab Er mir meine unaussprechliche Schuld und beschied mich hierher, dass ich Ihn in mir suchen und erkennen soll und sodann wieder zu Ihm zurückkehren!

7. Ich, der größte, unwürdigste Sünder soll zu Ihm zurückkehren?! O Erde, öffne dich lieber, und verschlinge mich ganz und gar! Denn wenn ich schon meinem Gefühl nach auch ganz zu Liebe für und zu Ihm geworden bin, – können aber Ewigkeiten meinen Frevel also vertilgen, als hätte ich nie gesündigt vor Ihm?

8. O Du heiliger Vater besserer Kinder! Nein, nein, – solches kann, ja solches darf nicht geschehen; denn Du, guter Vater Du, Du bist ja heilig, überheilig! Wie sollte ich da noch einmal und noch gröber mich versündigen vor Dir?

9. Es ist genug, ja für ewig genug, dass einmal ich vor Dir gesündigt habe, da ich blind war und Dich nicht erkennen vermochte! Welches Namens aber wäre diese Sünde, da ich Dich, o heiliger Vater, als ein bestaubter Wurm vor Dir nun erkannt habe, und ginge als wissentlicher Sünder vor Dein heiliges Angesicht hin?

10. O des entsetzlichen Gedankens! Ich, ein Sünder vor Gott, – nein, nein, o heiliger Vater, Du bist ja zu übergut und wirst mich ärmsten Sünder doch nicht so überhart strafen wollen?

11. Verdient zwar hätte ich die härteste Strafe wohl, – allein, wenn ich wieder bedenke, wie unaussprechlich ich Ihn nun liebe, dass ich sogar in jeglichem Haar Liebe empfinde, als wären tausend Herzen in ihm, die da wären voll Liebebrandes, so höbe das die von mir verdiente Strafe ja auf, da ich nur dadurch folgen möchte dem endlos mächtigen Zuge meines Herzens! Darum will ich hier beweinen meine große Torheit! Und habe ich schon meines Wissens nun der Erde nie genützt, so sollen doch nun meine Tränen befeuchten ihren Boden! Wer weiß, ob nicht irgendein dürstendes Graswürzlein sich daran erquicken möchte, – vielleicht aber auch sterben an der harten Träne eines großen Sünders?

12. Ja, ja, du edleres Würzelchen, meine sündeheiße Reueträne hat nichts Segnendes in sich; denn sie entfließt dem Meer meines Frevels nur, darum sie dich wohl tötend ersticken möchte! Und so will ich denn auf den Sand, auf den dürren, heißen Sand will ich meine Tränen fließen lassen und nicht eher aufstehen, bis ich entweder keine Träne mehr habe oder der gerechte, heilige Gott und Vater möchte einen Boten zu mir senden, der mir überbrächte ein wohlverdientes Strafurteil!

13. Ja, in der Strafe ewiger Verbannung werde ich mich besser befinden, in der Erde äußerstem Winkel zufriedener als hier an dieser heiligen Stätte, da zu sein ich mich zu unwürdig fühle!

14. O du stille Einsamkeit, wo bist du zu treffen, dass ich dich finde und in dir, von keinem Zeugen meines großen Elends beobachtet und betrauert, meiner Sünde sterbe, ja für ewig ganz und gar sterbe!

15. Ja, ja, jetzt erst habe ich das Rechte getroffen; meine Sünde kann vor Gott nichts sühnen als nur allein der Tod, das ewige Aufhören zu sein! Denn wenn der Täter zunichte geworden ist, da ist ja auch mit ihm zunichte geworden die Sünde. Und so hat für den, der nicht mehr ist, ja auch mit ihm alles aufgehört!

16. Doch wenn es aber keine Vernichtung vor Gott möglicherweise gäbe, – was dann? Kann Gott je etwas vergessen?

17. Was aber in der unzerstörbaren, ewigen Erinnerung Gottes fortbesteht, kann das je vergehen?

18. Sind wir denn etwas anderes nun – als freie Darstellungen aus der immerwährenden Erinnerung Gottes vor Gott Selbst?!

19. Wer aber wird sich selbst je können aus dieser ewig-mächtigen Erinnerung Gottes tilgen?!

20. O Gott, Du großer, heiliger Vater! Jetzt erst sehe ich, wie gar nichts alle Menschen und alle Wesen vor Dir sind; nur Du allein bist alles in allem!

21. Auch sehe ich jetzt ein, dass wir alle Menschen, Sünder und Gerechte, vor Dir nichts vermögen; Du allein bist alles in allem!

22. Wer gerecht ist vor Dir, o heiliger Vater, was ist sein Verdienst dabei? Nichts, – sondern alles ist ja nur Deine große Erbarmung!

23. Wer da ein Sünder ist vor Dir, was ist er? Ein erbärmliches Nichts vor Dir, darum er etwas sein wollte und nicht bedachte zuvor in sich, dass er nichts ist vor Dir!

24. Was ist somit denn nun für ein Unterschied zwischen einem Sünder und einem Gerechten? Ja, jetzt sehe ich ihn klar vor mir: Der Sünder ist ein großer Tor, darum er wähnt und tut, als wäre er etwas vor Gott aus sich; der Gerechte aber erkennt sein Nichts, und das an ihm ist, ist pure Erbarmung Gottes, des heiligen Vaters.

25. Solches ist das Licht des Gerechten; des Sünders Nacht aber ist sein großer Wahn!

26. O großer, heiliger Vater, ich sehe nun nur zu klar, dass ich mich vor Dir ewig nirgends verbergen kann; denn Du bist ja überall alles in allem. Aber ich sehe auch, dass Deine Barmherzigkeit auch unendlich ist! O so zürne meiner nicht in Deiner Heiligkeit, sondern sei in Deiner unendlichen Vatermilde mir armem, blindem Sünder barmherzig und gnädig, und lasse, wann es Dir wohlgefällig sein wird, Deinen heiligen Willen über mich ergehen und mich, so es möglich wäre, nur als einen Allergeringsten sein unter denen, an die Deine Erbarmung erging! O Du heiliger Vater, Dein heiliger Wille geschehe! Amen."

27. Darauf verstummte er und weinte laut in die Erde, und seine Brüder weinten mit ihm.

28. Es wurden aber auch der Sethlahem und alle übrigen samt dem Henoch also gerührt, dass sie alle mitzuweinen anfingen; denn die Rede Kisehels hatte allen ein ungeahntes großes Licht angezündet.

29. Abedam aber gab ihnen zu verstehen, dass hier mehr sei denn zehntausend Opferaltäre im vollsten Brand.

30. Der Sethlahem aber sagte im Herzen zu sich selbst: „O du armer Bruder! Ich allein bin schuldig an deiner großen Not! Hätte ich doch das voraus gewusst, da hätte ich mich von dir eher in Stücke zerreißen lassen wollen, als dir so etwas zu bereiten!

31. O Abedam, Du herrlicher, liebevollster Vater! Erbarme Dich doch seiner!"

32. Der Abedam aber entgegnete ihm: „Kümmere dich nicht deines Bruders, sondern, dass du wirst wie dein Bruder! Denn wahrlich sage Ich dir: So jemand nicht wird wie er, der wird gering bleiben vor ihm im Reich des ewigen Lebens dereinst!

33. Verstehe es und kümmere dich des Lebendigen nicht mehr! Amen."

Kapitel 179

Über die Sünde und ihre Überwindung

Am 23. Dezember 1841

1. Nach dieser kurzen Erinnerung an die Mitanwesenden wartete der hohe Abedam noch eine kurze Zeit, dann aber trat Er hin zum noch auf der Erde Angesichts liegenden Kisehel, rührte ihn an und sprach folgendes zu ihm:

2. „Kisehel, erstehe zum ewigen Leben; denn du hast es wahrhaft gefunden!

3. Ich, Abedam Jehova der Ewige, Ich, dein guter, heiliger Vater, bin Selbst zu dir gekommen, um dir aufzuhelfen! Darum erstehe ohne Furcht; denn siehe, Ich habe deine Sünde vertilgt auf ewig, darum du Mich mit der Liebe deines Herzens ergriffen hast, wie Mich bis jetzt noch keiner aus allen Meinen Kindern auf dieser Erde ergriffen hat! Darum also auch erstehe, wie noch keiner erstanden ist! Erstehe, ausgerüstet mit großer Weisheit, die dir geworden ist aus deiner Liebe, und ausgerüstet mit großer Macht, die dir geworden aus deiner Liebe, darum ihr sollen untertan sein sogar alle leblosen und lebenden Dinge, und endlich noch ausgerüstet mit dem ewigen Leben; denn wahrlich, du wirst fürder ewig den Tod nicht schmecken, da du durch die Liebe zu Mir dein Fleisch in allem wahrhaft getötet hast!

4. Wer aber also stirbt, wie du nun gestorben bist in der Liebe zu Mir, und Ich zu ihm dann komme und ihn erwecke, wahrlich, der ist nicht erweckt für diese Zeit, sondern zum Leben für die Ewigkeit!

5. Ich sage dir aber, welcher nicht dir gleich das ewige Leben gewinnen wird, der wird wohl jenseits gar lange warten müssen, bis der große Tag der Löse über die Toten kommen wird!

6. Und also richte dich auf, und richte auch deine Brüder auf und alle deine Kinder, und folge Mir dann! Amen."

7. Als der Kisehel die Stimme und die Worte des Herrn vernommen hatte, da seufzte er tief auf, erhob sich und war völlig betäubt vor überdankbarer Freude, so dass er am ganzen Leib bebte und nicht vermögend war, ein Wort über seine Lippen zu bringen.

8. Der Abedam aber trat vollends hin zu ihm und rührte ihn noch einmal an und sagte zu ihm:

9. „Ich sage dir, sei und bleibe fest, und alle Furcht sei auf ewig aus dir verbannt und jegliche Sünde mit der Furcht, ja sogar die Möglichkeit, von neuem zu fallen! Denn was du nun tun wirst, das wirst du tun in Meinem Namen und in Meiner Liebe. Wer aber, was er tut und was er spricht, in Meinem Namen und in Meiner Liebe tut und spricht, wie möglich wohl wäre da an eine Sünde zu denken?

10. Ich sage euch aber nun, was die Sünde ist und wie jemand sündigen kann, und wie er auch nicht mehr sündigen kann.

11. Das aber ist die Sünde, so jemand in sich einen Trieb gewahrt und ersieht den Vorteil dessen, hascht dann nach dem Trieb und ergreift ihn mit seiner Begierde, verkehrt ihn dann in sein Eigenes und handelt dann, sich selbst nützen wollend. Aus dem Raub eines solchen Triebes, welchen die Eigenliebe in sich begrub, entsteht ein böser Geist, welcher den ganzen Menschen dann durchdringt und verfinstert, dass er dann nicht mehr vermag zu

unterscheiden das Wahre vom Falschen und das Gute vom Bösen.

12. So aber auch jemand irgendeinen Trieb in sich verspürt, aber alsbald denkt und bei sich sagt: ‚O Herr, ich erkenne, dass Du mich angerührt[15] hast! Der Trieb kommt von Dir, o Vater! Deine unendliche Güte hat sich meiner erbarmt und will mich Unwürdigen festen in der wahren Demut und also in der wahren Liebe zu Dir. O Vater, ich bin nicht würdig, solches zu tun, als Du es mir durch den versuchenden Trieb zu erkennen gabst! Dein ist alle Macht, Dein alle Kraft, Du allein bist der Herr Himmels und aller Erde. So lasse mich nur solches tun, was mir vor Dir, o heiliger Vater, geziemt, nämlich allein kindlich zu lieben Dich! Diesen höheren Handlungstrieb aber nehme gnädig wieder von mir, wie Du mir ihn gegeben hast; denn er ist eine göttliche Kraft! Würde ich armes und noch schwaches Geschöpf und Kind danach handeln, so wäre ich ja ein Wesen, das sich Dir in diesem Punkt gleich fühlen müsste, da ich wirken möchte sogleich mit solcher allein Deiner Kraft, aus welcher zu wirken Dir allein zukommt. Darum nehme Dein Heiligtum von mir Unwürdigem, und lasse mich bleiben allein in der kindlichen Liebe zu Dir, o heiliger Vater!'

13. Seht, wenn Ich aber solche Demut finden werde bei einem Menschen, meint ihr, dass Ich dann den Trieb Meiner Kraft von ihm nehmen werde?

14. O nein, sage Ich euch, sondern Ich werde in ihm den Trieb segnen und ihn, den Menschen nämlich, mit demselben Trieb selbst erwecken zum ewigen Leben! Und so wird denn dann der Mensch durch eben dasselbe Mittel, durch welches er eigenmächtigerseits hätte ein grober Sünder werden können, für ewig lebendig vereint mit Mir und wird dann dasselbe tun können tausendfältig aus Mir heraus, und er wird dadurch nimmer sündigen können; denn was er nun tut, tut er nicht mehr aus sich, sondern aus Mir heraus!

15. Meint ihr, dass der Sünder was anderes tut als alleinig Meinen Willen? O Ich sage euch: mitnichten! Nicht ein Haar auf seinem Haupt kann jemand ohne Meinen Willen berühren!

16. Ihr denkt euch nun: ‚Wie aber kann der sündigen, der da tut nach Meinem Willen?'

17. Ich habe es euch schon gezeigt, wie die Sünde geartet ist, und setze nun nur noch ein Beispiel zu eurem näheren Verständnis hinzu:

18. Jemand möchte ergriffen werden bei einer Handlung seines Bruders von einem gewaltigen Ärger, so zwar, dass er darum seinen Bruder gleich dem Kahin töten möchte; doch er besinnt sich schnell, erkennt diesen Trieb, woher er gekommen ist. Aber, dass er solches erkennt, ist noch nicht hinreichend, sondern dieses fremden mächtigen Triebes demütige Erkenntnis wird ihn auch alsbald erkennen lassen, dass nur allein Ich der Herr über Leben und Tod bin. In dieser Erkenntnis wird der also von Meiner Kraft Berührte niedersinken vor Meiner ihm so nahe gekommenen Heiligkeit und wird Mir das Meinige redlichen und überdankbaren Herzens zurückstellen.

19. Ich aber werde dann Meine ihm ergriffene Kraft nicht mehr zurücknehmen,

---

[15] Im Manuskript findet sich hier „angeführet" statt „angerührt", wie in der Erstausgabe. Wir gehen von einem Schreib- oder Übertragungsfehler aus und folgen der Erstausgabe.

sondern ihn mit dieser Kraft segnen und ihn erwecken zum ewigen Leben.

20. Er wird dann hingehen eben auch zu seinem Bruder und wird ihn bekehren, das heißt, er wird seinen Bruder dann für die Welt töten und mit der Fülle Meiner Kraft in ihm ihn wieder beleben zum ewigen Leben.

21. Wer wird da noch behaupten können, dass er da gesündigt habe an seinen Bruder?!

22. Wer aber alsbald nach dem Gewahrwerden des fremden Triebes in sich möchte wie eigenmächtig handeln, obschon er täte nach Meiner Kraft, wäre der nicht ein grober Sünder gleich dem Kahin, der Meine Kraft in sich verkehrt hatte, darum er böse ward und erschlug darum seinen Bruder?!

23. Also wird aber auch sein jeglicher Sünder, wenn er zeitig genug seine Torheit erkannt hat, zu Mir dann voll Reue und Liebe zurückkehrt, wie ein von der Geburt aus Gerechter; so er dadurch alles unrechtmäßig Geraubte vor Mir wieder niederlegt und sich dann demütigst wieder zu Mir kehrt. Wahrlich sage Ich euch, es werden ihm alle Sünden nachgelassen werden, so ihre Zahl auch gleich wäre der des Sandes im Meer! Es soll ihm nichts genommen werden, und er soll groß werden nach der Größe seiner Reue und Demut und Liebe.

24. Aber dafür auch desto mehr wehe dem Hartnäckigen! Und so auch, Kisehel, ist alle deine Sünde zunichte geworden, und du bist nun, als hättest du ewig nie gesündigt, da du erkannt hast das Meinige in dir!

25. Darum auch werde nun fest, und folge Mir samt deinen Brüdern zu deinen Kindern! Amen."

Kapitel 180

Die fünf überaus schönen Töchter des Zuriel

Am 28. Dezember 1841

1. Und alsbald begaben sie sich zu den Kindern des Kisehel, welche ebenfalls noch auf der Erde, von übergroßer Ehrfurcht ergriffen, lagen und im Herzen wahrhaft beteten und Mich lobten über und über.

2. Als sie ebenfalls gar bald dort ankamen, da ging der hohe Abedam vollends zu ihnen hin und sprach über sie:

3. „Erhebt euch alle ihr Kisehels Kinder und dessen Brüder Kinder samt den Müttern! Denn Ich, vor dem ihr auf euren Angesichtern liegt, bin Selbst zu euch gekommen, verhüllt in euresgleichen, und will nun, dass ihr erstehen sollt zum Leben der Liebe aus Mir!

4. Wahrlich, die da sich erheben, so Ich ihnen zurufe, die werden im Leben erstehen und werden den Tod nimmer, ja ewig nimmer schmecken!

5. Welche aber nicht folgen werden Meinem Ruf, die werden liegenbleiben fürder und fürder! Darum erhebt euch nun freudig und frei! Amen."

6. Und alsbald erhoben sie sich alle und weinten vor übergroßer Freude; denn sie erkannten Den sogleich, der sie erstehen hieß, und lobten und priesen Ihn aus ihren liebevollsten Herzen.

7. Es waren aber darunter auch fünf Mägde, die da Urenkelinnen waren zum Kisehel. Sie waren von ausnehmender Schönheit, und es hatte in einem Alter von dreißig bis vierzig Jahren noch keine einen Mann, obschon eine große Menge Bewerber. Denn ihr schlichter, frommer Vater lehrte sie Mich suchen und allein Mich

lieben. So sie solches täten, sagte er gar oft zu ihnen, so werde Jehova ihnen schon zur rechten Zeit auserwählte Männer geben, mit welchen sie eine große Freude haben würden, vielleicht gar Söhne vom Hauptstamm Adams.

8. (Denn das war für die Auswärtigen bei weitem mehr denn jetzt ein kaiserlicher Kronprinz.)

9. Durch solche gute Lehre geleitet, liebten diese fünf Mägde den Jehova stets mehr und mehr trotz ihrer für die Urzeit noch sehr zarten Jugend.

10. Ich ließ sie darum von Zeit zu Zeit Meine Liebe recht tief schmecken, und so waren sie auch unsichtbarerweise in Mich, ihren Jehova, ganz förmlich verliebt und mochten nimmerdar ihre Herzen von Mir abwenden, sondern ihre große Sehnsucht nach Mir stieg von Tag zu Tag, ja oft von Stunde zu Stunde.

11. Sie liebten sich aber auch gegenseitig fast unzertrennbar, so zwar, dass eine tat, was die übrigen taten, und die übrigen, was die eine tat.

12. Alles, was sie nur immer ansahen, entzückte sie; denn sie erkannten in allem ein teures Angedenken ihres alleinigen Geliebten.

13. Besonders aber, so sie irgendein frisches, ungewöhnliches Blümchen fanden, das musste schon gar gewiss von Mir für sie bestimmt worden sein! Da war's aber dann auch wieder völlig aus mit ihnen; denn alsbald nahmen sie mit großer, liebezitternder Ehrfurcht das Blümchen und eilten damit überfreudig zum Vater und zeigten ihm, was gar so überaus Schönes ihnen ihr heiliger Geliebter schon wieder beschert habe – darüber sich dann auch ihr Vater über die Maßen freute und Mir auch allzeit tief im Herzen dankte, dass Ich seine

lieben Kinder behütet habe vor so manchen unkeuschen Nachstellungen der männlichen Lüsternheit. Und nach vollbrachtem Dank opferte er sie Mir wieder auf und bat Mich inbrünstigst, mit Meiner Liebe noch ferner gnädigst und barmherzig die Herzen seiner Töchter zu ziehen, welche Bitte Ich bei diesen Umständen sicher nicht unerfüllt habe dahingehen lassen.

14. Und so wuchsen diese fünf Mägde pur in Meiner Liebe auf und wurden auch dadurch stets schöner und reizender und zarter, geistig und leiblich. Ja, ihre Schönheit war so groß, dass alle gegenwärtigen Erdschönheiten gegen sie nicht einmal einen kleinen Tautropfen ausmachen möchten, so sie auch in eins vereinigt werden könnten; denn für ihre große Liebe zu Mir ließ Ich sie auch, soviel es nur immer leiblich möglich ist, so recht vollends himmlisch schön werden, darum sie auch von jedermann ‚Die schönen Kinder der Liebe' (Allurahelli) benamst wurden.

15. Nach diesem Vorausgeschickten kann sich ein jeder einen kleinen Begriff machen, wie es diesen fünf Mägden zumute wurde, als sie im Abedam ihren so heißgeliebten Jehova erblickten.

16. Hätte sie ihr Vater nicht abgehalten, sie wären brennend über Ihn hergefallen.

17. Da aber Abedam ihre länger erprobte Liebe sicher klärlichst sah, so sagte Er zum Vater der Mägde:

18. „Höre, Zuriel, die zu Mir wollen, sollst du nicht aufhalten, – oder bin Ich nicht Der, den du deine Töchter allein lieben lehrtest?! So lasse sie zu Mir, und halte sie nicht zurück!"

19. Und der fromme Zuriel führte alsbald voll der höchsten Ehrfurcht seine Töchter hin zum Abedam, kniete vor Ihm nieder (denn das Knien war seine

ehrfurchtsvollste Sitte, so er zu Mir betete) und sagte:

20. „O Jehova, Du überheiliger Vater aller Menschen und Schöpfer aller Dinge, sehe mich gnädigst an, und vernehme das Stammeln meines Mundes!

21. Siehe, die ich Dir von der Kindheit schon stündlich aufgeopfert habe, und habe mit Deiner Gnade ihre Herzen zu Dir geleitet, diese Deine Geschenke an mich Unwürdigsten bringe ich Dir, o Jehova, nun wieder als ein meines Wissens möglichst reines Opfer zurück mit dem inbrünstigsten Dank meines Herzens, darum Du mich Unwürdigsten gewürdigt hast, mir eine so herrliche Gabe anzuvertrauen!

22. Möchte ich Dir doch ein wohlgefälliges Opfer dargebracht haben!

23. O Jehova, sei mir armem Sünder vor Dir gnädig und barmherzig! O Jehova, Dein heiliger Wille ewig! Amen."

24. Und der hohe Abedam erwiderte dem Zuriel: „Höre, Zuriel, blind und stumm war die Gabe, als sie von Meiner Hand in deines Weibes Schoß gelegt wurde, und unrein und voll Schmutzes erblickte sie das Licht der Erde! Du hast sie nach Meinem Willen gereinigt mit allem Fleiß deines Herzens und hast Mir fünf schmucke Bäumchen des Lebens gezogen, die gar bald in Meinem Garten die herrlichsten Früchte tragen werden, – des sei versichert!

25. Die Jüngste werde Ich segnen für die ganze Erde, und ihre Nachkommen sollen das große Ende aller Dinge schauen. Durch die anderen aber soll gesegnet sein des Geistes künstliches Wirken; denn es werden Zeiten kommen, da ihr der Künste bedürfen werdet, und sie werden ein Segen sein denen, die sie weise benützen werden, – aber auch ein Gericht für jene, die sich eigennützig derselben bedienen werden.

26. Du, Zuriel, aber sollst den Tod ewig nimmer schmecken! Siehe, jetzt habe Ich deinen Geist frei gemacht vom Fleische, damit er ein Herr sei in seinem fleischigen Haus und im selben nach Gefallen aus- und eingehen kann; ganz jedoch sollst du nicht eher dein Haus verlassen, als bis Ich dich werde rufen lassen.

27. Ich sage es dir, im Reich des Liebelichtes sollst du dereinst mit allen Deinen die schönste Wohnung haben, wahrlich, schöner denn alle sichtbaren Himmel und größer denn sie; für jetzt aber bleibe bei Mir mit den Deinen! Amen."

28. Und weiter redete der Abedam zu den fünf Liebhaberinnen ein Wort, sie gleichsam fragend: „Allurahelli! Wie gefalle Ich euch? Wie seid ihr denn zufrieden mit Mir? Habt ihr euch Mich wohl also vorgestellt, als ihr in eurer Liebe zu Mir Meine Gedenkzeichen auf den Feldern suchtet?"

29. Und die fünf, sich kaum zu schauen getrauend, erwiderten mit lieblich zitternder Stimme: „O Du ewig einziger Gegenstand unserer Liebe, Du siehst ja unsere Herzen; solcher Gnade von Dir sind wir ja viel zu unwürdig!

30. O Jehova, Du allein, Du ganz allein bist ja unsere Hoffnung, Du allein der Geliebte unserer Herzen!

31. Was haben denn wir verdient, darum Du Dich von uns so allergnädigst lieben ließest? Das allein erkennen wir ja schon demütigst für den allerhöchsten Segen!

32. O Jehova, so wir Dich nur anrühren dürften und nur wenigstens Deine Hand an unser Herz drücken!

33. Und der Abedam hieß sie Sich an den Leib kommen und ließ Sich von ihnen ganz ergreifen und sagte zu ihnen:

34. „Nach der Eva seid ihr die Ersten, die Mich anrühren durften! Da ihr Mich aber schon ergriffen, so will auch Ich euch ergreifen mit der Hand, die einst Himmel und Erde bildete, und euch küssen zum ewigen Leben mit dem Mund, der einst, wie jetzt, alle Dinge werden hieß!

35. Daher bleibt auch ihr bei Mir, und folgt Mir nun auf die Morgenhöhe hin zum Adam! Amen."

Kapitel 181

Die unermessliche Macht des Göttlichen

Am 29. Dezember 1841

1. Und die fünf Mägde schmiegten und drückten sich um ihren Geliebten also stark, dass Er natürlicherweise nicht weiter zu gehen vermochte, außer Er hätte nur müssen Seiner Kraft einen kleinen Raum lassen, oder Er hätte sie schleppen müssen.

2. Der Zuriel aber meinte, es möchte dem Abedam Jehova solches Benehmen seiner Töchter etwa doch ein wenig unangenehm sein, und fragte daher allerehrerbietigst auf Knien noch den Abedam:

3. „Meine Töchter werden Dir vielleicht schon lästig; soll ich sie Dir wohlgefälligst etwa nicht zurückrufen?! Denn Du möchtest ja auf die Morgenhöhe Adams gehen, und sie hindern Deine heiligen Füße!"

4. Der Abedam aber entgegnete ihm: „Höre, Zuriel, du denkst weltlich von Mir! Wer kann Meinen Füßen hinderlich werden? Welche Erde könnte Meine Schritte aufhalten?

5. Meinst du denn, so Mir das Verhalten deiner Töchter zuwider wäre, Ich könnte Mich ihrer nicht los machen? Du bist noch stark blind auf dem rechten Auge!

6. Siehe hier, jedes Sandkörnchen, das an deinen Füßen klebt, muss Ich mit Meiner Liebekraft also umklammern, ja bei weitem inniger noch als die Mägde nun Meine Füße, damit es als solches bestehe, – und du kannst es doch frei herumtragen, der du doch nur ein Mitgeschöpf aus Mir bist, und Ich dich dazu noch selbst unendlichmal inniger beklammert halten muss, damit du bist und lebst, denkst, fühlst und dir selbst klar bewusst bist und also auch von Mir nicht aufgehalten bist, dich selbst frei zu bewegen!

7. Siehe, die Erde bewegt sich frei, der Mond, die Sonne, ebenso auch die zahllosen Sterne, welche alle nichts als lauter für dich unbegreiflich verschieden gestaltete Welten wie diese Erde und Sonnen wie diese Sonne sind, – manche noch unvergleichbar größer, hie und da aber manche auch kleiner mit verschiedenem Licht!

8. Ich muss sie endlos alle beständig in allen ihren unendlich verschiedenartigen Teilen fest umklammert halten, vom Atom angefangen bis zur allergrößten Mittelsonne, zu deren körperlicher Größe – verstehe es wohl! – diese Erde samt der Sonne, die doch selbst um viele tausend Male größer ist als die Erde selbst, sich kaum also verhalten wie ein Atom zur Erde, – sonst würden sie sicher urplötzlich aufhören zu sein; und siehe, doch kann sich alles frei bewegen!

9. Verstehst du nun deine Blindheit? Wie konnte es dir einfallen, deine Töchterlein könnten Meinen Füßen hinderlich sein?

10. O siehe, solcher törichter Meinungen gibt es noch gar viele unter euch!

11. Da Ich aber an dem, was die Mägde tun mit Mir, kein Missfallen, sondern ein großes Wohlgefallen nur habe, kannst du aber ja doch daraus ersehen, dass Ich sie also gerne dulde. Oder soll Ich Liebende um Mich nicht dulden? Wer dann sollte sich Mir nahen dürfen?

12. Ich sage aber euch allen, so Mich ein Weib nicht also erfassen und fest umklammern wird wie diese Meine lieben Töchter hier, die wird ewig nimmer Mein Angesicht sehen!

13. Verstehst du, Zuriel, dieser Rede Sinn?"

14. Und der Zuriel erwiderte: „O Jehova! Vergebe mir armem, blindem Toren – das ist alles, was ich hier Dir zu sagen vermag –, und habe Geduld und Nachsicht mit mir! Oh, ich möchte nun vergehen vor Dir; nein, das kann ich mir nimmer verzeihen!

15. Je mehr ich jetzt nachdenke, desto klarer deckt sich die unaussprechliche Torheit meiner Frage vor mir auf! O Jehova, rette mich, sonst verzehrt mich die zu große Schande meiner Torheit vor Dir! Dein heiliger Wille! Amen."

16. Der Abedam aber streckte Seine Hand gen Zuriel aus und sagte zu ihm: „Zuriel, Ich sage dir: Sei ruhig in deinem Herzen; denn dein Fehler kam aus deiner blinden Liebe zu Mir! Darum aber gab Ich dir jetzt ein Licht, damit du Mich künftig nicht mehr also blind wie bisher, sondern sehend mit beiden Augen lieben sollst. Doch aber sage Ich auch dir: Wer Mich nicht in seiner Blindheit wird zu lieben anfangen und wird nicht dir gleich um Mich vor allem besorgt sein, dem wird schwerlich je ein höheres Licht aus Meiner Liebe werden!

17. Da du jetzt aber vollends sehend geworden bist, so sollst du aber nun auch dir unschädlichermaßen sehen, wie wenig oder gar nicht diese Meine Füße umklammernden Mägde Meine Schritte zu hemmen imstande sind.

18. Sehe dich nur ein wenig um, wo wir uns gegenwärtig befinden, und du wirst deine frühere leere Besorgnis noch genauer einsehen!

19. Wie kommt es dir hier vor? Oder befinden wir uns noch an der Stelle, an der Ich zu euch kam? Oder geht von euch auch [nur] einer ab?"

20. Hier wurde Zuriel vor Verwunderung stumm; denn er gewahrte erst jetzt, dass sie sich schon alle vollkommen auf der vom früheren Standpunkt nahe bei einer kleinen halben Stunde entfernten Morgenhöhe Adams und also auch bei Adam selbst befanden.

21. Und der Abedam fragte alsbald den Zuriel: „Höre, Zuriel, warum bist du nun stumm? Ist es nicht recht also, dass wir uns schon am Ort befinden, dahin wir noch lange mühsam hätten zu gehen gehabt?"

22. Und der Zuriel, sich zur Not fassend, erwiderte: „O Jehova, ob es recht ist also?! Was Du tust, ist ja allzeit und ewig wohlgetan; aber nur – nein – ich weiß es nicht – es ist ja doch kein Traum – sind wir denn wirklich da?

23. Ja – aber nur – wie ist das denn doch geschehen? In solcher unbegreiflichen Schnelle, – dass ich doch keine Bewegung verspürte; – ich kniete und knie noch!

24. O Jehova, wie wunderbar doch ist Deine Macht und wie heilig Deine unendliche Gewalt! Ja, wer sollte Dich nicht über alles lieben, so er Dich nur stumm erkannt hat, da Du ja doch Selbst die allerhöchste Liebe bist!

25. Es wäre doch sicher wieder gar zu töricht, so ich Dich, o Jehova, wieder fragen möchte, wie solches möglich! Nein, nein, – ich frage nicht! Was sollte denn Dir unmöglich sein?!

26. O Jehova, siehe, ich rede ja, dass es eine barste Schande ist, durcheinander wie ein altes Weib im Traum!

27. Habe Geduld mit mir, und lasse mich eher fassen und sammeln mich; denn es ist zu viel auf einmal für mich Unreinen vor Dir!

28. Ich danke Dir, Du heiliger, ja Du überheiliger Vater für so unendlich viel Gnade und Erbarmung; ich bin ja nicht des allergeringsten Teiles derselben würdig!

29. Allein Du, heiliger Vater, hast uns alle Deiner gewürdigt; darum Dir alle Zerknirschung unserer Herzen ewig! Amen."

30. Und der Abedam entgegnete ihm, sagend: „Zuriel, dieses nimmt dich also wunder, dass du jetzt mit all den übrigen dich plötzlich hier befindest, – und doch sage Ich dir, dass jeder Atemzug, jeder Herzschlag in dir, ja alles an dir ein größeres Wunder ist denn das Geschehene, welches Ich darum nur bewirkte, auf dass du desto deutlicher ersehen sollst, wie ganz unnötig deine Sorge für die Freiheit Meiner Füße war!

31. Du aber bist gerecht und lebendig, darum du ein überaufrichtiges Herz hast; daher bleibe auch ein freier Bewohner deines Hauses! Amen."

32. Es kam aber nun auch der Adam hinzu und lobte und pries den Abedam, darum Er Sich sogar gegen das weibliche Geschlecht so herablassend gnädigst und barmherzigst bezeige.

33. Und der Abedam erwiderte ihm: „Adam, ist denn die Eva nicht aus Meiner Hand hervorgegangen? Warum soll denn das Weib in Meiner Liebe zurückstehen?

34. Ich sage dir aber, dass, so Ich dereinst einen neuen Himmel bauen werde, Ich denselben in einem Weib werde zu bauen anfangen, und nimmer in einem Mann!

35. Doch darob soll Mich niemand weiter fragen; es werden noch zuvor große Dinge geschehen! Amen."

Kapitel 182

Der hohe Abedam und Ghemela

Am 30. Dezember 1841

1. Es waren aber die fünf den hohen Abedam umklammernden Mägde noch alsosehr in die Liebe ihrer Herzen versunken, dass sie darob von all dem Vorgegangenen nichts merkten.

2. Da aber dem Abedam wohlgefällig war solche gänzliche Ergebung ihrer ganz reinen Herzen, so rührte Er sie nun wieder an und rief sie mit der sanftesten Stimme und richtete dann folgende Worte an sie:

3. „Allurahelli, ihr Meine geliebten Töchter und Bräute Meiner Liebe zu euch, erwacht nun auch aus eurer reinen Liebe zum so reinen Gnadenlicht aus Mir und beachtet nun ein wenig, wo ihr euch befindet, und sagt Mir sodann, wie es euch vorkommt, und was ihr davon haltet!"

4. Und alsbald erhoben sich die Mägde und fingen an, schüchtern um sich zu schauen. Nach längerem Schauen erkannten sie erst, dass sie sich auf der Morgenhöhe Adams befanden.

5. Nun war's aber auch völlig aus mit ihnen. Eine jede hätte gerne zu reden und um allerlei den hohen Abedam zu fragen

angefangen; allein keine konnte einen schicklichen Anfang finden. Da aber der Abedam ihre natürliche Verlegenheit sah, so kam Er ihnen alsbald zu Hilfe und sagte zu der Jüngsten:

6. „Dich wundert, wie deine vier Schwestern, dass du hierher kamst, ohne zu wissen, wie?

7. Allein denkt an den Sturm der vergangenen Nacht, der so plötzlich verstummte, und alles wieder zurücktrat in seine vorige Ordnung bis auf das Meer, welches zurücktreten musste, um für euch ein fruchtbares Land zu hinterlassen, dessen ihr gar bald bedürfen werdet, so sich eure Zahl vervielfachen wird, und bis auf die noch ringsumher in jenen weiten Fernen brennenden Berge, damit die Erde im Innern erweitert wird und hohl gemacht zur Aufnahme des zurückgetretenen Meeres und zur Aufnahme derjenigen Wesen, die Mich hassen und fliehen, damit sie da mit dem versunkenen Meer heulen und mit des Meeres stärkstem Ungeheuer, welches mit hinabgesunken ist in die Zorntiefe der Erde und ‚Leviathan' heißt, zähneknirschen können!

8. Seht, sonst ist ja alles wieder also unbeschädigt da, wie es von Zeiten und Zeiten her war!

9. Da aber solchen Sturm, durch Meinen Willen gestärkt, sogar der Seth zu stillen vermochte, wie viel mehr muss Mir Selbst erst noch alles möglich sein!

10. Nicht aber euretwegen ließ Ich hier solches geschehen, sondern eures frommen, Mir ergebenen Vaters wegen nur, darum er in der leeren Furcht war, ihr könntet durch eure Liebe zu Mir dem Gang Meiner Füße hinderlich werden.

11. Ich aber streckte da Meine Hand aus und hob euch alle hierher. Als euer Vater ersah, dass wir uns schon an Ort und Stelle befanden, da erst begriff er vollends, wie Mir nichts hinderlich werden kann auf Meinen Wegen.

12. Euch, Meine geliebten Bräute und Töchter, sage Ich die Ursache dieser Begebenheit darum, damit ihr aus dieser sicheren und nötigen Kunde Licht schöpfen mögt und, vollends aus eurem Schlaf erwachend, auch erkennen möchtet, dass auch das Weib für Liebe und Licht, nicht aber für stumme Liebe nur und daneben für die Finsternis von Mir erschaffen wurde! Verstehst du Meine Worte?"

13. Und die jüngste Gefragte antwortete: „O Jehova, wie soll ich Dir danken?! Siehe, nun ist in mir alles Licht geworden! Ich verstehe Dein heiliges Wort; ja ich selbst sehe mich wie durch und durch und komme mir auch gar so leicht nun vor!

14. Ach, wie unendlich wohl ist mir jetzt! Wie übergut bist Du doch, o Jehova!

15. Aber Du mein über und über ganz allein geliebtester Jehova, sage mir doch, ist meinen Schwestern auch so wohl und gut wie mir? Und sehen sie sich auch also durch und durch hell erleuchtet wie ich von und durch Deine Gnade?"

16. Und der Abedam entgegnete ihr: „O sehe sie nur an, und du wirst bald gewahr werden, dass ihnen bei Mir nichts abgeht!

17. Wer bei Mir ist also wie ihr jetzt, der ist schon mit allem versorgt!

18. Siehe, Meine liebe Ghemela, Ich liebe dich also, als wenn Ich außer dir in der weiten Unendlichkeit niemanden mehr hätte, den Ich lieben könnte! Aber siehe, also ist es nicht, denn es enthält die Unendlichkeit zahllose Wesen, die Mich lieben wie du und also auch sodann von Mir wieder geliebt werden wie du, – und jeder, der von Mir empfängt, der hat an

dem, was er von Mir empfangen hatte, im Übermaße Genüge für alle Ewigkeiten der Ewigkeiten!

19. Wie aber du nun zufrieden und selig bist in deiner reinen Liebe zu Mir, also werden es alle sein in ihrer Art vollkommen, die Mich allein lieben und dann durch Mich auch alle ihre Brüder und Schwestern gleich Mir vollkommen!

20. Damit du aber, liebe Ghemela, einen kleinsten Teil von dem, was sich alles Meiner Liebe erfreut, erschauen mögest, so breche dir ein Blümchen ab, das da eben zu deinen Füßen deiner harrt!"

21. Und sie brach das Blümchen alsbald von dem Stängel ab und zeigte es dem Abedam. Er aber rührte es an und hauchte der Ghemela in die Augen und sagte dann zu ihr:

22. „Was du jetzt siehst, das gebe durch einfache Worte allen um uns her kund!

23. Nun, was siehst du auf deinem Blümchen alles? Fürchte dich ja nicht zu erzählen; denn du gehörst ja ewig Mir an und wirst ewig nie Meine große Liebe zu dir verlieren! Also, was siehst du alles?"

24. Und die Ghemela fing liebeschüchtern zu reden an, wie da folgt, sagend nämlich: „O Du großer, überheiliger, überherrlicher Jehova! Was ist das? O Wunder, Wunder über Wunder! Das ist ja keine Blume! Welten, unübersehbare große Welten sind es!

25. Wer könnte ihre unendliche Vielheit zählen?! Eine übertrifft die andere an nie geahnter Herrlichkeit! Welch ein unbeschreiblicher Glanz umgibt sie!

26. Und – o Jehova, Du unaussprechlich heiliger Vater! – ich sehe ja auch lebende Wesen aller Art! Ihre Zahl ist unendlich! Ich sehe große Gewässer in und auf der Oberfläche dieser zahllosen Wunderwelten;

auch sie sind erfüllt von zahllosen Leben! Und siehe, zahllose entsteigen fortwährend diesen Welten, und zahllose kehren wieder zu diesen Welten voll Glanzes zurück!

27. O Jehova, Jehova! Ich kann nicht mehr reden; die Wunder werden immer mehr, größer und neuer! O Jehova, wie heilig und gut doch musst Du sein! O mein – Jehova!"

28. Hier mochte sie nicht mehr weitersprechen; denn die zu groß werdenden Wunder erstickten ihre Sprache, und sie fiel wie ohnmächtig dem Abedam an die Brust.

29. Er aber empfing sie in Seine Arme und erweckte sie alsbald wieder und fragte sie dann: „Ghemela, das hättest du an diesem Blümchen sicher nicht gesucht?

30. Und siehe, doch ist es also, und von Mir aus noch ganz unendlich anders! Einmal bei Mir in Meinem Reich wirst du es schon noch viel besser schauen und genießen können!

31. Siehe, für wie vieles Ich schon zu sorgen habe bei einem solchen Blümchen; jetzt denke dir aber erst die unendliche Körper- und Geisterwelt!

32. Und doch habe Ich dich also lieb, als hätte Ich nichts als nur allein dich!

33. Jetzt verstehst du Mich schon besser? Oh, Ich sage dir, du wirst deinen Geliebten ewig mehr und mehr verstehen und kennenlernen! Amen."

Kapitel 183

Die überwältigende Vision der Schöpfung

Am 31. Dezember 1841

1. Da die fünf Mägde aber nun sahen und in sich nun durch und durch gewahrten, wie überaus gut und liebevoll ihr Jehova ist, und wie Ihm vollends zu trauen ist, so wurden sie auch desto beherzter und ganz besonders die Ghemela.

2. Demzufolge fing diese auch an, Ihn um allerlei ganz artige und rare Dinge zu fragen. Einige der seltensten Fragen waren folgende, welche von dem Munde und Herzen Ghemelas also lauteten:

3. „Mein allein über und über geliebtester Jehova, da Deine unaussprechliche Gnade und Deine unaussprechliche Liebe mir das unendliche Wunder eines Blümchens – ja dieses meines Blümchens, welches mir ewig eines der teuersten Gedenkzeichen an diese Zeit bleiben soll! – hatte schauen lassen, siehe, ich habe schon oft auch die lieben, schönen Sternchen zur Nachtzeit am Himmel mit großer, sehnsüchtiger Herzenslust betrachtet und dachte mir allerlei dabei, was sie doch sein möchten oder sein könnten! Es blieb aber jedoch stets nur bei meinen Gedanken, aber Gewissheit konnte ich doch keine herausbringen.

4. Ich dachte mir oft, sie müssen in der Nähe wohl gar wunderschön sein, viel schöner als die Blümchen, da sie sich schon in der Entfernung so wunderherrlich ausnehmen.

5. Einmal gingen wir mit unserem Vater, siehe, gar weit dorthin, wo die Sternchen wir immer aufgehen sahen, in der guten Hoffnung, sie dort recht in der Nähe zu betrachten; aber siehe, Du mein allein geliebter, allerbester, heiliger Jehova, die lieben Sternchen sind vor uns weit, weit zurückgewichen und sind an einem ganz fremden Ort aufgegangen, welcher jedoch zu weit von uns entfernt zu sein schien, als dass wir zur Nachtzeit, da wir ohnehin schon sehr müde waren, uns noch einmal eine noch weitere Reise hätten zu machen getraut!

6. Und zudem hat uns auch der Vater beruhigt, indem er zu uns gesagt hatte, wir sollten uns daraus ja nichts machen. Diese Sterne würden sicher zu heilig sein Deinetwegen; daher mochten sie denn auch stets zurückweichen vor den unheiligen Augen des Menschen, und man müsse Dir schon darum überaus dankbar sein, so man ein solches Heiligtum auch von weiter Ferne ungestraft betrachten dürfe.

7. Und siehe, wir alle waren dadurch auch vollkommen beruhigt und konnten nichts anderes tun, als Dich für eine so große Gnade nur in aller Liebe unserer Herzen loben und preisen!

8. Aber – jetzt – Du mein über alles geliebter Jehova –, nachdem ich das Blümchen gesehen, – jetzt – ich getraue mir doch nicht so ganz recht – o guter, liebevollster Jehova! Du wirst etwa doch nicht böse werden auf mich?"

9. Der Abedam aber ermutigte sie, zu ihr sagend: „O Meine Ghemela! Frage du nur mutig darauf los, und sei in deiner und Meiner Liebe versichert, dass Ich fürs Erste gar nie böse oder gram werde, – und fürs Zweite werde Ich dir keine Antwort schuldig bleiben und dir alles gewähren, was deine reine Liebe von Mir erbittet!

10. Doch Ich sehe schon, dass Ich dir wieder aus der Verlegenheit helfen muss! Nicht wahr, du möchtest die Sterne, diese dir scheinbaren Glanzblümchen des

Himmels, schauen in einer dir begreiflichen Nähe?"

11. Und die Ghemela bejahte ganz wonnelächelnd mit einem heitersten Kopfnicker die Frage Abedams.

12. Und der Abedam sagte darauf zu ihr: „Nun denn, so reiche Mir deine rechte Hand; die linke aber gebe deinem Vater und deinen Schwestern, damit auch sie sehen mögen, was du jetzt sehen wirst!"

13. Nach diesen Worten aber hauchte Er sie alle an, und sie sahen in die Tiefen der Schöpfung.

14. Aber die Ghemela schrie bald laut auf und bat um Hilfe – mit ihr auch die übrigen Schauenden – mit folgenden Worten:

15. „O Jehova, Jehova, Jehova, rette uns Arme, die wir nichts sind vor Dir; denn Deiner Schöpfung endlose Größe verschlingt uns, – ja, wir sind schon zunichte! Solches kann ja niemand schauen und am Leben bleiben zugleich; daher, o Jehova, Du heiliger, großer Gott und Vater, rette uns!"

16. Und der Abedam rief sie wieder zurück, und ihr Gesicht verschwand. Da sie wieder wach wurden, fielen sie vor Ihm nieder und fingen an, Ihn anzubeten; denn es hatte sie eine große Furcht ergriffen, dass sie darob bebten am ganzen Leib.

17. Abedam aber rührte sie an, hieß sie sanft, sich nur getrost wieder aufzurichten, und fragte endlich übersanft die Ghemela:

18. „Ghemela, Mir scheint, die Sterne haben dir nicht also gefallen wie zuvor das Blümchen?

19. Was war's denn, darum du jetzt noch so zittertest? Fasse nur wieder Mut, und erzähle uns allen etwas davon! Siehe, du bist ja schon wieder bei Mir, wo du nichts mehr zu fürchten hast; darum rede nur hurtig darauf los, was alles dir in diesen drei Augenblicken begegnet ist!

20. Komme her, und lehne dich ein wenig an Meine Brust, dann wird dir der Mut schon wiederkommen!"

21. Und sie fiel mit einer heißen Hast hin auf den Abedam, und erst, als sie eine Zeit lang geruht hatte an dieser so überheiligen Brust, kam sie wieder zu sich und richtete sich auf und fing an, mit noch immer etwas zart-scheuer Stimme folgendes zu reden:

22. „O Jehova, Du allmächtiger, Du überheiliger, Du unendlicher Jehova! Wessen Mund könnte sich da würdig öffnen und etwas reden von Deiner unendlichen Größe, Höhe, Tiefe und Macht?!

23. Ich sah nichts denn unzählige, unendlich große, unbeschreiblich hell flammende Welten in der Unendlichkeit sich Blitzen gleich bewegen; die eine übertraf an Größe, Licht und Herrlichkeit ins Unendliche die andere!

24. Ja, als ich tiefer noch mein erschrecktes Auge richtete, da sah ich nur mehr eine unendliche Flammenwelt; und mitten in den endlos ausgedehnten Flammen, die da waren voll des allerunerträglichsten Sonnenlichtglanzes, sah ich noch zu meinem größten Schrecken fast unübersehbar große, furchtbar aussehende Menschengestalten mit großer Schnelligkeit wandeln!

25. Ich dachte mir ihren Schmerz, und es kam mir vor, als hätte sich eine unendliche Tiefe geöffnet, welche da verschlang diese Flammenwelt und die wahrscheinlich überaus viel leidenden Menschengestalten mit ihr.

26. Und diese schreckliche Tiefe schien auch mich verschlingen zu wollen, darum ich dann zu Dir um Hilfe laut aufschrie und

Du mir Armen auch alsbald halfst, darum ich Dir ewig danken und Dich preisen möchte!

27. Siehe, mehr zu reden vermag ich nicht; o habe Geduld mit mir, die Dich allein über alles liebt! O Jehova, das also sind die Sterne, die mich so oft entzückt haben!

28. Du musst mir nicht darum gram werden, so ich Dir offen gestehe, dass mir die Blümchen lieber sind als die Sterne; denn diese sehen ja doch ganz entsetzlich fürchterlich aus!

29. So Du mir erlaubst, möchte ich Dich schon um etwas anderes fragen.

30. Und der Abedam erwiderte ihr: „Ghemela, du hast ja Meine Versicherung schon empfangen! Frage, um was du willst, Ich werde dir keine Antwort schuldig bleiben; aber nur um Sterne musst du nicht mehr fragen, denn diese sind zu groß für dich, sonst aber um alles!"

Kapitel 184

Der hohe Abedam erläutert das Wesen von Zeit und Ewigkeit

Am 3. Januar 1842

1. Nach dieser endlos liebreichsten Versicherung von Seiten Abedams an die Ghemela, wodurch auch ein großer Mut in sie zurückkehrte, wurde sie vollends beruhigt in ihrem Herzen. Ihre Brust atmete wieder ganz frei, und sie machte nun alsbald von ihrem Wunsch Gebrauch und gab aus ihrem Herzen folgende Frage, welche auch in die Reihe ihrer seltenen, artig raren Fragen gehört. Diese zweite rare Frage aber lautete also:

2. „Allerliebevollster, mein alleinig geliebtester, über alles heiliger, allmächtiger Jehova! Da Du Dich schon so unaussprechlich tief zu uns armen Sündern und Sünderinnen also gnädig herabgelassen hast und mir zu fragen erlaubt hast, wäre es Dir wohlgefällig, meiner Torheit darin aufzuhelfen?

3. Siehe, hundert und tausend Male habe ich das Wort ‚ewig' und ‚Ewigkeit' gehört und selbst nicht minder oft ausgesprochen; aber, gewiss und wahr, noch nie habe ich es verstanden!

4. O Jehova, so Dein heiliger Wille es wäre, – ich möchte solches wohl gar gerne erfahren!"

5. Und der Abedam aber erwiderte ihr alsbald, ihrer Frage genügend und für alle fasslich, indem Er sagte:

6. „Höre, Meine geliebte Ghemela, was eigentlich von Mir aus die Ewigkeit ist, solches könntest du wohl nie begreifen und bleiben zugleich am Leben. Daher wäre es unmöglich, dir die Ewigkeit von Mir aus vollends erschaulich zu machen; aber was du und alle zu fassen vermögen, da ist die Ewigkeit für den Geist das, was die Zeit ist für den Leib, nur mit dem alleinigen Unterschied, dass die Zeit um sich her alles verzehrt und vergehen macht, während die Ewigkeit auch nicht ein Atom vergehen lässt.

7. Diese Zeit besteht und entsteht aus der beständigen Bewegung aller körperlich geschaffenen Dinge; denn würden sich diese nicht bewegen, so möchten sie mit der Zeit alle übereinander her zusammenfallen, Sonnen und Erden und Monde und alle lebenden Wesen durcheinander zu einem endlos chaotischen Klumpen, welcher sich endlich durch den endlos starken Aufeinanderdruck gar bald durch und durch entzünden und so auch dann sich selbst

verzehren und am Ende gänzlich vernichten möchte.

8. Da sich aber der Erhaltung wegen vom Größten bis zum Kleinsten alles in wohl abgemessenen, gerechten Entfernungen bewegen muss und selbst jene Teile an einem zusammenhängenden Körper wenigstens einen beständigen Bewegungstrieb in sich haben müssen, vermöge welchem sie sich bei einem aufgehobenen Hindernis alsbald zu bewegen anfangen können, so bewirken die beständigen, unter denselben Gesetzen stets zurückkehrenden Bewegungen und gegenseitig ordnungsmäßigen Begegnungen die Zeitläufe, die sich zählen lassen. Und was diese Beständigkeit in der Bewegung bewirkt, nämlich die Abnützung der sich auf dem Wege der Bewegung berührenden Teile und dadurch das entweder langsame oder schnellere Vergehen der Dinge, ist die alles verzehrende Zeit. Darum denn alles Zeitliche auch vergänglich ist, da die Dinge vergehen, und wieder andere an ihre Stelle treten, und es ist sodann das Maß der Zeit nach dem Verschwinden und Wiederkehren der Dinge bestimmt.

9. Allein bei der Ewigkeit ist schnurgerade das Gegenteil [der Fall]! Da ist jede Bewegung nur scheinbar; im Grunde aber herrscht die vollkommenste Ruhe in allen Dingen.

10. In der Zeit scheinen die Dinge zu ruhen, und doch bewegt sich sogar der härteste Stein in allen seinen zahllosen Teilen, und es ist nichts, das da irgend hätte eine Ruhe.

11. In der Ewigkeit ist wieder der ganz umgekehrte Fall! Dort scheint sich alles beständig zu bewegen; aber dessen ungeachtet ist doch alles in der allerungestörtesten Ruhe von Mir aus.

12. Damit du aber solches recht anschaulich verstehst, so will Ich dir ein sicheres und treues Beispiel geben:

13. Siehe, so du von hier zu jenem fernen Feuerberg hinziehen möchtest, da müsstest du dich alsbald auf die Füße machen und mühsam Schritt um Schritt vorwärtsschreiten, um vielleicht in zwei bis drei Tagen dahin zu gelangen.

14. In der Ewigkeit aber kann sich ein jeder den Weg ersparen, kann beständig auf einem und demselben Punkt verharren und kann allein mit seinen Gefühlsgedanken die unglaublichst weitesten Reisen machen und alles genau beim allervollsten Bewusstsein beschauen, während sich seine eigentümliche Person auch nicht um ein Haar von seiner bestimmten Stelle bewegt und sich somit in der beständigen, allersüßesten Ruhe befindet, – das heißt von Mir aus betrachtet.

15. Siehe, also stelle dir die Sache vor, als schliefst du auf einem sanften, weichen Lager und hättest in deinem süßen Schlaf die schönsten Träume, dass du hin und her liefest und möchtest springen und tanzen vor Freude und möchtest auch noch dazu machen eine weite und schnelle Lustreise.

16. Siehe und verstehe, bei aller dieser Bewegung im Traum aber könnte doch auch nicht die allergeringste ortsveränderliche Bewegung verspürt werden an deiner Person.

17. Also ist auch nun im für dich noch jetzt unbegreiflich vollkommeneren Zustand auch die Ewigkeit geartet. Denn siehe, wie aber in und durch die Bewegung bewirkt wird die Zeit, die Zerstörung, die Vergänglichkeit und endlich der Tod aller Dinge, also wird durch die Ruhe bewirkt die ewige Erhaltung, Unvergänglichkeit und das unaufhörliche, ewige,

allervollkommenste, Mir vollends ähnliche Leben aller Mir in der Liebe und ihrem lebendigen Geist vollends ähnlichen Wesen.

18. Wie aber Ich auch keine Reise zu machen brauche, um von einer Unendlichkeit zur anderen zu gelangen, also werden auch Meine Geliebten es mit Mir nicht nötig haben, um alle endlosen Wunder beschauen zu können, darum persönlich sich überall hinzubegeben; sondern sie werden alle Mir gleich in aller ewigen Ruhe das wahre, ewige Leben genießen, obschon sie dieser Ruhe sich nie bewusst werden, sondern dafür nur einer ewigen, allerseligsten Regsamkeit, welche aber eben durch diese eigentliche geistig-persönliche Ruhe unzerstörbar, also ewig dauernd unterhalten wird.

19. Siehe also, Meine geliebte Ghemela, das ist die Ewigkeit, und solches ist der Unterschied zwischen ihr und der tötenden Zeit!

20. Was die Dauer betrifft, so ist dies mit der Dauer der Zeit gleichlaufend. Daher kann es ebenso gut Ewigkeiten wie Zeiten geben; nur wird die Dauer der Ewigkeit nicht empfunden wie die der Zeit, weil die Zeit das Vergangene nie mehr wiederbringt, die Ewigkeit aber selbst die für dich undenkbarste Vergangenheit als eine allerhellste Gegenwart beständig während erhält und hat nicht minder die Zukunft als schon gegenwärtig vor sich. Verstehst du solches?"

21. Und die Ghemela entgegnete freundlichst lächelnd: „O Jehova, so Du es willst, und inwieweit Du es willst, verstehe ich es ja durch Deine Gnade; aber nur ganz vollends klar ist es mir noch nicht, wie man sich in der beständigen Ruhe dennoch bewegen kann. Siehe, solches möchte ich wohl noch recht gerne ganz verstehen, – so Dein heiliger Wille es wäre!"

22. Und der Abedam sagte zu ihr: „Solches, liebe Ghemela, wirst du hier nie ganz vollkommen fassen, solange du noch einen Leib trägst, – aber einst im Geist vollkommen.

23. Darum frage lieber nach was anderem, und Ich werde dir über alles antworten aus Meiner Liebe zu dir! Amen."

Kapitel 185

Das Wesen des Lebens. Die Verheißung des Herrn an Ghemela

Am 4. Januar 1842

1. Und die Ghemela war mit dem Bescheid Abedams über ihre letzte kurze Frage ganz vollkommen beruhigt, ermutigte sich bald wieder und fragte den Abedam:

2. „O du allersüßester Jehova, der Du voll der allerhöchsten Erbarmung, Liebe und Gnade bist, – da wir schon so unendlich viel Gnade vor Dir gefunden haben, so wage ich aus der innersten Liebe meines Herzens zu Dir Dich noch mit einer Frage zu belästigen! Ich weiß zwar wohl, dass Du, o Allerheiligster, mit jeglichem meiner unlauteren Worte verunheiligt wirst, darum ich auch allzeit also zaghaft werde, meinen unreinsten Mund vor Dir zu öffnen, dass mir dann die vollste Ersichtlichkeit meiner gänzlichen Unwürdigkeit und Verworfenheit vor Dir die Lunge erstarren macht und mir dann dadurch auch auf eine Zeit lang die Kehle also beengt, dass ich kaum ein Wort über meine Lippen zu bringen vermag; aber so ich dann wieder bedenke, wie unendlich und unaussprechlich gut,

liebevollst und barmherzig Du bist, da freilich kommt mir wieder der Mut, von Deiner so übermilden Erlaubnis Gebrauch zu machen.

3. Und so bin ich denn nun wieder also erdreistet und bitte Dich, dass Du mir und auch allen übrigen, so sie solches etwa samt mir noch nicht wissen sollten, besagen und unsere große Torheit erleuchten möchtest, was denn so ganz eigentlich das Leben ist, und wie es denn geschieht, dass wir uns desselben vollends bewusst werden, dass wir wissen und es durch und durch empfinden, dass wir sind, und können frei tun, was wir nur immer auch frei wollen!

4. Doch ich bin ja voll der Torheiten aller Art; sicher habe ich auch jetzt durch diese meine Frage ihre große Summe vor Deinen heiligsten Augen sehr bedeutend bereichert!

5. Ja, ja, ich merke es Dir schon von Deinem Angesicht ab, dass ich eine übertörichte Frage gestellt habe! Wenn ich doch nur geschwinde um was anderes fragen könnte!

6. O Jehova, zürnst Du etwa meiner Torheit? Dann möchte ich mich vor zu großer Schande in den tiefsten Abgrund der Erde verkriechen und meine Torheit beweinen mein Leben lang in der allerdichtesten Finsternis!

7. Doch, o mein allein über alles geliebtester Jehova, ich fordere ja nicht das Licht von Dir, sondern nehme Du diese Frage nur als eine allerdemütigste Bitte von mir an, und Dein über alles allerheiligster Wille tue, was ihm allein wohlgefällt, und ich werde ja alles für Deine übergroße Erbarmung und unaussprechliche, allerhöchste und -größte Vaterliebe in der Tiefe der Tiefen meines Herzens dankbarst anerkennen!

8. O vergebe mir Du, dessen Namen mein Herz, in aller Liebe zu Dir entzündet, nicht mehr wagt auszusprechen!"

9. Und der Abedam aber erregte Sich und sprach zu ihr und zu allen:

10. „Wahrlich, Ich sage dir wie auch euch allen, so viel Demut habe Ich noch in keinem von euch allen gefunden!

11. Ghemela, liebst du Mich denn wirklich und wahrhaft also über alles, und auch ganz allein?"

12. Und die Ghemela fing an zu weinen und erwiderte schluchzend dem Abedam: „O Du, Du heiß Geliebter, Du ewige Liebe Selbst! Wie magst Du mich fragen, Du, der mich erschuf und mir gab ein solches Herz, das da nichts denn nur Dich allein zu lieben vermag!

13. O wäre es möglich, ich möchte ja wohl tausendmal den Tod selbst erleiden aus Liebe zu Dir, sollte es nicht anders möglich sein, Dir zu zeigen, wie allein über alles, alles, alles ich Dich liebe! Allein, was rede ich, Du siehst ja mein Herz!"

14. Und der Abedam beugte Sich zur Erde nieder, erhob die auf der Erde vor Ihm liegende Ghemela, ja Er hob sie ganz auf Seinen rechten Arm und drückte sie sichtbar heftig an Seine heilige Brust und sagte dann zu ihr:

15. „O du holdeste, liebste, herrliche Perle Meiner Liebe und Erbarmung, wahrlich, dein jugendlich Herz hat mehr Liebe und Lebens in sich denn die ganze Erde! Was dir nun widerfahren, solches hat noch kein allerreinster und weisester Engel erfahren!

16. Ich will dich segnen für alle Zeit! Siehe, du herrliche Ghemela, wie Ich, dein Schöpfer, dein ewiger, heiliger Vater, dich

jetzt trage auf Meinem Herzen, welches ist das ewige Fundament alles Lebens und alles Seins der ganzen Unendlichkeit, also soll dereinst eine dir vollends ähnliche Tochter aus deinem Blut – höre! – Mich Selbst, Mich, den ewigen, unendlichen Gott, das ewige Leben, den allmächtigen Schöpfer aller Kreatur vom Atom bis zum allerhöchsten Engelsgeist, Mich, den alleinigen Herrn aller Macht und Kraft, unter ihrem Herzen tragen!

17. Dir aber werde Ich gar bald einen Sohn geben durch Meinen Lamech; diesen wirst du Noah nennen, und er wird ein Retter deines Volkes werden.

18. Wie aber solches geschehen wird und wann, das wird dein künftiger Sohn zur rechten Zeit unmittelbar, wie du jetzt diese Verheißung Meiner Erbarmung, von Mir empfangen. Beachte dieses wohl, und du wirst dann auch bald erfassen und hinreichend begreifen, was das Leben ist, und wie sich jeder Mensch desselben bewusst wird und dann im Leben frei tun kann, was er will!

19. Damit du aber vorderhand mit deiner Frage nicht antwortleer wieder mit den Füßen den Erdboden betrittst, so merke: Was das Leben an und in Mir Selbst ist, solches wäre dir unmöglich zu begreifen; denn wie Ich Selbst bin das allereigentlichste Leben ewig und unendlich, wird nie imstande sein auch der höchste, tiefsinnigste Cherub zu begreifen und zu erschauen. Was aber eigentlich das Leben in dir ist, so ist es nichts anderes als Mein Odem in dir oder Mein vollkommenes Ebenbild in jeglichem Menschen. Wie aber Ich Mich befinde ewig und unendlich im stets allerklarsten Bewusstsein des höchst eigenen allervollkommensten Lebens, also hat auch jedes Geschöpf einen, wenn auch für dich überunbegreiflichst kleinsten Teil dieses Meines Lebens in sich und ist vollends lebendig für seinen Bedarf aus demselben.

20. Es ist aber alles Leben also beschaffen, dass es sich beständig vermehren kann und wachsen durch Mein unablässiges Einfließen; je ausgewachsener aber das Leben wird, desto vollkommener stellt es sich dann auch immer dar.

21. Aber selbstbewusst wird sich das Leben erst dann, wenn es mit dem Fünkchen der Liebe auch ein Fünkchen des Gnadenlichtes aus Gott hinzubekommt; mit diesem Licht erkennt das gegebene Leben sein Selbstiges und wird frei sich selber bewusst.

22. So dann aber dieses sich selbst bewusste Leben auch nicht nur seiner selbst, sondern in sich seines ewigen, heiligen Ursprungs sich bewusst wird und gibt Ihm Dank und Ehre, Liebe und Anbetung und erkennt Dessen Willen, der es erschaffen hatte, dann erst wird es vollkommen frei und wird da durch diese Erkenntnis durch die Liebe ein Kind der ewigen Liebe und des ewigen Lebens, durch welches Leben es erst dann zum allerklarsten Bewusstsein seiner selbst und zum lebendigen Bewusstsein Dessen, der dich jetzt auf Seinen Händen trägt, gelangen wird.

23. Hast du wohl alles verstanden, Meine Ghemela?"

Am 5. Januar 1842

24. Und die Ghemela, übervoll von wahrhaft überhimmlischer Entzückung, erwiderte dem Abedam:

25. „O Du mein heiliger Vater, Du allerhöchste Liebe, wer sollte oder möchte da Dein Wort nicht verstehen und begreifen, besonders wenn man noch dazu die

unaussprechliche Gnade besitzt, die Du mir nun noch erzeigst, von Dir, o Du überheiliger Vater, auf den Händen getragen zu werden!

26. Siehe, also muss ja Deine Ghemela auch verstehen, was Deine unendliche Vaterliebe ihr erleuchtete! Ich kann Dir darum nicht mit dem Mund danken, aber desto mehr stets erbrennt mein Herz zu Dir!

27. Aber höre, Du mein allein allergeliebtester Jehova, jetzt ist mir eine ganz entsetzlich traurige Frage eingefallen!"

28. Und der Abedam fragte sie schnell und wie überrascht: „No, was denn, was denn? Was kann dir, du Meine geliebte, herrliche Ghemela denn so plötzlich und so Trauriges auf Meinen Händen noch eingefallen sein?

29. Sage Mir es nur recht geschwinde; wer weiß, vielleicht finde Ich noch einen Trost für dein geistig zartes Herzchen?"

30. Und die Ghemela schmunzelte etwas verlegen, spielte mit den reichen Locken des Abedam und getraute sich mit der Frage nicht recht ans Tageslicht.

31. Nach etwas längerem Innehalten, da sie der Abedam noch einmal ermuntert hatte, brachte sie endlich mit liebezitternder Stimme ihre traurige Frage heraus und sagte:

32. „O Jehova, siehe, aus manchen Deinen heiligen Worten habe ich jetzt herausgefunden, dass Du uns bald wieder verlassen wirst; und siehe, da ich Dich schon unendlich, für mein Herz genommen, liebe, wie wird's mir Armen dann gehen, wenn ich Dich nicht mehr sehen und also wie jetzt Dich, Du meine ewige Liebe, um mich haben werde?"

33. Und der Abedam erwiderte ihr: „Höre, du Meine herrliche, liebste

Ghemela, deine Besorgnis ist zwar einerseits nicht unbegründet; denn also kann Ich nicht stets bei euch verbleiben, und es wäre solches auch für niemanden gut. Denn bliebe Ich stets also bei euch, so könnte nie jemand zum wahren, selbständigen, freiesten Leben gelangen, darum schon einmal die Sünde die Welt in ihre harte Knechtschaft nahm und eben darum auch schon des Zwanges und der Nötigung auf der Erde ohnehin in großer Menge vorhanden ist. Würde nun Ich als die allerhöchste Urkraft und Urmacht beständig also sichtbar unter euch verweilen, so hättet ihr auch eine zweite Nötigung auf der Erde, auf dass sich da niemand auch nur im Geringsten frei bewegen könnte, entweder hin oder her, oder auf und ab.

34. So Ich aber fremd bleibe euren Augen, aber – so es jemand ernstlich will, wie du jetzt es willst und es treulich allzeit also gewollt hast – desto bekannter und vertrauter seinem Herzen, da ist dennoch jeder trotz der harten Knechtschaft der Sünde vollkommen frei. Er kann diese Knechtschaft mit verachtenden Füßen treten und kann sich zu Mir, Mich in der Liebe seines Herzens suchend und frei selbst erfassend, wenden, wo er dann sogleich nach dem Maße seiner Liebe von Mir aufgenommen und nach seinem Liebewillen behalten und erhalten wird, welches alles erst dann ist die Gewinnung des ewigen Lebens.

35. Denke aber, wer sich da etwas zu tun getrauen würde, so er Mich sähe und bestimmt wüsste an seiner Seite allzeit durch sein ganzes Leben?

36. Siehe nur hin, und beachte die Menschen, die Mich sichtbar hier wissen! Was tun sie jetzt?

37. Keiner aus ihnen getraut sich einen freien Atemzug zu machen, geschweige erst was anderes zu tun, ob Rechtes oder Unrechtes! Und siehe aber dagegen die vielen uns umgebenden Scharen, die Mich hier sichtbar unter euch nicht einmal lebendig ahnen, wie sie sich munter bewegen und drehen!

38. Viele unter ihnen glauben Mich über allen Sternen, andere wieder gegenwärtig in einem ziehenden Lüftchen, und noch andere haben tausenderlei Mich ferne haltende Meinungen.

39. Siehe, diese alle erleiden von Mir aus nun keine Nötigung und sind darum vollends frei, was aber bei euch allen nun nicht der Fall ist, obschon ihr neben Mir zwar ferne seid von der Knechtschaft der Sünde, aber desto mehr seid ihr gezogen von Meiner Liebe, darum ihr nun nicht anders könnt, als Mich über alles zu lieben, welches aber trotz des heiligen Rechtes solcher Liebe doch eine Nötigung ist, da ihr in Meinem Angesichte nicht anders könnt, als Mich also zu lieben!

40. Solange aber Ich sichtbar unter euch bin, kann niemandes gegenwärtige Liebe ihm fürs Leben angerechnet werden, sondern erst dann, so Ich nicht mehr sichtbar unter euch wandeln werde, und das auch, wie Mich jemand geliebt hat vor Meiner Sichtbarkeit!

41. Siehe, du Meine herrlichste, liebste Ghemela, auch deine gegenwärtige Liebe zu Mir hätte gar keinen Wert, so du Mich früher nicht ebenso und manchmal sogar noch inbrünstiger geliebt hättest denn jetzt, da du eigentlich nicht liebst, sondern nur von Mir aus gesättigt wirst mit Meiner Liebe zum ewigen Leben!

42. Aber alles dessen unbeachtet oder wohlbeachtet kannst du dennoch deine traurige Frage gänzlich in den losen Wind fahren lassen; denn deine Liebe hat das ihrige schon von jeher frei getan, da du viel zu kämpfen hattest mit der Welt Meinetwegen, darum du so überaus schön gestaltet bist, wie es vor dir noch keine deines Geschlechtes war.

43. Dieses deines beharrlichen Kampfes zufolge hast du dir auch Meine Sichtbarkeit und sogar Meine Berührung unschädlich gemacht, so zwar, dass Ich darum nur auch dir zeigen konnte Dinge, deren Anblick gar viele, die nicht dir gleich schon vorher sich der Liebe Sieg errungen hätten, getötet hätte.

44. Und es wird dir auch Meine sehr oftmalige Sichtbarkeit ewig unschädlich bleiben; denn du bist schon gebunden an Mich. Und wie Ich dich jetzt sichtbar trage auf Meinen Händen, also werde Ich dich auch unsichtbar auf Meiner Liebe Händen tragen, und wann immer Ich Mich dir zeigen werde, so wirst du Mich stets dich also tragend ersehen. Darum sei also nur heiter und froh in deinem Herzen; denn von nun an wirst du Mich ewig nimmer missen!

45. Siehe, Meine herrlichste, zarteste und geliebteste Ghemela, meinst du denn, Ich könnte dich etwa missen?

46. O siehe, du bist nun Meinem Herzen eben also unentbehrlich geworden wie Ich dem deinigen; daher magst du dich ja wohl vertrösten, dass Ich dich nicht, wie es dir vorkommt, verlassen werde.

47. Daher also auch, Meine herrlichste, allerliebste Ghemela, wie Ich dir schon bemerkt habe, lasse deine traurige Frage nur unbekümmert und sorglos in den Wind fahren! Amen."

Die Freude der Ghemela und die Bitte der Gläubigen an Abedam

1. Und als die Ghemela solche herrlichen Tröstungen vom Abedam vernommen hatte, wurde sie also über die Maßen fröhlich, dass sie noch auf der Hand des Abedam förmlich zu hüpfen und zu springen anfing, so zwar, dass sie in diesem Freudentaumel sogar ihrer Scham vergaß, und darum ihr Vater Zuriel ihr zurief, sich nicht so sehr zu entblößen und doch zu bedenken, wer Der ist, der sie trägt.

2. Der Abedam aber verwies dem Zuriel solche unzeitige Zurechtweisung und sagte zu ihm:

3. „So du Mich kennst, wozu ist deine Sorge? Und solltest du Mich noch nicht erkannt haben, dann lasse du dich lieber von deinen Töchtern zurechtweisen, damit auch du Mich erkennst, wie sie Mich erkannt haben!

4. Möchtest du nicht etwa deinen unschuldvollsten Kindern die Schlange der Unzucht zeigen und für ihre gänzliche Unschuld ihnen ein kümmerndes Gewissen der Welt geben?

5. O siehe, ein wie großer Tor du bist! Wer kann sich wohl in Meinen Händen Mir missfällig ungebührlich betragen?

6. Sei daher für die Zukunft klüger! – Und du, Ghemela, aber lasse dich ja nicht stören in deiner Fröhlichkeit; denn solches ist die Fülle des ewigen Lebens aus Mir in dir, und es hat solches auch noch nie ein allerreinster Engel empfunden wie du jetzt. Daher hüpfe und springe du nur zu; denn auf meinen Händen ist gut hüpfen und springen!"

7. Und der Abedam herzte und koste die Ghemela noch ein kurz Weilchen und sagte dann zu ihr: „Siehe, Meine ganz reine Geliebte, damit wir nicht etwa den eifersüchtigen Neid derjenigen, die sich uns soeben von allen Seiten zu nahen anfangen, darum Ich heute am Morgen zu ihnen erleuchtete Boten ausgesandt habe, erwecken und ihnen keinen Anlass geben zum geheimen Ärger, darum sie Mich noch nicht kennen, wie du und alle hier Anwesenden Mich kennen, so setze Ich dich zwar sichtbar wieder auf die Erde, aber unsichtbar für fleischliche Augen, also im Geiste und in aller Wahrheit, bleibst du auf Meiner ewigen Liebe Händen! Amen."

8. Bei diesen Worten drückte sie der Abedam noch einmal ans Herz und setzte sie dann ganz sanft zur Erde nieder, und zwar neben Seinen Füßen. Und kurz darauf kamen schon die ausgesandten Opferverkünder und Erleuchter nach dem Worte Abedams herbei und fielen vor dem Abedam auf ihre Angesichter nieder und beteten Ihn an in der Tiefe ihrer Herzen; und hinter ihnen folgten unabsehbare Scharen ihrem guten Beispiel.

9. Nach einer kurzen Weile aber hieß sie der Abedam aufstehen und sprach zu ihnen: „Ihr habt redlich und treu gearbeitet, denn die Früchte eurer Taten folgen euch nach, darum Ich auch eine große Freude an euch habe und es euch dafür nun ganz freilasse, euch von Mir einen Lohn zu erbitten. Und wie geartet euer Wunsch nun immer ausfallen möchte, so soll er alsbald in Erfüllung gehen; und sonach lasst laut werden eure Herzen!"

10. Es fingen aber alle zu schreien an: „Herr, Du heiliger Gott, Du unser aller liebevollster Vater, unser Emanuel Abedam!

Was sollen wir von Dir uns noch erbitten, da wir Dich haben, Dich, Du ewige Liebe, Dich, unseren heiligen Schöpfer und Vater?!

11. Was könnte die heißeste Eigenliebe sogar noch erdenken, das da mehr wäre denn Du?!

12. Siehe, wir haben an Dir ja schon den allerhöchsten Lohn für unsere, Dich allein über alles liebenden Herzen in solcher unermesslichen Fülle empfangen, dass wir diesen überheiligen Lohn, so wir Ewigkeiten hintereinander Dir täglich noch unaussprechlich mehr dienen könnten denn diesen Morgen, doch nicht im Allergeringsten verdienten! Ja, es wäre selbst aller ewigkeitenlanger, allereifrigster Dienst doch nur als ein pures eitles Nichts anzusehen gegen die unendliche Größe dieses unaussprechlichen, allerheiligsten Vorlohnes, dass Du, Du liebevollster, heiligster Vater Selbst, Dich zu uns Würmern des Erdenstaubes herabzukommen entschlossen hast und hast uns alle erfüllt mit Deiner Liebe und Deinem allerheiligsten Gnadenlicht, dessen alles wir alle vollends unwürdigst waren und noch sind!

13. Oh, die Erde soll uns alle in weite und tiefe flammende Klüfte verschlingen, so uns nur neben Dir auch nur ein allerleisester Wunsch übrigbliebe, obschon wir Dir, o Emanuel, auch für diese Bitterlaubnis ewig nie genug werden danken können!

14. Um was auch könnten wir Dich bitten? Wissen wir denn, was uns gut wäre und nützlich?

15. Solches wissen wir aber alle durch Deine Gnade, dass Du allein nur uns allen notwendig bist. Dich aber haben wir ja alle!

16. Um was könnten wir da noch bitten? Ja, darum können wir Dich bitten, dass Du uns ja nie verlassen möchtest! Ist uns diese Bitte gewährt, dann haben wir unendlichmal mehr als alles, was in alle Ewigkeiten der Ewigkeiten unsere glühendst wünschenden Herzen erfinden möchten und könnten! Darum allein also bitten wir Dich; aber ja nicht etwa als Lohn unseres nichtigsten Verdienstes wegen, sondern allein Deiner Erbarmung und Deiner Vaterliebe wegen!

17. O Emanuel! Vergebe uns aber auch selbst diese Bitte, da wir vor Dir alle blind sind und nicht wissen, was wir tun! Was allein nur Dir wohlgefällig sein kann, das ist Dein heiliger Wille; und so geschehe jetzt, wie allzeit und ewig, Dein heiliger Wille! Amen."

Anhang

Erklärung der zehn Buchstaben nach ihrem geistigen Sinn (siehe 3. Kapitel, 12. Vers)

Am 27. Mai 1847

1. Vers 12: „Siehe, Ich will sie dir alle beim Namen: H1, L, V1, T, S, S, A, A, S, S nennen. Sie sollen alle Meinen Vatergruß empfangen und heute noch, wenn sie wollen, sollen ihnen die Pforten der Himmel geöffnet werden, das die Augen ihres Geistes sind, und Ich will noch heute wohnen in ihren Herzen. Nur eines noch sollen sie mit Beharrlichkeit tun, nämlich ihr Fleisch sollen sie reinwaschen aus dem Brunnen, da

lebendiges Wasser innen ist, und einen Stab sollen sie nehmen, der zur Hälfte schwarz und zur Hälfte weiß ist; den sollen sie zur Hälfte abbrechen, und den schwarzen Teil sollen sie der Welt unter die Füße werfen und den weißen Teil für sich behalten zum Zeichen, dass sie mit der Welt und mit ihrem Fleische auf immer gebrochen haben."

2. Was diese von Anfang an bisher noch nicht verstandenen zehn Buchstaben betrifft, so liegt fürs Erste das Heil der Sonne und des Mondes nicht daran, und die Sterne gehen auch ihren Weg fort, ohne sich durch das Unverständnis dieser zehn Buchstaben beirren zu lassen. Jeder von euch aber weiß, dass fürs ewige Leben nur eines nottut; wer auf das sieht und danach trachtet, hat für seinen Geist den besten Teil erwählt, – alles andere kommt zur rechten Zeit als eine freie Zugabe hinzu. Und so hätte auch ein jeder von euch seinem Geiste nach dies kleine Geheimnis schon lange enthüllt haben können, so er sich darum ernstlich und volltraulich in seinem Herzen fragend an Mich gewandt hätte. Stattdessen aber habt ihr wohl öfter schon nachgegrübelt – mit eurem Verstand bei weitem mehr als mit dem Herzen – und daher rührt es dann aber auch, dass ihr dies leichte Geheimnis noch nicht versteht, und das darum, weil dergleichen Dinge für den Verstand nicht gegeben sind, sondern lediglich nur für das Herz und für den Geist!

3. Auf dass aber euer noch stark unverständiges Herz in rein geistigen Dingen nicht noch länger den leidigen Verstand als Auskundschafter in das geistige Geheimnisrevier aussenden soll wie einen blinden Jäger, der ihm noch nie irgendein fettes Wild heimgebracht hat, sondern allezeit

nur ein halbvermodertes Aas, so will Ich euch gleichwohl die unter diesen zehn Buchstaben bezeichneten symbolischen Freunde näher bekanntgeben; und so hört es, und fasst es wohl!

4. H1 bezeichnet die Hölle als fleischliches Angehör der Seele; die Zahl 1 bedeutet die Hoffart, Herrschsucht und den Hochmut eben der Hölle in jedem Menschen und somit auch in euch. Die Hölle ist aber jedes irdischen Menschen innigster Freund, indem sie ihm alles verschafft, was seiner Natur schmeichelt und dieselbe mit allerlei fleischlich behaglichsten Reizen erfüllt.

5. Will Ich nun einen Menschen in Mein Reich aufnehmen und ihn erziehen zum ewigen Leben, so muss Ich auch seine Freundschaft aufnehmen, von der sich der Mensch, solange er auf der Erde lebt, nie völlig zu trennen imstande ist; darum auch die Sünde, als Angehör dieses Freundes, vor Meinen Augen als völlig getilgt erscheinen muss, ohne welche Erscheinlichkeit eine weitere Erziehung eures Geistes nicht denkbar ist und sein kann. Mit anderen Worten gesagt: So Ich euch erhalten will, muss Ich auch um eure Haushölle Meine heiligen Vaterhände schlingen und so euch samt eurer noch bis jetzt sehr intimen Freundin in Meinen Schoß erheben! Da habt ihr nun den ersten Buchstaben, dessen Enthüllung Ich euch bisher verschwiegen habe, und das aus wohlweisen Gründen.

6. Das darauffolgende L bezeichnet alle möglichen Leidenschaften, die eben aus H hervorgehen. Dass die Leidenschaften auch Freunde des Menschen sind seiner fleischlichen Natur nach und alle von Mir ergriffen, erhoben und in Edles verkehrt werden müssen, wenn des Menschen

Geist genesen soll zum ewigen Leben, das wird sich etwa doch wohl allerklarst von selbst verstehen?!

7. V1 bedeutet die Vernunft, gepaart mit dem Verstand, wie ihn die Welt oder die Hölle dem äußeren Naturmenschen gibt. Dass dieses alle Welt beherrschende Ehepaar nebst der Hölle in jegliches Menschen größter freundschaftlicher Gunst steht, braucht kaum näher erwähnt zu werden; denn alles lässt ein Mensch eher fahren als diese seine besten und intimsten Hausfreunde. Ist ein Mensch manchmal auch mit seiner anderen inneren Weltfreundschaft eben nicht am zufriedensten, so hat er aber doch gegen diese zwei fast nie oder nur höchst selten etwas Kleinlichstes einzuwenden.

8. Will Ich aber den Menschen zu Mir erheben, so bleibt nichts anderes übrig, als auch diesen seinen intimsten Hausfreunden volle Amnestie zu geben. Ich meine, das dürfte wohl auch jedem von euch sehr einleuchtend sein, indem auch ihr noch bis heute sehr große Stücke auf diese eure alten Hausfreunde haltet, obschon ihr nebstbei wohl einseht, wie weit man mit ihnen im Land des Geistes zu kommen imstande ist!

9. Das T bezeichnet das mit dem Verstand gleich emporkeimende Talent, durch welches der Mensch zu allerlei Glanzstufen gelangen kann, auf denen das S (Selbstsucht) vorzugsweise zu Hause ist und mit dieser das zweite S als Schadenfreude, — lauter Hausfreunde des Menschen von der Welt, die Ich auch mit aufnehmen muss, wenn Ich seinen Geist retten will!

10. Aus diesen geht heraus die treue Anhänglichkeit an allen Weltglanz und der Antrieb, stets höher in der Weltgunst und in ihrem Vorteil zu steigen und sich herrschend so viel als möglich über alles in seiner Art zu erheben, wozu ihm sein Freund T den Weg gebahnt hat!

11. Es versteht sich schon wieder von selbst, dass bei der Aufnahme des Menschen nach seinem Geiste die beiden Freunde A, A nicht zurückbleiben können und müssen zur Umkehr und wahren geistigen Veredlung mit aufgenommen werden. Und so schon alles aufgenommen ist, da können auch die beiden letzten S, S, als allerlei fleischliche Sinnlichkeit, die bei jedem Menschen legionfach ist, und endlich die jedermann wohlbekannte weltliche, überdumme Sittlichkeit, als Mode, Komplimente usw., nicht zurückbleiben.

12. Seht, das sind die im Hauptwerk angeführten Freunde und Brüder in euch, so wie in Meinem Knecht, unter dem aber jedermann verstanden wird. Diesen sollt ihr in euch laut verkünden, dass Ich nach ihnen Meine Hände ausgestreckt habe und habe ihr Böses gewaschen, die Sünde hinweggetan und sie mit den wahren Interessen eures Geistes in Einklang gebracht, auf dass ihr nun, so ihr wollt, ganz ungehindert den treu gezeigten Weg des Lichtes und des Lebens fortwandeln könnt.

13. Wollt ihr aber alles dessen ungeachtet diesen euren alten Freunden treuer verbleiben denn Mir, der Ich euch ohne euer Zutun diese große Gnade und heiligste Vaterhuld erwies, so steht es euch auch frei. Auch davon wird das Heil der Sonne und des Mondes nicht abhängen, und die Sterne werden ihren Weg nicht verfehlen! Denn das wisst ihr ja lange schon, dass von Mir aus für den Geist kein Muss besteht! Ich meine aber, da Ich für euch schon so viel getan habe, so werdet ihr auch das Wenige tun, nämlich fortan stärker und stärker mit eurer Liebe Mir

anhangen und eure Brüder nicht im Stich lassen!

14. Ich hätte euch aber die zehn Freunde eures irdischen Lebens im Fleische wohl schon lange erklären können, wenn das für euch heilsam gewesen wäre; aber da Ich wohl sah, dass diese eure alten Freunde in euch einen starken Lärm geschlagen hätten, so Ich sie euch vor der Zeit mehr als bloß nur dem Anfangsbuchstaben nach bekanntgegeben hätte, und da nur in der Person des Knechtes, so habe Ich solche nähere Bestimmung bisher verzögert.

15. Da ihr sie aber nun habt, so ist es nun auch an euch, sehr ernstlich darüber nachzudenken und den im Hauptwerk verlangten Auftrag, soviel es nur immer eure Kräfte vermögen, an eben diese zehn Buchstaben auszurichten; denn solange ihr die nähere Bedeutung dieser Buchstaben nicht kanntet, da tat Ich für euch, was Ich in der Person des Knechtes vom Knecht selbst und von jedem aus euch verlangte und noch verlange.

16. Nun euch aber dieses Geheimnis enthüllt ist, seid ihr selbst verpflichtet, diesen Auftrag an euch zu erfüllen, ansonst ihr nicht völlig geschickt zu Meinem Reich sein könntet, – denn hier heißt es die Hand an den Pflug legen und sich dabei nicht nach rückwärts kehren! Ich habe aber euch dennoch auf anderen Wegen stets gezeigt, was im Naturmenschen ist, und was er zu tun hat, den Naturmenschen nach und nach in den geistigen zu verkehren. Und so konntet ihr diese gegenwärtige Enthüllung bisher schon entbehren und seid darum um nichts verkürzt worden und habt den rechten Weg ohne Anstand fortwandeln können, was auch fürder der Fall sein wird, so ihr das treu beachtet, was zu beachten Ich euch treulichst zeige.

17. Vor allem aber haltet euch an die Liebe; die wird euch nicht verlassen! Alles kann vergehen, nur die Liebe bleibt ewig! Wo aber diese ist, da ist alles; denn die Liebe erhält alles und ist überall der Grundstein alles Seins! Seid daher nicht kleinmütig, nicht traurig, nicht mürrisch, nicht grämig, sondern in allem beherzt, heiter, fröhlichen Mutes und angenehmen und gefälligen Sinnes, Herzens und Geistes, so werdet ihr leichten Weges wandeln und die Pforten des Himmelreiches stets weit geöffnet vor euch haben, wodurch ihr dann ein leichtes Spiel haben werdet, eure vorenthüllten Weltfreunde veredelt in Mein Reich einzuführen, was der heißeste Liebewille Dessen ist, der euch hier durch den Knecht diese große Gnade erweist. Amen, Amen, Amen.

Inhalt

Über diese Edition

Der Text dieser Edition entspricht dem der Erstausgabe von 1852 (bis Kapitel 5.13) und dem Originalmanuskript. Angepasst wurde lediglich die Rechtschreibung. Die Kapitelüberschriften wurden neu hinzugefügt. Anmerkungen oder Ergänzungen des Editors befinden sich in eckigen Klammern.

Bei der Überprüfung des Textes der 5. Auflage (2000, Lorber-CD) des Lorber Verlages wurden im Vergleich mit der Erstausgabe und dem Manuskript die folgenden inhaltlichen Unterschiede festgestellt:

„Löschung" bedeutet, der Text in Klammern ist in der Erstausgabe oder im Manuskript vorhanden, nicht aber in der 5. Auflage. „Einfügung" bedeutet, der Text in Klammern ist nur in der 5. Auflage vorhanden.

Etliche Superlative wurden in der 5. Auflage durch die Grundform ersetzt (und umgekehrt). Diese Eingriffe werden hier nicht aufgelistet, obwohl es sich auch um inhaltliche Unterschiede handelt.

0.5 Im Verstande der <u>eigennützigen</u> [Erstausgabe: <u>uneigennützigen</u>] Welt leider wohl, die, da sie selbst finster ist, überall nichts als Finsternis erschaut; aber in den Augen derjenigen, die vom Vater gelehrt und gezogen sind, erscheint alles ganz anders, denn den wahrhaft Reinen und Erleuchteten ist alles rein und wohlbeleuchtet.

Uneigennützig sein ist nicht pur positiv, ebenso wie Eigennutz nicht pur negativ ist. Man muss zuerst sich selbst lieben und im gerechten Maß auf sich selbst sehen, also eigennützig sein, um nach dem Gebot des Herrn andere lieben zu können „wie sich selbst". Uneigennützig im negativen Sinn kann etwa Scheinheiligkeit bedeuten, wenn man sich selbstlos oder altruistisch gibt, auf eine Weise, die nach außen hin positiv erscheint, aber tatsächlich verborgene egoistische Motive hat – eine der Hauptbeschäftigungen der Welt.

2.1 Daher reinige dein Fleisch und werde eins mit <u>Mir</u> [Erstausgabe: <u>dir</u>], damit Ich eins mit dir werde!

Eins mit sich selbst werden bedeutet, eine harmonische und integrierte Einheit mit der eigenen Persönlichkeit und dem inneren Wesen zu erreichen. Es ist ein Prozess der Selbstreflexion, Selbsterkenntnis und inneren Transformation. Durch Praktiken wie Meditation, Gebet und innere Einkehr strebt man danach, die verschiedenen Aspekte seiner eigenen Persönlichkeit zu erkennen, zu akzeptieren und zu integrieren. Dies beinhaltet die Bewusstwerdung und Heilung von emotionalen Wunden, die Überwindung von negativen Gewohnheiten und Mustern sowie die Kultivierung positiver Eigenschaften wie Liebe, Mitgefühl und Demut. Indem man sich mit seinem innersten Wesen verbindet und es akzeptiert, öffnet man den Raum für die Gegenwart Gottes und ermöglicht eine tiefere spirituelle Erfahrung. So wird Gott ermöglicht, in einem selbst gegenwärtig zu sein.

4.10 So ihr es beachtet und danach tut, so habt ihr es in euch aufgenommen; dann wird es in euch lebendig und erhebt euch [Löschung (vgl. Erstausgabe): über euch] selbst und macht euch frei, und ihr seid dann nicht mehr unter dem Gesetze, sondern über demselben in der Gnade und im Lichte, welches alles Meine Weisheit ist.

5.33 In der Mitte der Erde [Manuskript: Erden] aber befindet sich ein Zornfunke des Grimmes Gottes gleich einem Feuerdrachen und hält die bösen Rotten gefestet wie Steine, welche erst durch das Wasser der Erbarmung müssen erweicht werden, so einer wieder zu einer zweiten Probe für Freiheit und ewiges Leben soll entbunden werden. Und nun begreife das Geheimnis deines Wesens und staune über die große Liebe der ewigen Macht, wie oft Sie dich schon hat von neuem geboren werden lassen, um dich, der verloren war, fürs ewige Leben, für die Freiheit, fürs Gesetz, [Löschung (vgl. Manuskript: fürs Wort,] für die Liebe und fürs Licht und für die Anschauung Ihres Angesichtes wieder zu [Manuskript: hat] gewinnen;

Auch davor und danach ist von Erden – also Weltkörpern allgemein – die Rede.

6.1 Siehe, der Natur nach, wie ihr sagt, sind das Ausbrüche von innen heraus gleich den Feuerspeiern der Erde und sind entsprechende Ausbrüche des Grimmes der Gottheit und kleine Spuren von seiner [Manuskript: dessen] alles zerstörenden Macht, welche sich der Natur der Welt nach [Manuskript: noch] allezeit durch große oder kleine Ungewitter, je nach der Größe der Flecken, auf den Erden teilweise zu erkennen gibt;

6.9 Und bei dem der Winter eingetroffen ist, bei dem wird auch der Frühling eintreffen, wie er ist gleich dem ersten Leben der Liebe in euch, und wird eintreffen der Sommer in vollster Tatkraft aus dem Leben der Liebe, die in euch ist stark geworden durch die Gnade, und wird eintreffen der ruhige Herbst mit den Früchten der Werke der Liebe und der Gnade, in welcher [Manuskript: im welchen] ihr dann ganz als Neugeborene in das Leben der Sonne eingehen werdet, zu schauen das Angesicht eures heiligen Vaters und zu leuchten gleich ihr aller Welt durch die große Kraft der Gnade, der Liebe und der Erbarmung eures überaus guten, heiligen Vaters.

Die Neugeburt bezieht sich auf den sinnbildlichen Herbst, nicht bloß nur auf die Gnade.

7.6 Und siehe, da keimten aus dem Festen der Erde Kräuter, Pflanzen, Gesträuche und Bäume aller Art, und die Meere, Seen, Ströme, Flüsse, Bäche und Quellen wimmelten von Gewürmern, Fischen und Tieren aller Art; [Löschung (vgl. Manuskript): und das Feste ward belebt von Thieren aller Art,] und die Luft war belebt von den Vögeln aller Art.

9.23 Und es blieben auch noch hier und da anderweltliche Trümmer liegen auf der Oberfläche, in den Tiefen und den Meeren der Erde [Manuskript: Erden] zu Zeichen der Macht und Kraft Gottes und zugleich aber auch als sprechende Zeugen der übergroßen Taten der erbarmenden Liebe.

10.15 Dieses neue und leichte Gebot, das ihr soeben empfangen habt aus Meinem Munde, sei die erste Kirche, die Ich gründe [Löschung (vgl. Manuskript): auf der Erde] vor euch zu Meinem Gedächtnisse, und erinnere euch an die Taten der erbarmenden Liebe dankbar und führe euch zur heiligen Furcht Gottes zurück!

11.16 Und die Eva, voll Demut und innigster Freude, sprach: „Adam, siehe deine Magd zu deinen Füßen harren des Winkes ihres Herrn [Löschung (vgl. Manuskript): , und des Herrn] der Erde, und es geschehe mir nach deinem Willen; nimm hin mein schuldiges Herz und opfere es dem Herrn!"

11.19 Du hast jetzt viel erfahren auf der weiten Reise über die Erde [Manuskript: erfahren auf der weiten Reise über die Erde ihre Wesenheit]; und ihre Festen und ihre Gewässer sahst du und sahst auch, was auf und in denselben ist, wächst und sich bewegt; und sahst das große Mamelhud und vom selben abwärts alle Tiere bis zum kleinsten der kriechenden Würmchen; [Löschung (vgl. Manuskript): und sahst auch in den Meeren den Riesen Leviathan, den großen Waller;]

11.27 Und zu sehen werdet ihr mich bekommen allezeit wieder, sooft ihr dem Herrn der Herrlichkeit opfern werdet in aller Ergebung eure [Manuskript: eurer] Herzen;

Sie sollen mit ergebenen Herzen opfern, nicht ihre Herzen. Sie waren wohl keine Azteken.

12.9 Aus dem Grunde auch habe Ich euch schon ganz umständlich bis in die kleinsten Teile gezeigt Meine große Haushaltung von Ewigkeit her und habe euch gezeigt die Schöpfung vom Ersten bis zum Letzten und zeigte euch den ersten Menschen in seiner ersten Entstehung, will euch noch fürder ihn zeigen bis zu seinem Ende [Löschung (vgl. Manuskript): , und will euch zeugen alle meinen Führungen und Fügungen bis auf euch und fürbaß,] und will euch zeigen die große Hure und das zerstörte Babylon und euch dann führen in Meine große heilige Stadt und euch darinnen geben eine bleibende Wohnung ewiglich, so ihr Mich liebet, wie Ich euch liebe, über alles!

13.25 Und siehe, da erhob sich der Adam von der Erde mit der Eva und allen den übrigen, die da geschlafen hatten aus dem Tranke der Betäubung vom Gewächs der Schlange und dadurch verloren hatten [Löschung (vgl. Manuskript): ihre Geschenke] sämtlich bis auf den Ahbel, welcher nüchtern geblieben war, da er nicht getrunken hatte vom Tranke der Betäubung und eingedenk blieb des Tages des Herrn.

13.34 Und siehe sein Weib, die Eva, die Mutter deines Leibes, schmachten auf der Erde, und richte sie auf, damit sie beide und alle übrigen durch dich gestärkt werden zur Flucht und der gute, heilige Vater Freude an dir habe, da du Liebe erzeigst deines Leibes schwachem Vater, wie auch deiner hinfälligen [Manuskript: dessen hinfälliger] Mutter, und so auch allen deinen Brüdern und Schwestern, ob sie gesegnet oder nicht gesegnet sind; denn deine Kraft wird sie stärken, und die Fülle des Segens in dir wird sie erquicken!

Wenn die Frau eines Vaters auch seine Mutter genannt wird, dann drückt dies normalerweise eine enge Beziehung und Fürsorge zwischen beiden aus. Das ist auch heute noch in einigen Kulturen so.

15.5 Warum muß und soll ich denn büßen meine [Manuskript: eine] Schuld, zu deren Entstehung ich nie etwas beitragen konnte, da ich nur die Frucht der Sünde, nicht aber die Ursache derselben bin und mußte deswegen des Segens entbehren, der euch allen zuteil ward in der Fülle, und mich mühsam schleppen, da ihr spranget wie Hirsche, belastet vom unverdienten Fluche Jehovas?!

16.4 Und siehe, es gefiel der ewigen Liebe wohl die Reue und die Trauer; und Sie sprach durch den Mund des Engels zum frommen Ahbel, der ebenfalls zerfloß von Tränen des Mitleids, an welchem [Manuskript: welchen] die Liebe Wohlgefallen hatte in vollem Maße, sagend:

17.1 Und als er nun so verrichtet hatte das Wort [Manuskript: Werk] Gottes genau und von da wieder zurückkam zu den Seinen, die ihn mit aller Sehnsucht ihrer Herzen erwartet hatten, und auch da verrichtet hatte das Opfer nach der Weisung der ewigen Liebe und dem Adam nun übergeben hatte das leere Gefäß in der Art und Bedeutung, wie es ihm anbefohlen war, da öffnete die ewige Liebe wieder den Mund des Engels und sprach:

20.15 Und wie fluchst du da nun der Schlange, die du doch selber bist, und hältst noch am Ende [Löschung (vgl. Manuskript): in einem noch größeren Wahne] deinen eigenen Bruder für die personifizierte Schlange?!

21.6 Daher wolle uns gnädig anzeigen, wessen Geistes diese Frucht ist, damit wir Dich erst dann recht bitten können, daß Du, o Übergerechter, das Gift der Schlange ihr nehmen mögest und nur einen kleinen Tautropfen Deines Segens dann mögest [Einfügen (vgl. Manuskript): darauf] fallen lassen, damit wir nicht verderben.

27.10 Als somit der Gott Hanoch seine Rede vollendet hatte, entließ er diese seine zehn Diener. Diese aber gingen, dem Anscheine nach tief ergriffen von einer so gewaltigen Rede; in ihren Herzen aber waren sie über die Maßen fröhlich über die große Torheit Hanochs, der [Manuskript: da sie meinten, daß er] aus allerlei Furcht und Besorgnissen ihnen ihren eigenen Willen zum strengen Gesetze gemacht hatte und am Ende selbst überzeugt zu werden anfing, daß er ein Gott sei.

29.19 Denn siehe, so du unzüchtig [Manuskript: unzüchteln] würdest, oder stehlen in der Not, oder schwelgen und lumpen wie immer, so oder so, dann würde diese Gabe seltener Art bei den Menschen schwach werden in dir;

32.1 Hosianna in der Höhe, und Friede allen Völkern, die eines guten Willens sind; gelobet sei der Herr, der da kommt geritten auf einer Eselin; Halleluja dem Sohne Davids; Halleluja dem Fürsten des Friedens; Halleluja Dem, der da kommt im Namen des Herrn Gott Zebaoth; Er allein ist würdig, allen Preis, allen Ruhm und alle Ehre zu nehmen von uns; Er ist der [Löschung (vgl. Manuskript): einige große Gott, er ist der] heilige, alleinige Vater unserer Herzen, amen!

32.2 Und siehe, da nahmen sie all die Werkzeuge samt den Nägeln und trugen sie an die Ufer, stärkten sich da durch Ruhe, Speise und Trank und gingen schon des folgenden Tages an die Arbeit mit dankerfülltem Herzen und lobten Mich selbst unter den Fehlhieben [Manuskript: Fällhieben], – daher auch ihre Arbeit so schnell und richtig vonstatten ging, daß sie mehr als ein Wunder denn als eine eigentliche Arbeit anzusehen war; und sogestalt standen zweihundertfünfzig [Manuskript: 280] Kasten in vierzehn Tagen vollkommen fertig an den Ufern, mit Stricken befestigt, damit sie sicher waren vor dem Davon- geschwemmt-Werden durch die stets langsam anwachsenden Fluten des großen Meeres.

33.4 Und siehe, da verneigten sich alle gegen Meduhed, dankten Gott für diese Lehre in ihrem Herzen und gingen sehr willig und schnell ans gebotene Werk; und in sieben Tagen [Manuskript: Stunden] nach eurer Rechnung war alles in der größten Ordnung.

33.13 Und mehr als höchstens zwei bis drei Weiber soll keiner haben; denn alles, was darüber wäre, würde euch zur großen Sünde von [Manuskript: vor] Gott angerechnet werden und euer Leben auf der Erde zur kurzen, mühseligen Dauer machen, eure Liebe zu Gott schwächen und euch somit endlich alle Weisheit rauben, welche nur eine freiwillige Zugabe Gottes ist an jene, die Seine Gebote halten genau.

Gott rechnet den Menschen nicht die Sünden an, das tun die Menschen selbst vor Gott.

34.34 Und so findet sich auch in der Höhle (die früher oder damals Meduhedsgrotte hieß) jetzt noch das euch schon bekannte hohe Lied, wie auch noch einige bekannte Werkzeuge; jedoch ist diese Höhle jetzt unzugänglich, da sie sich auf einem hohen Berge befindet, was Ich später durch Feuer und bis jetzt noch andauernde [Löschung (vgl. Manuskript): große] Erdbeben bewirken ließ.

35.19 Und ihr Menschen, die ihr nicht nur die [Einfügung (vgl. Manuskript): fünf der] edelsten Sinne, sondern noch dazu eine unsterbliche Seele und in derselben einen göttlichen Geist habet, ihr konntet Gott vergessen und gänzlich unbeachtet lassen Seinen allerheiligsten Namen und Willen?

35.29 Was sollen denn aber wir dir tun, der du Gottes vergessen hast, und der du ermordetest deine Brüder und wolltest uns vor dem [Manuskript: den] Gerechten blutschuldig machen?!

36.26 Dieses große Gefäß wird dann zur Erde stürzen, voll von Sünden und der schrecklichsten Gerichte Gottes; da werden dann in den Hurenschlammfluten des Frevels ersaufen und ersticken alle Täter des Übels und werden mit sich reißen eine übergroße Anzahl der Kinder Gottes, die da werden von den Töchtern der Schlange in ihren Herzen gefangennehmen lassen und werden mit ihnen treiben die schändliche Hurerei und zeugen Kinder des Zornes und des Fluches Gottes, die da werden genannt Kinder der Hölle und Säuglinge der [Manuskript: des] Drachen, und werden da nicht mehr denn acht Personen geschont werden.

36.42 Da erstaunten diese vierzehn Kleinen mächtig vor den zwei großen Kindern Meiner Liebe, die ein gerechtes Maß eines Menschen hatten, nämlich sechshundertsechsundsechzig Zoll der <u>Mann</u> [Manuskript: <u>Mensch</u>] und sechsundsechzig Zoll weniger das Weib, während die Geretteten kaum euer Maß von sechzig Zoll hatten.

36.45 Doch davon werden euch eure Eltern nähere Kunde geben, die da wohl unterrichtet sind von Gott und meines Unterrichtes vor euren <u>Augen</u> [Manuskript: <u>Ohren</u>] nicht bedürfen!

37.8 Eure Handlungen aber sollen ausgedrückt werden durch verschiedene entsprechende Linien und die Vollbringung derselben durch Punkte; damit sollet ihr aufzeichnen, was ihr in der Zukunft von uns noch alles hören, lernen und erfahren werdet, [Löschung (vgl. Manuskript): <u>und was ihr auch schon von uns gehört, gelernt und erfahren habet,</u>] und das Notwendige davon auch euren Kindern zeigen bis ans Ende der Zeiten zum einstigen großen Zeugnis über die böse Schlangenbrut.

37.14 Dadurch gründete er das [Löschung (vgl. Manuskript): <u>noch jetzt bestehende</u>] sogenannte himmlische Reich oder die große Dynastie (Han) und erweiterte dieselbe selbst über die Mauer westlich sehr bedeutend.

38.8 Und siehe, da sah Hored wider Meinen Willen an das Weib Thubalkains, und <u>diese</u> [Manuskript: <u>dieser</u>] mußte auf Leben und Tod gehorchen dem Gebote Lamechs.

40.19 Aber wehe dir, so du noch einmal fällst; dann wird die Liebe dir sogar zum Fluche werden, und Ich werde <u>dem</u> [Manuskript: <u>den</u>] Menschen einen andern Geist geben, der zunächst von Mir ausgehen wird, – du aber wirst dann von neuem diesen Standpunkt verlassen müssen auf Ewigkeiten der Ewigkeiten, und es wird dir nimmer eine Zeit gegeben denn die des ewigen Feuers im Zorne Gottes und im Fluche der Liebe!

41.9 Wir verstehen es ja nicht mit unserer <u>Kurzsichtigkeit</u> [Manuskript: <u>Kurzsinnigkeit</u>]; aber es ist Einer, der es versteht, und dieser Eine ist die ewige Liebe des Herrn; aus Ihr ist alles hervorgegangen, was da ist, und so auch unsere Liebe zu Ihr.

41.11 Vater Seth, solch eine Rede voll geheimen Sinnes hat nun Henoch gesprochen, daß sie mir ging wie ein Feuerstrom durch Mark und Bein, und mein Herz erschauerte vor der geheimen Weisheit der göttlichen Liebe in <u>ihm</u> [Manuskript: <u>ihr</u>].

41.12 Denn obschon der Herr jedem gab die Liebe und das Verständnis des Herzens als reine Gnade aus Sich Selbst, so ist aber anderseits doch auch empfindlich wahr, daß nicht jeder von uns eine gleiche Last <u>heben</u> [Manuskript: <u>haben</u>] kann, und es hat der eine mehr Gewalt in seinen Füßen, der andere in seinen Händen, ein anderer in seiner Brust, ein anderer in seinem Rücken, und wieder ein anderer in seinen Eingeweiden, und der in diesem, und der in jenem.

41.19 Siehe, ich soll geben und habe nichts denn meine Liebe zu Dir [Löschung (vgl. Manuskript): <u>– o Vater, mein Herz brennt vor Liebe zu Dir, ich kann nichts, als Dich nur lieben, – o Vater, zürne nicht, daß ich mich getraue Dich, o Du allerheiligster Vater zu lieben, der ich nichts als Staub und Erde bin, aber sehe, du bist ein gar so guter Vater, und Deine Größe verschmähet nicht den Wurm im Staube! –</u>] O Vater, siehe, wir alle sind bestaubte Würmer vor Dir, Du allmächtiger, ewiger, heiliger Vater!

41.21 Und als dieses geschehen war, sehet, da ermannte [Manuskript: erkannte] sich Henoch aus seiner Liebe und begann folgendermaßen zu reden:

42.9 Denn das ist der ewigen Ordnung gemäß, daß da alles, was atmet lebendigen Odem aus Gott und im liebenden, denkenden [Manuskript: dankenden] Herzen empfindet die Liebe des ewigen, heiligen Vaters, das solle der Ruhe und Feier des heiligen Tages gedenken;

42.12 Und hört, dieser Ton klang wie heilige Worte, entströmend dem liebenden Herzen des heiligen, ewigen Vaters aus Höhen der Höhen des ewigen Lichtes der Lichter unendlicher, leuchtender Sphären und goß sich in reichlichen [Einfügung (vgl. Manuskript): ↓ leuchtenden] Strömen gar weithin laut über die endlose, horchende Fläche der großen Gewässer, und wie ich vernommen, sag' treu ich den Sinn solcher göttlichen Stimme gar herrlichen Klanges.

42.16 Erhebet euch immer [Manuskript: nimmer] denn über die heilige, leuchtende Säule des Kenan.

42.17 Und so höret denn ferner, was ich all für Wunder der göttlichen Liebe im Geiste erstaunt hab' gesehen so klar und so deutlich, als stünden so seltene Dinge ganz leiblich [Manuskript: lieblich] vor meinen hellschauenden offenen Augen des fleischlichen Leibes!

42.35 Und als nun dem feurigen Munde Mahalaleels unter beständigen Blitzen und heftig dieselben begleitendem Donner ist solches in kräftigen Worten entquollen, o höret, da fingen die Haufen und Massen der Würmer an zu sinken, und wie sie zu ebener Fläche sich hatten geglichen, da flossen die schändlichen, ekelnden Formen gleich Erzen am sprühenden Feuer der düsteren, nervigen [Manuskript: ewigen] Schmiede in anfangs noch trübe, doch nach und nach immer in mehr sich durchklärende Wogen und friedliche Fluten hier in-, da durch-, und dort auch hehr auseinander.

42.53 Der umflog in stets engeren Kreisen das sinnstumme Haupt des Mathusalah, löste demselben die schützende Binde von' Augen und pickte [Manuskript: leckte] von seinen, dem Klange verschlossenen Ohren gar sorglich und reinlich das [Löschung (vgl. Manuskript): hart] klebrige Harz.

42.81 Und sehet, ihr lieblichen Väter, und ihr auch, uns liebende Kinder, als solches geredet in eiliger Sprache zur Liebe des Lamech der leuchtende Engel nun hat, hört, da barsten auf einmal die ehernen Bogen des Himmels, und aus den weit gähnenden Klüften und feurigen Rissen desselben entstürzten gar bald die gewaltigsten Ströme von Fluten des dampfenden [Manuskript: dämpfenden] Wassers als Gnade des ewigen, heiligen Vaters zur Löschung des Feuers und einstigen Tilgung der Schuld von der sündigen Erde.

43.25 Wer da hat Leben, der lebt in der Freudigkeit seines sich wohlbewußten Daseins und ist somit ein Freund seines Lebens [Löschung (vgl. Manuskript): das heißt, er liebt sich selbst in seinem eigenen Leben];

50.4 Denn du hast nun ein Öl in mein schon sehr hart gewordenes Herz gegossen, daß es nun wieder weich zu werden anfängt, wie es damals war, als mir der Herr zum ersten Male meine liebe Gehilfin entgegenführte; und es entfaltet sich ein vielästiger [Manuskript: vielfältiger] Rosenstrauch in meinen großen Gedanken, und da sehe ich zuoberst eine Knospe – o Henoch, eine Knospe! –, und diese Knospe glänzt verschlossen stärker denn die Sonne am Mittage!

50.15 Denn Du gabst mir ja ein Herz, angefüllt mit Liebe und aller Frömmigkeit [Manuskript: Fröhlichkeit], und so will ich denn allzeit fröhlich sein über Deine so unendlich große Güte und allzeit laut frohlocken in Dir, meinem Gott, daß Du so voll Liebe und Gnade bist gegen jedermann, der da Freude hat in Deinem heiligsten Namen.

56.31 Wer vermöchte da die zahllosen Formen zu übersehen, die jeder unruhige Blick schon verunendlichfältigt, – und doch ist alles Wirkung eines und desselben Lichtes! [Löschung (vgl. Manuskript): ja jedes Wellchen im goldenen Becken, wie tausendfärbig wird es, so ein zurückfallender Tropfen seine Regsamkeit stöhrt, und doch alles Wirkung eines und desselben Lichtes!]

57.10 und als diese schon von weitem des überschneeweißen Erzvaters ansichtig wurden, da eilten sie scharenweise hin an den vielbetretenen Steigweg [Manuskript: Steinweg] und ließen sich segnen von Adam und lobten dann Meinen Namen, daß ihrer reinen Stimmen Klang sich weithin verhallend über die fernen Gebirge ergoß und all die da wohnenden Kinder einlud zu dem folgenden Tage der Ruhe, dem Sabbat, an dem da Mir wieder ein schuldiges Opfer entzündet wird werden.

57.33 – jedoch erst dann, wenn sich die übrigen würden entfernt haben bis auf einen, der da schwarze Haare hatte und nicht zu ihrem Stamme gehörte, sondern zur Zeit erst der Tiefe entklommen [Manuskript: entkommen] war und sich voll Wißbegierde zu Adams Kindern gemengt hatte, da ihn die große Furcht vor Lamech noch dazu angetrieben hatte, zu fliehen als Sterblicher zu den Unsterblichen der Berge.

58.22 Lamech genügt der ganzen Erde; denn so der große König über den Sternen Seinen bittersten Fluch über die Erde donnern möchte, da brauchte Er der Erde nur noch einen Lamech zu senden, und du, o Vater [Löschung (vgl. Manuskript): der Väter] der Erde, kannst versichert sein, daß, ehe die Sonne hundertmal auf- und niedersteigen möchte, die Erde außer dem Lamech kein lebendes Wesen belästigen würde!

58.40 Du, Jared, aber sollst ihn beherrschen [Manuskript: beherbergen] für immer anstatt des Henoch, der da ein Einwohner meiner Hütte geworden ist!

59.24 außer, so solches, was du früher redetest, dir vom Herrn [Manuskript: Herzen] zu reden geboten war, so konntest du wohl nicht anders reden und tatest wohl, daß du also geredet hast!

60.2 Und so ist, Henoch, für diesmal deine Kost zu hart; daher wird es wohl an dir sein, die gereichte [Manuskript: gerechte] Kost so zu erweichen, daß wir sie mit Nutzen werden verzehren können! Amen.

62.2 Wir haben zwar die Schale mit dem Keime und den Stein mit dem Leben empfangen; aber die Verwesung der Materie ist noch nicht erfolgt, auf daß das Leben [Löschung (vgl. Manuskript): frei] geworden wäre.

62.15 Darauf schlief ich ein, und die Nacht spendete reichlichen Tau über meine Augenlider, und kühlende Lüfte wehten über die erhitzten Augen und fühlten [Manuskript: kühlten] den Sonnenbrand in meiner Sehe.

66.5 O Väter der Väter der Erde und du auch, mein liebweiser [Manuskript: lieber] Henoch!

67.3 Das Tier durfte ihnen zwar nichts zuleide tun, sondern sie nur durch seine grimmsprühende Gestalt und wutentbrannte Bewegung zurückschrecken und also abhalten von ihrer Torheit; aber es gab ihnen seine Muskelkraft doch dadurch zu erkennen, daß es einen Ochsen, das heißt einen aus dem Dickicht herbeigeeilten Riesenauerstier, vor ihren Augen mächtig anfiel und selben alsogleich [Löschung (vgl. Manuskript): in kleine Stücke zerriß, und allsogleich] auch verzehrte samt Haut und Haaren.

69.3 Unser Gott und [Löschung (vgl. Manuskript): guter] heiliger Vater ist zwar ein allergerechtester Herr, aber auch ein aller Liebe vollster Vater voll Erbarmung. Denket, daß wir keine Handlung begehen können, die Gott als Gott kümmern und [Manuskript: oder] zuwider sein könnte;

71.3 Denn da du dem Herrn am nächsten bist und hast Sein lebendiges Wort, so ist es auch wohl am füglichsten, daß du das Mangelhafte unseres [Einfügung (vgl. Manuskript): schwachen] Dankes gegen den Herrn für eine so große Wohltat ergänzest.

71.29 Bemühe dich dahin, und sei versichert, in drei Tagen bist du wieder hier und wirst gleich mir darüber Reden voll Wahrheit [Manuskript: Weisheit] führen können, wie solche zu führen mit innerer Lebenskraft du sonst in Jahren nicht erlernen möchtest!

74.17 Tritt hin zu deinen Vätern, tröste sie voll Segens aus Meiner großen Erbarmung und versichere sie [Löschung (vgl. Manuskript): Meiner Gnade und] Meiner Verheißung, greife ihnen dann unter die Arme, und sie werden alle, von einer großen Kraft gestärkt, sich Jünglingen gleich erheben und werden voll Munterkeit vollenden die noch bevorstehende Bahn nach Meinem Willen!

81.2 Als sie in starker Anzahl in die Nähe des Adam gelangten, fielen sie auf ihre Angesichter und getrauten sich nicht eher aufzustehen, als bis ihnen vom Adam durch Kenan zum wiederholten Male angedeutet wurde, daß sie sich endlich aus ihrer übertriebenen Ehrfurcht [Manuskript: Ehrsucht] vor den Vätern erheben sollten und empfangen den Segen vom Adam zur Rechtfertigung ihrer Gegenwart, um dann mit den geöffnetsten Ohren das heilige Wort der Einladung zum Opfer- und Brandfeste am morgigen heiligen Sabbate zu vernehmen.

81.12 O Vater Adam, siehe, darin liegt sie begraben und wohl geborgen [Manuskript: verborgen], diese so sonderbare Erscheinung, an welcher niemand denn wir selbst die allermeiste Schuld vor ihnen und vor dem Herrn tragen; daher ist es nun freilich an uns, diesen Fehler wieder gutzumachen!

84.6 Sieh, ich will nur dein [Manuskript: ein] Knecht sein, ja euer aller Knecht will ich sein, euch dienen wie ein Sklave der Tiefe und stumm sein wie ein Stein, um dadurch dem Herrn genugzutun dafür, daß ich mich in die Finsternis gestürzt habe, während der Herr so viel Licht in Wort und Tat um mich her ausgegossen hat!

85.8 Ist Gott denn ein schwächlicher Gott, daß darob Er den Menschen Gebote muß geben, um sie in der Ordnung gehärtetem Zaume [Manuskript: Zaune] zu halten?!

86.2 Doch die ergreifende Liebe, die mächtige Liebe, die das Herz mit süßer, unüberwindbarer Gewalt nach aufwärts zum ewigen, heiligen Vater zieht, so daß da kein Vollergriffener mehr umhin kann und mag, von ihr los zu werden, – sollte – nein, nein, mir ist's nicht möglich, es zu fühlen und zu denken! –, sollte diese allmächtige Liebe nicht etwa ein ewiges Gesetz im Herrn [Manuskript: Herzen] Selbst sein, aus welchem, nach welchem und durch welches Er alles erschafft, ordnet und fortwährend erhält?!

86.12 Du wecktest mich aus einem unnatürlichen Traume, und gar wohl bekam es mir, da du mich segnetest; aber was kann, [Löschung (vgl. Manuskript): was soll ich nun thun, o Vater!] was soll aus uns werden?

88.10 Und es dachten auch die anderen Väter in mehr oder weniger großer Lauheit darüber nach unter sich und brachten nichts denn eine geduldige Abwartung der Dinge unter sich hervor und mochten leise die Schuld hin und her schieben; allein es wollte darob doch nicht lichter und wärmer werden in der verirrten [Manuskript: verwirrten] Brust.

90.2 Nachdem sie ihren Auftrag beendet hatten, erhoben sich alsbald die Kinder und lobten und priesen Mich, da Ich Adams Herz erweicht hätte, ohne welche Erweichung sie Adam nicht mehr angesehen haben würde [Manuskript: würden] und sie offenbar hätten verschmachten müssen, wenn sie noch länger wären vom Abende gedrückt worden.

Die Kinder würden Adam nicht mehr angesehen haben, weil sie – vernichtet durch seine Härte – weiterhin vor ihm auf dem Boden liegen geblieben wären.

90.10 wenn du dich aber nicht kümmerst um das, was allein deines Bruders ist, sondern liebst ihn dafür zehnfach mehr denn dich selbst, – siehe, wenn dein Bruder solches merken wird aus deinem Herzen, da wird er auftun seines Herzens Türe vor dir [Löschung (vgl. Manuskrip)t: und wird dich inselben selbst herumführen in allen geheimen Schatzkammern] und wird dich über alles belehren, was dir entweder nützen und dich höchst erfreuen oder dich doch zuallermindest voll Vertrauen zu deinem Bruder machen kann!

90.11 So ihr aber Gott liebet über alles, da wird Er euch [Löschung (vgl. Manuskript): nehmen in sein Herz, und wird euch] führen und leiten in alle Weisheit und allerhöchste Erkenntnis von Ewigkeit zu Ewigkeit mehr und mehr – je nach der Fähigkeit und Größe der Liebe, die ihr zu Ihm in eurem Herzen heget!

95.4 O Vater, könntest du ahnen, wie groß, ja wie unendlich groß dein Irrtum ist, dann möchtest du nicht im Ärger, sondern in deiner Reue den Herrn um deine ewige

Vernichtung bitten; denn du würdest dich vermöge solcher gröblichen Anschuldigung selbst verdammen müssen und wünschen müssen, daß alle Berge über dich herfallen sollen, um dich zu verbergen vor dem Antlitze Dessen, der dir und uns allen noch nie so entsetzlich [Manuskript: ernstlich] nahe und überaus unaussprechlich liebetätig war denn gerade jetzt, wo du Ihn dir am entferntesten denkst, und daher über Ihn losziehst, als wärest du ein Herr über Ihn.

106.21 Wenn aber dann der göttliche Geist des Kindes sich da wendet an den göttlichen Geist des Zeugers, dann sollen sich die zwei göttlichen Brüder nicht mehr züchtigen, sondern sich nur in aller Liebe als Brüder in Gott wiedererkennen und einander, sich freundlichst unterstützend, Hand in Hand und Herz an Herz führen hin zur Pforte, durch welche das ewige Leben [Manuskript: Licht] aller Gnade, Erbarmung und Liebe ewig unversiegbar strömt.

115.13 Ich will von nun an zwischen deinem und des Weibes Samen eine unversöhnliche Feindschaft setzen, und dieser [Manuskript: diese] soll dich verderben in den Abgrund; ein Weib wird dir deinen Kopf zertreten, und dein Biß in ihre Ferse wird sie nicht verderben!

125.6 Und alsbald eilten die Beorderten flugs hinweg nach allen Richtungen und fanden überall eine Menge leerer Wohnhütten [Manuskript: Wohnstätten] mit allerlei hinterlassenen Gerätschaften, ...

126.3 O Gott, Du Gott voll Liebe und Erbarmung, habe Mitleid mit mir, dem schwachen Urgreise [Manuskript: Urgeiste] der Erde!

126.6 O säume nicht, sondern komme alsbald zu mir schwachem Urgreise [Manuskript: Urgeiste] dieser Deiner weiten Erde und hilf mir in meiner großen Angst und übergroßen Traurigkeit!

127.10 Wenn aber da erschallen wird ein Ruf und ein und dieselbe Stimme des großen Rufenden, dieses echten [Manuskript: rechten] Rufes Stimme wird dringen in die Tiefen der Erde;

135.1 Als der Asmahael solche Rede mit großem Eifer an die Anwesenden gerichtet hatte, siehe, da ergriff sie alle eine große Angst, und keiner vermochte dem andern mit irgendeinem Trostworte erheiternd beizukommen; denn die an jedem nur zu ersichtliche Wahrheit machte hier jede tröstende Ausflucht [Manuskript: jeden tröstenden Ausflug] so gut wie ganz rein unmöglich, daher dann auch eine große Stille eintrat, in welcher ein jeder mit seinem Herzen rechtete und mitunter einen emsig entschuldigenden Trostgrund suchte.

135.2 Nach einer ziemlich langen Weile erhob sich endlich Adam und sagte in einem zwar sanft klingenden, aber dabei doch höchst ernstlichen Tone [Manuskript: Sinne]:

139.17 Vater, du magst das Amen noch tausend Male hintereinander aussprechen, so nützt es zur Stillung der Liebe in mir zum Asmahael [Manuskript: Emanuel] für diesmal soviel wie gar nichts!

148.16 Denn nach meiner Beurteilung, wahrhaftig, wenn man dich reden hört, sollte man gerade glauben, daß du entweder von dem dir begegneten Vater durch und durch [Löschung (vgl. Manuskript): lebendig] geweckt worden bist oder aber – du mußt mich verstehen! – der Vater Selbst bist;

150.15 Es wird zwar jede Liebe sich wiederfinden ihrer selbst bewußt; allein, Freunde, es wird in dem Wiederfinden ein undenklicher [Manuskript: unendlicher] Unterschied sein, nämlich: ob im Leben, oder ob im Tode!

157.21 Als aber der Lamech sah ein Ungetüm um das andere in die Hütte kommen und hörte das alles übertäubende Gekrach der zahllosen Blitze und die erderschütternden [Manuskript: erschütternden] Donner, das Geheul des Meeres, der Winde, …

158.6 Da aber Meine Macht nicht eine Macht der Vernichtung und des Verderbens ist, sondern eine Macht des beständigen Hervorbringens und Erhaltens des Hervorgebrachten, so ist sie ja darum auch eine Macht der [Löschung (vgl. Manuskript): Liebe, und also auch eine Macht der] ewigen Ordnung.

171.7 Denn wer der Wahrheit [Löschung (vgl. Manuskript): voll] ist, für den ist alle Lüge ins ewige Nichts gesunken;

175.13 Seine Lungen fingen an, freier den Atem zu schöpfen, er fühlte sich worttätig [Manuskript: wortfähig] und fing an, also zu ihnen zu reden:

182.3 Allurahelli, ihr Meine geliebten Töchter und Bräute Meiner Liebe zu euch, erwachet nun auch aus eurer reinen Liebe zum ebenso [Manuskript: so] reinen Gnadenlichte aus Mir und beachtet nun ein wenig, wo ihr euch befindet, und saget Mir sodann, wie es euch vorkommt, und was ihr davon haltet!

183.5 Da die fünf Mägde aber nun sahen und in sich nun durch und durch gewahrten, wie überaus gut und liebevollst [Löschung (vgl. Manuskript): ihr] Jehova ist, und wie Ihm völlig zu trauen ist, so wurden sie auch desto beherzter und ganz besonders die Ghemela.

Das besitzanzeigende Fürwort „ihr" bezeichnet die besondere Reinheit ihrer Liebe.

184.22 Solches, liebe Ghemela, wirst du hier nie ganz vollkommen fassen, solange du noch einen Leib trägst, – aber einst [Löschung (vgl. Manuskript): im Geist] vollkommen!

186.12 Ja, es wäre selbst aller [Einfügung (vgl. Manuskript): unser] ewigkeitenlanger, allereifrigster Dienst doch nur als ein pures eitles Nichts anzusehen gegen die unendliche Größe dieses unaussprechlichen, allerheiligsten Vorlohnes, …

Den Originaltext der Erstausgabe und des Manuskriptes in ursprünglicher Rechtschreibung finden Sie unter www.jakob-lorber.cc